1 MONTH OF
FREE
READING

at
www.ForgottenBooks.com

By purchasing this book you are eligible for one month membership to ForgottenBooks.com, giving you unlimited access to our entire collection of over 700,000 titles via our web site and mobile apps.

To claim your free month visit:
www.forgottenbooks.com/free754778

ISBN 978-0-483-18543-2
PIBN 10754778

LE PARNASSE FRANÇAIS.

A BOOK OF

FRENCH POETRY,

FROM

A. D. 1550 to the Present Time.

SELECTED BY

JAMES PARTON.

BOSTON:

JAMES R. OSGOOD AND COMPANY,

LATE TICKNOR & FIELDS, AND FIELDS, OSGOOD, & CO.

1877.

COPYRIGHT, 1877.
BY JAMES R. OSGOOD & CO.

UNIVERSITY PRESS: WELCH, BIGELOW, & CO.,
CAMBRIDGE.

Le poëte, inspiré lorsque la terre ignore,
Ressemble à ces grands monts que la nouvelle aurore
    Dore avant tous à son réveil,
      Et qui, longtemps vainqueurs de l'ombre,
      Gardent jusque dans la nuit sombre
      Le dernier rayon du soleil.

                        VICTOR HUGO.

PREFACE.

IN this volume will be found a larger collection of the poetry of France than has been accessible among us hitherto in a single publication. The greater part of its contents are of comparatively recent date. With the exception of a few short pieces of Ronsard and Desportes, selected partly from their interest as curiosities, I have excluded poems written before the French language had settled into its present form. French poetry written before the year 1500 reads to Frenchmen nearly as Chaucer does to us, and their language appears afterwards to have changed about as rapidly as ours, and very much in the same way, as well as from similar causes. In reading Spenser, who came of age in 1574, we require a glossary about as often as French readers need one in reading Ronsard and Desportes, who were Spenser's contemporaries; and we observe, also, that at the very time when Shakespeare was fixing our language as it must substantially remain for several centuries, Malherbe, the "father of French versification," was writing his native tongue very much as French poets have written it ever since. Since Malherbe there has indeed been development; but, as every masterpiece retards as well as assists development, the process has been slow.

It is interesting to discover in the French people the intense and apparently irrational conservatism with regard to their language that we observe among ourselves. The prestige of Voltaire's name, and the adroit badinage occasionally employed by him in prefaces and correspondence for fifty-six years, were required to induce his countrymen generally to write *ai* in the imperfect indicative, instead of *oi*, and to distinguish, as he used to say, *les Français* from *saint François*. Counting from the original suggestion of the change, twenty years before Voltaire was born, we may say it required a century to establish this one rectification. Such a fact might have saved our too sanguine Noah Webster, if he had been aware of it, from attempting to make so many changes as he did in the compass of one lifetime. But it is thus that classic works fix the language in which they are written. Some men are so bewitched by them that they come at last to dote even upon their tortuous orthography, and to resent the most obviously rational changes almost as a personal affront.

The French, therefore, of this volume, is almost the French of to-day, and presents no extraordinary difficulties. But the French which poets use is not the French which we " pick up " as we go along through life. Poets place all their language under contribution. They employ its whole vocabulary, enrich that vocabulary, and invent new devices of construction. One happy effect of reading the excellent poetry of France is the dispelling of an illusion, which we are apt to bring away with us from school and cherish with misgivings through life, that we are tolerably versed in the French language. The reader holds in his hands a rich and delightful volume, — it could not but be that, and I can sincerely congratulate any intelligent person upon possessing it, — but it is not a book to be lightly or easily read. Goethe tells us that we ought to make a point not to let a day pass without reading a little poetry. He well says a *little* poetry ; for what Schiller remarks of writing poetry applies also to the reading of it : " I can write history with half my mind, but poetry requires it all." The difficulties presented by the foreign language may be an assistance to many to read their daily poem with closer attention, with more complete mastery, and more lasting enjoyment.

At the end of the work will be found a list of the poets represented, with a sentence or two upon each, designed merely to afford an intimation of some fact or facts in their lives necessary to be known for the understanding of their works. To have given anything like an adequate notice, however brief, of so large a number of writers, would have required an amount of space that could not be spared. I have endeavored also to ascertain the date of each poem; if not the very year of its production, at least the year of its publication. It has been for three centuries a custom with French poets to date their works, — a practice which is much to be commended, both for prose and verse; for the mere date, as M. Victor Hugo remarks, often serves as sufficient comment or needful apology. The dating of poems is a thing of necessity in the case of several authors of recent generations, who have lived long, and grown with their growing time. One French poet still living entitles his memoirs, " Under Ten Kings." There are men now alive in France who have lived under as many as thirteen kinds of government, and have undergone many changes of political feeling, each of which finds expression in their works. Victor Hugo touches this delicate topic with his own incomparable tact and candor in a preface to his *Odes et Ballades*, written from his honorable retreat in the island of Jersey during the recent twenty years' eclipse of his native land. And what he says of himself applies to other men less conspicuous and less gifted than himself. Southey said very neatly in a preface to his early drama of Wat Tyler:

"I am no more ashamed of having been a democrat than I am ashamed of having been a boy."

The illustrious Hugo tells us, not less happily, that he is no more ashamed of having been a royalist than he is ashamed of having been born; for he was born a royalist.

" History," he says, in the preface just named, dated Jersey, July, 1853, — " history is ecstatic over Michael Ney, who, born a cooper, became a marshal of France, and over Murat, who, born a stable boy, became a king. The obscurity of their point of departure is counted to them as one title more to esteem, and heightens the splendor of their point of arrival.

" Of all the ladders which go from the shade to the light, the
most meritorious and the most difficult to climb, surely, is this :
To be born an aristocrat and royalist, and to become a democrat.

" To mount from a shop to a palace is, if you please, rare and
beautiful; to mount from error to truth is more rare and more
beautiful. In the first of these two ascents, at every step which
we take we gain something, and augment our means of welfare,
our power, and our estate; in the other ascent it is quite the
contrary. In that harsh struggle against prejudices imbibed with
our mother's milk, in that slow and rugged elevation from the
false to the true, which makes in some sort the life of one man
and the development of one conscience the abridged symbol of
human progress, at every step which we clear, we have to pay
for our moral increase by a material sacrifice ; we have to aban-
don some interest, to conquer some vanity, to renounce worldly
wealth and honors, to risk fortune, to risk home, to risk life.
Also, that duty being done, it is permitted us to be proud of it.
And if it is true that Murat could show with some pride his
postilion's whip by the side of his kingly sceptre, and say, ' I
started from *that*,' it is with a pride more legitimate, certainly,
and with a conscience more satisfied, that one can show his
royalist odes, written in childhood and youth, by the side of
democratic poems and books of the mature man. This pride is
permitted, I think; especially when, the ascent being accom-
plished, one finds at the top of the ladder the light of proscrip-
tion, and can date this preface from exile."

This noble and happy utterance may serve for all French
authors who have lived " under ten kings," and whose lives have
been pure enough to admit of their natural growth with the age
in which they have lived. And M. Hugo's words particularly
apply to the poems in the division entitled "Historical and
Patriotic," where the reader will find the verdict of the poets of
France upon the history of France, from the time when the court
poet was little better than another court fool, getting pensions
for versified adulation of princes, to the present day, when it is

a great poet who has avenged his country and avenged man, by
contriving for the usurper and his racè a penalty more dreadful
than the block. And what is the office of a national literature,
if not to record, to exhibit, to illumine the life of the nation,
making the past admonish and inspire the present ?

It is known to every reader that the French idea of what is
proper to be printed differs from ours ; or rather we differ as to
the place where physical subjects are most suitably treated. We
prefer to confine such matters to the medical magazine ; and the
French amuse themselves very much at what they consider our
squeamishness. It would not become us, tyros in every art, to
sit in judgment upon the taste of a nation which cheered man-
kind in every zone with excellent works of many kinds long
before our national life began. Nevertheless, we may claim the
right to think that our sense of the becoming is the best for
us; and, consequently, I have excluded from this collection all
pieces of the kind which thoughtful American parents do not
intend their children shall read. Nor does this rule require the
omission of many excellent things, for we find that the best
French authors are approaching us in this particular. There is
scarcely a line in Lamartine or Victor Hugo which could not be
literally translated into English without offence. Indeed, the
literature of a certain kind, which appeared in great quantity
during the late usurpation, was not at all the expression of a
genuine and strenuous masculinity. It was rather an indica-
tion of the want of it.

The reader will be interested in observing how much the poets
of France have been influenced by those of England and America.
English poetry appears to be better known in France than French
poetry is among us. It is not merely that Byron had his school
of followers and imitators ; but we find all the English and
American poets familiar to the poets of France, even Lamb,
Wordsworth, Grey, and others, who, we should naturally think,
were remote from French ways of feeling and thinking. The
influence of Pope upon Voltaire would be obvious from his

writings, if we did not know from Voltaire's letters how extrava-
gantly he valued Pope's Essay.   Many years have passed since
Frenchmen ceased to think of Shakespeare as Voltaire taught
his contemporaries to think a hundred and fifty years ago, or as
Ducis adapted him to the French stage for Talma when that
young actor was accustomed to declaim his new parts to Lieu-
tenant Bonaparte.   Shakespeare and Milton are domesticated in
France, as in Germany, and that alone insures a certain welcome
to all poets who write their tongue.   The reader is not to be
envied who can read, without many thoughts and some emotion,
that little piece of Théophile Gautier, on meeting in a bad French
novel Wordsworth's line,

"Spires whose silent finger points to heaven."

As this volume may fall into the hands of some who are still
groping their way to a knowledge of the French language, I will
venture the remark that no English-speaking reader can enjoy
the last charm of French verse without reading it aloud, and read-
ing it, too, with an approach to a correct pronunciation.   The
precise accent of Paris drawing-rooms is not necessary, and is
not usually attainable except by frequenting those drawing-
rooms ; but a substantial correctness and a certain ease and
fluency of reading are necessary to the full appreciation of the
poetry.   To the student I would say, first get full and firm
possession of the meaning, and then read aloud for enjoyment.
Notes of various kinds will be found here and there through-
out the volume.   All of these which possess any particular
value or interest were attached to the poems in the editions
from which they were taken.   I merely refrained from erasing
them.   For example, in the edition of the works of Frederic II.
of Prussia, published by authority of the present Emperor,
some of the king's poems are given with Voltaire's corrections
and critical remarks appended.   I could not but retain such a
curious memento of one of the most renowned of friendships.
Still less could be spared the prose introduction to one of those

famous poetical epistles which the defeated king wrote in camp, when, if he had not been able to distract his mind by writing verses, he might have been tempted to quiet it by the poison always carried about his person for the purpose. He wrote, in all, two massive octavos of French verse. Some of his poems have something more than the interest of curiosity, and entitle him to an humble place upon *le Parnasse Français.*

J. P.

September, 1877.

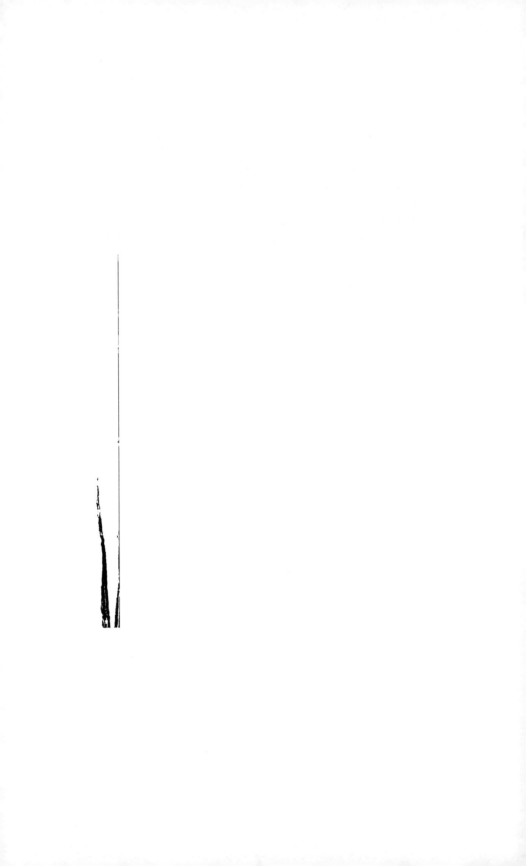

CONTENTS.

———◆———

CONTENTS. xxi

POETS UPON THEIR VOCATION.

RIEN N'EST BEAU QUE LE VRAI.

BOILEAU DESPRÉAUX. 1675.

QUE me sert en effet qu'un admirateur
    fade
Vante mon embonpoint, si je me sens
    malade ;
Si dans cet instant même un feu séditieux
Fait bouillonner mon sang et pétiller
    mes yeux ?
Rien n'est beau que le vrai : le vrai seul
    est aimable ;
Il doit régner partout, et même dans la
    fable :
De toute fiction l'adroite fausseté
Ne tend qu'à faire aux yeux briller la
    vérité.[1]
    Sais-tu pourquoi mes vers sont lus
      dans les provinces,
Sont recherchés du peuple, et reçus chez
    les princes ?
Ce n'est pas que leurs sons, agréables,
    nombreux,
Soient toujours à l'oreille également
    heureux ;
Qu'en plus d'un lieu le sens n'y gêne la
    mesure,
Et qu'un mot quelquefois n'y brave la
    césure :
Mais c'est qu'en eux le vrai, du mensonge
    vainqueur,
Partout se montre aux yeux, et va saisir
    le cœur ;
Que le bien et le mal y sont prisés au
    juste ;
Que jamais un faquin n'y tint un rang
    auguste ;

Et que mon cœur, toujours conduisant
    mon esprit,
Ne dit rien aux lecteurs, qu'à soi-même
   il n'ait dit.
Ma pensée au grand jour partout s'offre
    et s'expose ;
Et mon vers, bien ou mal, dit toujours
    quelque chose.

LA POÉSIE, LA MUSIQUE.

BOILEAU DESPRÉAUX. 1680.

LA POÉSIE.

QUOI ! par de vains accords et des sons
    impuissants,
Vous croyez exprimer tout ce que je sais
    dire !

LA MUSIQUE.

Aux doux transports, qu'Apollon vous
    inspire,
Je crois pouvoir mêler la douceur de mes
    chants.

LA POÉSIE.

Oui, vous pouvez aux bords d'une
    fontaine
Avec moi soupirer une amoureuse peine,
Faire gémir Thyrsis, faire craindre
    Climène ;
Mais, quand je fais parler les héros et
    les dieux,
Vos chants audacieux
Ne me sauroient prêter qu'une cadence
    vaine.
Quittez ce soin ambitieux.

LA MUSIQUE.

Je sais l'art d'embellir vos plus rares
    merveilles.

[1] "Boileau a été le premier à observer cette loi qu'il a donnée. Presque tous ses ouvrages respirent ce vrai ; c'est-à-dire qu'ils sont une copie fidèle de la nature. Ce vrai doit se trouver dans l'historique, dans le moral, dans la fiction, dans les sentences, dans les descriptions, dans l'allégorie." — VOLTAIRE.

LA POÉSIE.

On ne veut plus alors entendre votre voix.

LA MUSIQUE.

Pour entendre mes sons, les rochers et
les bois
Ont jadis trouvé des oreilles.

LA POÉSIE.

Ah ! c'en est trop, ma sœur, il faut nous
séparer :
Je vais me retirer.
Nous allons voir sans moi ce que vous
saurez faire.

LA MUSIQUE.

Je saurai divertir et plaire ;
Et mes chants, moins forcés, n'en seront
que plus doux.

LA POÉSIE.

Hé bien, ma sœur, séparons-nous.

LA MUSIQUE.

Séparons-nous.

LA POÉSIE.

Séparons-nous.

CHŒUR DE POÈTES ET DE MUSICIENS.

Séparons-nous, séparons-nous.

LA POÉSIE.

Mais quelle puissance inconnue
Malgré moi m'arrête en ces lieux ?

LA MUSIQUE.

Quelle divinité sort du sein de la nue ?

LA POÉSIE.

Quels chants mélodieux
Font retentir ici leur douceur infinie !

LA MUSIQUE.

Ah ! c'est la divine harmonie,
Qui descend des cieux !

LA POÉSIE.

Qu'elle étale à nos yeux
De grâces naturelles !

LA MUSIQUE.

Quel bonheur imprévu la fait ici revoir !

LA POÉSIE ET LA MUSIQUE.

Oublions nos querelles,
Il faut nous accorder pour la bien re-
cevoir.

CHŒUR DE POÈTES ET DE MUSICIENS.

Oublions nos querelles,
Il faut nous accorder pour la bien re-
cevoir.

POÈTES.

ANDRÉ CHÉNIER. 1786.

AH ! j'atteste les cieux que j'ai voulu le
croire,
J'ai voulu démentir et mes yeux et l'his-
toire.
Mais non ! il n'est pas vrai que les cœurs
excellents
Soient les seuls en effet où germent les
talents.
Un mortel peut toucher une lyre sublime,
Et n'avoir qu'un cœur faible, étroit,
pusillanime,
Inhabile aux vertus qu'il sait si bien
chanter,
Ne les imiter point et les faire imiter.
Se louant dans autrui, tout poëte se nomme
Le premier des mortels, un héros, un
grand homme.
On prodigue aux talents ce qu'on doit
aux vertus ;
Mais ces titres pompeux ne m'abuseront
plus.
Son génie est fécond, il pénètre, il en-
flamme ;
D'accord. Sa voix émeut, ses chants
élèvent l'âme ;
Soit. C'est beaucoup, sans doute, et ce
n'est point assez
Sait-il voir ses talents par d'autres
effacés ?
Est-il fort à se vaincre, à pardonner
l'offense ?
Aux sages méconnus qu'opprime l'igno-
rance
Prête-t-il de sa voix le courageux appui ?
Vrai, constant, toujours juste, et même
contre lui,
Homme droit, ami sûr, doux, modeste,
sincère,
Ne verra-t-on jamais l'espoir d'un beau
salaire,
Les caresses des grands, l'or ni l'adversité

Abaisser de son cœur l'indomptable fierté ?
Il est grand homme alors. Mais nous, peuple inutile,
Grands hommes pour savoir avec un art facile,
Des syllabes, des mots, arbitres souverains,
En un sonore amas de vers alexandrins,
Des rimes aux deux voix famille ingénieuse,
Promener deux à deux la file harmonieuse !

MA VOCATION.

DE BÉRANGER. 1815.

Jeté sur cette boule,
Laid, chétif et souffrant ;
Etouffé dans la foule,
Faute d'être assez grand ;
Une plainte touchante
De ma bouche sortit ;
Le bon Dieu me dit : Chante,
Chante, pauvre petit ! (bis.)

Le char de l'opulence
M'éclabousse en passant ;
J'éprouve l'insolence
Du riche et du puissant ;
De leur morgue tranchante
Rien ne nous garantit.
Le bon Dieu me dit : Chante,
Chante, pauvre petit !

D'une vie incertaine
Ayant eu de l'effroi,
Je rampe sous la chaîne
Du plus modique emploi.
La liberté m'enchante,
Mais j'ai grand appétit.
Le bon Dieu me dit : Chante,
Chante, pauvre petit !

L'Amour, dans ma détresse,
Daigna me consoler ;
Mais avec la jeunesse
Je le vois s'envoler.
Près de beauté touchante
Mon cœur en vain pâtit.
Le bon Dieu me dit : Chante,
Chante, pauvre petit !

Chanter, ou je m'abuse,
Est ma tâche ici-bas :

Tous ceux qu'ainsi j'amuse
Ne m'aimeront-ils pas ?
Quand un cercle m'enchante,
Quand le vin divertit,
Le bon Dieu me dit : Chante,
Chante, pauvre petit ! (bis.)

LE VILAIN.

DE BÉRANGER. 1815.

Eh quoi ! j'apprends que l'on critique
Le de qui précède mon nom.
Etes-vous de noblesse antique ?
Moi, noble ? oh ! vraiment, messieurs,
Non, d'aucune chevalerie
Je n'ai le brevet sur vélin ;
Je ne sais qu'aimer ma patrie.
Je suis vilain et très-vilain, —] (bis.)
  Je suis vilain,
  Vilain, vilain.

Ah ! sans un de j'aurais dû naître ;
Car, dans mon sang si j'ai bien lu,
Jadis mes aïeux ont d'un maître
Maudit le pouvoir absolu.
Ce pouvoir, sur sa vieille base,
Étant la meule du moulin,
Ils étaient le grain qu'elle écrase.
Je suis vilain et très-vilain, —
  Je suis vilain,
  Vilain, vilain.

Mes aïeux jamais dans leurs terres
N'ont vexé des serfs indigents ;
Jamais leurs nobles cimeterres
Dans les bois n'ont fait peur aux gens,
Aucun d'eux, las de sa campagne,
Ne fut transformé par Merlin [1]
En chambellan de — Charlemagne.
Je suis vilain, et très-vilain, —
  Je suis vilain,
  Vilain, vilain.

Jamais aux discordes civiles
Mes braves aïeux n'ont pris part ;
De l'Anglais aucun dans nos villes
N'introduisit le léopard ;
Et quand l'Église, par sa brigue,
Poussait l'État vers son déclin,
Aucun d'eux n'a signé la Ligue,
Je suis vilain et très-vilain, —
  Je suis vilain,
  Vilain, vilain.

[1] Enchanteur fameux dans les romans de la Table ronde. — B.

Laissez-moi donc sous ma bannière,
Vous, messieurs, qui, le nez au vent,
Nobles par votre boutonnière,
Encensez tout soleil levant.
J'honore une race commune,
Car, sensible, quoique malin,
Je n'ai flatté que l'infortune.
Je suis vilain et très-vilain, —   *(bis.)*
    Je suis vilain,
    Vilain, vilain.

LA GLOIRE.

LAMARTINE. 1817.

À UN POËTE EXILÉ.

GÉNÉREUX favoris des filles de Mémoire,
Deux sentiers différents devant vous
    vont s'ouvrir :
L'un conduit au bonheur, l'autre mène
    à la gloire ;
    Mortels, il faut choisir.

Ton sort, ô Manoël ! suivit la loi com-
    mune :
La muse t'enivra de précoces faveurs,
Tes jours furent tissus de gloire et d'in-
    fortune,
    Et tu verses des pleurs !

Rougis plutôt, rougis d'envier au vul-
    gaire
Le stérile repos dont son cœur est jaloux :
Les dieux ont fait pour lui tous les biens
    de la terre,
    Mais la lyre est à nous.

Les siècles sont à toi, le monde est ta
    patrie.
Quand nous ne sommes plus, notre
    ombre a des autels
Où le juste avenir prépare à ton génie
    Des honneurs immortels.

Ainsi l'aigle superbe au séjour du tonnerre
S'élance, et, soutenant son vol audacieux,
Semble dire aux mortels : "Je suis né
    de la terre,
    Mais je vis dans les cieux."

Oui, la gloire t'attend ; mais arrête, et
    contemple

A quel prix on pénètre en ces parvis
    sacrés ;
Vois : l'Infortune, assise à la porte du
    temple,
    En garde les degrés.

Ici c'est un vieillard que l'ingrate Ionie
A vu de mers en mers promener ses
    malheurs :
Aveugle, il mendiait au prix de son génie
    Un pain mouillé de pleurs.

Là le Tasse, brûlé d'une flamme fatale,
Expiant dans les fers sa gloire et son
    amour,
Quand il va recueillir la palme triomphale,
    Descend au noir séjour.

Partout des malheureux, des proscrits,
    des victimes,
Luttant contre le sort ou contre les
    bourreaux :
On dirait que le ciel aux cœurs plus
    magnanimes
    Mesure plus de maux.

Impose donc silence aux plaintes de ta
    lyre :
Des cœurs nés sans vertu l'infortune est
    l'écueil ;
Mais toi, roi détrôné, que ton malheur
    t'inspire
    Un généreux orgueil !

Que t'importe, après tout, que cet ordre
    barbare
T'enchaîne loin des bords qui furent ton
    berceau !
Que t'importe en quels lieux le destin te
    prépare
    Un glorieux tombeau !

Ni l'exil, ni les fers de ces tyrans du
    Tage
N'enchaîneront ta gloire aux bords où
    tu mourras :
Lisbonne la réclame, et voilà l'héritage
    Que tu lui laisseras !

Ceux qui l'ont méconnu pleureront le
    grand homme :
Athène à des proscrits ouvre son Pan-
    théon ;
Coriolan expire, et les enfants de Rome
    Revendiquent son nom.

Aux rivages des morts avant que de
descendre,
Ovide lève au ciel ses suppliantes mains :
Aux Sarmates grossiers il a légué sa
cendre,
Et sa gloire aux Romains.[1]

À LA POÉSIE.

MADAME DESBORDES-VALMORE. 1820.

O douce Poésie !
Couvre de quelques fleurs
La triste fantaisie
Qui fait couler mes pleurs ;
Trempe mon âme tendre
Que l'on blessa toujours :
Je ne veux plus attendre
Mes plaisirs des amours.

Donne aux vers de ma lyre
Une aimable couleur,
Ta grâce à mon délire,
Ton charme à ma douleur.
Que le nuage sombre,
Qui voile mes destins,
S'échappe, comme une ombre,
À tes accents divins.

[1] COMMENTAIRE. — Cette ode est un des
premiers morceaux de poésie que j'aie écrits,
dans le temps où j'imitais encore. Elle me fut
inspirée à Paris, en 1817, par les infortunes
d'un pauvre poëte portugais appelé Manoël.
Après avoir été illustre dans son pays, chassé
par les réactions politiques, il s'était réfugié à
Paris, où il gagnait péniblement le pain de ses
vieux jours en enseignant sa langue. Une
jeune religieuse, d'une beauté touchante et d'un
dévouement absolu, s'était attachée d'enthou-
siasme à l'exil et à la misère du poëte. Il
m'enseignait le portugais et m'apprenait à ad-
mirer Camoëns. Les poëtes ne sont peut-être
pas plus malheureux que le reste des hommes,
mais leur célébrité a donné dans tous les temps
plus d'éclat à leur malheur : leurs larmes sont
immortelles ; leurs infortunes retentissent,
comme leurs amours, dans tous les siècles.
La pitié s'agenouille, de génération en généra-
tion, sur leur tombeau. Le naufrage de Camo-
ëns, sa grotte dans l'île de Macao, sa mort
dans l'indigence, loin de sa patrie, sont le
pendant des amours, des revers, des prisons,
du Tasse à Ferrare. Je ne suis pas super-
stitieux, même pour la gloire ; et cependant
j'ai fait deux cents lieues pour aller toucher de
ma main les parois de la prison du chantre de
la Jérusalem, et pour y écrire mon nom au-
dessous du nom de Byron, comme une visite
expiatoire. J'ai détaché avec mon couteau un
morceau de brique du mur contre lequel sa
couche était appuyée : je l'ai fait enchâsser
dans un cachet servant de bague, et j'y ai fait
graver les deux mots qui résument la vie de
presque tous les grands poëtes : Amour et larmes.

Sois toujours attentive
A mes chants douloureux ;
D'une pudeur craintive
Enveloppe mes vœux ;
Cache l'erreur brûlante
Qui trouble mon bonheur :
Mais, ô Dieu ! qu'elle est lente
À sortir de mon cœur !

LA NUIT D'HIVER.

MADAME DESBORDES-VALMORE. 1890.

Qui m'appelle à cette heure, et par le
temps qu'il fait ?
C'est une douce voix, c'est la voix d'une
fille :
Ah ! je te reconnais ; c'est toi, Muse gen-
tille !
Ton souvenir est un bienfait.
Inespéré retour ! aimable fantaisie !
Après un an d'exil, qui t'amène vers
moi ?
Je ne t'attendais plus, aimable Poésie ;
Je ne t'attendais plus, mais je rêvais à
toi.

Loin du réduit obscur où tu viens de
descendre,
L'amitié, le bonheur, la gaîté, tout a fui :
O ma Muse ! est-ce toi que j'y devais
attendre ?
Il est fait pour les pleurs et voilé par
l'ennui.
Ce triste balancier, dans son bruit mo-
notone,
Marque d'un temps perdu l'inutile len-
teur ;
Et j'ai cru vivre un siècle, hélas ! quand
l'heure sonne,
Vide d'espoir et de bonheur.

L'hiver est tout entier dans ma sombre
retraite :
Quel temps as-tu daigné choisir ?
Que doucement par toi j'en suis dis-
traite !
Oh ! quand il nous surprend, qu'il est
beau le plaisir !
D'un foyer presque éteint la flamme
salutaire
Par intervalle encor trompe l'obscurité :
Si tu veux écouter ma plainte solitaire,
Nous causerons à sa clarté.

Écoute, Muse autrefois vive et tendre,
Dont j'ai perdu la trace au temps de mes
　　malheurs,
As-tu quelque secret pour charmer les
　　douleurs ?
Viens, nul autre que toi n'a daigné me
　　l'apprendre.
Écoute ! nous voilà seules dans l'univers.
　　Naïvement je vais tout dire :
J'ai rencontré l'Amour, il a brisé ma lyre;
Jaloux d'un peu de bruit, il a brûlé mes
　　vers.

"Je t'ai chanté, lui dis-je, et ma voix,
　　faible encore
Dans ses premiers accents parut juste et
　　sonore :
Pourquoi briser ma lyre ? elle essayait ta
　　loi.
Pourquoi brûler mes vers ? je les ai faits
　　pour toi.
Si des jeunes amants tu troubles le délire,
Cruel, tu n'auras plus de fleurs dans ton
　　empire :
Il en faut à mon âge, et je voulais un jour,
M'en parer pour te plaire, et te les ren-
　　dre, Amour !

Déjà je te formais une simple couronne,
Fraîche, douce en parfums.　Quand un
　　cœur pur la donne,
Peux-tu la dédaigner ? Je te l'offre à
　　genoux :
Souris à mon orgueil et n'en sois point
　　jaloux.
Je n'ai jamais senti cet orgueil pour moi-
　　même ;
Mais il dit mon secret, mais il prouve
　　que j'aime.
Eh bien ! fais le partage en généreux
　　vainqueur :
Amour, pour toi les chants, et pour moi
　　le bonheur !
C'est un bonheur d'aimer, c'en est un de
　　le dire.
Amour, prends ma couronne, et laisse-
　　moi ma lyre ;
Prends mes vœux, prends ma vie ; enfin,
　　prends tout, cruel !
Mais laisse-moi chanter au pied de ton
　　autel."

Et lui : "Non, non ! ta prière me blesse.
Dans le silence obéis à ma loi :
Tes yeux en pleurs, plus éloquents que
　　toi,
Révéleront assez ma force et ta faiblesse."

Muse, voilà le ton de ce maître si doux,
Je n'osai lui répondre, et je versai des
　　larmes ;
Je sentis ma blessure, et je connus ses
　　armes.
Pauvre lyre ! je fus muette comme vous !
L'ingrat ! il a puni jusques à mon silence.
　　Lassée enfin de sa puissance,
Muse, je te redonne et mes vœux et mes
　　chants ;
Viens leur prêter ta grâce, et rends-les
　　plus touchants.

Mais tu pâlis, ma chère, et le froid t'a
　　saisie !
C'est l'hiver qui t'opprime et ternit tes
　　couleurs.
Je ne puis t'arrêter, charmante Poésie ;
Adieu ! tu reviendras dans la saison des
　　fleurs.

HEUREUSE LA BEAUTÉ QUE LE POÈTE ADORE.

LAMARTINE. 1820.

Oui, l'Anio murmure encore
Le doux nom de Cynthie aux rochers de
　　Tibur ;
Vaucluse a retenu le nom chéri de Laure ;
　　Et Ferrare au siècle futur
Murmurera toujours celui d'Éléonore.
Heureuse la beauté que le poète adore !
　　Heureux le nom qu'il a chanté !
　　Toi qu'en secret son culte honore,
Tu peux, tu peux mourir ! dans la posté-
　　rité
Il lègue à ce qu'il aime une éternelle vie ;
Et l'amante et l'amant, sur l'aile du
　　génie,
Montent d'un vol égal à l'immortalité.
Ah ! si mon frêle esquif, battu par la
　　tempête,
Grâce à des vents plus doux, pouvait sur-
　　gir au port ;
Si des soleils plus beaux se levaient sur
　　ma tête ;
Si les pleurs d'une amante, attendrissant
　　le sort,
Écartaient de mon front les ombres de la
　　mort,
Peut-être... oui, pardonne, ô maître de
　　la lyre !
Peut-être j'oserais (et que n'ose un
　　amant !)

Egaler mon audace à l'amour qui m'in-
spire,
Et, dans des chants rivaux célébrant mon
délire,
De notre amour aussi laisser un monu-
ment !
Ainsi le voyageur qui, dans son court
passage,
Se repose un moment à l'abri du vallon,
Sur l'arbre hospitalier dont il goûta l'om-
brage,
Avant que de partir, aime à graver son
nom.

Vois-tu comme tout change ou meurt
dans la nature !
La terre perd ses fruits, les forêts leur
parure ;
Le fleuve perd son onde au vaste sein des
mers :
Par un souffle des vents la prairie est
fanée ;
Et le char de l'automne au penchant de
l'année ;
Roule, déjà poussé par la main des hivers!
Comme un géant armé d'un glaive inévi-
table,
Atteignant au hasard tous les êtres divers,
Le Temps avec la Mort, d'un vol infati-
gable,
Renouvelle en fuyant ce mobile univers !
Dans l'éternel oubli tombe ce qu'il mois-
sonne :
Tel un rapide été voit tomber sa cou-
ronne
Dans la corbeille des glaneurs ;
Tel un pampre jauni voit la féconde au-
tomne
Livrer ses fruits dorés au char des ven-
dangeurs.
Vous tomberez ainsi, courtes fleurs de la
vie,
Jeunesse, amour, plaisir, fugitive beauté :
Beauté, présent d'un jour que le ciel
nous envie
Ainsi vous tomberez, si la main du génie
Ne vous rend l'immortalité !

Vois d'un œil de pitié la vulgaire jeu-
nesse,
Brillante de beauté, s'enivrant de plaisir:
Quand elle aura tari sa coupe enchant-
eresse,
Que restera-t-il d'elle ? à peine un sou-
venir :
Le tombeau qui l'attend l'engloutit tout
entière ;

Un silence éternel succède à ses amours ;
Mais les siècles auront passé sur ta pous-
sière,
Elvire, et tu vivras toujours !

À LORD BYRON.[1]

LAMARTINE. 1820.

Toi, dont le monde encore ignore le vrai
nom,
Esprit mystérieux, mortel, ange ou dé-
mon ;
Qui que tu sois, Byron, bon ou fatal
génie,
J'aime de tes concerts la sauvage har-
monie,
Comme j'aime le bruit de la foudre et des
vents
Se mêlant dans l'orage à la voix des tor-
rents !
La nuit est ton séjour, l'horreur est ton
domaine;

[1] J'entendis parler pour la première fois de lui (Byron) par un de mes anciens amis qui revenait d'Angleterre en 1819. Le seul récit de quelques-uns de ses poëmes m'ébranla l'imagination. Je savais mal l'anglais alors, et on n'avait rien traduit de Byron encore. L'été suivant, me trouvant à Genève, un de mes amis qui y résidait me montra un soir, sur la grève du lac Léman, un jeune homme qui descendait de bateau et qui montait à cheval pour rentrer dans une de ces délicieuses villas réfléchies dans les eaux du lac. Mon ami me dit que ce jeune homme était un fameux poete anglais, appelé lord Byron. Je ne fis qu'entrevoir son visage pâle et fantastique à travers la brume du crépuscule. J'étais alors bien inconnu, bien pauvre, bien errant, bien découragé de la vie. Ce poëte misanthrope, jeune, riche, élégant de figure, illustre de nom, déjà célèbre de génie, voyageant à son gré ou se fixant à son caprice dans les plus ravissantes contrées du globe, ayant des barques à lui sur les vagues, des chevaux sur les grèves, passant l'été sous les ombrages des Alpes, les hivers sous les orangers de Pise, me paraissait le plus favorisé des mortels. Il fallait que ses larmes vinssent de quelque source de l'âme bien profonde et bien mystérieuse pour donner tant d'amertume à ses accents, tant de mélancolie à ses vers. Cette mélancolie même était un attrait de plus pour mon cœur.

Quelques jours après, je lus, dans un recueil périodique de Genève, quelques fragments traduits du *Corsaire*, de *Lara*, de *Manfred*. Je devins ivre de cette poésie. J'avais enfin trouvé la fibre sensible d'un poëte à l'unisson de mes voix intérieures. Je n'avais bu que quelques gouttes de cette poésie, mais c'était assez pour me faire comprendre un océan.
LAMARTINE.

L'aigle, roi des déserts, dédaigne ainsi la
plaine ;
Il ne veut, comme toi, que des rocs es-
carpés
Que l'hiver a blanchis, que la foudre a
frappés,
Des rivages couverts des débris du nau-
frage,
Ou des champs tout noircis des restes de
carnage :
Et, tandis que l'oiseau qui chante ses
douleurs
Bâtit au bord des eaux son nid parmi les
fleurs,
Lui des sommets d'Athos franchit l'hor-
rible cime,
Suspend au flanc des monts son aire sur
l'abîme,
Et là, seul, entouré de membres palpi-
tants,
De rochers d'un sang noir sans cesse dé-
gouttants,
Trouvant sa volupté dans les cris de sa
proie,
Bercé par la tempête, il s'endort dans sa
joie.

Et toi, Byron, semblable à ce brigand
des airs,
Les cris du désespoir sont tes plus doux
concerts.
Le mal est ton spectacle, et l'homme est
ta victime.
Ton œil, comme Satan, a mesuré l'abîme,
Et ton âme, y plongeant loin du jour et
de Dieu,
A dit à l'espérance un éternel adieu !
Comme lui maintenant, régnant dans les
ténèbres,
Ton génie invincible éclate en chants
funèbres ;
Il triomphe, et ta voix, sur un mode
infernal,
Chante l'hymne de gloire au sombre dieu
du mal.
Mais que sert de lutter contre sa desti-
née ?
Que peut contre le sort la raison muti-
née ?
Elle n'a, comme l'œil, qu'un étroit hori-
zon.
Ne porte pas plus loin tes yeux ni ta
raison :
Hors de là tout nous fuit, tout s'éteint,
tout s'efface ;
Dans ce cercle borné Dieu t'a marqué ta
place :

Comment ? pourquoi ? qui sait ? De ses
puissantes mains
Il a laissé tomber le monde et les hu-
mains,
Comme il a dans nos champs répandu la
poussière,
Ou semé dans les airs la vie et la lu-
mière,
Il le sait, il suffit : l'univers est à lui,
Et nous n'avons à nous que le jour d'au-
jourd'hui !
Notre crime est d'être homme et de vou-
loir connaître :
Ignorer et servir; c'est la loi de notre
être.
Byron, ce mot est dur : longtemps j'en
ai douté ;
Mais pourquoi reculer devant la vérité ?
Ton titre devant Dieu, c'est d'être son
ouvrage,
De sentir, d'adorer ton divin esclavage ;
Dans l'ordre universel, faible atome em-
porté,
D'unir à ses desseins ta libre volonté,
D'avoir été conçu par son intelligence,
De le glorifier par ta seule existence :
Voilà, voilà ton sort. Ah ! loin de l'ac-
cuser,
Baise plutôt le joug que tu voudrais
briser ;
Descends du rang des dieux qu'usurpait
ton audace ;
Tout est bien, tout est bon, tout est
grand à sa place ;
Aux regards de Celui qui fit l'immensité
L'insecte vaut un monde : ils ont autant
coûté !

À MON AMI V. H. (VICTOR HUGO).

SAINTE-BEUVE. 1829.

Entends-tu ce long bruit doux comme
une harmonie,
Ce cri qu'à l'univers arrache le génie
Trop longtemps combattu,
Cri tout d'un coup sorti de la foule muette,
Et qui porte à la gloire un nom de grand
poëte,
Noble ami, l'entends-tu ?

À l'étroit en ce monde où rampent les
fils d'Ève,
Tandis que, l'œil au ciel, tu montes où
t'enlève
Ton essor souverain,

Que ton aile se joue aux flancs des noirs
  nuages,
Lutte avec les éclairs, ou qu'à plaisir tu
  nages
Dans un éther serein ;

Poussant ton vol sublime et planant,
  solitaire,
Entre les voix d'en haut et l'écho de la
  terre,
  Dis-moi, jeune vainqueur,
Dis-moi, nous entends-tu ! la clameur
  solennelle
Va-t-elle dans la nue enfler d'orgueil ton
  aile
  Et remuer ton cœur ?

Ou bien, sans rien sentir de ce vain bruit
  qui passe,
Plein des accords divins, le regard dans
  l'espace
  Fixé sur un soleil,
Plonges-tu, pour l' atteindre, en des flots
  de lumière,
Et bientôt, t'y posant, laisses-tu ta pau-
  pière
  S'y fermer au sommeil ?

Oh ! moi, je l'entends bien, ce monde
  qui t'admire.
Cri puissant ! qu'il m'enivre, ami ; qu'il
  me déchire !
  Qu'il m'est cher et cruel !
Pour moi, pauvre déchu, réveillé d'un
  doux songe,
L'aigle saint n'est pour moi qu'un vautour
  qui me ronge
  Sans m'emporter au ciel !

Comme, un matin d'automne, on voit
  les hirondelles
Accourir en volant au rendez-vous fidèles,
  Et sonner le départ ;
Aux champs, sur un vieux mur, près de
  quelque chapelle,
On s'assemble, et la voix des premières
  appelle
  Celles qui viennent tard.

Mais si, non loin de là, quelque jeune
  imprudente,
Qui va rasant le sol de son aile pendante,
  S'est prise dans la glu,
Captive, elle entend tout : en bruyante
  assemblée
On parle du voyage, et la marche est
  réglée
  Et le départ conclu ;

On s'envole ; ô douleur ! adieu, plage
  fleurie,
Adieu, printemps naissant de cette autre
  patrie
  Si belle en notre hiver !
Il faut rester, subir la saison de détresse,
Et l'enfant sans pitié qui frappe et qui
  caresse,
  Et la cage de fer.

C'est mon emblème, ami ; . . . mais si,
  comme un bon frère
Du sein de ta splendeur à mon destin
  contraire
  Tu veux bien compatir ;
Si tu lis en mon cœur ce que je n'y puis
  lire,
Et si ton amitié devine sur ma lyre,
  Ce qui n'en peut sortir ;

C'est assez, c'est assez : jusqu'à l'heure
  où mon âme,
Secouant son limon et rallumant sa
  flamme
  À la nuit des tombeaux,
Je viendrai, le dernier et l'un des plus
  indignes,
Te rejoindre, au milieu des aigles et des
  cygnes,
  O toi, l'un des plus beaux !

UN VERS DE WORDSWORTH.

THÉOPHILE GAUTIER. 1830.

"Spires whose silent finger points to heaven."

Je n'ai jamais rien lu de Wordsworth,
  le poëte
Dont parle lord Byron d'un ton si plein
  de fiel,
Qu'un seul vers ; le voici, car je l'ai dans
  la tête :
— *Clochers silencieux montrant du doigt
  le ciel.* —

Il servait d'épigraphe, et c'était bien
  étrange,
Au chapitre premier d'un roman : —
  Louisa, —
Les douleurs d'une fille, œuvre toute de
  fange
Qu'un pseudonyme auteur dans l'*Ane
  mort* puisa.

Ce vers frais et pieux, perdu dans ce
   volume
De lubriques amours, me fit du bien à
   voir :
C'était comme une fleur des champs,
   comme une plume
De colombe, tombée au cœur d'un bour-
   bier noir.

Aussi depuis ce temps, lorsque la rime
   boite,
Que Prospéro n'est pas obéi d'Ariel,
Aux marges du papier je jette, à gauche,
   à droite,
Des dessins de clochers montrant du
   doigt le ciel.

LE POÈTE.

VICTOR HUGO. 1831.

LE poëte s'en va dans les champs ; il
   admire,
Il adore, il écoute en lui-même une lyre ;
Et le voyant venir, les fleurs, toutes les
   fleurs,
Celles qui des rubis font pâlir les cou-
   leurs,
Celles qui des paons même éclipseraient
   les queues,
Les petites fleurs d'or, les petites fleurs
   bleues,
Prennent, pour l'accueillir agitant leurs
   bouquets,
De petits airs penchés ou de grands airs
   coquets,
Et, familièrement, car cela sied aux belles :
"Tiens ! c'est notre amoureux qui passe !"
   disent-elles.
Et, pleins de jour et d'ombre et de con-
   fuses voix,
Les grands arbres profonds qui vivent
   dans les bois,
Tous ces vieillards, les ifs, les tilleuls,
   les érables,
Les saules tout ridés, les chênes vénéra-
   bles,
L'orme au branchage noir, de mousse
   appesanti,
Comme les ulémas quand paraît le
   muphti,
Lui font de grands saluts et courbent
   jusqu'à terre
Leurs têtes de feuillée et leurs barbes de
   lierre,

Contemplent de son front la sereine lueur,
Et murmurent tout bas : "C'est lui !
   c'est le rêveur !"

PAN.

VICTOR HUGO. 1831.

SI l'on vous dit que l'art et que la poésie
C'est un flux éternel de banale ambroisie,
Que c'est le bruit, la foule, attachés à
   vos pas,
Ou d'un salon doré l'oisive fantaisie,
Ou la rime en fuyant par la rime saisie,
   Oh ! ne le croyez pas !

O poëtes sacrés, échevelés, sublimes,
Allez, et répandez vos âmes sur les cimes,
Sur les sommets de neige en butte aux
   aquilons,
Sur les déserts pieux où l'esprit se
   recueille,
Sur les bois que l'automne emporte
   feuille à feuille,
Sur les lacs endormis dans l'ombre des
   vallons !

Partout où la nature est gracieuse et
   belle,
Où l'herbe s'épaissit pour le troupeau
   qui bêle,
Où le chevreau lascif mord le cytise en
   fleurs,
Où chante un pâtre assis sous une antique
   arcade.
Où la brise du soir fouette avec la cascade
   Le rocher tout en pleurs.

Partout où va la plume et le flocon de
   laine ;
Que ce soit une mer, que ce soit une
   plaine,
Une vieille forêt aux branchages mou-
   vants,
Iles au sol désert, lacs à l'eau solitaire,
Montagnes, océans, neige ou sable, onde
   ou terre,
Flots ou sillons ; partout où vont les
   quatre vents ;

Partout où le couchant grandit l'ombre
   des chênes,
Partout où les coteaux croisent leurs
   molles chaînes,
Partout où sont des champs, des moissons,
   des cités,

Partout où pend un fruit à la branche
épuisée,
Partout où l'oiseau boit des gouttes de
rosée,
Allez, voyez, chantez !

Allez dans les forêts, allez dans les vallées,
Faites-vous un concert de notes isolées !
Cherchez dans la nature, étalée à vos
yeux,
Soit que l'hiver l'attriste ou que l'été
l'égaye,
Le mot mystérieux que chaque voix
bégaye.
Écoutez ce que dit la foudre dans les
cieux !

C'est Dieu qui remplit tout. Le monde,
c'est son temple !
Œuvre vivante, où tout l'écoute et le
contemple !
Tout lui parle et le chante. Il est seul,
il est un !
Dans sa création tout est joie et sourire ;
L'étoile qui regarde et la fleur qui respire,
Tout est flamme ou parfum !

Enivrez-vous de tout ! enivrez-vous,
poëtes,
Des gazons, des ruisseaux, des feuilles
inquiètes,
Du voyageur de nuit dont on entend la
voix,
De ces premières fleurs dont février
s'étonne,
Des eaux, de l'air, des prés, et du bruit
monotone
Que font les chariots qui passent dans
les bois !

Frères de l'aigle ! aimez la montagne
sauvage :
Surtout à ces moments où vient un vent
d'orage,
Un vent sonore et lourd qui grossit par
degrés,
Emplit l'espace au loin de nuages et
d'ombres,
Et penche sur le bord des précipices
sombres
Les arbres effarés !

Contemplez du matin la pureté divine,
Quand la brume en flocons inonde la
ravine,
Quand le soleil, qui cache à demi la
forêt,

Montrant sur l'horizon sa rondeur
échancrée,
Grandit comme ferait la coupole dorée
D'un palais d'Orient dont on approche-
rait !

Enivrez-vous du soir ! À cette heure
où, dans l'ombre,
Le paysage obscur, plein de formes sans
nombre,
S'efface, des chemins et des fleuves rayé ;
Quand le mont, dont la tête à l'horizon
s'élève,
Semble un géant couché qui regarde et
qui rêve,
Sur son coude appuyé !

Si vous avez en vous, vivantes et
pressées,
Un monde intérieur d'images, de pensées,
De sentiments, d'amour, d'ardente
passion,
Pour féconder ce monde, échangez-le
sans cesse
Avec l'autre univers visible qui vous
presse !
Mêlez toute votre âme à la création !

Car, ô poëtes saints ! l'art est le son
sublime,
Simple, divers, profond, mystérieux,
intime,
Fugitif comme l'eau qu'un rien fait dévier,
Redit par un écho dans toute créature,
Que sous vos doigts puissants exhale la
nature,
Cet immense clavier !

DANTE.

AUGUSTE BARBIER. 1831.

DANTE, vieux Gibelin ! quand je vois en
passant
Le plâtre blanc et mat de ce masque
puissant
Que l'art nous a laissé de ta divine tête,
Je ne puis m'empêcher de frémir, ô poëte !
Tant la main du génie et celle du malheur
Ont imprimé sur toi le sceau de la douleur.
Sous l'étroit chaperon qui presse tes
oreilles,
Est-ce le pli des ans ou le sillon des
veilles
Qui traverse ton front si laborieusement ?

.Est-ce au champ de l'exil, dans l'avi-
        lissement,
Que ta bouche s'est close à force de
        maudire ?
Ta dernière pensée est-elle en ce sou-
        rire
Que la mort sur ta lèvre a cloué de ses
        mains ?
Est-ce un ris de pitié sur les pauvres
        humains ?
Ah ! le mépris va bien à la bouche de
        Dante,
Car il reçut le jour dans une ville ar-
        dente.
Et le pavé natal fut un champ de gra-
        viers
Qui déchira longtemps la plante de ses
        pieds.
Dante vit, comme nous, les passions
        humaines
Rouler autour de lui leurs fortunes sou-
        daines ;
Il vit les citoyens s'égorger en plein jour,
Les partis écrasés renaître tour à tour ;
Il vit sur les bûchers s'allumer les
        victimes ;
Il vit pendant trente ans passer des flots
        de crimes,
Et le mot de patrie à tous les vents jeté,
Sans profit pour le peuple et pour la
        liberté.
O Dante Alighieri, poëte de Florence,
Je comprends aujourd'hui ta mortelle
        souffrance ;
Amant de Béatrice, à l'exil condamné,
Je comprends ton œil cave et ton front
        décharné,
Le dégoût qui te prit des choses de ce
        monde,
Ce mal de cœur sans fin, cette haine
        profonde
Qui, te faisant atroce en te fouettant
        l'humeur,
Inondèrent de bile et ta plume et ton
        cœur.
Aussi, d'après les mœurs de ta ville
        natale,
Artiste, tu peignis une toile fatale,
Et tu fis le tableau de sa perversité
Avec tant d'énergie et tant de vérité,
Que les petits enfants qui le jour, dans
        Ravenne,
Te voyaient traverser quelque place
        lointaine,
Disaient en contemplant ton front livide
        et vert :
Voilà, voilà celui qui revient de l'enfer !

UN MANUSCRIT.

ALFRED DE MUSSET. 1832.

MAIS quelle singulière et triste impres-
        sion
Produit un manuscrit ! — Tout à l'heure,
        à ma table,
Tout ce qui j'écrivais me semblait ad-
        mirable.
Maintenant, je ne sais, — je n'ose y re-
        garder.
Au moment du travail, chaque nerf,
        chaque fibre
Tressaille comme un luth que l'on vient
        d'accorder.
On n'écrit pas un mot que tout l'être ne
        vibre.
(Soit dit sans vanité, c'est ce que l'on
        ressent.)
On ne travaille pas, — on écoute, — on
        attend.
C'est comme un inconnu qui vous parle
        à voix basse.
On reste quelquefois une nuit sur la
        place,
Sans faire un mouvement et sans se
        retourner.
On est comme un enfant dans ses habits
        de fête,
Qui craint de se salir et de se profaner ;
Et puis, — et puis, — enfin ! — on a mal
        à la tête.
Quel étrange réveil ! — comme on se sent
        boiteux !
Comme on voit que Vulcain vient de
        tomber des cieux !

LE POËTE.

ALFRED DE MUSSET. 1835.

Du temps que j'étais écolier,
Je restais un soir à veiller
Dans notre salle solitaire.
Devant ma table vint s'asseoir
Un pauvre enfant vêtu de noir,
Qui me ressemblait comme un frère.

Son visage était triste et beau :
À la lueur de mon flambeau,
Dans mon livre ouvert il vint lire.
Il pencha son front sur ma main,
Et resta jusqu'au lendemain,
Pensif, avec un doux sourire.

Comme j'allais avoir quinze ans,
Je marchais un jour, à pas lents,
Dans un bois, sur une bruyère.
Au pied d'un arbre vint s'asseoir
Un jeune homme vêtu de noir,
Qui me ressemblait comme un frère.

Je lui demandai mon chemin ;
Il tenait un luth d'une main,
De l'autre un bouquet d'églantine.
Il me fit un salut d'ami,
Et, se détournant à demi,
Me montra du doigt la colline.

À l'âge où l'on croit à l'amour,
J'étais seul dans ma chambre un jour,
Pleurant ma première misère.
Au coin de mon feu vint s'asseoir
Un étranger vêtu de noir,
Qui me ressemblait comme un frère.

Il était morne et soucieux ;
D'une main il montrait les cieux,
Et de l'autre il tenait un glaive.
De ma peine il semblait souffrir,
Mais il ne poussa qu'un soupir,
Et s'évanouit comme un rêve.

À l'âge où l'on est libertin,
Pour boire un toast en un festin,
Un jour je soulevai mon verre.
En face de moi vint s'asseoir
Un convive vêtu de noir,
Qui me ressemblait comme un frère.

Il secouait sous son manteau
Un haillon de pourpre en lambeau,
Sur sa tête un myrte stérile.
Son bras maigre cherchait le mien,
Et mon verre, en touchant le sien,
Se brisa dans ma main débile.

Un an après, il était nuit,
J'étais à genoux près du lit
Où venait de mourir mon père.
Au chevet du lit vint s'asseoir
Un orphelin vêtu de noir,
Qui me ressemblait comme un frère.

Ses yeux étaient noyés de pleurs ;
Comme les anges de douleurs,
Il était couronné d'épine ;
Son luth à terre était gisant.
Sa pourpre de couleur de sang,
Et son glaive dans sa poitrine.

Je m'en suis si bien souvenu,
Que je l'ai toujours reconnu
À tous les instants de ma vie.
C'est une étrange vision,
Et cependant, ange ou démon,
J'ai vu partout cette ombre amie.

Lorsque plus tard, las de souffrir,
Pour renaître ou pour en finir,
J'ai voulu m'exiler de France ;
Lorsqu'impatient de marcher,
J'ai voulu partir, et chercher
Les vestiges d'une espérance ;

À Pise, au pied de l'Apennin ;
À Cologne, en face du Rhin ;
À Nice, au penchant des vallées ;
À Florence, au fond des palais ;
À Brigues, dans les vieux chalets ;
Au sein des Alpes désolées ;

À Gênes, sous les citronniers ;
À Vevay, sous les verts pommiers ;
Au Havre, devant l'Atlantique ;
À Venise, à l'affreux Lido,
Où vient sur l'herbe d'un tombeau
Mourir la pâle Adriatique ;

Partout où, sous ces vastes cieux,
J'ai lassé mon cœur et mes yeux,
Saignant d'une éternelle plaie ;
Partout où le boiteux Ennui,
Traînant ma fatigue après lui,
M'a promené sur une claie ;

Partout où, sans cesse altéré
De la soif d'un monde ignoré,
J'ai suivi l'ombre de mes songes ;
Partout où, sans avoir vécu,
J'ai revu ce que j'avais vu,
La face humaine et ses mensonges ;

Partout où, le long des chemins,
J'ai posé mon front dans mes mains,
Et sangloté comme une femme ;
Partout où j'ai, comme un mouton,
Qui laisse sa laine au buisson,
Senti se dénuer mon âme ;

Partout où j'ai voulu dormir,
Partout où j'ai voulu mourir,
Partout où j'ai touché la terre,
Sur ma route est venu s'asseoir
Un malheureux vêtu de noir,
Qui me ressemblait comme un frère.

Qui donc es-tu, toi que dans cette vie
  Je vois toujours sur mon chemin !
Je ne puis croire, à ta mélancolie,
  Que tu sois mon mauvais Destin.
Ton doux sourire a trop de patience,
  Tes larmes ont trop de pitié.
En te voyant, j'aime la Providencè.
Ta douleur même est sœur de ma
    souffrance ;
  Elle ressemble à l'Amitié.

Qui donc es-tu ? — Tu n'es pas mon bon
    ange ;
  Jamais tu ne viens m'avertir.
Tu vois mes maux, (c'est une chose
    étrange !)
  Et tu me regardes souffrir.
Depuis vingt ans tu marches dans ma voie,
  Et je ne saurais t'appeler.
Qui donc es-tu, si c'est Dieu qui t'envoie !
Tu me souris sans partager ma joie,
  Tu me plains sans me consoler !

Ce soir encor je t'ai vu m'apparaître.
  C'était par une triste nuit.
L'aile des vents battait à ma fenêtre ;
  J'étais seul, courbé sur mon lit.
J'y regardais une place chérie,
  Tiède encor d'un baiser brûlant ;
Et je songeais comme la femme oublie,
Et je sentais un lambeau de ma vie,
  Qui se déchirait lentement.

Je rassemblais des lettres de la veille,
  Des cheveux, des débris d'amour.
Tout ce passé me criait à l'oreille
  Ses éternels serments d'un jour.
Je contemplais ces reliques sacrées,
  Qui me faisaient trembler la main ;
Larmes du cœur par le cœur dévorées,
Et que les yeux qui les avaient pleurées
  Ne reconnaîtront plus demain !

J'enveloppais dans un morceau de bure
  Ces ruines des jours heureux.
Je me disais qu'ici-bas ce qui dure,
  C'est une mèche de cheveux.
Comme un plongeur dans une mer pro-
    fonde,
  Je me perdais dans tant d'oubli.
De tous côtés j'y retournais la sonde,
Et je pleurais seul, loin des yeux du
    monde,
  Mon pauvre amour enseveli.

J'allais poser le sceau de cire noire
  Sur ce fragile et cher trésor.

J'allais le rendre, et n'y pouvant pas
    croire,
  En pleurant j'en doutais encor.
Ah ! faible femme, orgueilleuse insensée,
  Malgré toi, tu t'en souviendras !
Pourquoi, grand Dieu ! mentir à sa
    pensée !
Pourquoi ces pleurs, cette gorge oppressée,
  Ces sanglots, si tu n'aimais pas ?

Oui, tu languis, tu souffres, et tu pleures ;
  Mais ta chimère est entre nous.
Eh bien, adieu ! Vous compterez les
    heures
  Qui me sépareront de vous.
Partez, partez, et dans ce cœur de glace
  Emportez l'orgueil satisfait.
Je sens encor le mien jeune et vivace,
Et bien des maux pourront y trouver place
  Sur le mal que vous m'avez fait.

Partez, partez ! la Nature immortelle
  N'a pas tout voulu vous donner.
Ah ! pauvre enfant, qui voulez être belle,
  Et ne savez pas pardonner !
Allez, allez, suivez la destinée ;
  Qui vous perd n'a pas tout perdu.
Jetez au vent notre amour consumée ;—
Éternel Dieu ! toi que j'ai tant aimée.
  Si tu pars, pourquoi m'aimes-tu ?

Mais tout à coup j'ai vu dans la nuit
    sombre
  Une forme glisser sans bruit.
Sur mon rideau j'ai vu passer une ombre ;
  Elle vient s'asseoir sur mon lit.
Qui donc es-tu, morne et pâle visage,
  Sombre portrait vêtu de noir ?
Que me veux-tu, triste oiseau de passage ?
Est-ce un vain rêve ! est-ce ma propre
    image
  Que j'aperçois dans ce miroir ?

Qui donc es-tu, spectre de ma jeunesse,
  Pèlerin que rien n'a lassé !
Dis-moi pourquoi je te trouve sans cesse
  Assis dans l'ombre où j'ai passé.
Qui donc es-tu, visiteur solitaire,
  Hôte assidu de mes douleurs ?
Qu'as-tu donc fait pour me suivre sur
    terre ?
Qui donc es-tu, qui donc es-tu, mon frère,
  Qui n'apparais qu'au jour des pleurs !

LA VISION.

—Ami, notre père est le tien.
Je ne suis ni l'ange gardien,

Ni le mauvais destin des hommes.
Ceux que j'aime, je ne sais pas
De quel côté s'en vont leurs pas
Sur ce peu de fange où nous sommes.

Je ne suis ni dieu ni démon,
Et tu m'as nommé par mon nom
Quand tu m'as appelé ton frère ;
Où tu vas, j'y serai toujours,
Jusques au dernier de tes jours,
Où j'irai m'asseoir sur ta pierre.

Le ciel m'a confié ton cœur.
Quand tu seras dans la douleur,
Viens à moi sans inquiétude,
Je te suivrai sur le chemin ;
Mais je ne puis toucher ta main,
Ami, je suis la Solitude.

SHAKSPEARE.

VICTOR HUGO. 1885.

Shakspeare songe ; loin du Versaille
    éclatant,
Des buis taillés, des ifs peignés, où l'on
    entend
Gémir la tragédie éplorée et prolixe,
Il contemple la foule avec son regard fixe,
Et toute la forêt frissonne devant lui.
Pâle, il marche, au dedans de lui-même
    ébloui ;
Il va, farouche, fauve, et, comme une
    crinière,
Secouant sur sa tête un haillon de lumière.
Son crâne transparent est plein d'âmes,
    de corps,
De rêves, dont on voit la lueur du dehors ;
Le monde tout entier passe à travers son
    crible ;
Il tient toute la vie en son poignet terrible ;
Il fait sortir de l'homme un sanglot
    surhumain.
Dans ce génie étrange où l'on perd son
    chemin,
Comme dans une mer, notre esprit parfois
    sombre ;
Nous sentons, frémissants, dans son théâ-
    tre sombre,
Passer sur nous le vent de sa bouche
    soufflant,
Et ses doigts nous ouvrir et nous fouiller
    le flanc.
Jamais il ne recule ; il est géant, il dompte
Richard Trois, léopard, Caliban, masto-
    donte ;

L'idéal est le vin que verse ce Bacchus.
Les sujets monstrueux qu'il a pris et
    vaincus
Râlent autour de lui splendides ou
    difformes ;
Il étreint Lear, Brutus, Hamlet, êtres
    énormes,
Capulet, Montaigu, César, et, tour à tour,
Les stryges dans le bois, le spectre sur la
    tour ;
Et, même après Eschyle, effarant Melpo-
    mène,
Sinistre, ayant aux mains des lambeaux
    d'âme humaine,
De la chair d'Othello, des restes de
    Macbeth,
Dans son œuvre, du drame effrayant
    alphabet,
Il se repose ; ainsi le noir lion des jongles
S'endort dans l'antre immense avec du
    sang aux ongles.

À SAINTE-BEUVE.[1]

ÉDOUARD TURQUETY. 1837.

Ami, pourquoi tant de silence ?
Pourquoi t'obstiner à cacher
L'hymne brillante qui s'élance
De ton cœur prompt à s'épancher ?

Déserte pour un jour la prose ;
Réveille, après un long sommeil,
Ton doux vers plus frais que la rose
Au premier baiser du soleil.

Dis à l'oiseau de rouvrir l'aile ;
Laisse de sillon en sillon
S'égarer la vive étincelle
Que l'on nomme le papillon.

Rends-nous ton chant rempli de flamme,
Ton chant rival du rossignol ;
Permets aux brises de ton âme
De nous embaumer dans leur vol.

Et, puisque tu le peux, ramène
Auprès de nous l'aimable cours
De la poétique fontaine
Que tu voudrais celer toujours.

1 "M. Édouard Turquety ayant adressé à l'au-
teur les vers suivants, on se permet de les
insérer ici, malgré ce qu'ils ont d'infiniment
trop flatteur : les poëtes sont accoutumés, on le
sait bien, à se dire de ces douceurs entre eux, sans
que cela tire à conséquence." — Ste.-Beuve.

Regarde, jamais dans ce monde
L'horizon ne fut moins serein ;
Jamais angoisse plus profonde
Ne tourmenta le cœur humain.

Les temps sont lourds, les temps nous
      pèsent ;
Que devenir sous ces linceuls,
Si les plus doux chanteurs se taisent,
Ou ne chantent que pour eux seuls ?

Si dans la solitude aride,
Qui n'a ni calme ni saveur,
Il n'est pas un ruisseau limpide,
Il n'est pas un palmier sauveur ?

Oh ! viens, doux maître en rêverie,
Viens reprendre ton beau concert ;
Ne reste pas, puisqu'on t'en prie,
À t'épanouir au désert.

Fleur odorante, fleur sonore,
C'est trop te refermer ; tu dois .
À ceux qu'un ciel brûlant dévore
Ton frais parfum, ta fraîche voix.

Tu leur dois ton hymne hardie
Plus suave de jour en jour,
Et l'incessante mélodie
De ton âme qui n'est qu'amour ! .

RÉPONSE.

SAINTE-BEUVE. 1837.

Mon cœur n'a plus rien de l'amour,
Ma voix n'a rien de ce qui chante.
Ton amitié me représente
Ce qui s'est enfui sans retour.

Il est un jour aride et triste
Où meurt le rêve du bonheur :
Voltaire y devint ricaneur,
Et moi, j'y deviens janséniste.

Ce qu'on appelle notre vol
Ne va plus même en métaphore :
Nos regards n'aiment plus l'aurore,
Et l'on tuerait le rossignol.

Oiseau, pourquoi cette allégresse,
Orgueil et délices des nuits?
Ah ! ce ne sont plus mes ennuis,
Que ceux où ton chant s'intéresse !

Soupir, espoir, tendre langueur,
Attente sous l'ombre étoilée !
Par degrés la lune éveillée
Emplit en silence le cœur.

Pour qui donc fleurissent ces roses,
Si ce n'est pas pour les offrir ?
Charmant rayon, autant mourir,
Sans un doux front où tu te poses !

Tous les ruisseaux avec leurs voix
Que sont-ils sans la voix qu'on aime ?
Ce ne fut jamais pour lui-même
Que j'aimai l'ombrage des bois.

Dans les jardins ou les prairies,
Le long des buis ou des sureaux,
Devant l'ogive aux noirs barreaux,
Comme au vieux chêne des féeries ;

Même sous l'orgue solennel,
Au seuil de la chaste lumière,
Même aux abords du sanctuaire
Où toi, tu t'es choisi le ciel,

Dès l'enfance mon seul génie
Ne poursuivit qu'un seul désir :
Un seul jour l'ai-je pu saisir ?
Mais tout vieillit, l'âme est punie.

Et tes doux vers lus et relus
N'ont fait qu'agiter mon mystère :
Quoi donc ! aime-t-on sur la terre,
Depuis que, nous, nous n'aimons plus ?

COMPENSATION.

THÉOPHILE GAUTIER. 1837.

Il naît sous le soleil de nobles créatures
Unissant ici-bas tout ce qu'on peut rêver,
Corps de fer, cœur de flamme, admirables
      natures.

Dieu semble les produire afin de se prou-
      ver ;
Il prend, pour les pétrir, une argile plus
      douce,
Et souvent passe un siècle à les para-
      chever.

Il met, comme un sculpteur, l'empreinte
      de son pouce
Sur leurs fronts rayonnant de la gloire
      des cieux,
Et l'ardente auréole en gerbe d'or y
      pousse.

Ces hommes-là s'en vont, calmes et
radieux,
Sans quitter un instant leur pose
solennelle,
Avec l'œil immobile et le maintien des
dieux.

Leur moindre fantaisie est une œuvre
éternelle,
Tout cède devant eux ; les sables
inconstants
Gardent leurs pas empreints, comme un
airain fidèle.

Ne leur donnez qu'un jour ou donnez-
leur cent ans,
L'orage ou le repos, la palette ou le
glaive :
Ils mèneront à bout leurs destins écla-
tants.

Leur existence étrange est le réel du
rêve ;
Ils exécuteront votre plan idéal,
Comme un maître savant le croquis d'un
élève.

Vos désirs inconnus, sous l'arceau tri-
omphal
Dont votre esprit en songe arrondissait
la voûte,
Passent assis en croupe au dos de leur
cheval.

D'un pied sûr, jusqu'au bout ils ont
suivi la route
Où, dès les premiers pas, vous vous êtes
assis,
N'osant prendre une branche au carre-
four du doute.

De ceux-là chaque peuple en compte cinq
ou six,
Cinq ou six tout au plus, dans les siècles
prospères,
Types toujours vivants dont on fait des
récits.

Nature avare, ô toi, si féconde en vipères,
En serpents, en crapauds tout gonflés de
venins,
Si prompte à repeupler tes immondes
repaires,

Pour tant d'animaux vils, d'idiots et de
nains,

Pour tant d'avortements et d'œuvres
imparfaites,
Tant de monstres impurs échappés de
tes mains,

Nature, tu nous dois encor bien des
poëtes !

LE SOMMET DE LA TOUR.

THÉOPHILE GAUTIER. 1837.

LORSQUE l'on veut monter aux tours des
cathédrales,
On prend l'escalier noir qui roule ses
spirales,
Comme un serpent de pierre au ventre
d'un clocher.

L'on chemine d'abord dans une nuit
profonde,
Sans trèfle de soleil et de lumière blonde,
Tâtant le mur des mains, de peur de
trébucher ;

Car les hautes maisons voisines de l'église
Vers le pied de la tour versent leur
ombre grise,
Qu'un rayon lumineux ne vient jamais
trancher.

S'envolant tout à coup, les chouettes
peureuses
Vous flagellent le front de leurs ailes
poudreuses,
Et les chauves-souris s'abattent sur vos
bras :

Les spectres, les terreurs qui hantent les
ténèbres,
Vous frôlent en passant de leurs crêpes
funèbres ;
Vous les entendez geindre et chuchoter
tout bas.

À travers l'ombre on voit la chimère
accroupie
Remuer, et l'écho de la voûte assoupie
Derrière votre pas suscite un autre pas.

Vous sentez à l'épaule une pénible ha-
leine,
Un souffle intermittent, comme d'une
âme en peine
Qu'on aurait éveillée et qui vous pour-
suivrait ;

2

Et si l'humidité fait, des yeux de la
voûte,
Larmes du monument, tomber l'eau
goutte à goutte,
Il semble qu'on dérange une ombre qui
pleurait.

Chaque fois que la vis, en tournant, se
dérobe,
Sur la dernière marche un dernier pli de
robe,
Irritante terreur, brusquement disparaît.

Bientôt le jour, filtrant par les fentes
étroites,
Sur le mur opposé trace des lignes droites,
Comme une barre d'or sur un écusson
noir.

L'on est déjà plus haut que les toits de
la ville,
Édifices sans nom, masse confuse et vile,
Et par les arceaux gris le ciel bleu se
fait voir.

Les hiboux disparus font place aux tour-
terelles,
Qui lustrent au soleil le satin de leurs
ailes
Et semblent roucouler des promesses
d'espoir.

Des essaims familiers perchent sur les
tarasques,
Et, sans se rebuter de la laideur des
masques,
Dans chaque bouche ouverte un oiseau
fait son nid.

Les guivres, les dragons et les formes
étranges
Ne sont plus maintenant que des figures
d'anges,
Séraphiques gardiens taillés dans le
granit,

Qui depuis huit cents ans, pensives
sentinelles,
Dans leurs niches de pierre, appuyés sur
leurs ailes,
Montent leur faction qui jamais ne finit.

Vous débouchez enfin sur une plate-
forme,
Et vous apercevez, ainsi qu'un monstre
énorme,
Cité grommelante, accroupie alentour.

Comme un requin, ouvrant ses immenses
mâchoires,
Elle mord l'horizon de ses mille dents
noires,
Dont chacune est un dôme, un clocher,
une tour.

À travers le brouillard, de ses naseaux de
plâtre,
Elle souffle dans l'air son haleine bleu-
âtre,
Que dore par flocons un chaud reflet de
jour.

Comme sur l'eau qui bout, monte et
chante l'écume,
Sur la ville toujours plane une ardente
brume,
Un bourdonnement sourd fait de cent
bruits confus.

Ce sont les tintements et les grêles volées
Des cloches, de leurs voix sonores ou
fêlées,
Chantant à plein gosier dans leurs bef-
frois touffus ;

C'est le vent dans le ciel et l'homme sur
la terre ;
C'est le bruit des tambours et des clairons
de guerre,
Ou des canons grondeurs sonnant sur
leurs affûts ;

C'est la rumeur des chars, dont la
prompte lanterne
File comme une étoile à travers l'ombre
terne,
Emportant un heureux aux bras de son
désir ;

Le soupir de la vierge au balcon accoudée,
Le marteau sur l'enclume et le fait sur
l'idée,
Le cri de la douleur ou le chant du plaisir.

Dans cette symphonie au colossal orches-
tre,
Que n'écrira jamais musicien terrestre,
Chaque objet fait sa note impossible à
saisir.

Vous pensiez être en haut ; mais voici
qu'une aiguille,
Où le ciel découpé par dentelles scintille,
Se présente soudain devant vos pieds
lassés.

Il faut monter encor, dans la mince tou-
relle,
L'escalier qui serpente en spirale plus
frêle,
Se pendant aux crampons de loin en loin
placés.

Le vent, d'un air moqueur, à vos oreilles
siffle,
La goule étend sa griffe et la guivre
renifle,
Le vertige alourdit vos pas embarrassés.

Vous voyez loin de vous, comme dans
des abîmes
S'aplanir les clochers et les plus hautes
cimes,
Des aigles les plus fiers vous dominez
l'essor.

Votre sueur se fige à votre front en nage ;
L'air trop vif vous étouffe : allons, enfant,
courage !
Vous êtes près des cieux ; allons, un pas
encor !

Et vous pourrez toucher, de votre main
surprise,
L'archange colossal que fait tourner la
brise,
Le saint Michel géant qui tient un glaive
d'or ;

Et si, vous accoudant sur la rampe de
marbre,
Qui palpite au grand vent, comme une
branche d'arbre,
Vous dirigez en bas un œil moins effrayé,

Vous verrez la campagne à plus de trente
lieues,
Un immense horizon, bordé de franges
bleues,
Se déroulant sous vous comme un tapis
rayé ;

Les carrés de blé d'or, les cultures zébrées,
Les plaques de gazon de troupeaux noirs
tigrées ;
Et, dans le sainfoin rouge, un chemin
blanc frayé ;

Les cités, les hameaux, nids semés dans
la plaine,
Et, partout où se groupe une famille
humaine,
Un clocher vers le ciel comme un doigt
s'allongeant.

Vous verrez dans le golfe, aux bras des
promontoires,
La mer se diaprer et se gaufrer de moires,
Comme un kandjiar turc damasquiné
d'argent ;

Les vaisseaux, alcyons balancés sur leurs
ailes,
Piquer l'azur lointain de blanches étin-
celles
Et croiser en tous sens leur vol intelligent.

Comme un sein plein de lait gonflant
leurs voiles rondes,
Sur la foi de l'aimant, ils vont chercher
des mondes,
Des rivages nouveaux sur de nouvelles
mers :

Dans l'Inde, de parfums, d'or et de soleil
pleine,
Dans la Chine bizarre, aux tours de
porcelaine,
Chimérique pays peuplé de dragons verts ;

Ou vers Otaïti, la belle fleur des ondes,
De ses longs cheveux noirs tordant les
perles blondes,
Comme une autre Vénus, fille des flots
amers ;

À Ceylan, à Java, plus loin encor peut-
être,
Dans quelque île déserte et dont on se
rend maître,
Vers une autre Amérique échappée à
Colomb.

Hélas ! et vous aussi, sans crainte, ô
mes pensées,
Livrant aux vents du ciel vos ailes
empressées,
Vous tentez un voyage aventureux et
long.

Si la foudre et le nord respectent vos
antennes,
Des pays inconnus et des îles lointaines
Que rapporterez-vous ? de l'or, ou bien
du plomb ?—

La spirale soudain s'interrompt et se
brise.
Comme celui qui monte au clocher de
l'église,
Me voici maintenant au sommet de ma
tour.

J'ai planté le drapeau tout au haut de
mon œuvre.
Ah ! que depuis longtemps, pauvre et
rude manœuvre,
Insensible à la joie, à la vie, à l'amour,

Pour garder mon dessin avec ses lignes
pures,
J'émousse mon ciseau contre des pierres
dures,
Élevant à grand'peine une assise par jour !

Pendant combien de mois suis-je resté
sous terre,
Creusant comme un mineur ma fouille
solitaire,
Et cherchant le roc vif pour mes fonda-
tions !

Et pourtant le soleil riait sur la nature ;
Les fleurs faisaient l'amour et toute créa-
ture
Livrait sa fantaisie au vent des passions.

Le printemps dans les bois faisait courir
la sève,
Et le flot, en chantant, venait baiser la
grève ;
Tout n'était que parfum, plaisir, joie et
rayons !

Patient architecte, avec mes mains pen-
sives
Sur mes piliers trapus inclinant mes
ogives,
Je fouillais sous l'église un temple sou-
terrain.

Puis l'église elle-même, avec ses colon-
nettes,
Qui semble, tant elle a d'aiguilles et
d'arêtes,
Un madrépore immense, un polypier
marin ;

Et le clocher hardi, grand peuplier de
pierre,
Où gazouillent, quand vient l'heure de
la prière
Avec les blancs ramiers, des nids d'oi-
seaux d'airain.

Du haut de cette tour à grand'peine
achevée,
Pourrai-je t'entrevoir, perspective rêvée,
Terre de Chanaan où tendait mon effort ?

Pourrai-je apercevoir la figure du monde,
Les astres dans le ciel accomplissant leur
ronde,
Et les vaisseaux quittant et regagnant
le port ?

Si mon clocher passait seulement de la
tête
Les toits et les tuyaux de la ville, ou le
faîte
De ce donjon aigu qui du brouillard
ressort ;

S'il était assez haut pour découvrir
l'étoile
Que la colline bleue avec son dos me
voile,
Le croissant qui s'écorne au toit de la
maison ;

Pour voir, au ciel de smalt, les flottantes
nuées
Par le vent du matin mollement remuées,
Comme un troupeau de l'air secouer leur
toison ;

Et la gloire, la gloire, astre et soleil de
l'âme,
Dans un océan d'or, avec le globe en
flamme,
Majestueusement monter à l'horizon !

IMPROMPTU

EN RÉPONSE À CETTE QUESTION :
QU'EST-CE QUE LA POÉSIE ?

ALFRED DE MUSSET. 1838.

Chasser tout souvenir et fixer la pensée,
Sur un bel axe d'or la tenir balancée,
Incertaine, inquiète, immobile pourtant ;
Éterniser peut-être un rêve d'un instant ;
Aimer le vrai, le beau, chercher leur
harmonie ;
Écouter dans son cœur l'écho de son
génie ;
Chanter, rire, pleurer, seul, sans but, au
hasard ;
D'un sourire, d'un mot, d'un soupir,
d'un regard
Faire un travail exquis, plein de crainte
et de charme,
Faire une perle d'une larme :
Du poëte ici-bas voilà la passion,
Voilà son bien, sa vie et son ambition.

SUR LES DÉBUTS

DE MESDEMOISELLES RACHEL ET PAULINE GARCIA.

ALFRED DE MUSSET. 1839.

Ainsi donc, quoi qu'on dise, elle ne
    tarit pas,
La source immortelle et féconde
Que le coursier divin fit jaillir sous ses
    pas ;
Elle existe toujours, cette séve du monde,
Elle coule, et les dieux sont encore ici-
    bas !

À quoi nous servent donc tant de luttes
    frivoles,
Tant d'efforts toujours vains et toujours
    renaissants ?
Un chaos si pompeux d'inutiles paroles,
    Et tant de marteaux impuissants
    Frappant les anciennes idoles ?

Discourons sur les arts, faisons les con-
    naisseurs ;
    Nous aurons beau changer d'erreurs
    Comme un libertin de maîtresse,
Les lilas au printemps seront toujours en
    fleurs,
Et les arts immortels rajeuniront sans
    cesse.

Discutons nos travers, nos rêves et nos
    goûts,
Comparons à loisir le moderne à l'antique,
Et ferraillons sous ces drapeaux jaloux !
Quand nous serons au bout de notre
    rhétorique,
Deux enfants nés d'hier en sauront plus
    que nous.

O jeunes cœurs remplis d'antique poésie,
Soyez les bienvenus, enfants chéris des
    dieux !
Vous avez le même âge et le même génie.
    La douce clarté soit bénie
    Que vous ramenez dans nos yeux !

Allez ! que le bonheur vous suive !
Ce n'est pas du hasard un caprice incon-
    stant
    Qui vous fit naître au même instant.
Votre mère ici-bas, c'est la muse attentive
Qui sur le feu sacré veille éternellement.

Obéissez sans crainte au dieu qui vous
    inspire.
Ignorez, s'il se peut, que nous parlons de
    vous.
Ces plaintes, ces accords, ces pleurs, ce
    doux sourire,
Tous vos trésors, donnez-les-nous :
Chantez, enfants, laissez-nous dire.

À UN POËTE.

VICTOR HUGO. 1839.

Ami, cache ta vie, et répands ton esprit.

Un tertre, où le gazon diversement fleu-
    rit ;
Des ravins où l'on voit grimper les
    chèvres blanches,
Un vallon, abrité un réseau de branches
Pleines de nids d'oiseaux, de murmures,
    de voix,
Qu'un vent joyeux remue, et d'où tombe
    parfois,
Comme un sequin jeté par une main
    distraite,
Un rayon de soleil dans ton âme secrète ;
Quelques rocs, par Dieu même arrangés
    savamment
Pour faire des échos au fond du bois
    charmant :
Voilà ce qu'il te faut pour séjour, pour
    demeure !
C'est là — que ta maison chante, aime,
    rie ou pleure —
Qu'il faut vivre, enfouir ton toit, borner
    tes jours,
Envoyant un soupir à peine aux antres
    sourds,
Mirant dans ta pensée intérieure et
    sombre
La vie obscure et douce et les heures
    sans nombre,
Bon d'ailleurs, et tournant, sans trouble
    ni remords,
Ton cœur vers les enfants, ton âme vers
    les morts !
Et puis, en même temps, au hasard, par
    le monde,
Suivant sa fantaisie auguste et vaga-
    bonde,
Loin de toi, par delà ton horizon ver-
    meil,
Laisse ta poésie aller en plein soleil !
Dans les rauques cités, dans les champs
    taciturnes,

Effleurée en passant des lèvres et des
      urnes,
Laisse-là s'épancher, cristal jamais terni,
Et fuir, roulant toujours vers Dieu,
      gouffre infini,
Calme et pure à travers les âmes fécon-
      dées,
Un immense courant de rêves et d'idées
Qui recueille en passant, dans son flot
      solennel,
Toûte eau qui sort de terre ou qui de-
      scend du ciel !
Toi, sois heureux dans l'ombre. En ta
      vie ignorée,
Dans ta tranquillité vénérable et sacrée,
Reste réfugié, penseur mystérieux !
Et que le voyageur malade et sérieux
Puisse, si le hasard l'amène en ta retraite,
Puiser en toi la paix, l'espérance discrète,
L'oubli de la fatigue et l'oubli du danger,
Et boire à ton esprit limpide, sans songer
Que, là-bas, tout un peuple aux mêmes
      eaux s'abreuve.

Sois petit comme source, et sois grand
      comme fleuve !

UNE SOIRÉE PERDUE.

ALFRED DE MUSSET. 1840.

J'ÉTAIS seul, l'autre soir, au Théâtre-
      Français,
Ou presque seul ; l'auteur n'avait pas
      grand succès.
Ce n'était que Molière, et nous savons
      de reste
Que ce grand maladroit, qui fit un jour
      Alceste,
Ignora le bel art de chatouiller l'esprit
Et de servir à point un dénoûment bien
      cuit.
Grâce à Dieu, nos auteurs ont changé
      de méthode,
Et nous aimons bien mieux quelque
      drame à la mode
Où l'intrigue, enlacée et roulée en feston,
Tourne comme un rébus autour d'un
      mirliton.

J'écoutais cependant cette simple har-
      monie,
Et comme le bon sens fait parler le génie.
J'admirais quel amour pour l'âpre vérité
Eut cet homme si fier en sa naïveté,

Quel grand et vrai savoir des choses de
      ce monde,
Quelle mâle gaîté, si triste et si profonde
Que, lorsqu'on vient d'en rire, on devrait
      en pleurer !
Et je me demandais: "Est-ce assez d'ad-
      *mirer ?
Est-ce assez de venir, un soir, par aven-
      ture,
D'entendre au fond de l'âme un cri de
      la nature,
D'essuyer une larme, et de partir ainsi,
Quoi qu'on fasse d'ailleurs, sans en
      prendre souci ?"
Enfoncé que j'étais dans cette rêverie,
Çà et là, toutefois, lorgnant la galerie,
Je vis que, devant moi, se balançait
      gaîment
Sous une tresse noire un cou svelte et
      charmant ;
Et, voyant cet ébène enchâssé dans
      l'ivoire,
Un vers d'André Chénier chanta dans
      ma mémoire,
Un vers presque inconnu, refrain in-
      achevé,
Frais comme le hasard, moins écrit que
      rêvé.
J'osai m'en souvenir, même devant
      Molière ;
Sa grande ombre, à coup sûr, ne s'en
      offensa pas ;
Et, tout en écoutant, je murmurais tout
      bas,
Regardant cette enfant, qui ne s'en
      doutait guère :
"Sous votre aimable tête, un cou blanc,
      délicat,
Se plie, et de la neige effacerait l'éclat."

Puis je songeais encore (ainsi va la
      pensée)
Que l'antique franchise, à ce point dé-
      laissée,
Avec notre finesse et notre esprit mo-
      queur,
Ferait croire, après tout, que nous
      manquons de cœur ;
Que c'était une triste et honteuse misère
Que cette solitude à l'entour de Molière,
Et qu'il est *pourtant temps,* comme dit
      la chanson,
De sortir de ce siècle ou d'en avoir raison ;
Car à quoi comparer cette scène em-
      bourbée,
Et l'effroyable honte où la muse est
      tombée ?

La lâcheté nous bride, et les sots vont
  disant
Que, sous ce vieux soleil, tout est fait à
  présent ;
Comme si les travers de la famille hu-
  maine
Ne rajeunissaient pas chaque an, chaque
  semaine.
Notre siècle a ses mœurs, partant, sa
  vérité ;
Celui qui l'ose dire est toujours écouté.

Ah ! j'oserais parler, si je croyais bien
  dire.
J'oserais ramasser le fouet de la satire,
Et l'habiller de noir, cet homme aux
  rubans verts,
Qui se fâchait jadis pour quelques mau-
  vais vers.
S'il rentrait aujourd'hui dans Paris, la
  grand'ville,
Il y trouverait mieux pour émouvoir sa
  bile
Qu'une méchante femme et qu'un mé-
  chant sonnet ;
Nous avons autre chose à mettre au
  cabinet.
O notre maître à tous ! si ta tombe est
  fermée,
Laisse-moi dans ta cendre, un instant
  ranimée,
Trouver une étincelle, et je vais t'imiter !
Apprends-moi de quel ton, dans ta bouche
  hardie,
Parlait la vérité, ta seule passion,
Et, pour me faire entendre, à défaut du
  génie,
J'en aurai le courage et l'indignation !

Ainsi je caressais une folle chimère.
Devant moi cependant, à côté de sa mère,
L'enfant restait toujours, et le cou svelte
  et blanc
Sous les longs cheveux noirs se berçait
  mollement.
Le spectacle fini, la charmante inconnue
Se leva. Le beau cou, l'épaule à demi
  nue,
Se voilèrent ; la main glissa dans le
  manchon ;
Et, lorsque la vis au seuil de sa maison
S'enfuir, je m'aperçus que je l'avais
  suivie.
Hélas ! mon cher ami, c'est là toute ma
  vie.
Pendant que mon esprit cherchait sa
  volonté,

Mon corps avait la sienne et suivait la
  beauté ;
Et, quand je m'éveillai de cette rêverie,
Il ne m'en restait plus que l'image chérie :
"Sous votre aimable tête, un cou blanc,
  délicat,
Se plie, et de la neige effacerait l'éclat."

À M. FROMENT MEURICE.

VICTOR HUGO. 1841.

ARTISTE ORFÉVRE.

Nous sommes frères : la fleur
Par deux arts peut être faite.
Le poëte est ciseleur ;
Le ciseleur est poëte.

Poëtes ou ciseleurs,
Par nous l'esprit se révèle.
Nous rendons les bons meilleurs,
Tu rends la beauté plus belle.

Sur son bras ou sur son cou,
Tu fais de tes rêveries,
Statuaire du bijou,
Des palais de pierreries !

Ne dis pas : " Mon art n'est rien."
Sors de la route tracée,
Ouvrier magicien,
Et mêle à l'or la pensée !

Tous les penseurs, sans chercher
Qui finit ou qui commence,
Sculptent le même rocher :
Ce rocher, c'est l'art immense.

Michel-Ange, grand vieillard,
En larges blocs qu'il nous jette,
Le fait jaillir au hasard ;
Benvenuto nous l'émiette.

Et, devant l'art infini,
Dont jamais la loi ne change,
La miette de Cellini
Vaut le bloc de Michel-Ange.

Tout est grand ; sombre ou vermeil,
Tout feu qui brille est une âme.
L'étoile vaut le soleil ;
L'étincelle vaut la flamme.

LE POËTE TERRIBLE.

VICTOR HUGO. 1842.

IL faut que le poëte, épris d'ombre et
    d'azur,
Esprit doux et splendide, au rayonne-
    ment pur,
Qui marche devant tous, éclairant ceux
    qui doutent,
Chanteur mystérieux qu'en tressaillant
    écoutent
Les femmes, les songeurs, les sages, les
    amants,
Devienne formidable à de certains mo-
    ments. .
Parfois lorsqu'on se met à rêver sur son
    livre,
Où tout berce, éblouit, calme, caresse,
    enivre,
Où l'âme, à chaque pas, trouve à faire
    son miel,
Où les coins les plus noirs ont des lueurs
    du ciel ;
Au milieu de cette humble et haute
    poésie,
Dans cette paix sacrée où croît la fleur
    choisie,
Où l'on entend couler les sources et les
    pleurs,
Où les strophes, oiseaux peints de mille
    couleurs,
Volent chantant l'amour, l'espérance et
    la joie ;
Il faut que, par instants, on frissonne,
    et qu'on voie
Tout à coup, sombre, grave et terrible
    au passant,
Un vers fauve sortir de l'ombre en ru-
    gissant !
Il faut que le poëte, aux semences fé-
    condes,
Soit comme ces forêts vertes, fraîches,
    profondes,
Pleines de chants, amour du vent et du
    rayon,
Charmantes, où, soudain, l'on rencontre
    un lion.

LA CHARITÉ.

LAMARTINE. 1846.

HYMNE ORIENTAL.

DIEU dit un jour à son soleil :
" Toi par qui mon nom luit, toi que ma
    droite envoie

Porter à l'univers ma splendeur et ma
    joie,
Pour que l'immensité me loue à son
    réveil ;
De ces dons merveilleux que répand ta
    lumière,
De ces pas de géant que tu fais dans les
    cieux,
De ces rayons vivants que boit chaque
    paupière,
Lequel te rend, dis-moi, dans toute ta
    carrière,
Plus semblable à moi-même et plus grand
    . à tes yeux ? "

Le soleil répondit en se voilant la face :
" Ce n'est point d'éclairer l'immensura-
    ble espace,
De faire étinceler les sables des déserts,
De fondre du Liban la couronne de
    glace,
Ni de me contempler dans le miroir des
    mers,
Ni d'écumer de feu sur les vagues des
    airs :
Mais c'est de me glisser aux fentes de la
    pierre
Du cachot où languit le captif dans sa
    tour,
Et d'y sécher des pleurs au bord d'une
    paupière
Que réjouit dans l'ombre un seul rayon
    du jour ! "

"Bien ! " reprit Jéhovah ; "c'est comme
    mon amour ! "
Ce que dit le rayon au Bienfaiteur su-
    prême,
Moi, l'insecte chantant, je le dis à moi-
    même.
Ce qui donne à ma lyre un frisson de
    bonheur,
Ce n'est point de frémir au vain souffle
    de gloire,
Ni de jeter au temps un nom pour sa
    mémoire,
Ni de monter au ciel dans un hymne
    vainqueur ;
Mais c'est de résonner, dans la nuit du
    mystère,
Pour l'âme sans écho d'un pauvre soli-
    taire
Qui n'a qu'un son lointain pour tout bruit
    sur la terre,
Et d'y glisser ma voix par les fentes du
    cœur.

DIAMANT DU CŒUR.

THÉOPHILE GAUTIER. 1850.

Tout amoureux, de sa maîtresse,
Sur son cœur ou dans son tiroir,
Possède un gage qu'il caresse
Aux jours de regret ou d'espoir.

L'un d'une chevelure noire,
Par un sourire encouragé,
A pris une boucle que moire
Un reflet bleu d'aile de geai.

L'autre a, sur un cou blanc qui ploie,
Coupé par derrière un flocon
Retors et fin comme la soie
Que l'on dévide du cocon.

Un troisième, au fond d'une boîte,
Reliquaire du souvenir,
Cache un gant blanc, de forme étroite,
Où nulle main ne peut tenir.

Cet autre, pour s'en faire un charme,
Dans un sachet, d'un chiffre orné,
Coud des violettes de Parme,
Frais cadeau qu'on reprend fané.

Celui-ci baise la pantoufle
Que Cendrillon perdit un soir ;
Et celui-ci conserve un souffle
Dans la barbe d'un masque noir.

Moi, je n'ai ni boucle lustrée,
Ni gant, ni bouquet, ni soulier,
Mais je garde, empreinte adorée,
Une larme sur un papier :

Pure rosée, unique goutte,
D'un ciel d'azur tombée un jour,
Joyau sans prix, perle dissoute
Dans la coupe de mon amour !

Et, pour moi, cette obscure tache
Reluit comme un écrin d'Ophyr,
Et du vélin bleu se détache,
Diamant éclos d'un saphir.

Cette larme, qui fait ma joie,
Roula, trésor inespéré,
Sur un de mes vers qu'elle noie,
D'un œil qui n'a jamais pleuré !

APRÈS LE FEUILLETON.

THÉOPHILE GAUTIER. 1852.

Mes colonnes sont alignées
Au portique du feuilleton ;
Elles supportent résignées
Du journal le pesant fronton.

Jusqu'à lundi je suis mon maître.
Au diable chefs-d'œuvre mort-nés !
Pour huit jours je puis me permettre
De vous fermer la porte au nez.

Les ficelles des mélodrames
N'ont plus le droit de se glisser
Parmi les fils soyeux des trames
Que mon caprice aime à tisser.

Voix de l'âme et de la nature,
J'écouterai vos purs sanglots,
Sans que les couplets de facture
M'étourdissent de leurs grelots.

Et portant, dans mon verre à côtes,
La santé du temps disparu,
Avec mes vieux rêves pour hôtes
Je boirai le vin de mon cru :

Le vin de ma propre pensée,
Vierge de toute autre liqueur,
Et que, par la vie écrasée,
Répand la grappe de mon cœur !

LA POËSIE.

VICTOR HUGO. 1854.

La source tombait du rocher
Goutte à goutte à la mer affreuse.
L'Océan, fatal au nocher,
Lui dit : "Que me veux-tu, pleureuse ?

"Je suis la tempête et l'effroi ;
Je finis où le ciel commence,
Est-ce que j'ai besoin de toi,
Petite, moi qui suis l'immense ?"

La source dit au gouffre amer :
"Je te donne, sans bruit ni gloire,
Ce qui te manque, ô vaste mer !
Une goutte d'eau qu'on peut boire."

L'ALBATROS.

CHARLES BAUDELAIRE. 1857.

SOUVENT, pour s'amuser, les hommes
    d'équipage
Prennent des albatros, vastes oiseaux
    des mers,
Qui suivent, indolents compagnons de
    voyage,
Le navire glissant sur les gouffres amers.

À peine les ont-ils déposés sur les
    planches,
Que ces rois de l'azur, maladroits et
    honteux,
Laissent piteusement leurs grandes ailes
    blanches
Comme des avirons traîner à côté d'eux.

Ce voyageur ailé, comme il est gauche
    et veule !
Lui, naguère si beau, qu'il est comique
    et laid !
L'un agace son bec avec un brûle-gueule,
L'autre mime, en boitant, l'infirme qui
    volait !

Le Poëte est semblable au prince des
    nuées
Qui hante la tempête et se rit de l'archer ;
Exilé sur le sol au milieu des huées,
Ses ailes de géant l'empêchent de mar-
    cher.

ÉLÉVATION.

CHARLES BAUDELAIRE. 1857.

AU-DESSUS des étangs, au-dessus des
    vallées,
Des montagnes, des bois, des nuages,
    des mers,
Par delà le soleil, par delà les éthers,
Par delà les confins des sphères étoilées,

Mon esprit, tu te meus avec agilité,
Et, comme un bon nageur qui se pâme
    dans l'onde,
Tu sillonnes gaîment l'immensité pro-
    fonde
Avec une indicible et mâle volupté.

Envole-toi bien loin de ces miasmes
    morbides
Va te purifier dans l'air supérieur,

Et bois, comme une pure et divine
    liqueur,
Le feu clair qui remplit les espaces
    limpides.

Derrière les ennuis et les vastes chagrins
Qui chargent de leur poids l'existence
    brumeuse,
Heureux celui qui peut d'une aile vi-
    goureuse
S'élancer vers les champs lumineux et
    sereins !

Celui dont les pensers, comme des alou-
    ettes,
Vers les cieux le matin prennent un libre
    essor,
— Qui plane sur la vie et comprend sans
    effort
Le langage des fleurs et des choses
    muettes !

LA MUSE VÉNALE.

CHARLES BAUDELAIRE. 1857.

O MUSE de mon cœur, amante des pa-
    lais,
Auras-tu, quand Janvier lâchera ses Bo-
    rées,
Durant les noirs ennuis des neigeuses
    soirées,
Un tison pour chauffer tes deux pieds
    violets ?

Ranimeras-tu donc tes épaules marbrées
Aux nocturnes rayons qui percent les
    volets ?
Sentant ta bourse à sec autant que ton
    palais,
Récolteras-tu l'or des voûtes azurées ?

Il te faut, pour gagner ton pain de chaque
    soir,
Comme un enfant de chœur, jouer de
    l'encensoir,
Chanter des *Te Deum* auxquels tu ne
    crois guère,

Ou, saltimbanque à jeun, étaler tes ap-
    pas
Et ton rire trempé de pleurs qu'on ne
    voit pas,
Pour faire épanouir la rate du vulgaire.

LE CHAT.

CHARLES BAUDELAIRE. 1857.

I.

Dans ma cervelle se promène,
Ainsi qu'en son appartement,
Un beau chat, fort, doux et charmant.
Quand il miaule, on l'entend à peine,

Tant son timbre est tendre et discret ;
Mais que sa voix s'apaise ou gronde,
Elle est toujours riche et profonde.
C'est là son charme et son secret.

Cette voix, qui perle et qui filtre
Dans mon fond le plus ténébreux,
Me remplit comme un vers nombreux
Et me réjouit comme un philtre.

Elle endort les plus cruels maux
Et contient toutes les extases ;
Pour dire les plus longues phrases,
Elle n'a pas besoin de mots.

Non, il n'est pas d'archet qui morde
Sur mon cœur, parfait instrument,
Et fasse plus royalement
Chanter sa plus vibrante corde,

Que ta voix, chat mystérieux,
Chat séraphique, chat étrange,
En qui tout est, comme en un ange,
Aussi subtil qu'harmonieux !

II.

De sa fourrure blonde et brune
Sort un parfum si doux, qu'un soir
J'en fus embaumé, pour l'avoir
Caressée une fois, rien qu'une.

C'est l'esprit familier du lieu ;
Il juge, il préside, il inspire
Toutes choses dans son empire ;
Peut-être est-il fée, est-il dieu.

Quand mes yeux, vers ce chat que j'aime
Tirés comme par un aimant,
Se retournent docilement
Et que je regarde en moi-même,

Je vois avec étonnement
Le feu de ses prunelles pâles,
Clairs fanaux, vivantes opales,
Qui me contemplent fixement.

FIN D'AVRIL.

ANDRÉ LEMOYNE. 1860.

Le rossignol n'est pas un froid et vain
     artiste
Qui s'écoute chanter d'une oreille égoïste,
Émerveillé du timbre et de l'ampleur des
     sons :
Virtuose d'amour, pour charmer sa cou-
     veuse,
Sur le nid restant seule, immobile et
     rêveuse,
Il jette à plein gosier la fleur de ses
     chansons.
Ainsi fait le poëte inspiré. — Dieu l'envoie
Pour qu'aux humbles de cœur il verse
     un peu de joie.
C'est un consolateur ému. — De temps
     en temps,
La pauvre humanité, patiente et robuste,
Dans son rude labeur aime qu'une voix
     juste
Lui chante la chanson divine du prin-
     temps.

L'ESPRIT PUR.

ALFRED DE VIGNY. 1863.

À ÉVA.

I.

Si l'orgueil prend ton cœur quand le
     peuple me nomme,
Que de mes livres seuls te vienne ta
     fierté.
J'ai mis sur le cimier doré du gentil-
     homme
Une plume de fer qui n'est pas sans
     beauté.
J'ai fait illustre un nom qu'on m'a
     transmis sans gloire.
Qu'il soit ancien, qu'importe ? il n'aura
     de mémoire
Que du jour seulement où mon front l'a
     porté.

II.

Dans le caveau des miens plongeant mes
     pas nocturnes,
J'ai compté mes aïeux, suivant leur
     vieille loi.
J'ouvris leurs parchemins, je fouillai dans
     leurs urnes
Empreintes sur le flanc des sceaux de
     chaque roi.

À peine une étincelle a relui dans leur
  cendre.
C'est en vain que d'eux tous le sang m'a
  fait descendre ;
Si j'écris leur histoire, ils descendront
  de moi.

III.

Ils furent opulents, seigneurs de vastes
  terres,
Grands chasseurs devant Dieu, comme
  Nemrod, jaloux
Des beaux cerfs qu'ils lançaient des bois
  héréditaires
Jusqu'où voulait la mort les livrer à
  leurs coups ;
Suivant leur forte meute à travers deux
  provinces,
Coupant les chiens du roi, déroutant
  ceux des princes,
Forçant les sangliers et détruisant les
  loups ;

IV.

Galants guerriers sur terre et sur mer,
  se montrèrent
Gens d'honneur en tout temps comme en
  tous lieux, cherchant
De la Chine au Pérou les Anglais, qu'ils
  brûlèrent
Sur l'eau qu'ils écumaient du levant au
  couchant ;
Puis, sur leur talon rouge, en quittant
  les batailles,
Parfumés et blessés revenaient à Ver-
  sailles
Jaser à l'Œil-de-bœuf avant de voir leur
  champ.

V.

Mais les champs de la Beauce avaient
  leurs cœurs, leurs âmes,
Leurs soins. Ils les peuplaient d'in-
  nombrables garçons,
De filles qu'ils donnaient aux chevaliers
  pour femmes,
Dignes de suivre en tout l'exemple et les
  leçons ;
Simples et satisfaits si chacun de leur
  race
Apposait saint Louis en croix sur sa
  cuirasse,
Comme leurs vieux portraits qu'aux
  murs noirs nous plaçons.

VI.

Mais aucun, au sortir d'une rude cam-
  pagne,
Ne sut se recueillir, quitter le destrier,
Dételer pour un jour ses palefrois d'Es-
  pagne,
Ni des coursiers de chasse enlever l'étrier
Pour graver quelque page et dire en
  quelque livre
Comme son temps vivait et comment il
  sut vivre,
Dès qu'ils n'agissaient plus, se hâtant
  d'oublier.

VII.

Tous sont morts en laissant leur nom
  sans auréole ;
Mais sur le disque d'or voilà qu'il est
  écrit,
Disant : "Ici passaient deux races de
  la Gaule
Dont le dernier vivant monte au temple
  et s'inscrit,
Non sur l'obscur amas des vieux noms
  inutiles,
Des orgueilleux méchants et des riches
  futiles,
Mais sur le pur tableau des livres de
  l'ESPRIT."

VIII.

Ton règne est arrivé, PUR ESPRIT, roi du
  monde !
Quand ton aile d'azur dans la nuit nous
  surprit,
Déesse de nos mœurs, la guerre vaga-
  bonde
Régnait sur nos aïeux. Aujourd'hui,
  c'est l'ÉCRIT,
L'ÉCRIT UNIVERSEL, parfois impérissable,
Que tu graves au marbre ou traînes sur
  le sable,
Colombe au bec d'airain ! VISIBLE SAINT-
  ESPRIT !

IX.

Seul et dernier anneau de deux chaînes
  brisées,
Je reste. Et je soutiens encor dans les
  hauteurs,
Parmi les maîtres purs de nos savants
  musées,
L'IDÉAL du poëte et des graves penseurs.
J'éprouve sa durée en vingt ans de
  silence,

Et toujours, d'âge en âge encor, je vois
   la France
Contempler mes tableaux et leur jeter
   des fleurs,

X.

Jeune postérité d'un vivant qui vous
   aime !
Mes traits dans vos regards ne sont pas
   effacés ;
Je peux en ce miroir *me connaître moi-
   même,*
Juge toujours nouveau de nos travaux
   passés !
Flots d'amis renaissants ! Puissent mes
   destinées
Vous amener à moi, de dix en dix années,
Attentifs à mon œuvre, et pour moi c'est
   assez !

LE SONNET.

JOSEPH AUTRAN. 1873.

JE t'invoque, Sonnet ! Fi du poême
   énorme
Qui, de ses douze chants, assomme l'au-
   diteur !
Sur le ton solennel que tout autre l'en-
   dorme,
Toi, tu n'as pas le temps d'assoupir un
   lecteur.

J'aime ton pas léger, j'aime ta mince
   forme ;
Ayant si peu de corps, tu n'as pas de
   lenteur.
On fait un lourd fagot avec le bois d'un
   orme,
Avec un brin de rose on fait une senteur !

Va donc, cours et reviens ; demande à
   l'hirondelle
Cet essor qui franchit tout le ciel d'un
   coup d'aile ;
Au fier cheval de Job emprunte son
   galop.

Sois l'éclair, le rayon, le regard, le sou-
   rire ;
Sonnet ! fais, en un mot, que l'on ne
   puisse dire :
   " Quatorze vers, c'est encor trop ! "

SUR UN VOLUME DE RACINE.

JOSEPH AUTRAN. 1873.

UN peu de cet ennui qu'aucun art ne
   surmonte
De ce livre, parfois, me ternit la beauté :
Laissons là, dis-je alors sans détour et
   sans honte,
Ce tragique immortel trop plein de ma-
   jesté !

La nature chez lui n'a pas toujours son
   compte.
Presque tous ses héros manquent de
   vérité :
Achille est un marquis, Oreste est un
   vicomte,
Britannicus un fat, soit dit en *aparté.*

Au charme de Shakspeare alors je m'aban-
   donne :
Je voudrais m'en aller dans sa verte
   forêt.
Sur la tour d'Elseneur le Danois m'appa-
   raît !

Mais j'entends Atalide, Andromaque,
   Hermione,
Et, soudain ressaisi par l'invincible at-
   trait,
Je ne vois plus si Phèdre est marquise
   ou baronne.

RHYTHME DES VAGUES.

FRANÇOIS COPPÉE. 1874.

J'ÉTAIS assis devant la mer sur le galet.
Sous un ciel clair, les flots d'un azur
   violet,
Après s'être gonflés en accourant du
   large,
Comme un homme accablé d'un fardeau
   s'en décharge,
Se brisaient devant moi, rhythmés et
   successifs.
J'observais ces paquets de mer lourds et
   massifs
Qui marquaient d'un hourrah leurs chutes
   régulières
Et puis se retiraient en râlant sur les
   pierres.

Et ce bruit m'enivrait ; et, pour écouter
    mieux,
Je me voilai la face et je fermai les yeux.
Alors, en entendant les lames sur la
    grève
Bouillonner et courir, et toujours, et
    sans trêve
S'écrouler en faisant ce fracas cadencé,
Moi, l'humble observateur du rhythme,
    j'ai pensé
Qu'il doit être en effet une chose sacrée,
Puisque Celui qui sait, qui commande et
    qui crée,
N'a tiré du néant ces moyens musicaux,
Ces falaises aux rocs creusés pour les
    échos,
Ces sonores cailloux, ces stridents co-
    quillages,
Incessamment heurtés et roulés sur les
    plages
Par la vague, pendant tant de milliers
    d'hivers,
Que pour que l'Océan nous récitât des
    vers.

LES POËTES.

VICTOR HUGO. 1877.

Un poëte est un monde enfermé dans un
    homme.
Plaute en son crâne obscur sentait four-
    miller Rome ;
Mélésigène, aveugle et voyant souverain
Dont la nuit obstinée attristait l'œil
    serein,
Avait en lui Calchas, Hector, Patrocle,
    Achille ;
Prométhée enchaîné remuait dans Es-
    chyle ;
Rabelais porte un siècle ; et c'est la
    vérité
Qu'en tout temps les penseurs couronnés
    de clarté,
Les Shakspeares féconds et les vastes
    Homères,
Tous les poëtes saints, semblables à des
    mères,
Ont senti dans leurs flancs des hommes
    tressaillir,
Tous, l'un le roi Priam et l'autre le roi
    Lear.
Leur fruit croît sous leur front comme
    au sein de la femme.
Ils vont rêver aux lieux déserts ; ils ont
    dans l'âme

Un éternel azur qui rayonne et qui rit ;
Ou bien ils sont troublés, et dans leur
    sombre esprit
Ils entendent rouler des chars pleins de
    tonnerres.
Ils marchent effarés, ces grands vision-
    naires.
Ils ne savent plus rien, tant ils vont
    devant eux,
Archiloque appuyé sur l'iambe boiteux,
Euripide écoutant Minos, Phèdre et l'in-
    ceste.
Molière voit venir à lui le morne Alceste,
Arnolphe avec Agnès, l'aube avec le
    hibou,
Et la sagesse en pleurs avec le rire fou.
Cervantes pâle et doux cause avec don
    Quichotte ;
A l'oreille de Job Satan masqué chu-
    chote ;
Dante sonde l'abîme en sa pensée ouvert ;
Horace voit danser les faunes à l'œil vert,
Et Marlow suit des yeux au fond des
    bois l'émeute
Du noir sabbat fuyant dans l'ombre avec
    sa meute.

Alors, de cette foule invisible entouré,
Pour la création le poëte est sacré.
L'herbe est pour lui plus molle et la
    grotte plus douce ;
Pan fait plus de silence en marchant sur
    la mousse ;
La nature, voyant son grand enfant dis-
    trait,
Veille sur lui ; s'il est un piége en la
    forêt,
La ronce au coin du bois le tire par la
    manche
Et dit : Ne va pas là ! Sous ses pieds la
    pervenche
Tressaille ; dans le nid, dans le buisson
    mouvant,
Dans la feuille, une voix, vague et mêlée
    au vent,
Murmure : C'est Shakspeare et Mac-
    beth ! C'est Molière
Et don Juan ! C'est Dante et Béatrix !
    Le lierre
S'écarte, et les halliers, pareils à des
    griffons,
Retirent leur épine, et les chênes pro-
    fonds,
Muets, laissent passer sous l'ombre de
    leurs dômes
Ces grands esprits parlant avec ces grands
    fantômes.

HISTORICAL AND PATRIOTIC.

AU ROY HENRI II.

SUR LA PAIX FAITE ENTRE LUI ET LE ROY D'ANGLETERRE L'AN 1550.

PIERRE DE RONSARD. 1550.

. . . . .
DIVERSEMENT, ô Paix heureuse,
Tu es la garde vigoureuse
Des peuples et de leurs citez ;
Des royaumes la clef tu portes,
Tu ouvres des villes les portes,
Serenant [1] leurs adversitez.
Bien qu'un prince voulust darder
Les flots armez de son orage,
Et tu le viennes regarder,
Ton œil appaise son courage ;
L'effort de ta divinité
Commande à la necessité,
Ployant sous ton obéissance ;
Les hommes sentent ta puissance,
Allechez de ton doux repos.
De l'air la vagabonde troupe
T'obéyt, et celle qui coupe
De l'eschine l'azur des flots.

. . . . .
Je te salue, heureuse Paix,
Je te salue et re-salue,
Toy seule, déesse, tu fais
Que la vie soit mieux voulue. [2]
Ainsi que les champs tapissez
De pampre ou d'espics herissez
Desirent les filles des nues
Après les chaleurs survenues,
Ainsi la France t'attendoit,
Douce nourriciere des hommes,
Douce rosée qui consommes [3]
La chaleur qui trop nous ardoit. [4]

[1] Rendre serein, apaiser.
[2] Désirée.
[3] Pour consumer, dissiper, confusion fréq.
alors.
[4] Brûlait.

Tu as esteint tout l'ennuy
Des guerres injurieuses,
Faisant flamber [1] aujourd'huy
Tes graces victorieuses.
En lieu du fer outrageux,
Des menaces et des flames,
Tu nous rameines les jeux,
Le bal et l'amour des dames, [2]
Travaux mignars et plaisans
A l'ardeur des jeunes ans...

Nul n'est exempt de la Fortune,
Car sans égard elle importune
Et peuples et rois et seigneurs.
Cadme sentit bien sa secousse
Et de quel tonnerre elle pousse [3]
Les grands princes de leurs honneurs.

Et qu'est-ce que des mortels ?
Si au matin ils fleurissent,
Le soir ils ne sont plus tels,
Pareils aux champs qui fanissent. [4]
Nul jamais ne s'est vanté
D'eviter la bourbe noire
Si la Muse n'a chanté
Les hymnes de sa memoire.
C'est à toi, Roy, d'honorer
Les vers, et les decorer
Des presens de ta hautesse ; [5]
Souffle ma nef, je seray
Le premier qui passeray
Mes compagnons de vistesse.

Plus tost que les feux ne s'eslancent,
Quand au ciel les foudres nous tancent,
Je courray dire aux estrangers
Combien l'effort de ta main dextre, [6]
Maniant le fer, est adextre, [7]

[1] Jeter des flammes, briller.
[2] Malherbe.
[3] Depellere.
[4] Pour se fanissent, se fanent.
[5] Grandeur.
[6] Droite.
[7] Adroit.

À briser l'horreur des dangers,
Et de quel soin prudent et caut [1]
Ton peuple justement tu guides,
Appris au mestier comme il faut
Luy lâcher et serrer les brides.
Ta vieille jeunesse et tes ans
En mille vertus reluisans
M'inspirent une voix hardie,
Et me commandent que je die
Ce regne heureux et fortuné
Sous qui l'heureuse destinée,
Avoit chanté dès mainte année,
Qu'un si grand prince seroit né.

Pour gouverner comme un bon père
La France heureusement prospere
Par les effects de sa vertu.
Rien icy bas ne s'accompare
À l'equité saintement rare
Dont un monarque est revestu ;
Aussi rien n'est tant vicieux
Qu'un grand gouverneur de province
Quand il fault,[2] d'autant que mille yeux
Avisent la faute d'un prince.
Ne preste l'aureille aux menteurs
Et fuy de bien loin les flateurs,
S'ils veulent oindre [3] tes aureilles
De fausses et vaines merveilles,
Fardans sous vaine authorité
Le vain abus de leurs vains songes,
Subtils artisans de mensonges
Et bons pipeurs de vérité.

POUR UN EMBLESME.

REPRESENTANT DES SAULES ESBRANCHEZ.

PIERRE DE RONSARD. 1560.

MALGRÉ la guerre, nostre Gaule
Riche de son dommage croist ;
Plus on la coupe, comme un saule,
Et plus fertile elle apparoist.

CHARLES IX. ET RONSARD.

VERS DU ROI CHARLES IX. À RONSARD.
1570.

RONSARD, si ton vieil corps ressem-
bloit ton esprit,
Je seroy bien content d'avouer par escrit
Qu'il sympathiseroit en mal avec le mien,

Et qu'il seroit malade aussi bien que le
tien.
Mais lorsque ta vieillesse en comparaison
ose
Regarder ma jeunesse, en vain elle pro-
pose
De se rendre pareille à mon jeune prin-
temps ;
Car en ton froid hyver rien de verd n'est
dedans ;
Il ne te reste rien qu'un esprit grand et
haut,
Lequel comme immortel jamais ne te
defaut.
Or donc je te diray que bien-heureux
serois
Si de ton bon esprit un rayon je tirois,
Ou bien que sans t'oster rien du tien si
exquis,
Par estude et labeur un tel m'estoit ac-
quis.
Ton esprit est, Ronsard, plus gaillard
que le mien ;
Mais mon corps est plus jeune et plus fort
que le tien.
Par ainsi je conclu qu'en sçavoir tu me
passe
D'autant que mon printemps tes cheveux
gris efface.

RESPONCE AUX VERS PRECEDENTS.

PIERRE DE RONSARD. 1570.

CHARLES, tel que je suis vous serez
quelque jour ;
L'âge vole tousjours sans espoir de re-
tour ;
Et, comme hors des dents la parole sortie
Ne retourne jamais après qu'elle est
partie,
Ainsi l'âge de l'homme après qu'il est
passé
Ne retourne jamais quand il nous a
laissé.
Voyez au mois de may sur l'espine la
rose :
Au matin un bouton, à vespre [1] elle est
esclose,
Sur le soir elle meurt ! ô belle fleur, ainsi
Un jour est ta naissance et ton trespas
aussi.
Si chasteaux, si citez de marbres
estofées, [2]

---

[1] Circonspect.
[2] Commet une faute.
[3] Au fig., amadouer, sens de caresser.

[1] À la tombée du jour.
[2] Au fig., habillées amplement.

Si empires, si rois, si superbes trofées
Vieillissent, je puis bien, en imitant le
    cours
De nature, décroistre, et voir vieillir
    mes jours.
    Je vous passe, mon roy, de vingt et
    deux années,
Mais les vostres seront si soudain re-
    tournées,
Qu'au prix du long sejour que fait l'eter-
    nité,
Qui les siecles devore en son infinité,
Vingt, trente, quarante ans accomparés,
    ressemblent
Un grain près d'un monceau où tant de
    grains s'assemblent ;
Et qui meurt ce jourd'huy, soit riche ou
    souffreteux,
Quant à l'eternité, meurt à l'egal de ceux
Qu'engloutit le deluge en l'eau déme-
    surée.
    Tout terme qui finit n'a pas longue
    durée.
Et soit tost ou soit tard il faut voir le
    trespas,
Et descendre au parquet des juges de
    là-bas.
    Heureux, trois fois heureux, si vous
    aviez mon âge !
Vous seriez delivré de l'importune rage
Des chaudes passions, dont l'homme ne
    vit franc
Quand son gaillard printemps luy es-
    chauffe le sang
De là l'ambition, de là la convoitise,
De là vient la chaleur que Venus nous
    attise,
Et l'ire qui abbat le fort de la raison,
Ennemis incognus du bon pere grison.
    Vous verriez, mon grand prince, en
    barbe venerable,
Vostre race royale autour de vostre table,
Comme jeunes lauriers ; et, monarque
    puissant,
Vous verriez dessous vous le peuple
    obéissant,
Vostre espargne fournie, et vos villes
    françoises,
Terres, havres et ports, loin de civiles
    noises ;
Riche d'honneur, de paix et de biens
    plantureux,
Et vieillard, vous seriez plus qu'en jeu-
    nesse heureux.
Il ne faut estimer que la mere Nature
Les saisons des humains ordonne à
    l'avanture,

Comme un meschant comique [1] en son
    théatre fait
Le premier acte bon, le dernier imparfait ;
Elle compose tout d'une meure sagesse ;
Si la jeunesse est bonne, aussi est la
    vieillesse.
    La jeunesse est gaillarde et discourt
    librement,
Vieillesse a la raison, l'esprit, le juge-
    ment ;
L'une a l'opinion et l'autre la prudence ;
L'une aime le bon vin, le bon lict, le
    bon feu.
Ainsi toute saison differe de bien peu,
Et presque l'une à l'autre à l'egal se
    rapporte ;
Chacune a son plaisir, mais de diverse
    sorte.
    Pourquoy en vous moquant me faictes
    vous ce tort
De m'appeler voisin des ombres de la
    mort,
Et de me peindre aux yeux une fin si
    prochaine,
Quand de mon chaud esté je ne sors
    qu'à grand peine,
Je n'entre qu'en autonne, et ne puis
    arriver
De quinze ou de seize ans aux jours de
    mon hyver,
Et vous puis (si le ciel à ma vie est pro-
    pice)
Faire encore long temps agréable service !
Et quand le corps seroit de trop d'âge
    donté,
L'âge ne peut forcer la bonne volonté.
    De force et de vigueur mal-gré moy
    je vous cede ;
Vous possedez la fleur, l'escorce je pos-
    sede ;
Et je vous cede encore en genereux es-
    prit,
Qui m'appelle au combat par un royal
    escrit.
    Et bref, s'il vous plaisoit un peu pren-
    dre la peine
De courtiser la Muse, et boire en la fon-
    taine
Fille de ce cheval qui fist sourcer le mont,
Tout seul vous raviriez les lauriers de
    mon front,
Un second roy François ; de là viendroit
    ma gloire :
Estre vaincu d'un roi, c'est gaigner la
    victoire.

          [1] Poëte comique.

À LA FRANCE.

PHILIPPE DESPORTES. 1580.

Du sommeil qui te clost les yeux et la
   pensée,
Sus reveille-toy, France, en ceste extré-
   mité !
Voy le ciel contre toy par toy-mesme
   irrité,
Et regarde en pitié comme tu t'es blessée.
C'est assez contre toy ta vengeance
   exercée,
C'est assez en ton sang ton bras ensan-
   glanté,
Et quand ton cœur felon n'en seroit con-
   tenté,
Pourtant de t'affoller tu dois estre lassée.
Toy qui fus autrefois l'effroy de l'es-
   tranger,
Or tu es sa risée et soumise au danger,
Tandis que dessus toy tu t'acharnes
   cruelle,
Qu'il sorte pour domter ton cœur
   envenimé,
Et fasse comme on voit un grand loup
   affamé,
Qui de tout un troupeau separe la que-
   relle.

VERS FUNÈBRES SUR LA MORT DE HENRI LE GRAND.[1]

MALHERBE. 1610.

Enfin l'ire du ciel, et sa fatale envie,
Dont j'avois repoussé tant d'injustes
   efforts,
Ont détruit ma fortune, et sans m'ôter
   la vie
   M'ont mis entre les morts.

Henri, ce grand Henri, que les soins de
   nature
Avoient fait un miracle aux yeux de
   l'univers,
Comme un homme vulgaire est dans la
   sépulture
   À la merci des vers.

Belle âme, beau patron des célestes
   ouvrages,
Qui fus de mon espoir l'infaillible recours,
Quelle nuit fut pareille aux funestes
   ombrages
   Où tu laisses mes jours ?

[1] Henri IV. avait été assassiné le 14 mai 1610.

C'est bien à tout le monde une commune
   plaie,
Et le malheur que j'ai chacun l'estime
   sien ;
Mais en quel autre cœur est la douleur
   si vraie,
   Comme elle est dans le mien ?

Ta fidèle compagne, aspirant à la gloire
Que son affliction ne se puisse imiter,
Seule de cet ennui me débat la victoire,
   Et me la fait quitter.

L'image de ses pleurs, dont la source
   féconde
Jamais depuis ta mort ses vaisseaux n'a
   taris,
C'est la Seine en fureur qui déborde son
   onde
   Sur les quais de Paris.

Nulle heure de beau temps ses orages
   n'essuie,
Et sa grâce divine endure en ce tourment
Ce qu'endure une fleur que la bise ou la
   pluie
   Bat excessivement.

Quiconque approche d'elle a part à son
   martyre,
Et par contagion prend sa triste couleur ;
Car pour la consoler que lui sauroit-on
   dire
   En si juste douleur ?

Reviens la voir, grande âme, ôte-lui cette
   nue,
Dont la sombre épaisseur aveugle sa
   raison,
Et fais du même lieu d'où sa peine est
   venue,
   Venir sa guérison.

Bien que tout réconfort lui soit une
   amertume,
Avec quelque douceur qu'il lui soit pré-
   senté,
Elle prendra le tien, et selon sa coutume
   Suivra ta volonté.

Quelque soir en sa chambre apparois
   devant elle,
Non le sang en la bouche, et le visage
   blanc,
Comme tu demeuras sous l'atteinte mor-
   telle
   Qui te perça le flanc.

Viens-y tel que tu fus, quand aux monts
  de Savoie
Hymen en robe d'or te la vint amener ;
Ou tel qu'à Saint-Denis entre nos cris
  de joie
  Tu la fis couronner.

Après cet essai fait, s'il demeure inutile,
Je ne connois plus rien qui la puisse
  toucher ;
Et sans doute la France aura, comme
  Sipyle,[1]
  Quelque fameux rocher.

Pour moi, dont la foiblesse à l'orage
  succombe,
Quand mon heur abattu pourroit se
  redresser,
J'ai mis avecque toi mes desseins en la
  tombe,
  Je les y veux laisser.

Quoi que pour m'obliger fasse la destinée,
Et quelque heureux succès qui me puisse
  arriver,
Je n'attends mon repos qu'en l'heureuse
  journée
  Où je t'irai trouver.

Ainsi de cette cour l'honneur et la mer-
  veille
Alcippe[2] soupiroit, prêt à s'évanouir.
On l'auroit consolé ; mais il ferme
  l'oreille,
  De peur de rien ouïr.

ODE[3]

SUR UN BRUIT QUI COURUT, EN 1656, QUE
CROMWELL ET LES ANGLAIS ALLAIENT FAIRE
LA GUERRE À LA FRANCE.

BOILEAU-DESPRÉAUX.

Quoi ! ce peuple aveugle en son crime,
Qui, prenant son roi pour victime,

[1] On s'accorde aujourd'hui à placer le mont
Sipyle en Lydie, sur la côte ouest de l'Anatolie.
C'est à son sommet que Niobé, "dont le visage,
dit Sophocle dans *Antigone* (V. 829), est inondé
de larmes qui ne tarissent jamais," fut changée
en rocher.
[2] Le duc de Bellegarde.
[3] "Je n'avois que dix-huit ans quand je fis
cette ode, mais je l'ai raccommodée." — BOI-
LEAU.
"Boileau était, quoi qu'il en dise, dans sa
vingtième année en 1656." — DAUNOU.

Fit du trône un théâtre affreux
Pense-t-il que le ciel, complice
D'un si funeste sacrifice,
N'a pour lui ni foudre ni feux !

Déjà sa flotte à pleines voiles,
Malgré les vents et les étoiles,
Veut maîtriser tout l'univers ;
Et croit que l'Europe étonnée,
À son audace forcenée
Va céder l'empire des mers.

Arme-toi, France ; prends la foudre ;
C'est à toi de réduire en poudre
Ces sanglants ennemis des lois.
Suis la victoire qui t'appelle,
Et va sur ce peuple rebelle
Venger la querelle des rois.

Jadis on vit ces parricides,
Aidés de nos soldats perfides,
Chez nous, au comble de l'orgueil,
Briser les plus fortes murailles,
Et par le gain de vingt batailles
Mettre tous tes peuples en deuil.

Mais bientôt le ciel en colère,
Par la main d'une humble bergère
Renversant tous leurs bataillons,
Borna leurs succès et nos peines ;
Et leurs corps, pourris dans nos plaines,
N'ont fait qu'engraisser nos sillons.

À HENRI IV.

SUR CE QU'ON AVAIT ÉCRIT À L'AUTEUR QUE
PLUSIEURS CITOYENS DE PARIS S'ÉTAIENT
MIS À GENOUX DEVANT LA STATUE ÉQUESTRE
DE CE PRINCE PENDANT LA MALADIE DU
DAUPHIN.[1]

VOLTAIRE. 1766.

Intrépide soldat, vrai chevalier,
  grand homme,
Bon roi, fidèle ami, tendre et loyal
  amant,
Toi que l'Europe a plaint d'avoir fléchi
  sous Rome,
Sans qu'on osât blâmer ce triste abaisse-
  ment,

[1] Le Dauphin, père de Louis XVI., Louis
XVIII., et Charles X., est mort le 20 décembre
1765.

Henri, tous les Français adorent ta
    mémoire :
Ton nom devient plus cher et plus grand
    chaque jour ;
Et peut-être autrefois quand j'ai chanté
    ta gloire
Je n'ai point dans les cœurs affaibli tant
    d'amour.

Un des beaux rejetons de ta race
    chérie,
Des marches de ton trône au tombeau
    descendu,
Te porte, en expirant, les vœux de ta
    patrie,
Et les gémissements de ton peuple
    éperdu.

Lorsque la Mort sur lui levait sa faux
    tranchante,
On vit de citoyens une foule trem-
    blante
Entourer ta statue et la baigner de
    pleurs ;
C'était là leur autel, et, dans tous nos
    malheurs,
On t'implore aujourd'hui comme un dieu
    tutélaire.
La fille qui naquit aux chaumes de
    Nanterre.[1]
Pieusement célèbre en des temps téné-
    breux,
N'entend point nos regrets, n'exauce
    point nos vœux,
De l'empire français n'est point la pro-
    tectrice.
C'est toi, c'est ta valeur, ta bonté, ta
    justice,
Qui préside à l'État raffermi par tes
    mains.
Ce n'est qu'en t'imitant qu'on a des jours
    prospères ;
C'est l'encens qu'on te doit : les Grecs
    et les Romains
Invoquaient des héros, et non pas des
    bergères.

Oh ! si de mes déserts, où j'achève mes
    jours,
Je m'étais fait entendre au fond du
    sombre empire !
Si, comme au temps d'Orphée, un enfant
    de la lyre
De l'ordre des destins interrompait le
    cours !

[1] Sainte Geneviève.

Si ma voix — Mais tout cède à leur
    arrêt suprême :
Ni nos chants, ni nos cris, ni l'art et ses
    secours,
Les offrandes, les vœux, les autels, ni
    toi-même,
Rien ne suspend la mort. Ce monde
    illimité
Est l'esclave éternel de la fatalité.
À d'immuables lois Dieu soumit la
    nature.

Sur ces monts entassés, séjour de la
    froidure,
Au creux de ces rochers, dans ces
    gouffres affreux,
Je vois des animaux maigres, pâles,
    hideux,
Demi-nus, affamés, courbés sous l'infor-
    tune ;
Ils sont hommes pourtant : notre mère
    commune
A daigné prodiguer des soins aussi puis-
    sants
À pétrir de ses mains leur substance
    mortelle,
Et le grossier instinct qui dirige leurs
    sens,
Qu'à former les vainqueurs de Pharsale
    et d'Arbelle.
Au livre des destins tous leurs jours sont
    comptés ;
Les tiens l'étaient aussi. Ces dures
    vérités
Épouvantent le lâche et consolent le
    sage.
Tout est égal au monde : un mourant
    n'a point d'âge.
Le Dauphin le disait au sein de la gran-
    deur,
Au printemps de sa vie, au comble du
    bonheur ;
Il l'a dit en mourant, de sa voix affai-
    blie,
À son fils, à son père, à la cour atten-
    drie.
O toi ! triste témoin de son dernier mo-
    ment,
Qui lis de sa vertu ce faible monument,
Ne me demande point ce qui fonda sa
    gloire,
Quels funestes exploits assurent sa
    mémoire,
Quels peuples malheureux on le vit
    conquérir,
Ce qu'il fit sur la terre — il t'apprit à
    mourir !

AUX PRUSSIENS.

POËME DE FRÉDÉRIC II. ROI DE PRUSSE.
1750.

AVEC REMARQUES ET CORRECTIONS PAR
VOLTAIRE.

PRUSSIENS,[1] que la valeur conduisait à la
 gloire,
Héros ceints des lauriers que donne la
 victoire,
Enfants chéris de Mars, comblés de ses
 faveurs,
  Craignez que la paresse,
  L'orgueil et la mollesse
  Ne corrompent vos mœurs.

Par l'instinct passager d'une vertu com-
 mune,
Un peuple sous ses lois asservit la fortune,
Il brave ses voisins, il brave le trépas ;
  Mais sa vertu s'efface,
  Et son empire passe,
  S'il ne le soutient pas.

Vainqueurs audacieux de la fière Au-
 sonie,[2]
Ennemis des Romains, rivaux de leur
 génie,
Vous vîtes dans vos fers expirer ses
 guerriers ;
  Mais Carthage l'avoue,
  Le séjour de Capoue
  Flétrit tous vos lauriers.

Jadis tout l'Orient tremblait devant
 l'Attique
Ses valeureux guerriers, sa sage politique,
De ses puissants voisins arrêtaient les
 progrès,
  Quand la Grèce opprimée
  Défit l'immense armée
  De l'orgueilleux Xerxès.

[1] "Le héros fait ici ses Prussiens de deux
syllabes, et ensuite, dans une autre strophe, il
leur accorde trois syllabes. Un roi est le maître
de ses faveurs. Cependant il faut un peu
d'uniformité, et les *tens* font d'ordinaire deux
syllabes, comme *liens, Silésiens, Autrichiens*,
excepté les monosyllabes *rien, bien, tien, mien,
chien*, et leurs composés *vaurien, chrétien*, etc.
Pourquoi ne pas commencer pas *peuples !* ce
mot *peuple* étant répété à la seconde strophe,
on pourrait y substituer *État*." — V.

[2] "Aimez-vous deux apostrophes de suite à
deux nations différentes ? On pourrait aisé-
ment mettre la chose à la troisième personne :
Les Africains, vainqueurs de la fière Ausonie,
etc., comme il vous semblera bon." — V.

À l'ombre des grandeurs elle enfanta les
 vices,
L'intérêt y trama ses noires injustices,
La lâcheté parut où régnait la valeur,
  Et sa force épuisée
  La rendit la risée
  De son nouveau vainqueur.

Ainsi, lorsque la nuit répand ses voiles
 sombres,
L'éclair brille un moment au milieu de
 ses ombres,
Dans son rapide cours son éclat éblouit ;
  Mais dès qu'on l'a vu naître,
  Trop prompt à disparaître,
  Son feu s'anéantit.

Le soleil plus puissant du haut de sa
 carrière
Dispense constamment sa bénigne lu-
 mière,
Il dissout les glaçons des rigoureux
 hivers ;
  Son influence pure
  Ranime la nature
  Et maintient l'univers.[1]

Ce feu si lumineux dans son sien prend
 sa source,
Il en est le principe, il en est la ressource ;
Quand la vermeille aurore éclaire l'orient,
  Les astres qui pâlissent
  Bientôt s'ensevelissent
  Au sein du firmament.

Tel est, ô Prussiens, votre auguste mo-
 dèle ;
Soutenez comme lui votre gloire nouvelle,
Et sans vous arrêter à vos premiers
 travaux,
  Sachez prouver au monde
  Qu'une vertu féconde
  En produit de nouveaux.

Des empires fameux l'écroulement fu-
 neste
N'est point l'effet frappant de la haine
 celeste,
Rien n'était arrêté par l'ordre des destins ;

[1] "Tout cela est très-beau, et la comparaison
est admirable par sa grandeur et par sa justesse.
Le mot de *bénigne* est un peu dévot, et n'est
pas admis dans la poésie noble ; deux bonnes
raisons pour l'effacer de vos écrits. Cela est
très-aisé à corriger. *Durable* serait peut-être
mieux, ou bien point d'épithète : Dans son
cours éternel dispense la lumière, ou bien, une
égale lumière." — V.

Où prospère le sage,
L'imprudent fait naufrage ;
Le sort est en nos mains.

Héros, vos grands exploits élèvent cet
empire,
Soutenez votre ouvrage, ou votre gloire
expire ;
Au comble parvenus il faut vous élever : [1]
À ce superbe faîte,
Tout mortel qui s'arrête,
Est prêt à reculer.

Dans le cours triomphant de vos succès
prospères,
Soyez humains et doux, genereux, dé-
bonnaires,
Et que tant d'ennemis sous vos coups
abattus,
Rendent un moindre hommage,
À votre ardent courage,
Qu'à vos rares vertus.

L'ASSEMBLÉE DES NOTABLES.

MARIE-JOSEPH CHÉNIER. 1787.[2]

QUAND des républicains étaient maîtres
du monde,
Quand le Tibre, orgueilleux de leur
porter son onde,
Admirait sur ses bords un peuple de
héros ;

[1] "Quand on est au comble, il n'y a plus à
s'élever, ou la figure n'est pas juste. Quand
Boileau a dit : 'Au comble parvenus il veut
que nous croissions,' il l'a dit exprès pour mar-
quer une impossibilité, et il dit ensuite : ' Il
veut en vieillissant que nous rajeunissions.'
"On ne s'*arrête* guère *au faîte*, c'est-à-dire que
cette expression est équivoque, car elle peut
signifier qu'on s'arrête sur le faîte, et alors on
ne peut plus avancer.   On pourrait dire à peu
près :

"D'un vol toujours {égal / rapide} Il faut vous élever,
Et monté près du faîte,
Tout mortel qui s'arrête, etc.

"Du reste, cette ode est un de vos plus beaux
ouvrages ; j'aime passionnément cette mesure.
Je crois en être le père, mais vous l'avez bien
embellie.
"Ce serait grand dommage si vous renonciez
à la poésie dans la force de votre génie et de
votre âge, et après les progrès étonnants que
vous avez faits. J'espère que V. M. occupera
encore quelquefois son loisir de ces nobles
amusements." — V.

[2] L'auteur avait vingt-trois ans.

Si, troublant tout à coup leur auguste
repos,
Si Rome, objet sacré de respect, de
tendresse,
Daignait sur ses besoins consulter leur
sagesse,
Elle voyait bientôt dans les murs de sénat
Courir les Scipions, ces appuis de l'État ;
Métellus, ombragé des palmes numi-
diques ;
Caton, ce demi-dieu, le premier des
stoïques ;
L'éloquent Cicéron, redoutable aux per-
vers ;
Le grand, l'heureux Pompée, ignorant
les revers,
Fier encor de ce jour où la terre étonnée
Contemplait son triomphe, à sa suite
enchaînée ;
Et César, méditant ses immenses destins ;
Et Brutus, héritier du vengeur des Ro-
mains,
Divisés d'intérêts, de soins, de politique,
Unis dans ces momens pour la cause
publique.

Peuple envié du monde, et protégé des
cieux,
Un spectacle aussi grand se présente à
vos yeux.
Osez en concevoir la plus digne espérance.
O Français ! il s'agit du bonheur de la
France :
Voyez se rassembler ses enfans, ses sou-
tiens :
Roi, pontifes, guerriers, magistrats, ci-
toyens,
Zélés pour le bien seul, sans orgueil et
sans crainte,
Attestant la justice et la vérité sainte,
Jurant de réparer les fautes de vingt rois,
D'abolir tous les maux consacrés par des
lois.
La France au milieu d'eux se plaît à les
entendre,
Et fixant sur eux tous un regard noble
et tendre :

"Citoyens ! qu'aujourd'hui rien ne soit
oublié ;
Ajoutez, leur dit-elle, et tranchez sans
pitié.
Qu'en vos heureuses mains l'État se re-
nouvelle :
Hâtez-vous d'affermir sa force qui chan-
celle.

Cette masse imposante, et dont l'œil est
  surpris,
N'étalerait bientôt que de honteux débris.
Édifice du temps, c'est le temps qui
   · l'outrage.
Plus d'un cruel abus s'appelle encore
  usage.
Les momens sont venus, joignez tous vos
  efforts.
J'ai vu les protestans bannis loin de mes
  bords,
De cités en cités cherchant une patrie,
Y porter des trésors, enfans de l'industrie.
Les arts et le travail accompagnaient
  leurs pas ;
Errans, désespérés, ils me tendaient les
  bras.
Durant un siècle entier j'ai pleuré leur
  absence :
Roi, sèche, il en est temps, les larmes de
  la France.
Vengeur de l'Amérique, et protecteur
  des mers,
Laisse adorer ton Dieu sous des cultes
  divers.
L'État ne doit venger que la commune
  injure.
Dieu veut-il un hommage imposteur ou
  parjure !
Sans prévenir, du moins, le jugement
  des cieux,
Rends aux fils les climats qu'habitaient
  leurs aïeux.
D'excellens citoyens fréquentaient peu
  nos temples ;
Et sans aller bien loin te chercher des
  exemples,
De ton prédécesseur Maurice [1] fut l'ap-
  pui :
On peut servir son roi sans penser comme
  lui.

"L'ignorance a longtemps peuplé les mo-
  nastères.
Humbles, pauvres d'abord, de saints céli-
  bataires,
Sous le dais, tout à coup, cherchant des
  protecteurs,
Honorés, agrandis, souvent usurpateurs,
Stérilement dévots, traînaient dans le
  silence
Des jours longs et pesans, filés par l'in-
  dolence.
Enfin l'homme stupide, à l'oubli consacré,
Eut contre le travail un refuge assuré ;

[1] Le Maréchal de Saxe.

De citoyens vivans ces tombeaux se rem-
  plirent :
À l'envi de Pepin vingt rois les en-
  richirent.
Entends-tu maintenant, les sanglots, les
  regrets !
O d'un zèle insensé trop funestes effets !
Vois-tu tous ces enfans, les victimes d'un
  père,
Condamnés loin du monde à gémir sous
  la haire ?
Leur bouche a prononcé le serment
  solennel,
Et, contraints de mentir aux pieds de
  l'Éternel,
Ils vont baigner de pleurs des marbres
  inflexibles,
Ils accusent le Dieu qui les rendit sen-
  sibles,
L'inexorable autel qui les tient opprimés,
Et ces vœux sans retour qu'ils n'avaient
  point formés.
Martyrs ou fainéans, laisse-les dispa-
  raître ;
Éteints et non détruits, qu'ils meurent
  sans renaître :
L'État ne leur doit rien, ils n'ont rien
  fait pour lui,
Et le fisc épuisé redemande aujourd'hui
Cet or longtemps oisif, conquis sur la
  faiblesse.
Bientôt, juste héritier d'une injuste
  richesse,
Tu pourras accueillir de bienfaisans re-
  gards
Les essais du travail, les prodiges des
  arts.
Des moissons vont couvrir les landes
  infertiles ;
Les cités vont s'orner de monumens
  utiles ;
D'innombrables vaisseaux élancés de nos
  ports
Du Gange et de l'Indus vont chercher
  les trésors.
Je vois par cent canaux circuler l'abon-
  dance ;
Cent hospices s'ouvrant aux maux de
  l'indigence.
Laisse penser, écrire ; entends la vé-
  rité.
Permets que de Thémis la sage austérité
Abjure enfin des lois que dicta le dé-
  lire,
Et que l'or sans pudeur n'ait plus le
  droit d'élire.
Détruis ce jeu royal ouvert aux citoyens,

Ces impôts du hasard qui dévorent leurs
    biens ;
Crains le dédale obscur de tant de mains
    avides,
Où vont, loin de tes yeux, s'égarer les
    subsides ;
Crains l'amas effronté de ces valets des
    rois,
Bien payés pour remplir d'inutiles em-
    plois :
Apprends que, tôt ou tard, cette pompe
    insultante
Amène des États la ruine éclatante.

"Toujours pendant son règne un mo-
    narque flatté
Entend bénir son nom de la postérité ;
Mais, à ce tribunal, dès qu'il vien de
    descendre,
Trop souvent le mépris accompagne sa
    cendre,
Et dans soixante rois de leur siècle adorés,
Je cherche en vain dix noms par le temps
    consacrés ;
Mais le plus beau laurier, immortelle
    conquête,
De ces rois citoyens couronne encor la
    tête.
Obtiens par tes vertus ce laurier généreux.
Que des prisons d'État les fondemens
    affreux
Démolis, écroulés, à des lois équitables
Réservent le pouvoir de punir les coupa-
    bles.
Que le Jura soit libre, et que loin de
    mes yeux
L'esclavage, étalant son aspect odieux,
Coure au fond d'un sérail, à Delhi,
    dans Byzance,
D'un bourreau despotique exalter la
    clémence.
La Liberté n'a pas un langage impos-
    teur ;
Quand sa bouche a loué, l'éloge est dans
    son cœur,
Mais l'éloge pudique et mêlé de cour-
    age.
Elle offre avec mesure un volontaire
    hommage ;
Dans les cœurs attiédis elle enflamme
    l'honneur,
Produit les grands exploits, les vertus,
    le bonheur,
Fait les rois plus puissans, les sujets
    plus fidèles :
Un père idolâtré n'a point d'enfans re-
    belles."

LA LIBERTÉ.[1]

ANDRÉ CHÉNIER. MARCH, 1787.

Un chevrier, un berger.

LE CHEVRIER.

BERGER, quel es-tu donc ! qui t'agite ! et
    quels dieux
De noirs cheveux épars enveloppent tes
    yeux ?

LE BERGER.

Blond pasteur de chevreaux, oui, tu veux
    me l'apprendre !
Oui, ton front est plus beau, ton regard
    est plus tendre.

LE CHEVRIER.

Quoi ! tu sors de ces monts où tu n'as vu
    que toi,
Et qu'on n'approche point sans peine et
    sans effroi !

LE BERGER.

Tu te plais mieux sans doute aux bois,
    à la prairie ;
Tu le peux. Assieds-toi parmi l'herbe
    fleurie ;
Moi, sous un antre aride, en cet affreux
    séjour,
Je me plais sur le roc à voir passer le jour.

LE CHEVRIER.

Mais Cérès a maudit cette terre âpre et
    dure ;
Un noir torrent pierreux y roule une onde
    impure ;
Tous ces rocs, calcinés sous un soleil
    rongeur,
Brûlent et font hâter les pas du voyageur.
Point de fleurs, point de fruits, nul om-
    brage fertile
N'y donne au rossignol un balsamique
    asile.
Quelque olivier au loin, maigre fécondité,
Y rampe et fait mieux voir leur triste
    nudité.
Comment as-tu donc su d'herbes accou-
    tumées
Nourrir dans ce désert tes brebis affamées !

[1] "Un des chefs-d'œuvre de notre langue."
— *Nouvelle Biographie.*

LE BERGER.

Que m'importe ! est-ce à moi qu'appar-
tient ce troupeau ?
Je suis esclave.

LE CHEVRIER.

Au moins un rustique pipeau
A-t-il chassé l'ennui de ton rocher sau-
vage ?
Tiens, veux-tu cette flûte ? Elle fut mon
ouvrage.
Prends : sur ce buis, fertile en agréables
sons,
Tu pourras des oiseaux imiter les chan-
sons.

LE BERGER.

Non, garde tes présents. Les oiseaux de
ténèbres,
La chouette et l'orfraie, et leurs accents
funèbres :
Voilà les seuls chanteurs que je veuille
écouter ;
Voilà quelles chansons je voudrais imiter.
Ta flûte sous mes pieds serait bientôt
brisée :
Je hais tous vos plaisirs. Les fleurs et
la rosée,
Et de vos rossignols les soupirs caressants,
Rien ne plaît à mon cœur, rien ne flatte
mes sens ;
Je suis esclave.

LE CHEVRIER.

Hélas ! que je te trouve à plaindre !
Oui, l'esclavage est dur ; oui, tout mor-
tel doit craindre
De servir, de plier sous une injuste loi,
De vivre pour autrui, de n'avoir rien à
soi.
Protége-moi toujours, ô Liberté chérie !
O mère des vertus, mère de la patrie !

LE BERGER.

Va, patrie et vertu ne sont que de vains
noms.
Toutefois tes discours sont pour moi des
affronts :
Ton prétendu bonheur et m'afflige, et me
brave ;
Comme moi, je voudrais que tu fusses
esclave.

LE CHEVRIER.

Et moi, je te voudrais libre, heureux
comme moi.
Mais les dieux n'ont-ils point de remède
pour toi ?
Il est des baumes doux, des lustrations
pures
Qui peuvent de notre âme assoupir les
blessures,
Et de magiques chants qui tarissent les
pleurs.

LE BERGER.

Il n'en est point ; il n'est pour moi que
des douleurs :
Mon sort est de servir, il faut qu'il s'ac-
complisse.
Moi, j'ai ce chien aussi qui tremble à mon
service ;
C'est mon esclave aussi. Mon désespoir
muet
Ne peut rendre qu'à lui tous les maux
qu'on me fait.

LE CHEVRIER.

La terre, notre mère, et sa douce richesse
Sont-elles sans pouvoir pour bannir ta
tristesse ?
Vois la belle campagne ! et vois l'été
vermeil,
Prodigue de trésors, brillants fils du
soleil,
Qui vient, fertile amant d'une heureuse
culture,
Varier du printemps l'uniforme ver-
dure ;
Vois l'abricot naissant, sous les yeux d'un
beau ciel,
Arrondir son fruit doux et blond comme
le miel ;
Vois la pourpre des fleurs dont le pêcher
se pare
Nous annoncer l'éclat des fruits qu'il
nous prépare.
Au bord de ces prés verts regarde ces
guérets,
De qui les blés touffus, jaunissantes fo-
rêts,
Du joyeux moissonneur attendent la
faucille.
D'agrestes déités quelle noble famille !
La Récolte et la Paix, aux yeux purs et
sereins,
Les épis sur le front, les épis dans les
mains,

Qui viennent, sur les pas de la belle Es-
   pérance,
Verser la corne d'or où fleurit l'Abon-
   dance.

LE BERGER.

Sans doute qu'à tes yeux elles montrent
   leurs pas ;
Moi, j'ai des yeux d'esclave, et je ne les
   vois pas.
Je n'y vois qu'un sol dur, laborieux, ser-
   vile,
Que j'ai, non pas pour moi, contraint
   d'être fertile ;
Où, sous un ciel brûlant, je moissonne
   le grain.
Qui va nourrir un autre, et me laisse ma
   faim.
Voilà quelle est la terre. Elle n'est point
   ma mère,
Elle est pour moi marâtre ; et la nature
   entière
Est plus nue à mes yeux, plus horrible
   à mon cœur,
Que ce vallon de mort qui te fait tant
   d'horreur.

LE CHEVRIER.

Le soin de tes brebis, leur voix douce et
   paisible,
N'ont-ils donc rien qui plaise à ton âme
   insensible ?
N'aimes-tu point à voir les jeux de tes
   agneaux ?
Moi, je me plais auprès de mes jeunes
   chevreaux ;
Je m'occupe à leurs jeux, j'aime leur
   voix bêlante ;
Et quand sur la rosée et sur l'herbe
   brillante
Vers leur mère en criant je les vois ac-
   courir,
Je bondis avec eux de joie et de plaisir.

LE BERGER.

Ils sont à toi : mais moi, j'eus une autre
   fortune ;
Ceux-ci de mes tourments sont la cause
   importune.
Deux fois, avec ennui, promenés chaque
   jour,
Un maître soupçonneux nous attend au
   retour.
Rien ne le satisfait : ils ont trop peu de
   laine ;

Ou bien ils sont mourants, ils se traînent
   à peine ;
En un mot, tout est mal. Si le loup
   quelquefois
En saisit un, l'emporte et s'enfuit dans
   les bois,
C'est ma faute ; il fallait braver ses dents
   avides.
Je dois rendre les loups innocents et
   timides.
Et puis, menaces, cris, injures, emporte-
   ments,
Et lâches cruautés qu'il nomme châti-
   ments.

LE CHEVRIER.

Toujours à l'innocent les dieux sont fa-
   vorables :
Pourquoi fuir leur présence, appui des
   misérables ?
Autour de leurs autels, parés de nos
   festons,
Que ne viens-tu danser, offrir de simples
   dons,
Du chaume, quelques fleurs, et, par ces
   sacrifices,
Te rendre Jupiter et les nymphes pro-
   pices ?

LE BERGER.

Non : les danses, les jeux, les plaisirs
   des bergers,
Sont à mon triste cœur des plaisirs
   étrangers.
Que parles-tu de dieux, de nymphes et
   d'offrandes ?
Moi, je n'ai pour les dieux ni chaume ni
   guirlandes :
Je les crains, car j'ai vu leur foudre et
   leurs éclairs ;
Je ne les aime pas, ils m'ont donné des
   fers.

LE CHEVRIER.

Eh bien ! que n'aimes-tu ? Quelle amer-
   tume extrême
Résiste aux doux souris d'une vierge
   qu'on aime ?
L'autre jour, à la mienne, en ce bois for-
   tuné,
Je vins offrir le don d'un chevreau nou-
   veau-né.
Son œil tomba sur moi, si doux, si beau,
   si tendre ! —
Sa voix prit un accent ! — Je crois tou-
   jours l'entendre.

LE BERGER.

Eh ! quel œil virginal voudrait tomber
  sur moi ?
Ai-je, moi, des chevreaux à donner
  comme toi ?
Chaque jour, par ce maître inflexible et
  barbare,
Mes agneaux sont comptés avec un soin
  avare.
Trop heureux quand il daigne à mes cris
  superflus
N'en pas redemander plus que je n'en
  reçus.
O juste Némésis ! si jamais je puis être
Le plus fort à mon tour, si je puis me
  voir maître,
Je serai dur, méchant, intraitable, sans
  foi,
Sanguinaire, cruel comme on l'est avec
  moi !

LE CHEVRIER.

Et moi, c'est vous qu'ici pour témoins
  j'en appelle,
Dieux ! de mes serviteurs la cohorte
  fidèle
Me trouvera toujours humain, compatis-
  sant,
À leurs justes désirs facile et complai-
  sant,
Afin qu'ils soient heureux et qu'ils aiment
  leur maître,
Et bénissent en paix l'instant qui les
  vit naître.

LE BERGER.

Et moi, je le maudis, cet instant dou-
  loureux
Qui me donna le jour pour être malheur-
  eux ;
Pour agir quand un autre exige, veut,
  ordonne ;
Pour n'avoir rien à moi, pour ne plaire
  à personne ;
Pour endurer la faim, quand ma peine et
  mon deuil
Engraissent d'un tyran l'indolence et
  l'orgueil.

LE CHEVRIER.

Berger infortuné ! ta plaintive détresse
De ton cœur dans le mien fait passer la
  tristesse.
Vois cette chèvre mère et ces chevreaux,
  tous deux

Aussi blancs que le lait qu'elle garde
  pour eux ;
Qu'ils aillent avec toi, je te les aban-
  donne.
Adieu. Puisse du moins ce peu que je
  te donne
De ta triste mémoire effacer tes malheurs
Et, soigné par tes mains, distraire tes
  douleurs !

LE BERGER.

Oui, donne et sois maudit ; car si j'étais
  plus sage,
Ces dons sont pour mon cœur d'un sinis-
  tre présage ;
De mon despote avare ils choqueront les
  yeux.
Il ne croit pas qu'on donne : il est fourbe,
  envieux ;
Il dira que chez lui j'ai volé le salaire
Dont j'aurai pu payer les chevreaux et la
  mère ;
Et, d'un si bon prétexte ardent à se ser-
  vir,
C'est à moi que lui-même il viendra les
  ravir.

LA PRISE DE LA BASTILLE, OU PARIS SAUVÉ.

ANONYMOUS. 1789.

CHANT NATIONAL.

Liberté ! de la tyrannie
Lorsque l'asyle est renversé,
Je veux célébrer ton génie,
Car mon cœur n'est plus oppressé.
Déjà les Filles de Mémoire,
En dépit de tes ennemis,
Consacrent ce trait de l'histoire
Du brave peuple de Paris.

Quand de mercenaires phalanges
De Paris cernaient les remparts,
Éprouvant des craintes étranges,
On s'agitait de toutes parts ;
Mais bientôt cette frayeur cède :
Un sentiment plus élevé,
Liberté, t'invoque à son aide,
À ta voix Paris fut sauvé.

Dans ce terrible et brusque orage,
Sans projet, ni plan concerté,
Que de bon sens, que de courage
Parmi le peuple ont éclaté :

Que d'ordre pour que rien ne sorte
De l'enceinte de la cité :
Des canons sont à chaque porte
Placés avec célérité.

De cent cloches le son lugubre
Est le signal du ralliement.
Lors, des conseils le plus salubre
Se forme précipitamment.
Dans l'enceinte de chaque temple,
C'est devant la Divinité
Que d'une union sans exemple,
Renaquit la fraternité.

On s'encourage, on prend les armes ;
Jeunes et vieux tous sont guerriers :
La beauté, retenant ses larmes,
Va ceindre leurs fronts de lauriers.
Sur les ailes de la Victoire,
Ils volent au temple de Mars,
Où d'anciens amans de la Gloire
Se rangent sous leurs étendards.

Gardes-Françaises, redoutables,
Premier fléau des oppresseurs,
C'est en vous, soldats indomptables,
Que le peuple eut des défenseurs ;
Quand son ardent patriotisme
Lui faisait braver le trépas,
Vers l'antre affreux du despotisme
C'est vous qui guidâtes ses pas.

Rends-toi, Bastille trop superbe !
À ce fier peuple il faut céder :
Ton front sera caché sous l'herbe,
Si tu prétends lui résister :
Bravant les foudres despotiques,
Il va pénétrer dans tes cours,
Malgré tes murailles antiques
Et tes huit menaçantes tours.

On vole, on entre en foule, on crie :
On s'élance vers les cachots :
Hullin,[1] *Humbert, Maillart, Élie,*
Guident ce peuple de héros.
Déjà quantité de victimes,
Revoyant du jour la clarté,
Des tyrans attestent les crimes,
Et bénissent la liberté.

Arné,[2] grenadier intrépide,
Avait saisi le gouverneur,[3]

En qui l'on crut voir un perfide,
Infidèle aux lois de l'honneur.
Bravement il dut se défendre
Sans qu'on en blâme la raison ;
Mais il avait feint de se rendre,
Et l'on punit sa trahison.

Déjà les bandes Helvétiques,[1]
Abandonnent leurs pavillons :
Paris, du haut de ses portiques,
Voit fuir leurs nombreux bataillons.
O Rome ! en héros si féconde,
Quand tu proscrivis tes tyrans,
Tes fils, depuis vainqueurs du monde,
Se sont-ils donc montrés plus grands !

PEUPLE, ÉVEILLE-TOI.

ANONYMOUS. 1789.

PEUPLE, éveille-toi, romps tes fers,
Remonte à ta grandeur première,
Comme un jour Dieu du haut des airs
Rappellera les morts à la lumière,
Du sein de la poussière,
Et ranimera l'Univers.

Peuple, éveille-toi, romps tes fers ;
La liberté t'appelle ;
Tu naquis pour elle,
Reprends tes concerts.
Peuple, éveille-toi, romps tes fers.

L'hiver détruit les fleurs et la verdure,
Mais du flambeau des jours la féconde
clarté
Ranime la nature
Et lui rend sa beauté.

L'affreux esclavage
Flétrit le courage ;
Mais la liberté
Relève sa grandeur et nourrit sa fierté.
Liberté, liberté !

À LA FRANCE.

ANDRÉ CHÉNIER. 1790.

FRANCE ! ô belle contrée, ô terre géné-
reuse
Que les dieux complaisants formaient
pour être heureuse,

---

[1] Hullin, employé à la buanderie de la reine, depuis général. Humbert, compagnon horloger. Maillard, bourgeois. Élie, ancien capitaine au régiment du roi.
[2] Arné, grenadier des gardes-françaises.
[3] Le marquis de Launay, gouverneur de la Bastille, avait permis que l'on reçut des parle-mentaires ; cependant quand ils furent dans la seconde cour, on fit sur eux une décharge qui en tua plusieurs. On assure qu'il n'avait pas donné cet ordre. Quoi qu'il en soit, il paya de sa vie cette infraction aux lois militaires.
[1] Les Suisses et autres étrangers, campés au Champ-de-Mars.

Tu ne sens point du nord les glaçantes
　　horreurs,
Le midi de ses feux t'épargne les fureurs.
Tes arbres innocents n'ont point d'ombres
　　mortelles ;
Ni des poisons épars dans tes herbes
　　nouvelles
Ne trompent une main crédule ; ni tes
　　bois
Des tigres frémissants ne redoutent la
　　voix ;
Ni les vastes serpents ne traînent sur tes
　　plantes
En longs cercles hideux leurs écailles
　　sonnantes.

Les chênes, les sapins et les ormes épais
En utiles rameaux ombragent tes som-
　　mets,
Et de Beaune et d'Aï les rives fortunées,
Et la riche Aquitaine, et les hauts Pyré-
　　nées,
Sous leurs bruyants pressoirs font couler
　　en ruisseaux
Des vins délicieux mûris sur leurs coteaux.
La Provence odorante et de Zéphire
　　aimée
Respire sur les mers une haleine embau-
　　mée ;
Au bord des flots couvrant, délicieux
　　trésor,
L'orange et le citron de leur tunique
　　d'or,
Et plus loin, au penchant des collines
　　pierreuses,
Forme la grasse olive aux liqueurs sa-
　　vonneuses,
Et ces réseaux légers, diaphanes habits,
Où la fraîche grenade enferme ses rubis.
Sur tes rochers touffus la chèvre se
　　hérisse,
Tes prés enflent de lait la féconde génisse,
Et tu vois tes brebis, sur le jeune gazon,
Épaissir le tissu de leur blanche toison.
Dans les fertiles champs voisins de la
　　Touraine
Dans ceux où l'Océan boit l'urne de la
　　Seine,
S'élèvent pour le frein des coursiers
　　belliqueux.
Ajoutez cet amas de fleuves tortueux :
L'indomptable Garonne aux vagues
　　insensées,
Le Rhône impétueux, fils des Alpes
　　glacées,
La Seine au flot royal, la Loire dans son
　　sein

Incertaine, et la Saône, et mille autres
　　enfin
Qui nourrissent partout, sur tes nobles
　　rivages,
Fleurs, moissons et vergers, et bois et
　　pâturages ;
Rampent au pied des murs d'opulentes
　　cités,
Sous les arches de pierre à grand bruit
　　emportés.

Dirai-je ces travaux, source de l'abon-
　　dance,
Ces ports où des deux mers l'active bien-
　　faisance
Amène les tributs du rivage lointain
Que visite Phébus le soir et le matin ?
Dirai-je ces canaux, ces montagnes per-
　　cées,
De bassins en bassins ces ondes amas-
　　sées
Pour joindre au pied des monts l'une et
　　l'autre Téthys ?
Et ces vastes chemins en tous lieux dé-
　　partis,
Où l'étranger, à l'aise achevant son
　　voyage,
Pense au nom des Trudaine et bénit leur
　　ouvrage ?

Ton peuple industrieux est né pour les
　　combats.
Le glaive, le mousquet n'accablent point
　　ses bras.
Il s'élance aux assauts, et son fer intré-
　　pide
Chassa l'impie Anglais, usurpateur avide.
Le ciel les fit humains, hospitaliers et
　　bons,
Amis des doux plaisirs, des festins, des
　　chansons ;
Mais faibles, opprimés, la tristesse in-
　　quiète
Glace ces chants joyeux sur leur bouche
　　muette,
Pour les jeux, pour la danse appesantit
　　leurs pas,
Renverse devant eux les tables des re-
　　pas,
Flétrit de longs soucis, empreinte dou-
　　loureuse,
Et leur front et leur âme. O France !
　　trop heureuse
Si tu voyais tes biens, si tu profitais
　　mieux
Des dons que tu reçus de la bonté des
　　cieux !

Vois le superbe Anglais, l'Anglais dont le courage
Ne s'est soumis qu'aux lois d'un sénat libre et sage,
Qui t'épie, et, dans l'Inde éclipsant ta splendeur,
Sur tes fautes sans nombre élève sa grandeur.
Il triomphe, il t'insulte. Oh ! combien tes collines
Tressailliraient de voir réparer tes ruines,
Et pour la liberté donneraient sans regrets,
Et leur vin, et leur huile, et leurs belles forêts !
J'ai vu dans tes hameaux la plaintive misère,
La mendicité blême et la douleur amère.
Je t'ai vu dans tes biens, indigent laboureur,
D'un fisc avare et dur maudissant la rigueur,
Versant aux pieds des grands des larmes inutiles,
Tout trempé de sueurs pour toi-même infertiles,
Découragé de vivre, et plein d'un juste effroi
De mettre au jour des fils malheureux comme toi ;
Tu vois sous les soldats les villes gémissantes ;
Corvée, impôts rongeurs, tributs, taxes pesantes,
Le sel, fils de la terre, ou même l'eau des mers,
Source d'oppression et de fléaux divers ;
Vingt brigands, revêtus du nom sacré du prince
S'unir à déchirer une triste province,
Et courir à l'envi, de son sang altérés
Se partager entre eux ses membres déchirés.
O sainte égalité ! dissipe nos ténèbres,
Renverse les verrous, les bastilles funèbres.
Le riche indifférent, dans un char promené,
De ces gouffres secrets partout environné,
Rit avec les bourreaux, s'il n'est bourreau lui-même ;
Près de ces noirs réduits de la misère extrême,
D'une maîtresse impure achète les transports,
Chante sur des tombeaux, et boit parmi des morts.

Malesherbes, Turgot, ô vous en qui la France
Vit luire, hélas ! en vain, sa dernière espérance ;
Ministres dont le cœur a connu la pitié,
Ministres dont le nom ne s'est point oublié,
Ah ! si de telles mains, justement souveraines,
Toujours de cet empire avaient tenu les rênes !
L'équité clairvoyante aurait régné sur nous,
Le faible aurait osé respirer près de vous ;
L'oppresseur, évitant d'armer d'injustes plaintes,
Sinon quelque pudeur, aurait eu quelques craintes ;
Le délateur impie, opprimé par la faim,
Serait mort dans l'opprobre, et tant d'hommes enfin,
À l'insu de nos lois, à l'insu du vulgaire,
Foudroyés sous les coups d'un pouvoir arbitraire,
De cris non entendus, de funèbres sanglots,
Ne feraient point gémir les voûtes des cachots.

Non, je ne veux plus vivre en ce séjour servile ;
J'irai, j'irai bien loin me chercher un asile,
Un asile à ma vie en son paisible cours,
Une tombe à ma cendre à la fin de mes jours,
Où d'un grand au cœur dur l'opulence homicide
Du sang d'un peuple entier ne sera point avide,
Et ne me dira point, avec un rire affreux,
Qu'ils se plaignent sans cesse et qu'ils sont trop heureux ;
Où, loin des ravisseurs, la main cultivatrice
Recueillera les dons d'une terre propice ;
Où mon cœur, respirant sous un ciel étranger,
Ne verra plus des maux qu'il ne peut soulager ;
Où mes yeux éloignés des publiques misères
Ne verront plus partout les larmes de mes frères,
Et la pâle indigence à la mourante voix,
Et les crimes puissants qui font trembler les lois.

Toi donc, équité sainte, ô toi, vierge adorée,
De nos tristes climats pour longtemps ignorée,
Daigne du haut des cieux goûter le noble encens
D'une lyre au cœur chaste, aux transports innocents,
Qui ne saura jamais, par des vœux arbitraires,
Flatter à prix d'argent des faveurs mercenaires,
Mais qui rendra toujours, par amour et par choix,
Un noble et pur hommage aux appuis de tes lois.
De vœux pour les humains tous ses chants retentissent ;
La vérité l'enflamme, et ses cordes frémissent
Quand l'air qui l'environne auprès d'elle a porté
Le doux nom des vertus et de la liberté.

HYMNE

SUR LA TRANSLATION DU CORPS DE VOLTAIRE AU PANTHÉON FRANÇAIS ; CHANTÉ À PARIS, LE 12 JUILLET 1791 ; MUSIQUE DE GOSSEC.

MARIE-JOSEPH CHÉNIER.

AH ! ce n'est point des pleurs qu'il est temps de repandre ;
C'est le jour du triomphe, et non pas des regrets.
Que nos chants d'allégresse accompagnent la cendre
Du plus illustre des Français !

Jadis, par les tyrans, cette cendre exilée,
Au milieu des sanglots fuyait loin de nos yeux ;
Mais par un peuple libre aujourd'hui rappelée,
Elle vient consacrer ces lieux.

Salut, mortel divin, bienfaiteur de la terre ;
Nos murs, privés de toi, vont te reconquérir ;
C'est à nous qu'appartient tout ce qui fut Voltaire :
Nos murs t'ont vu naître et mourir.

Ton souffle créateur nous fit ce que nous sommes :
Reçois le libre encens de la France à genoux ;

Sois désormais le dieu du temple des grands hommes,
Toi qui les as surpassés tous.

Le flambeau vigilant de ta raison sublime
Sur des prêtres menteurs éclaira les mortels ;
Fléau de ces tyrans, tu découvris l'abîme
Qu'ils creusaient au pied des autels.

Tes tragiques pineaux, des demi-dieux du Tibre
Ont su ressusciter les antiques vertus ;
Et la France a conçu le besoin d'être libre
Aux fiers accens des deux Brutus.

Sur cent tons différens, ta lyre enchanteresse,
Fidèle à la raison comme à l'humanité,
Aux mensonges brillans inventés par la Grèce,
Unit la simple vérité.

Citoyens, courez tous au-devant de Voltaire ;
Il renaît parmi nous, grand, chéri, respecté,
Comme à son dernier jour, ne prêchant à la terre
Que Dieu seul et la liberté.

Il cherche en vain ces tours, cet enfer du génie,
Dont son aspect deux fois fit le temple des arts ;
La Bastille est tombée avec la tyrannie
Qui bâtit ses triples remparts.

Il voit ce Champ-de-Mars, où la liberté sainte
De son trône immortel posa les fondemens ;
Des Français rassemblés dans cette auguste enceinte
Il reçoit les seconds sermens.

Le Fanatisme impur, cette sanglante idole,
Suit le char de triomphe avec des cris affreux ;
Tels Émile ou César, aux murs du Capitole,
Traînaient les rois vaincus par eux.

Moins belle fut jadis sa dernière victoire,
Lorsqu'aux jeux du théâtre un peuple transporté,

À ce vieillard mourant sous le poids de
la gloire,
Décernait l'immortalité.

La Barre, Jean Calas, venez, plaintives
ombres,
Innocens condamnés, dont il fut le ven-
geur,
Accourez un moment du fond des rives
sombres,
Joignez-vous au triomphateur.

Chantez, peuples pasteurs, qui des monts
helvétiques
Vîtes longtemps planer cet aigle auda-
cieux :
Habitans du Jura, que vos accens rus-
tiques
Portent sa gloire jusqu'aux cieux.

Fils d'Albion, chantez, Américains,
Bataves,
Chantez ; de la Raison célébrez le sou-
tien :
Ah ! de tous les mortels qui ne sont
point esclaves,
Voltaire est le concitoyen.

Vous, peuples, qu'en secret lasse la tyran-
nie,
Chantez ; la liberté viendra briser vos
fers ;
Sa main dresse en nos murs un autel au
génie :
C'est un beau jour pour l'univers.

Dieu des dieux, Roi des rois, Nature,
Providence,
Être seul immuable et seul illimité,
Créateur incréé, suprême Intelligence,
Bonté, Justice, Éternité :

Tu fis la liberté ; l'homme a fait l'escla-
vage ;
Mais souvent dans son siècle un mortel
inspiré,
Pour les siècles suivans, de ton sublime
ouvrage
Conserve le dépôt sacré.

Dieu de la liberté, chéris toujours la
France ;
Fertilise nos champs, protége nos rem-
parts ;
Accorde-nous la paix, et l'heureuse
abondance,
ᵂ⁺ l'empire éternel des arts.

Donne-nous des vertus, des talens, des
lumières,
L'amour de nos devoirs, le respect de
nos droits,
Une liberté pure, et des lois tutélaires,
Et des mœurs dignes de nos lois !

HYMNE DES MARSEILLAIS.

ROUGET DE LISLE. 1791.

PREMIER CHANT DE GUERRE DE LA RÉPUBLIQUE FRANÇAISE.

ALLONS, enfans de la patrie,
Le jour de gloire est arrivé !
Contre nous de la tyrannie
L'étendard sanglant est levé. (*bis.*)
Entendez-vous dans les campagnes
Mugir ces féroces soldats ?
Ils viennent jusque dans vos bras
Égorger vos fils, vos compagnes !
Aux armes, citoyens ! formez vos batail-
lons !
Marchez ! (*bis*) — qu'un sang impur
abreuve nos sillons.

Que veut cette horde d'esclaves,
De peuples, de rois conjurés ?
Pour qui ces ignobles entraves,
Ces fers dès longtemps préparés ?
Français, pour vous, ah ! quel outrage !
Quel transport il doit exciter !
C'est vous qu'on ose méditer
De rendre à l'antique esclavage !
Aux armes, citoyens ! etc.

Quoi ! des cohortes étrangères
Feraient la loi dans nos foyers !
Quoi ! ces phalanges mercenaires
Terrasseraient nos fiers guerriers !
Grand Dieu ! — par des mains en-
chaînées,
Nos mains sous le joug se ploîraient !
De vils despotes deviendraient
Les maîtres de nos destinées !
Aux armes, citoyens ! etc.

Tremblez, tyrans ! et vous perfides,
L'opprobre de tous les partis ;
Tremblez ! vos projets parricides
Vont enfin recevoir leur prix.
Tout est soldat pour vous combattre ;
S'ils tombent nos jeunes héros,
La France en produit de nouveaux,
Contre vous tout prêts à se battre.
Aux armes, citoyens ! etc.

Français, en guerriers magnanimes,
Portez ou retenez vos coups ;
Épargnez ces tristes victimes,
À regret s'armant contre vous :
Mais le despote sanguinaire ;
Mais les complices de Bouillé ;
Tous ces tigres qui, sans pitié,
Déchirent le sein de leur mère !—
Aux armes, citoyens ! etc.

Amour sacré de la patrie,
Conduis, soutiens nos bras vengeurs !
Liberté, liberté chérie,
Combats avec tes défenseurs !
Sous nos drapeaux que la victoire
Accoure à tes mâles accens !
Que tes ennemis expirans
Voient ton triomphe et notre gloire !
Aux armes, citoyens ! etc.

COUPLET DES ENFANS,

AJOUTÉ À L'HYMNE DES MARSEILLAIS, POUR LA
FÊTE CIVIQUE DU 14 OCTOBRE 1792.

Nous entrerons dans la carrière,
Quand nos aînés n'y seront plus ;
Nous y trouverons leur poussière,
Et la trace de leurs vertus.
Bien moins jaloux de leur survivre,
Que de partager leur cercueil,
Nous aurons le sublime orgueil
De les venger ou de les suivre.
Aux armes, citoyens ! formez vos batail-
lons !
Marchez ! — qu'un sang impur abreuve
nos sillons.

LE 10 AOÛT.[1]

ANDRÉ CHÉNIER. 1792.

Un vulgaire assassin va chercher les
ténèbres :
Il nie, il jure sur l'autel ;
Mais nous, grands, libres, fiers, à nos
exploits funèbres,
À nos turpitudes célèbres,
Nous voulons attacher un éclat immortel.

De l'oubli taciturne et de son onde noire
Nous savons détourner le cours.
Nous appelons sur nous l'éternelle mé-
moire ;

Nos forfaits, notre unique histoire,
Parent de nos cités les brillants carre-
fours.

O gardes de Louis, sous les voûtes royales
Par nos ménades déchirés,
Vos têtes sur un fer ont, pour nos
bacchanales,
Orné nos portes triomphales
Et ces bronzes hideux, nos monuments
sacrés.

Tout ce peuple hébété que nul remords
ne touche,
Cruel même dans son repos,
Vient sourire aux succès de sa rage fa-
rouche,
Et, la soif encore à la bouche,
Ruminer tout le sang dont il a bu les
flots.

Arts dignes de nos yeux ! pompe et
magnificence
Dignes de notre liberté,
Dignes des vils tyrans qui dévorent la
France,
Dignes de l'atroce démence
Du stupide David qu'autrefois j'ai chanté.

VERSAILLES.[1]

ANDRÉ CHÉNIER. 1793.

O Versaille, ô bois, ô portiques,
Marbres vivants, berceaux antiques,
Par les dieux et les rois Élysée embelli,
À ton aspect, dans ma pensée,
Comme sur l'herbe aride une fraîche
rosée,
Coule un peu de calme et d'oubli.

Paris me semble un autre empire,
Dès que chez toi je vois sourire
Mes pénates secrets couronnés de ra-
meaux,
D'où souvent les monts et les plaines
Vont dirigeant mes pas aux campagnes
prochaines,
Sous de triples cintres d'ormeaux.

Les chars, les royales merveilles,
Des gardes les nocturnes veilles,

---

[1] Écrit pendant les fêtes théâtrales de la révo-
lution (après le 10 août).

[1] Cette ode a été écrite peu de temps après
le massacre des prisonniers de Versailles.

Tout a fui ; des grandeurs tu n'es plus
      le séjour :
  Mais le soleil, la solitude,
Dieux jadis inconnus, et les arts, et
      l'étude,
  Composent aujourd'hui ta cour.

Ah ! malheureux ! à ma jeunesse
  Une oisive et morne paresse
Ne laisse plus goûter les studieux loisirs.
  Mon âme, d'ennui consumée,
S'endort dans les langueurs. Louange
      et renommée
  N'inquiètent plus mes désirs.

L'abandon, l'obscurité, l'ombre,
  Une paix taciturne et sombre,
Voilà tous mes souhaits. Cache mes
      tristes jours,
  Versailles ; s'il faut que je vive,
Nourris de mon flambeau la clarté fugi-
      tive,
  Aux douces chimères d'amours.

L'âme n'est point encor flétrie,
  La vie encor n'est point tarie,
Quand un regard nous trouble et le cœur
      et la voix,
  Qui cherche les pas d'une belle,
Qui peut ou s'égayer ou gémir auprès
      d'elle,
  De ses jours peut porter le poids.

J'aime ; je vis. Heureux rivage !
  Tu conserves sa noble image,
Son nom, qu'à tes forêts j'ose apprendre
      le soir,
  Quand, l'âme doucement émue,
J'y reviens méditer l'instant où je l'ai
      vue,
  Et l'instant où je dois la voir.

Pour elle seule encore abonde
  Cette source, jadis féconde,
Qui coulait de ma bouche en sons harmo-
      nieux.
  Sur mes lèvres tes bosquets sombres
Forment pour elle encor ces poétiques
      nombres,
  Langage d'amour et des dieux.

Ah ! témoin des succès du crime
  Si l'homme juste et magnanime
Pouvait ouvrir son cœur à la félicité,
  Versailles, tes routes fleuries,
Ton silence, fertile en belles rêveries,
  N'auraient que joie et volupté.

Mais souvent tes vallons tranquilles,
  Tes sommets verts, tes frais asiles,
Tout à coup à mes yeux s'enveloppent
      de deuil
  J'y vois errer l'ombre livide
D'un peuple d'innocents qu'un tribunal
      perfide
  Précipite dans le cercueil.

À CHARLOTTE CORDAY.

ANDRÉ CHÉNIER. 1793.

Quoi ! tandis que partout, ou sincères
      ou feintes,
Des lâches, des pervers, les larmes et les
      plaintes
Consacrent leur Marat parmi les im-
      mortels,
Et que, prêtre orgueilleux de cette idole
      vile,
Des fanges du Parnasse un impudent
      reptile
Vomit un hymne infâme au pied de ses
      autels,[1]

La vérité se tait ! Dans sa bouche glacée,
Des liens de la peur sa langue embar-
      rassée
Dérobe un juste hommage aux exploits
      glorieux !
Vivre est-il donc si doux ! De quel prix
      est la vie,
Quand, sous un joug honteux, la pensée
      asservie,
Tremblante au fond du cœur, se cache
      à tous les yeux.

Non, non, je ne veux point t'honorer en
      silence,
Toi qui crus par ta mort ressusciter la
      France
Et dévouas tes jours à punir des forfaits.
Le glaive arma ton bras, fille grande et
      sublime,
Pour faire honte aux dieux, pour réparer
      leur crime,
Quand d'un homme à ce monstre ils
      donnèrent les traits.

Le noir serpent, sorti de sa caverne im-
      pure,
A donc vu rompre enfin sous ta main
      ferme et sûre

[1] Allusion à l'hymne composé par le député
Audouin.

Le venimeux tissu de ses jours abhorrés !
Aux entrailles du tigre, à ses dents ho-
  micides,
Tu vins redemander et les membres
  livides
Et le sang des humains qu'il avait dé-
  vorés !

Son œil mourant t'a vue, en ta superbe
  joie,
Féliciter ton bras et contempler ta proie.
Ton regard lui disait : "Va, tyran
  furieux,
Va, cours frayer la route aux tyrans tes
  complices.
Te baigner dans le sang fut tes seules
  délices,
Baigne-toi dans le tien et reconnais des
  dieux."

La Grèce, ô fille illustre ! admirant ton
  courage,
Épuiserait Paros pour placer ton image
Auprès d'Harmodius, auprès de son ami ;
Et des chœurs sur ta tombe, en une
  sainte ivresse,
Chanteraient Némésis, la tardive déesse,
Qui frappe le méchant sur son trône
  endormi.

Mais la France à la hache abandonne ta
  tête.
C'est au monstre égorgé qu'on prépare
  une fête
Parmi ses compagnons, tous dignes de
  son sort.
Oh ! quel noble dédain fit sourire ta
  bouche,
Quand un brigand, vengeur de ce brigand
  farouche,
Crut te faire pâlir aux menaces de mort !

C'est lui qui dut pâlir, et tes juges si-
  nistres,
Et notre affreux sénat et ses affreux
  ministres,
Quand, à leur tribunal, sans crainte et
  sans appui,
Ta douceur, ton langage et simple et
  magnanime
Leur apprit qu'en effet, tout puissant
  qu'est le crime,
Qui renonce à la vie est plus puissant
  que lui.

Longtemps, sous les dehors d'une allé-
  gresse aimable,
Dans ses détours profonds ton âme im-
  pénétrable
Avait tenu cachés les destins du pervers.
Ainsi, dans le secret amassant la tempête,
Rit un beau ciel d'azur, qui cependant
  s'apprête
À foudroyer les monts, à soulever les
  mers.

Belle, jeune, brillante, aux bourreaux
  amenée,
Tu semblais t'avancer sur le char d'hy-
  ménée ;
Ton front resta paisible et ton regard
  serein.
Calme, sur l'échafaud, tu méprisas la
  rage
D'un peuple abject, servile et fécond en
  outrage,
Et qui se croit encore et libre et souve-
  rain.

La vertu seule est libre. Honneur de
  notre histoire,
Notre immortel opprobre y vit avec ta
  gloire ;
Seule, tu fus un homme, et vengeas les
  humains !
Et nous, eunuques vils, troupeau lâche
  et sans âme,
Nous savons répéter quelques plaintes
  de femme ;
Mais le fer pèserait à nos débiles mains.

Un scélérat de moins rampe dans cette
  fange.
La Vertu t'applaudit ; de sa mâle louange
Entends, belle héroïne, entends l'auguste
  voix.
O Vertu, le poignard, seul espoir de la
  terre,
Est ton arme sacrée, alors que le tonnerre
Laisse régner le crime et te vend à ses
  lois.

LE CHANT DU DÉPART.

HYMNE DE GUERRE.

MARIE-JOSEPH CHÉNIER. 1793.

UN REPRÉSENTANT DU PEUPLE.

LA victoire, en chantant, nous ouvre la
  barrière ;
La liberté guide nos pas ;

Et du nord au midi la trompette guer-
 rière
A sonné l'heure des combats.
Tremblez, ennemis de la France,
Rois ivres de sang et d'orgueil !
Le peuple souverain s'avance ;
Tyrans, descendez au cercueil.
La république nous appelle ;
Sachons vaincre, ou sachons périr :
Un Français doit vivre pour elle,
Pour elle, un Français doit mourir.

CHANT DES GUERRIERS.

La république, etc.

UNE MÈRE DE FAMILLE.

De nos yeux maternels ne craignez point
 les larmes ;
Loin de nous de lâches douleurs !
Nous devons triompher, quand vous
 prennez les armes :
C'est aux rois à verser des pleurs.
Nous vous avons donné la vie,
Guerriers, elle n'est plus à vous :
Tous vos jours sont à la patrie ;
Elle est votre mère avant nous.

CHŒUR DES MÈRES DE FAMILLE.

La république, etc.

DEUX VIEILLARDS.

Que le fer paternel arme la main des
 braves ;
Songez à nous aux champs de Mars :
Consacrez dans le sang des rois et des
 esclaves
Le fer bénit par vos vieillards ;
Et, rapportant sous la chaumière
Des blessures et des vertus,
Venez fermer notre paupière,
Quand les tyrans ne seront plus.

CHŒUR DES VIEILLARDS.

La république, etc.

UN ENFANT.

De Barra, de Viala le sort nous fait envie ;
Ils sont morts, mais ils ont vaincu :
Le lâche accablé d'ans n'a point connu
 la vie :
Qui meurt pour le peuple a vécu.
͞s êtes vaillans, nous le sommes ;
'z-nous contre les tyrans ;

Les républicains sont des hommes ;
Les esclaves sont des enfans.

CHŒUR DES ENFANS.

La république, etc.

UNE ÉPOUSE.

Partez, vaillans époux, les combats sont
 vos fêtes ;
Partez, modèles des guerriers ;
Nous cueillerons des fleurs pour en ceindre
 vos têtes :
Nos mains tresseront vos lauriers.
Et si le temple de mémoire
S'ouvrait à vos mânes vainqueurs,
Nos voix chanteront votre gloire,
Et nos flancs portent vos vengeurs.

CHŒUR DES ÉPOUSES.

La république, etc.

UNE JEUNE FILLE.

Et nous, sœurs des héros, nous qui de
 l'hyménée
Ignorons les aimables nœuds,
Si pour s'unir un jour à notre destinée,
Les citoyens forment des vœux,
Qu'ils reviennent dans nos murailles,
Beaux de gloire et de liberté,
Et que leur sang, dans les batailles,
Ait coulé pour l'égalité.

CHŒUR DE JEUNES FILLES.

La république, etc.

TROIS GUERRIERS.

Sur le fer, devant Dieu, nous jurons à
 nos pères,
À nos épouses, à nos sœurs,
À nos représentans, à nos fils, à nos
 mères,
D'anéantir les oppresseurs.
En tous lieux, dans la nuit profonde
Plongeant l'infâme royauté,
Les Français donneront au monde,
Et la paix et la liberté.

CHŒUR GÉNÉRAL.

La république nous appelle ;
Sachons vaincre ou sachons périr :
Un Français doit vivre pour elle,
Pour elle un Français doit mourir.[1]

[1] "Qui ne sait que ce chant célèbre a été après la Marseillaise l'hymne populaire qui a eu le plus de succès ?" — *Nouvelle Biographie.*

LE BONNET DE LA LIBERTÉ.

ANONYMOUS. 1793.

Que ce bonnet
Aux bons Français donne de graces !
Que ce bonnet
Sur nos fronts fait un bel effet !
Aux aristocratiques faces
Rien ne cause tant de grimaces
Que ce bonnet.

Que ce bonnet
Femmes, vous serve de parure ;
Que ce bonnet
Des enfans soit le bourrelet ;
À vos maris je vous conjure
De ne donner d'autre coiffure
Que ce bonnet.

De ce bonnet,
Tous les habitans de la terre,
De ce bonnet
Se couvriront le cervelet ;
Et même un jour quelque commère
Affublera le très Saint-Père,
De ce bonnet.

Par un bonnet,
France, assure-toi la victoire ;
Par un bonnet
Ton triomphe sera complet ;
Que les ennemis de ta gloire
Soient chassés de ton territoire
Par un bonnet.

HYMNE À L'ÊTRE SUPRÊME.

MARIE-JOSEPH CHÉNIER. 1793.

Source de vérité qu'outrage l'imposture,
De tout ce qui respire éternel protecteur,
Dieu de la Liberté, père de la Nature,
Créateur et conservateur !

O toi ! seul incréé, seul grand, seul
nécessaire,
Auteur de la vertu, principe de la loi,
Du pouvoir despotique immuable adver-
saire,
La France est debout devant toi.

Tu posas sur les mers les fondemens du
monde,
Ta main lance la foudre et déchaîne les
vents ;

Tu luis dans ce soleil dont la flamme
féconde
Nourrit tous les êtres vivans.

La courrière des nuits, perçant de som-
bres voiles,
Traîne à pas inégaux son cours silencieux :
Tu lui marquas sa route, et d'un peuple
d'étoiles
Tu semas la plaine des cieux.

Tes autels sont épars dans le sein des
campagnes,
Dans les riches cités, dans les antres
déserts,
Aux angles des vallons, au sommet des
montagnes,
Au haut du ciel, au fond des mers.

Mais il est pour ta gloire un sanctuaire
auguste,
Plus grand que l'empyrée et ses palais
d'azur :
Dieu lui-même habitant le cœur de
l'homme juste,
Y goûte un encens libre et pur.

Dans l'œil étincelant du guerrier intré-
pide,
En traits majestueux tu gravas ta splen-
deur :
Dans les regards baissés de la vierge
timide
Tu plaças l'aimable pudeur.

Sur le front du vieillard la sagesse im-
mobile
Semble rendre avec toi les décrets éter-
nels :
Sans parens, sans appui, l'enfant trouve
un asile
Devant tes regards paternels.

C'est toi qui fais germer dans la terre
embrasée
Ces fruits délicieux qu'avaient promis
les fleurs :
Tu verses dans son sein la féconde rosée
Et les frimas réparateurs.

Et lorsque du printemps la voix enchan-
teresse,
Dans l'âme épanouie éveille le désir,
Tout ce que tu créas, respirant la ten-
dresse,
Se reproduit par le plaisir.

Des rives de la Seine à l'onde hyperborée,
Tes enfans dispersés t'adressent leurs
    concerts ;
Par tes prodigues mains la Nature parée
    Bénit le Dieu de l'univers.

Les sphères parcourant leur carrière
    infinie,
Les mondes, les soleils, devant toi pros-
    ternés,
Publiant tes bienfaits, d'une immense
    harmonie
Remplissent les cieux étonnés.

Grand Dieu, qui sous le dais fais pâlir
    la puissance,
Qui sous le chaume obscur visites la
    douleur,
Tourment du crime heureux, besoin de
    l'innocence,
    Et dernier ami du malheur ;

L'esclave et le tyran ne t'offrent point
    d'hommage ;
Ton culte est la vertu ; ta loi, l'égalité ;
Sur l'homme libre et bon, ton œuvre et
    ton image,
    Tu soufflas l'immortalité.

Quand du dernier Capet la criminelle
    rage,
Tombait d'un trône impur écroulé sous
    nos coups,
Ton invisible bras guidait notre courage,
    Tes foudres marchaient devant nous.

Aiguisant avec l'or son poignard homi-
    cide,
Albion sur le crime a fondé ses succès ;
Mais tu punis le crime, et ta puissante
    égide
    Couvre au loin le peuple français.

Anéantis des rois les ligues mutinées,
De trente nations taris enfin les pleurs ;
De la Sambre au Mont-Blanc, du Var
    aux Pyrénées,
    Fais triompher les trois couleurs !

À venger les humains la France est con-
    sacrée :
Sois toujours l'allié du peuple souverain ;
Et que la république, immortelle, adorée,
    Écrase les trônes d'airain !

Longtemps environné de volcans et
    d'abîmes,
Que l'Hercule français terrassant ses
    rivaux,
Debout sur les débris des tyrans et des
    crimes,
    Jouisse enfin de ses travaux !

Que notre Liberté, planant sur les deux
    mondes,
Au delà des deux mers guidant nos éten-
    dards,
Fasse à jamais fleurir, sous les palmes
    fécondes,
    Les vertus, les lois et les arts !

ODE

SUR LA SITUATION DE LA RÉPUBLIQUE FRAN-
ÇAISE DURANT LA DÉMAGOGIE DE ROBES-
PIERRE ET DE SES COMPLICES.

MARIE–JOSEPH CHÉNIER. JUIN 1794.

O VAISSEAU de l'État, fais un dernier
    effort !
    Vaisseau, battu par les orages,
Tes mâts sont renversés ; viens regagner
    le port :
    Ces rochers qu'habite la mort
    Sont témoins d'assez de naufrages.

Vois-tu, le fer en main, le meurtre dans
    les yeux,
    Grandir l'anarchie aux cent têtes ?
Ainsi, du sein des mers s'élevant jus-
    qu'aux cieux,
    Jaillit le géant furieux
    Que vomit le cap des Tempêtes,

Lorsque précipités par la fureur de l'or,
Les Jasons de Lusitanie
Souillant de leur empire une onde vierge
    encor,
    Sur l'Océan d'Adamastor
    Faisaient voguer la tyrannie.

Oh ! de nos jours de sang quel opprobre
    éternel !
    C'est Catilina qui dénonce !
Vergonte et Lentulus dictent l'arrêt
    mortel ;
    Tullius est le criminel ;
    Céthégus est juge, et prononce.

Des forfaits autrefois les vils machina-
teurs
Conjuraient avec la nuit sombre ;
Ils siégent maintenant au rang des séna-
teurs,
Et les poignards conspirateurs
Ne sont plus aiguisés dans l'ombre.

Le génie indigné baisse un front abattu
Sous l'ignorance qui l'opprime :
Du nom de liberté le meurtre est revêtu ;
Et l'audace de la vertu
Se tait devant celle du crime.

Le délateur vendu, pour prix de ses
poisons,
Baigne dans l'or ses mains avides ;
Et des pères conscrits les respectables
noms,
Des Marius et des Carbons
Couvrent les tables homicides.

Le peuple est aveuglé par ses vils enne-
mis ;
Des Gracchus la mort est jurée :
Viens, Septimuléius, viens, meurtrier
soumis,
Contre l'or qui te fut promis
Échanger leur tête sacrée.

Liberté des Français, que d'infâmes
complots
Ont ralenti ta noble course !
Un monstre a dévoré nos fruits à peine
éclos :
Le sang s'est mêlé dans tes flots
Si purs, si brillans à leur source.

Sur ton front jeune encor, dieux ! quel
souffle infernal
Flétrirait tes palmes altières !
Vas-tu donc ressembler à ce fleuve inégal
Qui de son opulent cristal
Baigne le nord de nos frontières ?

Né sur le Saint-Gothard, au milieu des
torrens,
Fils impétueux des montagnes,
Le Rhin, dans sa naissance, ennemi des
tyrans,
Des Suisses, des Germains, des Francs,
Fertilise au loin les campagnes.

Dans ce vaste jardin, par ses flots
embelli,
Il épanche une urne féconde :

Bientôt ruisseau stérile, et sans cesse
affaibli
Il court dans la fange et l'oubli,
Cacher l'opprobre de son onde.

Ah ! le peuple français repousse avec
horreur
Ces flétrissantes destinées.
Liberté, chez les rois va porter la ter-
reur ;
Parmi nous répands le bonheur,
Comme en tes premières journées !

De la plaine de Mars où sont les jeux
charmans ?
Où sont les fêtes solennelles
Qui, dans la France entière, au milieu
des sermens,
Voyaient, par mille embrassemens,
S'unir nos cités fraternelles !

Le soleil, souriant à notre liberté,
Hâtait le lever de l'aurore,
Et sur l'autel sacré planant avec fierté,
De son immortelle clarté
Dorait l'étendard tricolore.

La nuit succède au jour, et le crêpe du
deuil
Couvre nos villes désolées :
La licence aujourd'hui triomphe avec
orgueil ;
La liberté marche au cercueil :
Les lois l'accompagnent voilées.

Vulcain, vainqueur du Xante, au fond
de ses roseaux
Portait la flamme dévorante :
Ainsi le fanatisme, agitant ses flambeaux,
Embrase et soulève les eaux
De la Loire et de la Charente.

Philippe, c'est ainsi qu'en tes champs
inhumains,
De Jule on vit l'image errante,
Le diadème au front, le glaive entre les
mains,
Combattre les derniers Romains
Et la république expirante,

Quand Brutus, ne voulant ni régner ni
servir,
Voyant Rome à jamais flétrie ;
Accusant la vertu qui le faisait périr,
Confondit son dernier soupir
Avec celui de la patrie.

De la France éperdue infortunés enfans,
Contemplez sa douleur amère ;
Déposez votre rage et vos glaives san-
glans ;
Ne vous battez plus dans les flancs
De votre déplorable mère.

O terre des Gaulois, redoutables rem-
parts,
Champs fortunés, douce contrée,
Bords chéris d'Apollon, de Cérès et de
Mars,
Terre hospitalière des arts,
Sois libre, opulente, adorée !

Tous les rois sont armés pour déchirer
ton sein ;
À leurs yeux rien ne peut t'absoudre ;
Mais bientôt, si tu veux mériter ton
destin,
Le colosse républicain
Réduira tous les rois en poudre.

Imprimant sur ton sol un pied profana-
teur,
Ils osent te porter la guerre :
Ils trouveront la mort. Peuple tri-
omphateur,
Qu'à ton souffle exterminateur,
Ils disparaissent de la terre !

Mais plus de sang français ; laisse frapper
les lois :
Leurs vengeances sont légitimes :
Peuple républicain, n'imite point les rois
Dont la fureur a tant de fois
Puni les crimes par des crimes.

Renais chez les mortels, aimable égalité ;
Viens briser le glaive anarchique :
Revenez, douces lois, justice, humanité ;
Sans les mœurs, point de liberté,
Sans vertu, point de république.

LA JEUNE CAPTIVE (COMTESSE DE COIGNY).[1]

ANDRÉ CHÉNIER. 1794.

" L'ÉPI naissant mûrit de la faux res-
pecté ;
Sans crainte du pressoir, le pampre tout
l'été
Boit les doux présents de l'aurore ;

[1] Written in prison a short time before his execution.

Et moi, comme lui belle, et jeune comme
lui,
Quoi que l'heure présente ait de trouble
et d'ennui,
Je ne veux pas mourir encore.

" Qu'un stoïque aux yeux secs vole em-
brasser la mort,
Moi je pleure et j'espère ; au noir souffle
du nord
Je plie et relève ma tête.
S'il est des jours amers, il en est de si
doux !
Hélas ! quel miel jamais n'a laissé de
dégoûts ?
Quelle mer n'a point de tempête ?

" L'illusion féconde habite dans mon sein.
D'une prison sur moi les murs pèsent
vain,
J'ai les ailes de l'espérance :
Échappée aux réseaux de l'oiseleur cruel,
Plus vive, plus heureuse, aux campagnes
du ciel
Philomèle chante et s'élance.

" Est-ce à moi de mourir ? Tranquille je
m'endors,
Et tranquille je veille, et ma veille aux
remords
Ni mon sommeil ne sont en proie.
Ma bienvenue au jour me rit dans tous
les yeux ;
Sur des fronts abattus, mon aspect dans
ces lieux
Ranime presque de la joie.

" Mon beau voyage encore est si loin de
sa fin !
Je pars, et des ormeaux qui bordent le
chemin
J'ai passé les premiers à peine.
Au banquet de la vie à peine commencé,
Un instant seulement mes lèvres ont
pressé
La coupe en mes mains encor pleine.

" Je ne suis qu'au printemps, je veux voir
la moisson ;
Et comme le soleil, de saison en saison,
Je veux achever mon année.
Brillante sur ma tige et l'honneur du
jardin,
Je n'ai vu luire encor que les feux du
matin,
Je veux achever ma journée.

"O mort ! tu peux attendre ; éloigne,
   éloigne-toi ;
Va consoler les cœurs que la honte, l'effroi,
   Le pâle désespoir dévore.
Pour moi Palès encore a des asiles verts,
Les Amours des baisers, les Muses des
   concerts ;
   Je ne veux pas mourir encore."

Ainsi, triste et captif, ma lyre toutefois
S'éveillait, écoutant ces plaintes, cette
   voix,
   Ces vœux d'une jeune captive ;
Et secouant le joug de mes jours lan-
   guissants,
Aux douces lois des vers je pliais les
   accents
   De sa bouche aimable et naïve.

Ces chants, de ma prison témoins har-
   monieux,
Feront à quelque amant des loisirs stu-
   dieux
   Chercher quelle fut cette belle :
La grâce décorait son front et ses discours,
Et, comme elle, craindront de voir finir
   leurs jours
   Ceux qui les passeront près d'elle.

VIVEZ, AMIS ![1]

ANDRÉ CHÉNIER. 1794.

QUAND au mouton bêlant la sombre
   boucherie
   Ouvre ses cavernes de mort,
Pâtre, chiens et moutons, toute la bergerie
   Ne s'informe plus de son sort.
Les enfants qui suivaient ses ébats dans
   la plaine,
   Les vierges aux belles couleurs
Qui le baisaient en foule, et sur sa blanche
   laine
   Entrelaçaient rubans et fleurs,
Sans plus penser à lui, le mangent s'il
   est tendre.
   Dans cet abîme enseveli,
J'ai le même destin. Je m'y devais at-
   tendre.
   Accoutumons-nous à l'oubli.
Oubliés comme moi dans cet affreux re-
   paire,
   Mille autres moutons, comme moi

[1] Written in prison a few days before his exe-
cution.

Pendus aux crocs sanglants du charnier
   populaire,
   Seront servis au peuple-roi.
Que pouvaient mes amis ! Oui, de leur
   main chérie
Un mot, à travers ces barreaux,
A versé quelque baume en mon âme
   flétrie ;
De l'or peut-être à mes bourreaux —
Mais tout est précipice. Ils ont eu droit
   de vivre.
   Vivez, amis ; vivez contents.
En dépit de Bavus, soyez lents à me
   suivre ;
Peut-être en de plus heureux temps
J'ai moi-même, à l'aspect des pleurs de
   infortune,
   Détourné mes regards distraits ;
À mon tour aujourd'hui mon malheur
   l'importune.
   Vivez, amis ; vivez en paix.

MON PÈRE ET MA MÈRE.[1]

ANDRÉ CHÉNIER. 1794.

TRISTE vieillard, depuis que pour tes
   cheveux blancs
Il n'est plus de soutien de tes jours chan-
   celants,
Que ton fils orphelin n'est plus à son
   vieux père,
Renfermé sous ton toit et fuyant la lu-
   mières,
Un sombre ennui t'opprime et dévore ton
   sein.
Sur ton siége de hêtre, ouvrage de ma
   main,
Sourd à tes serviteurs, à tes amis eux-
   mêmes,
Le front baissé, l'œil sec et le visage blême,
Tout le jour en silence, à ton foyer as-
   sis,
Tu restes pour attendre ou la mort ou ton
   fils.
Et toi, toi, que fais-tu, seule et déses-
   pérée,
De ton faon dans les fers lionne séparée !
J'entends ton abandon lugubre et gémis-
   sant ;
Sous tes mains en fureur ton sein reten-
   tissant,
Ton deuil pâle, éploré, promené par la
   ville,

[1] Written in prison while waiting execution.

Tes cris, tes longs sanglots remplissent
  toute l'île.
Les citoyens de loin reconnaissent tes
  pleurs.
" La voici, disent-ils, la femme de dou-
  leurs ! "
L'étranger, te voyant mourante, écheve-
  lée,
Demande : " Qu'as-tu donc, ô femme
  désolée ! "
— "Ce qu'elle a ! Tous les dieux contre
  elle sont unis :
La femme désolée, elle a perdu son fils."

AU PIED DE L'ÉCHAFAUD.[1]

ANDRÉ CHÉNIER.

COMME un dernier rayon, comme un
  dernier zéphyre
  Anime la fin d'un beau jour,
Au pied de l'échafaud j'essaye encor ma
  lyre.
  Peut-être est-ce bientôt mon tour ;
Peut-être avant que l'heure en cercle
  promenée
  Ait posé sur l'émail brillant,
Dans les soixante pas où sa route est
  bornée,
  Son pied sonore et vigilant,
Le sommeil du tombeau pressera ma
  paupière !
  Avant que de ses deux moitiés
Ce vers que je commence ait atteint la
  dernière,
  Peut-être en ces murs effrayés
Le messager de mort, noir recruteur des
  ombres,
  Escorté d'infâmes soldats,
Remplira de mon nom ces longs corridors
  sombres.

.   .   .   .   .

ÉPITRE DE GEORGE, ROI D'ANGLE-TERRE, À CELUI DE PRUSSE.

JEAN-ARMAND CHARLEMAGNE. 1794.

QUELS enragés, mon cher confrère,
 Que ces nouveaux Républicains !
Point de quartier ! pour cri de guerre,
Et, pour manœuvre militaire,
La baïonnette dans les reins.

[1] Composé le 7 thermidor 1794, au matin, peu
d'instants avant d'aller au supplice.

Voyez quels succès ils obtiennent !
Une victoire chaque jour ;
Ce fameux Charleroi qu'ils prennent
Comme on entre dans un faubourg.

Et ce Fleurus — Dieu me pardonne,
Je jurerais à ce nom-là ;
Quand Luxembourg nous y rossa,
Ce fut de couronne à couronne
Du moins qu'alors on batailla.
Mon gros prédécesseur Guillaume,
Trouvant du moins à qui parler,
Dut aisément se consoler.
Luxembourg était gentilhomme.
Un duc et pair, quoique bossu,
Est un adversaire de note,
Par lui sans honte on est vaincu ;
Mais il est dur d'être battu
Par un général sans-culotte.
Goddem ! c'est trop. De tous côtés,
Voyez-vous nos villes se rendre,
Nos soldats fuir épouvantés
De la Belgique et de la Flandre !
Ces Français, comme des volcans,
Ont couvert notre territoire.
Moins rapides que les torrens,
Les fougueux aquilons plus lents,
Je suis quasi tenté de croire
Que, dominateurs de la gloire,
Et souverains des élémens,
Ils ont décrété la victoire.

Je date de ce jour maudit,
Et j'ai fermement plan la tête,
Qu'avec tous ses plans de conquête
Cobourg ne sait trop ce qu'il dit ;
Et que, malgré tout son esprit,
Mon cher lord Pitt est un peu bête.
J'enrage — et tenez, savez-vous,
Savez-vous bien que nous en sommes
Pour notre argent et pour nos hommes,
Et qu'on se moque encor de nous ?
Oui, s'en moquer la chose est claire ;
Car on nous chansonne à Paris
Quand on nous bat sur la frontière ;
J'ai là-dessus de bons avis.
La dure vérité se mêle
A des traits piquans, acérés ;
Le sarcasme pleut comme grêle,
Sur nos trônes déshonorés.
Nos couronnes sont ravalées
Dans maint vaudeville malin ;
Par Gilles et par Arlequin
Nos majestés sont persiflées.
On rit si fort à nos dépens
Que, par un revers de médaille,
Sur le théâtre où l'on nous raille,

Les peuples sont d'honnêtes gens,
Et nous autres rois la canaille.

Voyez-vous, j'ai peur quelquefois ;
Je crains qu'un dénoûment tragique,
N'achève la farce des rois.
Par une étincelle électrique,
Le système se communique.
Notre siècle est philosophique,
Et l'on raisonne en tapinois.

Entre nous deux, soyons sincères.
Les rois ne sont point ici-bas
Absolument nécessaires.
Quand un roi ne s'en mêle pas,
Un peuple en fait mieux ses affaires.
De cet aveu ne dites rien :
Je soupçonne qu'en république
On peut vivre encore assez bien.
Les rois sont chers à l'entretien,
Et, quand on sait l'arithmétique,
Et qu'on a le choix du moyen,
On prend le plus économique.
Quel homme ne calculera
Que moins il nous en donnera
Et plus il en aura de reste ?
Pour nous quel résultat funeste,
Si jamais on pense à cela.

Avisez-y, la crise est forte,
Qui sait ce qui retournera ?
Le pauvre genre humain déjà
Assez malgré lui nous supporte.
J'ai peur, je ne m'en dédis pas,
Que bientôt tout aille de sorte,
Qu'on mette nos trônes à bas
Et nos majestés à la porte.

Que ferions-nous en pareil cas ?
Triste figure, je suppose.
Nous ne sommes bons qu'à régner,
C'est-à-dire à très-peu de chose.
Un roi sait manger son dîner ;
Mais, mon ami, je vous assure
Qu'il risquerait fort de jeûner,
S'il se trouvait par aventure
Jamais réduit à le gagner.
Denis, dépouillé de l'empire,
Fut maître d'école, dit-on.
Comparaison n'est pas raison.
Denis avait appris à lire ;
Ce talent-là lui profita.
Nos connaissances assez minces
Ne s'étendent pas jusque là.
Les rois (c'est démontré cela)
Sont ignorans comme des princes.
Mon camarade, il est constant

Que plus des trois quarts de la terre,
Sont encor sots passablement ;
Fermant les yeux à la lumière,
L'univers est aveugle encor.
Prenons bien garde à son essor ;
Nous sommes perdus s'il s'éclaire.

En risquant cet événement,
Comme il se peut qu'incessamment,
Des rois sonne l'heure suprême,
Il nous faut, en cas d'accidens,
Apprendre à travailler nous-même,
Et des métiers à nos enfans.

LA PRISE DE TOULON.

LA HARPE. 1794.

AIR : De la Marseillaise.

ILS ont payé leur perfidie ;
Ils ont fui, ces Anglais pervers.
En vain par un lâche incendie,
Ils ont cru venger leurs revers ;
En embrasant ces édifices,
Ces murs qu'ils n'ont pu garantir,
Ils n'ont rien fait qu'anéantir
Les repaires de leurs complices.
Triomphe, Liberté ! donne partout des
    lois ;
Ton sort est désormais de vaincre tous
    les rois.

De leurs cohortes fugitives,
Si Dunkerque fut le cercueil,
Toulon contemple de ses rives
Le naufrage de leur orgueil.
Poursuivis par notre vengeance,
Ces ennemis, jadis si fiers,
N'auront montré sur les deux mers
Que leur crime et leur impuissance.
Triomphe, Liberté, etc.

O vous, dont la funeste adresse,
Changeant de masque chaque jour,
Par l'excès ou par la faiblesse,
Voulut nous perdre tour à tour,
Cédez aux destins de la France ;
Vos trahisons n'ont plus d'appui,
Et l'Anglais emporte avec lui,
Et sa honte et votre espérance.
Triomphe, Liberté ! donne partout des
    lois ;
Ton sort est désormais de vaincre tous
    les rois.

ODE À LA GRANDE ARMÉE.

PIERRE LEBRUN. 1805.

"SUSPENDS ici ton vol : d'où viens-tu,
    Renommée ?[1]
Qu'annoncent tes cent voix à l'Europe
    alarmée ? —
Guerre ! — Et quels ennemis veulent être
    vaincus ? —
Allemands, Suédois, Russes, lèvent la
    lance ;
    Ils menacent la France. —
Reprends ton vol, Déesse, et dis qu'ils
    ne sont plus."

Le héros a parlé ; des innombrables tentes
Qui, des camps de Boulogne, au soleil
    éclatantes,
Menaçaient Albion tremblante à l'autre
    bord,

Vers le Rhin, à sa voix, ses légions guer-
    rières
    Emportent leurs bannières,
Qui reviendront bientôt vers l'Océan du
    nord.

Le Rhin a fui, l'armée en avant se dé-
    ploie ;
Sa clameur, que le vent aux ennemis
    renvoie,
Annonce l'empereur au Danube étonné ;
L'aigle à la double tête avait cru loin
    encore
    Voir l'aigle tricolore,
Et criant, "Le voilà !" s'est enfui con-
    sterné.

Imprudents agresseurs, quelle est votre
    espérance ?
Osez - vous affronter les destins de la
    France ?
Osez - vous rappeler la guerre sur vos
    bords ?
Et ne voyez - vous pas que vers vous
    l'Angleterre
    Détourne le tonnerre
Qui déjà menaçait de dévorer ses ports ?

Par son large Océan vainement remparée,
Elle perdait l'orgueil qui l'avait rassurée,
Et, pâle, se troublait derrière ses vais-
    seaux ;
L'œil tourné vers nos camps, ses subites
    alarmes,
    Dès que brillaient des armes,
Se figuraient la France avançant sur les
    eaux.

De loin, dans tous les vents, son oreille
    inquiète
Croyait sans cesse ouïr le bruit de la
    trompette,
Comme un cerf qui frissonne au son
    lointain du cor :
Et vous, cerfs imprudents qu'elle lance
    à sa place,
    Vous venez, dans sa trace,
Au pas de nos coursiers pour elle fuir
    encor.

Comme elle aura souri d'orgueil et d'arti-
    fice
À voir tomber sur vous, tranquille spec-
    tatrice,
Tous ces traits que déjà vers elle nous
    lancions !

[1] "Cette ode a une histoire. Sa bonne fortune a attiré, dès le premier pas, l'attention sur son auteur. Elle a dû son succès à une méprise, car quelques traits heureux ne lui auraient pas mérité tant d'honneur.

"Faite au prytanée de Saint-Cyr au moment même où se passaient les événements et à mesure que les bulletins de la grande armée arrivaient au collége, l'*Ode à la grande armée* fut publiée par le *Moniteur*, presque en même temps que la victoire d'Austerlitz, et parvenait à l'empereur lorsqu'il était encore pour ainsi dire sur le champ de bataille.

"Le comte Daru, alors intendant général de la grande armée, a plus d'une fois raconté à l'auteur, devenu son confrère à l'Académie fran-çaise, comment Napoléon en a eu connaissance et quel accueil il lui fit. C'était le soir, dans le salon de Schœnbrunn. Le prince de Talleyrand, le prince de Neuchâtel et le comte Daru avaient dîné avec l'empereur. L'empereur assis prenait son café, quand M. Daru, ouvrant le *Moniteur*, qu'il trouva sur la cheminée, fit un mouvement de surprise. 'Qu'est-ce, Daru ?' dit l'empe-reur. 'Voilà, sire, dans le *Moniteur*, une ode sur la bataille.' 'Ah ! et de qui ?' 'De Lebrun, sire.' 'Ah ! ah ! voyons, lisez-nous cela, Daru.' L'empereur ne doutait pas que ce ne fût du Lebrun que ses admirateurs comme ses cri-tiques avaient surnommé Pindare. On n'en connaissait pas d'autre. L'ode fut louée et critiquée. Finalement, ordre fut donné d'écrire au ministre de l'intérieur qu'il était accordé à Lebrun une pension de 6,000 francs. On ne tarda pas à connaître que l'ode attribuée, à Schœnbrunn comme à Paris, au poëte de l'Insti-tut, était d'un élève de Saint-Cyr. 'N'importe,' dit l'empereur, 'donnez la pension à l'auteur de l'ouvrage.' Seulement elle fut proportionnée à l'âge de cet auteur, doublement heureux et de la faveur qui lui était faite, et de celle dont il fut l'occasion, car la pension de 6,000 francs fut en effet donnée peu après au vieux poete, qui en avait besoin. Les deux pensions partirent de la même époque, 1er janvier 1806."— P. LEBRUN.

Et quels mépris pour vous ! mépris bien
　　légitimes,
　　　Si, vendant les victimes,
Vous livrez à son or le sang des nations.

Abjurez ses traités : ses traités sont par-
　　jures.
Repoussez une main si féconde en bles-
　　sures ;
L'intérêt est son dieu, l'ambition sa loi.
Comme la nation reine du monde antique
　　　Craignait la foi punique,
Craignez, peuples, craignez la britannique
　　foi.

C'est le mancenillier, l'arbre au fatal
　　feuillage
Qui recèle la mort sous son perfide om-
　　brage.
Le voyageur s'y fie, il y porte ses pas :
Malheureux, que fais-tu ? fuis cet arbre
　　infidèle ;
　　　Sous son ombre mortelle
L'imprudent qui s'endort ne se réveille
　　pas.

La France en Albion s'est aussi reposée :
Interrogez Amiens et sa paix abusée,
Nos navires captifs et nos fils dans les
　　fers ;
Et contre le héros qu'elle attaque impunie
　　　Demandez quel génie
Dirigeait cette mort fabriquée aux enfers.

Mais, pour notre salut, l'infernale tem-
　　pête
Respecta les lauriers qui défendaient sa
　　tête.
Sous un si noble abri le héros fut sauvé ;
Ou plutôt le pouvoir qui dans le ciel
　　réside
　　　Couvrit de son égide
Ce front qu'au diadème il avait réservé.

Vous-même, à votre tour, êtes-vous sans
　　mémoire ?
Êtes-vous oublieux de votre propre his-
　　toire ?
Jeune Alexandre, arrête ! où courent tes
　　soldats ?
Peut-être le poignard qu'une main insu-
　　laire
　　　Aiguisa pour ton père,
Sur ta tête levé, médite ton trépas.

Et qu'a dit Albion ? "Je suis reine de
　　l'onde ;
Mais ce n'est point assez, je veux l'être
　　du monde.
Si les rois révoltés méconnaissent mes
　　droits,
Lançons-leur ma colère, et fondant ma
　　fortune
　　　Sur leur chute commune,
Je lèverai mon front dominateur de rois."

Unissons-nous plutôt, et chassons de la
　　terre
L'artisan ténébreux d'une éternelle
　　guerre ;
Arrachons ce vautour au cœur du conti-
　　nent ;
Détruisons Albion, vengeurs et non vic-
　　times ;
　　　Qu'elle perde ses crimes,
Et que la paix du monde en soit le châ-
　　timent.

Ils ne m'écoutent pas, les insensés !
　　　"Aux armes !"
Disent-ils. Que ce mot va vous coûter
　　de larmes !
Que de sang répandu, de familles en
　　deuil !
Pleurez, pleurez, Germains, la beauté de
　　vos villes,
　　　Et de vos champs fertiles
L'espoir enseveli sous les morts sans cer-
　　cueil.

En avant, grenadiers ! Déjà, qui le peut
　　croire ?
Le canon dans Paris annonce une vic-
　　toire.
Trente drapeaux conquis sont venus l'at-
　　tester.
Chaque jour nous en vient apprendre
　　une nouvelle,
　　　Qu'un bulletin fidèle
S'en va, de place en place, au peuple
　　raconter.

À des noms inconnus et tout à coup
　　célèbres
On s'étonne : Elchingen est sorti des
　　ténèbres,
Et toi, Marienzel ! préludes triomphants !
Les mères ont pâli : quelles folles chi-
　　mères
　　　Ont fait pâlir les mères !
La mort est pour qui fuit, et non pour
　　vos enfants.

Pareils en leur désordre aux feuilles dis-
persées,
Que l'automne en passant sous leurs pas
a chassées,
L'Autriche voit partout ses soldats fugi-
tifs.
Ils n'osent affronter de leurs aigles trem-
blantes
Nos aigles triomphantes
Et livrent sans combat leurs bataillons
captifs.

Ulm et ses murs puissants nous rendent
leurs cohortes;
Munich, à son vainqueur, soumise, ouvre
ses portes,
Tout cède, et Ferdinand, sans drapeaux
ni soldats,
Au césar des Germains vient dans Vienne
alarmée
Annoncer notre armée;
Et voilà qu'en triomphe elle entre sur
ses pas.

Mais arrêtons : sans doute un grand
danger commence :
Soldats, gardez vos rangs! en multitude
immense
Je vois le Nord armé, qui suit son jeune
czar.
Épais de combattants, sous ses flocons
de neige,
Il s'avance et protége
D'un flanc vaste et profond les fuites du
césar.

En trouvant tout à coup les champs
couverts de glace,
Les Russes ont souri, comme si leur
audace
Par le climat natal se sentait soutenir :
Mais l'aspect des guerriers qu'un jour en
Helvétie
Rencontra la Russie
Va leur rendre peut-être un moins cher
souvenir.

Qu'avaient-ils espéré! qu'en aurions-
nous à craindre!
Et de leurs rangs sans nombre ont-ils
cru nous étreindre!
La double armée avance, au loin son
tambour bat,
D'un village sans nom elle s'appuie en-
tière,
Et, l'attitude altière,
Sous trois cents étendards semble offrir
un combat.

L'œil brillant, comme l'aigle, et la joue
animée,
Le héros la regarde ; il dit : " La belle
armée !
Demain elle est à nous.   La nuit soit au
repos !
Demain ! " tous l'ont redit.   Et la nuit
passe en fêtes,
Et le jour sur leurs têtes
Du soleil d'Austerlitz vient dorer nos
drapeaux.

Trois puissants empereurs se levaient
face à face :
Une heure, et, regagnant ses empires de
glace,
Déjà l'un est en fuite, et l'autre est à
genoux.
Le troisième—il est grand ! il triomphe,
il pardonne,
Il rend peuple et couronne,
Content des lauriers seuls, qu'il réserve
pour nous.

Que d'étendards Paris voit suspendre à
son dôme !
Sur la place où revit le beau nom de
Vendôme
Que de canons, captifs comme leurs éten-
dards !
Qui vont montrer, fondus en colonne
guerrière,
D'Austerlitz tout entière
La bataille debout, éternelle aux regards.

Quel Français sans orgueil pourra passer
près d'elle !
Gloire à la grande armée, à l'armée im-
mortelle !
Gloire à Napoléon, à ses lauriers nou-
veaux !
Gloire au siècle fameux qui sous son nom
commence !
Gloire, gloire à la France
Qui sur son vieux pavois éleva ce héros !

Braves des temps passés, grands hommes
dont l'histoire
Apporta jusqu'à nous l'éclatante mé-
moire,
Intrépide Annibal, modeste Scipion,
Heureux César, et vous, demi-dieux de
la Seine,
Condé, Villars, Turenne,
Vous disparaissez tous devant Napoléon !

Comme on voit au matin les brillantes
  étoiles,
Dont la nuit s'honorait de parsemer ses
  voiles,
Fuir devant le soleil, qui, d'un pas de
  géant,
S'avance, il remplit l'air de sa splendeur
  féconde,
Il s'empare du monde,
Et, dans l'immensité seul, marche en
  conquérant.

LA GUERRE DE PRUSSE.

PIERRE LEBRUN. 1806.

PAISIBLE et satisfait de l'encens que la
  terre
Offre en tribut à ses exploits,
Le héros avait dit à son puissant ton-
  nerre :
Dors et laisse dormir les rois.

Il avait dit, déjà des fêtes magnifiques
S'apprêtaient, rivales des jeux
Que célébrait la Grèce aux plaines Olym-
  piques
En l'honneur de ses demi-dieux.

L'Europe désormais sous sa main glori-
  euse
Respirait de ses longs revers,
Et des bardes français la lyre belliqueuse
Méditait de plus doux concerts.

Voilà que tout à coup des flots de la Bal-
  tique
Le cri de la guerre est sorti ;
Et des mers d'Arkhangel à l'onde Adri-
  atique
Ce cri sinistre a retenti.

La Discorde aux pieds d'or quitte Albion,
  sanglante,
Et de l'empreinte de ses pas
Naissent des légions, que sa torche effray-
  ante
Guide aux homicides combats.

Dieux ! dit le laboureur, quel est ce mé-
  téore
Qui s'avance sur les moissons ?
Messager de courroux, vient-il semer
  encore
La famine dans nos sillons ?

Et cependant qu'il parle, une ligue in-
  sensée,
Levant ses orgueilleux drapeaux,
Nous menace, et déjà dans sa folle pen-
  sée
Rêve le trépas des héros.

Des Parthes autrefois telle on vit la dé-
  mence
Quand leurs traits, du fond des dé-
  serts,
Menaçaient le tonnerre, et de leur im-
  puissance
Pensaient l'effrayer dans les airs.

Peuples, ne craignez pas.   En vain l'hy-
  dre abattue
Se relève et brave son sort ;
Hercule s'arme, il marche, et va, de sa
  massue,
Lui porter sa dernière mort.

Voyez-vous ce serpent longtemps caché
  sous l'herbe
Qui, du creux d'un chêne élancé,
S'attaque au roi de l'air et s'applaudit,
  superbe
Du noir venin qu'il a lancé ?

L'aigle, sans s'émouvoir, de sa terrible
  serre
Saisit l'ennemi tortueux,
Et déchiré, sans vie, il le rend à la terre,
Et suit sa route vers les cieux.

RÉPONSE À L'EMPEREUR NAPO-LÉON.

PIERRE LEBRUN. 1807.

ENVOYÉE À MADAME DE BRESSIEUX.[1]

• "ON dit qu'il s'endort."   Caroline
Est-il vrai qu'à Fontainebleau
Ce puissant maître de château,
Devant qui l'Europe s'incline,

[1] "Madame la baronne Caroline de Bressieux, dame d'honneur de Madame mère, était auprès de l'empereur la protectrice la plus aimable et la plus bienveillante de mes vers. Un jour que, dans une des villégiatures de Fontaine-bleau, elle lui parlait de *son jeune pensionnaire*, c'est ainsi qu'elle avait coutume de me nommer lorsqu'elle voulait bien l'entretenir de moi, l'empereur lui dit ces paroles, qu'elle m'a rép'

Que lui-même, que l'Empereur,
Parmi tous les soins de l'Empire,
Sache même que je respire,
Et me flattez-vous d'une erreur ?

Quoi ! de ma jeune destinée
Le cours n'en est point inconnu ?
Quoi ! l'Empereur s'est souvenu
Des promesses du Prytanée ?

J'occupe, si je vous en crois,
Un coin de la vaste pensée
Où la terre entière est pressée,
Où se meut le destin des rois ?

Qu'il se souvienne de nos gloires,
Du pays de tous ses combats,
Du nom de toutes ses victoires,
Du nom même de ses soldats ;

Des capitales dont la porte
A vu son coursier triomphal,
Des drapeaux qu'à notre arsenal
Chaque jour la victoire apporte ;

De tous les rois dont son pouvoir
A fait ou défait la couronne ;
Certes, mon esprit s'en étonne,
Pourtant je le puis concevoir ;

Mais de moi ! mais qu'il se souvienne
Qu'autour du char qui l'a porté,
Parmi les voix qui l'ont chanté,
Il n'a plus entendu la mienne !

" On dit qu'il s'endort ! " Votre esprit
N'a-t-il pas trompé votre oreille ?
Napoléon, eh ! qui t'a dit
Si je m'endors ou si je veille ?

Grand homme, qui pourrait dormir
Au bruit dont tu remplis la terre ?
Est-il séjour si solitaire
Qui ne l'entende au loin frémir ?

Mais quoi ! voilerai-je un mensonge
De mots si pleins de vérité ?
Oui, je dormais, oui, d'un doux songe
Mon cœur se berçait enchanté.

tées le lendemain même : ' Ce jeune homme a
de la verve ; mais on dit qu'il s'endort.' Il est
facile de se figurer l'impression que pouvait
faire sur une imagination jeune et fascinée ce
seul mot de Napoléon."— P. Lebrun.

D'une autre idole que ta gloire
Je faisais mon cher entretien ;
Un nom qui n'était pas le tien
T'avait distrait de ma mémoire.

Les jours, les nuits, à mes travaux,
N'étaient plus que de longues trêves ;
Je ne voyais plus dans mes rêves
Flotter ton aigle et tes drapeaux.

N'as-tu jamais, à pareil âge,
Toi-même, si plein d'avenir,
Pour quelque brune ou blonde image,
Perdu tout autre souvenir ?

Que Caroline me réponde :
Dites, vous la première amour
De ce cœur qui devait un jour
Battre pour l'empire du monde,

Dites, n'a-t-il jamais dormi
Sous les cerisiers de Valence,
Aux temps d'ivresse et d'innocence
Où vous l'appeliez votre ami ;

Quand le héros à son aurore,
Si loin du zénith radieux,
Brillait seulement à vos yeux
D'une épaulette neuve encore ?

Mais il parle : adieu, songe vain !
Dites-lui que dans ma retraite
Sa voix parvenue a soudain
Réveillé son jeune poëte.

Me voici ! vers quels nouveaux bords,
Pour quels faits la subite flamme
Qu'il vient de jeter dans mon âme
Se répandra-t-elle en accords ?

Ne m'a-t-on pas dit que l'armée
Allait demain suivre son char
A travers l'empire du czar,
Et jusque dans l'Inde opprimée !

Suivez, suivez Napoléon,
Mes chants, de rivage en rivage,
Et que puisse ainsi, d'âge en âge,
Mon nom accompagner son nom !

Que puisse ma muse fidèle
A sa gloire à jamais s'unir !
Aigle, je m'attache à ton aile :
Emporte-moi dans l'avenir.

LE VAISSEAU DE L'ANGLETERRE.

PIERRE LEBRUN. 1808.

Je vois, aux plaines de Neptune,
Un vaisseau brillant de beauté,
Qui, dans sa superbe fortune,
Va d'un pôle à l'autre porté ;
De voiles au loin ondoyantes,
De banderoles éclatantes,
Il se couronne dans les airs,
Et seul sur l'humide domaine,
Avec orgueil il se promène,
Et dit : Je suis le roi des mers.

Des lieux où l'onde sarmatique
Frappe des rivages glacés,
Aux lieux où le pied de l'Afrique
Repousse les flots courroucés ;
Et des magnifiques contrées
Que nos pères ont ignorées,
Aux lointains et fertiles bords
Où la vieille nature étale
De la splendeur orientale
Tout le luxe et tous les trésors,

Il porte sa vaste espérance ;
Héritier des pays divers,
Il recueille en sa route immense
Les richesses de l'univers :
Il va chercher l'or ou Potose,
Aux champs que l'Amazone arrose,
Et jusques au berceau du jour ;
Et se pare, au milieu de l'onde,
Des brillants tributs de Golconde
Du Bengale et de Visapour.

Cependant la mer azurée,
Sans vagues et sans aquilons,
Réfléchit sa poupe dorée
Et l'éclat de ses pavillons.
Ses matelots, vêtus de soie,
Sous un ciel pur boivent la joie,
Et chantent leur prospérité,
Tandis que, renversant sa coupe,
Le vieux pilote sur la poupe
S'endort, plein de sécurité. [1]

Il n'a pas lu dans les étoiles
Les malheurs qui vont avenir ;
Il n'aperçoit pas que ses voiles
Ne savent plus quels airs tenir,
Que le ciel est devenu sombre,
Que des vents s'est accru le nombre,

Que la mer gronde sourdement,
Et que, messager de tempête,
L'alcyon passe sur sa tête
Avec un long gémissement.

Du milieu des plaines profondes,
Un cri soudain s'est élancé.
Qu'est devenu le roi des ondes ?
C'en est fait, l'orage a passé.
Les flots, qui tremblaient sous un maître,
Au lieu qui l'a vu disparaître
Venant sans bruit se réunir,
Roulent avec indifférence,
Et de sa superbe existence
N'ont plus même le souvenir.

LA NAISSANCE DU ROI DE ROME.

PIERRE LEBRUN. 1811.

Assis au pied du Louvre à côté de ma
    lyre,
Je veillais en silence, et du jour prêt à
    luire
        J'attendais le retour,
J'attendais cet enfant qui de la nuit
    féconde,
Aux nations promis, devait aux yeux du
    monde
        Paraître avec le jour.

Seul dans l'ombre, inspiré par la nuit
    solennelle,
Je repassais en moi la gloire paternelle
    Sur un rhythme nouveau,
Afin qu'avec le jour entr'ouvrant sa
    paupière,
De grands enseignements ma lyre la
    première
        Entourât son berceau.

Autour de moi la ville est debout, at-
    tentive ;
La Seine d'aucun bruit n'ose frapper sa
    rive,
        Tous les airs sont muets ;
Et d'un regard serein lui versant la
    lumière,
Les astres attentifs suspendent leur car-
    rière
        Au-dessus du palais.

Soldat, qui nuit et jour veilles sous les
    portiques,
N'as-tu-pas entendu de ces voûtes an-
    tiques
        Un cri soudain sortir ?

[1] Le vieux George III. régnait encore en
Angleterre.

Un bruit sourd et lointain a frappé mes oreilles,
Soldat, qui nuit et jour sous les portiques veilles,
    L'entends-tu retentir ?
Oui, la foule immobile écoute ; et tout s'arrête. [1]
C'est le bruit attendu, que le canon de fête
    A repété vingt fois ;
Il tonne encore — encore — et, tout à coup, s'élance
Un long cri dans les airs, et la clameur immense
    D'un million de voix :

" Il est né ! " Renommée, il est né ! va, cours, vole,
Pour l'apprendre à la France envoie au loin d'Éole
    Les messagers nouveaux, [2]
Et dis à tes enfants qui, muets sous leurs ailes,
Au sommet de nos tours veillent en sentinelles,
    De hâter leurs signaux.

Un globe qui des airs descend sur ses ruines
Vient de l'apprendre à Rome, et conte aux sept collines
    Le roi qui leur est né ;
Le Tibre ressaisit son antique fortune,
Et descend désormais à la cour de Neptune
    En fleuve couronné.

1 " Il était huit heures du matin ; la foule croissait de moment en moment autour du château, dans le jardin et dans le Carrousel. On devait tirer vingt et un coups de canon pour la naissance d'une fille, cent un pour celle d'un fils. Quand le canon des Invalides fut d'abord entendu, le silence se fit tout à coup, non-seulement autour des Tuileries, mais dans tout Paris. La ville entière parut comme frappée soudain d'enchantement par la baguette d'une fée. Toutes les voitures s'arrêtèrent, tous les métiers bruyants cessèrent de battre ; les habitants étaient immobiles par groupes dans les rues ou devant les portes des boutiques ; on comptait avec anxiété les coups de canon. Quand le vingt et unième fut passé, quand le vingt-deuxième se fit entendre, alors une clameur difficile à rendre s'éleva de tous les points de la grande cité. Le mouvement recommença, et une agitation bruyante comme celle des grandes eaux régna toute la matinée. C'était une joie émue, sincère, unanime ; on admirait que la destinée, qui avait élevé si haut la gloire et la fortune de l'empereur, vînt ainsi satisfaire à son dernier desir."— P. LEBRUN.
2 Ballons.

Et voilà qu'envoyés des peuples de la terre,
Les princes, abaissant leur sceptre tributaire,
    Et le front incliné,
Au nom de l'univers sont venus reconnaître
L'héritier des héros, qu'à l'Europe pour maître
    Les cieux ont destiné.

Accueille, jeune prince, accueille ces hommages,
Qui, d'un immense espoir éclatants témoignages,
    Attendaient l'enfant-roi,
Et permets cependant que la voix d'un poëte,
Du destin aujourd'hui solennelle interprète,
    S'élève jusqu'à toi.

J'ai lu dans l'avenir. Le livre entier des âges
A devant mes regards déroulé de ses pages
    Les éternels secrets ;
Et, si quelques instants le peuple fait silence,
Je dirai quelle gloire au siècle qui s'avance
    Réservent leurs décrets.

Confidentes du sort, les favorables Parques
Dans les fils réservés aux plus rares monarques
    Ont choisi les plus beaux ;
Déjà les doigts divins agitent tes journées ;
Et des siècles tissus de grandes destinées
    Courent sur les fuseaux.

Enfant, un grand modèle invite ton jeune âge,
Et dans ton sein déjà se sent naître un courage
    Indigne du repos ;
À l'aigle avec le jour l'aigle inspire l'audace,
Et les héros, des dieux perpétuant la race,
    Enfantent les héros.

Si tu suivais ton cœur, nous t'eussions vu sans doute
De celui dont tu sors continuer la route,
    Napoléon nouveau ;

Et, comme de son nom héritier de sa
    gloire,
De ton premier élan, au char de la
    victoire
    T'élancer du berceau.

Nous t'eussions vu, bravant un ciel armé
    de glace,
Ou d'un climat de feu la brûlante menace,
    Pousser tes pavillons,
Soit aux champs que l'Ister abreuve de
    son onde,
Soit aux champs plus lointains où le
    vieux Nil féconde
    L'Égypte et ses sillons.

Peut-être, à ton abord, monté sur son
    rivage,
Et de ton père en toi retrouvant le visage,
    Et le nom et le cœur,
Le vieux Nil, abusé par cette ressem-
    blance,
Eût douté si les dieux n'avaient pas en
    silence
    Rajeuni son vainqueur.

Telle n'est point la gloire à tes jours
    réservée.
La moisson est déjà tout entière achevée
    Dans le champ des guerriers ;
Ton père a tout cueilli, sans égard pour
    sa race,
Et tu perdrais ton sort à chercher sur sa
    trace
    Quelques rares lauriers.

Ah ! n'en sois point jaloux. Si la gloire
    guerrière
À tes pas désormais ferme cette carrière
    Qu'il vient de parcourir.
Sa main déjà d'une autre ouvre le champ
    immense,
Et de palmes sans nombre a jeté les
    semences
    Que tu verras mûrir.

Les gloires de la paix sont encor les plus
    belles.
C'est pour les conquérir, c'est pour
    régner par elles,
    Que ton père a vaincu.
Heureux prince, tu vas jouir de son
    ouvrage,
Et grâce à lui, sous toi, dans un plus
    heureux âge
    Nos fils auront vécu.

La paix ! Tu rempliras cette grande
    espérance.
Mars ne reviendra plus à notre chère
    France
    Arracher son trésor ;
Et des arbres plantés par la main de
    leurs pères
Les enfants cueilleront les fruits hérédi-
    taires,
    Et leurs enfants encor.

Aime cet avenir qui s'ouvre à ma pa-
    trie,
Et les travaux féconds, trésors de l'in-
    dustrie,
    Triomphes de la paix,
Et du génie humain les sereines con-
    quêtes,
Et le luxe des arts, et le chant des
    poëtes
    Qui fait vivre à jamais.

Ah ! s'il m'était donné de voir assez
    d'années
Pour demeurer témoin des saisons for-
    tunées
    Que préparent les cieux ;
Si jusqu'au dernier jour le roi de l'har-
    monie,
Dans un fragile corps préservait mon
    génie
    Des ans injurieux,

Je chanterais ce jour dont commence
    l'aurore,
Je dirais ce bonheur, où les peuples en-
    core
    N'étaient point parvenus ;
Et sur ma lyre d'or je trouverais peut-
    être,
Pour des félicités que nul n'a pu con-
    naître,
    Des accords inconnus.

C'est à moi qu'appartient le siècle qui
    commence ;
C'est à moi d'en transmettre à l'avenir
    immense
    Les merveilleux récits ;
Et ce prix m'est bien dû, si ma lyre
    prospère,
Qu'après avoir chanté les triomphes du
    père
    J'en couronne le fils.

LES GAULOIS ET LES FRANCS.

DE BÉRANGER. JANVIER 1814.

Gai ! gai ! serrons nos rangs,
Espérance
De la France ;
Gai ! gai ! serrons nos rangs ;
En avant, Gaulois et Francs !

D'Attila suivant la voix,
Le barbare
Qu'elle égare
Vient une seconde fois
Périr dans les champs gaulois.

Gai ! gai ! serrons nos rangs,
Espérance
De la France ;
Gai ! gai ! serrons nos rangs ;
En avant, Gaulois et Francs !

Renonçant à ses marais,
Le Cosaque,
Qui bivaque,
Croit, sur la foi des Anglais,
Se loger dans nos palais.

Gai ! gai ! serrons nos rangs,
Espérance
De la France ;
Gai ! gai ! serrons nos rangs ;
En avant, Gaulois et Francs !

Le Russe, toujours tremblant
Sous la neige
Qui l'assiége,
Las de pain noir et de gland,
Veut manger notre pain blanc.

Gai ! gai ! serrons nos rangs,
Espérance
De la France ;
Gai ! gai ! serrons nos rangs ;
En avant, Gaulois et Francs !

Ces vins que nous amassons
Pour les boire
À la victoire,
Seraient bus par des Saxons !
Plus de vin, plus de chansons !

Gai ! gai ! serrons nos rangs,
Espérance
De la France ;
Gai ! gai ! serrons nos rangs ;
En avant, Gaulois et Francs !

Pour des Kalmouks durs et laids
Nos filles
Sont trop gentilles,
Nos femmes ont trop d'attraits.
Ah ! que leurs fils soient Français !

Gai ! gai ! serrons nos rangs,
Espérance
De la France ;
Gai ! gai ! serrons nos rangs ;
En avant, Gaulois et Francs !

Quoi ! ces monuments chéris,
Histoire
De notre gloire,
S'écrouleraient en débris !
Quoi ! les Prussiens à Paris !

Gai ! gai ! serrons nos rangs,
Espérance
De la France ;
Gai ! gai ! serrons nos rangs ;
En avant, Gaulois et Francs !

Nobles Francs et bons Gaulois,
La paix si chère
À la terre
Dans peu viendra sous vos toits
Vous payer de tant d'exploits.

Gai ! gai ! serrons nos rangs,
Espérance
De la France ;
Gai ! gai ! serrons nos rangs,
En avant, Gaulois et Francs !

LES DEUX GRENADIERS.

DE BÉRANGER. AVRIL 1814.

PREMIER GRENADIER.

À NOTRE poste on nous oublie ;
Richard, minuit sonne au château.

DEUXIÈME GRENADIER.

Nous allons revoir l'Italie ;
Demain, adieu Fontainebleau !

PREMIER GRENADIER.

Par le ciel ! que j'en remercie,
L'île d'Elbe est un beau climat !

DEUXIÈME GRENADIER.

Fût-elle au fond de la Russie,
Vieux grenadiers, suivons un vieux soldat.

ENSEMBLE.

Vieux grenadiers, suivons un vieux
soldat,
Suivons un vieux soldat. (*bis.*)

DEUXIÈME GRENADIER.

Qu'elles sont promptes, les défaites !
Où sont Moscou, Wilna, Berlin ?
Je crois voir sur nos baïonnettes
Luire encor les feux du Kremlin.
Et, livré par quelques perfides,
Paris coûte à peine un combat !
Nos gibernes n'étaient pas vides.
Vieux grenadiers, suivons un vieux
soldat.

PREMIER GRENADIER.

Chacun nous répète : Il abdique.
Quel est ce mot ? apprends-le-moi.
Rétablit-on la république ?

DEUXIÈME GRENADIER.

Non, puisqu'on nous ramène un roi.
L'Empereur aurait cent couronnes,
Je concevrais qu'il les cédât :
Sa main en faisait des aumônes.
Vieux grenadiers, suivons un vieux
soldat.

PREMIER GRENADIER.

Une lumière, à ces fenêtres,
Brille à peine dans le château.

DEUXIÈME GRENADIER.

Les valets à nobles ancêtres
Ont fui, le nez dans leur manteau.
Tous dégalonnant leurs costumes,
Vont au nouveau chef de l'État
De l'aigle mort vendre les plumes.
Vieux grenadiers, suivons un vieux
soldat.

PREMIER GRENADIER.

Des maréchaux, nos camarades,
Désertent aussi, gorgés d'or.

DEUXIÈME GRENADIER.

Notre sang paya tous leurs grades ;
Heureux qu'il nous en reste encor !
Quoi ! la Gloire fut en personne
Leur marraine un jour de combat, [1]

---

[1] Presque tous les maréchaux de l'Empire
portaient le nom des batailles où ils s'étaient
signalés sous Napoléon.

Et le parrain, on l'abandonne !
Vieux grenadiers, suivons un vieux
soldat.

PREMIER GRENADIER.

Après vingt-cinq ans de services
J'allais demander du repos.

DEUXIÈME GRENADIER.

Moi, tout couvert de cicatrices,
Je voulais quitter les drapeaux.
Mais, quand la liqueur est tarie,
Briser le vase est d'un ingrat.
Adieu femme, enfants et patrie !
Vieux grenadiers, suivons un vieux
soldat.

ENSEMBLE.

Vieux grenadiers, suivons un vieux
soldat.
Suivons un vieux soldat. (*bis.*)

LA CENSURE.

DE BÉRANGER. 1814.

CHANSON QUI COURUT MANUSCRITE AU
MOIS D'AOÛT 1814. [1]

Que, sous le joug des libraires,
On livre encor nos auteurs
Aux censeurs, aux inspecteurs,
Rats-de-cave littéraires ;
Riez-en avec moi.
Ah ! pour rire
Et pour tout dire,
Il n'est besoin, ma foi,
D'un privilége du roi !

L'État ayant plus d'un membre
Que la presse eût fait trembler,
Qu'on ait craint son franc parler
Dans la chambre et l'antichambre ;
Riez-en avec moi.
Ah ! pour rire
Et pour tout dire,
Il n'est besoin, ma foi,
D'un privilége du roi.

Que cette Chambre sensée
Laisse avec soumission
Sortir la procession

---

[1] On venait de discuter à la Chambre une loi
restrictive de la liberté de la presse, présentée
par l'abbe de Montesquiou, ministre de l'inté-
rieur.

Et renfermer la pensée ;
Riez-en avec moi.
    Ah ! pour rire
    Et pour tout dire,
Il n'est besoin, ma foi,
D'un privilége du roi !

Qu'un censeur bien tyrannique
De l'esprit soit le geôlier,
Et qu'avec son prisonnier
Jamais il ne communique,
    Riez-en avec moi.
    Ah ! pour rire
    Et pour tout dire,
Il n'est besoin, ma foi,
D'un privilége du roi.

Quand déjà l'on n'y voit guère,
Quand on a peine à marcher,
En feignant de la moucher,
Qu'on éteigne la lumière ;
    Riez-en avec moi.
    Ah ! pour rire
    Et pour tout dire,
Il n'est besoin, ma foi,
D'un privilége du roi !

Qu'un ministre, qui s'irrite
Quand on lui fait la leçon,
Lise tout bas ma chanson
Qui lui parvient manuscrite ;
    Riez-en avec moi.
    Ah ! pour rire
    Et pour tout dire,
Il n'est besoin, ma foi,
D'un privilége du roi.

VERS ÉCRITS À DOMRÉMY

EN VISITANT LA MAISON NATALE DE
JEANNE DARC.

PIERRE LEBRUN. 1815.

FRANCE, au lieu de pleurer l'éclipse de
    ta gloire,
Reporte ici les yeux, et pense à ton his-
    toire ;
Rappelle à ton esprit quels merveilleux
    exploits
T'ont de tes oppresseurs délivrée autre-
    fois ;
Apprends, quelques revers que le ciel te
    destine,
À ne jamais douter de la faveur divine,
À garder ton courage, à croire en tes
    destins ;

Et si les nations, des bords les plus
    lointains,
Par ta vieille rivale en secret animées,
Contre tes bords chéris envoyaient leurs
    armées ;
Si de nouveaux revers par Dieu même
    permis
Te ramenaient encor tes anciens ennemis,
Sûre de l'avenir, ne verse point de larmes,
Lève les yeux au ciel, et prépare tes
    armes.[1]

LA BATAILLE DE WATERLOO.

CASIMIR DELAVIGNE. 1815.

ILS ne sont plus, laissez en paix leur
    cendre :
Par d'injustes clameurs ces braves outra-
    gés
À se justifier n'ont pas voulu descendre ;
    Mais un seul jour les a vengés ;
    Ils sont tous morts pour vous dé-
    fendre.

Malheur à vous si vos yeux inhumains
    N'ont point de pleurs pour la patrie !
    Sans force contre vos chagrins,
Tremblez ; la mort peut-être étend sur
    vous ses mains.
Que dis-je ! quel Français n'a répandu
    des larmes
    Sur nos défenseurs expirans !
Près de revoir les rois qu'il regretta vingt
    ans,
Quel vieillard n'a gémi du malheur de
    nos armes ?
En pleurant ces guerriers par le destin
    trahis,
Quel vieillard n'a senti s'éveiller dans
    son ame,
Quelque reste assoupi de cette antique
    flamme
    Qui l'embrâsait pour son pays ?

Que de leçons, grand Dieu ! que d'horri-
    bles images
L'histoire d'un seul jour présente aux
    yeux des rois !

1 Cette pièce a été écrite au seuil même de
cette maison, objet de la curiosité et de la
vénération du voyageur. Une école de jeunes
filles occupe aujourd'hui l'humble berceau de
la fille héroïque et sainte qui a montré aux
hommes vaincus et opprimés comment on se
délivrait de l'occupation étrangère."—P. LE-
BRUN.

Clio, sans que la plume échappe de ses
doigts,
Pourra-t-elle en tracer les pages ?

Cachez-moi ces soldats sous le nombre
accablés,
Domptés par la fatigue, écrasés par la
foudre,
Ces membres palpitans dispersés sur la
poudre,
Ces cadavres amoncelés !
Eloignez de mes yeux ce monument
funeste
De la fureur des nations :
O Mort ! épargne ce qui reste.
Varus ! rends-nous nos légions !

Les coursiers frappés d'épouvante,
Les chefs et les soldats épars,
Nos aigles et nos étendards
Souillés d'une fange sanglante,
Insultés par les léopards,
Les blessés mourant sur les chars,
Tout se presse sans ordre, et la foule
incertaine
Qui se tourmente en vains efforts,
S'agite, se heurte, se traîne,
Et laisse après soi dans la plaine,
Du sang, des débris et des morts.

Parmi des tourbillons de flamme et de
fumée,
O douleur ! quel spectacle à mes yeux
vient s'offrir ?
Le bataillon sacré, seul devant une
armée,
S'arrête pour mourir.
C'est en vain que, surpris d'une vertu
si rare,
Les vainqueurs dans leurs mains re-
tiennent le trépas ;
Fier de le conquérir, il y court, s'en
empare :
LA GARDE, avait-il dit, MEURT ET NE
SE REND PAS.

On dit qu'en les voyant couchés sur la
poussière,
D'un respect douloureux frappé par tant
d'exploits
L'ennemi, l'œil fixé sur leur face guer-
rière,
Les regarda sans peur pour la première
fois.

Les voilà ces héros si long-temps invin-
cibles !

Ils menacent encor les vainqueurs
étonnés !
Glacés par le trépas, que leurs yeux sont
terribles !
Que de hauts faits écrits sur leurs fronts
sillonnés !
Ils ont bravé les feux du soleil d'Italie,
De la Castille ils ont franchi les monts ;
Et le Nord les a vus marcher sur les
glaçons
Dont l'éternel rempart protège la Russie.
Ils avaient tout dompté. . . . . Le destin
des combats
Leur devait, après tant de gloire,
Ce qu'aux Français naguère il ne refusait
pas :
Le bonheur de mourir dans un jour de
victoire.

Ah ! ne les pleurons pas ! Sur leurs
fronts triomphans
La palme de l'honneur n'a pas été flé-
trie ;
Pleurons sur nous, Français, pleurons
sur la patrie ;
L'orgueil et l'intérêt divisent ses en-
fans.
Quel siécle en trahisons fut jamais plus
fertile ?
L'amour du bien commun de tous les
cœurs s'exile ;
La timide amitié n'a plus d'épanche-
mens ;
On s'évite, on se craint, la foi n'a plus
d'asile,
Et s'enfuit d'épouvante au bruit de nos
sermens.

O vertige fatal ! déplorables querelles
Qui livrent nos foyers au fer de l'étranger !
Le glaive étincelant dans nos mains
infidèles
Ensanglante le sein qu'il devrait pro-
téger.

L'ennemi cependant renverse les mu-
railles
De nos forts et de nos cités ;
La foudre tonne encore, au mépris des
traités.
L'incendie et les funérailles
Épouvantent encor nos hameaux dévastés.
D'avides proconsuls dévorent nos pro-
vinces ;
Et, sous l'écharpe blanche, ou sous les
trois couleurs

Les Français, disputant pour le choix de leurs princes,
Détrônent des drapeaux et proscrivent des fleurs.

Des soldats de la Germanie
J'ai vu les coursiers vagabonds
Dans nos jardins pompeux errer sur les gazons,
Parmi ces demi-dieux qu'enfanta le génie.
J'ai vu des bataillons, des tentes et des chars,
Et l'appareil d'un camp dans le temple des arts.
Faut-il, muets témoins, dévorer tant d'outrages ?
Faut-il que le Français, l'olivier dans la main,
Reste insensible et froid comme ces Dieux d'airain
Dont ils insultent les images ?

Nous devons tous nos maux à ces divisions
Que nourrit notre intolérance.
Il est temps d'immoler au bonheur de la France
Cet orgueil ombrageux de nos opinions.
Étouffons le flambeau des guerres intestines.
Soldats, le ciel prononce, il relève les lis ;
Adoptez les couleurs du héros de Bovines,
En donnant une larme aux drapeaux d'Austerlitz.

France, réveille-toi ! qu'un courroux unanime
Enfante des guerriers autour du souverain !
Divisés, désarmés, le vainqueur nous opprime ;
Présentons-lui la paix, les armes à la main.

Et vous, peuples si fiers du trépas de nos braves,
Vous, les témoins de notre deuil,
Ne croyez pas, dans votre orgueil
Que, pour être vaincus, les Français soient esclaves.
Gardez-vous d'irriter nos vengeurs à venir :
Peut-être que le Ciel, lassé de nous punir,
Seconderait notre courage ;
Et qu'un autre Germanicus
Irait demander compte aux Germains d'un autre âge
De la défaite de Varus.

LA SAINTE ALLIANCE DES PEUPLES.

DE BÉRANGER. 1818.

CHANSON CHANTÉE À LIANCOURT POUR LA FÊTE DONNÉE PAR M. LE DUC DE LA ROCHEFOUCAULD EN RÉJOUISSANCE DE L'ÉVACUATION DU TERRITOIRE FRANÇAIS AU MOIS D'OCTOBRE, 1818.

J'AI vu la Paix descendre sur la terre,
Semant de l'or, des fleurs et des épis ;
L'air était calme, et du dieu de la guerre
Elle étouffait les foudres assoupis.
"Ah !" disait-elle, "égaux par la vaillance,
Français, Anglais, Belge, Russe ou Germain,
Peuples, formez une sainte alliance,
    Et donnez-vous la main.

"Pauvres mortels, tant de haine vous lasse ;
Vous ne goûtez qu'un pénible sommeil.
D'un globe étroit divisez mieux l'espace ;
Chacun de vous aura place au soleil.
Tous attelés au char de la puissance,
Du vrai bonheur vous quittez le chemin.
Peuples, formez une sainte alliance,
    Et donnez-vous la main.

"Chez vos voisins vous portez l'incendie ;
L'aquilon souffle, et vos toits sont brûlés ;
Et, quand la terre est enfin refroidie,
Le soc languit sous des bras mutilés.
Près de la borne où chaque État commence,
Aucun épi n'est pur de sang humain.
Peuples, formez une sainte alliance,
    Et donnez-vous la main.

"Des potentats, dans vos cités en flamme,
Osent, du bout de leur sceptre insolent,
Marquer, compter et recompter les âmes
Que leur adjuge un triomphe sanglant.
Faibles troupeaux, vous passez, sans défense,
D'un joug pesant sous un joug inhumain.
Peuples, formez une sainte alliance,
    Et donnez-vous la main.

"Que Mars en vain n'arrête point sa course ;
Fondez les lois dans vos pays souffrants ;
De votre sang ne livrez plus la source
Aux rois ingrats, aux vastes conquérants.
Des astres faux conjurez l'influence ;

Effroi d'un jour, ils pâliront demain.
Peuples, formez une sainte alliance,
    Et donnez-vous la main.

" Oui, libre enfin, que le monde respire ;
Sur le passé jetez un voile épais.
Semez vos champs aux accords de la lyre ;
L'encens des arts doit brûler pour la paix.
L'espoir riant, au sein de l'abondance,
Accueillera les doux fruits de l'hymen.
Peuples, formez une sainte alliance,
    Et donnez-vous la main."

Ainsi parlait cette vierge adorée,
Et plus d'un roi répétait ses discours.
Comme au printemps la terre était parée;
L'automne en fleurs rappelait les amours.
Pour l'étranger, coulez, bons vins de
        France ;
De sa frontière il reprend le chemin.
Peuples, formons une sainte alliance,
    Et donnons-nous la main.

ADIEUX DE MARIE STUART.

DE BÉRANGER. 1818.

Adieu, charmant pays de France,
    Que je dois tant chérir !
Berceau de mon heureuse enfance,
Adieu ! te quitter, c'est mourir.

Toi que j'adoptai pour patrie,
Et d'où je crois me voir bannir,
Entends les adieux de Marie,
France, et garde son souvenir.
Le vent souffle, on quitte la plage,
Et, peu touché de mes sanglots,
Dieu, pour me rendre à ton rivage,
Dieu n'a point soulevé les flots !

Adieu, charmant pays de France,
    Que je dois tant chérir !
Berceau de mon heureuse enfance,
Adieu ! te quitter, c'est mourir.

Lorsqu'aux yeux du peuple que j'aime
Je ceignis les lis éclatants,
Il applaudit au rang suprême
Moins qu'aux charmes de mon printemps.
En vain la grandeur souveraine
M'attend chez le sombre Écossais ;
Je n'ai désiré d'être reine
Que pour régner sur des Français.

Adieu, charmant pays de France,
    Que je dois tant chérir !
Berceau de mon heureuse enfance,
Adieu ! te quitter, c'est mourir.

L'amour, la gloire, le génie,
Ont trop enivré mes beaux jours ;
Dans l'inculte Calédonie
De mon sort va changer le cours.
Hélas ! un présage terrible
Doit livrer mon cœur à l'effroi !
J'ai cru voir, dans un songe horrible
Un échafaud dressé pour moi.

Adieu, charmant pays de France,
    Que je dois tant chérir !
Berceau de mon heureuse enfance,
Adieu ! te quitter, c'est mourir.

France, du milieu des alarmes,
La noble fille des Stuarts,
Comme en ce jour qui voit ses larmes
Vers toi tournera ses regards.
Mais, Dieu ! le vaisseau trop rapide
Déjà vogue sous d'autres cieux,
Et la nuit, dans son voile humide,
Dérobe tes bords à mes yeux !

Adieu, charmant pays de France,
    Que je dois tant chérir !
Berceau de mon heureuse enfance,
Adieu ! te quitter, c'est mourir.

LES MISSIONNAIRES.

DE BÉRANGER. 1819.

Satan dit un jour à ses pairs :
    On en veut à nos hordes ;
C'est en éclairant l'univers
    Qu'on éteint les discordes.
Par brevet d'invention,
J'ordonne une mission.
    En vendant des prières,
Vite soufflons, soufflons, morbleu! } (bis.)
    Éteignons les lumières
    Et rallumons le feu.

Exploitons en diables cafards
    Hameau, ville et banlieue ;
D'Ignace imitons les renards,
    Cachons bien notre queue.
Au nom du Père et du Fils,
Gagnons sur les crucifix.
    En vendant des prières,
Vite soufflons, soufflons, morbleu !

Éteignons les lumières
Et rallumons le feu.

Que de miracles on va voir
  Si le ciel ne s'en mêle !
Sur des biens qu'on voudrait ravoir
  Faisons tomber la grêle.
Publions que Jésus-Christ
  Par la poste nous écrit.[1]
    En vendant des prières,
Vite soufflons, soufflons, morbleu !
    Éteignons les lumières
    Et rallumons le feu.

Chassons les autres baladins ;
  Divisons les familles ;
En jetant la pierre aux mondains,
  Perdons femmes et filles.
Que tout le sexe enflammé
  Nous chante un *Asperges me.*
    En vendant des prières,
Vite soufflons, soufflons, morbleu !
    Éteignons les lumières
    Et rallumons le feu.

Par Ravaillac et Jean Chatel,
  Plaçons dans chaque prône,
Non point le trône sur l'autel,
  Mais l'autel sur le trône.
Comme aux bons temps féodaux,
  Que les rois soient nos bedeaux.
    En vendant des prières,
Vite soufflons, soufflons, morbleu !
    Éteignons les lumières
    Et rallumons le feu.

L'intolérance, front levé,
  Reprendra son allure ;
Les protestants n'ont point trouvé
  D'onguent pour la brûlure.
Les philosophes aussi
  Déjà sentent le roussi.
    En vendant des prières,
Vite soufflons, soufflons, morbleu !
    Éteignons les lumières
    Et rallumons le feu.

Le diable, après ce mandement,
  Vient convertir la France.
Guerre au nouvel enseignement,
  Et gloire à l'ignorance !
Le jour fuit et les cagots
Dansent autour des fagots.

[1] À cette époque on répandait dans les campagnes une prétendue lettre de Jésus-Christ.

    En vendant des prières,
Vite soufflons, soufflons, morbleu !   } (*bis.*)
    Éteignons les lumières
    Et rallumons le feu.

LES ENFANTS DE LA FRANCE.

DE BÉRANGER. 1819.

Reine du Monde, ô France ! ô ma patrie !
Soulève enfin ton front cicatrisé ;
Sans qu'à tes yeux leur gloire en soit
    flétrie,
De tes enfants l'étendard s'est brisé. (*bis.*)
Quand la fortune outrageait leur vail-
    lance,
Quand de tes mains tombait ton sceptre
    d'or,
  Tes ennemis disaient encor :
  Honneur aux enfants de la France! (*bis.*)

De tes grandeurs tu sus te faire absoudre,
France, et ton nom triomphe des revers.
Tu peux tomber ; mais c'est comme la
    foudre,
Qui se relève et gronde au haut des airs.
Le Rhin aux bords ravis à ta puissance
Porte à regret le tribut de ses eaux ;
  Il crie aux fond de ses roseaux :
  Honneur aux enfants de la France !

Pour effacer des coursiers du barbare
Les pas empreints dans tes champs pro-
    fanés,
Jamais le ciel te fut-il moins avare ?
D'épis nombreux vois ces champs cou-
    ronnés.
D'un vol fameux prompts à venger
    l'offense,[1]
Vois les beaux-arts, consolant leurs au-
    tels,
  Y graver en traits immortels :
  Honneur aux enfants de la France !

Prête l'oreille aux accents de l'histoire :
Quel peuple ancien devant toi n'a tremblé !
Quel nouveau peuple, envieux de ta
    gloire,
Ne fut cent fois de ta gloire accablé !
En vain l'Anglais a mis dans la balance
L'or que pour vaincre ont mendié les rois,
  Des siècles entends-tu la voix ?
  Honneur aux enfants de la France !

[1] La spoliation du Musée.

Dieu, qui punit le tyran et l'esclave,
Veut te voir libre, et libre pour toujours.
Que tes plaisirs ne soient plus une en-
trave :
La Liberté doit sourire aux amours.
Prends son flambeau, laisse dormir sa
lance ;
Instruis le monde, et cent peuples divers
Chanteront en brisant leurs fers :
Honneur aux enfants de la France !

Relève-toi, France, reine du monde !
Tu vas cueillir tes lauriers les plus beaux.
Oui, d'âge en âge une palme féconde
Doit de tes fils protéger les tombeaux. (*bis*).
Que près du mien, telle est mon espé-
rance,
Pour la patrie admirant mon amour,
Le voyageur répète un jour :
Honneur aux enfants de la France! (*bis*.)

LA VALLÉE DE LA SCARPE.

MADAME DESBORDES-VALMORE. 1820.

Mon beau pays, mon frais berceau,
Air pur de ma verte contrée,
Lieux où mon enfance ignorée
Coulait comme un humble ruisseau :
S'il me reste des jours, m'en irai-je,
attendrie,
Errer sur vos chemins qui jettent tant
de fleurs,
Replonger tous mes ans dans une rêverie
Où l'âme n'entend plus que ce seul mot :
" Patrie ! "
Et ne répond que par des pleurs ?
Ciel ! — un peu de ma vie ira-t-elle,
paisible,
Se perdre sur la Scarpe au cristal argenté ?
Cette eau qui m'a portée, innocente et
sensible,
Frémira-t-elle un jour sous mon sort
agité ?
Entendrai-je au rivage encor cette har-
monie.
Ce bruit de l'univers, cette voix infinie,
Qui parlait sur ma tête et chantait à la
fois
Comme un peuple lointain répondant à
ma voix ?

Quand le dernier rayon d'un jour qui
va s'éteindre
Colore l'eau qui tremble et qui porte au
sommeil,

O mon premier miroir ! ô mon plus doux
soleil !
Je vous vois — et jamais je ne peux vous
atteindre !
Mais cette heure était belle, et belle sa
couleur :
Dans son doux souvenir un moment
reposée,
Elle passe à mon âme ainsi que la rosée
Passe au fond d'une fleur.
D'un repentir qui dort elle suspend la
chaîne ;
Pour la goûter en paix le temps se meut
à peine ;
Non, ce n'est pas la nuit, non, ce n'est
pas le jour ;
C'est une douce fée, et je la nomme :
" Amour ! "
C'est l'heure où l'âme, en vain détrompée
et flétrie,
Rappelle en gémissant l'âme qu'elle a
chérie.
Oh ! qui n'a souhaité redevenir enfant !
Dans le fond de mon cœur que je le suis
souvent !
Mais comme un jeune oiseau, né sous un
beau feuillage,
Fraîchement balancé dans l'arbre pa-
ternel,
Supposait à sa vie un printemps éter-
nel,
Et qui voit accourir l'hiver dans un
orage,
S'ai vu tomber la feuille au vert pur et
joyeux,
Dont le frémissement plaisait à mon
oreille ;
Du même arbre aujourd'hui la fleur n'est
plus pareille :
Le temps, déjà le temps a-t-il touché
mes yeux ?

Du moins, par là, dans l'ombre où par
lui tout arrive,
Si mes pas chancelants tombent avant le
soir,
Il est doux, en fuyant, de regarder la
rive
Où naguère l'on vint jouer avec l'espoir.
Là de la vague enfance un plaisir qui
sommeille
Dans les fleurs du passé tout à coup se
réveille ;
Il reparaît vivant à nos yeux d'au-
jourd'hui ;
On tend les bras, on pleure en passant
devant lui !

Ce tendre abattement vous saisit-il, mon
   frère,
Le soir, quand vous passez près du seuil
   de mon père ?
Croyez-vous voir mon père assis, calme,
   rêveur ?
Dites-vous à quelqu'un : "Elle était là,
   ma sœur !"
Eh bien, racontez-moi ce qu'on fait dans
   nos plaines ;
Peignez-moi vos plaisirs, vos jeux, sur-
   tout vos peines.
Dans l'église isolée — où tu m'as dit
   adieu,
Mon frère, donne encore à l'aveugle qui
   prie ;
Dis que c'est pour ta sœur ; dis, pour ta
   sœur chérie ;
Elle est triste, ta sœur ; dis qu'il en
   parle à Dieu !

Et le vieux prisonnier de la haute tou-
   relle
Respire-t-il encore à travers les barreaux ?
Partage-t-il toujours avec la tourterelle
Son pain, qu'avaient déjà partagé ses
   bourreaux ?
Cette fille de l'air, à la prison vouée,
Dont l'aile palpitante appelait le captif,
Était-ce une âme aimante au malheur
   - · envoyée ?
Était-ce l'espérance au vol tendre et
   furtif ?
Oui : si les vents du nord chassaient
   l'oiseau débile,
L'œil perçant du captif le cherchait
   jusqu'au soir ;
De l'espace désert voyageur immobile,
Il oubliait de vivre ; il attendait l'es-
   poir.
Car toujours jusqu'au terme où nous
   devons atteindre,
Jusqu'au jour qui n'a plus pour nous de
   lendemain,
Le flambeau de l'espoir vacille sans
   s'éteindre,
Comme un rayon qui part d'une immor-
   telle main.

Et lui, voit-il encor la froide sentinelle
Attachée en silence au cercle de ses
   jours?
D'une faute expiée est-ce l'ombre éter-
   nelle ?
Sur ces rêves troublés veille-t-elle tou-
   jours ?

Regarde-t-il encor, sous sa demeure
   sombre,
Les fleurs ?—Libre du moins, toi, tu les
   cueilleras !
Oh ! que j'ai vu souvent ses yeux luire
   dans l'ombre !
Étonné qu'un enfant vînt lui tendre les
   bras,
Il me montrait ses mains l'une à l'autre
   enchaînées.
Je les voyais trembler, pâles et déchar-
   nées.
Au poids de tant de fers joignait-il un
   remord ?
Est-il heureux enfin ? est-il libre ! est-il
   mort ?
Que j'ai pleuré sa vie ! ô Liberté céleste !
Sans toi, mon jeune cœur étouffait dans
   mon sein ;
Je t'implorais au pied de ce donjon
   funeste :
Un jour — as-tu, mon frère, oublié ce
   dessein ?
De la déesse un jour tu me montras
   l'image :
O Dieu ! qu'elle était belle ! Arrivais-tu
   des cieux,
Liberté, pour ouvrir et pour charmer les
   yeux ?
Dans nos temples d'alors on te rendait
   hommage ;
Partout l'encens, les fleurs, l'or mûri des
   moissons,
Les danses du jeune âge et les jeunes
   chansons,
Partout l'étonnement, le doux rire des
   Grâces,
Partout la foule émue à genoux sur tes
   traces !

Et je voulais courir, pour le vieux pri-
   sonnier,
Te chercher par le monde où l'on t'avait
   revue ;
Te demander pourquoi, dans nos champs
   revenue,
À bénir ton retour il était le dernier.
Doux crime d'un enfant ! clémence
   aventureuse ;
Je t'aime ! Un jour entier tu m'as rendue
   heureuse !
Toi dont le cœur naïf y prêta du se-
   cours,
Mon frère, dans mes vœux reconnais-moi
   toujours.
Que jamais sur ta vie une grille inflexible
N'étende son voile de fer ;

Sois libre ; et que le sort, content s'il
    est possible,
N'ajoute plus tes maux à ce que j'ai
    souffert !

On m'arrêta fuyante. Et, craintive, à ma
    mère
Je fus à jointes mains conduite vers le
    soir,
O mère ! trop heureuse encor de me revoir !
Sa tremblante leçon ne me fut point
    amère ;
Car, de mon front coupable en détachant
    les fleurs,
Pour cacher son sourire elle baisa mes
    pleurs.

J'oubliai mon voyage ; et jamais ta souf-
    france,
Vieux captif ! et jamais ton doux nom,
    Liberté !
Et jamais ton pardon de mon cœur re-
    gretté.
Ma mère ! et ton beau rêve envolé, belle
    France !
Et la leçon : "Ma fille, où voulez-vous
    courir !
Votre idole n'est pas où vous voulez
    l'atteindre.
Un flambeau vous éclaire, et vous alliez
    l'éteindre !
Ce flambeau c'est ma vie, et je n'ai qu'à
    mourir
Si vous m'abandonnez. Pour vous, chère
    ingénue,
Livrée à des regrets que vous ne savez pas,
Sous le toit déserté, faible et traînant
    vos pas,
Trop tard, en gémissant vous seriez
    revenue.
Vos yeux à peine ouverts égareront vos
    jours,
Enfant, si près de moi vous ne marchez
    toujours.

"La Liberté, ma fille, est un ange qui
    vole.
Pour l'arrêter longtemps la terre est trop
    frivole.
Trop d'encens lui déplaît, trop de cris
    lui font peur ;
Elle étouffe en un temple, et sa puissante
    haleine,
Qui cherche les parfums et l'air pur de
    la plaine,
Rafraîchit en passant le front du
    laboureur.

On dit qu'elle descend rapide, inatten-
    due ;
Que sur une aile sur nous repose détendue —
Hélas ! où donc est-elle ? En vain j'ouvre
    les yeux ;
En vain dit-on : 'Voyez !' je ne la vois
    qu'aux cieux.
Loin, bien loin des palais, au toit du
    pauvre même,
Où l'on travaille en paix, où l'on prie,
    où l'on aime,
Où l'indigence obtient une obole et des
    pleurs,
La déesse en silence aime à jeter ses
    fleurs ;
Les fleurs tombent sans bruit, et, de
    peur de l'envie,
On les effeuille à Dieu, qui dit : 'Cache
    ta vie.'
Ainsi priez, ma fille, et marchez près de
    moi :
Un jour tout sera libre, et Dieu seul sera
    roi !"

LA RÉVOLUTION.

LAMARTINE. 1890.

PEUPLE ! des crimes de tes pères
Le ciel punissant tes enfants,
De châtiments héréditaires
Accablera leurs descendants,
Jusqu'à ce qu'une main propice
Relève l'auguste édifice
Par qui la terre touche aux cieux,
Et que le zèle et la prière
Dissipent l'indigne poussière
Qui couvre l'image des dieux !

Sortez de vos débris antiques,
Temples que pleurait Israël ;
Relevez-vous, sacrés portiques ;
Lévites, montez à l'autel !
Aux sons des harpes de Solyme,
Que la renaissante victime
S'immole sous vos chastes mains ;
Et qu'avec les pleurs de la terre
Son sang éteigne le tonnerre
Qui gronde encor sur les humains !

Plein d'une superbe folie,
Ce peuple au front audacieux
S'est dit un jour : "Dieu m'humilie ;
Soyons à nous-mêmes nos dieux,
Notre intelligence sublime
A sondé le ciel et l'abîme

Pour y chercher ce grand esprit ;
Mais ni dans les flancs de la terre,
Mais ni dans les feux de la sphère,
Son nom pour nous ne fut écrit.

" Déjà nous enseignons au monde
À briser le sceptre des rois ;
Déjà notre audace profonde
Se rit du joug usé des lois.
Secouez, malheureux esclaves,
Secouez d'indignes entraves,
Rentrez dans votre liberté !
Mortel ! du jour où tu respires,
Ta loi, c'est ce que tu désires ;
Ton devoir, c'est la volupté !

" Ta pensée a franchi l'espace,
Tes calculs précèdent les temps,
La foudre cède à ton audace,
Les cieux roulent tes chars flottants ;
Comme un feu que tout alimente,
Ta raison, sans cesse croissante,
S'étendra sur l'immensité ;
Et ta puissance, qu'elle assure,
N'aura de terme et de mesure
Que l'espace et l'éternité.

" Heureux nos fils ! heureux cet âge
Qui, fécondé par nos leçons,
Viendra recueillir l'héritage
Des dogmes que nous lui laissons !
Pourquoi les jalouses années
Bornent-elles nos destinées
À de si rapides instants ?
O loi trop injuste et trop dure !
Pour triompher de la nature
Que nous a-t-il manqué ! le temps."

Eh bien, le temps sur vos poussières
À peine encore a fait un pas,
Sortez, ô mânes de nos pères,
Sortez de la nuit du trépas !
Venez contempler votre ouvrage ;
Venez partager de cet âge
La gloire et la félicité !
O race en promesses féconde,
Paraissez ! Bienfaiteurs du monde,
Voilà votre postérité !

Que vois-je ! ils détournent la vue,
Et, se cachant sous leurs lambeaux,
Leur foule, de honte éperdue,
Fuit et rentre dans les tombeaux.
Non, non, restez, ombres coupables ;
Auteurs de nos jours déplorables,
Restez ! ce supplice est trop doux.

Le ciel, trop lent à vous poursuivre,
Devait vous condamner à vivre
Dans le siècle enfanté par vous !

Où sont-ils, ces jours où la France,
À la tête des nations,
Se levait comme un astre immense
Inondant tout de ses rayons ?
Parmi nos siècles, siècle unique,
De quel cortége magnifique
La gloire composait ta cour !
Semblable au dieu qui nous éclaire,
Ta grandeur étonnait la terre,
Dont tes clartés étaient l'amour !

Toujours les siècles du génie
Sont donc les siècles des vertus !
Toujours les dieux de l'harmonie
Pour les héros sont descendus !
Près du trône qui les inspire,
Voyez-les déposer la lyre
Dans de pures et chastes mains,
Et les Racine et les Turenne
Enchaîner les grâces d'Athène
Au char triomphant des Romains !

Mais, ô déclin ! quel souffle aride
De notre âge a séché les fleurs ?
Eh quoi ! le lourd compas d'Euclide
Étouffe nos arts enchanteurs ?
Élans de l'âme et du génie,
Des calculs la froide manie
Chez nos pères vous remplaça :
Ils posèrent sur la nature
Le doigt glacé qui la mesure,
Et la nature se glaça !

Et toi, prêtresse de la terre,
Vierge du Pinde ou de Sion,
Tu fuis ce globe de matière,
Privé de ton dernier rayon !
Ton souffle divin se retire
De ces cœurs flétris, que la lyre
N'émeut plus de ses sons touchants ;
Et pour son Dieu qui le contemple,
Sans toi l'univers est un temple
Qui n'a plus ni parfums ni chants !

Pleurons donc, enfants de nos pères !
Pleurons ! de deuil couvrons nos fronts ;
Lavons dans nos larmes amères
Tant d'irréparables affronts !
Comme les fils d'Héliodore,
Rassemblons du soir à l'aurore
Les débris du temple abattu ;

Et sous ces cendres criminelles
Cherchons encor les étincelles
Du génie et de la vertu.[1]

HALTE-LÀ !

OU LE SYSTÈME DES INTERPRÉTATIONS.

CHANSON DE FÊTE POUR MARIE ***.

DE BÉRANGER. 1820.

COMMENT, sans vous compromettre,
Vous tourner un compliment !
De ne rien prendre à la lettre
Nos juges ont fait serment.
Puis-je parler de Marie !
Vatimesnil dira : " Non.
C'est la mère d'un messie,
Le deuxième de son nom.
Halte-là ! (*bis.*)
Vite en prison pour cela ! "

Dirai-je que la nature
Vous combla d'heureux talents ;
Que les dieux de la peinture
Sont touchés de votre encens ;
Que votre âme encor brisée
Pleure un vol fait par les rois !

[1] COMMENTAIRE. — Il ne faut pas chercher de
philosophie dans les poésies d'un jeune homme
de vingt ans. Cette méditation en est une
preuve de plus. La poésie pense peu, à cet âge
surtout ; elle peint et elle chante. Cette médi-
tation est une larme sur le passé. Je venais de
lire le *Génie du Christianisme*, de M. de Chateau-
briand ; j'étais fanatisé des images dont ce livre,
illustration de toutes les belles ruines, était
étincelant. J'étais de l'opinion de René, de la
religion d'Atala, de la foi du P. Aubry. De
plus, j'avais eu toujours une indicible horreur du
matérialisme, ce *squelette* de la création, exposé
en dérision aux yeux de l'homme par des algé-
bristes sur l'autel du néant, à la place de Dieu.
Ces hommes me paraissaient et me paraissent
encore aujourd'hui des aveugles-nés, des *Œdipes*
du genre humain, niant l'énigme de Dieu parce
qu'ils ne peuvent pas la déchiffrer. Enfin,
j'étais né d'une famille royaliste qui avait gémi
plus qu'aucune autre sur la chute du trône, sur
la mort du vertueux et malheureux roi, sur les
crimes de l'anarchie. J'eus un accès d'admira-
tion pour tous les passés, une imprécation
contre tous les démolisseurs des vieilles choses.
Cet accès produisit ces vers et quelques autres :
il ne fut pas très-long. Il se transforma par la
réflexion en appréciation équitable des vices et
des avantages propres à chaque nature de gou-
vernement, et en spiritualisme religieux plein
de vénération pour toutes les fois sincères, et
plein d'aspiration pour le rayonnement tou-
jours croissant du nom divin sur la raison de
l'homme.

" Ah ! vous pleurez le Musée,"
Dit Marchangy le *Gaulois*.
" Halte-là !
Vite en prison pour cela ! "

Si je dis que la musique
Vous offre aussi des succès ;
Qu'à plus d'un chant héroïque
S'émeut votre cœur français :
" On ne m'en fait point accroire,"
S'écrie Hua radieux ;
" Chanter la France et la gloire,
C'est par trop séditieux.
Halte-là !
Vite en prison pour cela ! "

Si je peins la bienfaisance
Et les pleurs qu'elle tarit ;
Si je chante l'opulence
A qui le pauvre sourit,
Jacquinot de Pampelune
Dit : " La bonté rend suspect ;
Et soulager l'infortune,
C'est nous manquer de respect.
Halte-là !
Vite en prison pour cela ! "

En vain l'amitié m'inspire.
Je suis effrayé de tout :
A peine j'ose vous dire
Que c'est le quinze d'août.
" Le quinze d'août ! " s'écrie
Bellart toujours en fureur ;
" Vous ne fêtez pas Marie,
Mais vous fêtez l'Empereur !
Halte-là !
Vite en prison pour cela ! "

Je me tais donc par prudence,
Et n'offre que quelques fleurs.
Grand Dieu ! quelle inconséquence !
Mon bouquet a trois couleurs.
Si cette erreur fait scandale,
Je puis me perdre avec vous.
Mais la clémence royale
Est là pour nous sauver tous —
Halte-là ! (*bis.*)
Vite en prison pour cela !

BAPTÊME DE VOLTAIRE.[1]

DE BÉRANGER. 1820.

LA foule encombre l'église ;
Les prêtres sont en émoi :

[1] " Voltaire, né en 1694, était d'apparence si
frêle, qu'on se contenta de l'ondoyer en famille.

C'est un garçon qu'on baptise,
Fils d'un trésorier du roi.
Le curé court en personne
Dire au bedeau : "Sonne ! sonne !"
   Dig don ! dig don !
Que n'avons-nous un bourdon !
   Dig don ! dig don !   } (bis.)
   Don ! don !

Le curé parle au vicaire :
Ce baptême nous fera
Redorer croix, reliquaire,
Ostensoir, et cætera.
Même il se peut que j'accroche
De l'argent pour une cloche.
   Dig don ! dig don !
Que n'avons-nous un bourdon !
   Dig don ! dig don !
   Don ! don !

Ah ! crie un chantre, j'espère
Que, nous livrant son cellier,
Cet enfant, comme son père,
Un jour sera marguillier.
Qu'à son nom l'honneur s'attache
D'un gros marguillier sans tache.
   Dig don ! dig don !
Que n'avons-nous un bourdon !
   Dig don ! dig don !
   Don ! don !

À la marraine un beau prêtre
Dit tout bas : Les jolis yeux !
Madame, vous devez être
Un ange envoyé des cieux.
L'enfant qu'un ange patronne
Est un saint que Dieu nous donne.
   Dig don ! dig don !
Que n'avons-nous un bourdon !
   Dig don ! dig don !
   Don ! don !

De sa mère, ajoute un diacre,
Ce fils aura tout l'esprit.
Qu'à la chaire il se consacre :
Il vengera Jésus-Christ.
Qui sait ? à sa voix peut-être
Plus d'un bûcher doit renaître.
   Dig don ! dig don !
Que n'avons-nous un bourdon !
   Dig don ! dig don !
   Don ! don !

Son baptême n'eut lieu qu'en novembre de la
même année, à Saint-André-des-Arcs. Son
père, notaire d'abord, devint trésorier de la
cour des comptes." — BÉRANGER.

Mais du ciel tombe un fantôme ;
C'est Rabelais, grand moqueur,
Qui leur dit : Dans ce vieux tome
J'ai chanté jadis au chœur.
Sur cet enfant qu'on baptise
Dieu veut que je prophétise.
   Dig don ! dig don !
Que n'avez-vous un bourdon !
   Dig don ! dig don !
   Don ! don !

Nous nommons François-Marie
Ce garçon, dit le parrain.
Le fantôme se récrie :
De tels noms ne lui vont brin.
La Gloire, à son baptistère,
Lui donnera nom Voltaire.
   Dig don ! dig don !
Que n'avez-vous un bourdon !
   Dig don ! dig don !
   Don ! don !

Dans ce marmot, tête énorme,
Germe un puissant écrivain
Qui doit, en fait de réforme,
Passer Luther et Calvin.
Sots préjugés, il vous sape ;
Gare à vous, monsieur du pape.
   Dig don ! dig don !
Que n'avez-vous un bourdon !
   Dig don ! dig don !
   Don ! don !

Ce Rabelais, qu'on l'arrête !
Dit le curé, s'échauffant.
Pour nous un diner s'apprête
Chez le père de l'enfant.
De cadeaux il nous accable :
Baptisons, fût-ce le diable !
   Dig don ! dig don !
Que n'avons-nous un bourdon !
   Dig don ! dig don !
   Don ! don !

Le fantôme, qui s'envole,
Crie aux prêtres : Avant peu,
Voltaire, encore à l'école,
En jouant y met le feu.
Ce feu chez vous va s'étendre ;
Aux cloches il faut vous pendre.
   Dig don ! dig don !
Que n'avez-vous un bourdon !
   Dig don ! dig don !   } (bis.)
   Don ! don !

LE RETOUR DANS LA PATRIE.

DE BÉRANGER. 1831.

Qu'IL va lentement, le navire
A qui j'ai confié mon sort !
Au rivage où mon cœur aspire,
Qu'il est lent à trouver un port !
   France adorée !
   . Douce contrée !
Mes yeux cent fois ont cru te découvrir.
   Qu'un vent rapide
   Soudain nous guide
Aux bords sacrés où je reviens mourir.
Mais enfin le matelot crie :
   Terre ! terre ! là-bas, voyez !
Ah ! tous mes maux sont oubliés,
   Salut à ma patrie ! (ter.)

Oui, voilà les rives de France ;
Oui, voilà le port vaste et sûr,
Voisin des champs où mon enfance
S'écoula sous un chaume obscur.
   France adorée !
   Douce contrée !
Après vingt ans enfin je te revois ;
   De mon village
   Je vois la plage,
Je vois fumer la cime de nos toits.
Combien mon âme est attendrie !
Là furent mes premiers amours ;
Là ma mère m'attend toujours.
   Salut à ma patrie !

Loin de mon berceau, jeune encore,
L'inconstance emporta mes pas
Jusqu'au sein des mers où l'aurore
Sourit aux plus riches climats.
   France adorée !
   Douce contrée !
Dieu te devait leurs fécondes chaleurs.
   Toute l'année,
   Là, brille ornée
De fleurs, de fruits, et de fruits et de
   fleurs.
Mais là, ma jeunesse flétrie
Rêvait à des climats plus chers ;
Là, je regrettais nos hivers.
   Salut à ma patrie !

J'ai pu me faire une famille,
Et des trésors m'étaient promis.
Sous un ciel où le sang pétille,
A mes vœux l'amour fut soumis.
   France adorée !
   Douce contrée !
Que de plaisirs quittés pour te revoir !

   Mais sans jeunesse,
   Mais sans richesse,
Si d'être aimé je dois perdre l'espoir ;
De mes amours, dans la prairie,
Les souvenirs seront présents ;
C'est du soleil pour mes vieux ans.
   Salut à ma patrie !

Poussé chez des peuples sauvages
Qui m'offraient de régner sur eux,
J'ai su défendre leurs rivages
Contre des ennemis nombreux.
   France adorée !
   Douce contrée !
Tes champs alors gémissaient envahis.
   Puissance et gloire,
   Cris de victoire,
Rien n'étouffa la voix de mon pays.
De tout quitter mon cœur me prie ;
Je reviens pauvre, mais constant ;
Une bêche est là qui m'attend,
   Salut à ma patrie !

Au bruit des transports d'allégresse,
Enfin le navire entre au port.
Dans cette barque où l'on se presse,
Hâtons-nous d'atteindre le bord.
   France adorée !
   Douce contrée !
Puissent tes fils te revoir ainsi tous !
   Enfin j'arrive,
   Et sur la rive
Je rends au ciel, je rends grâce a genoux.
Je t'embrasse, ô terre chérie !
Dieu ! qu'un exilé doit souffrir !
Moi, désormais je puis mourir.
   Salut à ma patrie ! (ter.)

BONAPARTE.

LAMARTINE. 1821.

SUR un écueil battu par la vague plain-
   tive,
Le nautonier, de loin, voit blanchir sur
   la rive
Un tombeau près du bord par les flots
   déposé ;
Le temps n'a pas encore bruni l'étroite
   pierre,
Et sous le vert tissu de la ronce et du
   lierre,
   On distingue — un sceptre brisé.

Ici gît — Point de nom ! demandez à la
   terre !

6

Ce nom, il est inscrit en sanglant carac-
tère
Des bords du Tanaïs au sommet du Cédar,
Sur le bronze et le marbre, et sur le sein
des braves,
Et jusque dans le cœur de ces troupeaux
d'esclaves
Qu'il foulait tremblants sous son char.

Depuis les deux grands noms qu'un siècle
au siècle annonce,
Jamais nom qu'ici-bas toute langue pro-
nonce
Sur l'aile de la foudre aussi loin ne vola ;
Jamais d'aucun mortel le pied qu'un
souffle efface .
N'imprima sur la terre une plus forte
trace :
Et ce pied s'est arrêté là —

Il est là ! — Sous trois pas un enfant le
mesure !
Son ombre ne rend pas même un léger
murmure ;
Le pied d'un ennemi foule en paix son
cercueil.
Sur ce front foudroyant le moucheron
bourdonne,
Et son ombre n'entend que le bruit mo-
notone
D'une vague contre un écueil.

Ne crains pas cependant, ombre encore
inquiète,
Que je vienne outrager ta majesté muette.
Non ! la lyre aux tombeaux n'a jamais
insulté :
La mort de tout temps fut l'asile de la
gloire.
Rien ne doit jusqu'ici poursuivre une
mémoire ;
Rien — excepté la vérité !

Ta tombe et ton berceau sont couverts
d'un nuage.
Mais, pareil à l'éclair, tu sortis d'un
orage ;
Tu foudroyas le monde avant d'avoir un
nom :
Tel ce Nil, dont Memphis boit les vagues
fécondes,
Avant d'etre nommé fait bouillonner ses
ondes
Aux solitudes de Memnon.

Les dieux étaient tombés, les trônes
étaient vides ;

La Victoire te prit sur ses ailes rapides ;
D'un peuple de Brutus la gloire te fit roi.
Ce siècle, dont l'écume entraînait dans
sa course
Les mœurs, les rois, les dieux — refoulé
vers sa source,
Recula d'un pas devant toi.

Tu combattis l'erreur sans regarder le
nombre ;
Pareil au fier Jacob, tu luttas contre une
ombre ;
Le fantôme croula sous le poids d'un
mortel ;
Et, de tous ces grands noms profanateur
sublime,
Tu jouas avec eux comme la main du
crime
Avec les vases de l'autel.

Ainsi, dans les accès d'un impuissant
délire,
Quand un siècle vieilli de ses mains se
déchire
En jetant dans ses fers un cri de liberté,
Un héros tout à coup de la poudre s'élève,
Le frappe avec son sceptre — Il s'èveille,
et le rêve
Tombe devant la vérité.

Ah ! si, rendant ce sceptre à ses mains
légitimes,
Plaçant sur ton pavois de royales victimes,
Tes mains des saints bandeaux avaient
lavè l' affront ;
Soldat vengeur des rois, plus grand que
ces rois même,
De quel divin parfum, de quel pur dia-
dème
La gloire aurait sacré ton front !

Gloire, honneur, liberté, ces mots que
l'homme adore,
Retentissaient pour toi comme l'airain
sonore
Dont un stupide écho répète au loin le
son :
De cette langue en vain ton oreille frap-
pée
Ne comprit ici-bas que le cri de l'épée
Et le mâle accord du clairon.

Superbe, et dédaignant ce que la terre
admire,
Tu ne demandais rien au monde que
l'empire.

Tu marchais—tout obstacle était ton
    ennemi.
Ta volonté volait comme ce trait rapide
Qui va frapper le but où le regard le
    guide,
    Même à travers un cœur ami.

Jamais, pour éclaircir ta royale tristesse,
La coupe des festins ne te versa l'ivresse ;
Tes yeux d'une autre pourpre aimaient
    à s'enivrer.
Comme un soldat debout qui veille sous
    ses armes,
Tu de la beauté le sourire et les larmes,
    Sans sourire et sans soupirer.

Tu n'aimais que le bruit du fer, le cri
    d'alarmes,
L'éclat resplendissant de l'aube sur les
    armes ;
Et ta main ne flattait que ton léger
    coursier,
Quand les flots ondoyants de sa pâle
    crinière
Sillonnaient comme un vent la sanglante
    poussière,
    Et que ses pieds brisaient l'acier.

Tu grandis sans plaisir, tu tombas sans
    murmure.
Rien d'humain ne battait sous ton épaisse
    armure :
Sans haine et sans amour, tu vivais pour
    penser.
Comme l'aigle régnant dans un ciel soli-
    taire,
Tu n'avais qu'un regard pour mesurer la
    terre,
    Et des serres pour l'embrasser.

S'élancer d'un seul bond au char de la
    victoire ; '
Foudroyer l'univers des splendeurs de sa
    gloire ;
Fouler d'un même pied des tribuns et
    des rois ;
Forger un joug trempé dans l'amour et
    la haine,
Et faire frissonner sous le frein qui l'en-
    chaîne
    Un peuple échappé de ses lois ;

Être d'un siècle entier la pensée et la vie ;
Émousser le poignard, décourager l'en-
    vie ;
Ébranler, raffermir l'univers incertain ;
Aux sinistres clartés de ta foudre qui
    gronde

Vingt fois contre les dieux jouer le sort
    du monde,
    Quel rêve ! ! ! et ce fut ton destin ! —

Tu tombas cependant de ce sublime faîte :
Sur ce rocher désert jeté par la tempête,
Tu vis tes ennemis déchirer ton manteau ;
Et le sort, ce seul dieu qu'adora ton au-
    dace,
Pour dernière faveur t'accorda cet espace
    Entre le trône et le tombeau.

Oh ! qui m'aurait donné d'y sonder ta
    pensée,
Lorsque le souvenir de ta grandeur passée
Venait, comme un remords, t'assaillir
    loin du bruit,
Et que, les bras croisés sur ta large poi-
    trine,
Sur ton front chauve et nu que ta pensée
    incline,
    L'horreur passait comme la nuit !

Tel qu'un pasteur debout sur la rive
    profonde
Voit son ombre de loin se prolonger sur
    l'onde
Et du fleuve orageux suivre en flottant
    le cours ;
Tel, du sommet désert de ta grandeur
    suprême,
Dans l'ombre du passé te recherchant
    toi-même,
    Tu rappelais tes anciens jours.

Ils passaient devant toi comme des flots
    sublimes
Dont l'œil voit sur les mers étinceler les
    cimes :
Ton oreille écoutait leur bruit harmoni-
    eux ;
Et, d'un reflet de gloire éclairant ton
    visage,
Chaque flot t'apportait une brillante
    image
    Que tu suivais longtemps des yeux.

Là, sur un pont tremblant tu défiais la
    foudre ;
Là, du désert sacré tu réveillais la
    poudre :
Ton coursier frissonnait dans les flots du
    Jourdain ;
Là, tes pas abaissaient une cime es-
    carpée ;
Là, tu changeais en sceptre une invin-
    cible épée.
    Ici — Mais quel effroi soudain !

Pourquoi détournes-tu ta paupière éper-
    due ?
D'où vient cette pâleur sur ton front
    répandue ?
Qu'as-tu vu tout à coup dans l'horreur
    du passé ?
Est-ce de vingt cités la ruine fumante,
Ou du sang des humains quelque plaine
    écumante ?
    Mais la gloire a tout effacé.

La gloire efface tout — tout, excepté le
    crime !
Mais son doigt me montrait le corps
    d'une victime,
Un jeune homme, un héros d'un sang pur
    inondé.
Le flot qui l'apportait passait, passait
    sans cesse ;
Et toujours en passant la vague venge-
    resse
    Lui jetait le nom de Condé.

Comme pour effacer une tache livide,
On voyait sur son front passer sa main
    rapide ;
Mais la trace du sang sous son doigt
    renaissait :
Et, comme un sceau frappé par une main
    suprême,
La goutte ineffaçable, ainsi qu'un dia-
    dème,
    Le couronnait de son forfait.

C'est pour cela, tyran, que ta gloire ternie
Fera par ton forfait douter de ton génie ;
Qu'une trace de sang suivra partout ton
    char,
Et que ton nom, jouet d'un éternel orage,
Sera pour l'avenir ballotté d'âge en âge
    Entre Marius et César.

Tu mourus cependant de la mort du vul-
    gaire :
Ainsi qu'un moissonneur va chercher son
    salaire,
Et dort sur sa faucille avant d'être payé,
Tu ceignis en mourant ton glaive sur ta
    cuisse,
Et tu fus demander récompense ou justice
    Au Dieu qui t'avait envoyé !

On dit qu'aux derniers jours de sa longue
    agonie,
Devant l'éternité seul avec son génie,
Son regard vers le ciel parut se soulever :
Le signe rédempteur toucha son front
    farouche ;

Et même on entendit commencer sur sa
    bouche
Un nom — qu'il n'osait achever.

Achève — C'est le Dieu qui règne et qui
    couronne :
C'est le Dieu qui punit, c'est le Dieu qui
    pardonne :
Pour les héros et nous il a des poids di-
    vers.
Parle-lui sans effroi : lui seul peut te
    comprendre.
L'esclave et le tyran ont tous un compte
    à rendre :
    L'un du sceptre, l'autre des fers,

Son cercueil est fermé : Dieu l'a jugé.
    Silence !
Son crime et ses exploits pèsent dans la
    balance :
Que des faibles mortels la main n'y touche
    plus !
Qui peut sonder, Seigneur, ta clémence
    infinie !
Et vous, peuples, sachez le vain prix du
    génie
    Qui ne fonde pas des vertus ! [1]

NAPOLÉON.

PIERRE LEBRUN. 1821.

IL est, il est dans le génie
Un ascendant, un charme, un attrait en-
    chanté :
Une force puissante, aveugle, indéfinie,
Nous entraîne vers lui comme vers la
    beauté.
    Comme elle, il séduit la jeunesse ;
    Comme elle, il répand une ivresse

[1] "Cette méditation fut écrite à Saint-Point,
dans la petite tour du nord, au printemps de
l'année 1821, peu de mois après qu'on eut appris
en France la mort de Bonaparte à Sainte-Hélène.
Elle fit une immense impression dans le temps.
Je n'aimais pas Bonaparte : j'avais été élevé
dans l'horreur de sa tyrannie. L'inquisition de
cet homme contre la pensée était telle, que la
police de Paris ayant été informée qu'un jeune
homme de Mâcon, âgé de dix-sept ans, prenait
des leçons de langue anglaise d'un prisonnier
de guerre en résidence dans cette ville, le préfet
vint chez le père de ce jeune homme lui signifier,
au nom de l'empereur, de faire cesser cette étude
de son fils, s'il ne voulait pas porter ombrage
au gouvernement. En écrivant cette ode, qu'on
a trouvée quelquefois trop sévère, je me trouvais
donc moi-même trop indulgent : je me re-
prochais quelque complaisance pour la popu-
larité posthume de ce grand nom." — LAMAR-
TINE.

Qui trouble l'âme et la raison,
Et dont l'invincible poison
Une fois éprouvé nous subjugue sans cesse.
Il peut nous tromper, nous trahir,
Nous contraindre de le haïr,
Mais, comment oublier la foi jadis
    donnée !
Comment perdre jamais ce premier sen-
    timent.
Cette admiration tendre et passionnée,
Que les plus détrompés repoussent vaine-
    ment ?
On le blâme, on l'accuse, on le hait, on
    l'abhorre :
Mais notre cœur souvent en secret se
    dédit,
    Et, même alors qu'il le maudit,
    Se surprend à l'aimer encore.

O jours de ma jeunesse ! ô beaux et
    nobles jours !
    Jours de printemps ! jours d'espé-
      rance !
    Que votre souvenir toujours
    A sur mon âme de puissance !
    À peine au sortir de l'enfance,
J'ai vu sa gloire naître et commencer son
    cours.
Les sons qui les premiers ont frappé mes
    oreilles
    Furent le bruit de ses exploits.
J'entendais partout mille voix
D'Arcole et de Lodi raconter les mer-
    veilles.
Lui-même à ma pensée apparaissait alors
Beau comme ces héros dont elle était
    remplie,
    Et brillant comme l'Italie
    Dont il avait conquis les bords.

Que de fois, ô Saint-Cyr, dans ton doux
    prytanée,
Lui-même a visité notre enfance étonnée !
Mes yeux autour de lui fixés incessam-
    ment
Ne pouvaient se lasser de leur étonne-
    ment.

Comme nous entourions de nos regards
    avides
    Cet homme qui, si jeune encor,
S'était assis vainqueur au pied des py-
    ramides
    Et sous les palmiers du Thabor !

Son front tout rayonnant de cent palmes
    nouvelles,
    De cent triomphes inouïs,

Ce regard héroïque et chargé d'étincelles
    Qui frappait nos yeux éblouis ;

Ce vêtement si simple et ce visage austère,
    Si doux, hélas ! en souriant ;
Et ces fiers mameloucks, cortége militaire
    Qui me figurait l'Orient ;

Tout attachait mon cœur d'un lien in-
    vincible.
Et celui que les rois ne voyaient que
    terrible,
Ceint d'éclairs, entouré de drapeaux
    menaçants,
Il venait au milieu de ces heureux enfants
Reprendre de son front la majesté paisible.
Qui ne l'aurait aimé, ce tuteur glorieux !
Sur notre frêle sort il abaissait les yeux,
Veillait les doux travaux de nos tendres
    années,
    Prenait soin même de nos jeux,
    Interrogeait nos jeunes vœux
    Et nos futures destinées :
"Toi," me dit-il, un jour qu'à Saint-Cyr
    amené
Il venait parmi nous délasser la victoire,
"À quoi par ton désir te sens-tu destiné ?"
Et je lui répondis : "Sire, à chanter ta
    gloire."

Hélas ! qui l'eût prévu, dans ces temps
    de splendeur,
Que je devais un jour chanter tant de
    malheur,
Et verrais se voiler d'une nuit si soudaine
L'étoile qui montait si vive et si sereine !
Lorsqu'un si beau midi répondait au
    matin,
Que sans cesse au héros souriait le destin ;
Que sur un trône heureux, des peuples
    applaudie,
Sa puissance croissait chaque jour agran-
    die,
Que les rois le servaient, et qu'à nos
    yeux surpris
Le pontife de Rome appelé dans Paris,
Venait, scellant son front du royal ca-
    ractère,
Joindre l'aveu du ciel à celui de la terre !
Souvenirs si brillants ! si tristes dé-
    sormais !
Je me rappelle encor, je n'oublîrai jamais,
De son couronnement l'étonnante jour-
    née.
J'en vois reluire encor la pompe fortunée.
Le vaste temple brille à mes regards
    ouvert,

De tapis, et de fleurs, et de drapeaux
couvert,
Et plein d'encens ! Je vois au fond de
son enceinte,
Le vieux pontife assis dans sa majesté
sainte ;
Tandis que traversant, paisible et ra-
dieux,
Cette brillante foule aux regards curieux,
Ces députés, élus des lointaines provinces,
Ces dames, ces guerriers et ces grands et
ces princes,
Et ces rois, peuple immense en long
ordre rangé,
Appuyé sur le sceptre et de pourpre
chargé,
S'avançait, le front ceint du sacré dia-
dème,
Le puissant Empereur reconnu par Dieu
même.
Quels chants, quels cris alors mêlés et
confondus !
Les cris lointains du peuple, au dehors
entendus,
Répétaient en écho ceux qu'à sa nef an-
tique
Rendait de toutes parts la sainte basi-
lique :
Qu'il vive ! disaient-ils de moments en
moments ;
Qu'il vive ! redisaient les joyeux in-
struments ;
Qu'il vive ! répétaient et poussaient
jusqu'aux nues
Les places, les maisons, les longues ave-
nues.
Et cependant, grand jour dont je fus le
témoin !
Escorté de longs cris qui·l'annonçaient
de loin,
Le héros, au milieu de la foule enivrée,
Dans la voiture d'or aux fêtes consacrée,
Le diadème au front, et le sceptre à la
main,
Au peuple lentement montrait son sou-
verain,
Et, saluant les cris qu'élevait son passage,
D'un sourire attrayant en accueillait
l'hommage.

Mais quoi ! le char a fui ; les chemins
sont déserts ;
Qu'est devenu ? — que vois-je ! — Au
bout de l'univers,
Sur un roc, par delà les mers,
Un cercueil lentement chemine,
Où Napoléon tout entier

D'une solitaire colline
Gravit le pénible sentier.
Autour sont des geôliers en armes ;
Nul bruit ne s'entend ; peu de
larmes ;
Deux amis, une femme, et quelques
serviteurs,
Voilà son cortége modeste,
Et la seule pompe qui reste
Au potentat qu'hier pressaient tant de
flatteurs.

Que dis-je ! la patrie est chère.
Chacun dans sa patrie est déjà retourné ;
Et ses derniers amis l'ont même aban-
donné,
Seul, seul sur la rive étrangère !
Celui qui dut attendre un sépulcre si
beau,
Et dormir empereur dans son royal tom-
beau
Aux saints murs consacrés par l'apôtre
des Gaules,
Le voilà sans abri, seul au bord d'un
ruisseau,
Dormant au vain bruit de son eau
Et sous l'ombrage de deux saules.

BUONAPARTE.

VICTOR HUGO. 1822.

I.

QUAND la terre engloutit les cités qui la
couvrent ;
Que le vent sème au loin un poison voya-
geur ;
Quand l'ouragan mugit ; quand des
monts brûlants s'ouvrent ;
C'est le réveil du Dieu vengeur.
Et si, lassant enfin les clémences célestes,
Le monde à ces signes funestes
Ose répondre en les bravant,
Un homme alors, choisi par la main qui
foudroie,
Des aveugles fléaux ressaisissant la proie.
Paraît, comme un fléau vivant !

Parfois, élus maudits de la fureur su-
prême,
Entre les nations des hommes sont passés,
Triomphateurs longtemps armés de l'ana-
thème,
Par l'anathème renversés !
De l'esprit de Nemrod héritiers for-
midables,

Ils ont sur les peuples coupables
Régné par la flamme et le fer !
Et dans leur gloire impie, en désastres
  féconde,
Ces envoyés du ciel sont apparus au
  monde,
Comme s'ils venaient de l'enfer !

II.

Naguère, de lois affranchie,
Quand la reine des nations
Descendit de la monarchie,
Prostituée aux factions ;
On vit, dans ce chaos fétide,
Naître de l'hydre régicide
Un despote, empereur d'un camp.
Telle souvent la mer qui gronde
Dévore une plaine féconde
Et vomit un sombre volcan.

D'abord, troublant du Nil les hautes
  catacombes,
Il vint, chef populaire, y combattre en
  courant,
Comme pour insulter des tyrans dans
  leurs tombes,
  Sous sa tente de conquérant. —
Il revint pour régner sur ses compagnons
  d'armes.
  En vain l'auguste France en larmes
  Se promettait des jours plus beaux ;
Quand des vieux Pharaons il foulait la
  couronne,
Sourd à tant de néant, ce n'était qu'un
  grand trône
  Qu'il rêvait sur leurs grands tom-
  beaux !

Un sang royal teignit sa pourpre usurpa-
  trice,
Un guerrier fut frappé par ce guerrier
  sans foi.
L'anarchie, à Vincenne, admira son com-
  plice, —
  Au Louvre elle adora son Roi.
Il fallut presque un Dieu pour consacrer
  cet homme.
  Le Prêtre-Monarque de Rome
  Vint bénir son front menaçant ;
Car sans doute, en secret, effrayé de lui-
  même,
Il voulait recevoir son sanglant diadème
  Des mains d'où le pardon descend.

III.

Lorsqu'il veut, le Dieu secourable,
Qui livre au méchant le pervers,

Brise le jouet formidable
Dont il tourmentait l'univers.
Celui qu'un instant il seconde
Se dit le seul maître du monde ;
Fier, il s'endort dans son néant ;
Enfin, bravant la loi commune,
Quand il croit tenir sa fortune,
Le fantôme échappe au géant.

IV.

Dans la nuit des forfaits, dans l'éclat
  des victoires,
Cet homme, ignorant Dieu qui l'avait
  envoyé,
De cités en cités promenant ses prétoires,
  Marchait, sur sa gloire appuyé.
Sa dévorante armée avait, dans son pas-
  sage,
  Asservi les fils de Pélage,
  Devant les fils de Galgacus ;
Et quand dans leurs foyers il ramenait
  ses braves,
Aux fêtes qu'il vouait à ces vainqueurs
  esclaves,
  Il invitait les rois vaincus !

Dix empires conquis devinrent ses pro-
  vinces.
Il ne fut pas content dans son orgueil
  fatal. —
Il ne voulait dormir qu'en une cour de
  princes,
  Sur un trône continental !
Ses aigles, qui volaient sous vingt cieux
  parsemées,
  Au Nord, de ses longues armées
  Guidèrent l'immense appareil ;
Mais là, parut l'écueil de sa course hardie.
Les peuples sommeillaient : un sanglant
  incendie
  Fut l'aurore du grand réveil !

Il tomba Roi ; — puis, dans sa route,
Il voulut, fantôme ennemi,
Se relever, afin sans doute
De ne plus tomber à demi.
Alors, loin de sa tyrannie,
Pour qu'une effrayante harmonie
Frappât l'orgueil anéanti,
On jeta ce captif suprême
Sur un rocher, débris lui-même
De quelque ancien monde englouti.

Là se refroidissant comme un torrent de
  lave,
Gardé par ses vaincus, chassé de l'uni-
  vers,

Ce reste d'un tyran, en s'éveillant es-
    clave,
N'avait fait que changer de fers.
Des trônes restaurés écoutant la fan-
    fare,
    Il brillait de loin comme un phare,
    Montrant l'écueil au nautonnier.
Il mourut. — Quand ce bruit éclata dans
    nos villes,
Le monde respira dans les fureurs civiles,
    Délivré de son prisonnier !

Ainsi l'orgueil s'égare en sa marche écla-
    tante,
Colosse né d'un souffle et qu'un regard
    abat. —
Il fit du glaive un sceptre, et du trône
    une tente.
    Tout son règne fut un combat.
Du fléau qu'il portait lui-même tribu-
    taire,
    Il tremblait, prince de la terre ;
    Soldat, on vantait sa valeur.
Retombé dans son cœur comme dans un
    abîme ;
Il passa par la gloire, il passa par le crime
    Et n'est arrivé qu'au malheur.

V.

Peuples, qui poursuivez d'hommages
Les victimes et les bourreaux,
Laissez-le fuir seul dans les âges : —
Ce ne sont point là les héros !
Ces faux dieux, que leur siècle encense,
Dont l'avenir hait la puissance,
Vous trompent dans votre sommeil ;
Tels que ces nocturnes aurores
Où passent de grands météores,
Mais que ne suit pas le soleil.

LA LIBERTÉ.

PREMIÈRE CHANSON FAITE À SAINTE-
PÉLAGIE (PRISON).

DE BÉRANGER. JANVIER 1822.

D'UN petit bout de chaîne
Depuis que j'ai tâté,
Mon cœur en belle haine
A pris la liberté.
Fi de la liberté !
À bas la liberté !

Marchangy, ce vrai sage,
M'a fait par charité

Sentir de l'esclavage
La légitimité.
Fi de la liberté !
À bas la liberté !

Plus de vaines louanges
Pour cette déité,
Qui laisse en de vieux langes
Le monde emmailloté !
Fi de la liberté !
À bas la liberté !

De son arbre civique
Que nous est-il resté ?
Un bâton despotique,
Sceptre sans majesté.
Fi de la liberté !
À bas la liberté !

Interrogeons le Tibre :
Lui seul a bien goûté
Sueur de peuple libre,
Crasse de papauté.
Fi de la liberté !
À bas la liberté !

Du bon sens qui nous gagne
Quand l'homme est infecté,
Il n'est plus, dans son bagne,
Qu'un forçat révolté !
Fi de la liberté !
À bas la liberté !

Bons porte-clefs que j'aime,
Geôliers pleins de gaîté,
Par vous au Louvre même
Que ce vœu soit porté :
Fi de la liberté !
À bas la liberté !

LOUIS XVII.

VICTOR HUGO. 1822.

"Capet, éveille-toi !"

EN ce temps-là, du ciel les portes d'or
    s'ouvrirent ;
Du Saint des Saints ému les feux se dé-
    couvrirent :
Tous les cieux un moment brillèrent dé-
    voilés ;
Et les élus voyaient, lumineuses pha-
    langes,
Venir une jeune âme entre de jeunes
    anges
    Sous les portiques étoilés.

C'était un bel enfant qui fuyait de la terre ; —
Son œil bleu du malheur portaient le signe austère :
Ses blonds cheveux flottaient sur ses traits pâlissants ;
Et les vierges du ciel, avec des chants de fête,
Aux palmes du Martyre unissaient sur sa tête
La couronne des innocents.

On entendit des voix qui disaient dans la nue :
"Jeune ange, Dieu sourit à ta gloire ingénue ;
Viens, rentre dans ses bras pour ne plus en sortir ;
Et vous, qui du Très-Haut racontez les louanges,
Séraphins, prophètes, archanges,
Courbez-vous, c'est un Roi ; chantez, c'est un Martyr !"

"Où donc ai-je régné ?" demandait la jeune ombre.
"Je suis un prisonnier, je ne suis point un roi.
Hier je m'endormis au fond d'une tour sombre.
Où donc ai-je régné ? Seigneur, dites-le-moi.
Hélas ! mon père est mort d'une mort bien amère ;
Ses bourreaux, ô mon Dieu, m'ont abreuvé de fiel ;
Je suis un orphelin ; je viens chercher ma mère,
Qu'en mes rêves j'ai vue au ciel."

Les anges répondaient : "Ton Sauveur te réclame.
Ton Dieu d'un monde impie a rappelé ton âme.
Fuis la terre insensée où l'on brise la Croix,
Où jusque dans la mort descend le Régicide,
Où le Meurtre, d'horreurs avide,
Fouille dans les tombeaux pour y chercher des rois !"

"Quoi ! de ma longue vie ai-je achevé le reste ?"
Disait-il ; "tous mes maux, les ai-je enfin soufferts ?

Est-il vrai qu'un geôlier, de ce rêve céleste,
Ne viendra pas demain m'éveiller dans mes fers ?
Captif, de mes tourments cherchant la fin prochaine,
J'ai prié, Dieu veut-il enfin me secourir ?
Oh ! n'est-ce pas un songe ! A-t-il brisé ma chaîne ?
Ai-je eu le bonheur de mourir ?

"Car vous ne savez point quelle était ma misère !
Chaque jour dans ma vie amenait des malheurs ;
Et lorsque je pleurais, je n'avais pas de mère,
Pour chanter à mes cris, pour sourire à mes pleurs.
D'un châtiment sans fin languissante victime,
De ma tige arraché comme un tendre arbrisseau,
J'étais proscrit bien jeune, et j'ignorais quel crime
J'avais commis dans mon berceau.

"Et pourtant, écoutez : bien loin dans ma mémoire,
J'ai d'heureux souvenirs avant ces temps d'effroi ;
J'entendais en dormant des bruits confus de gloire,
Et des peuples joyeux veillaient autour de moi.
Un jour tout disparut dans un sombre mystère ;
Je vis fuir l'avenir à mes destins promis ;
Je n'étais qu'un enfant, faible et seul sur la terre,
Hélas ! et j'eus des ennemis !

"Ils m'ont jeté vivant sous des murs funéraires ;
Mes yeux voués aux pleurs n'ont plus vu le soleil ;
Mais vous que je retrouve, anges du ciel, mes frères,
Vous m'avez visité souvent dans mon sommeil.
Mes jours se sont flétris dans leurs mains meurtrières,
Seigneur, mais les méchants sont toujours malheureux ;
Oh ! ne soyez pas sourd comme eux à mes prières,
Car je viens vous prier pour eux."

Et les anges chantaient : " L'arche à
toi se dévoile,
Suis-nous : sur ton beau front nous met-
trons une étoile.
Prends les ailes d'azur des chérubins
vermeils.
Tu viendras avec nous bercer l'enfant
qui pleure,
Ou, dans leur brûlante demeure,
D'un souffle lumineux rajeunir les so-
leils ! "

Soudain le chœur cessa, les élus écou-
tèrent :
Il baissa son regard par les larmes terni ;
Au fond des cieux muets les mondes s'ar-
rêtèrent,
Et l'éternelle voix parla dans l'infini.

"O Roi ! je t'ai gardé loin des grandeurs
humaines.
Tu t'es réfugié du trône dans les chaînes.
Va, mon fils, bénis tes revers.
Tu n'as point su des rois l'esclavage
suprême,
Ton front du moins n'est pas meurtri du
diadème,
Si tes bras sont meurtris de fers.

"Enfant, tu t'es courbé sous le poids de
la vie.
Et la terre, pourtant, d'espérance et
d'envie
Avait entouré ton berceau !
Viens, ton Seigneur lui-même eut ses
douleurs divines,
Et mon fils, comme toi, Roi couronné
d'épines,
Porta le sceptre de roseau ! "

LAFAYETTE EN AMÉRIQUE.

DE BÉRANGER. 1824.

RÉPUBLICAINS, quel cortége s'avance ?—
Un vieux guerrier débarque parmi
nous. —
Vient-il d'un roi vous jurer l'alliance ? —
Il a des rois allumé le courroux. —
Est-il puissant ?—Seul il franchit les
ondes. —
Qu'a-t-il donc fait ?—Il a brisé des
fers.
Gloire immortelle à l'homme des deux
mondes !
Jours de triomphe, éclairez l'univers !

Européen, partout, sur ce rivage
Qui retentit de joyeuses clameurs,
Tu vois régner, sans trouble et sans
servage,
La paix, les lois, le travail et les mœurs.
Des opprimés ces bords sont le refuge :
La tyrannie a peuplé nos deserts.
L'homme et ses droits ont ici Dieu pour
juge.
Jours de triomphe, éclairez l'univers !

Mais que de sang nous coûta ce bien-
être !
Nous succombions ; Lafayette accourut,
Montra la France, eut Washington pour
maître,
Lutta, vainquit, et l'Anglais disparut.
Pour son pays, pour la liberté sainte,
Il a depuis grandi dans les revers.
Des fers d'Olmutz nous effaçons l'em-
preinte.
Jours de triomphe, éclairez l'univers !

Ce vieil ami que tant d'ivresse accueille,
Par un héros ce héros adopté
Bénit jadis, à sa première feuille,
L'arbre naissant de notre liberté.
Mais aujourd'hui que l'arbre et son
feuillage
Bravent en paix la foudre et les hi-
vers,
Il vient s'asseoir sous son fertile om-
brage.
Jours de triomphe, éclairez l'univers !

Autour de lui vois nos chefs, vois nos
sages,
Nos vieux soldats se rappelant ses traits,
Vois tout un peuple et ces tribus sau-
vages
À son nom seul sortant de leurs forêts.
L'arbre sacré sur ce concours immense
Forme un abri de rameaux toujours
verts :
Les vents au loin porteront sa semence.
Jours de triomphe, éclairez l'univers !

L'Européen que frappent ces paroles,
Servit des rois, suivit des conquérants :
Un peuple esclave encensait ces idoles ;
Un peuple libre a des honneurs plûs
grands.
Hélas ! dit-il ; et son œil sur les ondes
Semble chercher des bords lointains et
chers.
Que la vertu rapproche les deux mondes !
Jours de triomphe, éclairez l'univers !

LE SACRE DE CHARLES X.

LAMARTINE. 1824.

Tout annonce le Roi ! . . . . La nef trem-
ble à ce cri :
Mais d'un geste à la foule il impose si-
lence,
Et d'un pas recueilli vers l'autel il s'avance.

L'ARCHEVÊQUE.
D'où viens-tu ?

LE ROI.
De l'exil.

L'ARCHEVÊQUE.
Qu'apportes-tu ?

LE ROI.
Mon nom.

L'ARCHEVÊQUE.
Quel est ce nom sacré ?

LE ROI.
CHARLES DIX ET BOURBON.

L'ARCHEVÊQUE.
Que viens-tu demander ?

LE ROI.
Le sceptre et la couronne.

L'ARCHEVÊQUE.
Au nom de qui ?

LE ROI.
Du Dieu qui les ôte et les donne !

L'ARCHEVÊQUE.
Pourquoi ?

LE ROI.
Pour imprimer à mon nom, à mes droits,
Le sceau majestueux du Dieu qui fait les
rois !

L'ARCHEVÊQUE.
Connais-tu les devoirs que ce titre t'im-
pose ?
Oses-tu les jurer ?

LE ROI.
Que Dieu m'aide, et je l'ose.

L'ARCHEVÊQUE.
Quels sont-ils ?

LE ROI.
Proclamer et défendre la loi,
Récompenser, punir, vivre et mourir en
roi !
Aimer et gouverner comme un pasteur
fidèle
Ce saint troupeau que Dieu confie à ma
tutelle,
Être de mes sujets le père et le vengeur !

L'ARCHEVÊQUE.
Où les as-tu trouvés, ces devoirs ?

LE ROI.
Dans mon cœur !
Mon front connut le poids de ces gran-
deurs humaines,
Et c'est la royauté qui coule dans mes
veines !

L'ARCHEVÊQUE.
Où sont les saints garants de tes serments ?

LE ROI.
Aux cieux !
Les mânes couronnés de mes soixante
aïeux : ·
Ce Charles qui fonda des ruines de Rome
Un empire trop grand pour l'âme d'un
autre homme ;
Ces princes tour à tour redoutés et chéris,
Ces Louis, ces François, ces généreux
Henris.
Et si de ces héros tu récuses la gloire,
J'en ai d'autres encore en qui le ciel peut
croire !

L'ARCHEVÊQUE.
Où sont-ils, ces témoins des paroles des
rois ?
Où sont tes douze pairs ?

LE ROI, *montrant les douze pairs.*
Pontife, tu les vois.

L'ARCHEVÊQUE.
Il suffit : ces témoins répondent de ta vie !
Tout siècle les verrait avec un œil d'envie.
Charles ! réjouis-toi ! Lequel de tes aïeux
A pu citer jamais des noms plus glorieux ?

VIVE LE ROI.

HÉGÉSIPPE MOREAU. 1828.

Vive le roi ! — Comme les faux prophètes
L'ont enivré de ce souhait trompeur !

Comme on a vu grimacer à ses fêtes
La Vanité, l'Intérêt et la Peur !
Au bruit de l'or et des croix qu'on
      ramasse,
Devant le char tout s'est précipité ;
Et seul, debout, je murmure à voix
      basse :
      Vive la liberté !

Vive le roi ! Quand des mages serviles
D'un Dieu mortel flattaient ainsi l'or-
      gueil,
Un autre cri, tombant des Thermopyles,
Vint tout à coup changer leur fête en
      deuil.
De l'Archipel aux rives du Bosphore,
Après mille ans, l'écho l'a répété,
Et la victoire a pour devise encore :
      Vive la liberté !

Vive le roi ! de nos vieilles tourelles
Ce cri souvent ébranla les arceaux,
Quand les seigneurs faisaient pour leurs
      querelles,
Au nom du prince, égorger les vassaux.
Dans ces débris, où leur ombre guerrière
Agite encor son glaive ensanglanté,
Le voyageur écrit sur la poussière :
      Vive la liberté !

Vive le roi ! La voix de la vengeance
Se perd toujours au bruit de ce refrain ;
Pour endormir son éternelle enfance,
Voilà comment on berce un souverain ;
Mais quand la foudre éclate et le réveille,
Seul, sans flatteurs, le prince épouvanté
Entend ces mots gronder à son oreille :
      Vive la liberté !

LES DIX MILLE FRANCS.[1]

DE BÉRANGER. 1829.

DIX mille francs, dix mille francs d'a-
      mende ![2]
Dieu ! quel loyer pour neuf mois de
      prison !
Le pain est cher et la misère est grande,
Et pour longtemps je dîne à la maison.
Cher président, n'en peut-on rien ra-
      battre !
"Non ! non ! jeûnez, et vous et vos
      parents.

1 Écrit en La Force, 1829.
2 Le 10 décembre 1828, je fus condamné à
neuf mois de prison et à dix mille francs d'a-
mende.

Pour fait d'outrage aux enfants d'Henri
      Quatre [1]
De par le roi, payez dix mille francs !"

Je paîrai donc ; mais, las ! que va-t-on
      faire
De cet argent, que si bien j'emploîrais ?
D'un substitut sera-t-il le salaire ?
D'un conseiller paîra-t-il les arrêts ?
Déjà s'avance une main longue et sale :
C'est la police et ses comptes courants.
Quand sur ma Muse on venge la morale,[2]
Pour les mouchards comptons deux mille
      francs.

Moi-même ainsi partageant ma dépouille,
Sur mon budget portons les affamés.
Au pied du trône une harpe se rouille ;
Bardes du sacre, êtes-vous enrhumés ![3]
Chantez, messieurs, faites pondre la
      poule ;
Envahissez croix, titres, biens et rangs,
Dût-on encor briser la sainte ampoule,[4]
Pour les flatteurs comptons deux mille
      francs.

Que de géants là-bas je vois paraître ![5]
Vieux ou nouveaux, tous nobles à cor-
      dons :
Fiers de servir, ils font au gré du maître
Signes de croix, saluts ou rigodons.
A tout gâteau leur main fait large en-
      taille,
Car ils sont grands, même infiniment
      grands :
Ils nous feront une France à leur taille.
Pour ces laquais comptons trois mille
      francs.

Je vois briller chapes, mitres et crosses,
Chapeaux pourprés, vases d'argent et
      d'or,
Couvents, hôtels, valets, blasons, car-
      rosses.
Ah ! saint Ignace a pillé le trésor.
De mes refrains l'un des siens qui le
      venge

1 Je fus condamné pour outrage à la personne
du roi et à la famille royale.
2 Je fus aussi condamné pour atteinte à la
morale publique.
3 La chanson du *Sacre de Charles le Simple*
fut la cause première de ma condamnation.
4 La sainte ampoule, brisée en 93 sur la place
publique de Reims, fut retrouvée miraculeuse-
ment pour le sacre de Charles X. Je ne sais
qui a eu l'honneur de cette invention.
5 Allusion à la chanson des *Infiniment petits*,
seconde cause de ma condamnation.

Promet mon âme aux gouffres dévorants :[1]
Déjà le diable a plumé mon bon ange.[2]
Pour le clergé comptons trois mille francs.

Vérifions, la somme en vaut la peine :
Deux et deux quatre ; et trois, sept ; et
trois dix.
C'est bien leur compte.   Ah ! du moins
La Fontaine
Sans rien payer fut exilé jadis.[3]
Le fier Louis eût biffé la sentence
Qui m'appauvrit pour quelques vers trop
francs.
Monsieur Loyal, délivrez - moi quit-
tance ;[4]
Vive le roi ! voilà dix mille francs.[5]

LES INFINIMENT PETITS ;

OU LA GÉRONTOCRATIE.

DE BÉRANGER. 1829.

J'ai foi dans la sorcellerie.
Or un grand sorcier, l'autre soir,
M'a fait voir de notre patrie
Tout l'avenir dans un miroir.
Quel image désespérante !
Je vois Paris et ses faubourgs.
Nous sommes en dix-neuf cent trente,
Et les barbons règnent toujours.

Un peuple de nains nous remplace ;
Nos petits-fils sont si petits,
Qu'avec peine dans cette glace
Sous leurs toits je les vois blottis.

[1] Un prédicateur, dans une des principales
églises de Paris, fit une sortie contre moi, après
ma condamnation, et dit que la peine qu'on
m'infligeait ici-bas n'était rien auprès de celle
qui m'attendait en enfer.   Dans le village qu'ha-
bitait, auprès de Péronne, la vieille tante qui
m'a élevé, le curé débita un prône sur le même
ton.
[2] L'Ange gardien, prétexte de ma condam-
nation pour atteinte à la morale publique.   On
ne voulut pas ne faire porter le jugement que
sur des chansons politiques, et l'on n'osa pas
incriminer les chansons contre les jésuites ; il
fallut, bon gré, mal gré, que l'Ange gardien
payât pour toutes.
[3] Le dévouement de La Fontaine pour Fou-
quet le fit exiler en Touraine, avec son cousin
Jannart ; on doit à cet exil les lettres de La
Fontaine à sa femme.   On y voit que le lieu-
tenant-criminel leur fournit de l'argent pour le
voyage.   Les temps sont bien changés.
[4] M. Loyal, l'huissier de Tartuffe.
[5] Il y a ici une inexactitude.   Ce n'est point
dix mille, mais onze mille deux cent cinquante
francs qu'on m'a fait payer, grace au dixième
de guerre et aux frais judiciaires.

La France est l'ombre du fantôme
De la France de mes beaux jours.
Ce n'est qu'un tout petit royaume ;
Mais les barbons règnent toujours.

Combien d'imperceptibles êtres !
De petits jésuites bilieux !
De milliers d'autres petits prêtres
Qui portent de petits bons dieux !
Béni par eux, tout dégénère ;
Par eux la plus vieille des cours
N'est plus qu'un petit séminaire ;
Mais les barbons règnent toujours.

Tout est petit, palais, usines,
Sciences, commerce, beaux-arts.
De bonnes petites famines
Désolent de petits remparts.
Sur la frontière mal fermée
Marche, au bruit de petits tambours,
Une pauvre petite armée ;
Mais les barbons règnent toujours.

Enfin le miroir prophétique,
Complétant ce triste avenir,
Me montre un géant hérétique
Qu'un monde a peine à contenir.
Du peuple pygmée il s'approche,
Et, bravant de petits discours,
Met le royaume dans sa poche ;
Mais les barbons règnent toujours.

SOUVENIR D'ENFANCE.

VICTOR HUGO. 1830.

Dans une grande fête, un jour, au Pan-
théon,
J'avais sept ans, je vis passer Napoléon.

Pour voir cette figure illustre et solen-
nelle,
Je m'étais échappé de l'aile maternelle ;
Car il tenait déjà mon esprit inquiet.
Mais ma mère aux doux yeux, qui sou-
vent s'effrayait
En m'entendant parler guerre, assauts
et bataille,
Craignait pour moi la foule, à cause de
ma taille.

Et ce qui me frappa, dans ma sainte
terreur,
Quand au front du cortége apparut l'em-
pereur,
Tandis que les enfants demandaient à
leurs mères

Si c'est là ce héros dont on fait cent chi-
mères,
Ce ne fut pas de voir tout ce peuple à
grand bruit
Le suivre comme on suit un phare dans
la nuit.
Et se montrer de loin sur sa tête suprême
Ce chapeau tout usé plus beau qu'un
diadème,
Ni, pressés sur ses pas, dix vassaux
couronnés
Regarder en tremblant ses pieds épe-
ronnés,
Ni ses vieux grenadiers, se faisant vio-
lence,
Des cris universels s'enivrer en silence ;
Non, tandis qu'à genoux, la ville tout
en feu,
Joyeuse comme on est lorsqu'on n'a
qu'un seul vœu,
Qu'on n'est qu'un même peuple et qu'en-
semble on respire,
Chantait en chœur : VEILLONS AU SALUT
DE L'EMPIRE !
Ce qui me frappa, dis-je, et me resta
gravé,
Même après que le cri sur sa route élevé
Se fut évanoui dans ma jeune mémoire,
Ce fut de voir, parmi ces fanfares de
gloire,
Dans le bruit qu'il faisait, cet homme
souverain
Passer, muet et grave, ainsi qu'un dieu
d'airain !

Et le soir, curieux, je le dis à mon père,
Pendant qu'il défaisait son vêtement de
guerre,
Et que je me jouais sur son dos indul-
gent
De l'épaulette d'or aux étoiles d'argent.

Mon père secoua la tête sans réponse.

Mais souvent une idée en notre esprit
s'enfonce,
Ce qui nous a frappés nous revient par
moments,
Et l'enfance naïve a ses étonnements.

Le lendemain, pour voir le soleil qui
s'incline.
J'avais suivi mon père au haut de la
colline
Qui domine Paris du côté du levant,
Et nous allions tous deux, lui pensant,
moi rêvant.

Cet homme en mon esprit restait comme
un prodige,
Et parlant à mon père : "O mon père,"
lui dis-je,
"Pourquoi notre empereur, cet envoyé
de Dieu,
Lui qui fait tout mouvoir et qui met
tout en feu,
A-t-il ce regard froid et cet air immo-
bile ?"
Mon père dans ses mains prit ma tête
débile,
Et me montrant au loin l'horizon spa-
cieux :
"Vois, mon fils ! cette terre, immobile
à tes yeux,
Plus que l'air, plus que l'onde et la
flamme, est émue,
Car le germe de tout dans son ventre
remue.
Dans ses flancs ténébreux, nuit et jour,
en rampant,
Elle sent se plonger la racine, serpent
Qui s'abreuve aux ruisseaux des sèves
toujours prêtes,
Et fouille et boit sans cesse avec ses
mille têtes.
Mainte flamme y ruisselle, et tantôt lente-
ment
Imbibe le cristal qui devient diamant,
Tantôt, dans quelque mine éblouissante
et sombre,
Allume des monceaux d'escarboucles sans
nombre,
Ou, s'échappant au jour, plus magnifique
encor,
Au front du vieil Etna met une aigrette
d'or.
Toujours l'intérieur de la terre travaille.
Son flanc universel incessamment tres-
saille.
Goutte à goutte, et sans bruit qui ré-
ponde à son bruit,
La source de tout fleuve y filtre dans la
nuit.
Elle porte à la fois, sur sa face où nous
sommes,
Les blés et les cités, les forêts et les
hommes.
Vois, tout est vert au loin, tout rit, tout
est vivant ;
Elle livre le chêne et le brin d'herbe au
vent ;
Les fruits et les épis la couvrent à cette
heure.
Eh bien ! déjà, tandis que ton regard
l'effleure,

Dans son sein, que n'épuise aucun enfantement,
Les futures moissons tremblent confusément !

"Ainsi travaille, enfant, l'âme active et
féconde
Du poëte qui crée et du soldat qui fonde.
Mais ils n'en font rien voir. De la
flamme à pleins bords
Qui les brûle au dedans, rien ne luit au
dehors.
Ainsi Napoléon, que l'éclat environne
Et qui fit tant de bruit en forgeant sa
couronne,
Ce chef que tout célèbre et que pourtant
tu vois,
Immobile et muet, passer sur le pavois,
Quand le peuple l'étreint, sent en lui
ses pensées,
Qui l'étreignent aussi, se mouvoir plus
pressées.
Déjà peut-être en lui mille choses se
font,
Et tout l'avenir germe en son cerveau
profond.
Déjà, dans sa pensée immense et clair-
voyante,
L'Europe ne fait plus qu'une France
géante.
Berlin, Vienne, Madrid, Moscou, Lon-
dres, Milan,
Viennent rendre à Paris hommage une
fois l'an ;
Le Vatican n'est plus que le vassal du
Louvre,
La terre, à chaque instant sous les vieux
trônes s'ouvre,
Et de tous leurs débris sort pour le
genre humain
Un autre Charlemagne, un autre globe
en main !
Et, dans le même esprit où ce grand
dessein roule,
Les bataillons futurs déjà marchent en
foule ;
Le conscrit résigné, sous un avis fré-
quent,
Se dresse, le tambour résonne au front
du camp,
D'ouvriers et d'outils Cherbourg couvre
sa grève,
Le vaisseau colossal sur le chantier
s'élève,
L'obusier rouge encor sort du fourneau
qui bout,
Une marine flotte, une armée est debout !

Car la guerre toujours l'illumine et l'en-
flamme.
Et peut-être déjà, dans la nuit de cette
âme,
Sous ce crâne, où le monde en silence
est couvé,
D'un second Austerlitz le soleil s'est
levé ! "

———

Plus tard, une autre fois, je vis passer
cet homme,
Plus grand dans son Paris que César
dans sa Rome.
Des discours de mon père alors je me
souvins.
On l'entourait encor d'honneurs presque
divins,
Et je lui retrouvai, rêveur à son passage,
Et la même pensée et le même visage.
Il méditait toujours son projet surhu-
main.
Cent aigles l'escortaient en empereur
romain.
Ses régiments marchaient, enseignes dé-
ployées ;
Ses lourds canons, baissant leurs bouches
essuyées,
Couraient, et traversant la foule aux pas
confus,
Avec un bruit d'airain sautaient sur
leurs affûts.
Mais bientôt, au soleil, cette tête admirée
Disparut dans un flot de poussière dorée.
Il passa. Cependant son nom sur la cité,
Bondissait, des canons aux cloches re-
jeté ;
Son cortège emplissait de tumulte les
rues ;
Et par mille clameurs de sa présence
accrues,
Par mille cris de joie et d'amour furieux,
Le peuple saluait ce passant glorieux !

DICTÉ APRÈS JUILLET 1830.

VICTOR HUGO. 1830.

FRÈRES ! et vous aussi vous avez vos jour-
nées !
Vos victoires, de chêne et de fleurs cou-
ronnées,
Vos civiques lauriers, vos morts ensevelis,
Vos triomphes, si beaux à l'aube de la vie,
Vos jeunes étendards, troués à faire envie
À de vieux drapeaux d'Austerlitz !

Soyez fiers ; vous avez fait autant que
vos pères.
Les droits d'un peuple entier conquis par
tant de guerres,
Vous les avez tirés tout vivants du linceul.
Juillet vous a donné, pour sauver vos
familles,
Trois de ces beaux soleils qui brûlent les
bastilles ;
Vos pères n'en ont eu qu'un seul !

Vous êtes bien leurs fils ! c'est leur sang,
c'est leur âme
Qui fait vos bras d'airain et vos regards
de flamme.
Ils ont tout commencé : vous avez votre
tour.
Votre mère, c'est bien cette France fé-
conde
Qui fait, quand il lui plaît, pour l'exemple
du monde,
Tenir un siècle dans un jour.

L'Angleterre jalouse et la Grèce homé-
rique,
Toute l'Europe admire, et la jeune Amé-
rique
Se lève et bat des mains du bord des
océans.
Trois jours vous ont suffi pour briser vos
entraves.
Vous êtes les aînés d'une race de braves,
Vous êtes les fils des géants !

C'est pour vous qu'ils traçaient avec des
funérailles
Ce cercle triomphal de plaines de ba-
tailles,
Chemin victorieux, prodigieux travail,
Qui de France parti pour enserrer la terre,
En passant par Moscou, Cadix, Rome et
le Caire,
Va de Jemmape à Montmirail !

Vous êtes les enfants des belliqueux
lycées !
Là vous applaudissiez nos victoires pas-
sées ;
Tous vos jeux s'ombrageaient des plis
d'un étendard.
Souvent Napoléon, plein de grandes pen-
sées,
Passant, les bras croisés, dans vos lignes
pressées,
Aimanta vos fronts d'un regard !

Aigle qu'ils devaient suivre, aigle de notre
armée

Dont la plume sanglante en cent lieux est
semée,
Dont le tonnerre un soir s'éteignit dans
les flots,
Toi qui les as couvés dans l'aire pater-
nelle,
Regarde, et sois joyeuse, et crie, et bats
de l'aile,
Mère, tes aiglons sont éclos !

LE LION.

AUGUSTE BARBIER. Décembre 1830.

I.

J'AI vu pendant trois jours, j'ai vu plein
de colère
Bondir et rebondir le lion populaire
Sur le pavé sonnant de la grande cité.
Je l'ai vu tout d'abord, une balle au côté,
Jetant à l'air ses crins et sa gueule vorace,
Mouvoir violemment les muscles de sa
face ;
J'ai vu son col s'enfler, son orbite rougir,
Ses grands ongles s'étendre, et tout son
corps rugir ;
Puis je l'ai vu s'abattre à travers la mêlée,
La poudre et les boulets à l'ardente volée,
Sur les marches du Louvre — et là, le
poil en sang,
Et les larges poumons lui battant dans
le flanc,
La langue toute rouge et la gueule béante,
Haletant, je l'ai vu de sa croupe géante,
Inondant le velours du trône culbuté,
Y vautrer tout du long sa fauve majesté.

II.

Alors j'ai vu soudain une foule sans
nombre
Se traîner à plat ventre à l'abri de son
ombre ;
J'ai vu, pâles encor du seul bruit de ses
pas,
Mille nains grelottant lui tendre les deux
bras ;
Alors on caressa ses flancs et son oreille,
On lui baisa le poil, on lui cria merveille,
Et chacun lui léchant les pieds, dans
son effroi,
Le nomma son lion, son sauveur et son
roi.
Mais, lorsque bien repu de sang et de
louange,
Jaloux de secouer les restes de sa fange,

Le monstre à son réveil voulut faire le
   beau ;
Quand, ouvrant son œil jaune et remuant
   sa peau,
Le crin dur, il voulut, comme l'antique
   athlète,
Sur son col musculeux dresser sa large
   tête,
Et les barbes au vent, le front échevelé,
Rugir en souverain, — il était muselé.

SAINTE LIBERTÉ.

VICTOR HUGO. 1831.

"Toi, vertu, pleure si je meurs !"
ANDRÉ CHÉNIER.

AMIS, un dernier mot ! — et je ferme à ja-
   mais
Ce livre, à ma pensée étranger désormais.
Je n'écouterai pas ce qu'en dira la foule.
Car, qu'importe à la source où son onde
   s'écoule ?
Et que m'importe, à moi, sur l'avenir
   penché,
Où va ce vent d'automne au souffle des-
   séché
Qui passe, en emportant sur son aile
   inquiète
Et les feuilles de l'arbre et les vers du
   poëte ?

Oui, je suis jeune encore, et quoique sur
   mon front,
Où tant de passions et d'œuvres germe-
   ront,
Une ride de plus chaque jour soit tracée,
Comme un sillon qu'y fait le soc de ma
   pensée,
Dans le cours incertain du temps qui
   m'est donné,
L'été n'a pas encor trente fois rayonné.
Je suis fils de ce siècle ! Une erreur,
   chaque année,
S'en va de mon esprit, d'elle-même éton-
   née,
Et, détrompé de tout, mon culte n'est
   resté
Qu'à vous, sainte patrie et sainte liberté !
Je hais l'oppression d'une haine profonde.
Aussi, lorsque j'entends, dans quelque
   coin du monde,
Sous un ciel inclément, sous un roi
   meurtrier,
Un peuple qu'on égorge appeler et crier ;

Quand, par les rois chrétiens aux bour-
   reaux turcs livrée,
La Grèce, notre mère, agonise éven-
   trée ;
Quand l'Irlande saignante expire sur sa
   croix ;
Quand Teutonie aux fers se débat sous
   dix rois ;
Quand Lisbonne, jadis belle et toujours
   en fête,
Pend au gibet, les pieds de Miguel sur
   sa tête ;
Lorsqu'Albani gouverne au pays de Ca-
   ton ;
Que Naples mange et dort ; lorsqu'avec
   son bâton,
Sceptre honteux et lourd que la peur
   divinise,
L'Autriche casse l'aile au lion de Ve-
   nise ;
Quand Modène étranglé râle sous l'archi-
   duc ;
Quand Dresde lutte et pleure au lit d'un
   roi caduc ;
Quand Madrid se rendort d'un sommeil
   léthargique ;
Quand Vienne tient Milan ; quand le
   lion belgique,
Courbé comme le bœuf qui creuse un vil
   sillon,
N'a plus même de dents pour mordre
   son bâillon ;
Quand un Cosaque affreux, que la rage
   transporte,
Viole Varsovie échevelée et morte,
Et souillant son linceul, chaste et sacré
   lambeau,
Se vautre sur la vierge étendue au tom-
   beau :
Alors, oh ! je maudis, dans leur cour,
   dans leur antre,
Ces rois dont les chevaux ont du sang
   jusqu'au ventre !
Je sens que le poète est leur juge ! Je
   sens
Que la muse indignée, avec ses poings
   puissants,
Peut, comme au pilori, les lier sur leur
   trône,
Et leur faire un carcan de leur lâche
   couronne,
Et renvoyer ces rois, qu'on aurait pu
   bénir,
Marqués au front d'un vers que lira
   l'avenir !
Oh ! la muse se doit aux peuples sans
   défense.

7

J'oublie alors l'amour, la famille, l'en-
fance,
Et les molles chansons, et le loisir serein,
Et j'ajoute à ma lyre une corde d'airain !

PRIÈRE POUR LA FRANCE.

VICTOR HUGO. Août 1832.

O DIEU ! si vous avez la France sous vos
ailes.
Ne souffrez pas, Seigneur, ces luttes
éternelles ;
Ces trônes qu'on élève et qu'on brise en
courant ;
Ces tristes libertés qu'on donne et qu'on
reprend ;
Ce noir torrent de lois, de passions,
d'idées,
Qui répand sur les mœurs ses vagues
débordées ;
Ces tribuns opposant, lorsqu'on les ré-
unit,
Une charte de plâtre aux abus de granit ;
Ces flux et ces reflux de l'onde contre
l'onde ;
Cette guerre, toujours plus sombre et
plus profonde,
Des partis au pouvoir, du pouvoir aux
partis ;
L'aversion des grands qui ronge les pe-
tits ;
Et toutes ces rumeurs, ces chocs, ces cris
sans nombre,
Ces systèmes affreux échafaudés dans
l'ombre,
Qui font que le tumulte et la haine et le
bruit
Emplissent les discours, et qu'on entend
la nuit,
À l'heure où le sommeil veut des mo-
ments tranquilles,
Les lourds canons rouler sur le pavé des
villes !

AU ROI,

APRÈS L'ATTENTAT DE MEUNIER.

ALFRED DE MUSSET. Décembre 1836.

PRINCE, les assassins consacrent ta puis-
sance.
Ils forcent Dieu lui-même à nous mon-
trer sa main.

Par droit d'élection tu régnais sur la
France ;
La balle et le poignard te font un droit
divin.

De ceux dont le hasard couronna la
naissance.
Nous en savons plusieurs qui sont sacrés
en vain.
Toi, tu l'es par le peuple et par la Provi-
dence ;
Souris au parricide et poursuis ton che-
min.

Mais sois prudent, Philippe, et songe à
la patrie.
Ta pensée est son bien, ton corps son
bouclier ;
Sur toi, comme sur elle, il est temps de
veiller.

Ferme un immense abîme et conserve ta
vie.
Défendons-nous ensemble, et laissons-
nous le temps
De vieillir, toi pour nous, et nous pour
tes enfants.

NE TUEZ PAS.

HÉGÉSIPPE MOREAU. 1836.

"Tu ne tueras pas !" — Décalogue.

DIEU l'ordonne, et je vous en prie,
Moi qui vais chantant sur vos pas,
Même pour sauver la patrie,
O mes frères, ne tuez pas !
Quand cette arme qui fume encore
A tonné, mon vers tricolore
Recula soudain blanc d'effroi ;
Ma pitié devint du délire,
Et, reniant ses dieux, ma lyre
A murmuré : Vive le roi !

Quand un jury tue, à la face
Si nous lui jetons le remord ;
Si du code rouge on efface
Par degrés la phrase de mort,
À Thémis, tant de fois trompée,
Si l'on veut arracher l'épée
Où pendent des gouttes de sang ;
Ce n'est pas pour que, dans la rue,
Le fer justicier tombe et tue,
Ramassé par vous en passant.

Dans le palais, aux jours d'alarme,
Regardez : ne voyez-vous rien,
Rien, que le sabre du gendarme
Ou du marchand prétorien !
Oh ! quoi qu'ait prêché dans ce livre,
Dont le parfum de sang enivre,
Saint-Just, l'apôtre montagnard,
Enfants, la morale éternelle
Au seuil des rois fait sentinelle
Pour en écarter le poignard.

Forgeron, laisse sur l'enclume
Le fer vengeur inachevé :
L'arme du siècle, c'est la plume,
Levier qu'Archimède a rêvé !
Écrivons : quand pour la patrie
La plume de fer veille et crie
Aux mains du talent indigné,
Rois, princes, valets, tout ensemble
S'émeut — et la plume d'or tremble
Devant l'arrêt qu'elle a signé.

À L'ARC DE TRIOMPHE.

VICTOR HUGO. 1837.

Toi dont la courbe au-loin, par le cou-
    chant dorée,
S'emplit d'azur céleste, arche démesurée ;
Toi qui lèves si haut ton front large et
    serein,
Fait pour changer sous lui la campagne
    en abîme,
Et pour servir de base à quelque aigle
    sublime
Qui viendra s'y poser et qui sera d'airain !

O vaste entassement ciselé par l'his-
    toire !
Monceau de pierre assis sur un monceau
    de gloire !
    Édifice inouï !
Toi que l'homme par qui notre siècle
    commence,
De loin, dans les rayons de l'avenir im-
    mense,
    Voyait, tout ébloui !

Non, tu n'es pas fini, quoique tu sois
  · superbe !
Non, puisque aucun passant, dans l'ombre
    assis sur l'herbe,
Ne fixe un œil rêveur à ton mur tri-
    omphant,
Tandis que triviale, errante et vaga-
    bonde,

Entre tes quatre pieds toute la ville
    abonde
Comme une fourmilière aux pieds d'un
    éléphant !

À ta beauté royale il manque quelque
    chose.
Les siècles vont venir pour ton apothéose
    Qui te l'apporteront :
Il manque sur ta tête un sombre amas
    d'années
Qui pendent pêle-mêle et toutes ruinées
    Aux brèches de ton front !

Il te manque la ride et l'antiquité fière,
Le passé, pyramide où tout siècle a sa
    pierre,
Les chapiteaux brisés, l'herbe sur les
    vieux fûts ;
Il manque sous ta voûte où notre orgueil
    s'élance
Ce bruit mystérieux qui se mêle au
    silence,
Le sourd chuchotement des souvenirs
    confus !

La vieillesse couronne et la ruine achève.
Il faut à l'édifice un passé dont on rêve,
    Deuil, triomphe ou remords.
Nous voulons, en foulant son enceinte
    pavée,
Sentir dans la poussière à nos pieds sou-
    levée
    De la cendre des morts !

Il faut que le fronton s'effeuille comme
    un arbre.
Il faut que le lichen, cette rouille du
    marbre,
De sa lèpre dorée au loin couvre le mur ;
Et que la vétusté, par qui tout art
    s'efface,
Prenne chaque sculpture et la ronge à la
    face,
Comme un avide oiseau qui dévore un
    fruit mûr.

Il faut qu'un vieux dallage ondule sous
    les portes,
Que le lierre vivant grimpe aux acanthes
    mortes,
    Que l'eau dorme aux fossés,
Que la cariatide, en sa lente révolte,
Se refuse, enfin lasse, à porter l'archi-
    volte,
    Et dise : " C'est assez ! "

Ce n'est pas, ce n'est pas entre des pierres
  neuves
Que la bise et la nuit pleurent comme
  des veuves.
Hélas ! d'un beau palais le débris est
  plus beau.
Pour que la lune émousse à travers la
  nuit sombre
L'ombre par le rayon et le rayon par
  l'ombre,
Il lui faut la ruine à défaut du tombeau !

Voulez-vous qu'une tour, voulez-vous
  qu'une église
Soient de ces monuments dont l'âme
  idéalise
    La forme et la hauteur,
Attendez que de mousse elles soient
  revêtues,
Et laissez travailler à toutes les statues
    Le temps, ce grand sculpteur !

Il faut que le vieillard, chargé de jours
  sans nombre,
Menant son jeune fils sous l'arche pleine
  d'ombre,
Nomme Napoléon comme on nomme
  Cyrus,
Et dise en la montrant de ses mains
  décharnées :
" Vois cette porte énorme ! elle a trois
  mille années ;
C'est par là qu'ont passé des hommes
  disparus ! "

RETOUR.

ALFRED DE MUSSET. 1855.

HEUREUX le voyageur que sa ville chérie
Voit rentrer dans le port, aux premiers
  feux du jour !
Qui salue à la fois le ciel et la patrie,
La vie et le bonheur, le soleil et l'amour !
— Regardez, compagnons, un navire
  s'avance.
La mer, qui l'emporta, le rapporte en
  cadence,
En écumant sous lui, comme un hardi
  coursier,
Qui, tout en se cabrant, sent son vieux
  cavalier.

Salut ! qui que tu sois, toi dont la
  blanche voile
De ce large horizon accourt en palpitant !

Heureux, quand tu reviens, si ton errante
  étoile
T'a fait aimer la rive ! heureux si l'on
  t'attend!

D'où viens-tu, beau navire ? à quel loin-
  tain rivage,
Léviathan superbe, as-tu lavé tes flancs ?
Es-tu blessé, guerrier ? Viens-tu d'un
  long voyage ?
C'est une chose à voir, quand tout un
  équipage,
Monté jeune à la mer, revient en cheveux
  blancs.
Es-tu riche ? viens-tu de l'Inde ou du
  Mexique ?
Ta quille est-elle lourde, ou si les vents
  du nord
T'ont pris, pour ta rançon, le poids de
  ton trésor ?
As-tu bravé la foudre et passé le tropique ?
T'es-tu, pendant deux ans, promené sur
  la mort,
Couvant d'un œil hagard ta boussole
  tremblante,
Pour qu'une Européenne, une pâle indo-
  lente,
Puisse embaumer son bain des parfums
  du sérail
Et froisser dans la valse un collier de
  corail !

Comme le cœur bondit quand la terre
  natale,
Au moment du retour, commence à
  s'approcher,
Et du vaste Océan sort avec son clocher !
Et quel tourment divin dans ce court
  intervalle,
Où l'on sent qu'elle arrive et qu'on va
  la toucher !

O patrie ! O patrie ! ineffable mystère !
Mot sublime et terrible ! inconcevable
  amour !
L'homme n'est-il donc né que pour un
  coin de terre,
Pour y bâtir son nid, et pour y vivre un
  jour ?

PAROLES DANS L'ÉPREUVE.

VICTOR HUGO. 1859.

LES hommes d'aujourd'hui qui sont nés
  quand naissait
Ce siècle, et quand son aile effrayante
  poussait,

Ou qui, quatre-vingt-neuf dorant leur
blonde enfance,
Ont vu la rude attaque et la fière dé-
fense,
Et pour musique ont eu les noirs canons
béants,
Et pour jeux de grimper aux genoux des
géants ;
Ces enfants qui jadis, traînant des cime-
terres,
Ont vu partir, chantant, les pâles volon-
taires,
Et connu des vivants à qui Danton par-
lait,
Ces hommes ont sucé l'audace avec le
lait.
La Révolution, leur tendant sa mamelle,
Leur fit boire une vie où la tombe se
mêle,
Et, stoïque, leur mit dans les veines un
sang
Qui, lorsqu'il faut sortir et couler, y
consent.
Ils tiennent de l'austère et tragique
nourrice
L'amour de la blessure et de la cicatrice,
Et, pour trembler, pour fuir, pour suivre
qui fuirait,
L'impossibilité de plier le jarret.
Ils pensent que faiblir est chose abomi-
nable,
Que l'homme est au devoir, et qu'il est
convenable
Que ceux à qui Dieu fit l'honneur de les
choisir
Pour vivre dans un temps de risque et
de désir,
Marchent, et, courant droit au but qui
les réclame,
Désapprennent les pas en arrière à leur
âme.
Ils veulent le progrès durement acheté,
Ne tiennent en réserve aucune lâcheté,
Jettent aux profondeurs leurs jours, leur
cœur, leur joie,
Ne se rétractent point parce qu'un gouffre
aboie,
Vont toujours en avant et toujours de-
vant eux ;
Ils ne sont pas prudents de peur d'être
honteux ;
Et disent que le pont où l'on se précipite,
Hardi pour l'abordage, est lâche pour la
fuite.
Soi-même se scruter d'un regard inclé-
ment,
Être abnégation, martyre, dévouement,

Bouclier pour le faible et pour le destin
cible,
Aller, ne se garder aucun retour possible,
Ne jamais se servir pour s'évader d'en
haut,
Pour fuir, de ce qui sert pour monter à
l'assaut,
Telle est la loi ; la loi du devoir, du
Calvaire,
Qui sourit aux vaillants avec son front
sévère.
Peuple, homme, esprit humain, avance
à pas altiers !
Parmi tous les écueils et dans tous les
sentiers,
Dans la société, dans l'art, dans la mo-
rale,
Partout où resplendit la lueur aurorale,
Sans jamais t'arrêter, sans hésiter jamais,
Des fanges aux clartés, des gouffres aux
sommets,
Va ! la création, cette usine, ce temple,
Cette marche en avant de tout, donne
l'exemple !
L'heure est un marcheur calme et provi-
dentiel,
Les fleuves vont aux mers, les oiseaux
vont au ciel ;
L'arbre ne rentre pas dans la terre pro-
fonde
Parce que le vent souffle et que l'orage
gronde ;
Homme, va ! reculer, c'est devant le
ciel bleu
La grande trahison que tu peux faire à
Dieu.
Nous donc, fils de ce siècle aux vastes
entreprises,
Nous qu'emplit le frisson des formi-
dables brises,
Et dont l'ouragan sombre agite les che-
veux,
Poussés vers l'idéal par nos maux, par
nos vœux,
Nous désirons qu'on ait présent à la
mémoire
Que nos pères étaient des conquérants
de gloire,
Des chercheurs d'horizons, des gagneurs
d'avenir ;
Des amants du péril que savait retenir
Aux âcres voluptés de ses baisers fa-
rouches
La grande mort, posant son rire sur leurs
bouches ;
Qu'ils étaient les soldats qui n'ont pas
déserté,

Les hôtes rugissants de l'antre liberté,
Les titans, les lutteurs aux gigantesques
  tailles,
Les fauves promeneurs rôdant dans les
  batailles !
Nous sommes les petits de ces grands
  lions-là.
Leur trace sur leurs pas toujours nous
  appela,
Nous courons ; la souffrance est par nous
  saluée ;
Nous voyons devant nous, là-bas, dans
  la nuée,
L'âpre avenir à pic, lointain, redouté,
  doux ;
Nous nous sentons perdus pour nous,
  gagné pour tous ;
Nous arrivons au bord du passage terrible ;
Le précipice est là, sourd, obscur, morne,
  horrible ;
L'épreuve à l'autre bord nous attend ;
  nous allons,
Nous ne regardons pas derrière nos talons ;
Pâles, nous atteignons l'escarpement
  sublime,
Et nous poussons du pied la planche
  dans l'abîme.

LE CENTENAIRE.

JOSEPH AUTRAN. 15 Août 1869.

Ce matin, le canon, d'une aubade sonore,
A salué ce jour, ce grand jour glorieux.
La cloche, en même temps, pour en fêter
  l'aurore,
A chassé le sommeil qui fermait tous les
  yeux.

" Un siècle seulement ! Il pourrait vivre
  encor ! "
Semblaient dire ces chants de la terre
  et des cieux ;
Et le peuple, fidèle aux faux dieux qu'il
  adore,
Le long des boulevards s'est répandu
  joyeux.

Dans toutes les cités de France, pa-
  voisées,
Il admire, ce soir, les rapides fusées
Qui retombent du ciel en étincelles d'or.

O grand homme ! ô fléau sacré par la
  conquête !

De cette nation qui célèbre ta fête,
Combien ne vivraient plus, si tu vivais
  encor !

CHOIX ENTRE LES DEUX NATIONS.

VICTOR HUGO. 1870.

À L'ALLEMAGNE.

Aucune nation n'est plus grande que toi ;
Jadis, toute la terre étant un lieu d'effroi,
Parmi les peuples forts tu fus le peuple
  juste.
Une tiare d'ombre est sur ton front au-
  guste ;
Et pourtant comme l'Inde, aux aspects
  fabuleux,
Tu brilles ; ô pays des hommes aux yeux
  bleus,
Clarté hautaine au fond ténébreux de
  l'Europe,
Une gloire âpre, informe, immense, t'en-
  veloppe ;
Ton phare est allumé sur le mont des
  Géants ;
Comme l'aigle de mer qui change d'océans,
Tu passas tour à tour d'une grandeur à
  l'autre,
Huss le sage a suivi Crescentius l'apôtre ;
Barberousse chez toi n'empêche pas
  Schiller ;
L'empereur, ce sommet, craint l'esprit,
  cet éclair.
Non, rien ici-bas, rien ne t'éclipse, Alle-
  magne.
Ton Vitikind tient tête à notre Charle-
  magne,
Et Charlemagne même est un peu ton
  soldat.
Il semblait par moments qu'un astre te
  guidât ;
Et les peuples t'ont vue, ô guerrière fé-
  conde,
Rebelle au double joug qui pèse sur le
  monde,
Dresser, portant l'aurore entre tes poings
  de fer,
Contre César Hermann, contre Pierre
  Luther.
Longtemps, comme le chêne offrant ses
  bras au lierre,
Du vieux droit des vaincus tu fus la
  chevalière ;
Comme on mêle l'argent et le plomb
  dans l'airain,

Tu sus fondre en un peuple unique et
souverain
Vingt peuplades, le Hun, le Dace, le
Sicambre ;
Le Rhin te donne l'or et la Baltique
l'ambre ;
La musique est ton souffle ; âme, har-
monie, encens,
Elle fait alterner dans tes hymnes puis-
sants
Le cri de l'aigle avec le chant de l'alou-
ette ;
On croit voir sur tes burgs croulants la
silhouette
De l'hydre et du guerrier vaguement
aperçus
Dans la montagne, avec le tonnerre au-
dessus ;
Rien n'est frais et charmant comme tes
plaines vertes ;
Les brèches de la brume aux rayons sont
ouvertes,
Le hameau dort, groupé sous l'aile du
manoir,
Et la vierge, accoudée aux citernes le
soir,
Blonde, a la ressemblance adorable des
anges.
Comme un temple exhaussé sur des piliers
étranges
L'Allemagne est debout sur vingt siècles
hideux,
Et sa splendeur qui sort de leurs ombres,
vient d'eux.
Elle a plus de héros que l'Athos n'a de
cimes.
La Teutonie, au seuil des nuages sublimes
Où l'étoile est mêlée à la foudre, appa-
raît ;
Ses piques dans la nuit sont comme une
forêt ;
Au-dessus de sa tête un clairon de vic-
toire
S'allonge, et sa légende égale son his-
toire ;
Dans la Thuringe, où Thor tient sa lance
en arrêt,
Ganna, la druidesse échevelée, errait ;
Sous les fleuves, dont l'eau roulait de
vagues flammes,
Les sirènes chantaient, monstres aux
seins de femmes,
Et le Hartz que hantait Velléda, le
Taunus
Où Spillyre essuyait dans l'herbe ses
pieds nus,
Ont encor toute l'âpre et divine tristesse

Que laisse dans les bois profonds la pro-
phétesse ;
La nuit, la Forêt-Noire est un sinistre
éden ;
Le clair de lune, aux bords du Neckar,
fait soudain
Sonores et vivants les arbres pleins de
fées.
O Teutons, vos tombeaux ont des airs de
trophées ;
Vos aïeux n'ont semé que de grands
ossements ;
Vos lauriers sont partout ; soyez fiers,
Allemands.
Le seul pied des titans chausse votre
sandale.
Tatouage éclatant, la gloire féodale
Dore vos morions, blasonne vos écus ;
Comme Rome Coclès vous avez Galgacus,
Vous avez Beethoven comme la Grèce
Homère ;
L'Allemagne est puissante et superbe.

À LA FRANCE.

, O ma mère !

SEDAN.

VICTOR HUGO. Août 1870.

Toulon, c'est peu ; Sedan, c'est mieux.

L'homme tragique,
Saisi par le destin qui n'est que la lo-
gique,
Captif de son forfait, livré les yeux
bandés
Aux noirs événements qui le jouaient
aux dés,
Vint s'échouer, rêveur, dans l'opprobre
insondable.
Le grand regard d'en haut lointain et
formidable
Qui ne quitte jamais le crime, était sur
lui ;
Dieu poussa ce tyran, lave et spectre
aujourd'hui,
Dans on ne sait quelle ombre où l'histoire
frissonne,
Et qu'il n'avait encore ouverte pour per-
sonne ;
Là, comme au fond d'un puits sinistre,
il le perdit.
Le juge dépassa ce qu'on avait prédit.

Il advint que cet homme un jour songea :
Je règne.

Oui. Mais on me méprise, il faut que
　l'on me craigne.
J'entends être à mon tour maître du
　monde, moi.
Terre, je vaux mon oncle, et j'ai droit à
　l'effroi.
Je n'ai pas d'Austerlitz, soit, mais j'ai
　mon Brumaire.
Il a Machiavel tout en ayant Homère,
Et les tient attentifs tous deux à ce qu'il
　fait ;
Machiavel à moi me suffit. Galifet
M'appartient, j'eus Morny, j'ai Rouher
　et Devienne.
Je n'ai pas encor pris Madrid, Lisbonne,
　Vienne,
Naples, Dantzick, Munich, Dresde, je
　les prendrai.
J'humilierai sur mer la croix de Saint-
　André,
Et j'aurai cette vieille Albion pour sujette.
Un voleur qui n'est pas le roi des rois,
　végète.
Je serai grand. J'aurai pour valets, moi
　forban,
Mastaï sous sa mitre, Abdul sous son
　turban,
Le czar sous sa peau d'ours et son bonnet
　de martre ;
Puisque j'ai foudroyé le boulevart Mont-
　martre,
Je puis vaincre la Prusse ; il est aussi
　malin
D'assiéger Tortoni que d'assiéger Berlin ;
Quand on a pris la Banque on peut
　prendre Mayence.
Pétersbourg et Stamboul sont deux
　chiens de fayence ;
Pie et Galantuomo sont à couteaux tirés ;
Comme deux boucs livrant bataille dans
　les prés,
L'Angleterre et l'Irlande à grand bruit
　se querellent ;
D'Espagne sur Cuba les coups de fusil
　grêlent ;
Joseph, pseudo-César, Wilhelm, piètre
　Attila,
S'empoignent aux cheveux ; je mettrai
　le holà ;
Et moi, l'homme éculé d'autrefois, l'an-
　cien pitre,
Je serai, par-dessus tous les sceptres,
　l'arbitre,
Et j'aurai cette gloire, à peu près sans
　débats,
D'être le Tout-Puissant et le Très-Haut
　d'en bas.

De faux Napoléon passer vrai Charle-
　magne,
C'est beau. Que faut-il donc pour cela ?
　prier Magne
D'avancer quelque argent à Lebœuf, et
　choisir,
Comme Haroun escorté le soir par son
　vizir,
L'heure obscure où l'on dort, où la rue
　est déserte,
Et brusquement tenter l'aventure ; on
　peut, certe,
Passer le Rhin ayant passé le Rubicon.
Piétri me jettera des fleurs de son balcon.
Magnan est mort, Frossard le vaut ;
　Saint-Arnaud manque,
J'ai Bazaine. Bismarck me semble un
　saltimbanque ;
Je crois être aussi bon comédien que lui.
Jusqu'ici j'ai dompté le hasard ébloui ;
J'en ai fait mon complice, et la fraude
　est ma femme.
J'ai vaincu, quoique lâche, et brillé,
　quoique infâme.
En avant ! j'ai Paris, donc j'ai le genre
　humain.
Tout me sourit, pourquoi m'arrêter en
　chemin ?
Il ne me reste plus à gagner que le quine.
Continuons, la chance étant une coquine.
L'univers m'appartient, je le veux, il me
　plaît ;
Ce noir globe étoilé tient sous mon
　gobelet.
J'escamotai la France, escamotons l'Eu-
　rope.
Décembre est mon manteau, l'ombre est
　mon enveloppe ;
Les aigles sont partis, je n'ai que les
　faucons ;
Mais n'importe ! Il fait nuit. J'en pro-
　fite. Attaquons.

Or il faisait grand jour. Jour sur Lon-
　dres, sur Rome,
Sur Vienne, et tous ouvraient les yeux,
　hormis cet homme ;
Et Berlin souriait et le guettait sans
　bruit.
Comme il était aveugle, il crut qu'il fai-
　sait nuit.
Tous voyaient la lumière et seul il voyait
　l'ombre.

Hélas ! sans calculer le temps, le lieu,
　le nombre,
A-tâtons, se fiant au vide, sans appui,

Ayant pour sûreté ses ténèbres à lui,
Ce suicide prit nos fiers soldats, l'armée
De France devant qui marchait la re-
    nommée,
Et sans canons, sans pain, sans chefs,
    sans généraux,
Il conduisit au fond du gouffre les héros.
Tranquille, il les mena lui-même dans le
    piége.

À LA FRANCE.

VICTOR HUGO. 1870.

PERSONNE pour toi. Tous sont d'accord.
    Celui-ci,
Nommé Gladstone, dit à tes bourreaux :
    merci !
Cet autre, nommé Grant, te conspue, et
    cet autre,
Nommé Bancroft, t'outrage ; ici c'est un
    apôtre,
Là c'est un soldat, là c'est un juge, un
    tribun,
Un prêtre, l'un du Nord, l'autre du Sud ;
    pas un
Que ton sang, à grands flots versé, ne
    satisfasse ;
Pas un qui sur ta croix ne te crache à la
    face.
Hélas ! qu'as-tu donc fait aux nations ?
    Tu vins
Vers celles qui pleuraient, avec ces mots
    divins :
Joie et Paix ! — Tu criais : — Espérance !
    Allégresse !
Sois puissante, Amérique, et toi sois
    libre, ô Grèce !
L'Italie était grande ; elle doit l'être
    encor.
Je le veux ! — Tu donnas à celle-ci ton
    or,
À celle-là ton sang, à toutes la lumière.
Tu défendis le droit des hommes, coutu-
    mière
De tous les dévoûments et de tous les
    devoirs.
Comme le bœuf revient repu des abreu-
    voirs,
Les hommes sont rentrés pas à pas à
    l'étable.
Rassasiés de toi, grande sœur redoutable,
De toi qui protégeas, de toi qui com-
    battis.
Ah ! se montrer ingrats, c'est se prouver
    petits.

N'importe ! pas un d'eux ne te connaît.
    Leur foule
T'a huée, à cette heure où ta grandeur
    s'écroule,
Riant de chaque coup de marteau qui
    tombait
Sur toi, nue et sanglante et clouée au
    gibet.
Leur pitié plaint tes fils que la fortune
    amère
Condamne à la rougeur de t'avouer pour
    mère.
Tu ne peux pas mourir, c'est le regret
    qu'on a.
Tu penches dans la nuit ton front qui
    rayonna ;
L'aigle de l'ombre est là qui te mange
    le foie ;
C'est à qui reniera la vaincue ; et la
    joie
Des rois pillards, pareils aux bandits des
    Adrets,
Charme l'Europe et plaît au monde —
    Ah ! je voudrais,
Je voudrais n'être pas Français pour pou-
    voir dire
Que je te choisis, France, et que, dans
    ton martyre,
Je te proclame, toi que ronge le vau-
    tour,
Ma patrie et ma gloire et mon unique
    amour !

LOUIS NAPOLÉON.

VICTOR HUGO. Août 1870.

LORSQU'UN titan larron a gravi les som-
    mets,
Tout voleur l'y veut suivre ; or il faut
    désormais
Que Sbrigani ne puisse imiter Promé-
    thée :
Il est temps que la terre apprenne épou-
    vantée
À quel point le petit peut dépasser le
    grand,
Comme un ruisseau vil est pire qu'un
    torrent,
Et de quelles stupeurs la main du sort
    est pleine,
Même après Waterloo, même après
    Sainte-Hélène !
Dieu veut des astres noirs empêcher le
    lever.
Comme il était utile et juste d'achever

Brumaire et ce Décembre encor couvert
de voiles
Par une éclaboussure allant jusqu'aux
étoiles
Et jusqu'aux souvenirs énormes d'autre-
fois,
Comme il faut au plateau jeter le dernier
poids,
Celui qui pèse tout voulut montrer au
monde,
Après la grande fin, l'écroulement im-
monde,
Pour que le genre humain reçût une
leçon,
Pour qu'il eût le mépris ayant eu le
frisson,
Pour qu'après l'épopée on eût la paro-
die,
Et pour que nous vissions ce qu'une
tragédie
Peut contenir d'horreur, de cendre et de
néant
Quand c'est un nain qui fait la chute
d'un géant.

Cet homme étant le crime, il était néces-
saire
Que tout le misérable eût toute la mi-
sère,
Et qu'il eût à jamais le deuil pour pié-
destal ;
Il fallait que la fin de cet escroc fatal
Par qui le guet-apens jusqu'à l'empire
monte
Fût telle que la boue elle-même en eût
honte,
Et que César, flairé des chiens avec dé-
goût,
Donnât, en y tombant, la nausée à l'é-
gout.

Azincourt est riant.   Désormais Ramil-
lies,
Trafalgar, plaisent presque à nos mélan-
colies ;
Poitiers n'est plus le deuil, Blenheim
n'est plus l'affront,
Crécy n'est plus le champ où l'on baisse
le front,
Le noir Rosbach nous fait l'effet d'une
victoire.
France, voici le lieu hideux de ton his-
toire,
Sedan.   Ce nom funèbre, où tout vient
s'éclipser,
Crache-le, pour ne plus jamais le pro-
noncer.

À CEUX QUI REPARLENT DE FRA-TERNITÉ.

VICTOR HUGO. 1871.

QUAND nous serons vainqueurs, nous
verrons. Montrons-leur
Jusque-là, le dédain qui sied à la dou-
leur.
L'œil âprement baissé convient à la dé-
faite.
Libre, on était apôtre ; esclave, on est
prophète ;
Nous sommes garrottés ! Plus de nations
sœurs !
Et je prédis l'abîme à nos envahis-
seurs.
C'est la fierté de ceux qu'on a mis à la
chaîne
De n'avoir désormais d'autre abri que la
haine.
Aimer les Allemands ! cela viendra, le
jour
Où par droit de victoire on aura droit
d'amour.
La déclaration de paix n'est jamais
franche
De ceux qui, terrassés, n'ont pas pris leur
revanche ;
Attendons notre tour de barrer le chemin.
Mettons-les sous nos pieds, puis tendons-
leur la main,
Je ne puis que saigner tant que la France
pleure.
Ne me parlez donc pas de concorde à
cette heure :
Une fraternité bégayée à demi
Et trop tôt, fait hausser l'épaule à l'en-
nemi ;
Et l'offre de donner aux rancunes re-
lâche
Qui demain sera digne, aujourd'hui serait
lâche.

À QUI LA FAUTE !

VICTOR HUGO. 1871.

TU viens d'incendier la Bibliothèque ?
                    — Oui.
J'ai mis le feu là.
            — Mais c'est un crime inouï !
Crime commis par toi contre toi-même,
infâme !
Mais tu viens de tuer le rayon de ton
âme !

C'est ton propre flambeau que tu viens
de souffler !
Ce que ta rage impie et folle ose brûler,
C'est ton bien, ton trésor, ta dot, ton
héritage !
Le livre, hostile au maître, est à ton
avantage.
Le livre a toujours pris fait et cause pour
toi.
Une bibliothèque est un acte de foi
Des générations ténébreuses encore
Qui rendent dans la nuit témoignage à
l'aurore.
Quoi ! dans ce vénérable amas des véri-
tés,
Dans ces chefs-d'œuvre pleins de foudre
et de clartés,
Dans ce tombeau des temps devenu ré-
pertoire,
Dans les siècles, dans l'homme antique,
dans l'histoire,
Dans le passé, leçon qu'épelle l'avenir,
Dans ce qui commença pour ne jamais
finir,
Dans les poëtes ! quoi, dans ce gouffre
des bibles,
Dans le divin monceau des Eschyles ter-
ribles,
Des Homères, des Jobs, debout sur
l'horizon,
Dans Molière, Voltaire et Kant, dans la
raison,
Tu jettes, misérable, une torche enflam-
mée !
De tout l'esprit humain tu fais de la fu-
mée !
As-tu donc oublié que ton libérateur,
C'est le livre ? le livre est là sur la hau-
teur ;
Il luit ; parce qu'il brille et qu'il les il-
lumine,
Il détruit l'échafaud, la guerre, la fa-
mine ;
Il parle ; plus d'esclave et plus de
paria.
Ouvre un livre. Platon, Milton, Bec-
caria.
Lis ces prophètes, Dante, ou Shakspeare,
ou Corneille ;
L'âme immense qu'ils ont en eux, en toi
s'éveille ;
Ébloui, tu te sens le même homme qu'eux
tous ;
Tu deviens en lisant grave, pensif et
doux ;
Tu sens dans ton esprit tous ces grands
hommes croître ;

Ils t'enseignent ainsi que l'aube éclaire
un cloître ;
À mesure qu'il plonge en ton cœur plus
avant,
Leur chaud rayon t'apaise et te fait plus
vivant ;
Ton âme interrogée est prête à leur ré-
pondre ;
Tu te reconnais bon, puis meilleur ; tu
sens fondre
Comme la neige au feu, ton orgueil, tes
fureurs,
Le mal, les préjugés, les rois, les empe-
reurs !
Car la science en l'homme arrive la pre-
mière.
Puis vient la liberté. Toute cette lu-
mière,
C'est à toi, comprends donc, et c'est toi
qui l'éteins !
Les buts rêvés par toi sont par le livre
atteints.
Le livre en ta pensée entre, il défait en
elle
Les liens que l'erreur à la vérité mêle,
Car toute conscience est un nœud gordien.
Il est ton médecin, ton guide, ton gardien.
Ta haine, il la guérit ; ta démence, il te
l'ôte.
Voilà ce que tu perds, hélas, et par ta
faute !
Le livre est ta richesse à toi ! c'est le sa-
voir,
Le droit, la vérité, la vertu, le devoir,
Le progrès, la raison dissipant tout délire.
Et tu détruis cela, toi !

Je ne sais pas lire.

À HENRI V.

VICTOR HUGO. 1871.

J'ÉTAIS adolescent quand vous étiez en-
fant ;
J'ai sur votre berceau fragile et triom-
phant
Chanté mon chant d'aurore ; et le vent
de l'abîme
Depuis nous a jetés chacun sur une
cime.
Car le malheur, lieu sombre où le sort
nous admet,
Étant battu de coups de foudre, est un
sommet.
Le gouffre est entre nous comme entre
les deux pôles.

Vous avez le manteau de roi sur les
    épaules
Et dans la main le sceptre, éblouissant
    jadis ;
Moi j'ai des cheveux blancs au front, et
    je vous dis :
C'est bien. L'homme est viril et fort qui
    se décide
À changer sa fin triste en un fier suicide ;
Qui sait tout abdiquer, hormis son vieil
    honneur ;
Qui cherche l'ombre ainsi qu'Hamlet dans
    Elseneur,
Et qui, se sentant grand surtout comme
    fantôme,
Ne vend pas son drapeau même au prix
    d'un royaume.
Le lys ne peut cesser d'être blanc. Il
    est bon
Certes de demeurer Capet, étant Bour-
    bon ;
Vous avez raison d'être honnête homme.
    L'histoire
Est une région de chute et de victoire
Où plus d'un vient ramper, où plus d'un
    vient sombrer.
Mieux vaut en bien sortir, prince, qu'y
    mal entrer.

LE PRISONNIER (L. NAPOLÉON).

VICTOR HUGO. 1871.

CET homme a pour prison l'ignominie
    immense.

On pouvait le tuer, mais on fut sans clé-
    mence,
Il vit.

Il est dans l'âpre et lugubre prison
Invisible, toujours debout sur l'horizon,
L'opprobre.

Cette tour a la hauteur du songe.
Sa crypte jusqu'aux lieux ignorés se pro-
    longe,
Ses remparts ont de noirs créneaux ver-
    tigineux,
Si vains qu'on n'y pourrait pendre une
    corde à nœuds,
Si terribles que rien jamais ne vous pro-
    cure
Une échelle appliquée à la muraille ob-
    scure.
    un trousseau de clefs n'ouvre ce qui
    n'est plus.

On est captif. Dans quoi ? Dans de l'om-
    bre. Et reclus ;
Où ? Dans son propre gouffre. On a sur
    soi le voile.
C'est fini. Deuil ! Jamais on ne verra
    l'étoile
Ni l'azur apparaître au plafond sidéral.
Là, rien qui puisse rendre à l'affreux
    général
Cette virginité, la France point trahie.
Sa mémoire est déjà de lui-même haïe.
Pas d'enceinte à ce bagne épars dans tous
    les sens,
Qui va plus loin que tous les nuages pas-
    sants,
Car l'élargissement du déshonneur imite
Un rayonnement d'astre et n'a point de
    limite.
Pour bâtir la prison qui jamais ne finit
La loi ne se sert pas d'airain ni de granit ;
C'est la fange qu'on prend, la fange
    étant plus dure ;
Cette bastille-là toujours vit, toujours
    dure,
Pleine d'un crépuscule au pâle hiver
    pareil,
Brume où manque l'honneur comme aux
    nuits le soleil,
Oubliette où l'aurore est éteinte, où
    médite
Ce qui reste d'une âme après qu'elle est
    maudite.
Ce misérable est seul dans cette ombre ;
    son front
Est plié, car la honte est basse de plafond,
Tant l'informe cerveau du fourbe est peu
    lucide,
Tant est lourd à porter le poids du par-
    ricide.
Si cet homme eût voulu, la France tri-
    omphait.
Il porte au cou ce noir carcan : ce qu'il
    a fait.
De la déroute affreuse il fut le vil mi-
    nistre.
Sa conscience nue, indignée et sinistre,
Est près de lui, disant : L'abject sort du
    félon,
Ganelon de Judas et toi de Ganelon.
Sois le désespéré. Dors si tu peux, je
    veille. —
Il entend cette voix sans cesse à son
    oreille.
Morne, il n'a même plus cet espoir, un
    danger.
Il faut qu'il reste, il faut qu'il vive, pour
    songer

Aux vieilles légions de France prison-
nières,
Pour qu'il soit souffleté par toutes nos
bannières
Frémissantes, la nuit, dans ses rêves
hideux.
D'ailleurs nos aieux morts n'auraient au
milieu d'eux
Pas voulu de ce spectre, et leur grand
souffle sombre
Certe, eût chassé d'abîme en abîme cette
ombre,
Et fouetté, ramené, repris, poussé,
traîné
Ce fuyard à la fuite à jamais condamné !
Car, grâce à lui, l'on peut cracher sur
notre gloire,
Car c'est par toi, maudit, que nos preux,
notre histoire,
Nos régiments, de tant de victoire étoilés,
Que Wagram, Austerlitz, Lodi, s'en
sont allés
En prison, sous les yeux de l'Anglais et
du Russe,
Le dos zébré du plat de sabre de la
Prusse !
Inexprimable deuil !

        Donc cet homme est muré
Au fond d'on ne sait quel mépris dé-
mesuré ;
Le regard effrayant du genre humain
l'entoure
Il est la trahison comme Cid la bra-
voure.
Sa complice, la Peur, sa sœur, la Lâcheté,
Le gardent. Ce rebut vivant, ce rejeté,
Sous l'exécration de tous, sur lui vomie,
Râle, et ne peut pas plus sortir de l'in-
famie
Que l'écume ne peut sortir de l'Océan.
L'opprobre, ayant horreur de lui, dirait :
Va-t'en,
Les anges justiciers, secouant sur cette
âme
Leur glaive où la lumière, hélas, s'achève
en flamme,
Crieraient : Sors d'ici ! rentre au néant
qui t'attend !
Qu'il ne pourrait ; aucune ouverture
n'étant
Possible, ô cieux profonds, hors d'une
telle honte !
Cet homme est le Forçat ! Qu'il descende
ou qu'il monte,
Que trouve-t-il ? En bas l'abjection ; en
haut

L'abjection. Son cœur est brûlé du fer
chaud.
Le criminel, eût-il plus d'or qu'il n'en
existe,
Ne corrompra jamais son crime, geôlier
triste.
Deux verrous ont fermé sa porte pour
jamais,
L'un qu'on nomme Strasbourg, l'autre
qu'on nomme Metz.
Ah ! cet infâme a mis le pied sur la
patrie.

Quand une âme ici-bas est à ce point
flétrie,
Lorsqu'on l'a vue au fond des forfaits se
vautrer,
L'honneur libre et vivant n'y peut pas
plus rentrer
Que l'abeille ne vient sur une rose morte.
Ah ! le Spielberg est noir, la Bastille
était forte,
Le Saint-Michel rempli de cages était
haut,
Le vieux château Saint-Ange est un
puissant cachot ;
Mais aucun mur n'égale en épaisseur la
honte.
Dieu tient ce prisonnier et lui demande
compte.
Comment a-t-il changé notre armée en
troupeau ?
Qu'a-t-il fait des canons, des soldats, du
drapeau,
Du clairon réveillant les camps, de l'es-
pérance,
De nous tous, et combien a-t-il vendu la
France ?
Oh ! quelle ombre de tels coupables ont
sur eux !
Cave et forêt ! rameaux croisés ! murs
douloureux !
Stigmate ! abaissement ! chute ! dédains
horribles !
Comment fuir de dessous ces branchages
terribles ?
O chiens, qu'avez-vous donc dans les
dents ? C'est son nom.
Il habite la faute, éternel cabanon,
Labyrinthe aux replis monstrueux et
funèbres
Où les ténèbres sont derrière les ténèbres,
Geôle où l'on est captif tant qu'on est
regardé.

Et qui donc maintenant dit qu'il s'est
évadé ?

LE NOM DE LA FRANCE.

JOSEPH AUTRAN. 1871.

LORSQUE nous disions France ! autrefois,
        c'était dire
Tout ce qu'un mot humain révèle de
        grandeur.
La terre n'avait pas de plus haute splen-
        deur ;
La gloire n'avait pas de plus divin sou-
        rire.

Ce seul mot exprimait la douceur et
        l'empire,
L'héroïsme fidèle et la sublime ardeur,
Et l'éclair de l'épée et l'accent de la lyre,
Tout le rayonnement du génie et du cœur.

Que les temps sont changés ! lorsque
        nous disons France,
C'est dire maintenant : défaite, affront,
        souffrance.
L'éclipse de ce nom étonne l'univers.

Il brille, cependant, même à travers ses
        voiles,
Comme un pâle soleil, caché par les
        hivers,
Jette encor plus d'éclat que toutes les
        étoiles !

1871.

JOSEPH AUTRAN.

JUSQU'AU fond de l'abîme, ô France,
        descendue,
Si ton malheur t'éclaire et te sert de
        leçon ;
Si tu dis : "Je reçois la peine qui m'est
        due,
Une vanité folle égarait ma raison ;

"Dans les débordements je m'étais ré-
        pandue,
Des doctrines sans foi j'avais bu le poi-
        son ;
Je m'étais avilie et je m'étais vendue,
Et je paye à bon droit ma faute et ma
        rançon";

Si, te disant cela, tu ne perds pas cou-
        rage,
Et te remets bientôt vaillamment à l'ou-
        vrage,
Tu te relèveras pour un siècle meilleur.

Mais, si tu suis toujours la pente qui
        t'entraîne,
Tu seras la servante, ayant été la reine,
Et moi qui te le dis, j'en mourrai de
        douleur !

AUX AMPUTÉS DE LA GUERRE.

FRANÇOIS COPPÉE. 1874.

À QUOI pensez-vous, ô drapeaux
De nos dernières citadelles,
Vous qui comptez plus de corbeaux
Dans notre ciel que d'hirondelles ?

À quoi penses-tu, laboureur,
Qui, dans un sillon de charrue,
Te détournes devant l'horreur
D'une tête humaine apparue ?

À quoi penses-tu, forgeron,
Quand ton marteau rive ses chaînes ?
À quoi penses-tu, bûcheron,
En frappant au cœur les vieux chênes ?

La nuit, quand le vent désolé
Pousse au loin sa plainte éternelle,
Sur le rempart démantelé,
À quoi penses-tu, sentinelle ?

Et, sur vos gradins réguliers,
Vous, chère et prochaine espérance,
À quoi pensez-vous, écoliers,
Devant cette carte de France ?

—Car, hélas ! je sens que l'oubli
A suivi la paix revenue,
Que notre rancune a faibli,
Que la colère diminue.

Prenons-y garde.   Les drapeaux
Se fanent, roulés sur la hampe ;
Et ce n'est pas dans le repos
Qu'une bonne haine se trempe.

Le serment contre ces maudits,
Il faut pourtant qu'il s'accomplisse ;
Et déjà des cœurs attiédis
La nature se fait complice.

Le printemps ne se souvient pas
Du deuil ni de l'affront suprême ;
Et sur la trace de leurs pas
Les fleurs ont repoussé quand même.

Le pampre grimpant rajeunit
La ruine qui croule et tombe,

Et la fauvette fait son nid
Dans le trou creusé par la bombe.

La haine est comme les remords ;
Avec le temps elle nous quitte,
Et sur les tombeaux de nos morts
L'herbe est trop haute et croît trop vite !

Mais vous êtes là, vous, du moins,
Pour nous rafraîchir la mémoire,
O blessés, glorieux témoins
De leur effroyable victoire.

Défendez-nous, vous le pouvez,
Des molles langueurs corruptrices ;
Car les désastres éprouvés
Sont écrits dans vos cicatrices.

Amputés, ô tronçons humains,
Racontez-nous votre martyre,
Et de vos pauvres bras sans mains
Apprenez-nous à mieux maudire.

LE CANON.

AUX ALSACIENS-LORRAINS.

FRANÇOIS COPPÉE. 1874.

Le silence imposant et la nuit solennelle
Planent sur le rempart où, debout dans
le vent,
Le mousqueton au bras, veille une senti-
nelle
Auprès d'un gros canon tourné vers le
levant.

Le fort est un de ceux qui virent le
grand siége ;
Et jadis, quand sonna l'heure du dés-
espoir,
Sur ces glacis croulants, alors couverts
de neige,
Dans le ciel de janvier, a flotté l'aigle
noir.

L'engin, lourd et trapu sur son affût
difforme,
Naguère vint ici de Toulon ou de Brest ;
Et, les vainqueurs étant gênés du poids
énorme,
Ce monstre est resté là, toujours braqué
sur l'est.

L'artilleur est un fils d'Alsace, et sa
patrie
Est, au nom des traités, territoire alle-
mand ;

Il est simple servant dans une batterie.
N'ayant plus de foyer, il reste au ré-
giment.

Mais, cette nuit, il est hanté de rêves
sombres,
Et son cœur, que l'espoir des combats
remuait,
Doute à présent. Il est seul, parmi les
décombres,
Entre ces murs criblés et ce canon muet.

Il songe à son pays, dans ce coin solitaire.
Hélas ! les jeunes gens émigrent de là-
bas ;
Ses parents sont trop vieux pour labourer
la terre,
Et leurs filles, ses sœurs, ne se marieront
pas.

La revanche promise, il n'y compte plus
guère ;
Combien de temps avant que nous nous
rebattions ?
Et déjà les Prussiens, prêts pour une
autre guerre,
Ceignent Metz et Strasbourg de nouveaux
bastions.

Tout lui rappelle ici les désastres célèbres.
Être proscrit, c'est plus qu'être orphelin
et veuf !
Ce drapeau qu'il entend craquer dans les
ténèbres,
Mieux vaut ne pas le voir, car c'est un
drapeau neuf.

Alors, pris d'une fièvre ardente, il re-
mercie
La consigne qui l'a près d'un canon
placé,
Et, comme fit, dit-on, l'empereur en
Russie,
Pose son front brûlant sur le bronze
glacé.

Tout à coup, le soldat tressaille et de-
vient pâle,
Car il vient de s'entendre appeler par son
nom ;
Et cette voix profonde et grave comme
un râle,
Cette voix qui lui parle, elle sort du
canon :

— Enfant, ne pleure pas. Espère et
sois patiente !
Ce vent qui vient souffler dans ma bouche
béante

M'arrive du côté du Rhin ;
Il me dit que là-bas l'on attend et l'on
　souffre,
Et c'est comme un écho d'Alsace qui
　s'engouffre
Et qui murmure en mon airain.

J'entends les moindres bruits que cet
　écho m'apporte.
Le vieux maître d'école a beau fermer sa
　porte
Et faire très-basse sa voix,
Devant les écoliers, palpitant d'espé-
　rance,
Il déroule, en parlant du cher pays de
　France,
　La vieille carte d'autrefois.

J'entends une chanson, qui n'est pas
　allemande,
Chez ce cabaretier qu'on mettrait à
　l'amende
　Si quelque patrouille passait ;
Et voilà des volets qu'on ferait bien de
　clore,
Si l'on veut conserver ce haillon tricolore
Que tout à l'heure on embrassait.

J'entends un cri d'horreur s'échapper de
　la bouche
Du paysan lorrain qui s'arrête, farouche,
En découvrant dans son sillon
Une tête de mort à l'effroyable rire,
Et ramasse un bouton tout rouillé, pour
　y lire
　Le numéro d'un bataillon.

La prière de l'humble enfant qui s'age-
　nouille,
Le soupir de la vierge auprès de sa que-
　nouille,
　Et les sanglots intermittents
Des vieux parents en deuil et de la
　pauvre veuve,
Toutes ces faibles voix gémissant dans
　l'épreuve,
　Je les entends, je les entends !

Et toi, tu douterais, quand nul ne dés-
　espère
Dans le pays natal où sont encor ton
　père,
　Ta mère et tes deux jeunes sœurs ?
Cette nation-ci, souviens-toi donc, est
　celle
De Bertrand du Guesclin, de Jeanne la
　Pucelle,
　Et chasse ses envahisseurs.

Jadis la guerre sainte a duré cent années ;
Des générations furent exterminées ;
　Paris sous l'étranger trembla ;
Anglais et Jacquerie à la fois, double
　tâche ;
Charles six était fou, Charles cinq était
　lâche ;
　Vois. Les Anglais ne sont plus là.

Ces Allemands fuiront aussi. — Quand ?
　Je l'ignore.
Mais, un jour, du côté que je menace
　encore,
　Vers ceux-là que nous haïssons,
Je vous verrai partir, pour ravoir vos
　villages,
Alsaciens, Lorrains, au trot des attelages
　Et secoués par les caissons.

Vous traînerez alors ces canons de cam-
　pagne
Qui franchissent le pont et grimpent la
　montagne,
　Dorés au soleil radieux ;
Et moi, le temoin noir et triste des dé-
　faites,
Je ne pourrai vous suivre à ces lointaines
　fêtes ;
　Je suis trop lourd, je suis trop vieux.

Mais je pourrai du moins, vieux dogue,
　aux Invalides,
Annoncer à Paris vos marches intrépides
　Avec mon aboi triomphant.
— De créer des héros la France n'est pas
　lasse ;
Et le simple soldat qui dort sur ma
　culasse
　Est peut-être Turenne enfant.

LA CHAUMIÈRE INCENDIÉE.

FRANÇOIS COPPÉE. 1874.

FLÉAU rapide et qui dévore,
La bataille a passé par là,
Et la vieille maison brûla ;
Regardez, cela fume encore.

Quelques images d'Épinal,
Un fusil sur la cheminée ;
C'était la chaumière obstinée,
Le vieux logis national.

Au seuil rugueux où l'on trébuche,
Il fallait se baisser un peu ;

Mais la soupe était sur le feu
Et le pain était dans la huche.

C'était bien sombre et bien petit,
Avec un toit de paille chauve,
Mais abritant sous l'humble alcôve
Un berceau tout près d'un grand lit.

L'araignée aux grises dentelles
Habitait le plafond obscur ;
Mais les trous nombreux du vieux mur
Étaient connus des hirondelles.

L'été, sur la porte, et l'hiver,
Près du foyer plein de lumière,
Les habitants de la chaumière
Étaient encore heureux hier.

C'était l'abri contre l'orage ;
Là, les enfants avaient grandi ;
L'aïeul se chauffait à midi
Sur le banc qu'une treille ombrage.

Et l'on parlait naïvement
De choisir une brave fille
Pour le frère de la famille
Qui revenait du régiment.

—Maintenant, c'est après la guerre,
Après ces Allemands damnés ;
Et ces pans de murs calcinés
Furent cette maison naguère.

L'aïeul aujourd'hui tend la main,
Lui qui, n'étant pourtant pas riche,
Coupait largement dans la miche
Pour tous les pauvres du chemin.

L'homme travaille dans les fermes,
Et sa femme et ses deux petits
Pleurent dans un affreux taudis
Dont il ne peut payer les termes.

Le frère, soldat inconnu,
Qu'on a repris pour la campagne,
Du fond de la froide Allemagne
N'est, hélas ! jamais revenu.

—Mais, puisque dans la noble France
Il fut toujours, il reste encor,
Sou, pièce blanche ou louis d'or,
Une obole pour la souffrance,

Au nom du douloureux passé,
Donnez tous, donnez tout de suite,
Donnez pour la maison détruite
Et pour le berceau renversé.

À UN SOUS-LIEUTENANT.

FRANÇOIS COPPÉE. 1874.

Vous portez, mon bel officier,
Avec une grâce parfaite,
Votre sabre à garde d'acier ;
Mais je songe à notre défaite.

Cette pelisse de drap fin
Dessine à ravir votre taille ;
Vous êtes charmant ; mais enfin
Nous avons perdu la bataille.

On lit votre intrépidité
Dans vos yeux noirs aux sourcils minces.
Aucun mal d'être bien ganté !
Mais on nous a pris deux provinces.

À votre âge, on est toujours fier
D'un peu de passementerie ;
Mais, voyez-vous, c'était hier
Qu'on mutilait notre patrie.

Mon lieutenant, je ne sais pas
Si le soir, un doigt sur la tempe,
Tenant le livre ou le compas,
Vous veillez tard près de la lampe.

Vos soldats sont-ils vos enfants ?
Êtes-vous leur chef et leur père ?
Je veux le croire et me défends
D'un doute qui me désespère.

Tout galonné, sur le chemin,
Pensez-vous à la délivrance ?
—Jeune homme, donne-moi la main ;
Crions un peu : Vive la France !

MORAL AND CONTEMPLATIVE.

LA JUSTICE.

BOILEAU-DESPRÉAUX. 1693.

DANS le monde il n'est rien de beau
    que l'équité :
Sans elle la valeur, la force, la bonté,
Et toutes les vertus dont s'éblouit la
    terre,
Ne sont que faux brillants, et que mor-
    ceaux de verre.
Un injuste guerrier,[1] terreur de l'univers,
Qui, sans sujet, courant chez cent peu-
    ples divers,
S'en va tout ravager jusqu'aux rives du
    Gange,
N'est qu'un plus grand voleur que du
    Terte et Saint-Ange.[2]
Du premier des Césars on vante les ex-
    ploits ;
Mais dans quel tribunal, jugé suivant
    les lois,
Eût-il pu disculper son injuste manie !
Qu'on livre son pareil en France à la
    Reynie,[3]
Dans trois jours nous verrons le phénix
    des guerriers

[1] "Alexandre." — BOILEAU.
[2] "Deux fameux voleurs de grands chemins.
Ils ont péri sur la roue." — BOILEAU.
[3] "Célèbre lieutenant de police de Paris." —
BOILEAU.
"Gabriel-Nicolas de La Reynie était né à
Limoges en 1625. Il fut pourvu de la charge
de maître des requêtes en 1661. Six ans après,
le roi voulant établir un bon ordre dans la ville
de Paris, ôta la police au lieutenant civil et
créa une charge de lieutenant de police dont
M. de la Reynie fut pourvu en 1667. En 1680,
le roi recompensa ses services dans cette charge
d'un brevet de conseiller d'État ordinaire. Il
mourut le 14 juin 1706, âgé de quatre-vingt-un
ans. Il avait été l'un des commissaires de la
chambre ardente établie à l'Arsenal pour la
recherche des personnes accusées de sortilége
et de poison." — SAINT-MARC.

Laisser sur l'échafaud sa tête et ses lau-
    riers.[1]
C'est d'un roi[2] que l'on tient cette
    maxime auguste,
Que jamais on n'est grand qu'autant que
    l'on est juste.
Rassemblez à la fois Mithridate et Sylla ;
Joignez-y Tamerlan, Genséric, Attila :
Tous ces fiers conquérants, rois, princes,
    capitaines,
Sont moins grands à mes yeux que ce
    bourgeois d'Athènes[3]
Qui sut, pour tous exploits, doux, mo-
    déré, frugal,
Toujours vers la justice aller d'un pas
    égal.
Oui, la justice en nous est la vertu
    qui brille :
Il faut de ses couleurs qu'ici-bas tout
    s'habille ;
Dans un mortel chéri, tout injuste qu'il
    est,
C'est quelque air d'équité qui séduit et
    qui plaît.
A cet unique appas l'âme est vraiment
    sensible :
Même aux yeux de l'injuste un injuste
    est horrible ;
Et tel qui n'admet point la probité chez
    lui
Souvent à la rigueur l'exige chez autrui.
Disons plus : il n'est point d'âme livrée
    au vice
Où l'on ne trouve encor des traces de
    justice.
Chacun de l'équité ne fait pas son flam-
    beau ;

[1] Boileau s'est souvenu ici de la réponse
qu'un pirate fit à Alexandre, qui lui reprochait
sa condition : "Je suis un pirate, dit-il, parce
que je n'ai qu'un vaisseau ; si j'avais une armée
navale, je serais un conquérant."
[2] "Agésilas, roi de Sparte." — BOILEAU.
[3] "Socrate." — BOILEAU.

Tout n'est pas Caumartin, Bignon, ni
Daguesseau [1]
Mais jusqu'en ces pays où tout vit de
pillage,
Chez l'Arabe et le Scythe, elle est de
quelque usage ;
Et du butin, acquis en violant les lois,
C'est elle entre eux qui fait le partage et
le choix.
Mais allons voir le vrai jusqu'en sa
source même.
Un dévot aux yeux creux, et d'abstinence
blême,
S'il n'a point le cœur juste, est affreux
devant Dieu.
L'Évangile au chrétien ne dit en aucun
lieu :
Sois dévot : elle [2] dit : Sois doux, simple,
équitable.
Car d'un dévot souvent au chrétien véri-
table
La distance est deux fois plus longue, à
mon avis,
Que du pôle antarctique au détroit de
Davis. [3]
Encor par ce dévot ne crois pas que j'en-
tende
Tartufe, ou Molinos et sa mystique
bande :
J'entends un faux chrétien, mal instruit,
mal guidé,
Et qui de l'Évangile en vain persuadé,
N'en a jamais conçu l'esprit ni la justice,
Un chrétien qui s'en sert pour disculper
le vice ;

Qui toujours près des grands, qu'il prend
soin d'abuser,
Sur leurs foibles honteux sait les auto-
riser,
Et croit pouvoir au ciel, par ses folles
maximes,
Avec le sacrement faire entrer tous les
crimes.
Des faux dévots pour moi voilà le vrai
héros. [1]

À MON JARDINIER. [2]

BOILEAU-DESPRÉAUX. 1695.

LE TRAVAIL.

LABORIEUX valet du plus commode
maître
Qui pour te rendre heureux ici-bas pou-
voit naître,
Antoine, [3] gouverneur de mon jardin d'Au-
teuil,
Qui diriges chez moi l'if et le chèvrefeuil,
Et sur mes espaliers, industrieux génie,
Sais si bien exercer l'art de la Quintinie ; [4]

[1] " Urbain-Louis Le Febvre de Caumartin,
conseiller d'État, intendant des finances, mort
sous-doyen du conseil le 2 septembre 1720, âgé
de soixante-sept ans." — SAINT-MARC.
"Jean-Paul Bignon, abbé de Saint-Quentin,
doyen de l'église collégiale de Saint-Germain-
l'Auxerrois, l'un des quarante de l'Académie
française depuis 1693, et ancien président des
deux Académies des sciences et des inscriptions,
bibliothécaire du roi et doyen des conseillers
d'État, mourut dans sa maison de l'Isle-Belle
sous Mantes, le 14 mars 1743, dans sa quatre-
vingt-unième année." — SAINT-MARC.
Henri-François Daguesseau, né à Limoges en
1668, avocat général en 1668, puis procureur
général, et en 1717, chancelier de France, mort
à Auteuil en 1751.
[2] " Boileau est le seul poëte qui ait jamais
fait évangile féminin. On ne dit point la sainte
Évangile, mais le saint Évangile. Ces inadver-
tances échappent aux meilleurs écrivains. Il
n'y a que des pédants qui en triomphent. Il est
aisé de mettre à la place

" Sois dévot, mais il dit, etc." — VOLTAIRE.

[3] " Détroit sous le pôle arctique près de la
nouvelle Zemble." — BOILEAU.

[1] " L'usage nous fait voir une distinction
énorme entre la dévotion et la conscience." —
MONTAIGNE.
[2] M. Despréaux, travaillant à son Ode sur la
prise de Namur, se promenait dans les allées de
son jardin d'Auteuil. Il tâchait d'exciter son
feu, et s'abandonnait à l'enthousiasme. Un
jour il s'aperçut que son jardinier l'écoutait et
l'observait au travers des feuillages. Le jardi-
nier surpris ne savait à quoi attribuer les trans-
ports de son maître, et peu s'en fallut qu'il ne
le soupçonnât d'avoir perdu l'esprit. Les pos-
tures que le jardinier faisait de son côté, et qui
marquaient son étonnement, parurent fort plai-
santes au maître, de sorte qu'ils se donnèrent
quelque temps la comédie l'un à l'autre, sans s'en
apercevoir. Cela fit naître à M. Despréaux l'en-
vie de composer son Épître XI. — Note de l'édi-
tion de 1775.
[3] Ce jardinier s'appelait Antoine Riquet ou
Riquié ; il est mort en 1749. Il était déjà dans
la maison d'Auteuil lorsque Boileau acheta cette
propriété en 1685. Le poëte le garda toujours
à son service.
[4] " Célèbre directeur des jardins du roi." —
BOILEAU.
La Quintinie (Jean de), né en 1626 à Chaba-
nais, dans l'Angoumois, mort à Versailles en
1688, voyagea en Italie où il apprit la théorie de
l'agriculture et du jardinage. De retour en
France, il y fit des expériences qui le firent con-
naître, et il ne tarda pas à être appelé par Louis
XIV. à Versailles pour prendre soin des jardins
de cette résidence. Il y montra un génie et une
habileté qui lui valurent d'éclatantes preuves de
la gratitude du monarque et qui lui ont mérité
d'être compté parmi les personnages illustres
du grand siècle. On lui doit : Instruction po---

Oh ! que de mon esprit triste et mal
    ordonné,
Ainsi que de ce champ par toi si bien
    orné,
Ne puis-je faire ôter les ronces, les épines,
Et des défauts sans nombre arracher les
    racines !
Mais parle : raisonnons. Quand, du
    matin au soir,
Chez moi poussant la bêche, ou portant
    l'arrosoir,
Tu fais d'un sable aride une terre fertile,
Et rends tout mon jardin à tes lois si
    docile ;
Que dis-tu de m'y voir rêveur, capricieux,
Tantôt baissant le front, tantôt levant les
    yeux,
De paroles dans l'air par élans envolées
Effrayer les oiseaux perchés dans mes
    allées ?
Ne soupçonnes-tu point qu'agité du dé-
    mon,
Ainsi que ce cousin[1] des quatre fils Aimon
Dont tu lis quelquefois la merveilleuse
    histoire,
Je rumine en marchant quelque endroit
    du grimoire ?
Mais non : tu te souviens qu'au village
    on t'a dit
Que ton maître est nommé pour coucher
    par écrit
Les faits d'un roi plus grand en sagesse,
    en vaillance,
Que Charlemagne aidé des douze pairs
    de France.
Tu crois qu'il y travaille, et qu'au long
    de ce mur
Peut-être en ce moment il prend Mons
    et Namur.
    Que penserois-tu donc, si l'on t'alloit
    apprendre
Que ce grand chroniqueur des gestes
    d'Alexandre,
Aujourd'hui méditant un projet tout
    nouveau,
S'agite, se démène, et s'use le cerveau,
Pour te faire à toi-même en rimes in-
    sensées
Un bizarre portrait de ses folles pensées ?
Mon maître, dirois-tu, passe pour un
    docteur,
Et parle quelquefois mieux qu'un prédi-
    cateur.

les jardins fruitiers et potagers, avec un *Traité
des orangers*, etc. 1690, 2 vol. in 4°. La meil-
leure édition est celle de 1730.
[1] "Maugis." — BOILEAU.

Sous ces arbres pourtant, de si vaines
    sornettes,
Il n'iroit point troubler la paix de ces
    fauvettes,
S'il lui falloit toujours, comme moi,
    s'exercer,
Labourer, couper, tondre, aplanir, pa-
    lisser,
Et, dans l'eau de ces puits sans relâche
    tirée,
De ce sable étancher la soif demesurée.
    Antoine, tu crois donc de nous deux,
    je le vois,
Que le plus occupé dans ce jardin c'est
    toi !
Oh ! que tu changerois d'avis et de lan-
    gage,
Si deux jours seulement, libre du jardi-
    nage,
Tout à coup devenu poëte et bel esprit,
Tu t'allois engager à polir un écrit
Qui dît, sans s'avilir, les plus petites
    choses ;
Fît, des plus secs chardons, des œillets
    et des roses ;
Et sût même aux discours de la rusticité
Donner de l'élégance et de la dignité ;
Un ouvrage, en un mot, qui, juste en
    tous ses termes,
Sût plaire à Daguesseau,[1] sût satisfaire
    Termes ;[2]
Sût, dis-je, contenter, en paroissant au
    jour,
Ce qu'ont d'esprits plus fins et la ville
    et la cour !
Bientôt de ce travail revenu sec et pâle,
Et le teint plus jauni que de vingt ans
    de hâle,
Tu dirois, reprenant ta pelle et ton râ-
    teau :
J'aime mieux mettre encor cent arpents
    au niveau,
Que d'aller follement, égaré dans les
    nues,
Me lasser à chercher des visions cor-
    nues,
Et, pour lier des mots si mal s'entr'ac-
    cordants,
Prendre dans ce jardin la lune avec les
    dents.

[1] "Alors avocat général (1698). — Et mainte-
nant procureur général." — BOILEAU, 1713.
Henri-François d'Aguesseau, acquit une
grande réputation par ses plaidoyers élo-
quents et les sages réformes qu'il fit adopter
dans la jurisprudence.
[2] Roger de Pardaillan de Gondrin, marquis
de Termes.

Approche donc, et viens ; qu'un pares-
 seux t'apprenne,
Antoine, ce que c'est que fatigue et que
 peine.
L'homme ici-bas, toujours inquiet et
 gêné,
Est, dans le repos même, au travail con-
 damné.
La fatigue l'y suit. C'est en vain qu'aux
 poëtes
Les neuf trompeuses sœurs dans leurs
 douces retraites
Promettent du repos sous leurs ombrages
 frais :
Dans ces tranquilles bois pour eux plantés
 exprès,
La cadence aussitôt, la rime, la césure,
La riche expression, la nombreuse me-
 sure,
Sorcières dont l'amour sait d'abord les
 charmer,
De fatigues sans fin viennent les consu-
 mer.
Sans cesse poursuivant ces fugitives fées,[1]
On voit sous les lauriers haleter les Or-
 phées.
Leur esprit toutefois se plaît dans son
 tourment,
Et se fait de sa peine un noble amuse-
 ment.
Mais je ne trouve point de fatigue si rude
Que l'ennuyeux loisir d'un mortel sans
 étude,
Qui, jamais ne sortant de sa stupidité,
Soutient, dans les langueurs de son
 oisiveté,
D'une lâche indolence esclave volontaire,
Le pénible fardeau de n'avoir rien à faire.
Vainement offusqué de ses pensers épais,
Loin du trouble et du bruit il croit trou-
 ver la paix ;
Dans le calme odieux de sa sombre pa-
 resse,
Tous les honteux plaisirs, enfants de la
 mollesse,
Usurpant sur son âme un absolu pouvoir,
De monstrueux désirs le viennent émou-
 voir,
Irritent de ses sens la fureur endormie,
Et le font le jouet de leur triste infamie.
Puis sur leurs pas soudain arrivent les
 remords ;

[1] "Les muses."—BOILEAU.
 "Si Boileau n'avertissait pas que ces *fées* sont
les *muses*, on pourrait croire qu'il s'agit encore des
sorcières dont il vient d'être parlé, et qui sont
*la cadence, la rime, la césure, la riche expression,
la mesure.*"—DAUNOU.

Et bientôt avec eux tous les fléaux du
 corps,
La pierre, la colique et les gouttes cru-
 elles ;
Guénaud, Rainsant, Brayer,[1] presque
 aussi tristes qu'elles,
Chez l'indigne mortel courent tous s'as-
 sembler,
De travaux douloureux le viennent acca-
 bler ;
Sur le duvet d'un lit, théâtre de ses
 gênes,
Lui font scier des rocs, lui font fendre
 des chênes,
Et le mettent au point d'envier ton em-
 ploi.
Reconnois donc, Antoine, et conclus avec
 moi,
Que la pauvreté mâle, active et vigi-
 lante,
Est, parmi les travaux, moins lasse et
 plus contente
Que la richesse oisive au sein des vo-
 luptés.
Je te vais sur cela prouver deux vérités :
L'une, que le travail, aux hommes néces-
 saire,
Fait leur félicité plutôt que leur misère ;
Et l'autre, qu'il n'est point de coupable
 en repos.[2]
C'est ce qu'il faut ici montrer en peu de
 mots.
Suis-moi donc. Mais je vois, sur ce dé-
 but de prône,
Que ta bouche déjà s'ouvre large d'une
 aune,
Et que, les yeux fermés, tu baisses le
 menton.
Ma foi, le plus sûr est de finir ce ser-
 mon.
Aussi bien j'aperçois ces melons qui t'at-
 tendent,
Et ces fleurs qui là-bas entre elles se de-
 mandent
S'il est fête au village, et pour quel saint
 nouveau
On les laisse aujourd'hui si longtemps
 manquer d'eau.[3]

[1] "Fameux médecins."—BOILEAU.

[2] "Et l'autre qu'en Dieu seul on trouve son repos."
Telle était la première manière, selon Bros-
sette.

[3] On raconte que le jésuite Bouhours, ayant
un jour rencontré le jardinier de Boileau, et lui
ayant dit : "N'est-il pas vrai que l'épître que
votre maître vous a adressée est la plus belle
qu'il ait faite ?" Antoine répondit : "Nenni-da,
c'est celle sur l'Amour de Dieu."

"TO BE OR NOT TO BE."

TRADUCTION.

VOLTAIRE. 1727.

DEMEURE : il faut choisir, et passer à
    l'instant
De la vie à la mort, et de l'être au néant :
Dieux cruels, s'il en est, éclairez mon
    courage.
Faut-il vieillir courbé sous la main qui
    m'outrage ;   •
Supporter ou finir mon malheur et mon
    sort ?
Qui suis-je, qui m'arrête ? et qu'est-ce
    que la mort ?
C'est la fin de nos maux, c'est mon
    unique asile ;
Après de longs transports, c'est un som-
    meil tranquille :
On s'endort, et tout meurt. Mais un
    affreux réveil
Doit succéder peut-être aux douceurs du
    sommeil.
On nous menace ; on dit que cette courte
    vie
De tourments éternels est aussitôt suivie.
O mort ! moment fatal ! affreuse éternité !
Tout cœur à ton seul nom se glace épou-
    vanté.
Eh ! qui pourrait sans toi supporter cette
    vie ;
De nos prêtres menteurs bénir l'hypo-
    crisie ;
D'une indigne maîtresse encenser les
    erreurs ;
Ramper sous un ministre, adorer ses
    hauteurs,
Et montrer les langueurs de son âme
    abattue
À des amis ingrats qui détournent la vue ?
La mort serait trop douce en ces extré-
    mités.
Mais le scrupule parle, et nous crie :
    " Arrêtez ! "
Il défend à nos mains cet heureux homi-
    cide,
Et d'un héros guerrier fait un chrétien
    timide.

LA MORT DE Mlle. LECOUVREUR,

CÉLÈBRE ACTRICE.

VOLTAIRE. 1730.

QUE vois-je ! quel objet ! Quoi ! ces lèvres
    charmantes,

Quoi ! ces yeux d'où partaient ces flammes
    éloquentes,
Éprouvent du trépas les livides hor-
    reurs !
Muses, Grâces, Amours, dont elle fut
    l'image,
O mes dieux et les siens, secourez votre
    ouvrage !
Que vois-je ! c'en est fait, je t'embrasse,
    et tu meurs !
Tu meurs ; on sait déjà cette affreuse
    nouvelle ;
Tous les cœurs sont émus de ma douleur
    mortelle.
J'entends de tous côtés les Beaux-Arts
    éperdus
S'écrier en pleurant : "Melpomène n'est
    plus ! "
Que direz-vous, race future,
Lorsque vous apprendrez la flétrissante
    injure
Qu'à ces Arts désolés font des hommes
    cruels ?
Ils privent de la sépulture[1]
Celle qui dans la Grèce aurait eu des
    autels.
Quand elle était au monde, ils soupiraient
    pour elle ;
Je les ai vus soumis, autour d'elle em-
    pressés :
Sitôt qu'elle n'est plus, elle est donc
    criminelle !
Elle a charmé le monde, et vous l'en
    punissez !
Non, ces bords désormais ne seront plus
    profanes ;
Ils contiennent ta cendre ; et ce triste
    tombeau,
Honoré par nos chants, consacré par tes
    mânes,
Est pour nous un temple nouveau !
Voilà mon Saint-Denys ; oui, c'est là
    que j'adore
Tes talents, ton esprit, tes grâces, tes
    appas :
Je les aimai vivants, je les encense encore
Malgré les horreurs du trépas,
Malgré l'erreur et les ingrats,
Que seuls de ce tombeau l'opprobre
    déshonore.
Ah ! verrai-je toujours ma faible nation,
Incertaine en ses vœux, flétrir ce qu'elle
    admire ;
Nos mœurs avec nos lois toujours se
    contredire ;

[1] Actors were not allowed to be buried in
consecrated ground. — J. P.

Et le Français volage endormi sous
   l'empire
   De la superstition ?
Quoi ! n'est-ce donc qu'en Angleterre
Que les mortels osent penser ?
O rivale d'Athène, ô Londre ! heureuse
   terre !
Ainsi que les tyrans vous avez su chasser
Les préjugés honteux qui vous livraient
   la guerre.
C'est là qu'on sait tout dire, et tout
   récompenser ;
Nul art n'est méprisé, tout succès a sa
   gloire ;
Le vainqueur de Tallard, le fils de la
   victoire,
Le sublime Dryden, et le sage Addison,
Et la charmante Ophils,[1] et l'immortel
   Newton,
Ont part au temple de mémoire :
Et Lecouvreur à Londre aurait eu des
   tombeaux
Parmi les beaux esprits, les rois, et les
   héros.
Quiconque a des talents à Londre est un
   grand homme.
L'abondance et la liberté
Ont, après deux mille ans, chez vous
   ressuscité
L'esprit de la Grèce et de Rome.
Des lauriers d'Apollon dans nos stériles
   champs
La feuille négligée est-elle donc flétrie ?
Dieux ! pourquoi mon pays n'est-il plus
   la patrie
Et de la gloire et des talents ?

DE LA LIBERTÉ.[2]

VOLTAIRE. 1734.

Dans le cours de nos ans, étroit et
   court passage,
Si le bonheur qu'on cherche est le prix
   du vrai sage,
Qui pourra me donner ce trésor pré-
   cieux ?
Dépend-il de moi-même ? est-ce un pré-
   sent des cieux ?

[1] "Illustre actrice anglaise (Anne Oldfield),
morte comme Mlle. Lecouvreur en 1730, et qui
fut enterrée à Westminster."—Voltaire.
[2] "On entend par ce mot Liberté le pouvoir de
faire ce qu'on veut. Il n'y a et ne peut y avoir
d'autre liberté. C'est pourquoi Locke l'a si
bien définie Puissance."—Voltaire.

Est-il comme l'esprit, la beauté, la nais-
   sance,
Partage indépendant de l'humaine pru-
   dence ?
Suis-je libre en effet ? ou mon âme et
   mon corps
Sont-ils d'un autre agent les aveugles
   ressorts ?
Enfin ma volonté, qui me meut, qui
   m'entraîne,
Dans le palais de l'âme est-elle esclave
   ou reine ?

Obscurément plongé dans ce doute
   cruel,
Mes yeux, chargés de pleurs, se tournaient
   vers le ciel.
Lorsqu'un de ces esprits que le souverain
   Être
Plaça près de son trône, et fit pour le
   connaître,
Qui respirent dans lui, qui brûlent de
   ses feux,
Descendit jusqu'à moi de la voûte des
   cieux ;
Car on voit quelquefois ces fils de la
   lumière
Éclairer d'un mondain l'âme simple et
   grossière,
Et fuir obstinément tout docteur orgueil-
   leux
Qui dans sa chaire assis pense être au-
   dessus d'eux,
Et, le cerveau troublé des vapeurs d'un
   système,
Prend ces brouillards épais pour le jour
   du ciel même.

"Écoute," me dit-il, prompt à me
   consoler,
"Ce que tu peux entendre et qu'on peut
   révéler.
J'ai pitié de ton trouble ; et ton âme
   sincère,
Puisqu'elle sait douter, mérite qu'on
   l'éclaire.
Oui, l'homme sur la terre est libre ainsi
   que moi :
C'est le plus beau présent de notre
   commun roi.
La liberté, qu'il donne à tout être qui
   pense,
Fait des moindres esprits et la vie et
   l'essence.
Qui conçoit, veut, agit, est libre en
   agissant :

C'est l'attribut divin de l'Être tout-
puissant ;
Il en fait un partage à ses enfants qu'il
aime ;
Nous sommes ses enfants, des ombres
de lui-même.
Il conçut, il voulut, et l'univers naquit :
Ainsi, lorsque tu veux, la matière obéit.
Souverain sur la terre, et roi par la
pensée,
Tu veux, et sous tes mains la nature est
forcée.
Tu commandes aux mers, au souffle des
zéphyrs,
À ta propre pensée, et même à tes désirs.
Ah ! sans la liberté, que seraient donc
nos âmes !
Mobiles agités par d'invisibles flammes,
Nos vœux, nos actions, nos plaisirs, nos
dégoûts,
De notre être, en un mot, rien ne serait
à nous :
D'un artisan suprême impuissantes ma-
chines,
Automates pensants, mus par des mains
divines,
Nous serions à jamais de mensonge
occupés,
Vils instruments d'un Dieu qui nous
aurait trompés.
Comment, sans liberté, serions-nous ses
images ?
Que lui reviendrait-il de ces brutes
ouvrages ?
On ne peut donc lui plaire, on ne peut
l'offenser ;
Il n'a rien à punir, rien à récompenser.
Dans les cieux, sur la terre il n'est plus
de justice.
Pucelle est sans vertu,[1] Desfontaines sans
vice :
Le destin nous entraîne à nos affreux
penchants,
Et ce chaos du monde est fait pour les
méchants.
L'oppresseur insolent, l'usurpateur avare,
Cartouche, Miriwits, ou tel autre bar-
bare,
Plus coupable enfin qu'eux, le calomnia-
teur
Dira : 'Je n'ai rien fait, Dieu seul en
est l'auteur ;

[1] "L'abbé Pucelle, célèbre conseiller au parle-
ment. L'abbé Desfontaines, homme souvent
repris de justice, qui tenait une boutique ou-
verte où il vendait des louanges et des satires."
—VOLTAIRE.

Ce n'est pas moi, c'est lui qui manque
à ma parole,
Qui frappe par mes mains, pille, brûle,
viole.'
C'est ainsi que le Dieu de justice et de
paix
Serait l'auteur du trouble et le dieu des
forfaits.
Les tristes partisans de ce dogme effroy-
able
Diraient-ils rien de plus s'ils adoraient
le diable ?"

J'étais à ce discours tel qu'un homme
enivré
Qui s'éveille en sursaut, d'un grand jour
éclairé,
Et dont la clignotante et débile paupière
Lui laisse encore à peine entrevoir la
lumière.
J'osai répondre enfin d'une timide voix :
"Interprète sacré des éternelles lois,
Pourquoi, si l'homme est libre, a-t-il
tant de faiblesse ?
Que lui sert le flambeau de sa vaine
sagesse ?
Il le suit, il s'égare ; et, toujours combattu,
Il embrasse le crime en aimant la vertu.
Pourquoi ce roi du monde, et si libre, et
si sage,
Subit-il si souvent un si dur esclavage ?"

L'esprit consolateur à ces mots ré-
pondit :
"Quelle douleur injuste accable ton
esprit !
La liberté, dis-tu, t'est quelquefois ravie :
Dieu te la devait-il immuable, infinie,
Égale en tout état, en tout temps, en
tout lieu ?
Tes destins sont d'un homme, et tes
vœux sont d'un Dieu.
Quoi ! dans cet océan cet atome qui
nage
Dira : 'L'immensité doit être mon par-
tage.'
Non ; tout est faible en toi, changeant
et limité,
Ta force, ton esprit, tes talents, ta beauté.
La nature en tout sens a des bornes
prescrites ;
Et le pouvoir humain serait seul sans
limites !
Mais, dis-moi, quand ton cœur, formé
de passions,
Se rend malgré lui-même à leurs impres-
sions,

Qu'il sent dans ses combats sa liberté
vaincue,
Tu l'avais donc en toi, puisque tu l'as
perdue.
Une fièvre brûlante, attaquant tes res-
sorts,
Vient à pas inégaux miner ton faible
corps :
Mais quoi ! par ce danger répandu sur
ta vie
Ta santé pour jamais n'est point ané-
antie ;
On te voit revenir des portes de la
mort
Plus ferme, plus content, plus tempé-
rant, plus fort.
Connais mieux l'heureux don que ton
chagrin réclame :
La liberté dans l'homme est la santé de
l'âme.
On la perd quelquefois ; la soif de la
grandeur,
La colère, l'orgueil, un amour suborneur,
D'un désir curieux les trompeuses sail-
lies,
Hélas ! combien le cœur a-t-il de mala-
dies !
Mais contre leurs assauts tu seras raf-
fermi :
Prends ce livre sensé, consulte cet ami
(Un ami, don du ciel, est le vrai bien du
sage) ;
Voilà l'Helvétius, le Silva, le Vernage,
Que le Dieu des humains, prompt à les
secourir,
Daigne leur envoyer sur le point de
périr.
Est-il un seul mortel de qui l'âme in-
sensée,
Quand il est en péril, ait une autre
pensée ?
Vois de la liberté cet ennemi mutin,
Aveugle partisan d'un aveugle destin :
Entends comme il consulte, approuve,
délibère ;
Entends de quel reproche il couvre un
adversaire ;
Vois comment d'un rival il cherche à se
venger,
Comme il punit son fils, et le veut corri-
ger.
Il le croyait donc libre ? Oui, sans doute,
et lui-même
Dément à chaque pas son funeste sys-
tème ;
Il mentait à son cœur en voulant expli-
quer

Ce dogme absurde à croire, absurde à
pratiquer :
Il reconnaît en lui le sentiment qu'il
brave ;
Il agit comme libre, et parle comme
esclave.
Sûr de ta liberté, rapporte à son au-
teur
Ce don que sa bonté te fit pour ton bon-
heur.
Commande à ta raison d'éviter ces que-
relles,
Des tyrans de l'esprit disputes immor-
telles ;
Ferme en tes sentiments et simple dans
ton cœur,
Aime la vérité, mais pardonne à l'er-
reur ;
Fuis les emportements d'un zèle atrabi-
laire ;
Ce mortel qui s'égare est un homme, est
ton frère :
Sois sage pour toi seul, compatissant
pour lui ;
Fais ton bonheur enfin par le bonheur
d'autrui."
Ainsi parlait la voix de ce sage su-
prême.
Ses discours m'élevaient au-dessus de
moi-même :
J'allais lui demander, indiscret dans mes
vœux,
Des secrets réservés pour les peuples des
cieux ;
Ce que c'est que l'esprit, l'espace, la
matière,
L'éternité, le temps, le ressort, la lu-
mière :
Étranges questions, qui confondent sou-
vent
Le profond s'Gravesande et le subtil
Mairan,
Et qu'expliquait en vain dans ses doctes
chimères
L'auteur des tourbillons, que l'on ne
croit plus guères.
Mais déjà, s'échappant à mon œil en-
chanté,
Il volait au séjour où luit la vérité.
Il n'était pas vers moi descendu pour
m'apprendre
Les secrets du Très-Haut, que je ne puis
comprendre ;
Mes yeux d'un plus grand jour auraient
été blessés :
Il m'a dit : "Sois heureux !" il m'en a
dit assez.

DE L'ENVIE.

VOLTAIRE. 1734.

Si l'homme est créé libre, il doit se
 gouverner ;
Si l'homme a des tyrans, il les doit
 détrôner.
On ne le sait que trop, ces tyrans sont
 les vices.
Le plus cruel de tous dans ses sombres
 caprices,
Le plus lâche à la fois et le plus
 acharné.
Qui plonge au fond du cœur un trait
 empoisonné,
Ce bourreau de l'esprit, quel est-il ? c'est
 l'envie.
L'orgueil lui donna l'être au sein de la
 folie ;
Rien ne peut l'adoucir, rien ne peut
 l'éclairer :
Quoique enfant de l'orgueil, il craint de
 se montrer.
Le mérite étranger est un poids qui
 l'accable :
Semblable à ce géant si connu dans la
 fable,
Triste ennemi des dieux, par les dieux
 écrasé,
Lançant en vain les feux dont il est
 embrasé ;
Il blasphème, il s'agite en sa prison pro-
 fonde ;
Il croit pouvoir donner des secousses au
 monde,
Il fait trembler l'Etna dont il est op-
 pressé :
L'Etna sur lui retombe, il en est ter-
 rassé.

J'ai vu des courtisans, ivres de fausse
 gloire,
Détester dans Villars l'éclat de la vic-
 toire.
Ils haïssaient le bras qui faisait leur
 appui ;
Il combattait pour eux, ils parlaient
 contre lui.
Ce héros eut raison quand, cherchant
 les batailles,
Il disait à Louis : " Je ne crains que
 Versailles ;
Contre vos ennemis je marche sans ef-
 froi :
Défendez-moi des miens ; ils sont près
 de mon roi."

L'ÉGALITÉ DES CONDITIONS.

VOLTAIRE. 1734.

Tu vois, sage Ariston, d'un œil d'in-
 différence
La grandeur tyrannique et la fière opu-
 lence ;
Tes yeux d'un faux éclat né sont point
 abusés.
Ce monde est un grand bal, où des fous
 déguisés,
Sous les risibles noms d'Éminence et
 d'Altesse,
Pensent enfler leur être et hausser leur
 bassesse.
En vain des vanités l'appareil nous sur-
 prend :
Les mortels sont égaux ; leur masque
 est différent.
Nos cinq sens imparfaits, donnés par la
 nature,
De nos biens, de nos maux sont la seule
 mesure.
Les rois en ont-ils six ? et leur âme et
 leur corps
Sont-ils d'une autre espèce, ont-ils d'au-
 tres ressorts ?
C'est du même limon que tous ont pris
 naissance :
Dans la même faiblesse ils traînent leur
 enfance ;
Et le riche et le pauvre, et le faible et le
 fort,
Vont tous également des douleurs à la
 mort.

" Eh quoi ! " me dira-t-on, "quelle er-
 reur est la vôtre'!
N'est-il aucun état plus fortuné qu'un
 autre ?
Le ciel a-t-il rangé les mortels au niveau ?
La femme d'un commis courbé sur son
 bureau
Vaut-elle une princesse auprès du trône
 assise ?
N'est-il pas plus plaisant pour tout
 homme d'Église
D'orner son front tondu d'un chapeau
 rouge ou vert,
Que d'aller, d'un vil froc obscurément
 couvert,
Recevoir à genoux, après laude ou matine,
De son prieur cloîtré vingt coups de
 discipline ?
Sous un triple mortier n'est-on pas plus
 heureux

Qu'un clerc enseveli dans un greffe pou-
dreux ?"
Non : Dieu serait injuste ; et la sage
nature
Dans ses dons partagés garde plus de
mesure.
Pense-t-on qu'ici-bas son aveugle faveur
Au char de la fortune attache le bonheur ?
Un jeune colonel a souvent l'impudence
De passer en plaisirs un maréchal de
France.
"Être heureux comme un roi," dit le
peuple hébété :
Hélas ! pour le bonheur que fait la
majesté ?
En vain sur ses grandeurs un monarque
s'appuie :
Il gémit quelquefois, et bien souvent
s'ennuie.
Son favori sur moi jette à peine un coup
d'œil.
Animal composé de bassesse et d'orgueil,
Accablé de dégoûts, en inspirant l'envie,
Tour à tour on t'encense et l'on te ca-
lomnie.
Parle ; qu'as-tu gagné dans la chambre
du roi ?
Un peu plus de flatteurs et d'ennemis
que moi.

Sur les énormes tours de notre Ob-
servatoire,
Un jour, en consultant leur céleste gri-
moire,
Des enfants d'Uranie un essaim curieux,
D'un tube de cent pieds braqué contre
les cieux,
Observait les secrets du monde plané-
taire.
Un rustre s'écria : "Ces sorciers ont
beau faire,
Les astres sont pour nous aussi bien que
pour eux."
On en peut dire autant du secret d'être
heureux :
Le simple, l'ignorant, pourvu d'un in-
stinct sage,
En est tout aussi près au fond de son
village
Que le fat important qui pense le tenir,
Et le triste savant qui croit le définer.

On dit qu'avant la boîte apportée à
Pandore
Nous étions tous égaux : nous le sommes
encore.
Avoir les mêmes droits à la félicité,

C'est pour nous la parfaite et seule égal-
ité.
Vois-tu dans ces vallons ces esclaves
champêtres
Qui creusent ces rochers, qui vont fendre
ces hêtres,
Qui détournent ces eaux, qui, la bêche
à la main,
Fertilisent la terre en déchirant son sein ?
Ils ne sont point formés sur le brillant
modèle
De ces pasteurs galants qu'a chantés
Fontenelle :
Ce n'est point Timarette et le tendre
Tyrcis,
De roses couronnés, sous des myrtes assis,
Entrelaçant leurs noms sur l'écorce des
chênes,
Vantant avec esprit leurs plaisirs et leurs
peines ;
C'est Pierrot, c'est Colin, dont le bras
vigoureux
Soulève un char tremblant dans un fossé
bourbeux ;
Perrette au point du jour est aux champs
la première.
Je les vois, haletants et couverts de pous-
sière,
Braver, dans ces travaux chaque jour
répétés,
Et le froid des hivers, et le feu des étés.
Ils chantent cependant ; leur voix fausse
et rustique
Gaiement de Pellegrin détonne un vieux
cantique.
La paix, le doux sommeil, la force, la
santé,
Sont le fruit de leur peine et de leur
pauvreté.

LA RELIGION NATURELLE.

VOLTAIRE. 1737.

L'UNIVERS est un temple où siége
l'Éternel.
Là chaque homme à son gré veut bâtir
un autel.
Chacun vante sa foi, ses saints et ses
miracles,
Le sang de ses martyrs, la voix de ses
oracles.
L'un pense, en se lavant cinq ou six fois
par jour,
Que le ciel voit ses bains d'un regard
plein d'amour,

Et qu'avec un prépuce on ne saurait lui
  plaire ;
L'autre a du dieu Brama désarmé la
  colère,
Et, pour s'être abstenu de manger du
  lapin,
Voit le ciel entr'ouvert, et des plaisirs
  sans fin.
Tous traitent leurs voisins d'impurs et
  d'infidèles :
Des chrétiens divisés les infâmes querelles
Ont, au nom du Seigneur, apporté plus
  de maux,
Répandu plus de sang, creusé plus de
  tombeaux,
Que le prétexte vain d'une utile balance
N'a désolé jamais l'Allemagne et la
  France.

Un doux inquisiteur, un crucifix en
  main,
Au feu, par charité, fait jeter son pro-
  chain,
Et, pleurant avec lui d'une fin si tragique,
Prend, pour s'en consoler, son argent
  qu'il s'applique ;
Tandis que, de la grâce ardent à se
  toucher,
Le peuple, en louant Dieu, danse autour
  du bûcher.
On vit plus d'une fois, dans une sainte
  ivresse,
Plus d'un bon catholique, au sortir de la
  messe,
Courant sur son voisin pour l'honneur
  de la foi,
Lui crier : " Meurs, impie, ou pense
  comme moi."
Calvin et ses suppôts, guettés par la
  justice,
Dans Paris, en peinture, allèrent au
  supplice.
Servet fut en personne immolé par Calvin.
Si Servet dans Genève eût été souverain,
Il eût, pour argument contre ses adver-
  saires,
Fait serrer d'un lacet le cou des trini-
  taires.
Ainsi d'Arminius les ennemis nouveaux
En Flandre étaient martyrs, en Hollande
  bourreaux.

D'où vient que, deux cents ans, cette
  pieuse rage
De nos aïeux grossiers fut l'horrible par-
  tage ?
C'est que de la nature on étouffa la voix ;

C'est qu'à sa loi sacrée on ajouta des lois ;
C'est que l'homme, amoureux de son sot
  esclavage,
Fit, dans ses préjugés, Dieu même à son
  image.
Nous l'avons fait injuste, emporté, vain,
  jaloux,
Séducteur, inconstant, barbare comme
  nous.

Enfin, grâce en nos jours à la philoso-
  phie,
Qui de l'Europe au moins éclaire une
  partie,
Les mortels, plus instruits, en sont
  moins inhumains ;
Le fer est émoussé, les bûchers sont
  éteints.
Mais si le fanatisme était encor le maître,
Que ces feux étouffés seraient prompts à
  renaître !
On s'est fait, il est vrai, le généreux ef-
  fort
D'envoyer moins souvent ses frères à
  la mort ;
On brûle moins d'Hébreux dans les murs
  de Lisbonne :
Et même le mouphti, qui rarement rai-
  sonne,
Ne dit plus aux chrétiens que le sultan
  soumet :
"Renonce au vin, barbare, et crois à
  Mahomet "
Mais du beau nom de chien ce mouphti
  nous honore ;
Dans le fond des enfers il nous envoie
  encore.
Nous le lui rendons bien : nous damnons
  à la fois
Le peuple circoncis, vainqueur de tant
  de rois,
Londres, Berlin, Stockholm et Genève ;
  et vous-même
Vous êtes, ô grand roi, compris dans
  l'anathème.
En vain, par des bienfaits signalant vos
  beaux jours
À l'humaine raison vous donnez des se-
  cours,
Aux beaux-arts des palais, aux pauvres
  des asiles :
Vous peuplez les déserts, vous les rendez
  fertiles ;
De fort savants esprits jurent sur leur
  salut
Que vous êtes sur terre un fils de Belzé-
  but.

Les vertus des païens étaient, dit-on,
des crimes.
Rigueur impitoyable ! odieuses maximes !
Gazetier clandestin dont la plate âcreté
Damne le genre humain de pleine au-
torité,
Tu vois d'un œil ravi les mortels, tes
semblables,
Pétris des mains de Dieu pour le plaisir
des diables.
N'es-tu pas satisfait de condamner au
feu
Nos meilleurs citoyens, Montaigne et
Montesquieu ;
Penses-tu que Socrate et le juste Aristide,
Solon, qui fut des Grecs et l'exemple et
le guide ;
Penses-tu que Trajan, Marc-Aurèle, Titus,
Noms chéris, noms sacrés, que tu n'as
jamais lus,
Aux fureurs des démons sont livrés en
partage,
Par le Dieu bienfaisant dont ils étaient
l'image ;
Et que tu seras, toi, de rayons couronné,
D'un chœur de chérubins au ciel envi-
ronné,
Pour avoir quelque temps, chargé d'une
besace,
Dormi dans l'ignorance et croupi dans
la crasse ?
Sois sauvé, j'y consens : mais l'immortel
Newton,
Mais le savant Leibnitz, et le sage Ad-
dison,
Et ce Locke, en un mot, dont la main
courageuse
A de l'esprit humain posé la borne heu-
reuse ;
Ces esprits qui semblaient de Dieu même
éclairés,
Dans des feux éternels seront-ils dévo-
rés ?
Porte un arrêt plus doux, prends un ton
plus modeste,
Ami ; ne préviens point le jugement
céleste ;
Respecte ces mortels, pardonne à leur
vertu :
Ils ne t'ont point damné, pourquoi les
damnes-tu ?
À la religion discrètement fidèle,
Sois doux, compatissant, sage, indulgent,
comme elle ;
Et sans noyer autrui songe à gagner le
port :
La clémence a raison, et la colère a tort.

Dans nos jours passagers de peines, de
misères,
Enfants du même Dieu, vivons au moins
en frères ;
Aidons-nous l'un et l'autre à porter nos
fardeaux ;
Nous marchons tous courbés sous le
poids de nos maux ;
Mille ennemis cruels assiégent notre
vie,
Toujours par nous maudite, et toujours
si chérie ;
Notre cœur égaré, sans guide et sans
appui,
Est brûlé de désirs, ou glacé par l'ennui ;
Nul de nous n'a vécu sans connaître les
larmes.
De la société les secourables charmes
Consolent nos douleurs, au moins quel-
ques instants :
Remède encor trop faible à des maux si
constants.
Ah ! n'empoisonnons pas la douceur qui
nous reste.
Je crois voir des forçats dans un cachot
funeste,
Se pouvant secourir, l'un sur l'autre
acharnés,
Combattre avec les fers dont ils sont en-
chaînés.

SUR LA VRAIE VERTU.

VOLTAIRE. 1737.

Le nom de la vertu retentit sur la
terre ;
On l'entend au théâtre, au barreau, dans
la chaire ;
Jusqu'au milieu des cours il parvient
quelquefois ;
Il s'est même glissé dans les traités des
rois.
C'est un beau mot sans doute, et qu'on
se plaît d'entendre,
Facile à prononcer, difficile à compren-
dre :
On trompe, on est trompé. Je crois voir
des jetons
Donnés, reçus, rendus, troqués par des
fripons ;
Ou bien ces faux billets, vains enfants
du système
De ce fou d'Écossais qui se dupa lui-
même.

Qu'est-ce que la vertu ? Le meilleur
   citoyen,
Brutus, se repentit d'être un homme de
   bien :
"La vertu," disait-il, "est un nom sans
   substance."

L'école de Zénon, dans sa fière igno-
   rance,
Prit jadis pour vertu l'insensibilité.
Dans les champs levantins le derviche
   hébété,
L'œil au ciel, les bras hauts, et l'esprit
   en prières,
Du Seigneur en dansant invoque les lu-
   mières,
Et tournant dans un cercle au nom de
   Mahomet,
Croit de la vertu même atteindre le som-
   met.

Les reins ceints d'un cordon, l'œil
   armé d'impudence,
Un ermite à sandale, engraissé d'igno-
   rance,
Parlant du nez à Dieu, chante au dos
   d'un lutrin
Cent cantiques hébreux mis en mauvais
   latin.
Le ciel puisse bénir sa piété profonde !
Mais quel en est le fruit ? quel bien fait-
   il au monde ?
Malgré la sainteté de son auguste em-
   ploi,
C'est n'être bon à rien de n'être bon
   qu'à soi.

Quand l'ennemi divin des scribes et
   des prêtres
Chez Pilate autrefois fut traîné par des
   traîtres,
De cet air insolent qu'on nomme dignité,
Le Romain demanda : "Qu'est-ce que la
   vérité ?"
L'homme-Dieu, qui pouvait l'instruire
   ou le confondre,
À ce juge orgueilleux dédaigna de ré-
   pondre :
Son silence éloquent disait assez à tous
Que ce vrai tant cherché ne fut point
   fait pour nous.
Mais lorsque, pénétré d'une ardeur in-
   génue,
Un simple citoyen l'aborda dans la rue,
Et que, disciple sage, il prétendit savoir
   el est l'état de l'homme, et quel est
   son devoir ;

Sur ce grand intérêt, sur ce point qui
   nous touche,
Celui qui savait tout ouvrit alors la
   bouche ;
Et, dictant d'un seul mot ses décrets so-
   lennels,
"Aimez Dieu," lui dit-il, "mais aimez
   les mortels."
Voilà l'homme et sa loi, c'est assez : le
   ciel même
A daigné tout nous dire en ordonnant
   qu'on aime.
Le monde est médisant, vain, léger, en-
   vieux ;
Le fuir est très bien fait, le servir encor
   mieux :
À sa famille, aux siens, je veux qu'on
   soit utile.

Où vas-tu loin de moi, fanatique indo-
   cile ?
Pourquoi ce teint jauni, ces regards
   effarés,
Ces élans convulsifs, et ces pas égarés ?
Contre un siècle indévot plein d'une
   sainte rage,
Tu cours chez ta béate à son cinquième
   étage :
Quelques saints possédés dans cet hon-
   nête lieu
Jurent, tordent les mains, en l'honneur
   du bon Dieu :
Sur leurs tréteaux montés, ils rendent
   des oracles ;
Prédisent le passé, font cent autres mi-
   racles ;
L'aveugle y vient pour voir, et, des deux
   yeux privé,
Retourne aux Quinze-vingts marmottant
   son *Ave* ;
Le boiteux saute et tombe, et sa sainte
   famille
Le ramène en chantant, porté sur sa
   béquille ;
Le sourd au front stupide écoute, et
   n'entend rien ;
D'aise alors tout pâmés, de pauvres gens
   de bien,
Qu'un sot voisin bénit, et qu'un fourbe
   seconde,
Aux filles du quartier prêchent la fin du
   monde.

Je sais que ce mystère a de nobles
   appas ;
Les saints ont des plaisirs que je ne con-
   nais pas.

Les miracles sont bons ; mais soulager
    son frère,
Mais tirer son ami du sein de la misère,
Mais à ses ennemis pardonner leurs vertus,
C'est un plus grand miracle, et qui ne se
    fait plus.

  Ce magistrat, dit-on, est sévère, in-
    flexible ;
Rien n'amollit jamais sa grande âme in-
    sensible.
J'entends : il fait haïr sa place et son
    pouvoir ;
Il fait des malheureux par zèle et par
    devoir :
Mais l'a-t-on jamais vu, sans qu'on le
    sollicite,
Courir d'un air affable au-devant du
    mérite,
Le choisir dans la foule, et donner son
    appui
À l'honnête homme obscur qui se tait
    devant lui ?
De quelques criminels il aura fait justice!
C'est peu d'être équitable, il faut rendre
    service ;
Le juste est bienfaisant. On conte qu'au-
    trefois
Le ministre odieux d'un de nos meilleurs
    rois
Lui disait en ces mots son avis despotique :
"Timante est en secret bien mauvais
    catholique,
On a trouvé chez lui la Bible de Calvin ;
A ce funeste excès vous devez mettre un
    frein :
Il faut qu'on l'emprisonne, ou du moins
    qu'on l'exile."
"Comme vous," dit le roi, " Timante
    m'est utile.
Vous m'apprenez assez quels sont ses
    attentats ;
Il m'a donné son sang, et vous n'en par-
    lez pas ! "
De ce roi bienfaisant la prudence équitable
Peint mieux que vingt sermons la vertu
    véritable.

Du nom de vertueux seriez-vous honoré,
Doux et discret Cyrus, en vous seul con-
    centré,
Prêchant le sentiment, vous bornant à
    séduire,
Trop faible pour servir, trop paresseux
    pour nuire,
Honnête homme indolent, qui, dans un
    doux loisir,

Loin du mal et du bien, vivez pour le
    plaisir ?
Non ; je donne ce titre au cœur tendre
    et sublime
Qui soutient hardiment son ami qu'on
    opprime.
Il t'était dû sans doute, éloquent Pel-
    lisson,
Qui défendis Fouquet du fond de ta
    prison.
Je te rends grâce, ô ciel, dont la bonté
    propice
M'accorda des amis dans les temps d'in-
    justice,
Des amis courageux, dont la mâle vigueur
Repoussa les assauts du calomniateur,
Du fanatisme ardent, du ténébreux Zoïle,
Du ministre abusé par leur troupe imbé-
    cile,
Et des petits tyrans, bouffis de vanité,
Dont mon indépendance irritait la fierté.
Oui, pendant quarante ans poursuivi par
    l'envie,
Des amis vertueux ont consolé ma vie.
J'ai mérité leur zèle et leur fidélité ;
J'ai fait quelques ingrats, et ne l'ai point
    été.

  Certain législateur, dont la plume fé-
    conde
Fit tant de vains projets pour le bien de
    ce monde,
Et qui depuis trente ans écrit pour des
    ingrats,
Vient de créer un mot qui manque à
    Vaugelas :
Ce mot est *bienfaisance :* il me plaît ; il
    rassemble,
Si le cœur en est cru, bien des vertus
    ensemble.
Petits grammairiens, grands précepteurs
    des sots,
Qui pesez la parole et mesurez les mots,
Pareille expression vous semble hasardée;
Mais l'univers entier doit en chérir l'idée.

AU ROI DE PRUSSE

SUR SON AVÉNEMENT AU TRONE.

VOLTAIRE. 1740.

Est-ce aujourd'hui le jour le plus beau
    de ma vie ?
Ne me trompe-je point dans un espoir si
    doux ?

Vous régnez.   Est-il vrai que la philoso-
    phie
Va régner avec vous ?

Fuyez loin de son trône, imposteurs fa-
    natiques,
Vils tyrans des esprits, sombres persé-
    cuteurs,
Vous dont l'âme implacable et les mains
    frénétiques
Ont tramé tant d'horreurs.

Quoi ! je t'entends encore, absurde Ca-
    lomnie !
C'est toi, monstre inhumain, c'est toi qui
    poursuivis
Et Descartes, et Bayle, et ce puissant
    génie [1]
Successeur de Leibnitz.

Tu prenais sur l'autel un glaive qu'on
    révère,
Pour frapper saintement les plus sages
    humains.
Mon roi va te percer du fer que le vulgaire
    Adorait dans tes mains.

Il te frappe, tu meurs ; il venge notre
    injure ;
La vérité renaît, l'erreur s'évanouit ;
La terre élève au ciel une voix libre et
    pure ;
Le ciel se réjouit.

Et vous, de Borgia détestables maximes,
Science d'être injuste à la faveur des lois,
Art d'opprimer la terre, art malheureux
    des crimes,
Qu'on nomme l'art des rois ;

Périssent à jamais vos leçons tyran-
    niques !
Le crime est trop facile, il est trop dan-
    gereux.
Un esprit faible est fourbe ; et les grands
    politiques
Sont les cœurs généreux.

Ouvrons du monde entier les annales
    fidèles,
Voyons-y les tyrans, ils sont tous mal-
    heureux ;
Les foudres qu'ils portaient dans leurs
    mains criminelles
Sont retombés sur eux.

[1] Wolff, chancelier de l'université de Halle.
Il fut chassé, sur la dénonciation d'un théolo-
gien, et rétabli ensuite. — V.

Ils sont morts dans l'opprobre, ils sont
    morts dans la rage ;
Mais Antonin, Trajan, Marc-Aurèle,
    Titus,
Ont eu des jours sereins, sans nuit et sans
    orage,
Purs comme leurs vertus.

Tout siècle eut ses guerriers ; tout peuple
    a dans la guerre
Signalé des exploits par le sage ignorés.
Cent rois que l'on méprise ont ravagé la
    terre :
Régnez, et l'éclairez.

On a vu trop longtemps l'orgueilleuse
    ignorance,
Écrasant sous ses pieds le mérite abattu,
Insulter aux talents, aux arts, à la sci-
    ence,
Autant qu'à la vertu.

Avec un ris moqueur, avec un ton de
    maître,
Un esclave de cour, enfant des Voluptés,
S'est écrié souvent : Est-on fait pour
    connaître ?
Est-il des vérités ?

Il n'en est point pour vous, âme stupide
    et fière ;
Absorbé dans la nuit, vous méprisez les
    cieux
Le Salomon du Nord apporte la lumière ;
    Barbare, ouvrez les yeux.

À UN MINISTRE D'ÉTAT

SUR L'ENCOURAGEMENT DES ARTS.

VOLTAIRE. 1740.

Toi [1] qui, mêlant toujours l'agréable à
    l'utile,
Des plaisirs aux travaux passes d'un vol
    agile,
Que j'aime à voir ton goût, par des soins
    bienfesants,
Encourager les arts à ta voix renaissants !
Sans accorder jamais d'injuste préférence,
Entre tous ces rivaux tiens toujours la
    balance.
De Melpomène en pleurs anime les ac-
    cents ;

[1] Cette épitre était destinée à M. de Maure-
pas. — V.

De sa riante sœur chéris les agréments ;
Anime le pinceau, le ciseau, l'harmonie,
Et mets un compas d'or dans les mains
    d'Uranie.
Le véritable esprit sait se plier à tout :
On ne vit qu'à demi quand on n'a qu'un
    seul goût.

Je plains tout être faible, aveugle en
    sa manie,
Qui dans un seul objet confina son génie,
Et qui, de son idole adorateur charmé,
Veut immoler le reste au dieu qu'il s'est
    formé.
Entends-tu murmurer ce sauvage algé-
    briste,
À la démarche lente, au teint blême, à
    l'œil triste,
Qui, d'un calcul aride à peine encore in-
    struit,
Sait que quatre est à deux comme seize
    est à huit ?
Il méprise Racine, il insulte à Corneille ;
Lulli n'a point de son pour sa pesante
    oreille ;
Et Rubens vainement, sous ses pinceaux
    flatteurs,
De la belle nature assortit les couleurs.
Des z z redoublés admirant la puissance,
Il croit que Varignon [1] fut seul utile en
    France,
Et s'étonne surtout qu'inspiré par l'a-
    mour,
Sans algèbre autrefois Quinault charmât
    la cour.

Avec non moins d'orgueil et non moins
    de folie,
Un élève d'Euterpe, un enfant de Thalie,
Qui, dans ses vers pillés, nous répète au-
    jourd'hui
Ce qu'on a dit cent fois, et toujours mieux
    que lui,
De sa frivole muse admirateur unique,
Conçoit pour tout le reste un dégoût
    léthargique,
Prend pour des arpenteurs Archimède et
    Newton,
Et voudrait mettre en vers Aristote et
    Platon.

Ce bœuf qui pesamment rumine ses
    problèmes,
Ce papillon folâtre, ennemi des systèmes,

Sont regardés tous deux avec un ris
    moqueur
Par un bavard en robe, apprenti chica-
    neur,
Qui, de papiers timbrés barbouilleur
    mercenaire,
Vous vend pour un écu sa plume et sa
    colère.
"Pauvres fous, vains esprits," s'écrie
    avec hauteur
Un ignorant fourré, fier du nom de doc-
    teur,
"Venez à moi ; laissez Massillon, Bour-
    daloue ;
Je veux vous convertir ; mais je veux
    qu'on me loue.
Je divise en trois points le plus simple
    des cas ;
J'ai vingt ans, sans l'entendre, expliqué
    saint Thomas."
Ainsi ces charlatans, de leur art ido-
    lâtres,
Attroupent un vain peuple au pied de
    leurs théâtres.
L'honnête homme est plus juste, il ap-
    prouve en autrui
Les arts et les talents qu'il ne sent point
    en lui.

Jadis avant que Dieu, consommant son
    ouvrage,
Eût d'un souffle de vie animé son image,
Il se plut à créer des animaux divers :
L'aigle, au regard perçant, pour régner
    dans les airs.
Le paon, pour étaler l'iris de son plu-
    mage ;
Le coursier, pour servir ; le loup, pour
    le carnage ;
Le chien, fidèle et prompt ; l'âne, docile
    et lent,
Et le taureau farouche, et l'animal bê-
    lant ;
Le chantre des forêts ; la douce tourte-
    relle,
Qu'on a cru faussement des amants le
    modèle :
L'homme les nomma tous ; et, par un
    heureux choix,
Discernant leurs instincts, assigna leurs
    emplois.
On compte que l'époux de la célèbre
    Hortense [1]

---

[1] Géomètre médiocre, et qui n'était que cela.
Il écrivait très-mal, et disait à Fontenelle.
"Rendez mes idées." — V.

[1] Le duc de Mazarin, mari d'Hortense Man-
cini, fesait tous les ans une loterie de plusieurs
emplois de sa maison ; et ce qu'on rapporte ici
a un fondement véritable (1752). — V.

Signala plaisamment sa sainte extrava-
gance :
Craignant de faire un choix par sa faible
raison,
Il tirait aux trois dés les rangs de sa
maison.
Le sort, d'un postillon, fesait un secré-
taire,
Son cocher étonné devint homme d'af-
faire ;
Un docteur hibernois, son très-digne au-
mônier,
Rendit grâce au destin qui le fit cuisinier.
On a vu quelquefois des choix assez bi-
zarres.

Il est beaucoup d'emplois, mais les ta-
lents sont rares.
Si dans Rome avilie un empereur brutal
Des faisceaux d'un consul honora son
cheval,
Il fut cent fois moins fou que ceux dont
l'imprudence
Dans d'indignes mortels a mis sa confi-
ance.
L'ignorant a porté la robe de Cujas ;
La mitre a décoré des têtes de Midas ;
Et tel au gouvernail a présidé sans peine,
Qui, la rame à la main, dut servir à la
chaîne.
Le mérite est caché. Qui sait si de nos
temps
Il n'est point, quoi qu'on dise, encor
quelques talents ?
Peut-être qu'un Virgile, un Cicéron sau-
vage,
Est chantre de paroisse, ou juge de vil-
lage.
Le sort, aveugle roi des aveugles hu-
mains,
Contredit la nature, et détruit ses des-
seins ;
Il affaiblit ses traits, les change, ou les
efface ;
Tout s'arrange au hasard, et rien n'est à
sa place.

LA FERMETÉ.

FRÉDÉRIC II., ROI DE PRUSSE. 1740.

Fureur aveugle du carnage,
Tyran destructeur des mortels,
Ce n'est point ton aveugle rage
À qui j'érige des autels ;
C'est à cette vertu constante,

Ferme, héroïque, patiente,
Qui brave tous les coups du sort,
Insensible aux cris de l'envie,
Qui, pleine d'amour pour la vie,
Par vertu méprise la mort.

Des dieux la colère irritée
Contre l'ouvrage audacieux
Du téméraire Prométhée,
Qui leur ravit le feu des cieux,
Du fatal présent de Pandore
Sur l'univers a fait éclore
Des maux l'assemblage infernal ;
Mais par un reste de clémence,
Ces dieux placèrent l'espérance
Au fond de ce présent fatal.

Sur ce prodigieux théâtre
Dont les humains sont les acteurs,
La nature, envers eux marâtre,
Semble se plaire à leurs malheurs.
Mérite, dignité, naissance,
Rien n'exempte de la souffrance ;
Dans nos destins le mal prévaut :
Je vois enchainer Galilée,
Je vois Médicis exilée
Et Charles sur un échafaud.

Ici, ta fortune ravie
Anime ton ressentiment ;
Là, ce sont les traits de l'envie
Qui percent ton cœur innocent ;
Ou sur ta santé florissante
La douleur aiguë et perçante
Répand ses cruelles horreurs ;
Ou c'est ta femme, ou c'est ta mère,
Ton fidèle Achate, ou ton frère,
Dont la mort fait couler tes pleurs.

Tels sur une mer orageuse
Naviguent de frêles vaisseaux
Malgré la fougue impétueuse
Des barbares tyrans des flots ;
Par les vents les vagues émues
Soudain les élancent aux nues,
Les précipitent aux enfers,
Le ciel annonce leur naufrage ;
Mais rassurés par leur courage,
Ils bravent la fureur des mers :

Ainsi, dans ces jours pleins d'alarmes,
La constance et la fermeté
Sont les boucliers et les armes
Que j'oppose à l'adversité.
Que le destin me persécute,
Qu'il prépare ou hâte ma chute,

Le danger ne peut m'ébranler.
Quand le vulgaire est plein de crainte,
Que l'espérance semble éteinte,
L'homme fort doit se signaler.

Le dieu du temps, d'une aile prompte,
S'envole et ne revient jamais ;
Cet être, en s'échappant, nous compte
Sa fuite au rang de ses bienfaits ;
Des maux qu'il fait et qu'il efface
Il emporte jusqu'à la trace,
Il ne peut changer le destin :
Pourquoi, dans un si court espace,
Du malheur d'un moment qui passe
Gémir et se plaindre sans fin !

Je ne reconnais plus Ovide
Triste et rampant dans son exil ;
De son tyran flatteur timide,
Son cœur n'a plus rien de viril ;
À l'entendre, on dirait que l'homme,
Hors des murs superbes de Rome,
Ne trouve plus d'espoir pour soi :
Heureux, si pendant sa disgrâce
Il eût pu dire, comme Horace :
Je porte mon bonheur en moi !

Puissants esprits philosophiques,
Terrestres citoyens des cieux,
Flambeaux des écoles stoïques,
Mortels, vous devenez des dieux.
Votre sagesse incomparable,
Votre courage inébranlable,
Triomphent de l'humanité :
Que peut sur un cœur insensible,
Déterminé, ferme, impassible,
La douleur et l'adversité ?

Régulus se livre à Carthage
Il quitte patrie et parents
Pour assouvir dans l'esclavage
La fureur de ses fiers tyrans ;
J'estime encore plus Bélisaire
Dans l'opprobre et dans la misère
Qu'au sein de la prospérité ;
Si Louis parait admirable,
C'est lorsque le malheur l'accable,
Et qu'il perd sa postérité.

Sans effort une âme commune
Se repose au sein du bonheur ;
L'homme jouit de la fortune
Dont le hasard seul est l'auteur ;
Ce n'est point dans un sort prospère
Que brille un noble caractère
Dans la foule il est confondu ;
Mais si son cœur croit et s'élève

Lorsque le destin se soulève,
C'est l'épreuve de la vertu.

L'aveugle sort est inflexible,
En vain voudrait-on l'apaiser ;
À sa destinée invincible
Quel mortel pourrait s'opposer !
Non, toute la force d'Alcide
Contre un torrent d'un cours rapide
N'aurait pu le faire nager ;
Il nous faut d'une âme constante
Souffrir la fureur insolente
D'un mal qu'on ne saurait changer.

À S. A. R. LA PRINCESSE DE SUÈDE, ULRIQUE DE PRUSSE,

SŒUR DE FRÉDÉRIC LE GRAND.

VOLTAIRE. Janvier 1747.

Souvent la plus belle princesse
Languit dans l'âge du bonheur ;
L'étiquette de la grandeur,
Quand rien n'occupe et n'intéresse,
Laisse un vide affreux dans le cœur.

Souvent même un grand roi s'étonne,
Entouré de sujets soumis,
Que tout l'éclat de sa couronne
Jamais en secret ne lui donne
Ce bonheur qu'elle avait promis.

On croirait que le jeu console ;
Mais l'Ennui vient à pas comptés
À la table d'un cavagnole,[1]
S'asseoir entre des majestés.

On fait tristement grande chère
Sans dire et sans écouter rien,
Tandis que l'hébété vulgaire
Vous assiége, vous considère,
Et croit voir le souverain bien.

Le lendemain, quand l'hémisphère
Est brûlé des feux du soleil,
On s'arrache aux bras du sommeil
Sans savoir ce que l'on va faire.

De soi-même peu satisfait,
On veut du monde ; il embarrasse :
Le plaisir fuit ; le jour se passe
Sans savoir ce que l'on a fait.

1 Jeu à la mode à la cour (1752).

O temps ! ô perte irréparable !
Quel est l'instant où nous vivons !
Quoi ! la vie est si peu durable,
Et les jours paraissent si longs !

Princesse au-dessus de votre âge,
De deux cours auguste ornement,
Vous employez utilement
Ce temps qui si rapidement
Trompe la jeunesse volage.

Vous cultivez l'esprit charmant
Que vous a donné la nature ;
Les réflexions, la lecture,
En font le solide aliment,
Le bon usage, et la parure.

S'occuper, c'est savoir jouir :
L'oisiveté pèse et tourmente.
. L'âme est un feu qu'il faut nourrir,
Et qui s'éteint s'il ne s'augmente.

SUR LE DÉSASTRE DE LISBONNE

OU EXAMEN DE CET AXIOME : TOUT EST BIEN.

VOLTAIRE. 1755.

O MALHEUREUX mortels ! ô terre dé-
    plorable !
O de tous les mortels assemblage effroy-
    able !
D'inutiles douleurs éternel entretien !
Philosophes trompés qui criez, "Tout
    est bien" ;
Accourez, contemplez ces ruines affreuses,
Ces débris, ces lambeaux, ces cendres
    malheureuses,
Ces femmes, ces enfants l'un sur l'autre
    entassés ;
Sous ces marbres rompus ces membres
    dispersés ;
Cent mille infortunés que la terre dévore,
Qui, sanglants, déchirés, et palpitants
    encore,
Enterrés sous leurs toits, terminent sans
    secours
Dans l'horreur des tourments leurs la-
    mentables jours !
Aux cris demi-formés de leurs voix expi-
    rantes,
Au spectacle effrayant de leurs cendres
    fumantes,
Direz-vous, "C'est l'effet des éternelles
    lois

Qui d'un Dieu libre et bon nécessitent
    le choix ?"
Direz-vous, en voyant cet amas de vic-
    times :
"Dieu s'est vengé, leur mort est le prix
    de leurs crimes ?"
Quel crime, quelle faute ont commis ces
    enfants
Sur le sein maternel écrasés et sanglants ?
Lisbonne, qui n'est plus, eut-elle plus
    de vices
Que Londres, que Paris, plongés dans
    les délices ?
Lisbonne est abîmée, et l'on danse à
    Paris.
Tranquilles spectateurs, intrépides es-
    prits,
De vos frères mourants contemplant les
    naufrages,
Vous recherchez en paix les causes des
    orages :
Mais du sort ennemi quand vous sentez
    les coups,
Devenus plus humains, vous pleurez
    comme nous.
Croyez-moi, quand la terre entr'ouvre
    ses abîmes,
Ma plainte est innocente et mes cris
    légitimes.
Partout environnés des cruautés du sort,
Des fureurs des méchants, des piéges de
    la mort,
De tous les éléments éprouvant les
    atteintes,
Compagnons de nos maux, permettez-
    nous les plaintes.
C'est l'orgueil, dites-vous, l'orgueil sé-
    ditieux,
Qui prétend qu'étant mal, nous pouvions
    être mieux.
Allez interroger les rivages du Tage ;
Fouillez dans les débris de ce sanglant
    ravage ;
Demandez aux mourants, dans ce séjour
    d'effroi,
Si c'est l'orgueil qui crie ; "O ciel, se-
    courez-moi !
O ciel, ayez pitié de l'humaine misère !"
"Tout est bien," dites-vous, "et tout est
    nécessaire."
Quoi ! l'univers entier, sans ce gouffre
    infernal,
Sans engloutir Lisbonne, eût-il été plus
    mal ? •
Êtes-vous assurés que la cause éternelle
Qui fait tout, qui sait tout, qui créa tout
    pour elle,

Ne pouvait nous jeter dans ces tristes
  climats
Sans former des volcans allumés sous
  nos pas ?
Borneriez-vous ainsi la suprême puis-
  sance ?
Lui défendriez-vous d'exercer sa clé-
  mence ?
L'éternel Artisan n'a-t-il pas dans ses
  mains
Des moyens infinis tout prêts pour ses
  desseins ?
Je désire humblement, sans offenser mon
  maître,
Que ce gouffre enflammé de soufre et de
  salpêtre
Eût allumé ses feux dans le fond des
  déserts.
Je respecte mon Dieu, mais j'aime l'uni-
  vers.
Quand l'homme ose gémir d'un fléau si
  terrible,
Il n'est point orgueilleux, hélas ! il est
  sensible.

Les tristes habitants de ces bords dé-
  solés
Dans l'horreur des tourments seraient-
  ils consolés
Si quelqu'un leur disait : "Tombez,
  mourez tranquilles ;
Pour le bonheur du monde on détruit
  vos asiles ;
D'autres mains vont bâtir vos palais
  embrasés,
D'autres peuples naîtront dans vos murs
  écrasés ;
Le Nord va s'enrichir de vos pertes fa-
  tales ;
Tous vos maux sont un bien dans les lois
  générales ;
Dieu vous voit du même œil que les vils
  vermisseaux
Dont vous serez la proie au fond de vos
  tombeaux."
À des infortunés quel horrible lan-
  gage !
Cruels, à mes douleurs n'ajoutez point
  l'outrage.

Non, ne présentez plus à mon cœur
  agité
Ces immuables lois de la nécessité,
Cette chaîne des corps, des esprits, et des
  mondes.
O rêves de savants ! ô chimères pro-
  fondes !

Dieu tient en main la chaîne, et n'est
  point enchaîné ;
Par son choix bienfaisant tout est déter-
  miné :
Il est libre, il est juste, il n'est point
  implacable.
Pourquoi donc souffrons-nous sous un
  maître équitable ?
Voilà le nœud fatal qu'il fallait dé-
  lier.
Guérirez-vous nos maux en osant les
  nier ?
Tous les peuples, tremblants sous une
  main divine,
Du mal que vous niez ont cherché l'ori-
  gine.
Si l'éternelle loi qui meut les élé-
  ments
Fait tomber les rochers sous les efforts
  des vents,
Si les chênes touffus par la foudre s'em-
  brasent,
Ils ne ressentent point les coups qui les
  écrasent :
Mais je vis, mais je sens, mais mon cœur
  opprimé
Demande des secours au Dieu qui l'a
  formé.

Enfants du Tout-Puissant, mais nés
  dans la misère,
Nous étendons les mains vers notre com-
  mun père.
Le vase, on le sait bien, ne dit point au
  potier :
"Pourquoi suis-je si vil, si faible, et si
  grossier ?"
Il n'a point la parole, il n'a point la
  pensée :
Cette urne en se formant qui tombe fra-
  cassée,
De la main du potier ne reçut point un
  cœur
Qui désirât les biens et sentît son mal-
  heur.
"Ce malheur," dites-vous, "est le bien
  d'un autre être."
De mon corps tout sanglant mille in-
  sectes vont naître ;
Quand la mort met le comble aux maux
  que j'ai soufferts,
Le beau soulagement d'être mangé des
  vers !
Tristes calculateurs des misères hu-
  maines,
Ne me consolez point, vous aigrissez
  mes peines ;

Et je ne vois en vous que l'effort impuissant
D'un fier infortuné qui feint d'être content.

Je ne suis du grand *tout* qu'une faible partie :
Oui ; mais les animaux condamnés à la vie,
Tous les êtres sentants, nés sous la même loi,
Vivent dans la douleur, et meurent comme moi.

Le vautour acharné sur sa timide proie
De ses membres sanglants se repaît avec joie ;
Tout semble bien pour lui : mais bientôt à son tour
Une aigle au bec tranchant dévore le vautour ;
L'homme d'un plomb mortel atteint cette aigle altière :
Et l'homme aux champs de Mars couché sur la poussière,
Sanglant, percé de coups, sur un tas de mourants,
Sert d'aliment affreux aux oiseaux dévorants.
Ainsi du monde entier tous les membres gémissent ;
Nés tous pour les tourments, l'un par l'autre ils périssent :
Et vous composerez dans ce chaos fatal
Des malheurs de chaque être un bonheur général !
Quel bonheur ! O mortel et faible et misérable,
Vous criez "Tout est bien" d'une voix lamentable ;
L'univers vous dément, et votre propre cœur
Cent fois de votre esprit a réfuté l'erreur.

Éléments, animaux, humains, tout est en guerre.
Il le faut avouer, le *mal* est sur la terre :
Son principe secret ne nous est point connu.
De l'auteur de tout bien le mal est-il venu ?
Est-ce le noir Typhon, le barbare Arimane,
Dont la loi tyrannique à souffrir nous condamne ?

Mon esprit n'admet point ces monstres odieux
Dont le monde en tremblant fit autrefois des dieux.

Mais comment concevoir un Dieu, la bonté même,
Qui prodigua ses biens à ses enfants qu' aime,
Et qui versa sur eux les maux à pleines mains ?
Quel œil peut pénétrer dans ses profonds desseins ?
De l'Être tout parfait le mal ne pouvait naître ;
Il ne vient point d'autrui, puisque Dieu seul est maître :
Il existe pourtant. O tristes vérités !
O mélange étonnant de contrariétés !
Un Dieu vint consoler notre race affligée ;
Il visita la terre, et ne l'a point changée !
Un sophiste arrogant nous dit qu'il ne l'a pu ;
"Il le pouvait," dit l'autre, "et ne l'a point voulu :
Il le voudra, sans doute" ; et, tandis qu'on raisonne,
Des foudres souterrains engloutissent Lisbonne,
Et de trente cités dispersent les débris,
Des bords sanglants du Tage à la mer de Cadix.

Ou l'homme est né coupable, et Dieu punit sa race,
Ou ce maître absolu de l'être et de l'espace,
Sans courroux, sans pitié, tranquille, indifférent,
De ses premiers décrets suit l'éternel torrent ;
Ou la matière informe, à son maître rebelle,
Porte en soi des défauts *nécessaires* comme elle ;
Ou bien Dieu nous éprouve, et ce séjour mortel
N'est qu'un passage étroit vers un monde éternel.
Nous essuyons ici des douleurs passagères :
Le trépas est un bien qui finit nos misères.
Mais quand nous sortirons de ce passage affreux,
Qui de nous prétendra mériter d'être heureux ?

Quelque parti qu'on prenne, on doit frémir, sans doute.
Il n'est rien qu'on connaisse, et rien qu'on ne redoute.
La nature est muette, on l'interroge en vain ;
On a besoin d'un Dieu qui parle au genre humain.
Il n'appartient qu'à lui d'expliquer son ouvrage,
De consoler le faible, et d'éclairer le sage.
L'homme, au doute, à l'erreur, abandonné sans lui,
Cherche en vain des roseaux qui lui servent d'appui.
Leibnitz ne m'apprend point par quels nœuds invisibles,
Dans le mieux ordonné des univers possibles,
Un désordre éternel, un chaos de malheurs,
Mêle à nos vains plaisirs de réelles douleurs,
Ni pourquoi l'innocent, ainsi que le coupable,
Subit également ce mal inévitable.
Je ne conçois pas plus comment tout serait bien :
Je suis comme un docteur ; hélas ! je ne sais rien.

Platon dit qu'autrefois l'homme avait eu des ailes,
Un corps impénétrable aux atteintes mortelles ;
La douleur, le trépas, n'approchaient point de lui.
De cet état brillant qu'il diffère aujourd'hui !
Il rampe, il souffre, il meurt ; tout ce qui naît expire,
De la destruction la nature est l'empire.
Un faible composé de nerfs et d'ossements
Ne peut être insensible au choc des éléments,
Ce mélange de sang, de liqueurs, et de poudre,
Puisqu'il fut assemblé, fut fait pour se dissoudre ;
Et le sentiment prompt de ces nerfs délicats
Fut soumis aux douleurs, ministres du trépas :
C'est là ce que m'apprend la voix de la nature.
J'abandonne Platon, je rejette Épicure.

Bayle en sait plus qu'eux tous ; je vais le consulter :
La balance à la main, Bayle enseigne à douter.
Assez sage, assez grand pour être sans système,
Il les a tous détruits, et se combat lui-même :
Semblable à cet aveugle en butte aux Philistins,
Qui tomba sous les murs abattus par ses mains.

Que peut donc de l'esprit la plus vaste étendue ?
Rien : le livre du sort se ferme à notre vue.
L'homme, étranger à soi, de l'homme est ignoré.
Que suis-je, où suis-je, où vais-je, et d'où suis-je tiré ?
Atomes tourmentés sur cet amas de boue,
Que la mort engloutit, et dont le sort se joue,
Mais atomes pensants, atomes dont les yeux,
Guidés par la pensée, ont mesuré les cieux ;
Au sein de l'infini nous élançons notre être,
Sans pouvoir un moment nous voir et nous connaître.
Ce monde, ce théâtre et d'orgueil et d'erreur,
Est plein d'infortunés qui parlent de bonheur.
Tout se plaint, tout gémit en cherchant le bien-être :
Nul ne voudrait mourir, nul ne voudrait renaître.
Quelquefois, dans nos jours consacrés aux douleurs,
Par la main du plaisir nous essuyons nos pleurs ;
Mais le plaisir s'envole, et passe comme une ombre.
Nos chagrins, nos regrets, nos pertes, sont sans nombre.
Le passé n'est pour nous qu'un triste souvenir ;
Le présent est affreux, s'il n'est point d'avenir,
Si la nuit du tombeau détruit l'être qui pense.
Un jour tout sera bien, voilà notre espérance ;

Tout est bien aujourd'hui, voilà l'illusion.
Les sages me trompaient, et Dieu seul a
    raison.
Humble dans mes soupirs, soumis dans
    ma souffrance,
Je ne m'élève point contre la Providence.
Sur un ton moins lugubre on me vit
    autrefois
Chanter des doux plaisirs les séduisantes
    lois :
D'autres temps, d'autres mœurs : instruit
    par la vieillesse,
Des humains égarés partageant la fai-
    blesse,
Dans une épaisse nuit cherchant à m'é-
    clairer,
Je ne sais que souffrir, et non pas mur-
    murer.

Un calife autrefois, à son heure der-
    nière,
Au dieu qu'il adorait dit pour toute
    prière :
" Je t'apporte, ô seul roi, seul être illi-
    mité,
Tout ce que tu n'as pas dans ton immen-
    sité,
Les défauts, les regrets, les maux, et
    l'ignorance."
Mais il pouvait encore ajouter *l'espérance.*

DIEU.

À L'AUTEUR DU LIVRE DES TROIS IM-
POSTEURS.[1]

VOLTAIRE. 1769.

INSIPIDE écrivain, qui crois à tes lec-
    teurs
Crayonner les portraits de tes Trois Im-
    posteurs,
D'où vient que, sans esprit, tu fais le
    quatrième ?
Pourquoi, pauvre ennemi de l'essence
    suprême,
Confonds-tu Mahomet avec le Créateur,
Et les œuvres de l'homme avec Dieu, son
    auteur ?
Corrige le valet, mais respecte le maître.
Dieu ne doit point pâtir des sottises du
    prêtre :
Reconnaissons ce Dieu, quoique très-mal
    servi.

[1] Ce livre des *Trois Imposteurs* est un très-
mauvais ouvrage, plein d'un athéisme grossier,
sans esprit, et sans philosophie (1771).

De lézards et de rats mon logis est
    rempli ;
Mais l'architecte existe, et quiconque
    le nie
Sous le manteau du sage est atteint de
    manie.
Consulte Zoroastre, et Minos, et Solon,
Et le martyr Socrate, et le grand Cicé-
    ron :
Ils ont adoré tous un maître, un juge,
    un père.
Ce système sublime à l'homme est néces-
    saire.
C'est le sacré lien de la société,
Le premier fondement de la sainte équité,
Le frein du scélérat, l'espérance du juste.

Si les cieux, dépouillés de son em-
    preinte auguste,
Pouvaient cesser jamais de le manifester,
Si Dieu n'existait pas, il faudrait l'in-
    venter.
Que le sage l'annonce, et que les rois le
    craignent.
Rois, si vous m'opprimez, si vos gran-
    deurs dédaignent
Les pleurs de l'innocent que vous faites
    couler,
Mon vengeur est au ciel : apprenez à
    trembler !
Tel est au moins le fruit d'une utile
    croyance.

Mais toi, raisonneur faux, dont la
    triste imprudence
Dans le chemin du crime ose les rassurer,
De tes beaux arguments quel fruit peux-
    tu tirer ?
Tes enfants à ta voix seront-ils plus do-
    ciles ?
Tes amis, au besoin, plus sûrs et plus
    utiles ?
Ta femme plus honnête ? et ton nouveau
    fermier,
Pour ne pas croire en Dieu, va-t-il mieux
    te payer ?
Ah ! laissons aux humains la crainte et
    l'espérance.

Tu m'objectes en vain l'hypocrite in-
    solence
De ces fiers charlatans aux honneurs
    élevés,
Nourris de nos travaux, de nos pleurs
    abreuvés ;
Des Césars avilis la grandeur usurpée ;

Un prêtre au Capitole où triompha Pom-
  pée ;
Des faquins en sandale, excrément des
  humains,
Trempant dans notre sang leurs détesta-
  bles mains ;
Cent villes à leur voix couvertes de
  ruines,
Et de Paris sanglant les horribles ma-
  tines :
Je connais mieux que toi ces affreux
  monuments ;
Je les ai sous ma plume exposés cinquante
  ans.
Mais, de ce fanatisme ennemi formidable,
J'ai fait adorer Dieu quand j'ai vaincu le
  diable.
Je distinguai toujours de la religion
Les malheurs qu'apporta la superstition.
L'Europe m'en sut gré ; vingt têtes
  couronnées
Daignèrent applaudir mes veilles for-
  tunés,
Tandis que Patouillet m'injuriait en
  vain.
J'ai fait plus en mon temps que Luther
  et Calvin.
On les vit opposer, par une erreur fatale,
Les abus aux abus, le scandale au scan-
  dale.
Parmi les factions ardents à se jeter,
Ils condamnaient le pape, et voulaient
  l'imiter.
L'Europe par eux tous fut longtemps
  désolée ;
Ils ont troublé la terre, et je l'ai consolée.
J'ai dit aux disputants l'un sur l'autre
  acharnés :
"Cessez, impertinents ; cessez, infortu-
  nés ;
Très sots enfants de Dieu, chérissez-
  vous en frères,
Et ne vous mordez plus pour d'absurdes
  chimères."
Les gens de bien m'ont cru : les fripons
  écrasés
En ont poussé des cris du sage méprisés ;
Et dans l'Europe enfin l'heureux tolé-
  rantisme
De tout esprit bien fait devient le caté-
  chisme.

Je vois venir de loin ces temps, ces
  jours sereins,
Où la philosophie, éclairant les humains,
Doit les conduire en paix aux pieds du
  commun maître ;

Le fanatisme affreux tremblera d'y pa-
  raître :
On aura moins de dogme avec plus de
  vertu.

Si quelqu'un d'un emploi veut être
  revêtu,
Il n'amènera plus deux témoins à sa
  suite[1]
Jurer quelle est sa foi, mais quelle est sa
  conduite.

À l'attrayante sœur d'un gros bénéficier
Un amant huguenot pourra se marier ;
Des trésors de Lorette, amassés pour
  Marie,
On verra l'indigence habillée et nourrie ;
Les enfants de Sara, que nous traitons
  de chiens,
Mangeront du jambon fumé par des
  chrétiens.
Le Turc, sans s'informer si l'iman lui
  pardonne,
Chez l'abbé Tamponet ira boire en Sor-
  bonne.[2]
Mes neveux souperont sans rancune et
  gaiement
Avec les héritiers des frères Pompignan ;
Ils pourront pardonner à ce dur La
  Blétrie[3]
D'avoir coupé trop tôt la trame de ma vie.
Entre les beaux-esprits on verra l'union :
Mais qui pourra jamais souper avec
  Fréron ?

LES BONNES FEMMES,

OU LE MÉNAGE DES DEUX CORNEILLE.[4]

JEAN-FRANÇOIS DUCIS. 1780.

BONNES femmes, je vous salue ;
Bien sot qui ne vous choisira.
Oui, quiconque vous connaîtra
À ses amis d'abord dira :
"Par une faveur imprévue,
Qu'il en tombe une de la nue,
Nous verrons de nous qui l'aura."

[1] En France, pour être reçu procureur, no-
taire, greffier, il faut deux témoins qui dé-
posent de la catholicité du récipiendaire (1769).
[2] Tamponet était en effet docteur de Sorbonne
(1771).
[3] La Blétrie, à ce qu'on m'a rapporté, a im-
primé que j'avais oublié de me faire enterrer
(1769).
[4] Les deux Corneille épousèrent deux sœurs,
et vécurent ensemble dans l'union la plus par-
faite.

L'immortel auteur d'*Athalie*,
Et de *Phèdre* et d'*Iphigénie*,
Ce peintre enchanteur de l'amour,
Qui, plein d'esprit, de goût, de grâce,
Couvert des lauriers du Parnasse,
Charma la plus brillante cour ;
En sa maturité sévère,
Dans sa femme que chercha-t-il ?
Une très-simple ménagère,
Qui fît avec lui sa prière,
Et répondit : "Ainsi soit-il."[1]

Et ces oncles de Fontenelle,
Du *Cid* et d'*Ariane* auteurs,
Ces frères, époux des deux sœurs,
Qui de l'amitié fraternelle
Et conjugale et paternelle
Goûtaient ensemble les douceurs,
Dont les enfants, troupe agréable,
Gentils, pas plus hauts que leur table,
Y montraient, lorgnant tous les plats,
Et le doux ris de l'innocence,
Et leurs dents encor dans l'enfance,
Et leurs petits mentons tout gras ;
Sont-ce des femmes adorables,
D'encens, de luxe insatiables,
Que l'hymen mit entre leurs bras ?

Ce n'étaient que de bonnes mères,
Des femmes à leurs maris chères,
Qui les aimaient jusqu'au trépas ;
Deux tendres sœurs qui, sans débats,
Veillaient au bonheur des deux frères,
Filant beaucoup, n'écrivant pas.

Les deux maisons n'en faisaient qu'une,
Les clefs, la bourse était commune,
Les femmes n'étaient jamais deux.
Tous les vœux étaient unanimes ;
Les enfants confondaient leurs jeux,
Les pères se prêtaient leurs rimes,
Le même vin coulait pour eux.

Oui, sur leurs urnes fraternelles
Toute la Grèce aurait encor,
Au sein des fêtes solennelles,
Par ses chants et ses lyres d'or,
Cru, pour Pollux et pour Castor,
Entonner des hymnes nouvelles,

Sans art, dans son style inspiré,
Comme Platon aurait montré,
Le front méditant Léontine,
Chimène, Sévère et Pauline,

[1] Racine épousa une femme pieuse et sensée, mais sans aucune notion de littérature.

Parmi les jeux et les berceaux,
La veillée et ses doux travaux,
Les enfants et les ménagères
Maniant de leurs mains légères
Les dés, le fil et les ciseaux ;
Et Corneille, au sein des caresses,
Couvert des pleurs de leurs tendresses
Et des présents de leurs fuseaux !

C'est ainsi qu'au sein du silence,
Ces deux frères, loin des grandeurs,
Vivaient opulents d'innocence,
De travail, de paix et de mœurs.
Doucement vers la rive noire
Ils s'avançaient d'un même pas.
Des maris on vantait la gloire ;
Des femmes l'on ne parlait pas.

Leurs deux moitiés, chastes Sabines,
De leur Melpomène humble sœurs,
A leurs foyers jamais chagrines,
D'hymen leur ôtaient les épines ;
Ils n'en sentaient que les douceurs.

Non, non, divine bonhomie,
Douce et franche, et de l'ordre amie,
Non, l'esprit ne t'imite pas.
Ton accent eut pour le génie
Toujours je ne sais quels appas.

Vous, bonnes femmes qu'elle inspire,
Dans nos mains vous laissez l'empire,
Vous gardez les fuseaux pour vous ;
Vous n'êtes point ambitieuses ;
Vous rendez heureux vos époux.
Sans peine ils vous rendent heureuses.
Oh ! j'aurai l'esprit, mes fileuses,
De passer mes jours avec vous.

L'INTÉRÊT PERSONNEL.

MARIE-JOSEPH CHÉNIER. 1788.

L'HOMME sent, l'homme agit, et sa raison
      le guide ;
Mais de cette raison chancelante et timide
Nous voulons découvrir le mobile éternel.
Quel est-il ? C'est, dit-on, l'intérêt per-
      sonnel.
Nous agissons par lui ; son empire est
      suprême :
Des vices, des vertus l'origine est la
      même ;
Le sage ou l'insensé, le juste ou le pervers,
Soit qu'il traîne ses jours sous le poids
      des revers,

Soit qu'en ses moindres vœux le destin
le seconde ;
De lui seul occupé, se fait centre du
monde.
Tout cherche son bien-être, et chacun vit
pour soi :
Des êtres animés c'est l'immuable loi ;
Dans les airs, sous les eaux, ainsi que
sur la terre,
L'intéret fait l'amour, l'intérêt fait la
guerre.
Quand, pour huit sous par jour, deux
cent mille héros,
Vont sur les bords du Rhin ferrailler en
champ clos,
Les vautours du pays, les loups du voi-
sinage,
Certains de leur pâture, attendent le
carnage ;
Un vieux soldat manchot, devenu capo-
ral,
Rend grâce à sa blessure, et court à l'hô-
pital ;
Aux dépens du vaincu qu'il assomme et
qu'il vole,
Le vainqueur croit fixer la gloire qui
s'envole,
Et du prochain hameau le curé bon chré-
tien
Gémit sur tant de morts qui ne rap-
portent rien.

Soit, mais votre système admet quelque
réserve ;
Régnier a-t-il raison quand il dit avec
verve :
L'honneur est un vieux saint que l'on ne
chôme plus ?
Il a tort ; c'est juger d'après les seuls
abus.
On chôme l'intérêt ; tous les jours c'est
sa fête ;
De son autel chéri la pompe est toujours
prête ;
Chaque heure y voit sans cesse accourir
à grands flots
Et des prêtres fervens, et de zélés dévots.
Sous le saint aux pieds d'or l'espèce hu-
maine entière
Ne courbe pourtant pas son front dans
la poussière.
Si la foule est pour lui, s'il est fêté,
chanté,
Si l'autel du vieux saint n'est pas si fré-
quenté,
Le vieux saint toutefois a plus d'un prosé-
lyte :

Sans chanter l'intérêt, quelques mortels
d'élite
Vont offrir à l'honneur de pudiques ac-
cens,
Et brûler devant lui leur solitaire encens.

Cet honneur, direz-vous, c'est pour soi
qu'on l'implore,
Et, sous un plus beau nom, c'est l'inté-
rêt encore.
J'en doute : expliquons-nous. Que d'or-
dres chamarré,
Par les honneurs du temps Giton dés-
honoré,
Pour prix des lâchetés qu'il nomme ses
services,
Montre autant de cordons qu'il veut
cacher de vices,
On lui rend à son gré l'hommage qu'on
lui doit ;
On a les yeux sur lui ; car on le montre
au doigt :
Il jouit ; c'est un sot que l'intérêt in-
spire.
Mais parmi les mortels soumis au même
empire
Comptez-vous Callisthène, entouré d'im-
posteurs,
Du conquérant de l'Inde ardens adula-
teurs ?
Comme eux à des bienfaits il aurait pu
prétendre
S'il eût voulu comme eux faire un dieu
d'Alexandre.
Est-ce par intérêt qu'on lui voit à leur
sort
Préférer la disgrâce, et les fers et la mort ?

Oui, car il les choisit, me répond un
sophiste. —
Et de vingt choix pareils que prouverait
la liste ? —
" Qu'il est des glorieux comme des cour-
tisans.
On chérit les malheurs quand ils sont
éclatans :
On se dit : Nous souffrons, mais le peuple
nous loue.
Pour sauver les Romains Décius se dé-
voue ;
Régulus, en quittant leur sénat éploré,
Va chercher à Carthage un supplice as-
suré ;
Plus faible que César au grand jeu des
batailles,
Caton veut rester libre, et s'ouvre les
entrailles.

Que sont-ils ces gens-là ? D'illustres fan-
   farons,
Certains que l'avenir consacrera leurs
   noms,
Et que la déité qui tient les cent trom-
   pettes
Du récit de leur mort enflera les gazettes.
Tous ces faits marveilleux dont vous vous
   entichez,
Les chrétiens les nommaient de splen-
   dides péchés.
Des chrétiens à leur tour n'avons-nous
   rien à dire ?
L'intérêt personnel les poussait au mar-
   tyre.
Avides du trépas, ces sectaires pieux
Terminaient leur exil, et conquéraient
   les cieux.
Au temps de saint Bernard, quand nos
   benêts d'ancêtres
Vendaient, en se croisant, leur héritage
   aux prêtres,
De ces champs, qu'ils cédaient par des
   contrats écrits,
Ils exigeaient le double aux champs du
   paradis ;
Ils gagnaient cent pour cent ; et, par-
   devant notaire,'
On faisait des deux parts une excellente
   affaire.
Selon les temps, les lieux, chaque homme
   a ses désirs ;
D'après son caractère il se fait des plai-
   sirs.
L'avare enfouit l'or ; le prodigue le jette ;
La prude fuit l'éclat que cherche la co-
   quette ;
Lucrèce et Virginie aiment la chasteté,
Maintenon le pouvoir, Ninon la volupté ;
Richelieu, promenant ses banales ten-
   dresses,
À cinquante ans passés trompe encor
   vingt maîtresses :
Et Rancé, dès trente ans, infidèle aux
   amours,
Au désert de la Trappe ensevelit ses
   jours.
Par Comus et Pomone une table fournie,
Délicate, abondante, et cinq fois regarnie,
N'épuise point les vœux du lourd Api-
   cius ;
Un plat mal apprêté satisfait Curius.
Des athlétiques jeux Sparte fait ses dé-
   lices ;
Sybaris effrayée y verrait des supplices.
Marc-Aurèle est modeste au palais des
   Césars ;

L'orgueilleux Diogène, appelant les re-
   gards,
Étale en un tonneau, dans la place pub-
   lique,
L'appareil dégoûtant de son faste cynique.
Néron, las de chanter, s'applique à des
   forfaits,
Vindex à des exploits, Titus à des bien-
   faits ;
Frédéric fait des vers et gagne des ba-
   tailles ;
Louis quinze avili ne fait rien à Versailles.
Les goûts sont variés, et chacun suit son
   goût ;
Mais je vois toujours l'homme, et l'inté-
   rêt partout."

Non, l'homme n'est point là : l'intérêt
   fait nos vices ;
Il les cache avec art sous des vertus fac-
   tices ;
Mais la vertu réelle est dans les cœurs
   bien nés.
Sous vos crayons malins ses traits sont
   profanés,
Des sentimens moraux vous effacez
   l'image.
Si l'homme est isolé, c'est dans l'état
   sauvage.
Cet état n'est qu'un rêve ; et la Divinité
Forma le genre humain pour société.
Or du nœud social quelle est la garantie ?
C'est le pouvoir secret qu'on nomme sym-
   pathie,
Ce besoin de sortir des limites du *moi*,
De vivre utile au monde en vivant hors
   de *soi*.
De là ces doux liens d'époux, de fils, de
   pères,
La tendresse angélique empreinte au
   cœur des meres,
Et les épanchemens de la tendre amitié,
Et les bienfaits pieux que répand la pitié,
L'amour, consolateur des peines de la vie,
Ce qui fait les héros, l'amour de la patrie,
Et, ce que célébrait un éloquent Romain,
La source des vertus, l'amour du genre
   humain.

D'un juge plein d'honneur la justice
   égarée
Fit priver de ses biens une veuve éplorée :
Détrompé, réparant l'irrévocable arrêt,
Il rend tout à la veuve : est-ce par in-
   térêt ?
Non : l'intérêt commande au juge tyran-
   nique,

Prononçant d'un front calme une sen-
tence inique,
Et du temple des lois chassant avec cour-
roux
L'orphelin dépouillé qui pleure à ses
genoux.
Bourbon, de nos guerriers longtemps le
chef suprême ;
Blessé dans son orgueil, dans sa fortune
même,
S'indigne, et, désertant les étendards
français,
D'un monarque étranger va subir les
bienfaits :
C'est à l'intérêt seul que Bourbon sacri-
fie.
Mais Catinat vainqueur commande en
Italie ;
Je le vois, sans murmure, à l'ordre de
son roi,
Soldat obéissant, marchant sous Villeroi.
L'intérêt produit-il un dévoûment si rare ?
Dans les remparts de Dreux un fléau se
déclare,
À le fuir invité, l'auteur de Venceslas
Y reste, attend son heure, et reçoit le
trépas.
Quand Marseille est en proie à la même
influence,
Le héros de Denain gouverne la Provence :
Cent mille infortunés l'appellent à grands
cris ;
Il les plaint, les exhorte, et demeure à
Paris.
Tous deux à l'intérêt les trouvez-vous
sensibles ?
Est-ce un commun motif qui les retient
paisibles,
Rotrou, dans le séjour où le trépas l'at-
tend,
Villars, loin du péril, à la cour du Ré-
gent ?

Le plomb n'est point tiré des mines de
Golconde :
Près des monts d'Ibérie une eau pure et
féconde
Dans les corps languissans fait couler la
santé ;
Cette eau n'a point sa source au marais
empesté
Dont la fièvre homicide habite les rivages,
Et qui, dans un été, dépeuple vingt vil-
lages.
Ah ! que sur les bons cœurs la vertu
règne en paix !
L'intérêt personnel n'a que trop de sujets.

C'est le roi du tyran, sous qui trente ans
de guerre
De flots de sang et d'or ont épuisé la
terre ;
Le roi du courtisan, qui vendit son hon-
neur,
Et fut esclave habile, afin d'être oppres-
seur ;
Du publicain pervers, qui, du sein des
rapines,
Insulte, en s'enivrant, aux publiques
ruines ;
Du charlatan sacré, qui, la crosse à la
main,
Vit, inutile au monde, aux frais du genre
humain.
On voit même souvent l'orgueil et le
caprice,
L'hypocrisie impure, et jusqu'à l'avarice,
D'une fausse vertu calculant les produits,
Semer quelques bienfaits pour en cueillir
les fruits ;
Donner pour envahir, et, par un vil
manége
Usurper sans pudeur un renom sacrilége.
Mais il est, grâce au ciel, des esprits
généreux,
Qui font le bien pour tous, qui ne font
rien pour eux.
Brunswick, en secourant un peuple qui
se noie,
De l'Oder en fureur est lui-même la proie.
Vous reviendrez peut-être à votre vieux
propos :
Brunswick, issu des rois, et neveu d'un
héros,
Sera mort, selon vous, dans la douce
espérance
Qu'il allait des journaux exercer l'élo-
quence,
Et que, pour le chantèr, dans les murs
de Paris,
Exprès, chez les Quarante, on fonderait
un prix.
Mais quoi ! le même espoir, à l'aspect
d'un naufrage,
Au signal de détresse aperçu du rivage,
Pousse-t-il loin du port tant d'obscurs
matelots,
Qui prodiguent leurs jours et vont braver
les flots,
Quand la mer autour d'eux entr'ouvre
mille abîmes ?
Là, dans un incendie, aux clameurs des
victimes,
Voyez les citoyens, l'un par l'autre ani-
més,

S'élancer à l'envi sous des toits en-
flammés.
Qui peut leur inspirer ces élans respecta-
bles ?
Rien, rien que le besoin de sauver leurs
semblables.

Sur les sentimens purs et désintéressés
L'âme de Fénélon doit nous instruire
assez.
Il faut, prétendait-il, aimer Dieu pour
lui-même.
S'il n'expliquait pas bien son mystique
système,
S'il fut par ses rivaux justement com-
battu,
C'était ainsi du moins qu'il aimait la
vertu.
C'est ce qu'il voulait dire ; et c'est aussi
peut-être
Ce que sentaient trop bien ses rivaux et
son maître.
La vertu se suffit ; son exquise pudeur
Laisse à la vanité, qui s'appelle grandeur,
D'un éloge vénal les tributs emphatiques,
Et le bruit commandé des fanfares
publiques.
Conquérans immortels par des calamités,
Vos monumens debout surchargent les
cités ;
En vous payant l'impôt d'une terreur
profonde,
Le monde a célébré les oppresseurs du
monde.
Pourrait-il seulement nommer ses bien-
faiteurs ?
Du soc et du semoir quels sont les in-
venteurs ?
Qui changea les déserts en campagnes
fertiles ?
Quels mortels ont créé les premiers arts
utiles ?
Quels des arts découverts ont transmis
les leçons ?
Et quel divin génie analysant les sons,
Figurant à nos yeux les signes du lan-
gage,
De tous les arts futurs nous conquit
l'héritage ?
Sur aucun monument leur nom n'est
établi ;
Comme on brigue l'éclat, ils ont brigué
l'oubli !
Et, par un vol sublime échappant à
l'histoire,
Les plus hautes vertus sont des vertus
sans gloire.

De la vie ordinaire examinons le cours :
L'honnête homme paisible aime à cacher
ses jours ;
Et de bruyans jongleurs auront la com-
plaisance
D'envoyer aux journaux leurs traits de
bienfaisance.
Rapin vécut trente ans, chétif et demi-nu,
Et des faquins obscurs fut le plus in-
connu.
Il obtient par la brigue un rang considé-
rable ;
Vingt millions volés l'ont rendu respecta-
ble.
Rapin vient de mourir, des fripons re-
gretté :
Ceux qui volaient sous lui vantaient sa
probité.
Voyez, voyez encor jusqu'à l'asile sombre
Tout ce troupeau servile accompagner
son ombre.
C'est peu : l'airain guerrier pour lui va
retentir ;
Pour lui dans cette chaire un prêtre va
mentir ;
Le mensonge est gravé sur la pierre fu-
nèbre,
Et du nom d'un pied-plat va faire un
nom célèbre.
Et ce sage, à l'étude, aux pauvres con-
sacré,
Qui, portant le savoir sous leur toit ig-
noré,
Allait guérir leurs maux, consoler leur
vieillesse ;
Celui qui de leurs fils instruisait la jeu-
nesse ;
Ce riche, satisfait d'un modeste séjour,
Mais que l'agriculture occupait chaque
jour,
Qui payait le travail, secourait l'indi-
gence,
Et, pour prix d'un bienfait, demandait
le silence,
Le Sylva, le Rollin, le Sully du hameau,
Sont là, sans épitaphe, en un même tom-
beau.
Si l'éclat d'un vain nom fut l'objet de
leur crainte,
D'un pur amour du bien reconnaissez
l'empreinte,
Respectez-en la source ; et ne prétendez
plus
Que jamais l'égoïsme ait fondé les vertus.

Oh ! qu'il connaît bien mieux leur véri-
table base,

Ce bon, ce vieux Chrémès, éloquent
  sans emphase,
Qui dit à Ménédème, ardent à s'affliger :
" Homme, chez les humains rien ne m'est
  étranger."
À ce vers de Térence on a vu Rome an-
  tique
Répondre avec transport par un cri sym-
  pathique.
C'est qu'elle y retrouvait un sentiment
  sacré,
Par l'humanité même à Térence inspiré :
Chrémès offrait de l'homme une honora-
  ble image ;
On s'en déclarait digne en lui rendant
  hommage.
S'il eût dit : "Je suis homme, et ne songe
  qu'à moi,"
Rome n'eût répondu que par un cri
  d'effroi,
Et, du vers inhumain punissant le scan-
  dale,
Un sifflet vertueux eût vengé la morale.
L'intérêt personnel attire tout à lui ;
La sympathie à vivre dans autrui !
Si dans tous les mortels l'un voit des
  adversaires,
L'autre y voit des amis, des alliés, des
  frères :
L'un les fait détester ; l'autre les fait
  chérir,
Et pour eux, avec eux, nous enseigne à
  souffrir.
Par quel abus de mots, dans votre vain
  système,
Nommez-vous intérêt l'abandon de soi-
  même ?
Faut-il, en poursuivant d'utiles vérités,
S'égarer à plaisir en des subtilités ?
L'esprit dans cet abîme en vain cherche
  une route,
Et, malgré son flambeau, la raison n'y
  voit goutte.
Autant vaut rajeunir les rêves de Platon,
Ou devers Alcala, sur un plus aigre ton,
Se mettre en ergotant l'esprit à la torture,
Pour accorder Thomas, Scot ou Bona-
  venture.

Philosophes français, nés dans l'âge
  éclairé
Que les fils de Tartufe ont en vain déni-
  gré,
Cultivant chaque jour l'intelligence hu-
  maine,
Vous avez fait valoir, et grossi son do-
  maine.

Si le profond René, qui fut trop créateur,
Du doute méthodique, heureux législa-
  teur,
Mais infidèle aux lois par lui-même fixées,
De nos sensations sépara nos pensées ;
Si cet autre rêveur qui voyait tout en
  Dieu,
Ne se fit pas comprendre, et se comprit
  fort peu ;
Si, dans la Germanie, un charlatan go-
  thique,
Ose, en illuminé, prêcher sa scolastique ;
Les chemins qu'entrevit Bacon le pré-
  curseur,
Et dont Locke en tremblant sonda la
  profondeur,
Offrant à vos efforts un terrain plus do-
  cile,
Désormais, grâce à vous, sont d'un accès
  facile :
Guidés par la nature, et cherchant pas à
  pas,
Vous étudiez l'homme, et ne l'inventez
  pas ;
Des effets démontrés vous remontez aux
  causes ;
Mais pesez bien les mots, car les mots
  font les choses.

LE CIMETIÈRE DE CAMPAGNE.

MARIE-JOSEPH CHÉNIER. 1805.

TRADUCTION DE L'ANGLAIS DE GRAY.

LE jour fuit ; de l'airain les lugubres
  accens
Rappellent au bercail les troupeaux
  mugissans :
Le laboureur lassé regagne sa chaumière ;
Du soleil expirant la tremblante lumière
Délaisse par degrés les monts silen-
  cieux ;
Un calme solennel enveloppe les cieux,
Et sur un vieux donjon que le lierre
  environne,
Les sinistres oiseaux, par un cri mono-
  tone,
Grondent le voyageur dans sa route égaré,
Qui vient troubler l'empire à la nuit
  consacré.

Près de ces ifs noueux dont la verdure
  sombre
Sur les champs attristés répand le deuil
  et l'ombre,

Sous ces frêles gazons, parure du tombeau,
Dorment les villageois, ancêtres du hameau.
Rien ne peut les troubler dans leur couche dernière :
Ni le clairon du coq annonçant la lumière,
Ni du cor matinal l'appel accoutumé,
Ni la voix du printemps au souffle parfumé.
Des enfans, réunis dans les bras de leur mère,
Ne partageront plus, sur les genoux d'un père,
Le baiser du retour, objet de leur désir ;
Et le soir au banquet la coupe du plaisir
N'ira plus à la ronde égayer la famille.

Que de fois la moisson fatigua leur faucille !
Que de sillons traça leur soc laborieux !
Comme au sein des travaux leurs chants étaient joyeux,
Quand la forêt tombait sous les lourdes cognées !
Que leurs tombes du moins ne soient pas dédaignées ;
Que l'heureux fils du sort, déposant sa grandeur,
Des simples villageois respecte la candeur :
Que ce sourire altier sur ses lèvres expire ;
Biens, dignités, crédits, beauté, valeur, empire,
Tout vient dans le lieu sombre abîmer son orgueil.
O gloire ! ton sentier ne conduit qu'au cercueil.

Ils n'obtinrent jamais, sous les voûtes sacrées,
Des éloges menteurs, des larmes figurées ;
Les ministres du ciel ne leur vendirent pas
Le faste du néant, les hymnes du trépas :
Mais, perçant du tombeau l'éternelle retraite,
Des chants raniment-ils la poussière muette ?
La flatterie impure, offrant de vains honneurs,
Fait-elle entendre aux morts ses accens suborneurs ?

Des esprits enflammés d'un céleste délire,
Des mains dignes du sceptre, ou dignes de la lyre,

Languissent dans ce lieu par la mort habité.
Grands hommes inconnus, la froide pauvreté
Dans vos âmes glaça le torrent du génie ;
Des dépouilles du temps la science enrichie
À vos yeux étonnés ne déroula jamais
Le livre où la nature imprima ses secrets,
Mais l'avare Océan recèle dans son ónde
Des diamans, l'orgueil des mines de Golconde ;
Des plus brillantes fleurs le calice entr'ouvert
Décore un précipice ou parfume un désert.
Là, peut-être sommeille un Hamden de village,
Qui brava le tyran de son humble héritage ;
Quelque Milton sans gloire ; un Cromwell ignoré,
Qu'un pouvoir criminel n'a point déshonoré.

S'ils n'ont pas des destins affronté la menace,
Fait tonner au sénat leur éloquente audace,
D'un hameau dévasté relevé les débris,
Et recueilli l'éloge en des yeux attendris,
Le sort, qui les priva de ces plaisirs sublimes
Ainsi que les vertus borna pour eux les crimes :
On n'a point vu l'épée, ivre de sang humain,
Leur frayer jusqu'au trône un terrible chemin ;
Ils n'ont pas étouffé dans leur âme flétrie
Et la pitié qui pleure, et le remords qui crie ;
Jamais leur main servile aux coupables puissans
N'a des pudiques Sœurs prostitué l'encens ;
Et leurs modestes jours, ignorés de l'envie,
Coulèrent sans orage au vallon de la vie.

Quelques rimes sans art, d'incultes ornemens,
Recommandent aux yeux ces obscurs monumens ;
Une pierre attestant le nom, le sexe et l'âge,

Une informe élégie où le rustique sage
Par des textes sacrés nous enseigne à
 mourir,
Implorent du passant le tribut d'un
 soupir.
Et quelle âme intrépide, en quittant le
 rivage
Peut au muet oubli résigner son courage?
Quel œil, apercevant le ténébreux séjour,
Ne jette un long regard vers l'enceinte
 du jour?
Nature, chez les morts ta voix se fait
 entendre ;
Ta flamme dans la tombe anime notre
 cendre ;
Aux portes du néant respirant l'avenir,
Nous voulons nous survivre en un doux
 souvenir.

Et toi, qui pour venger la probité sans
 gloire,
Du pauvre dans tes vers chantas la
 simple histoire,
Si, visitant ces lieux, domaine de la
 mort,
Un cœur parent du tien veut apprendre
 ton sort,
Sans doute un villageois, à la tête blan-
 chie,
Lui dira : Traversant la plaine rafraîchie,
Souvent sur la colline il devançait le
 jour ;
Quand au sommet des cieux le midi de
 retour
Dévorait les coteaux de sa brûlante haleine
Seul, et goûtant le frais à l'ombre d'un
 vieux chêne,
Couché nonchalamment, les yeux fixés
 sur l'eau,
Il aimait à rêver au doux bruit du ruis-
 seau ;
Le soir, dans la forêt, loin des routes
 tracées,
Il égarait ses pas et ses tristes pensées ;
Quelquefois, en quittant ces bois reli-
 gieux,
Des pleurs mal essuyés mouillaient encor
 ses yeux.
Un jour, près d'un ruisseau, sur le mont
 solitaire,
Sous l'arbre favori, le long de la bruyère,
Je cherchai, mais en vain, la trace de
 ses pas ;
Je vins le jour suivant, je ne le trouvai
 pas :
Le lendemain, vers l'heure où naissent
 les ténèbres,

J'aperçus un cercueil et des flambeaux
 funèbres :
À pas lents vers l'église on portait ses
 débris :
Sa tombe est près de nous ; regarde,
 approche, et lis.

ÉPITAPHE.

Sous ce froid monument sont les jeunes
 reliques
D'un homme, à la fortune, à la gloire
 inconnu :
La tristesse voilait ses traits mélan-
 coliques ;
Il eut peu de savoir, mais un cœur
 ingénu.

Les pauvres ont béni sa pieuse jeunesse
Dont la bonté du ciel a daigné prendre
 soin :
Il sut donner des pleurs, son unique
 richesse ;
Il obtint un ami, son unique besoin.

Ne mets point ses vertus, ses défauts en
 balance ;
Homme, tu n'es plus juge en ce funèbre
 lieu :
Dans un espoir tremblant il repose en
 silence,
Entre les bras d'un père et sous la loi
 d'un Dieu.

LES RUINES DU CHÂTEAU.

PIERRE LEBRUN. 1807.

Que je le plains le triste solitaire
Qui, loin du monde en lui seul renfermé,
N'aima jamais personne sur la terre,
Et de personne à son tour n'est aimé !
La solitude est un désert immense
À qui n'a pas quelque doux souvenir,
Ou, mieux encor, quelque chère espé-
 rance.
Mais le mortel jeune et plein d'avenir
Qu'arrête aux champs l'étude, et le
 silence.
S'il fut heureux, si de quelques beaux
 jours
Le souvenir dans les bois l'accompagne,
S'il a laissé derrière la montagne
Des amitiés, peut-être des amours,
Que son destin doit inspirer d'envie !
Enviez-moi, c'est le mien, c'est la vie

Que je savoure en ce lieu de repos.
De doux loisirs mêlés de doux travaux,
Des champs coupés de cent routes fleuries,
De frais vallons où coulent des ruisseaux,
Des bois ombreux arrondis en berceaux,
Sous ces berceaux de longues rêveries,
Voilà mon sort : et, sur le bord des eaux
Parfois assis, quand un beau jour m'in-
    spire,
Au bruit du flot, et du vent qui soupire
Dans les débris, je mêle quelques airs
Qui des vieux temps rappellent les con-
    certs.

Voyez-vous pendre au flanc de la colline
Ces murs, ces tours, cette vaste ruine ?
Aux temps passés une bruyante cour
Retentissait dans ce muet séjour :
Il fut peuplé de héros et de belles ;
Il entendit aux nobles damoiselles
Les chevaliers chanter des lais d'amour ;
Et les tournois, ces jeux de la victoire,
À ses échos ont fait redire un jour
Jusques au ciel des fanfares de gloire.
Demeure illustre et pleine de mémoire !

Dunois venait, par l'âge appesanti,
Y reposer ses fatigues de guerre ;
L'autre bâtard qui conquit l'Angleterre
Pour son royaume est de ce lieu parti.
Je crois le voir, ce Guillaume intrépide,
Devant ma porte assembler ses vassaux,
Sous ma fenêtre ordonner ses vaisseaux,
Et dire adieu tendrement à Mathilde,
Qui pleure encore, et d'un regard humide
À l'hôrizon le conduit sur les eaux.
Aimable reine, épousé glorieuse,
Peut-être ici, de ses pudiques doigts,
Elle guida l'aiguille ingénieuse
Qui de Guillaume a tissu les exploits ;
Peut-être ici, par des tableaux fidèles,
Seule au milieu des filles de sa cour,
Elle animait ces toiles immortelles,
Doux monument par qui vivent modèles,
L'époux, de gloire, et l'épouse, d'amour.

Et maintenant ces lieux sont solitaires,
Qui jusqu'au ciel portant des tours altières
Y conduisaient tant d'éclat et de bruit ;
Tout est muet, tout est silence et nuit ;
Et du château, demeure inanimée,
Il ne sort plus de voix ni de fumée.
Vaste ruine ! au sein des arbrisseaux,
À peine encor restent quelques arceaux ;
La chèvre y monte, et broute l'herbe
    humide
An lieu qui fut la chambre de Mathilde.

Le grand foyer, où souvent autrefois
Un chêne entier vit autour de sa flamme
Les chevaliers assis près de leurs dames
Causer d'amour, de guerre et de tournois,
Au vaste mur suspendu sans usage,
Voit dans son sein jaunir la fleur sauvage.
Le lierre y rampe ; et, sur ces hauts
    débris,
Dans les créneaux consacrés au carnage,
Les blancs pigeons ont abrité leurs nids,

À ce tableau d'une splendeur passée.
Souvent, rêveur, j'attache ma pensée ;
Je sens en moi naître un vague désir ;
Des jours éteints mon âme alors est
    pleine,
Et par degrés vient bientôt me saisir
Un doux regret qui ressemble à la peine,
Et qui lui-même est pourtant du plaisir.
O du vieux temps séduisantes images !
Du souvenir pouvoir mystérieux !
Qui n'aime à vivre au siècle des aïeux,
A remonter le long fleuve des âges,
Même à revoir les plus proches rivages !
Pays charmant, où tout devient bon-
    heur
Jusqu'à la peine : il est fait pour mon
    cœur.
Vivre au passé, c'est là mon bien su-
    prême.
Là, ma mémoire appelle ce qu'elle aime ;
Tout le bonheur parsemé dans mes jours.
Je le rassemble et je le recommence ;
Je vis deux fois et vingt fois et toujours.
Un plaisir naît même d'une souffrance ;
Tourments passés ont droit à mes amours.

Le souvenir de l'espérance est frère ;
Comme sa sœur il n'a rien de mortel ;
Et si comme elle il n'est pas né du
    ciel,
C'est le plus beau des enfants de la
    terre ;

C'est le plus pur ; c'est ce nuage d'or
Où, quand le jour a fourni sa carrière,
Déjà couché, le soleil dure encor
Dans le reflet qu'y laisse sa lumière ;

Ange rêveur, dont la secrète voix
En nous exerce un indicible empire,
Et parle au cœur, triste et douce à la
    fois,
Comme à l'oreille, au moment qu'il ex-
    pire,
Un chant lointain entendu dans les
    bois.

ADIEUX AU COLLÉGE DE BELLEY.[1]

LAMARTINE. 1809.

Asile vertueux qui formas mon enfance
À l'amour des humains, à la crainte des
    dieux,
Où je sauvai la fleur de ma tendre inno-
    cence,
    Reçois mes pleurs et mes adieux.

Trop tôt je t'abandonne, et ma barque
    légère,
Ne cédant qu'à regret aux volontés du
    sort,
Va se livrer aux flots d'une mer étrangère,
    Sans gouvernail et loin du bord.

O vous dont les leçons, les soins et la
    tendresse
Guidaient mes faibles pas au sentier des
    vertus,
Aimables sectateurs d'une aimable sa-
    gesse,
    Bientôt je ne vous verrai plus !

Non, vous ne pourrez plus condescendre
    et sourire
À ces plaisirs si purs, pleins d'innocents
    appas ;
Sous le poids des chagrins si mon âme
    soupire,
    Vous ne la consolerez pas !

En butte aux passions, au fort de la
    tourmente,
Si leur fougue un instant m'écartait de
    vos lois,
Puisse au fond de mon cœur votre image
    vivante
    Me tenir lieu de votre voix !

Qu'elle allume en mon cœur un remords
    salutaire !
Qu'elle fasse couler les pleurs du re-
    pentir !
Et que des passions l'ivresse téméraire
    Se calme à votre souvenir !

Et toi, douce amitié, viens, reçois mon
    hommage ;
Tu m'as fait dans tes bras goûter de vrais
    plaisirs ;

[1] Cette pièce, composée en 1809, intéressera
sans doute vivement les admirateurs de M. de
Lamartine, comme essai précoce d'une muse
qui donnait déjà la promesse si fidèlement tenue
de son brillant avenir. Il n'avait que 11 ans.

Ce dieu tendre et cruel qui m'attend au
    passage
    Ne fait naître que des soupirs.

Ah ! trop volage enfant, ne blesse point
    mon âme
De ces traits dangereux puisés dans ton
    carquois !
Je veux que le devoir puisse approuver
    ma flamme.
    Je ne veux aimer qu'une fois.

Ainsi dans la vertu ma jeunesse formée
Y trouvera toujours un appui tout nou-
    veau,
Sur l'océan du monde une route assurée,
    Et son espérance au tombeau.

À son dernier soupir, mon âme défail-
    lante
Bénira les mortels qui firent mon bon-
    heur :
On entendra redire à ma bouche mou-
    rante
    Leurs noms si chéris de mon cœur !

RÊVE D'UNE FEMME.

MADAME DESBORDES-VALMORE. 1830.

Veux-tu recommencer la vie,
Femme, dont le front va pâlir !
Veux-tu l'enfance, encor suivie
D'anges enfants pour l'embellir !
Veux-tu les baisers de ta mère
Échauffant tes jours au berceau !
"Quoi ! mon doux Éden éphémère :
Oh ! oui, mon Dieu ! c'était si beau !"

Sous la paternelle puissance,
Veux-tu reprendre un calme essor,
Et dans des parfums d'innocence
Laisser épanouir ton sort !
Veux-tu remonter le bel âge,
L'aile au vent, comme un jeune oiseau !
"Pourvu qu'il dure davantage,
Oh ! oui, mon Dieu ! c'était si beau !"

Veux-tu rapprendre l'ignorance
Dans un livre à peine entr'ouvert !
Veux-tu ta plus vierge espérance,
Oublieuse aussi de l'hiver !
Tes frais chemins et tes colombes,
Les veux-tu jeunes comme toi !
"Si mes chemins n'ont plus de tombes,
Oh ! oui, mon Dieu ! rendez-les-moi !"

Reprends donc de ta destinée
L'encens, la musique, les fleurs,
Et reviens, d'année en année,
Au temps qui change tout en pleurs :
Va retrouver l'amour, le même !
Lampe orageuse, allume-toi !
" Retourner au monde où l'on aime,
O mon Sauveur ! éteignez-moi ! "

DÉTACHEMENT.

MADAME DESBORDES-VALMORE. 1820.

"Yet are there souls with whom my own
would rest, whom I might bless, with whom I
might be blessed."—BYRON.

"Combien il faut avoir souffert pour être fa-
tigué même de l'espérance !"—PAULINE.

IL est des maux sans nom, dont la morne
amertume
Change en affreuses nuits nos jours qu'elle
consume.
Se plaindre est impossible ; on ne sait
plus parler ;
Les pleurs même du cœur refusent de
couler.
On ne se souvient pas, perdu dans le nau-
frage,
De quel astre inclément s'est échappé
l'orage,
Qu'importe ! Le malheur s'est étendu
partout ;
Le passé n'est qu'une ombre, et l'attente
un dégoût.

C'est quand on a perdu tout appui de
soi-même ;
C'est quand on n'aime plus, que plus rien
ne nous aime ;
C'est quand on sent mourir son regard
attaché
Sur un bonheur lointain qu'on a long-
temps cherché,
Créé pour nous peut-être ! et qu'indigne
d'atteindre,
On voit comme un rayon trembler, fuir
— et s'éteindre.

RÉVÉLATION.

MADAME DESBORDES-VALMORE. 1820.

VOIS-TU, d'un cœur de femme il faut
avoir pitié.
Quelque chose d'enfant s'y mêle à tous
les âges ;

Quand elles diraient non, je dis oui.
Les plus sages
Ne peuvent sans transport se prendre
d'amitié :
Juge d'amour ! Ce mot nous rappelle
nos mères,
Le berceau balancé dans leurs douces
prières,
L'ange gardien qui veille et plane autour
de nous,
Qu'une petite fille écoute à deux genoux ;
Dieu, qui parle et se plaît dans une âme
ingénue,
Que l'on a vu passer avec l'errante
nue,
Dont on buvait l'haleine au fond des
jeunes fleurs,
Qu'on regardait dans l'ombre et qui
séchait nos pleurs ;
Et le pardon qui vint, un jour de péni-
tence,
Dans un baiser furtif redorer l'existence !

Ce suave lointain reparaît dans l'amour ;
Il redonne à nos yeux l'étonnement du
jour ;
Sous ses deux ailes d'or qu'il abat sur
notre âme,
Des prismes mal éteints il rallume la
flamme,
Tout s'illumine encor de lumière et
d'encens,
Et le rire d'alors roule avec nos ac-
cents !

Des pompes de Noël la native harmonie
Verse encor sur l'hiver sa grâce indéfinie ;
La cloche bondissante, avec sa grande
voix,
Fait vibrer dans les airs : *Noël !* comme
autrefois ;
Et le ciel qui s'emplit d'accords et de
louanges,
C'est le *Salutaris* et le souffle des anges !
Et puis, comme une lampe aux rayons
blancs et doux,
La lune, d'un feu pur inondant sa car-
rière,
Semble ouvrir sur le monde une im-
mense paupière,
Pour chercher son Dieu jeune, égaré
parmi nous.

"Oh ! qu'elle soit heureuse entre toutes
les femmes !"
Dit une femme heureuse et choisie à son
tour ;

"Oh ! qu'elle règne aux cieux ; j'ai mon
    ciel, j'ai l'amour :
Par lui, l'éternité sauve toutes nos âmes!"

La pitié fend la nue, et fait pleuvoir ses
    dons
Sur l'indigent qui court vers le divin
    baptême.
Regarde ! son flambeau repousse l'ana-
    thème,
Et son manteau qui s'ouvre est chargé
    de pardons.
Noël ! Noël ! L'enfant lève sa tête
    blonde,
Car il sait qu'à minuit les anges font la
    ronde.
Quel bonheur de t'attendre à travers ce
    bonheur,
Dis : d'attirer ta vie à mon foyer rêveur !
Répands-y de tes yeux la lumière chérie ;
Viens ! J'ai besoin d'entendre et de
    baiser ta voix.
    C'est avec ta voix que je prie,
    C'est avec tes yeux que je vois !

Quand l'orgue exhale aux cieux les sou-
    pirs de l'église,
Ce qui se passe en moi, viens ! que je te
    le dise ;
Viens ! Et salut à toi, culte enfant, pur
    trésor !
Par toi, la neige brûle et la nuit étin-
    celle ;
Par toi, la vie est riche ; elle a chaud
    sous ton aile ;
Le reste est pour le pauvre, et ce n'est
    qu'un peu d'or !
Donnons ! qu'il est facile et doux d'être
    prodigue,
Quand on vit d'avenir, de prière, d'espoir !
Quand le monde fait peur, quand la
    foule fatigue,
Quand le cœur n'a qu'un cri : Te voir,
    te voir, te voir !

    Et, quand le silence
    Adore à son tour,
    La foi, qui s'élance,
    Aux cieux se balance,
    Et pleure d'amour !

    Vivre ! toujours vivre,
    D'un feu sans remords ;
    Nous sauver et suivre
    Un Dieu qui se livre
    Pour tuer la mort :

    Aimer ce que j'aime,
    Une éternité,
    Et dans ton baptême,
    M'abreuver moi-même
    D'immortalité :

    Qu'elle immense voie !
    Que d'ans ! que de jours !
    Viens, que je te voie ;
    Je tremble de joie :
    Tu vivras toujours !

L'été, le monde ému frémit comme une
    fête ;
La terre en fleurs palpite et parfume sa
    tête ;
Les cailloux plus cléments, loin d'offenser
    nos pas,
Nous font un doux chemin. On vole,
    on dit tout bas :
"Voyez ! tout m'obéit, tout m'appar-
    tient, tout m'aime !
Que j'ai bien fait de naître ! et Dieu,
    car c'est Dieu même,
Est-il assez clément de protéger mes jours,
Sous une image ardente à me suivre tou-
    jours !"

Que de portraits de toi j'ai vus dans les
    nuages !
Que j'ai dans tes bouquets respiré de
    présages !
Que de fois j'ai senti, par un nœud doux
    et fort,
Ton âme s'enlacer à l'entour de mon sort !
Quand tu me couronnais d'une seconde
    vie,
Que de fois sur ton sein je m'en allais
    ravie,
Et reportée aux champs que mon père
    habitait,
Quand j'étais blonde et frêle, et que l'on
    me portait !
Que de fois dans tes yeux j'ai reconnu
    ma mère !
Oui ! toute femme aimée a sa jeune
    chimère,
Sois-en sûr ; elle prie, elle chante : et
    c'est toi
Qui gardais ces tableaux longtemps voilés
    pour moi.
Oui ! si quelque musique en mon âme
    cachée
Frappe sur mon sommeil et m'inspire
    d'amour,
C'est pour ta douce image à ma vie
    attachée,

Caressante chaleur sur mon sort épan-
  chée,
Comme sur un mur sombre un sourire
  du jour !

Mais, par un mot changé troubles-tu ma
  tendresse,
Oh ! de quel paradis tu fais tomber mon
  cœur !
D'une larme versée au fond de mon
  ivresse,
Si tu savais le poids, ému de ta rigueur,
Penché sur mon regard qui tremble et
  qui t'adore,
Comme on baise les pleurs dont l'enfant
  nous implore,
À ton plus faible enfant tu viendrais, et
  tout bas :
"J'ai voulu t'éprouver, grâce ! ne pleure
  pas !"
Parle-moi doucement, sans voix ; parle
  à mon âme ;
Le souffle appelle un souffle, et la flamme
  une flamme.
Entre deux cœurs charmés il faut peu de
  discours,
Comme à deux filets d'eau peu de bruit
  dans leur cours.
Ils vont, aux vents d'été parfumant leur
  voyage ;
Altérés l'un de l'autre et contents de
  frémir,
Ce n'est que de bonheur qu'on les entend
  gémir.
Quand l'hiver les cimente et fixe leur
  image,
Ils dorment suspendus sous le même
  pouvoir,
Et si bien emmêlés, qu'ils ne font qu'un
  miroir.

On a si peu de temps à s'aimer sur la
  terre !
Oh ! qu'il faut se hâter de dépenser son
  cœur !
Grondé par le remords, prends garde ! il
  est grondeur,
L'un des deux, mon amour, pleurera
  solitaire.
Parle-moi doucement, afin que dans la
  mort
Tu scelles nos adieux d'un baiser sans
  remords,
Et qu'en entrant aux cieux, toi calme,
  moi légère,
Nous soyons reconnus pour amants de
  la terre ;

Que si l'ombre d'un mot t'accusait devant
  moi,
À Dieu, sans le tromper, je réponde
  pour toi :
"Il m'a beaucoup aimée ! il a bu de
  mes larmes ;
Son âme a regardé dans toutes mes dou-
  leurs ;
Il a dit qu'avec moi l'exil aurait des
  charmes,
La prison du soleil, la vieillesse des
  fleurs !"

Et Dieu nous unira d'éternité ; prends
  garde :
Fais-moi belle de joie ! et quand je te
  regarde,
Regarde-moi. Jamais ne rencontre ma
  main,
Sans la presser : cruel ! on peut mourir
  demain,
Songe donc ! Crains surtout qu'en moi-
  même enfermée,
Ne me souvenant plus que je fus trop
  aimée,
Je ne dise, pauvre âme, oublieuse des
  cieux,
Pleurant sous mes deux mains et me
  cachant les yeux :
"Dans tous mes souvenirs je sens couler
  des larmes.
Tout ce qui fit ma joie enfermait mes
  douleurs :
Mes jeunes amitiés sont empreintes des
  charmes
Et des parfums mourants qui survivent
  aux fleurs."

Je dis cela, jalouse ; et je sens ma pensée
Sortir en cris plaintifs de mon âme
  oppressée.
Quand tu ne réponds pas, j'ai honte à
  tant d'amour,
Je gronde mes sanglots, je m'évite à mon
  tour ;
Je m'en retourne à Dieu, je lui demande
  un père,
Je lui montre mon cœur gonflé de ta
  colère,
Je lui dis, ce qu'il sait, que je suis son
  enfant,
Que je veux espérer, et qu'on me le
  défend !

Ne me le défends plus ! laisse brûler ma
  vie.
Si tu sais le doux mal où je suis asservie,

Oh ! ne me dis jamais qu'il faudra se
    guérir ;
Qu'aimer use le cœur et que tout doit
    mourir.
Car tu me vois dans l'âme : approche,
    tu peux lire ;
Voilà notre secret : est-ce mal de le dire ?
Non ! rien ne meurt. Pieux d'amour
    ou d'amitié,
Vois-tu, d'un cœur de femme il faut
    avoir pitié !

LE MALHEUR.

ALFRED DE VIGNY. 1890.

Suivi du Suicide impie,
A travers les pâles cités,
Le Malheur rôde, il nous épie,
Près de nos seuils épouvantés.
Alors il demande sa proie ;
La jeunesse, au sein de la joie,
L'entend, soupire et se flétrit ;
Comme au temps où la feuille tombe,
Le vieillard descend dans la tombe,
Privé du feu qui le nourrit.

Où fuir ! Sur le seuil de ma porte
Le Malheur, un jour, s'est assis ;
Et, depuis ce jour, je l'emporte
A travers mes jours obscurcis.
Au soleil, et dans les ténèbres,
En tous lieux ses ailes funèbres
Me couvrent comme un noir manteau ;
De mes douleurs ses bras avides
M'enlacent ; et ses mains livides
Sur mon cœur tiennent le couteau.

J'ai jeté ma vie aux délices,
Je souris à la volupté ;
Et les insensés, mes complices,
Admirent ma félicité.
Moi-même, crédule à ma joie,
J'enivre mon cœur, je me noie
Aux torrents d'un riant orgueil ;
Mais le Malheur devant ma face
A passé : le rire s'efface,
Et mon front a repris son deuil.

En vain je redemande aux fêtes
Leurs premiers éblouissements,
De mon cœur les molles défaites
Et les vagues enchantements :
Le spectre se mêle à la danse ;
Retombant avec la cadence,
Il tache le sol de ses pleurs,
Et, de mes yeux trompant l'attente,

Passe sa tête dégoûtante
Parmi les fronts ornés de fleurs.

Il me parle dans le silence,
Et mes nuits entendent sa voix ;
Dans les arbres il se balance
Quand je cherche la paix des bois,
Près de mon oreille il soupire ;
On dirait qu'un mortel expire :
Mon cœur se serre épouvanté,
Vers les astres mon œil se lève,
Mais il y voit pendre le glaive
De l'antique fatalité.

Sur mes mains ma tête penchée
Croit trouver l'innocent sommeil.
Mais, hélas ! elle m'est cachée,
Sa fleur au calice vermeil.
Pour toujours elle m'est ravie,
La douce absence de la vie ;
Ce bain qui rafraîchit les jours,
Cette mort de l'âme affligée,
Chaque nuit à tous partagée,
Le sommeil m'a fui pour toujours.

"Ah ! puisqu'une éternelle veille
Brûle mes yeux toujours ouverts,
Viens, ô Gloire !" ai-je dit ; "réveille
Ma sombre vie au bruit des vers.
Fais qu'au moins mon pied périssable
Laisse une empreinte sur le sable."
La Gloire a dit : " Fils de douleur,
Où veux-tu que je te conduise ?
Tremble ; si je t'immortalise,
J'immortalise le Malheur."

Malheur ! oh ! quel jour favorable
De ta rage sera vainqueur !
Quelle main forte et secourable
Pourra t'arracher de mon cœur,
Et dans cette fournaise ardente,
Pour moi noblement imprudente,
N'hésitant pas se plonger,
Osera chercher dans la flamme,
Avec force y saisir mon âme,
Et l'emporter loin du danger !

LA VILLE PRISE.

VICTOR HUGO. 1825.

"Feu, feu, sang et ruine !"
CORTE REAL, *Le Siége de Diu.*

La flamme par ton ordre, ô Roi, luit et
    dévore.
De ton peuple en grondant elle étouffe
    les cris ;

Et, rougissant les toits comme une
  sombre aurore,
Semble en son vol joyeux danser sur
  leurs débris.

Le meurtre aux mille bras comme un
  géant se lève ;
Les palais embrasés se changent en tom-
  beaux ;
Pères, femmes, époux, tout tombe sous
  le glaive ;
Autour de la cité s'appellent les corbeaux.

Les mères ont frémi ! les vierges palpi-
  tantes,
O calife ! ont pleuré leurs jeunes ans
  flétris,
Et les coursiers fougueux ont traîné hors
  des tentes
Leurs corps vivants, de coups et de baisers
  meurtris !

Vois d'un vaste linceul la ville envelop-
  pée ;
Vois ! quand ton bras puissant passe, il
  fait tout plier.
Les prêtres qui priaient ont péri par
  l'épée,
Jetant leur livre saint comme un vain
  bouclier !

Les touts petits enfants, écrasés sous les
  dalles,
Ont vécu : de leur sang le fer s'abreuve
  encor, —
Ton peuple brise, ô Roi, la poudre des
  sandales
Qu'à ton pied glorieux attache un cercle
  d'or !

LA MÊLÉE.

VICTOR HUGO. 1825.

"Les armées s'ébranlent, le choc est terrible,
les combattants sont terribles, les blessures sont
terribles, la mêlée est terrible." — GONZALO
BERCEO, *la Bataille de Simancas.*

PÂTRE ! change de route. — Au pied de
  ces collines
Vois onduler deux rangs d'épaisses jave-
  lines ;
Vois ces deux bataillons l'un vers l'autre
  marchant ;
Au signal de leurs chefs que divise la
  haine,

Ils se sont pour combattre arrêtés dans
  la plaine.
Ecoute ces clameurs ; — tu frémis : c'est
  leur chant !

" Accourez tous, oiseaux de proie,
Aigles, hiboux, vautours, corbeaux !
Volez ! volez tous pleins de joie
A ces champs comme à des tombeaux !
Que l'ennemi sous notre glaive
Tombe avec le jour qui s'achève !
Les psaumes du soir sont finis.
Le prêtre, qui suit leurs bannières,
Leur a dit leurs vêpres dernières,
Et le nôtre nous a bénis ! "

Halbert, baron normand, Ronan, prince
  de Galles,
Vont mesurer ici leurs forces presque
  égales ;
Les Normands sont adroits ; les Gallois
  sont ardents.
Ceux-là viennent chargés d'une armure
  sonore ;
Ceux-ci font, pour couvrir leur front
  sauvage encore,
De la gueule des loups un casque armé
  de dents !

" Que nous fait la plainte des veuves,
Et de l'orphelin gémissant ?
Demain nous laverons aux fleuves
Nos bras teints de fange et de sang.
Serrons nos rangs, brûlons nos tentes !
Que nos trompettes éclatantes
Glacent l'ennemi méprisé !
En vain leurs essaims se déroulent ;
Pour eux chaque sillon qu'ils foulent
Est un sépulcre tout creusé ! "

Le signal est donné. — Parmi des flots de
  poudre,
Leurs pas courts et pressés roulent comme
  la foudre —
Comme deux chevaux noirs qui dévorent
  le frein,
Comme deux grands taureaux luttant
  dans les vallées,
Les deux masses de fer, à grand bruit
  ébranlées,
Brisent d'un même choc leur double front
  d'airain !

" Allons, guerriers ! la charge sonne !
Courez, frappez, c'est le moment !
Aux sons de la trompe saxonne,
Aux accords du clairon normand !
Dagues, hallebardes, épées,

Pertuisanes de sang trempées,
Haches, poignards à deux tranchants,
Parmi les cuirasses froissées,
Mêlez vos pointes hérissées,
Comme la ronce dans les champs ! ''

Où donc est le soleil ? — Il luit dans la
fumée,
Comme un bouclier rouge en la forge
enflammée.
Dans des vapeurs de sang on voit briller
le fer ;
La vallée au loin semble une fournaise
ardente ;
On dirait qu'au milieu de la plaine gron-
dante
S'est ouverte soudain la bouche de l'enfer.

'' Le jeu des héros se prolonge,
Les rangs s'enfoncent dans les rangs,
Le pied des combattants se plonge
Dans la blessure des mourants.
Avançons ! avançons ! courage !
Le fantassin mord avec rage
Le poitrail de fer du coursier ;
Les chevaux blanchissants frissonnent ;
Et les masses d'armes résonnent
Sur leurs caparaçons d'acier ! ''

Noir chaos de coursiers, d'hommes,
d'armes heurtées !
Les Gallois, tout couverts de peaux en-
sanglantées,
Se roulent sur le dard des écus meur-
triers ;
À mourir sur leurs morts obstinés et
fidèles,
Ils semblent assiéger comme des citadelles
Les cavaliers normands sur leurs grands
destriers.

'' Que ceux qui brisent leur épée
Luttent des ongles et des dents,
S'ils veulent fuir la faim trompée
Des loups autour de nous rôdants !
Point de prisonniers ! point d'esclaves !
S'il faut mourir, mourons en braves
Sur nos compagnons immolés.
Que demain le jour, s'il se lève,
Voie encor des tronçons de glaive
Étreints par nos bras mutilés ! ''

Viens, berger : la nuit tombe, et plus
de sang ruisselle ;
De coups plus furieux chaque armure
étincelle ;

Les chevaux éperdus se dérobent au
mors.
Viens, laissons achever cette lutte brû-
lante.
Ces hommes acharnés à leur tâche san-
glante
Se reposeront tous demain, vainqueurs ou
morts !

ITALIE.

LAMARTINE. 1837.

''ITALIE ! Italie ! adieu, bords que j'ai-
mais !
Mes yeux désenchantés te perdent pour
jamais !
O terre du passé, que faire en tes col-
lines ?
Quand on a mesuré tes arcs et tes ruines,
Et fouillé quelques noms dans l'urne de
la mort,
On se retourne en vain vers les vivants :
tout dort,
Tout, jusqu'aux souvenirs de ton antique
histoire,
Qui te feraient du moins rougir devant
ta gloire !
Tout dort ! et cependant l'univers est
debout !
Par le siècle emporté tout marche, ail-
leurs, partout !
Le Scythe et le Breton, de leurs climats
sauvages
Par le bruit de ton nom guidés vers tes
rivages,
Jetant sur tes cités un regard de mépris,
Ne t'aperçoivent plus dans tes propres
débris,
Et, mesurant de l'œil tes arches colos-
sales,
Tes temples, tes palais, tes portes triom-
phales,
Avec un rire amer demandent vainement
Pour qui l'immensité d'un pareil monu-
ment ;
Si l'on attend qu'ici quelque autre César
passe,
Ou si l'ombre d'un peuple occupe tant
d'espace.
Et tu souffres sans honte un affront si
sanglant !
Que dis-je ? tu souris au barbare inso-
lent ;
Tu lui vends les rayons de ton astre qu'il
aime ;

Avec ton lâche orgueil, tu lui montres
  toi-même
Ton sol partout empreint des pas de tes
  héros,
Ces vieux murs où leurs noms roulent
  en vains échos,
Ces marbres mutilés par le fer du bar-
  bare,
Ces bustes avec qui son orgueil te com-
  pare,
Et de ces champs féconds les trésors
  superflus,
Et ce ciel qui t'éclaire et ne te connaît
  plus !
Rougis !—Mais non ; briguant une gloire
  frivole,
Triomphe ! On chante encore au pied du
  Capitole !
À la place du fer, ce sceptre des Romains,
La lyre et le pinceau chargent tes faibles
  mains :
Tu sais assaisonner des voluptés perfides,
Donner des chants plus doux aux voix
  de tes Armides,
Animer les couleurs sous un pinceau
  vivant,
Ou, sous l'adroit burin de ton ciseau sa-
  vant,
Prêter avec mollesse au mârbre de Blan-
  duse
Les traits de ces héros dont l'image t'ac-
  cuse.
Ta langue, modulant des sons mélodieux,
A perdu l'âpreté de tes rudes aïeux ;
Douce comme un flatteur, fausse comme
  une esclave,
Tes fers en ont usé l'accent nerveux et
  grave ;
Et semblable au serpent, dont les nœuds
  assouplis
Du sol fangeux qu'il couvre imitent tous
  les plis,
Façonnée à ramper par un long esclavage,
Elle se prostitue au plus servile usage,
Et s'exhalant sans force en stériles ac-
  cents,
Ne fait qu'amollir l'âme et caresser les
  sens.

"Monument écroulé, que l'écho seul
  habite ;
Poussière du passé, qu'un vent stérile
  agite ;
Terre où les fils n'ont plus le sang de
  leurs aïeux,
Où sur un sol vieilli les hommes naissent
  vieux,

Où le fer avili ne frappe que dans
  l'ombre,
Où sur les fronts voilés plane un nuage
  sombre,
Où l'amour n'est qu'un piége et la pu-
  deur qu'un fard,
Où la ruse a faussé le rayon du regard,
Où les mots énervés ne sont qu'un bruit
  sonore,
Un nuage éclaté qui retentit encore :
Adieu ! Pleure ta chute en vantant tes
  héros !
Sur des bords où la gloire a ranimé
  leurs os,
Je vais chercher ailleurs (pardonne, ombre
  romaine !)
Des hommes, et non pas de la poussière
  humaine !

"Mais, malgré tes malheurs, pays choisi
  des dieux,
Le ciel avec amour tourne sur toi les
  yeux ;
Quelque chose de saint sur tes tombeaux
  respire :
La Foi sur tes débris a fondé son em-
  pire !
La Nature, immuable en sa fécondité,
T'a laissé deux présents : ton soleil, ta
  beauté ;
Et noble dans son deuil, sous tes pleurs
  rajeunie,
Comme un fruit du climat enfante le
  génie,
Ton nom résonne encore à l'homme qui
  l'entend,
Comme un glaive tombé des mains du
  combattant !
À ce bruit impuissant la terre tremble
  encore,
Et tout cœur généreux te regrette et
  t'adore !

FANTÔMES.

VICTOR HUGO. 1828.

Hélas ! que j'en ai vu mourir de jeunes
  filles !
C'est le destin. Il faut une proie au tré-
  pas.
Il faut que l'herbe tombe au tranchant
  des faucilles ;
Il faut que dans le bal les folâtres qua-
  drilles
Foulent des roses sous leurs pas.

Il faut que l'eau s'épuise à courir les
    vallées ;
Il faut que l'éclair brille, et brille peu
    d'instants ;
Il faut qu'Avril jaloux brûle de ses ge-
    lées
Le beau pommier, trop fier de ses fleurs
    étoilées,
    Neige odorante du printemps.

Oui, c'est la vie. Après le jour, la nuit
    livide.
Après tout, le réveil, infernal ou divin.
Autour du grand banquet siége une foule
    avide ;
Mais bien des conviés laissent leur place
    vide,
    Et se lèvent avant la fin.

II.

Que j'en ai vu mourir !—l'une était rose
    et blanche,
L'autre semblait ouïr de célestes accords,
L'autre, faible, appuyait d'un bras son
    front qui penche,
Et, comme en s'envolant l'oiseau courbe
    la branche,
    Son âme avait brisé son corps.

Une, pâle, égarée, en proie au noir dé-
    lire,
Disait tout bas un nom dont nul ne se
    souvient,
Une s'évanouit, comme un chant sur la
    lyre ;
Une autre en expirant avait le doux
    sourire
    D'un jeune ange qui s'en revient.

Toutes fragiles fleurs, sitôt mortes que
    nées !
Alcyons engloutis avec leurs nids flot-
    tants !
Colombes, que le ciel au monde avait
    données !
Qui, de grâce, et d'enfance, et d'amour
    couronnées,
    Comptaient leurs ans par les printemps !

Quoi, mortes ! quoi, déjà, sous la pierre
    couchées !
Quoi ! tant d'êtres charmants sans regard
    et sans voix !
Tant de flambeaux éteints ! tant de fleurs
    arrachées !

Oh ! laissez-moi fouler les feuilles des-
    séchées,
    Et m'égarer au fond des bois !

Doux fantômes ! c'est là, quand je rêve
    dans l'ombre,
Qu'ils viennent tour à tour m'entendre
    et me parler.
Un jour douteux me montre et me cache
    leur nombre,
À travers les rameaux et le feuillage
    sombre,
    Je vois leurs yeux étinceler.

Mon âme est une sœur pour ces ombres
    si belles.
La vie et le tombeau pour nous n'ont plus
    de loi.
Tantôt j'aide leurs pas, tantôt je prends
    leurs ailes.
Vision ineffable où je suis mort comme
    elles,
    Elles, vivantes comme moi !

Elles prêtent leur forme à toutes mes
    pensées.
Je les vois ! je les vois ! Elles me disent :
    " Viens ! "
Puis autour d'un tombeau dansent en-
    trelacées ;
Puis s'en vont lentement, par degrés
    éclipsées,
    Alors je songe et me souviens.

III.

Une surtout :—un ange, une jeune Es-
    pagnole !
Blanches mains, sein gonflé de soupirs
    innocents,
Un œil noir, où luisaient des regards de
    créole,
Et ce charme inconnu, cette fraîche au-
    réole
    Qui couronne un front de quinze ans !

Non, ce n'est point d'amour qu'elle est
    morte : pour elle,
L'amour n'avait encor ni plaisirs ni com-
    bats ;
Rien ne faisait encor battre son cœur re-
    belle ;
Quand tous en la voyant s'écriaient :
    " Qu'elle est belle ! "
    Nul ne le lui disait tout bas.

Elle aimait trop le bal, c'est ce qui l'a
    tuée,
Le bal éblouissant ! le bal délicieux !
Sa cendre encor frémit, doucement re-
    muée,
Quand, dans la nuit sereine, une blanche
    nuée
Danse autour du croissant des cieux.

Elle aimait trop le bal.— Quand venait
    une fête,
Elle y pensait trois jours, trois nuits elle
    en rêvait,
Et femmes, musiciens, danseurs que rien
    n'arrête,
Venaient, dans son sommeil, troublant
    sa jeune tête,
Rire et bruire à son chevet.

Puis c'étaient des bijoux, des colliers,
    des merveilles !
Des ceintures de moire aux ondoyants
    reflets ;
Des tissus plus légers que des ailes
    d'abeilles ;
Des festons, des rubans, à remplir des
    corbeilles ;
Des fleurs, à payer un palais !

La fête commencée, avec ses sœurs
    rieuses
Elle accourait, froissant l'éventail sous
    ses doigts,
Puis s'asseyait parmi les écharpes soy-
    euses,
Et son cœur éclatait en fanfares joyeuses,
Avec l'orchestre aux mille voix.

C'était plaisir de voir danser la jeune
    fille !
Sa basquine agitait ses paillettes d'azur,
Ses grands yeux noirs brillaient sous la
    noire mantille :
Telle une double étoile au front des nuits
    scintille
Sous les plis d'un nuage obscur.

Tout en elle était danse, et rire, et folle
    joie.
Enfant ! — Nous l'admirions dans nos
    tristes loisirs,
Car ce n'est point au bal que le cœur se
    déploie :
La cendre y vole autour des tuniques de
    soie,
    ˙ nnui sombre autour des plaisirs.

Mais elle, par la valse ou la ronde em-
    portée,
Volait, et revenait, et ne respirait pas,
Et s'enivrait des sons de la flûte vantée,
Des fleurs, des lustres d'or, de la fête
    enchantée,
Du bruit des voix, du bruit des pas.

Quel bonheur de bondir, éperdue, en la
    foule,
De sentir par le bal ses sens multipliés,
Et de ne pas savoir si dans la nue on
    roule,
Si l'on chasse en fuyant la terre, ou si
    l'on foule
Un flot tournoyant sous ses pieds !

Mais hélas ! il fallait, quand l'aube était
    venue,
Partir, attendre au seuil le manteau de
    satin.
C'est alors que souvent la danseuse in-
    génue
Sentit en frissonnant sur son épaule nue
Glisser le souffle du matin.

Quels tristes lendemains laisse le bal
    folâtre !
Adieu, parure, et danse, et rires enfan-
    tins !
Aux chansons succédait la toux opiniâtre,
Au plaisir rose et frais la fièvre au teint
    bleuâtre,
    Aux yeux brillants les yeux éteints.

IV.

Elle est morte. — À quinze ans, belle,
    heureuse, adorée !
Morte au sortir d'un bal qui nous mit
    tous en deuil,
Morte, hélas ! et des bras d'une mère
    égarée
La mort aux froides mains la prit toute
    parée,
    Pour l'endormir dans le cercueil.

Pour danser d'autres bals elle était encor
    prête,
Tant la mort fut pressée à prendre un
    corps si beau !
Et ces roses d'un jour qui couronnaient
    sa tête,
Qui s'épanouissaient la veille en une fête,
    Se fanèrent dans un tombeau.

V.

Sa pauvre mère, hélas ! de son sort igno-
rante,
Avoir mis tant d'amour sur ce frêle
roseau,
Et si longtemps veillé son enfance souf-
frante,
Et passé tant de nuits à l'endormir pleu-
rante
Toute petite en son berceau !

A quoi bon ? — Maintenant la jeune tré-
passée,
Sous le plomb du cercueil, livide, en
proie au ver,
Dort ; et si, dans la tombe où nous
l'avons laissée,
Quelque fête des morts la réveille glacée,
Par une belle nuit d'hiver,

Un spectre au rire affreux à sa morne
toilette
Préside au lieu de mère, et lui dit : " Il
est temps ! "
Et glaçant d'un baiser sa lèvre violette,
Passe les doigts noueux de sa main de
squelette
Sous ses cheveux longs et flottants.

Puis, tremblante, il la mène à la danse
fatale,
Au chœur aérien dans l'ombre vol-
tigeant,
Et sur l'horizon gris la lune est large et
pâle,
Et l'arc-en-ciel des nuits teint d'un reflet
d'opale
Le nuage aux franges d'argent.

VI.

Vous toutes qu'à ses jeux le bal riant
convie,
Pensez à l'Espagnole éteinte sans retour,
Jeunes filles ! Joyeuse, et d'une main
ravie,
Elle allait moissonnant les roses de la vie,
Beauté, plaisir, jeunesse, amour !

La pauvre enfant, de fête en fête pro-
menée,
De ce bouquet charmant arrangeait les
couleurs.
Mais qu'elle a passé vite, hélas ! l'in-
fortunée !
Ainsi qu'Ophélia par le fleuve entraînée,
Elle est morte en cueillant des fleurs !

LES EXTRÊMES.

ALFRED DE MUSSET. 1829.

Je n'ai jamais aimé, pour ma part, ces
bégueules
Qui ne sauraient aller au Prado toutes
seules,
Qu'une duègne toujours de quartier en
quartier
Talonne, comme fait sa mule un muletier ;
Qui s'usent, à prier, les genoux et la
lèvre,
Se courbant sur le grès, plus pâles, dans
leur fièvre,
Qu'un homme qui, pieds nus, marche
sur un serpent,
Ou qu'un faux monnayeur au moment
qu'on le pend.
Certes, ces femmes-là, pour mener cette
vie,
Portent un cœur châtré de toute noble
envie ;
Elles n'ont pas de sang et pas d'en-
trailles. — Mais,
Sur ma tête et mes os, frère, je vous
promets
Qu'elles valent encor quatre fois mieux
que celles
Dont le temps se dépense en intrigues
nouvelles.
Celles-là vont au bal, courent les rendez-
vous,
Savent dans un manchon cacher un billet
doux,
Serrer un ruban noir sur un beau flanc
qui ploie,
Jeter d'un balcon d'or une échelle de soie,
Suivre l'imbroglio de ces amours mi-
gnons,
Poussés en une nuit comme des champi-
gnons ;
Si charmantes, d'ailleurs ! aimant en
enragées
Les moustaches, les chiens, la valse et
les dragées.
Mais, oh ! la triste chose et l'étrange
malheur,
Lorsque dans leurs filets tombe un
homme de cœur !
Frère, mieux lui vaudrait, comme ce
statuaire
Qui pressait dans ses bras son amante de
pierre,
Réchauffer de baisers un marbre, mieux
vaudrait
Une louve affamée en quelque âpre forêt.

À MON AMI ÉMILE DESCHAMPS.

SAINTE-BEUVE. 1829.

"Thus our Curate, one whom all believe
Pious and just, and for whose fate they grieve ;
All see him poor, but ev'n the vulgar know
He merits love, and their respect bestow."
                    CRABBE, The Borough.

VOICI quatre-vingts ans, — plus ou
    moins, — qu'un curé,
Ou plutôt un vicaire, au comté de Surrey
Vivait, chétif et pauvre, et père de
    famille ;
C'était un de ces cœurs dont l'excellence
    brille
Sur le front, dans les yeux, dans le geste
    et la voix ;
Gibbon nous dit qu'il l'eut pour maître
    dix-huit mois
Et qu'il garda toujours souvenir du
    digne homme.
Or le révérend John Kirkby, comme il
    le nomme,
À son élève enfant a souvent raconté
Qu'ayant vécu d'abord, dans un autre
    comté,
— Le Cumberland, je crois, — en été,
    solitaire,
Volontiers il allait, loin de son presby-
    tère,
Rêver sur une plage où la mer mugissait ;
Et que là, sans témoins, simple il se
    délassait
À contempler les flots, le ciel et la ver-
    dure ;
À s'enivrer longtemps de l'éternel mur-
    mure ;
Et quand il avait bien tout vu, tout
    admiré,
À chercher à ses pieds sur le sable doré,
Pour rapporter joyeux, de retour au
    village,
À ses enfants chéris maint brillant
    coquillage.
Un jour surtout, un jour qu'en ce beau
    lieu rêvant,
Assis sur un rocher, le pauvre desservant
Voyait sous lui la mer, comme un cour-
    sier qui fume,
S'abattre et se dresser, toute blanche
    d'écume ;
En son âme bientôt par un secret accord,
Et soit qu'il se sentît faible et seul sur
    ce bord,
Suspendu sur l'abîme ; ou soit que dans
    cette onde

Il crût voir le tableau de la vie en ce
    monde ;
Soit que ce bruit excite à tristement
    penser ;
—En son âme il se mit, hélas ! à repasser
Les chagrins et les maux de son humble
    misère ;
Qu'à peine sa famille avait le nécessaire ;
Que la rente, et la dîme, et les meilleurs
    profits
Allaient au vieux Recteur, qui n'avait
    point de fils ;
Que, lui, courait, prêchait dans tout le
    voisinage,
Et ne gagnait que juste à nourrir son
    ménage ;
Et pensant de la sorte, au bord de cette
    mer,
Ses pleurs amèrement tombaient au flot
    amer.

Ce fut très-peu de temps après cette
    journée,
Que, s'efforçant de fuir la misère obsti-
    née,
Il quitta sa paroisse et son comté natal,
Et vint dans le Surrey chercher trêve à
    son mal ;
Et là le sort meilleur, prenant en main
    sa chaîne,
Lui permit quelque aisance après si dure
    gêne.
Dans la maison Gibbon logé, soir et
    matin
Il disait la prière, enseignait le latin
Au fils ; puis, le dimanche et les grands
    jours qu'on chôme,
Il prêchait à l'église et chantait haut le
    psaume.
Une fois, par malheur (car il manque au
    portrait
De dire que notre homme était un peu
    distrait,
Distrait comme Abraham Adams ou
    Primerose),
Un jour donc, à l'église, il n'omit autre
    chose
Que de prier tout haut pour Georges
    deux, le Roi !
Les temps étaient douteux ; chacun
    tremblait pour soi ;
Kirkby fut chassé vite, et plaint, selon
    l'usage.
Ce qu'il devint, lui veuf, quatre enfants
    en bas âge,
Et suspect, je l'ignore, et Gibbon n'en
    dit rien.

Il quitta le pays ; mais ce que je sais
    bien,
C'est que, dût son destin rester dur et
    sévère,
Toujours il demeura bon chrétien, tendre
    père,
Soumis à son devoir, esclave de l'hon-
    neur,
Et qu'il mourut béni, bénissant le
    Seigneur.

Et maintenant pourquoi réveiller la
    mémoire
De cet homme, et tirer de l'oubli cette
    histoire ?
Pourquoi ? dans quel dessein ? surtout
    en ce moment
Où la France, poussant un long gémisse-
    ment,
Et retombée en proie aux factions par-
    jures,[1]
Assemble ses enfants autour de ses bles-
    sures ?
Que nous fait aujourd'hui ce défunt
    d'autrefois ?
Des pleurs bons à verser sous l'ombrage
    des bois,
En suivant à loisir sa chère rêverie,
Se peuvent-ils mêler aux pleurs de la
    patrie ?
Pourtant, depuis huit jours, ce vicaire
    inconnu
M'est, sans cesse et partout, à l'âme
    revenu :
Tant nous tient le caprice, et tant la
    fantaisie
Est souveraine aux cœurs épris de
    poésie ! —
Et d'ailleurs ce vicaire, homme simple
    et pieux,
Qui passa dans le monde à pas silen-
    cieux
Et souffrit en des temps si semblables
    aux nôtres,
Ne vaut-il pas qu'on pense à lui, plus
    que bien d'autres ?
Oh ! que si tous nos chefs, à leur tête le
    Roi,
Les élus du pays, les gardiens de la loi,
Nos généraux fameux et blanchis à la
    guerre,
Nos prélats, — enfin tous, — pareils à ce
    vicaire,
Et chacun dans le poste où Dieu le fit
    asseoir,

[1] C'était le moment du ministère Polignac.

En droiture de cœur remplissaient leur
    devoir,
Oh ! qu'on ne verrait plus la France
    désarmée
Remettre en jeu bonheur, puissance et
    renommée,
Et, saignante, vouloir et ne pouvoir
    guérir,
Et l'abîme d'hier chaque jour se rouvrir !

POUR LES PAUVRES.

VICTOR HUGO. Janvier 1830.

"Qui donne au pauvre prête à Dieu."

Dans vos fêtes d'hiver, riches, heureux
    du monde,
Quand le bal tournoyant de ses feux
    vous inonde,
Quand partout à l'entour de vos pas
    vous voyez
Briller et rayonner cristaux, miroirs,
    balustres,
Candélabres ardents, cercle étoilé des
    lustres,
Et la danse, et la joie au front des con-
    viés ;

Tandis qu'un timbre d'or sonnant dans
    vos demeures
Vous change en joyeux chant la voix
    grave des heures,
Oh ! songez-vous parfois que, de faim
    dévoré,
Peut-être un indigent dans les carrefours
    sombres
S'arrête, et voit danser vos lumineuses
    ombres
    Aux vitres du salon doré ?

Songez-vous qu'il est là sous le givre et
    la neige ;
Ce père sans travail que la famine
    assiége !
Et qu'il se dit tout bas : "Pour un seul
    que de biens !
À son large festin que d'amis se récrient !
Ce riche est bien heureux, ses enfants
    lui sourient !
Rien que dans leurs jouets que de pain
    pour les miens !"

Et puis à votre fête il compare en son
    âme
Son foyer où jamais ne rayonne une
    flamme,

Ses enfants affamés, et leur mère en
lambeau,
Et, sur un peu de paille, étendue et
muette,
L'aïeule, que l'hiver, hélas ! a déjà faite
Assez froide pour le tombeau !

Car Dieu mit ces degrés aux fortunes
humaines.
Les uns vont tout courbés sous le fardeau
des peines,
Au banquet du bonheur bien peu sont
conviés.
Tous n'y sont point assis également à
l'aise.
Une loi, qui d'en bas semble injuste et
mauvaise,
Dit aux uns : JOUISSEZ ! aux autres :
ENVIEZ !

Cette pensée est sombre, amère, inexora-
ble,
Et fermente en silence au cœur du misé-
rable.
Riches, heureux du jour, qu'endort la
volupté,
Que ce ne soit pas lui qui des mains
vous arrache
Tous ces biens superflus où son regard
s'attache ; —
Oh ! que ce soit la charité !

L'ardente charité, que le pauvre idolâtre !
Mère de ceux pour qui la fortune est
marâtre,
Qui relève et soutient ceux qu'on foule
en passant.
Qui, lorsqu'il le faudra, se sacrifiant
toute,
Comme le Dieu martyr dont elle suit la
route,
Dira : " Buvez ! mangez ! c'est ma chair
et mon sang."

Que ce soit elle, oh ! oui, riches ! que
ce soit elle
Qui, bijoux, diamants, rubans, hochets,
dentelle,
Perles, saphirs, joyaux toujours faux,
toujours vains,
Pour nourrir l'indigent et pour sauver
vos âmes,
Des bras de vos enfants et du sein de
vos femmes
Arrache tout à pleines mains !

Donnez, riches ! L'aumône est sœur de
la prière.
Hélas ! Quand un vieillard, sur votre
seuil de pierre,
Tout roidi par l'hiver, en vain tombe à
genoux ;
Quand les petits enfants, les mains de
froid rougies,
Ramassent sous vos pieds les miettes des
orgies,
Le face du Seigneur se détourne de vous.

Donnez ! afin que Dieu, qui dote les
familles,
Donne à vos fils la force et la grâce à
vos filles ;
Afin que votre vigne ait toujours un
doux fruit ;
Afin qu'un blé plus mûr fasse plier vos
granges ;
Afin d'être meilleurs, afin de voir les
anges
Passer dans vos rêves la nuit !

Donnez ! il vient un jour où la terre
nous laisse.
Vos aumônes là-haut vous font une
richesse.
Donnez ! àfin qu'on dise : " Il a pitié de
nous ! "
Afin que l'indigent que glacent les tem-
pêtes,
Que le pauvre qui souffre à côté de vos
fêtes,
Au seuil de vos palais fixe un œil moins
jaloux.

Donnez ! pour être aimés du Dieu qui
se fit homme,
Pour que le méchant même en s'incli-
nant vous nomme,
Pour que votre foyer soit calme et fra-
ternel ;
Donnez ! afin qu'un jour à votre heure
dernière,
Contre tous vos péchés vous ayez la
prière
D'un mendiant puissant au ciel !

DÉDAIN.

THÉOPHILE GAUTIER. 1832.

UNE pitié me prend quand à part moi je
songe
À cette ambition terrible qui nous ronge

De faire parmi tous reluire notre nom,
De ne voir s'élever par-dessus nous per-
    sonne,
D'avoir vivant encor le nimbe et la cou-
    ronne,
D'être salué grand comme Goethe ou
    Byron.

Les peintres jusqu'au soir courbés sur
    leurs palettes,
Les amphions frappant leurs claviers, les
    poëtes,
Tous les blêmes rêveurs, tous les croyants
    de l'art,
Dans ces noms éclatants et saints sur
    tous les autres,
Prennent un nom pour Dieu, dont ils se
    font apôtres,
Un de vos noms, Shakspear, Michel-
Ange ou Mozart !

C'est là le grand souci qui tous, tant que
    nous sommes,
Dans cet âge mauvais, austères jeunes
    hommes,
Nous fait le teint livide et nous cave les
    yeux ;
La passion du beau nôus tient et nous
    tourmente,
La séve sans issue au fond de nous fer-
    mente,
Et de ceux d'aujourd'hui bien peu de-
    viendront vieux.

De ces frêles enfants, la terreur de leur
    mère,
Qui s'épuisent en vain à suivre leur
    chimère,
Combien déjà sont morts ! combien encor
    mourront !
Combien au beau moment, gloire, ô froide
    statue,
Gloire que nous aimons et dont l'amour
    nous tue,
Pâles, sur ton épaule ont incliné le front !

Ah ! chercher sans trouver et suer sur un
    livre,
Travailler, oublier d'être heureux et de
    vivre ;
Ne pas avoir une heure à dormir au
    soleil,
À courir dans les bois sans arrière-pensée ;
Gémir d'une minute au plaisir dépensée,
Et faner dans sa fleur son beau printemps
    vermeil !

Jeter son âme au vent et semer sans qu'on
    sache
Si le grain sortira du sillon qui le cache,
Et si jamais l'été dorera le blé vert ;
Faire comme ces vieux qui vont plantant
    des arbres,
Entassant des trésors et rassemblant des
    marbres,
Sans songer qu'un tombeau sous leurs
    pieds est ouvert !

Et pourtant chacun n'a que sa vie en ce
    monde,
Et pourtant du cercueil la nuit est bien
    profonde ;
Ni lune, ni soleil : c'est un sommeil bien
    long ;
Le lit est dur et froid ; les larmes que
    l'on verse,
La terre les boit vite, et pas une ne perce,
Pour arriver à vous, le suaire et le plomb.

Dieu nous comble de biens, notre mère
    Nature
Rit amoureusement à chaque créature ;
Le spectacle du ciel est admirable à voir ;
La nuit a des splendeurs qui n'ont pas
    de pareilles ;
Des vents tout parfumés nous chantent
    aux oreilles :
Vivre est doux, et pour vivre il ne faut
    que vouloir.

Pourquoi ne vouloir pas ? Pourquoi ? pour
    que l'on dise
Quand vous passez : "C'est lui !" Pour
    que dans une église,
Saint-Denis, Westminster, sous un pavé
    noirci,
On vous couche à côté de rois que le ver
    mange,
N'ayant pour vous pleurer qu'une figure
    d'ange
Et cette inscription : "Un grand homme
    est ici."

En vérité c'est tout. — O néant ! ô folie !
Vouloir qu'on se souvienne alors que tout
    oublie.
Vouloir l'éternité lorsque l'on n'a qu'un
    jour !
Rêver, chercher le beau, fonder une mé-
    moire,
Et forger un par un les rayons de sa
    gloire,
Comme si tout cela valait un mot d'a-
    mour !

PENSÉE DE MINUIT.

THÉOPHILE GAUTIER. 1832.

UNE minute encor, madame, et cette
    année,
Commencée avec vous, avec vous ter-
    minée,
    Ne sera plus qu'un souvenir.
Minuit : voilà son glas que la pendule
    sonne,
Elle s'en est allée en un lieu d'où per-
    sonne
    Ne peut la faire revenir :

Quelque part, loin, bien loin, par delà
    les étoiles,
Dans un pays sans nom, ombreux et
    plein de voiles,
    Sur le bord du néant jeté ;
Limbes de l'impalpable, invisible roy-
    aume
Où va ce qui n'a pas de corps ni de fan-
    tôme,
    Ce qui n'est rien ayant été ;

Où va le son, où va le souffle, où va la
    flamme,
La vision qu'en rêve on perçoit avec
    l'âme,
    L'amour de notre cœur chassé ;
La pensée inconnue éclose en notre tête ;
L'ombre qu'en s'y mirant dans la glace
    on projette ;
    Le présent qui se fait passé ;

Un à-compte d'un an pris sur les ans
    qu'à vivre
Dieu veut bien nous prêter ; une feuille
    du livre
    Tournée avec le doigt du temps ;
Une scène nouvelle à rajouter au drame,
Un chapitre de plus au roman dont la
    trame
    S'embrouille d'instants en instants ;

Un autre pas de fait dans cette route
    morne,
De la vie et du temps, dont la dernière
    borne,
    Proche ou lointaine, est un tombeau ;
Où l'on ne peut poser le pied qu'il ne
    s'enfonce ;
Où de votre bonheur toujours à chaque
    ronce
    Derrière vous reste un lambeau.

Du haut de cette année avec labeur
    gravie,
Me tournant vers ce moi qui n'est plus
    dans ma vie
    Qu'un souvenir presque effacé,
Avant qu'il ne se plonge au sein de l'om-
    bre noire,
Je contemple un moment, des yeux de la
    mémoire,
    Le vaste horizon du passé.

Ainsi le voyageur, du haut de la colline,
Avant que tout à fait le versant qui s'in-
    cline
    Ne les dérobe à son regard,
Jette un dernier coup d'œil sur les cam-
    pagnes bleues
Qu'il vient de parcourir, comptant com-
    bien de lieues
    Il a fait depuis son départ.

Mes ans évanouis à mes pieds se déploient
Comme une plaine obscure où quelques
    points chatoient
    D'un rayon de soleil frappés :
Sur les plans éloignés qu'un brouillard
    d'oubli cache,
Une époque, un détail nettement se dé-
    tache
    Et revit à mes yeux trompés.

Ce qui fut moi jadis m'apparaît : silhou-
    ette
Qui ne ressemble plus au moi qu'elle
    répète ;
    Portrait sans modèle aujourd'hui ;
Spectre dont le cadavre est vivant ; om-
    bre morte
Que le passé ravit au présent qu'il em-
    porte ;
    Reflet dont le corps s'est enfui.

J'hésite en me voyant devant moi repa-
    raître,
Hélas ! et j'ai souvent peine à me recon-
    naître
    Sous ma figure d'autrefois.
Comme un homme qu'on met tout à coup
    en présence
De quelque ancien ami dont l'âge et dont
    l'absence
    Ont changé les traits et la voix.

Tant de choses depuis, par cette pauvre
    tête,
Ont passé ! dans cette âme et ce cœur
    de poëta,

Comme dans l'aire des aiglons,
Tant d'œuvres que couva l'aile de ma
　　pensée
Se débattent, heurtant leur coquille bri-
　　sée
　　Avec leurs ongles déjà longs !

Je ne suis plus le même : âme et corps,
　　tout diffère ;
Hors le nom, rien de moi n'est resté ;
　　mais qu'y faire ?
　　Marcher en avant, oublier.
On ne peut sur le temps réprendre une
　　minute,
Ni faire remonter un grain après sa chute
　　Au fond du fatal sablier.

La tête de l'enfant n'est plus dans cette
　　tête
Maigre, décolorée, ainsi que me l'ont
　　faite
　　L'étude austère et les soucis.
Vous n'en trouveriez rien sur ce front
　　qui médite
Et dont quelque tourmente intérieure
　　agite
　　Comme deux serpents les sourcils.

Ma joue était sans plis, toute rose, et ma
　　lèvre
Aux coins toujours arqués riait ; jamais
　　la fièvre
　　N'en avait noirci le corail.
Mes yeux, vierges de pleurs, avaient des
　　étincelles
Qu'ils n'ont plus maintenant, et leurs
　　claires prunelles
　　Doublaient le ciel dans leur émail.

Mon cœur avait mon âge, il ignorait la
　　vie ;
Aucune illusion, amèrement ravie,
　　Jeune, ne l'avait rendu vieux ;
Il s'épanouissait à toute chose belle,
Et, dans cette existence encor pour lui
　　nouvelle,
　　Le mal était bien, le bien mieux.

Ma poésie, enfant à la grâce ingénue,
Les cheveux dénoués, sans corset, jambe
　　nue,
　　Un brin de folle avoine en main,
Avec son collier fait de perles de rosée,
Sa robe prismatique au soleil irisée,
　　Allait chantant par le chemin.

Et puis l'âge est venu qui donne la sci-
　　ence,
J'ai lu Werther, René, son frère d'alli-
　　ance ;
　　Ces livres, vrais poisons du cœur,
Qui déflorent la vie et nous dégoûtent
　　d'elle,
Dont chaque mot vous porte une atteinte
　　mortelle ;
　　Byron et son don Juan moqueur.

Ce fut un dur réveil : ayant vu que les
　　songes
Dont je m'étais bercé n'étaient que des
　　mensonges,
　　Les croyances, des hochets creux,
Je cherchai la gangrène au fond de tout,
　　et, comme
Je la trouvai toujours, je pris en haine
　　l'homme,
　　Et je devins bien malheureux.

La pensée et la forme ont passé comme
　　un rêve.
Mais que fait donc le temps de ce qu'il
　　nous enlève ?
　　Dans quel coin du chaos met-il
Ces aspects oubliés comme l'habit qu'on
　　change,
Tous ces moi du même homme ? et quel
　　royaume étrange
　　Leur sert de patrie ou d'exil ?

Dieu seul peut le savoir ; c'est un pro-
　　fond mystère ;
Nous le saurons peut-être à la fin, car la
　　terre
　　Que la pioche jette au cercueil
Avec sa sombre voix explique bien des
　　choses ;
Des effets, dans la tombe, on comprend
　　mieux les causes.
　　L'éternité commence au seuil.

L'on voit — Mais veuillez bien me par-
　　donner, madame,
De vous entretenir de tout cela. Mon
　　âme,
　　Ainsi qu'un vase trop rempli,
Déborde, laissant choir mille vagues pen-
　　sées,
Et ces ressouvenirs d'illusions passées
　　Rembrunissent mon front pâli.

Eh ! que vous fait cela, dites-vous, tête
　　folle,
De vous inquiéter d'une ombre qui s'en-
　　vole ?

Pourquoi donc vouloir retenir,
Comme un enfant mutin, sa mère par la
robe,
Ce passé qui s'en va ? De ce qu'il vous
dérobe
Consolez-vous par l'avenir.

Regardez ; devant vous l'horizon est im-
mense.
C'est l'aube de la vie, et votre jour com-
mence ;
Le ciel est bleu, le soleil luit.
La route de ce monde est pour vous une
allée,
Comme celle d'un parc, pleine d'ombre et
sablée :
Marchez où le temps vous conduit.

Que voulez-vous de plus ? tout vous rit,
l'on vous aime.
Oh ! vous avez raison, je me le dis moi-
même,
L'avenir devrait m'être cher ;
Mais c'est en vain, hélas ! que votre
voix m'exhorte ;
Je rêve, et mon baiser à votre front
avorte,
Et je me sens le cœur amer.

LA CHANSON DE MIGNON.

THÉOPHILE GAUTIER. 1832.

ANGE de poésie, ô vierge blanche et
blonde,
Tu me veux donc quitter et courir par
le monde ?
Toi qui, voyant passer du seuil de la
maison
Les nuages du soir sur le rouge horizon,
Contente d'admirer leurs beaux reflets de
cuivre,
Ne t'es jamais surprise à les désirer
suivre ;
Toi, même au ciel d'été, par le jour le
plus bleu,
Frileuse Cendrillon, tapie au coin du feu,
Quel grand désir te prend, ô ma folle
hirondelle !
D'abandonner le nid et de déployer
l'aile ?

Ah ! restons tous les deux près du foyer
assis,
Restons ; je te ferai, petite, des récits,
Des contes merveilleux, à tenir ton oreille

Ouverte avec ton œil tout le temps de la
veille.
Le vent râle et se plaint comme un
agonisant ;
Le dogue réveillé hurle au bruit du
passant ;
Il fait froid : c'est l'hiver ; la grêle à
grand bruit fouette
Les carreaux palpitants ; la rauque
girouette
Comme un hibou criaille au bord du
toit pointu.
Où veux-tu donc aller ?

　　　O mon maître, sais-tu
La chanson que Mignon chante à Wilhelm
dans Gœthe ?
" Ne la connais-tu pas la terre du poëte,
La terre du soleil où le citron mûrit,
Où l'orange aux tons d'or dans les feuilles
sourit ?
C'est là, maître, c'est là qu'il faut mourir
et vivre,
C'est là qu'il faut aller, c'est là qu'il me
faut suivre.

" Restons, enfant, restons : ce beau ciel
toujours bleu,
Cette terre sans ombre et ce soleil de
feu,
Brûleraient ta peau blanche et ta chair
diaphane.
La pâle violette au vent d'été se fane ;
Il lui faut la rosée et le gazon épais,
L'ombre de quelque saule, au bord d'un
ruisseau frais ;
C'est une fleur du Nord, et telle est sa
nature.
Fille du Nord comme elle, ô frêle créa-
ture !
Que ferais-tu là-bas sur le sol étranger ?
Ah ! la patrie est belle et l'on perd à
changer.
Crois-moi, garde ton rêve.

　　　"Italie ! Italie !
Si riche et si dorée, oh ! comme ils t'ont
salie !
Les pieds des nations ont battu tes che-
mins ;
Leur contact a limé tes vieux angles
romains,
Les faux dilettanti s'érigeant en artistes,
Les riches ennuyés et les rimeurs tou-
ristes,
Les petits lords Byrons fondent de toutes
parts

Sur ton cadavre à terre, ô mère des
    Césars !
Ils s'en vont mesurant la colonne et
    l'arcade ;
L'un se pâme au rocher et l'autre à la
    cascade :
Ce sont, à chaque pas, des admirations,
Des yeux levés en l'air et des contorsions.
Au moindre bloc informe et dévoré de
    mousse,
Au moindre pan de mur où le lentisque
    pousse,
On pleure d'aise, on tombe en des ravisse-
    ments,
À faire de pitié rire les monuments.
L'un avec son lorgnon, collant le nez
    aux fresques,
Tâche de trouver beaux tes damnés
    gigantesques,
O pauvre Michel-Ange, et cherche en
    son cahier
Pour savoir si c'est là qu'il doit s'extasier ;
L'autre, plus amateur de ruines antiques,
Ne rêve que frontons, corniches et por-
    tiques,
Baise chaque pavé de la Via-Lata,
Ne croit qu'en Jupiter et jure par Vesta.
De mots italiens fardant leurs rimes
    blêmes,
Ceux-ci vont arrangeant leur voyage en
    poëmes,
Et sur de grands tableaux font de petits
    sonnets ;
Artistes et dandys, roturiers, baronnets,
Chacun te tire aux dents, belle Italie
    antique,
Afin de remporter un pan de ta tunique !

"Restons, car au retour on court risque
    souvent,
De ne retrouver plus son vieux père
    vivant,
Et votre chien vous mord, ne sachant
    plus connaître
Dans l'étranger bruni celui qui fut son
    maître :
Les cœurs qui vous étaient ouverts se
    sont fermés,
D'autres en ont la clef, et, dans vos
    mieux aimés,
Il ne reste de vous qu'un vain nom qui
    s'efface.
Lorsque vous revenez vous n'avez plus
    de place :
Le monde où vous viviez s'est arrangé
    sans vous,
Et l'on a divisé votre part entre tous.

Vous êtes comme un mort qu'on croit
    au cimetière,
Et qui, rompant un soir le linceul et la
    bière,
Retourne à sa maison croyant trouver
    encor
Sa femme tout en pleurs et son coffre
    plein d'or ;
Mais sa femme a déjà comblé la place
    vide,
Et son or est aux mains d'un héritier
    avide ;
Ses amis sont changés, en sorte que le
    mort,
Voyant qu'il a mal fait et qu'il est dans
    son tort,
Ne demandera plus qu'à rentrer sous la
    terre
Pour dormir sans réveil dans son lit
    solitaire.
C'est le monde. Le cœur de l'homme est
    plein d'oubli :
C'est une eau qui remue et ne garde
    aucun pli.
L'herbe pousse moins vite aux pierres de
    la tombe
Qu'un autre amour dans l'âme, et la
    larme qui tombe
N'est pas séchée encor, que la bouche
    sourit,
Et qu'aux pages du cœur un autre nom
    s'écrit.

"Restons pour être aimés, et pour qu'on
    se souvienne
Que nous sommes au monde ; il n'est
    amour qui tienne
Contre une longue absence: oh ! malheur
    aux absents !
Les absents sont des morts et, comme
    eux, impuissants.
Dès qu'aux yeux bien aimés votre vue
    est ravie,
Rien ne reste de vous qui prouve votre
    vie ;
Dès que l'on n'entend plus le son de
    votre voix,
Que l'on ne peut sentir le toucher de vos
    doigts,
Vous êtes mort ; vos traits se troublent
    et s'effacent
Au fond de la mémoire, et d'autres les
    remplacent.
Pour qu'on lui soit fidèle il faut que le
    ramier
Ne quitte pas le nid et vive au colom-
    bier.

Restons au colombier. Après tout, notre
   France
Vaut bien ton Italie, et, comme dans
   Florence,
Rome, Naple ou Venise, on peut trouver
   ici
De beaux palais à voir et des tableaux
   aussi.
Nous avons des donjons, de vieilles
   cathédrales
Aussi haut que Saint-Pierre élevant leurs
   spirales ;
Notre-Dame tendant ses deux grands
   bras en croix,
Saint-Severin dardant sa flèche entre les
   toits,
Et la Sainte-Chapelle aux minarets
   mauresques,
Et Saint-Jacques hurlant sous ses mon-
   stres grotesques ;
Nous avons de grands bois et des oiseaux
   chanteurs,
Des fleurs embaumant l'air de divines
   senteurs,
Des ruisseaux babillards dans de belles
   prairies,
Où l'on peut suivre en paix ses chères
   rêveries ;
Nous avons, nous aussi, des fruits blonds
   comme miel,
Des archipels d'argent aux flots de notre
   ciel,
Et ce qui ne se trouve en aucun lieu du
   monde,
Ce qui vaut mieux que tout, ô belle
   vagabonde,
Le foyer domestique, ineffable en dou-
   ceurs,
Avec la mère au coin et les petites sœurs,
Et le chat familier qui se joue et se
   roule,
Et, pour hâter le temps quand goutte à
   goutte il coule,
Quelques anciens amis causant de vers
   et d'art,
Qui viennent de bonne heure et ne s'en
   vont que tard."

LE CHAMP DE BATAILLE.

THÉOPHILE GAUTIER. 1832.

Aux branches des tilleuls, aux pignons
   des tourelles,
Sans crainte revenez vous poser, tourte-
   relles.

Le fracas des canons qui vomissent
   l'éclair,
Le rappel des tambours, le sifflement des
   balles,
Le son aigu du fifre et des rauques cym-
   bales
Enfin ne troublent plus ni les échos ni
   l'air ;
La brise secouant son aile parfumée
A dissipé les flots de l'épaisse fumée
Crêpe noir étendu sur le front pur des
   cieux ;
Comme aux jours de la paix tout est
   silencieux.

Aux branches des tilleuls, aux pignons
   des tourelles,
Sans crainte revenez vous poser, tourte-
   relles.

La lourde artillerie et les fourgons
   pesants
Ne creusent plus la route en profondes
   ornières ;
On ne voit plus flotter les poudreuses
   bannières
Par-dessus les fusils au soleil reluisants ;
Sous les pieds des soldats courant à la
   maraude,
Sainfoins à rouges fleurs, prés couleur
   d'émeraude,
Blés jaunes à flots d'or au gré des vents
   roulés,
Comme sous un fléau ne meurent plus
   foulés.

Aux branches des tilleuls, aux pignons
   des tourelles,
Sans crainte revenez vous poser, tourte-
   relles.

Cavaliers, fantassins, l'un sur l'autre
   entassés,
De leurs membres pétris dans le sang et
   la boue
Par le fer d'un cheval ou l'orbe d'une
   roue,
Jonchent le sol parmi les affûts fracassés,
Et vers le champ de mort en immenses
   volées
Du creux des rocs, du haut des flèches
   dentelées,
De l'est et de l'ouest, du nord et du midi
L'essaim des noirs corbeaux se dirige
   agrandi.

Aux branches des tilleuls, aux pignons des tourelles,
Sans crainte revenez vous poser, tourte-
relles.

Dans les bois, les vieux loups par trois fois ont hurlé,
Levant leur tête grise à l'odeur de la proie.
L'œil fauve des vautours a flamboyé de joie
À l'ombre étincelant comme un phare étoilé,
Et, poussant vers le ciel des clameurs funéraires,
À leurs petits béants sur le bord de leurs aires
Longtemps ils ont porté quelque san-
glant lambeau
De ces corps lacérés et restés sans tombeau.

Aux branches des tilleuls, aux pignons des tourelles,
Sans crainte revenez vous poser, tourte-
relles.

Les os gisent rongés, blancs sous le gazon vert,
Et, spectacle hideux, souvent près d'un squelette
S'égrène le muguet, fleurit la violette,
La mousse parasite entoure un crâne ouvert.
Eh bien ! qu'il vienne ici celui pour qui le glaive
Est un hochet brillant et qui par lui s'élève ;
Si d'horreur et d'effroi tout son cœur ne bondit,
Malheur à lui ! malheur ! car il n'est qu'un maudit !

Aux branches des tilleuls, aux pignons des tourelles,
Sans crainte revenez vous poser, tourte-
relles.

LE CORRÉGE.

AUGUSTE BARBIER. 1832.

Nourrice d'Allegri, Parme, cité chré-
tienne,
Sois fière de l'enfant que tes bras ont porté !
J'ai vu d'un œil d'amour la belle anti-
quité,

Rome en toute sa pompe et sa grandeur païenne,

J'ai vu Pompéi morte, et comme une Athénienne,
La pourpre encor flottant sur son lit dé-
serté ;
J'ai vu le dieu du jour rayonnant de beauté
Et tout humide encor de l'onde ionienne ;

J'ai vu les plus beaux corps que l'art ait revêtus ;
Mais rien n'est comparable aux timides vertus,
À la pudeur marchant sous sa robe de neige ;

Rien ne vaut cette rose à la fraîche couleur
Qui secoua sa tige et sa divine odeur
Sur le front de ton fils, le suave Corrége.

MICHEL-ANGE.

AUGUSTE BARBIER. 1832.

Que ton visage est triste et ton front amaigri,
Sublime Michel-Ange, ô vieux tailleur de pierre !
Nulle larme jamais n'a mouillé ta pau-
pière :
Comme Dante, on dirait que tu n'as jamais ri.

Hélas ! d'un lait trop fort la Muse t'a nourri,
L'art fut ton seul amour et prit ta vie entière ;
Soixante ans tu courus une triple carrière
Sans reposer ton cœur sur un cœur at-
tendri.

Pauvre Buonarotti ! ton seul bonheur au monde
Fut d'imprimer au marbre une grandeur profonde,
Et, puissant comme Dieu, d'effrayer comme lui :

Aussi, quand tu parvins à ta saison der-
nière,
Vieux lion fatigué, sous ta blanche cri-
nière,
Tu mourus longuement plein de gloire et d'ennui.

VOLTAIRE.

ALFRED DE MUSSET. 1833.

Dors-tu content, Voltaire, et ton hideux
    sourire
Voltige-t-il encor sur tes os décharnés !
Ton siècle était, dit-on, trop jeune pour
    te lire ;
Le nôtre doit te plaire, et tes hommes
    sont nés.
Il est tombé sur nous, cet édifice immense
Que de tes larges mains tu sapais nuit et
    jour.
La Mort devait t'attendre avec impa-
    tience,
Pendant quatre-vingts ans que tu lui
    fis ta cour ;
Vous devez vous aimer d'un infernal
    amour.
Ne quittes-tu jamais la couche nuptiale
Où vous vous embrassez dans les vers du
    tombeau,
Pour t'en aller tout seul promener ton
    front pâle
Dans un cloître désert ou dans un vieux
    château !
Que te disent alors tous ces grands corps
    sans vie,
Ces murs silencieux, ces autels désolés,
Que pour l'éternité ton souffle a dépeu-
    plés ?
Que te disent les croix ? que te dit le
    Messie !
Oh ! saigne-t-il encor, quand, pour le
    déclouer,
Sur son arbre tremblant, comme une
    fleur flétrie,
Ton spectre dans la nuit revient le secouer ?
Crois-tu ta mission dignement accomplie,
Et comme l'Éternel, à la création,
Trouves-tu que c'est bien, et que ton
    œuvre est bon ?

PARIS.

ALFRED DE VIGNY. 1834.

" Prends ma main, voyageur, et mon-
    tons sur la tour.
Regarde tout en bas, et regarde à l'entour.
Regarde jusqu'au bout de l'horizon, re-
    garde
Du nord au sud.   Partout où ton œil se
    hasarde,
Qu'il s'attache avec feu, comme l'œil du
    serpent

Qui pompe du regard ce qu'il suit en
    rampant,
Tourne sur le donjon qu'un parapet pro-
    longe,
D'où la vue à loisir sur tous les points se
    plonge
Et règne, du zénith, sur un monde mou-
    vant
Comme l'éclair, l'oiseau, le nuage et le
    vent.
Que vois-tu dans la nuit, à nos pieds,
    dans l'espace,
Et partout où mon doigt tourne, passe
    et repasse ?"
" Je vois un cercle noir si large et si pro-
    fond,
Que je n'en aperçois ni le bout ni le fond.
Des collines, au loin, me semblent sa
    ceinture,
Et pourtant je ne vois nulle part la na-
    ture,
Mais partout la main d'homme et l'angle
    que sa main
Impose à la matière en tout travail hu-
    main.
Je vois ces angles noirs et luisants qui,
    dans l'ombre,
L'un sur l'autre entassés, et sans ordre
    et sans nombre,
Coupent des murs blanchis pareils à des
    tombeaux.
Je vois fumer, brûler, éclater des flam-
    beaux,
Brillant sur cet abîme où l'air pénètre à
    peine
Comme des diamants incrustés dans l'é-
    bène,
Un fleuve y dort sans bruit, replié dans
    son cours,
Comme dans un buisson la couleuvre aux
    cent tours.
Des ombres de palais, de dômes et d'ai-
    guilles,
De tours et de donjons, de clochers, de
    bastilles,
De châteaux forts, de kiosks et d'aigus
    minarets ;
De formes de remparts, de jardins, de
    forêts,
De spirales, d'arceaux, de parcs, de co-
    lonnades,
D'obélisques, de ponts, de portes et d'ar-
    cades,
Tout fourmille et grandit, se cramponne
    en montant,
Se courbe, se replie, ou se creuse ou s'é-
    tend.

Dans un brouillard de feu, je crois voir
ce grand rêve.
La tour où nous voilà dans le cercle
s'élève.
En le traçant jadis, c'est ici, n'est-ce pas,
Que Dieu même a posé le centre du com-
pas !
Le vertige m'enivre, et sur mes yeux il
pèse.
Vois-je une roue ardente, ou bien une
fournaise ? "

"Oui, c'est bien une roue ; et c'est la
main de Dieu
Qui tient et fait mouvoir son invisible
essieu.
Vers le but inconnu sans cesse elle
s'avance.
On la nomme PARIS, le pivot de la
France.
Quand la vivante roue hésite dans ses
tours,
Tout hésite et s'étonne, et recule en son
cours ;
Les rayons effrayés disent au cercle :
' Arrête.'
Il le dit à son tour aux cercles dont la
crête
S'enchâsse dans la sienne èt tourne sous
sa loi.
L'un le redit à l'autre ; et l'impassible roi,
Paris, l'axe immortel, Paris, l'axe du
monde,
Puise ses mouvements dans sa vigueur
profonde,
Les communique à tous, les imprime à
chacun,
Les impose de force, et n'en reçoit aucun.
Il se meut : tout s'ébranle, et tournoie et
circule ;
Le cœur du ressort bat, et pousse la bas-
cule ;
L'aiguille tremble et court à grands pas ;
le levier
Monte et baisse en sa ligne, et n'ose
dévier.
Tous marchent leur chemin, et chacun
d'eux écoute
Le pas régulateur qui leur creuse la route.
Il leur faut écouter et suivre ; il le faut
bien :
Car, lorsqu'il arriva, dans un temps plus
ancien,
Qu'un rouage isola son mouvement di-
urne,
Dans le bruit du travail demeura taci-
turne,

Et, brisa, par orgueil, sa chaîne et son
ressort,
Comme un bras que l'on coupe, il fut
frappé de mort.
Car Paris l'éternel de leurs efforts se joue,
Et le moyeu divin tournerait sans la roue ;
Quand même tout voudrait revenir sur
ses pas,
Seul il irait ; lui seul ne s'arrêterait pas,
Et tu verrais la force et l'union ravie
Aux rayons qui partaient de son centre
de vie.
C'est donc bien, voyageur, une roue en
effet.
Le vertige parfois est prophétique. Il fait
Qu'une fournaise ardente éblouit ta pau-
pière ?
C'est la fournaise aussi que tu vois. —
Sa lumière
Teint de rouge les bords du ciel noir et
profond ;
C'est un feu sous un dôme obscur, large
et sans fond.
Là, dans les nuits d'hiver et d'été, quand
les heures
Font du bruit en sonnant sur le toit des
demeures,
Parce que l'homme y dort, là veillent
des Esprits,
Grands ouvriers d'une œuvre et sans nom
et sans prix.
La nuit, leur lampe brûle, et, le jour,
elle fume ;
Le jour, elle a fumé ; le soir, elle s'allume,
Et toujours et sans cesse alimente les feux
De la fournaise d'or que nous voyons
tous deux,
Et qui, se reflétant sur la sainte coupole,
Est du globe endormi la céleste auréole.
Chacun d'eux courbe un front pâle, il
prie, il écrit,
Il désespère, il pleure, il espère, il sourit ;
Il arrache son sein et ses cheveux, s'en-
fonce
Dans l'énigme sans fin dont Dieu sait la
réponse,
Et dont l'humanité, demandant son dé-
cret,
Tous les mille ans rejette et cherche le
secret.
Chacun d'eux pousse un cri d'amour vers
une idée.
L'un [1] soutient en pleurant la croix dé-
possédée,
S'assied près d'un sépulcre et seul, comme
un banni,

[1] M. l'abbé de Lamennais.

Il se frappe en disant : *Lamma Sabac-
thani ;*
Dans son sang, dans ses pleurs, il baigne,
il noie, il plonge
La couronne d'épine et la lance et l'éponge,
Baise le corps du Christ, le soulève, et
lui dit :
‘ Reparais, Roi des Juifs, ainsi qu'il est
prédit ;
Viens, ressuscite encore aux yeux du seul
apôtre.
L'Église meurt : renais dans sa cendre et
la nôtre,
Règne, et sur les débris des schismes
expiés,
Renverse tes gardiens des lueurs de tes
pieds.'
Rien. Le corps du Dieu ploie aux mains
du dernier homme,
Prêtre pauvre et puissant pour Rome et
malgré Rome.
Le cadavre adoré, de ses clous immortels
Ne laisse plus tomber de sang pour ses
autels ;
Rien. Il n'ouvrira pas son oreille en-
dormie
Aux lamentations du nouveau Jérémie,
Et le laissera seul, mais d'une habile
main,
Retremper la tiare en l'alliage humain.
‘ Liberté ! ' [1] crie un autre, et soudain la
tristesse
Comme un taureau le tue aux pieds de
sa déesse,
Parce qu'ayant en vain quarante ans
combattu,
Il ne peut rien construire où tout est
abattu.
N'importe ! Autour de lui des travailleurs
sans nombre,
Aveugles, inquiets, cherchent à travers
l'ombre
Je ne sais quels chemins qu'ils ne con-
naissent pas,
Réglant et mesurant, sans règle et sans
compas,
L'un sur l'autre semant des arbres sans
racines,
Et mettant au hasard l'ordre dans les
ruines.
Et, comme il est écrit que chacun porte
en soi
Ce mal qui le tuera, regarde en bas, et voi.
Derrière eux s'est groupée une famille
forte.[2]

[1] Benjamin Constant.
[2] L'école saint-simonienne.

Qui les ronge et du pied pile leur œuvre
morte,
Écrase les débris qu'a faits la Liberté,
Y roule le niveau qu'on nomme Égalité,
Et veut les mettre en cendre, afin que
pour sa tête
L'homme n'ait d'autre abri que celui
qu'elle apprête :
Et c'est un temple ; un temple immense,
universel,
Où l'homme n'offrira ni l'encens, ni le sel,
Ni le sang, ni le pain, ni le vin, ni
l'hostie ;
Mais son temps et sa vie en œuvre con-
vertie ;
Mais son amour de tous, son abnégation
De lui, de l'héritage et de la nation.
Seul, sans père et sans fils, soumis à la
parole,
L'union est son but et le travail son
rôle,
Et, selon celui-là qui parle après Jésus,
Tous seront appelés et tous seront élus.
Ainsi tout est osé ! Tu vois, pas de
statue
D'homme, de roi, de Dieu, que ne soit
abattue,
Mutilée à la pierre et rayée au couteau,
Démembrée à la hache et broyée au mar-
teau !
Or ou plomb, tout métal est plongé dans
la braise,
Et jeté pour refondre en l'ardente four-
naise.
Tout brûle, craque, fume et coule ; tout
cela
Se tord, s'unit, se fend, tombe là, sort
de là ;
Cela siffle et murmure ou gémit ; cela
crie,
Cela chante, cela sonne, se parle et prie ;
Cela reluit, cela flambe et glisse dans
l'air,
Éclate en pluie ardente ou serpente en
éclair.
Œuvre, ouvriers, tout brûle ; au feu tout
se féconde :
Salamandres partout ! Enfer ! Éden du
monde !
Paris ! principe et fin ! Paris ! ombre
et flambeau ! —
Je ne sais si c'est mal, tout cela ! mais
c'est beau !
Mais c'est grand ! mais on sent jusqu'au
fond de son âme
Qu'un monde tout nouveau se forge à
cette flamme.

Ou soleil, ou comète, on sent bien qu'il
sera ;
Qu'il brûle ou qu'il éclaire, on sent qu'il
tournera,
Qu'il surgira brillant à travers la fumée,
Qu'il vêtira pour tous quelque forme ani-
mée,
Symbolique, imprévue et pure, on ne
sait quoi,
Qui sera pour chacun le signe d'une foi,
Couvrira, devant Dieu, la terre comme
un voile,
Ou de son avenir sera comme l'étoile,
Et, dans des flots d'amour et d'union,
enfin
Guidera la famille humaine vers sa
fin ;
Mais que peut-être aussi, brûlant, pareil
au glaive
Dont le feu dessécha les pleurs dans les
yeux d'Ève,
Il ira labourant le globe comme un
champ,
Et semant la douleur du levant au cou-
chant ;
Rasant l'œuvre de l'homme et des temps
comme l'herbe
Dont un vaste incendie emporte chaque
gerbe,
En laissant le désert, qui suit son large
cours
Comme un géant vainqueur, s'étendre
pour toujours.
Peut-être que, partout où se verra sa
flamme,
Dans tout corps s'éteindra le cœur, dans
tout cœur l'âme,
Que rois et nations, se jetant à genoux,
Aux rochers ébranlés crieront : 'Ecrasez-
nous !
Car voilà que Paris encore nous envoie
Une perdition qui brise notre voie !'
Que fais-tu donc, Paris, dans ton ardent
foyer ?
Que jeteras-tu donc, dans ton moule
d'acier ?
Ton ouvrage est sans forme, et se pétrit
encore
Sous la main ouvrière et le marteau so-
nore ;
Il s'étend, se resserre, et s'engloutit sou-
vent
Dans le jeu des ressorts et du travail sa-
vant.
Et voilà que déjà l'impatient esclave
Se meut dans la fournaise, et, sous les
flots de lave,

Il nous montre une tête énorme, et des
regards
Portant l'ombre et le jour dans leurs
rayons hagards."

Je cessai de parler, car, dans le grand
silence,
Le sourd mugissement du centre de la
France
Monta jusqu'à la tour où nous étions
placés,
Apporté par le vent des nuages glacés.
— Comme l'illusion de la raison se joue !
Je crus sentir mes pieds tourner avec la
roue,
Et le feu du brasier qui montait vers les
cieux.
M'éblouit tellement, que je fermai les
yeux.

"Ah !" dit le voyageur, "la hauteur où
nous sommes
De corps et d'âme est trop pour la force
des hommes.
La tête a ses faux pas comme le pied les
siens ;
Vous m'avez soutenu, c'est moi qui vous
soutiens,
Et je chancelle encor, n'osant plus sur
la terre
Contempler votre ville et son double
mystère.
Mais je crains bien pour elle et pour vous,
car voilà
Quelque chose de noir, de lourd, de
vaste, là,
Au plus haut point du ciel, où ne sau-
raient atteindre
Les feux dont l'horizon ne cesse de se
teindre ;
Et je crois entrevoir ce rocher ténébreux
Qu'annoncèrent jadis les prophètes hé-
breux.
Lorsqu'une meule énorme, ont-ils dit —
Il me semble
La voir — *apparaîtra sur la cité* — Je
tremble
Que ce ne soit Paris — *dont les enfants
auront
Effacé Jésus-Christ du cœur comme du
front* —
Vous l'avez fait — *alors que la ville
enivrée
D'elle-même, aux plaisirs du sang sera
livrée* —
Qu'en pensez-vous ? — *alors l'Ange la
rayera*

*Du monde, et le rocher du ciel t'écra-
sera."*

Je souris tristement. " ll se peut bien,"
   lui dis-je,
"Que cela nous arrive avec ou sans pro-
   dige ;
Le ciel est noir sur nous ; mais il fau-
   drait alors
Qu'ailleurs, pour l'avenir, il fût d'autres
   trésors,
Et je n'en connais pas. Si la force divine
Est en ceux dont l'esprit sent, prévoit
   et devine,
Elle est ici. Le Ciel la révère. Et sur
   nous
L'ange exterminateur frapperait à ge-
   noux,
Et sa main, à la fois flamboyante et
   timide,
Tremblerait de commettre un second dé-
   icide.
Mais abaissons nos yeux, et n'allons
   pas chercher
Si ce que nous voyons est nuage ou
   rocher.
Descendons et quittons cette imposante
   cime
D'où l'esprit voit un rêve et le corps un
   abîme.
Je ne sais d'assurés, dans le chaos du
   sort,
Que deux points seulement, LA SOUF-
   FRANCE et LA MORT.
Tous les hommes y vont avec toutes les
   villes.
Mais les cendres, je crois, ne sont jamais
   stériles.
Si celles de Paris un jour sur ton chemin
Se trouvent, pèse-les, et prends-nous
   dans ta main,
Et, voyant à la place une rase campagne,
Dis : ' Le volcan a fait éclater sa mon-
   tagne !'
Pense au triple labeur que je t'ai révélé,
Et songe qu'au-dessus de ceux dont j'ai
   parlé
Il en fut de meilleurs et de plus purs en-
   core,
Rares parmi tous ceux dont leur temps
   se décore,
Que la foule admirait et blâmait à moi-
   tié,
Des hommes pleins d'amour, de doute et
   de pitié,
Qui disaient : *Je ne sais,* des choses de
   la vie,

Dont le pouvoir ou l'or ne fut jamais
   l'envie,
Et qui, par dévouement, sans détourner
   les yeux,
Burent jusqu'à la lie un calice odieux.
Ensuite, voyageur, tu quitteras l'en-
   ceinte,
Tu jeteras au vent cette poussière
   éteinte ;
Puis, levant seul ta voix dans le désert
   sans bruit,
Tu crieras : *Pour longtemps le monde est
   dans la nuit !"*

LE BAPTÊME.

HÉGÉSIPPE MOREAU. 1835.

JE méditais une ode, ou pis peut-être,
Quand tout à coup grand bruit dans le
   quartier :
"À l'entre-sol un garçon vient de naître ;
Notre portière accouche d'un portier !"
Ornant de fleurs ses langes un peu sales,
Je l'ai vu beau, beau comme un fils de
   roi,
Pleurer au bruit des cloches baptismales :
Dors, mon enfant, rien n'a sonné pour
   toi.

À ton baptême un curé bon apôtre,
Quelques voisins, quelques brocs de vin
   vieux,
Cela suffit : te voilà comme un autre
Cohéritier du royaume des cieux.
Convive ailleurs d'un plus friand bap-
   tême,
Si quelque saint, gras martyr de la foi,
Bénit tout haut, puis murmure : Ana-
   thème !
Dors, mon enfant, dors, ce n'est pas sur
   toi.

Tu n'as point vu la robe et la finance
Crier bravo lorsque tu vagissais ;
Tu n'as point eu, comme un enfant de
   France,
À digérer maint discours peu français.
Pour premiers bruits, le monde à ton
   oreille
N'a point jeté des paroles sans foi.
Près d'un berceau si la trahison veille,
Dors, mon enfant, dors, ce n'est pas
   chez toi.

Dors, fils du pauvre : on dit qu'il est
    une heure
Lente à passer sur les fronts criminels ;
Le fils du riche alors s'éveille et pleure
Au bruit que font les remords paternels.
Lorsque minuit descend plaintif des
    dômes,
En secouant leur linceul et l'effroi,
On dit qu'au Louvre il revient des fan-
    tômes :
Dors, mon enfant, Dieu seul entre chez
    toi.

À l'hôpital, sur le champ de bataille,
Chair à scalpel, chair à canon, partout
Tu souffriras, et lorsque sur la paille
Tu dormiras, la Faim criîra : Debout !
Tu seras peuple, enfin ; mais bon cou-
    rage !
Souffrir, gémir, c'est la commune loi.
Sur un palais, j'entends gronder l'orage :
Dors, mon enfant, il glissera sur toi.

ÉPITAPHE DES PRISONNIERS FRANÇAIS,

MORTS PENDANT LEUR CAPTIVITÉ EN ANGLE-
TERRE; ET À QUI DES OFFICIERS ANGLAIS ONT
ÉLEVÉ UN MONUMENT PAR SOUSCRIPTION.

LAMARTINE. 1836.

Ici dorment, jetés par le flot de la guerre,
D'intrépides soldats, nés sous un ciel
    plus beau ;
Vivants, ils ont porté les fers de l'Angle-
    terre,
Morts, ce noble pays leur offrit dans sa
    terre
    L'hospitalité du tombeau.

Là, toute inimitié s'efface sous la pierre,
Le dernier souffle éteint la haine dans
    les cœurs,
Tout rentre dans la paix de la maison
    dernière,
Et le vent des vaincus y mêle la pous-
    sière
    À la poussière des vainqueurs.

Écoutez ! de la terre une voix qui s'élève
Nous dit : Pourquoi combattre et pour-
    quoi conquérir ?
La terre est un sépulcre et la gloire est
    un rêve !
Patience, ô mortels ! et remettez le glaive,
    Un jour encor ! tout va mourir !

DESTINÉE.

THÉOPHILE GAUTIER. 1837.

COMME la vie est faite ! et que le train
    du monde
Nous pousse aveuglément en des chemins
    divers !
Pareil au Juif maudit, l'un, par tout
    l'univers,
Promène sans repos sa course vagabonde ;

L'autre, vrai docteur Faust, baigné
    d'ombre profonde,
Auprès de sa croisée étroite, à carreaux
    verts,
Poursuit de son fauteuil quelques rêves
    amers,
Et dans l'âme sans fond laisse filer la
    sonde.

Eh bien ! celui qui court sur la terre
    était né
Pour vivre au coin du feu : le foyer, la
    famille,
C'était son vœu ; mais Dieu ne l'a pas
    couronné.

Et l'autre, qui n'a vu du ciel que ce qui
    brille
Par le trou du volet, était le voyageur.
Ils ont passé tous deux à côté du bon-
    heur.

LE GIN.

AUGUSTE BARBIER. 1837.

SOMBRE génie, ô dieu de la misère !
Fils du genièvre et frère de la bière,
Bacchus du Nord, obscur empoisonneur,
Écoute, ô Gin, un hymne en ton honneur.
Écoute un chant des plus invraisembla-
    bles,
Un chant formé de notes lamentables,
Qu'en ses ébats un démon de l'enfer
Laissa tomber de son gosier de fer.
C'est un écho du vieil hymne de fête
Qu'au temps jadis à travers la tempête
On entendait au rivage normand,
Lorsque coulait l'hydromel écumant ;
Une clameur sombre et plus rude encore
Que le hourra dont le peuple centaure,
Dans les transports de l'ivresse, autrefois,
Épouvantait le fond de ses grands bois.

Dieu des cités ! à toi la vie humaine
Dans le repos et dans les jours de peine,
À toi les ports, les squares et les ponts,
Les noirs faubourgs et leurs détours pro-
    fonds,
Le sol entier sous son manteau de brume !
Dans tes palais quand le nectar écume
Et brille aux yeux du peuple contristé,
Le Christ lui-même est un dieu moins fêté
Que tu ne l'es : — car pour toi tout se
    damne,
L'enfance rose et se sèche et se fane,
Les frais vieillards souillent leurs cheveux
    blancs,
Les matelots désertent les haubans,
Et par le froid, le brouillard et la bise,
La femme vend jusques à sa chemise.
Du gin, du gin !—à plein verre, garçon !
Dans ses flots d'or, cette ardente boisson
Roule le ciel et l'oubli de soi-même ;
C'est le soleil, la volupté suprême,
Le paradis emporté d'un seul coup ;
C'est le néant pour le malheureux fou.
Fi du porto, du sherry, du madère,
De tous les vins qu'à la vieille Angleterre
L'Europe fait avaler à grands frais !
Ils sont trop chers pour nos obscurs
    palais.
Et puis le vin près du gin est bien fade ;
Le vin n'est bon qu'à chauffer un malade,
Un corps débile, un timide cerveau ;
Auprès du gin le vin n'est que de l'eau :
À d'autres donc les bruyantes batailles
Et le tumulte à l'entour des futailles,
Les sauts joyeux, les rires étouffants,
Les cris d'amour et tous les jeux d'enfants !
Nous, pour le gin, ah ! nous avons des
    âmes
Sans feu d'amour et sans désirs de
    femmes :
Pour le saisir et lutter avec lui,
Il faut un corps que le mal ait durci.
Vive le gin ! au fond de la taverne,
Sombre hôtelière, à l'œil hagard et terne,
Démence, viens nous décrocher les pots,
Et toi, la Mort, verse-nous à grands flots !

Hélas ! la Mort est bientôt à l'ouvrage,
Et, pour répondre à la clameur sauvage,
Son maigre bras frappe comme un taureau
Le peuple anglais au sortir du caveau.
Jamais typhus, jamais peste sur terre
Plus promptement n'abattit la misère ;
Jamais la fièvre, aux bonds durs et
    changeants,
Ne rongea mieux la chair des pauvres
    gens :

La peau devient jaune comme la pierre,
L'œil sans rayons s'enfuit sous la pau-
    pière,
Le front prend l'air de la stupidité,
Et les pieds seuls marchent comme en
    santé.
Pourtant, au coin de la première rue,
Comme un cheval qu'un boulet frappe
    et tue,
Le corps s'abat, et, sans pousser un cri,
Roulant en bloc sur le pavé, meurtri,
Il reste là dans son terrible rêve,
Jusqu'au moment où le trépas l'achève.
Alors on voit passer sur bien des corps
Des chariots, des chevaux aux pieds forts ;
Au tronc d'un arbre, au trou d'une cre-
    vasse
L'un tristement accroche sa carcasse ;
L'autre en passant l'onde du haut d'un
    pont
Plonge d'un saut dans le gouffre profond.
Partout le gin et chancelle et s'abîme,
Partout la mort emporte une victime ;
Les mères même, en rentrant pas à pas,
Laissent tomber les enfants de leurs bras ;
Et les enfants, aux yeux des folles mères
Vont se briser la tête sur les pierres.

À UN RICHE.

VICTOR HUGO. 1837.

Jeune homme, je te plains ; et cepen-
    dant j'admire
Ton grand parc enchanté qui semble
    nous sourire,
Qui fait, vu de ton seuil, le tour de
    l'horizon,
Grave ou joyeux suivant le jour et la
    saison,
Coupé d'herbe et d'eau vive et remplis-
    sant huit lieues
De ses vagues massifs et de ses ombres
    bleues.
J'admire ton domaine, et pourtant je te
    plains !
Car dans ces bois touffus de tant de gran-
    deurs pleins,
Où le printemps épanche un faste sans
    mesure,
Quelle plus misérable et plus pauvre
    masure
Qu'un homme usé, flétri, mort pour l'il-
    lusion,
Riche et sans volupté, jeune et sans pas-
    sion,

Dont le cœur délabré, dans ses recoins
    livides,
N'a plus qu'un triste amas d'anciennes
    coupes vides,
Vases brisés qui n'ont rien gardé que
    l'ennui,
Et d'où l'amour, la joie et la candeur ont
    fui !

LE SIÈCLE.

VICTOR HUGO. 1837.

Ce siècle est grand et fort ; un noble in-
    stinct le mène.
Partout on voit marcher l'Idée en mis-
    sion ;
Et le bruit du travail, plein de parole
    humaine,
Se mêle au bruit divin de la création.

Partout, dans les cités et dans les soli-
    tudes,
L'homme est fidèle au lait dont nous le
    nourrissions ;
Et dans l'informe bloc des sombres mul-
    titudes
La pensée en rêvant sculpte des nations.

L'échafaud vieilli croule, et la Grève se
    lave.
L'émeute se rendort. De meilleurs jours
    sont prêts.
Le peuple a sa colère et le volcan sa lave,
Qui dévaste d'abord et qui féconde après.

Des poëtes puissants, têtes par Dieu
    touchées,
Nous jettent les rayons de leurs fronts
    inspirés.
L'art a de frais vallons où les âmes pen-
    chées
Boivent la poésie à des ruisseaux sacrés.

Pierre à pierre, en songeant aux vieilles
    mœurs éteintes,
Sous la société qui chancelle à tous vents,
Le penseur reconstruit ces deux colonnes
    saintes,
Le respect des vieillards et l'amour des
    enfants.

Le devoir, fils du droit, sous nos toits
    domestiques
Habite comme un hôte auguste et sé-
    rieux ;

Les mendiants groupés dans l'ombre des
    portiques
Ont moins de haine au cœur et moins de
    flamme aux yeux.

L'austère vérité n'a plus de portes closes.
Tout verbe est déchiffré. Notre esprit
    éperdu,
Chaque jour, en lisant dans le livre des
    choses,
Découvre à l'univers un sens inattendu.

O poëtes ! le fer et la vapeur ardente
Effacent de la terre, à l'heure où vous
    rêvez,
L'antique pesanteur, à tout objet pen-
    dante,
Qui sous les lourds essieux broyait les
    durs pavés.

L'homme se fait servir par l'aveugle ma-
    tière.
Il pense, il cherche, il crée ! À son souf-
    fle vivant
Les germes dispersés dans la nature en-
    tière
Tremblent comme frissonne une forêt au
    vent !

Oui, tout va, tout s'accroit. Les heures
    fugitives
Laissent toutes leur trace. Un grand
    siècle a surgi,
Et contemplant de loin de lumineuses
    rives,
L'homme voit son destin comme un
    fleuve élargi.

Mais parmi ces progrès dont notre âge se
    vante,
Dans tout ce grand éclat d'un siècle
    éblouissant,
Une chose, ô Jésus, en secret m'épouvante :
C'est l'écho de ta voix qui va s'affai-
    blissant.

À DAVID, STATUAIRE,

SUR UNE STATUE D'ENFANT.

SAINTE-BEUVE. 1837.

L'enfant ayant aperçu
    (A l'insu
De sa mère, à peine absente)

Pendant au premier rameau
     De l'ormeau
Une grappe mûrissante ;

L'enfant, à trois ans venu,
     Fort et nu,
Qui jouait sur la belle herbe,
N'a pu, sans vite en vouloir,
     N'a pu voir
Briller le raisin superbe.

Il a couru ! ses dix doigts
     À la fois,
Comme autour d'une corbeille,
Tirent la grappe qui rit
     Dans son fruit.
Buvez, buvez, jeune abeille !

La grappe est un peu trop haut ;
     Donc il faut
Que l'enfant hausse sa lèvre.
Sa lèvre au fruit déjà prend,
     Il s'y pend,
Il y pend comme la chèvre.

Oh ! comme il pousse en dehors
     Tout son corps,
Petit ventre de Silène,
Reins cambrés, plus fléchissants
     En leur sens
Que la vigne qu'il ramène.

À deux mains le grain foulé
     A coulé ;
Douce liqueur étrangère !
Tel, plus jeune, il embrassait
     Et pressait
La mamelle de sa mère,

Age heureux et sans soupçon !
     Au gazon
Que vois-je ? un serpent se glisse,
Le même serpent qu'on dit
     Qui mordit,
Proche d'Orphée, Eurydice.

Pauvre enfant ! son pied levé
     L'a sauvé ;
Rien ne l'avertit encore. —
C'est la vie avec son dard
     Tôt ou tard !
C'est l'avenir ! qu'il l'ignore !

QUI SERA ROI ?

THÉOPHILE GAUTIER. 1857.

I.

BÉHÉMOT.

Moi, je suis Béhémot, l'éléphant, le
     colosse.
Mon dos prodigieux, dans la plaine, fait
     bosse
     Comme le dos d'un mont.
Je suis une montagne animée et qui
     marche ;
Au déluge, je fis presque chavirer l'arche,
Et, quand j'y mis le pied, l'eau monta
     jusqu'au pont.

Je porte, en me jouant, des tours sur
     mon épaule ;
Les murs tombent broyés sous mon flanc
     qui les frôle
     Comme sous un bélier.
Quel est le bataillon que d'un choc je ne
     rompe ?
J'enlève cavaliers et chevaux dans ma
     trompe,
Et je les jette en l'air sans plus m'en
     soucier !

Les piques, sous mes pieds, se couchent
     comme l'herbe :
Je jette à chaque pas, sur la terre, une
     gerbe
     De blessés et de morts.
Au cœur de la bataille, aux lieux où la
     mêlée
Rugit plus furieuse et plus échevelée,
Comme un mortier sanglant, je vais gâ-
     chant les corps.

Les flèches font sur moi le pétillement
     grêle
Que par un jour d'hiver font les grains
     de la grêle
     Sur les tuiles d'un toit,
Les plus forts javelots, qui faussent les
     cuirasses,
Effleurent mon cuir noir sans y laisser
     de traces,
Et par tous les chemins je marche tou-
     jours droit.

Quand devant moi je trouve un arbre, je
     le casse,
À travers les bambous, je folâtre et je
     passe

Comme un faon dans les blés.
Si je rencontre un fleuve en route, je le
    pompe,
Je dessèche son urne avec ma grande
    trompe,
Et laisse sur le sec ses hôtes écaillés.

Mes défenses d'ivoire éventreraient le
    monde,
Je porterais le ciel et sa coupole ronde
    Tout aussi bien qu'Atlas.
Rien ne me semble lourd ; pour soutenir
    le pôle,
Je pourrais lui prêter ma rude et forte
    épaule.
Je le remplacerai quand il sera trop las !

II.

Quand Béhémot eut dit jusqu'au bout sa
    harangue,
Léviathan, ainsi, répondit en sa langue.

III.

LÉVIATHAN.

Taisez-vous, Béhémot, je suis Léviathan ;
Comme un enfant mutin je fouette
    l'Océan
    Du revers de ma large queue.
Mes vieux os sont plus durs que des
    barres d'airain ;
Aussi Dieu m'a fait roi de l'univers marin,
    Seigneur de l'immensité bleue.

Le requin endenté d'un triple rang de
    dents,
Le dauphin monstrueux aux longs fanons
    pendants,
    Le kraken qu'on prend pour une île,
L'orque immense et difforme et le lourd
    cachalot,
Tout le peuple squammeux qui laboure
    le flot,
    Du cétacé jusqu'au nautile ;

Le grand serpent de mer et le poisson
    Macar,
Les baleines du pôle à l'œil rond et
    hagard,
    Qui soufflent l'eau par la narine,
Le triton fabuleux, la sirène aux chants
    clairs,
Sur le flanc d'un rocher peignant ses
    cheveux verts
    Et montrant sa blanche poitrine ;

12

Les oursons étoilés et les crabes hideux,
Comme des coutelas agitant autour d'eux
    L'arsenal crochu de leurs pinces,
Tous, d'un commun accord, m'ont reconnu
    pour roi.
Dans leurs antres profonds ils se cachent
    d'effroi
    Quand je visite mes provinces.

Pour l'œil qui peut plonger au fond du
    gouffre noir,
Mon royaume est superbe et magnifique
    à voir :
    Des végétations étranges,
Éponges, polypiers, madrépores, coraux,
Comme dans les forêts, s'y courbent en
    arceaux,
    S'y découpent en vertes franges.

Le frisson de mon dos fait trembler
    l'Océan,
Ma respiration soulève l'ouragan
    Et se condense en noirs nuages ;
Le souffle impétueux de mes larges na-
    seaux
Fait, comme un tourbillon, couler bas
    les vaisseaux
    Avec les pâles équipages.

Ainsi vous avez tort de tant faire le fier
Pour avoir une peau plus dure que le fer
    Et renversé quelque muraille ;
Ma gueule vous pourrait engloutir aisé-
    ment.
Je vous ai regardé, Béhémot, et vraiment
    Vous êtes de petite taille.

L'empire revient donc à moi, prince des
    eaux,
Qui mène chaque soir les difformes trou-
    peaux
    Paître dans les moites campagnes ;
Moi témoin du déluge et des temps dis-
    parus ;
Moi qui noyai jadis avec mes flots accrus
    Les grands aigles sur les montagnes !

IV.

Léviathan se tut et plongea sous les flots ;
Ses flancs ronds reluisaient comme de
    noirs îlots.   •

V.

L'OISEAU ROCK.

Là-bas, tout là-bas, il me semble
Que j'entends quereller ensemble

Béhémot et Léviathan ;
Chacun des deux rivaux aspire,
Ambition folle ! à l'empire
De la terre et de l'Océan.

Eh quoi ! Léviathan l'énorme
S'assoirait, majesté difforme,
Sur le trône de l'univers !
N'a-t-il pas ses grottes profondes,
Son palais d'azur sous les ondes !
N'est-il pas roi des peuples verts !

Béhémot, dans sa patte immonde,
Veut prendre le sceptre du monde
Et se poser en souverain.
Béhémot, avec son gros ventre,
Veut faire venir à son antre
L'univers terrestre et marin !

La prétention est étrange
Pour ces deux pétrisseurs de fange,
Qui ne sauraient quitter le sol.
C'est moi, l'oiseau Rock, qui dois êtr
De ce monde seigneur et maître,
Et je suis roi de par mon vol.

Je pourrais dans ma forte serre
Prendre la boule de la terre
Avec le ciel pour écusson.
Créez deux mondes : je me flatte
D'en tenir un dans chaque patte,
Comme les aigles du blason.

Je nage en plein dans la lumière,
Et ma prunelle sans paupière
Regarde en face le soleil.
Lorsque par les airs je voyage,
Mon ombre, comme un grand nuage,
Obscurcit l'horizon vermeil.

Je cause avec l'étoile bleue
Et la comète à pâle queue ;
Dans la lune je fais mon nid ;
Je perche sur l'arc d'une sphère ;
D'un coup de mon aile légère
Je fais le tour de l'infini.

VI.

L'HOMME.

Léviathan, je vais, malgré les deux cas-
    cades
Qui de tes noirs évents jaillissent en ar-
    cades,
La mer qui se soulève à tes reniflements,
Et les glaces du pôle et tous les éléments,
Monté sur une barque entr'ouverte et
    disjointe,

T'enfoncer dans le flanc une mortelle
    pointe ;
Car il faut un peu d'huile à ma lampe le
    soir,
Quand le soleil s'éteint et qu'on n'y peut
    plus voir.
Béhémot, à genoux ! que je pose la charge
Sur ta croupe arrondie et ton épaule
    large !
Je ne suis pas ému de ton énormité ;
Je ferai de tes dents quelque hochet
    sculpté,
Et je te couperai tes immenses oreilles,
Avec leurs plis pendants, à des drapeaux
    pareilles,
Pour en orner ma toque et gonfler mon
    chevet.
Oiseau Rock, prête-moi ta plume et ton
    duvet,
Mon plomb s'aura t'atteindre, et, l'aile
    fracassée,
Sans pouvoir achever la courbe com-
    mencée,
Des sommités du ciel, à mes pieds, sur
    le roc,
Tu tomberas tout droit, orgueilleux oiseau
    Rock !

LA CLOCHE DU VILLAGE.

LAMARTINE. 1839.

OH ! quand cette humble cloche à la
    lente volée
Épand comme un soupir sa voix sur la
    vallée,
Voix qu'arrête si près le bois ou le ravin,
Quand la main d'un enfant qui balance
    cette urne
En verse à sons pieux dans la brise noc-
    turne
    Ce que la terre a de divin !

Quand du clocher vibrant l'hirondelle
    habitante
S'envole au vent d'airain qui fait trem-
    bler sa tente,
Et de l'étang ridé vient effleurer les
    bords,
Ou qu'à la fin du fil qui chargeait sa
    quenouille
La veuve du village, à ce bruit s'age-
    nouille
    Pour donner leur aumône aux morts :
Ce qu'éveille en mon sein le chant du
    toit sonore

Ce n'est pas la gaîté du jour qui vient
    d'éclore,
Ce n'est pas le regret du jour qui va finir,
Ce n'est pas le tableau de mes fraîches
    années
Croissant sur ces coteaux parmi ces fleurs
    fanées.
    Qu'effeuille encor mon souvenir ;

Ce n'est pas mes sommeils d'enfant sous
    ces platanes,
Ni ces premiers élans du jeu de mes
    organes,
Ni mes pas égarés sur ces rudes sommets,
Ni ces grands cris de joie en aspirant
    vos vagues,
O brises du matin pleines de saveurs
    vagues
    Et qu'on croit n'épuiser jamais !

Ce n'est pas le coursier atteint dans la
    prairie
Pliant son cou soyeux sous sa main
    aguerrie
Et mêlant sa crinière à mes beaux che-
    veux blonds,
Quand le sol sous ses pieds sonnant
    comme une enclume
Sa croupe m'emportait et que sa blanche
    écume
    Argentait l'herbe des vallons !

Ce n'est pas même, amour ! ton premier
    crépuscule,
Au mois où du printemps la séve qui
    circule
Fait fleurir la pensée et verdir le buisson,
Quand l'ombre ou seulement les jeunes
    voix lointaines
Des vierges rapportant leurs cruches des
    fontaines
    Laissaient sur ma tempe un frisson.

Ce n'est pas vous non plus, vous que
    pourtant je pleure
Premier bouillonnement de l'onde inté-
    rieure,
Voix du cœur qui chantait en s'éveil-
    lant en moi,
Mélodieux murmure embaumé d'am-
    broisie
Qui fait rendre à sa source un vent de
    poésie !
    O gloire, c'est encor moins toi !

De mes jours sans regret que l'hiver vous
    remporte

Avec le chaume vide, avec la feuille
    morte,
Avec la renommée, écho vide et mo-
    queur !
Ces herbes du sentier sont des plantes
    divines
Qui parfument les pieds ; oui ! mais
    dont les racines
    Ne s'enfoncent pas dans le cœur !

Guirlandes du festin que pour un soir on
    cueille,
Que la haine empoisonne ou que l'envie
    effeuille,
Dont vingt fois sous les mains la cou-
    ronne se rompt,
Qui donnent à la vie un moment de ver-
    tige,
Mais dont la fleur d'emprunt ne tient
    pas à la tige
    Et qui sèche en tombant du front.

———

C'est le jour où ta voix dans la vallée en
    larmes
Sonnait le désespoir après le glas d'a-
    larmes,
Où deux cercueils passant sous les co-
    teaux en deuil,
Et bercés sur des cœurs par des sanglots
    de femmes,
Dans un double sépulcre enfermèrent
    trois âmes
    Et m'oublièrent sur le seuil !

De l'aurore à la nuit, de la nuit à l'aurore,
O cloche ! tu pleuras comme je pleure
    encore,
Imitant de nos cœurs le sanglot étouf-
    fant ;
L'air, le ciel, résonnaient de ta com-
    plainte amère
Comme si chaque étoile avait perdu sa
    mère
    Et chaque brise son enfant !

Depuis ce jour suprême où ta sainte har-
    monie,
Dans ma mémoire en deuil, à ma peine
    est unie,
Où ton timbre et mon cœur n'eurent
    qu'un même son,
Oui ! ton bronze sonore et trempé dans
    la flamme,
Me semble, quand il pleure, un morceau
    de mon âme
    Qu'un ange frappe à l'unisson !

Je dors lorsque tu dors, je veille quand
    tu veilles,
Ton glas est un ami qu'attendent mes
    oreilles ;
Entre la voix des tours je démêle ta voix,
Et ta vibration encore en moi résonne
Quand l'insensible bruit qu'un moucho-
    ron bourdonne
    Te couvre déjà sous les bois !

Je me dis : Ce soupir mélancolique et
    vague
Que l'air profond des nuits roule de vague
    en vague,
Ah ! c'est moi, pour moi seul, là haut
    retentissant !
Je sais ce qu'il me dit, il sait ce que je
    pense,
Et le vent qui l'ignore, à travers ce si-
    lence,
    M'apporte un sympathique accent.

———

Je me dis : Cet écho de ce bronze qui
    vibre,
Avant de m'arriver au cœur de fibre en
    fibre,
A frémi sur la dalle où tout mon passé
    dort,
Du timbre du vieux dôme il garde
    quelque chose,
La pierre du sépulcre, où mon amour
    repose,
    Sonne aussi dans ce doux accord !

Ne t'étonne donc pas, enfant, si ma
    pensée
Au branle de l'airain secrètement bercée,
Aime sa voix mystique et fidèle au tré-
    pas,
Si dès le premier son qui gémit sous sa
    voûte,
Sur un pied suspendu, je m'arrête et
    j'écoute
    Ce que la mort me dit tout bas.

Et toi saint porte-voix des tristesses
    humaines
Que la terre inventa pour mieux crier
    ses peines,
Chante ! des cœurs brisés le timbre est
    encor beau !
Que ton gémissement donne une âme à
    la pierre,
Des larmes aux yeux secs, un signe à la
    prière,
    Une mélodie au tombeau !

Moi, quand des laboureurs porteront
    dans ma bière
Le peu qui doit rester ici de ma pous-
    sière ;
Après tant de soupirs que mon sein lance
    ailleurs,
Quand des pleureurs gagés, froide et
    banale escorte,
Déposeront mon corps endormi sous la
    porte
Qui mène à des soleils meilleurs,

Si quelque main pieuse en mon honneur
    te sonne,
Des sanglots de l'airain, oh ! n'attriste
    personne,
Ne va pas mendier des pleurs à l'hori-
    zon,
Mais prends ta voix de fête et sonne sur
    ma tombe
Avec le bruit joyeux d'une chaîne qui
    tombe
    Au seuil libre d'une prison !

Ou chante un air semblable au cri de
    l'alouette
Qui s'élevant du chaume où la bise la
    fouette,
Dresse à l'aube du jour son vol mélo-
    dieux,
Et gazouille ces chants qui font taire
    d'envie
Ses rivaux attachés aux ronces de la vie
    Et qui se perd au fond des cieux !

ENVOI.

Mais sonne avant ce jour, sonne douce-
    ment l'heure
Où quelque barde ami, dans mon humble
    demeure,
Vient de mon cœur malade éclairer le
    long deuil,
Et me laisse en partant, charitable dic-
    tame,
Deux goutes du parfum qui coule de son
    âme
    Pour embaumer longtemps mon seuil.

SUR UN HOMME POPULAIRE.

VICTOR HUGO. 1889.

O PEUPLE ! sous ce crâne où rien n'a
    pénétré,
Sous l'auguste sourcil morose et vénéré
    Du tribun et du cénobite,

Sous ce front dont un jour les révolutions
Feronten l'entr'ouvrant sortir les visions,
   Une pensée affreuse habite.

Dans l'Inde ainsi parfois le passant
   curieux
Contemple avec respect un mont mysté-
   rieux,
   Cîme des nuages touchée,
Rêve et croit respirer, sans approcher
   trop près,
Dans ces rocs, dans ces eaux, dans ces
   mornes forêts,
   Une divinité cachée.

L'intérieur du mont en pagode est
   sculpté.
Puis vient enfin le jour de la solennité ;
   On brise la porte murée ;
Le peuple accourt poussant des cris
   tumultueux :
L'idole alors, fœtus aveugle et mon-
   strueux,
   Sort de la montagne éventrée.

L'ÂME.

VICTOR HUGO. 1839.

COMME dans les étangs assoupis sous les
   bois,
Dans plus d'une âme on voit deux choses
   à la fois :
Le ciel, qui teint les eaux à peine remuées
Avec tous ses rayons et toutes ses nuées ;
Et la vase, fond morne, affreux, sombre
   et dormant,
Où des reptiles noirs fourmillent vague-
   ment.

À ALFRED DE MUSSET.

LAMARTINE. 1840.

JE vivais comme toi, vieux et froid à
   vingt ans,
Laissant les guêpes mordre aux fleurs de
   mon printemps,
Laissant la lèvre pâle et fétide des vices
Effeuiller leur corolle et pomper leurs
   calices,
Méprisant mes amours et les montrant
   au doigt,
Comme un enfant grossier qui trouble
   l'eau qu'il boit.

Mon seul soleil était la clarté des bou-
   gies ;
Je détestais l'aurore en sortant des
   orgies.

À mes lèvres, où Dieu sommeillait dans
   l'oubli,
Un sourire ironique avait donné son
   pli ;
Tous mes propos n'étaient qu'amère
   raillerie.
Je plaignais la pudeur comme une du-
   perie ;
Et si quelque reproche ou de mère ou de
   sœur,
À mes premiers instincts parlant avec
   douceur,
Me rappelait les jours de ma naïve en-
   fance,
Nos mains jointes, nos yeux levés, notre
   innocence ;
Si quelque tendre écho de ces soirs
   d'autrefois,
Dans mon esprit troublé s'éveillant à
   leur voix,
D'une aride rosée humectait ma paupière,
Mon front haut secouait ses cheveux en
   arrière ;
Pervers, je rougissais de mon bon senti-
   ment ;
Je refoulais en moi mon attendrissement,
Et j'allais tout honteux vers mes viles
   idoles,
Parmi de vils railleurs, bafouer ces
   paroles !

Voilà quelle gangrène énervait mon
   esprit,
Quand l'amour, cet amour qui tue ou
   qui guérit,
Cette plante de vie au céleste dictame,
Distilla dans mon cœur des lèvres d'une
   femme.
Une femme ? Est-ce un nom qui puisse
   te nommer,
Chaste apparition qui me forças d'aimer,
Forme dont la splendeur à l'aube eût
   fait envie,
Saint éblouissement d'une heure de ma
   vie ;
Toi qui de ce limon m'enlevas d'un re-
   gard,
Comme un rayon d'en haut attire le
   brouillard,
Et, le transfigurant en brillant météore,
Le roule en dais de feu sous les pas de
   l'aurore !

Ses yeux, bleus comme l'eau, furent le
    pur miroir
Où mon âme se vit et rougit de se voir,
Où, pour que le mortel ne profanât pas
· l'ange,
De mes impuretés je dépouillai la fange.
Pour cueillir cet amour, fruit immatériel,
Chacun de mes soupirs m'enleva vers le
    ciel.
Quand elle disparut derrière le nuage,
Mon cœur purifié contenait une image,
Et je ne pouvais plus, de peur de la
    ternir,
Redescendre jamais d'un si haut sou-
    venir !

Depuis ce jour lointain, des jours, des
    jours sans nombre,
Ont jeté sur mon cœur leur soleil ou leur
    ombre ;
Comme un sol moissonné, mais qui
    germe toujours,
La vie a dans mon cœur porté d'autres
·   amours ;
De l'heure matinale à cette heure
    avancée,
J'ai sous d'autres abris rafraîchi ma
    pensée,
D'autres yeux ont noyé leurs rayons
    dans les miens :
Mais du premier rayon toujours je me
    souviens,
Toujours j'en cherche ici la trace éblouis-
    sante,
Et mon âme a gardé la place à l'âme
    absente.
Voilà pourquoi souvent tu vois mon
    front baissé,
Comme quelqu'un qui cherche où son
    guide a passé.

FERRARE.

IMPROVISÉ EN SORTANT DU CACHOT DU
TASSE.

LAMARTINE. 1844.

QUE l'on soit homme ou Dieu, tout génie
    est martyre :
Du supplice plus tard on baise l'instru-
    ment ;
L'homme adore la croix où sa victime
    expire,
Et du cachot du Tasse enchâsse le ci-
    ment.

Prison du Tasse ici, de Galilée à Rome,
Échafaud de Sidney, bûchers, croix ou
    tombeaux,
Ah ! vous donnez le droit de bien mépri-
    ser l'homme,
Qui veut que Dieu l'éclaire, et qui hait
    ses flambeaux.

Grand parmi les petits, libre chez les
    serviles,
Si le génie expire, il l'a bien mérité ;
Car nous dressons partout aux portes de
    nos villes
Ces gibets de la gloire et de la vérité.

Loin de nous amollir, que ce sort nous
    retrempe !
Sachons le prix du don, mais ouvrons
    notre main.
Nos pleurs et notre sang sont l'huile de
    la lampe
Que Dieu nous fait porter devant le
    genre humain !

EN REVENANT DU CIMETIÈRE.

VICTOR HUGO. 1846.

ON vit, on parle, on a le ciel et les
    nuages
Sur la tête ; on se plaît aux livres des
    vieux sages ;
On lit Virgile et Dante ; on va joyeuse-
    ment
En voiture publique à quelque endroit
    charmant
En riant aux éclats de l'auberge et du
    gîte ;
Le regard d'une femme en passant vous
    agite ;
On aime, on est aimé, bonheur qui manque
    aux rois !
On écoute le chant des oiseaux dans les
    bois ;
Le matin, on s'éveille, et toute une
    famille
Vous embrasse, une mère, une sœur, une
    fille !
On déjeune en lisant son journal.   Tout
    le jour
On mêle à sa pensée espoir, travail,
    amour ;
La vie arrive avec ses passions trou-
    blées ;
On jette sa parole aux sombres assem-
    blées ;

Devant le but qu'on veut et le sort qui
   vous prend,
On se sent faible et fort, on est petit et
   grand ;
On est flot dans la foule, âme dans la
   tempête ;
Tout vient et passe ; on est en deuil, on
   est en fête ;
On arrive, on recule, on lutte avec
   effort —
Puis, le vaste et profond silence de la
   mort !

LE LÉZARD SUR LES RUINES DE ROME.

LAMARTINE. 1846.

Un jour, seul dans le Colisée,
Ruine de l'orgueil romain,
Sur l'herbe de sang arrosée
Je m'assis, Tacite à la main.

Je lisais les crimes de Rome,
Et l'empire à l'encan vendu,
Et, pour élever un seul homme,
L'univers si bas descendu.

Je voyais la plèbe idolâtre,
Saluant les triomphateurs,
Baigner ses yeux sur le théâtre
Dans le sang des gladiateurs.

Sur la muraille qui l'incruste,
Je recomposais lentement
Les lettres du nom de l'Auguste
Qui dédia le monument.

J'en épelais le premier signe ;
Mais, déconcertant mes regards,
Un lézard dormait sur la ligne
Où brillait le nom des Césars.

Seul héritier des sept collines,
Seul habitant de ces débris,
Il remplaçait sous ces ruines
Le grand flot des peuples taris.

Sorti des fentes des murailles,
Il venait, de froid engourdi,
Réchauffer ses vertes écailles
Au contact du bronze attiédi.

Consul, César, maître du monde,
Pontife, Auguste, égal aux dieux,
L'ombre de ce reptile immonde
Éclipsait ta gloire à mes yeux !

La nature a son ironie :
Le livre échappa de ma main.
O Tacite, tout ton génie
Raille moins fort l'orgueil humain !

LES DESTINÉES.

ALFRED DE VIGNY. 1849.

Depuis le premier jour de la création,
Les pieds lourds et puissants de chaque
   Destinée
Pesaient sur chaque tête et sur toute
   action.

Chaque front se courbait et traçait sa
   journée,
Comme le front d'un bœuf creuse un sillon
   profond
Sans dépasser la pierre où sa ligne est
   bornée.

Ces froides déités liaient le joug de plomb
Sur le crâne et les yeux des hommes leurs
   esclaves,
Tous errants, sans étoile, en un désert
   sans fond ;

Levant avec effort leurs pieds chargés
   d'entraves,
Suivant le doigt d'airain dans le cercle
   fatal,
Le doigt des Volontés inflexibles et
   graves.

Tristes divinités du monde oriental,
Femmes au voile blanc, immuables sta-
   tues,
Elles nous écrasaient de leur poids co-
   lossal.

Comme un vol de vautours sur le sol
   abattues,
Dans un ordre éternel, toujours en nom-
   bre égal
Aux têtes des mortels sur la terre épan-
   dues,

Elles avaient posé leur ongle sans pitié
Sur les cheveux dressés des races éper-
   dues,
Traînant la femme en pleurs et l'homme
   humilié.

Un soir, il arriva que l'antique planète
Secoua sa poussière. — Il se fit un grand
   cri :

"Le Sauveur est venu, voici le jeune athlète,

"Il a le front sanglant et le côté meurtri,
Mais la Fatalité meurt au pied du Prophète,
La Croix monte et s'étend sur nous comme un abri ! "

Avant l'heure où, jadis, ces choses arrivèrent,
Tout homme était courbé, le front pâle et flétri ;
Quand ce cri fut jeté, tous ils se relevèrent.

Détachant les nœuds lourds du joug de plomb du Sort,
Toutes les nations à la fois s'écrièrent :
"O Seigneur ! est-il vrai ! le Destin est-il mort ? "

Et l'on vit remonter vers le ciel, par volées,
Les filles du Destin, ouvrant avec effort
Leurs ongles qui pressaient nos races désolées ;

Sous leur robe aux longs plis voilant leurs pieds d'airain,
Leur main inexorable et leur face inflexible ;
Montant avec lenteur en innombrable essaim,

D'un vol inaperçu, sans ailes, insensible,
Comme apparaît, au soir, vers l'horizon lointain,
D'un nuage orageux l'ascension paisible.

— Un soupir de bonheur sortit du cœur humain ;
La terre frissonna dans son orbite immense,
Comme un cheval frémit délivré de son frein.

Tous les astres émus restèrent en silence,
Attendant avec l'Homme, en la même stupeur,
Le suprême décret de la Toute-Puissance,

Quand ces filles du Ciel, retournant au Seigneur,
Comme ayant retrouvé leurs régions natales,
Autour de Jéhovah se rangèrent en chœur,

D'un mouvement pareil levant leurs mains fatales,
Puis chantant d'une voix leur hymne de douleur,
Et baissant à la fois leurs fronts calmes et pâles :

"Nous venons demander la Loi de l'avenir.
Nous sommes, ô Seigneur, les froides Destinées
Dont l'antique pouvoir ne devait point faillir.

"Nous roulions sous nos doigts les jours et les années :
Devons-nous vivre encore ou devons-nous finir,
Des Puissances du ciel, nous, les fortes aînées !

"Vous détruisez d'un coup le grand piége du Sort
Où tombaient tour à tour les races consternées.
Faut-il combler la fosse et briser le ressort !

"Ne mènerons-nous plus ce troupeau faible et morne,
Ces hommes d'un moment, ces condamnés à mort,
Jusqu'au bout du chemin dont nous posions la borne.

"Le moule de la vie était creusé par nous.
Toutes les passions y répandaient leur lave,
Et les événements venaient s'y fondre tous.

"Sur les tables d'airain où notre loi se grave,
Vous effacez le nom de la FATALITÉ,
Vous déliez les pieds de l'homme notre esclave.

"Qui va porter le poids dont s'est épouvanté
Tout ce qui fut créé ! ce poids sur la pensée,
Dont le nom est en bas : RESPONSABILITÉ ! "

————

Il se fit un silence, et la terre affaissée
S'arrêta comme fait la barque sans rameurs
Sur les flots orageux, dans la nuit balancée.

Une voix descendit, venant de ces hau-
teurs
Où s'engendrent, sans fin, les mondes
dans l'espace ;
Cette voix, de la terre emplit les profon-
deurs :

" Retournez en mon nom, reines, je suis
la Grâce.
L'homme sera toujours un nageur incer-
tain
Dans les ondes du temps qui se mesure
et passe.

" Vous toucherez son front, ô filles du
Destin !
Son bras ouvrira l'eau, qu'elle soit haute
ou basse,
Voulant trouver sa place et deviner sa fin.

" Il sera plus heureux, se croyant maître
et libre
En luttant contre vous dans un combat
mauvais
Où moi seule, d'en haut, je tiendrai
l'équilibre.

" De moi naîtra son souffle et sa force à
jamais.
Son mérite est le mien, sa loi perpétuelle :
Faire ce que je veux pour venir où je
sais."

Et le chœur descendit vers sa proie éter-
nelle
Afin d'y ressaisir sa domination
Sur la race timide, incomplète et rebelle.

On entendit venir la sombre Légion
Et retomber les pieds des femmes inflex-
ibles,
Comme sur nos caveaux tombe un cer-
cueil de plomb.

Chacune prit chaque homme en ses mains
invisibles ;
Mais, plus forte à présent, dans ce som-
bre duel,
Notre âme en deuil combat ces Esprits
impassibles.

Nous soulevons parfois leur doigt faux
et cruel.
La volonté transporte à des hauteurs
sublimes
Notre front éclairé par un rayon du ciel.

Cependant sur nos caps, sur nos rocs,
sur nos cimes,
Leur doigt rude et fatal se pose devant
nous,
Et, d'un coup, nous renverse au fond des
noirs abîmes.

Oh ! dans quel désespoir nous sommes
encor tous !
Vous avez élargi le COLLIER qui nous lie,
Mais qui donc tient la chaîne ? — Ah !
Dieu juste, est-ce vous ?

Arbitre libre et fier des actes de sa vie,
Si notre cœur s'entr'ouvre au parfum
des vertus,
S'il s'embrase à l'amour, s'il s'élève au
génie,

Que l'ombre des Destins, Seigneur, n'op-
pose plus
À nos belles ardeurs une immuable en-
trave,
À nos efforts sans fin des coups inat-
tendus !

O sujet d'épouvante à troubler le plus
brave !
Question sans réponse où vos saints se
sont tus !
O mystère ! ô tourment de l'âme forte et
grave !

Notre mot éternel est-il : C'ÉTAIT ÉCRIT ?
SUR LE LIVRE DE DIEU, dit l'Orient
esclave ;
Et l'Occident répond : SUR LE LIVRE DU
CHRIST.

LA MONTRE.

THÉOPHILE GAUTIER. 1852.

DEUX fois je regarde ma montre,
Et deux fois à mes yeux distraits
L'aiguille au même endroit se montre ;
Il est une heure — une heure après.

La figure de la pendule
En rit dans le salon voisin,
Et le timbre d'argent module
Deux coups vibrant comme un tocsin.

Le cadran solaire me raille
En m'indiquant, de son long doigt,

Le chemin que sur la muraille
A fait son ombre qui s'accroît.

Le clocher avec ironie
Dit le vrai chiffre et le beffroi,
Reprenant la note finie,
A l'air de se moquer de moi.

Tiens ! la petite bête est morte.
Je n'ai pas mis hier encor,
Tant ma rêverie était forte,
Au trou de rubis la clef d'or !

Et je ne vois plus, dans sa boîte,
Le fin ressort du balancier
Aller, venir, à gauche, à droite,
Ainsi qu'un papillon d'acier.

C'est bien de moi ! Quand je chevauche
L'Hippogriffe, au pays du Bleu,
Mon corps sans âme se débauche,
Et s'en va comme il plaît à Dieu !

L'éternité poursuit son cercle
Autour de ce cadran muet,
Et le temps, l'oreille au couvercle,
Cherche ce cœur qui remuait ;

Ce cœur que l'enfant croit en vie,
Et dont chaque pulsation
Dans notre poitrine est suivie
D'une égale vibration,

Il ne bat plus, mais son grand frère
Toujours palpite à mon côté.
— Celui que rien ne peut distraire,
Quand je dormais, l'a remonté !

LA BOUTEILLE À LA MER.

ALFRED DE VIGNY. 1853.

CONSEIL À UN JEUNE HOMME INCONNU.

COURAGE, ô faible enfant de qui ma
solitude
Reçoit ces chants plaintifs, sans nom,
que vous jetez
Sous mes yeux ombragés du camail de
l'étude.
Oubliez les enfants par la mort arrêtés ;
Oubliez Chatterton, Gilbert et Malfilâ-
tre ;
De l'œuvre d'avenir saintement idolâtre,
Enfin, oubliez l'homme en vous-même.
— Écoutez :

Quand un grave marin voit que le vent
l'emporte
Et que les mâts brisés pendent tous sur
le pont,
Que dans son grand duel la mer est la
plus forte
Et que par des calculs l'esprit en vain
répond ;
Que le courant l'écrase et le roule en sa
course,
Qu'il est sans gouvernail et, partant,
sans ressource,
Il se croise les bras dans un calme pro-
fond.

Il voit les masses d'eau, les toise et les
mesure,
Les méprise en sachant qu'il en est
écrasé,
Soumet son âme au poids de la matière
impure
Et se sent mort ainsi que son vaisseau
rasé.
— À de certains moments, l'âme est
sans résistance ;
Mais le penseur s'isole et n'attend d'as-
sistance
Que de la forte foi dont il est embrasé.

Dans les heures du soir, le jeune Capi-
taine
A fait ce qu'il a pu pour le salut des
siens.
Nul vaisseau n'apparaît sur la vague
lointaine,
La nuit tombe, et le brick court aux
rocs indiens.
— Il se résigne, il prie ; il se recueille,
il pense
À celui qui soutient les pôles et balance
L'équateur hérissé des longs méridiens.

Son sacrifice est fait ; mais il faut que
la terre
Recueille du travail le pieux monument.
C'est le journal savant, le calcul solitaire,
Plus rare que la perle et que le diamant ;
C'est la carte des flots faite dans la tem-
pête,
La carte de l'écueil qui va briser sa tête :
Aux voyageurs futurs sublime testament.

Il écrit : " Aujourd'hui, le courant nous
entraîne,
Désemparés, perdus, sur la Terre-de-Feu.
Le courant porte à l'est. Notre mort
est certaine :

Il faut cingler au nord pour bien passer
   ce lieu.
— Ci-joint est mon journal, portant
   quelques études
Des constellations des hautes latitudes.
Qu'il aborde, si c'est la volonté de Dieu !"

Puis, immobile et froid, comme le cap
   des brumes
Qui sert de sentinelle au détroit Magellan,
Sombre comme ces rocs au front chargé
   d'écumes,[1]
Ces pics noirs dont chacun porte un
   deuil castillan,
Il ouvre une Bouteille et la choisit très-
   forte,
Tandis que son vaisseau que le courant
   emporte
Tourne en un cercle étroit comme un vol
   de milan.

Il tient dans une main cette vieille com-
   pagne,
Ferme, de l'autre main, son flanc noir et
   terni.
Le cachet porte encor le blason de
   Champagne,
De la mousse de Reims son col vert est
   jauni.
D'un regard, le marin en soi-même
   rappelle
Quel jour il assembla l'équipage autour
   d'elle,
Pour porter un grand toste au pavillon
   béni.

On avait mis en panne, et c'était grande
   fête ;
Chaque homme sur son mât tenait le
   verre en main ;
Chacun à son signal se découvrit la
   tête,
Et répondit d'en haut par un hourra
   soudain.
Le soleil souriant dorait les voiles
   blanches ;
L'air ému répétait ces voix mâles et
   franches,
Ce noble appel de l'homme à son pays
   lointain.

Après le cri de tous, chacun rêve en
   silence.
Dans la mousse d'Aï luit l'éclair d'un
   bonheur ;

[1] Les pics San-Diego, San-Ildefonso.

Tout au fond de son verre il aperçoit la
   France.
La France est pour chacun ce qu'y laissa
   son cœur :
L'un y voit son vieux père assis au coin
   de l'âtre,
Comptant ses jours d'absence ; à la table
   du pâtre,
Il voit sa chaise vide à côté de sa sœur.

Un autre y voit Paris, où sa fille penchée
Marque avec les compas tous les souffles
   de l'air,
Ternit de pleurs la glace où l'aiguille est
   cachée,
Et cherche à ramener l'aimant avec le
   fer.
Un autre y voit Marseille. Une femme
   se lève.
Court au port et lui tend un mouchoir
   de la grève,
Et ne sent pas ses pieds enfoncés dans
   la mer.

O superstition des amours ineffables,
Murmures de nos cœurs qui nous semblez
   des voix,
Calculs de la science, ô décevantes
   fables !
Pourquoi nous apparaître en un jour
   tant de fois !
Pourquoi vers l'horizon nous tendre ainsi
   des piéges !
Espérances roulant comme roulent les
   neiges ;
Globes toujours pétris et fondus sous
   nos doigts !

Où sont-ils à présent ! où sont ces trois
   cents braves !
Renversés par le vent dans les courants
   maudits,
Aux harpons indiens ils portent pour
   épaves
Leurs habits déchirés sur leurs corps
   refroidis.
Les savants officiers, la hache à la cein-
   ture,
Ont péri les premiers en coupant la
   mâture :
Ainsi, de ces trois cents, il n'en reste
   que dix !

Le capitaine encor jette un regard au
   pôle
Dont il vient d'explorer les détroits
   inconnus.

L'eau monte à ses genoux et frappe son
   épaule ;
Il peut lever au ciel l'un de ses deux
   bras nus. ·
Son navire est coulé, sa vie est révolue :
Il lance la Bouteille à la mer, et salue
Les jours de l'avenir qui pour lui sont
   venus.

Il sourit en songeant que ce fragile verre
Portera sa pensée et son nom jusqu'au
   port ;
Que d'une île inconnue il agrandit la
   terre ;
Qu'il marque un nouvel astre et le confie
   au sort ;
Que Dieu peut bien permettre à des
   eaux insensées
De perdre des vaisseaux, mais non pas
   des pensées ;
Et qu'avec un flacon il a vaincu la mort.

Tout est dit. À présent, que Dieu lui
   soit en aide !
Sur le brick englouti l'onde a pris son
   niveau.
Au large flot de l'est le flot de l'ouest
   succède,
Et la Bouteille y roule en son vaste ber-
   ceau.
Seule dans l'Océan la frêle passagère
N'a pas pour se guider une brise lé-
   gère ;
Mais elle vient de l'arche et porte le
   rameau.

Les courants l'emportaient, les glaçons la
   retiennent
Et la couvrent des plis d'un épais man-
   teau blanc.
Les noirs chevaux de mer la heurtent,
   puis reviennent
La flairer avec crainte, et passent en
   soufflant.
Elle attend que l'été, changeant ses des-
   tinées,
Vienne ouvrir le rempart des glaces
   obstinées,
Et vers la ligne ardente elle monte en
   roulant.

Un jour, tout était calme et la mer
   Pacifique,
Par ses vagues d'azur, d'or et de dia-
   mant,
Renvoyait ses splendeurs au soleil du
   tropique.

Un navire y passait majestueusement ;
Il a vu la Bouteille aux gens de mer
   sacrée :
Il couvre de signaux sa flamme diaprée,
Lance un canot en mer et s'arrête un
   moment.

Mais on entend au loin le canon des
   Corsaires ;
Le Négrier va fuir s'il peut prendre le
   vent.
Alerte ! et coulez bas ces sombres adver-
   saires !
Noyez or et bourreaux du couchant au
   levant !
La Frégate reprend ses canots et les
   jette
En son sein, comme fait la sarigue in-
   quiète,
Et par voile et vapeur vole et roule en
   avant.

Seule dans l'Océan, seule toujours !—
   Perdue
Comme un point invisible en un mou-
   vant désert,
L'aventurière passe errant dans l'étendue,
Et voit tel cap secret qui n'est pas dé-
   couvert.
Tremblante voyageuse à flotter con-
   damnée,
Elle sent sur son col que depuis une
   année
L'algue et les goëmons lui font un man-
   teau vert.

Un soir enfin, les vents qui soufflent des
   Florides
L'entraînent vers la France et ses bords
   pluvieux.
Un pêcheur accroupi sous des rochers
   arides
Tire dans ses filets le flacon précieux.
Il court, cherche un savant et lui montre
   sa prise,
Et, sans l'oser ouvrir, demande qu'on
   lui dise
Quel est cet élixir noir et mystérieux.

Quel est cet élixir ! Pêcheur, c'est la
   science,
C'est l'élixir divin que boivent les esprits,
Trésor de la pensée et de l'expérience ;
Et, si tes lourds filets, ô pêcheur, avaient
   pris
L'or qui toujours serpente aux veines du
   Mexique,

Les diamants de l'Inde et les perles
d'Afrique,
Ton labeur de ce jour aurait eu moins de
prix.

Regarde. — Quelle joie. ardente et séri-
euse!
Une gloire de plus luit dans la nation.
Le canon tout-puissant et la cloche
pieuse
Font sur les toits tremblants bondir
l'émotion.
Aux héros du savoir plus qu'à ceux des
batailles
On va faire aujourd'hui de grandes
funérailles.
Lis ce mot sur les murs : " Commémora-
tion ! "

Souvenir éternel ! gloire à la découverte
Dans l'homme ou la nature égaux en
profondeur,
Dans le Juste et le Bien, source à peine
entr'ouverte,
Dans l'Art inépuisable, abîme de splen-
deur !
Qu'importe oubli, morsure, injustice in-
sensée,
Glaces et tourbillons de notre traver-
sée ?
Sur la pierre des morts croît l'arbre de
grandeur.

Cet arbre est le plus beau de la terre
promise,
C'est votre phare à tous, Penseurs
laborieux !
Voguez sans jamais craindre ou les flots
ou la brise
Pour tout trésor scellé du cachet pré-
cieux.
L'or pur doit surnager, et sa gloire est
certaine ;
Dites en souriant comme ce capitaine :
" Qu'il aborde, si c'est la volonté des
dieux ! "

Le vrai Dieu, le Dieu fort est le Dieu
des idées.
Sur nos fronts où le germe est jeté par
le sort,
Répandons le Savoir en fécondes on-
dées ;
Puis, recueillant le fruit tel que de l'âme
il sort,
Tout empreint du parfum des saintes
solitudes,

Jetons l'œuvre à la mer, la mer des
multitudes :
— Dieu la prendra du doigt pour la con-
duire au port.

APOSTASIE.

VICTOR HUGO. 1854.

Pour l'erreur, éclairer, c'est apostasier.
Aujourd'hui ne naît pas impunément
d'hier.
L'aube sort de la nuit qui la déclare in-
grate.
Anitus criait : "Mort à l'apostat So-
crate ! "
Caïphe disait : "Mort au renégat Jé-
sus ! "
Courbant son front pendant que l'on
crache dessus,
Galilée, apostat à la terre immobile,
Songe et la sent frémir sous son genou
débile.
Destin ! Sinistre éclat de rire ! En
vérité,
J'admire, ô cieux profonds ! que ç'ait
toujours été
La volonté de Dieu qu'en ce monde où
nous sommes
On donnât sa pensée et son labeur aux
hommes,
Ses entrailles, ses jours et ses nuits, sa
sueur ;
Son sommeil, ce qu'on a dans les yeux
de lueur,
Et son cœur et son âme, et tout ce qu'on
en tire,
Sans reculer devant n'importe quel mar-
tyre,
Et qu'on se répandit et qu'on se pro-
diguât,
Pour être au fond du gouffre appelé re-
négat !

PONTO.

VICTOR HUGO. 1855.

Je dis à mon chien noir : " Viens, Pon-
to, viens-nous-en ! "
Et je vais dans les bois, mis comme un
paysan.
Je vais dans les grands bois, lisant dans
les dieux livres.
L'hiver, quand la ramée est un écrin de
givres,

Ou l'été, quand tout rit, même l'aurore
   en pleurs,
Quand toute l'herbe n'est qu'un triomphe
   de fleurs,
Je prends Froissard, Montluc, Tacite,
   quelque histoire,
Et je marche, effaré des crimes de la
   gloire.
Hélas ! l'horreur partout, même chez les
   meilleurs !
Toujours l'homme en sa nuit trahi par
   ses veilleurs !
Toutes les grandes mains, hélas ! de sang
   rougies !
Alexandre ivre et fou, César perdu d'or-
   gies,
Et, le poing sur Didier, le pied sur Viti-
   kind,
Charlemagne souvent semblable à Charles
   Quint ;
Caton de chair humaine engraissant la
   murène :
Titus crucifiant Jérusalem ; Turenne,
Héros, comme Bayard et comme Cati-
   nat,
À Nordlingue, bandit dans le Palatinat ;
Le duel de Jarnac, le duel de Carrouge ;
Louis Neuf tenaillant les langues d'un
   fer rouge ;
Cromwell trompant Milton, Calvin brû-
   lant Servet.
Que de spectres, ô gloire ! autour de ton
   chevet !
O triste humanité, je fuis dans la nature !
Et, pendant que je dis : "Tout est leurre,
   imposture,
Mensonge, iniquité, mal de splendeur
   vêtu !"
Mon chien Ponto me suit. Le chien,
   c'est la vertu
Qui, ne pouvant se faire homme, s'est
   faite bête.
Et Ponto me regarde avec son œil hon-
   nête.

LE TONNEAU DE LA HAINE.

CHARLES BAUDELAIRE. 1857.

LA Haine est le tonneau des pâles Da-
   naïdes ;
La Vengeance éperdue aux bras rouges
   et forts
A beau précipiter dans ses ténèbres vides
De grands seaux pleins du sang et des
   larmes des morts.

Le Démon fait des trous secrets à ces
   abîmes,
Par où fuiraient mille ans de sueurs et
   d'efforts,
Quand même elle saurait ranimer ses
   victimes,
Et pour les ressaigner ressusciter leurs
   corps.

La Haine est un ivrogne au fond d'une
   taverne,
Qui sent toujours la soif naître de la
   liqueur
Et se multiplier comme l'hydre de Lerne.

— Mais les buveurs heureux connaissent
   leur vainqueur,
Et la Haine est vouée à ce sort lament-
   able
De ne pouvoir jamais s'endormir sous la
   table.

L'IRRÉPARABLE.

CHARLES BAUDELAIRE. 1857.

I.

POUVONS-NOUS étouffer le vieux, le long
   Remords,
   Qui vit, s'agite et se tortille,
Et se nourrit de nous comme le ver des
   morts,
   Comme du chêne la chenille ?
Pouvons-nous étouffer l'implacable Re-
   mords ?

Dans quel philtre, dans quel vin, dans
   quelle tisane,
   Noierons-nous ce vieil ennemi,
Destructeur et gourmand comme la cour-
   tisane,
   Patient comme la fourmi ?
Dans quel philtre ? — dans quel vin ? —
   dans quelle tisane ?

Dis-le, belle sorcière, oh ! dis, si tu le
   sais,
   À cet esprit comblé d'angoisse
Et pareil au mourant qu'écrasent les
   blessés,
   Que le sabot du cheval froisse,
Dis-le, belle sorcière, oh ! dis, si tu le
   sais,

À cet agonisant que le loup déjà flaire
   Et que surveille le corbeau,

À ce soldat brisé ! s'il faut qu'il déses-
  père
D'avoir sa croix et son tombeau ;
Ce pauvre agonisant que déjà le loup
  flaire !

Peut-on illuminer un ciel bourbeux et
  noir ?
Peut-on déchirer des ténèbres
Plus denses que la poix, sans matin et
  sans soir,
Sans astres, sans éclairs funèbres ?
Peut-on illuminer un ciel bourbeux et
  noir ?

L'Espérance qui brille aux carreaux de
  l'Auberge
Est soufflée, est morte à jamais !
Sans lune et sans rayons, trouver où l'on
  héberge
Les martyrs d'un chemin mauvais !
Le Diable a tout éteint aux carreaux de
  l'Auberge !

Adorable sorcière, aimes-tu les damnés ?
Dis, connais-tu l'irrémissible ?
Connais-tu le Remords, aux traits em-
  poisonnés,
À qui notre cœur sert de cible ?
Adorable sorcière, aimes-tu les damnés !

L'irréparable ronge avec sa dent maudite
Notre âme, piteux monument,
Et souvent il attaque, ainsi que le ter-
  mite,
Par la base le bâtiment.
L'Irréparable ronge avec sa dent mau-
  dite !

II.

J'ai vu parfois, au fond d'un théâtre
  banal
Qu'enflammait l'orchestre sonore,
Une fée allumer dans un ciel infernal
Une miraculeuse aurore ;
J'ai vu parfois au fond d'un théâtre
  banal

Un être, qui n'était que lumière, or et
  gaze,
Terrasser l'énorme Satan ;
Mais mon cœur, que jamais ne visite
  l'extase,
Est un théâtre où l'on attend
Toujours, toujours en vain, l'Être aux
  ailes de gaze !

UNE NOCE AU VILLAGE.

JULES-ROMAIN TARDIEU. 1858.

Vous avez entendu ce matin le curé ;
Ce soir, si vous voulez, c'est moi qui
  parlerai.
C'est encore un sermon ; vous ne vous
  doutiez guère
De trouver un sermon dans le fond de
  mon verre.

Votre digne pasteur vous a fait entre-
  voir
Qu'il n'est pas de bonheur pour nous sans
  le devoir,
Que la religion est notre seul refuge,
Et l'arche de salut qui sauve du déluge ;
Que sans la charité, l'amour et l'amitié,
Le cœur se rétrécit et ne vit qu'à moitié.
Je voudrais à mon tour vous faire l'in-
  ventaire
Des biens qui ne sont pas cotés chez le
  notaire,
Des trésors que fournit la médiocrité,
Et que nous possédons sans avoir hérité.

Avez-vous remarqué que les plus belles
  choses
Ne coûtent jamais rien ! que le parfum
  des roses,
Que la splendeur des cieux, la chaleur du
  soleil,
Le charme du printemps, les douceurs du
  sommeil,
Tout cela ne peut pas s'acheter à la halle ?
Dieu nous l'a prodigué d'une main libé-
  rale.
Ce qui coûte bien cher, ce n'est pas notre
  pain ;
C'est le *qu'en dira-t-on*, c'est l'avis du
  voisin ;
C'est toujours le voisin dont l'œil nous
  préoccupe,
Qui fait notre budget et qui nous prend
  pour dupe.
Mais vous, qui n'écoutez que la sage
  raison,
Le bonheur vous viendra trouver à la
  maison.
Vous avez l'amitié, vous avez la sagesse,
Vous avez la santé, la force et la jeu-
  nesse.
De parents et d'amis vous êtes en-
  tourés ;
Croyez aux jours heureux qui vous sont
  préparés.

Que sont les millions de — *Bertrand*
  ou *Macaire*,
Si l'un est impotent et l'autre poitri-
  naire ?
Ils ont bien des châteaux que pour eux
  on bâtit ;
Mais ils ne marchent plus et n'ont pas
  d'appétit.
Et vous, quand du labeur la tâche ter-
  minée,
Revenant à la fin d'une belle journée,
Vous vous retrouverez à la face du
  ciel,
Le pain sera pour vous aussi doux que
  du miel ;
Et la petite chambre, où la famille unie
Se repose le soir, de Dieu sera bénie.
Car il n'est, comme on dit, pas de petit
  chez-soi ;
L'important, c'est toujours l'accueil qu'on
  y reçoit.
Le meilleur vin toujours se boit en petit
  verre ;
Dans les plus grands tonneaux on ne met
  que l'eau claire,
Et pour me résumer, on l'a dit de tout
  temps :
C'est dans les petits pots qu'on met les
  bons onguents.

À UN DÉSESPÉRÉ DE VINGT ANS.

JULES-ROMAIN TARDIEU. 1858.

QUOI ! vous avez vingt ans, et c'est vous
  qui pleurez !
Vous êtes à vingt ans dégoûté de la
  vie ;
Vous avez une mère et vous désespérez !
Peut-être attendez-vous qu'elle vous soit
  ravie,
Pour aimer le trésor que vous aurez
  perdu,
Pour aller embrasser d'une tardive
  étreinte,
Pour venir contempler d'un regard éperdu
Celle qui de la mort porte déjà l'em-
  preinte,
Pour chercher sur sa bouche un souffle
  suspendu.

. . . . . .

Vous n'aimez, dites-vous, rien ni per-
  sonne au monde.
Ce que nous vénérons, vous, vous le dé-
  daignez,

Et vous cherchez pourtant une âme qui
  réponde
Aux haineux sentiments que vous nous
  dépeignez.

Oh ! non, ce n'est pas là la sainte
  poésie
Qui ne vit que d'amour et guide en
  liberté
Le char de l'idéal et de la fantaisie,
Loin des chemins bourbeux de la réalité.

Je ne veux pas ici vous parler de sa-
  gesse,
Encor moins de morale, encor moins de
  vertu ;
Mais comment avez-vous passé votre
  jeunesse ?
Pour quelle noble cause avez-vous com-
  battu ?

N'avez-vous donc jamais rencontré de
  misère
Que par un peu d'amour vous puissiez
  soulager ?
N'avez-vous pas laissé retomber sur la
  terre
Le fardeau que d'un mot vous pouviez
  alléger ?

Vous croyez donc qu'on peut s'enfer-
  mer dans sa vie
Et prendre au fond commun le pain de
  pur froment,
Et pour payer l'écot de la table servie,
Réciter quelques vers de découragement ?

Enfant, vous vous perdez dans des
  rêves étranges,
Par le doute et l'erreur vous restez en-
  travé,
Tandis qu'autour de vous se tiennent
  trois beaux anges ;
Écoutez l'un des trois et vous êtes sauvé.

Le premier c'est *la foi*, source de la
  lumière,
Qui sous nos pas errants aplanit le che-
  min ;
Le second, *l'espérance*, à notre heure
  dernière
Nous montre les clartés d'un jour sans
  lendemain.

La douce *charité*, c'est le nom du troi-
  sième,
L'ange qui vous berçait, enfant, sur ses
  genoux,

Celui qui vous bénit, celui par qui l'on
 aime ;
Choisissez celui-là, — les autres sont à
 vous.

L'ENFANT.

LOUIS RATISBONNE. 1860.

L'HOMME n'est pas le roi de la créa-
 tion,
C'est l'enfant. Il sourit dans les crocs
 du lion,
Et le lion vaincu le rapporte à sa mère :
Il bégaye, et sa voix passe, en douceur,
 Homère.
Du berceau, comme Hercule, il descend
 triomphant ;
L'homme cède à la femme, et la femme
 à l'enfant.

Il ne sait pas marcher, l'innocent, et
 nous mène.
On lui met la lisière : il nous forge une
 chaîne,
Il nous rive un collier fait de deux petits
 bras :
Tout le monde obéit, même les scélérats.
Contre qui veut lutter, quelles terribles
 armes :
Les foudres enfantins, des cris mêlés de
 larmes !
Ainsi tout est soumis à ce roi nouveau-né,
Et du fond des berceaux le monde est
 gouverné.

O mères, c'est qu'aussi les roses les plus
 fraîches
Et les lis les plus blancs fleurissent dans
 vos crèches !
Fleurs d'amour, beaux enfants, aux yeux
 clairs, au front doux,
Que l'on berce et qu'on fait sauter sur
 ses genoux !
Gai comme le matin et comme l'inno-
 cence,
Rose comme l'espoir et tout ce qui com-
 mence,
L'enfant, c'est le soleil qui rit dans la
 maison,
Le renouveau de Dieu dans l'arrière-
 saison.
Arbres découronnés, quand la jeunesse
 est morte,
Quand le printemps nous quitte et tout
 ce qu'il emporte,

13

Sur nos bras blanchissants qui fris-
 sonnent à l'air,
Un bourgeon a poussé pour sourire à
 l'hiver.

L'enfant paraît : sa vue éclaircit les vi-
 sages ;
Il sourit : son sourire a chassé les nuages ;
Il parle : ô talisman de ses mots ingénus !
Il marche, et nos soucis meurent sous
 ses pieds nus !
On l'appelle : il accourt avec beaucoup
 de zèle,
Par bonds, comme un oiseau dont on a
 coupé l'aile,
Il s'avance étonné de la terre, indécis,
Gauche comme un Amour tombé du
 paradis !

Rien n'a taché son cœur, rien n'a souillé
 sa lèvre,
Vierge comme le lait dont à peine on le
 sèvre.
Il n'a pas encor fait ni trahi de serment ;
Jamais il ne rougit, car jamais il ne
 ment.
Mais on rougit souvent devant lui, juge
 austère !
Il est très-redouté ; nul coupable mys-
 tère,
Lorsque le petit ange accourt le front
 joyeux,
N'ose affronter le ciel qui brille dans ses
 yeux !
Près de lui la pensée impure est sacri-
 lége.
Qui te profanerait, front blanc et cœur
 de neige ?
O bienheureux l'enfant candide et tri-
 omphant !
Bienheureux l'homme fait qui ressemble
 à l'enfant !

Mais, pour qu'il s'en rapproche, ô mères !
 prenez garde,
Quand vous l'élèverez, car cela vous re-
 garde,
Et pour qu'en grandissant, grandisse
 aussi son cœur.
De lui verser tout jeune une bonne li-
 queur ;
Si douce qu'elle soit, il se peut qu'il
 l'oublie,
Mais il en gardera le goût toute sa vie,
Et tous ses souvenirs en seront parfumés
Comme de vos baisers sur sa lèvre im-
 primés.

VIEUX RÊVES.

ANDRÉ LEMOYNE. 1860.

IL est de noirs îlots, battus par la tem-
    pête,
Qui n'ont pas d'arbre vert, qui n'ont pas
    une fleur.
Sur des pics désolés souffle un vent de
    malheur.
Là, pour faire son nid, pas d'oiseau qui
    s'arrête.
La mer, rien que la mer, et sa grande
    rumeur —

Le froid soleil du Nord qui regarde ces
    plages
Y retrouve parfois à l'heure des ju-
    sants,
Dans le sable engravés pêle-mêle gi-
    sants,
Des tronçons de vieux mâts, restes d'an-
    ciens naufrages,
De longs clous de vaisseau tout rongés
    par les âges,
Des crânes de marins morts depuis cinq
    cents ans.

Il est de pauvres cœurs, dans le désert
    du monde,
Condamnés à vieillir sans jamais être
    aimés.
Le monde n'y voit rien : ces cœurs-là
    sont fermés.
Dieu seul peut les connaître ; et quand
    son œil les sonde,
Il n'aperçoit au fond que stériles dé-
    bris :
Et les rêves déçus—et les espoirs flétris.

VIEILLE GUITARE.

ANDRÉ LEMOYNE. 1860.

LE désœuvré qui flâne aux ventes de
    l'encan
Voit encore exhiber de ces vieilles gui-
    tares
Qui chantèrent l'amour autrefois—Dieu
    sait quand !—
Les chevilles s'en vont et les cordes sont
    rares.

On aperçoit le cuivre aux anciens fils
    d'argent,

Et la touche d'ivoire est absente ou jau-
    nie.
Sous le toit d'un grenier, quelque rat
    négligent
A maculé parfois la table d'harmonie.

Le débris du vieux temps passe de main
    en main,
Sous les regards moqueurs, la moue in-
    jurieuse,
Objet d'un dédaigneux et rapide ex-
    amen —
On aime à plaisanter la chose curieuse.

Ah ! les fins quolibets qu'on débite à
    l'entour !
On chantonne à mi-voix des lambeaux
    de romance ;
On demande quel fut l'honnête trouba-
    dour
Qui soupira le nom de Palmyre ou d'Her-
    mance.

Chacun à sa façon, pour être original,
Sur le pauvre instrument fait son geste
    ou sa phrase :
L'expert laisse éclater son gros rire
    banal ;
Les muets ont aussi leur silence qui
    jase.

Par malheur, la guitare a glissé brusque-
    ment
Des mains d'un maladroit, et tombe sur
    les dalles —
Tout le monde est surpris d'un sourd
    gémissement
Qui réveille l'écho vibrant des hautes
    salles,

Longe les murs déserts des sombres cor-
    ridors,
Et s'en va tout plaintif se perdre au fond
    des caves —
Ce n'est rien — mais chacun frissonne et
    pense aux morts.
On écoute expirer lentement les sons
    graves.

On ne se moque plus des galants tré-
    passés,
On ne plaisante plus les vieilles amou-
    reuses,
Dont peut-être aujourd'hui les ossements
    glacés
Sont unis dans la paix des fosses téné-
    breuses.

LA BATAILLE.

ANDRÉ LEMOYNE. 1860.

LÀ-BAS, vers l'horizon du frais pays
herbeux
Où la rivière, lente et comme désœuvrée,
Laisse boire à son gué de longs trou-
peaux de bœufs,
Une grande bataille autrefois fut livrée.

C'était, comme aujourd'hui, par un ciel
de printemps. —
Dans ce jour désastreux, plus d'une fleur
sauvage,
Qui s'épanouissait, flétrie en peu d'in-
stants,
Noya tous ses parfums dans le sang du
rivage.

La bataille dura de l'aube jusqu'au soir ;
Et, surpris dans leur vol, de riches scara-
bées,
De larges papillons jaunes striés de noir
Se traînèrent mourants parmi les fleurs
tombées.

La rivière était rouge : elle roulait du
sang.
Le bleu martin-pêcheur en souilla son
plumage ;
Et le saule penché, le bouleau frémissant,
Essayèrent en vain d'y trouver leur
image.

Le biez du Moulin-Neuf en resta noir
longtemps.
Le sol fut piétiné, des ornières creusées ;
Et l'on vit des bourbiers sinistres, miroi-
tants
Où les troupes s'étaient hardiment écra-
sées.

Et lorsque la bataille eut apaisé son
bruit,
La lune, qui montait derrière les collines,
Contempla tristement, vers l'heure de
minuit,
Ce que l'œuvre d'un jour peut faire de
ruines :

Pris du même sommeil, là gisaient par
milliers,
Sur les canons éteints, les bannières
froissées,
Épars confusément, chevaux et cavaliers
Dont les yeux grands ouverts n'avaient
plus de pensées.

On enterra les morts au hasard — et
depuis,
Les étoiles du ciel, ces paisibles veilleuses,
Sur le champ du combat passèrent bien
des nuits,
Baignant les gazons verts de leurs clartés
pieuses ;

Et les petits bergers, durant bien des
saisons,
En côtoyant la plaine où sommeillaient
les braves,
Dans leur gosier d'oiseau retenant leurs
chansons,
Suivirent tout songeurs les grands bœufs
aux pas graves.

ECCE HOMO.

ANDRÉ LEMOYNE. 1860.

À M. AMBROISE DIDOT.

ON rencontre parfois des hommes dans la
vie ;
J'en ai vu quelques-uns dans notre âge
de fer ;
Pas une haine au cœur, pas une ombre
d'envie,
Et le monde ignorait ce qu'ils avaient
souffert.

Un front vieilli trop jeune et des lèvres
plissées
N'avaient pas enlaidi d'un faux sourire
amer
Leur visage éclairé par de belles pensées,
Pures comme le ciel, grandes comme la
mer.

Ils ne ressemblaient pas à d'ennuyeux
stoïques,
Traîneurs de robe longue à larges plis
bouffants.
C'étaient des gens naïfs, simplement hé-
roïques,
Que les femmes aimaient et qu'aimaient
les enfants.

Ils étaient aussi doux qu'un verset
d'Évangile
Murmuré dans la nuit par un pauvre
qui dort ;
Ils étaient aussi doux qu'un beau vers
de Virgile ;
Ils parlaient aussi bien que saint Jean.
Bouche d'or.

Quand ils ouvraient leur main et leur
  âme loyale,
Leur front resplendissait d'une austère
  beauté.
Ils avaient dans la marche une aisance
  royale,
Souverains de la grâce et de la majesté.

Le froid ricanement des rhéteurs pro-
  saïques
N'intimidait en rien leur pure et chaste
  foi.
C'étaient les hommes forts des vieux
  temps hébraïques
Sous le sayon du pâtre ou le manteau du
  roi.

Ils gardaient jusqu'au bout le courage
  du rôle.
De leurs yeux jaillissait un sublime
  rayon.
Ils ne portaient parfois qu'un haillon
  sur l'épaule,
Mais savaient noblement se draper du
  haillon.

Ils auraient eu chez eux tout l'or de
  l'Australie,
Qu'ils auraient tout donné du jour au
  lendemain :
De la miséricorde ils avaient la folie —
Et l'or, par tous les doigts, s'échappait
  de leur main.

Si, parfois, jalousant ces grands hommes
  tranquilles,
Les riches de la veille, à l'esprit indi-
  gent,
Les traitaient d'insensés, de rêveurs
  inutiles,
Ils avaient pour réponse un sourire in-
  dulgent.

Que, dans ses mauvais jours, grondât la
  multitude,
Ils offraient leur poitrine à qui voulait
  du sang —
Mais au regard du maître, à sa fière atti-
  tude,
Le peuple obéissait comme un chien
  caressant.

Ils mouraient oubliés dans un coin de la
  ville ;
Le corbillard du pauvre emportait le
  cercueil.

Ceux qu'ils avaient sauvés de la guerre
  civille
N'avaient pas seulement une larme dans
  l'œil.

Qu'importe ! ils s'en allaient où s'en
  vont tous les justes.
Des plus illustres morts la foule ouvrait
  ses rangs
Pour faire un digne accueil à ces défunts
  augustes —
Et chacun s'étonnait de les trouver si
  grands.

LES LAMPES.

ANDRÉ LEMOYNE. 1860.

J'AIME à penser à vous, lampes si bien
  gardées,
Comme au symbole pur des plus saintes
  idées
Que Dieu jette au foyer d'un cœur simple
  et fervent.
Si la Foi n'est qu'un mot, et l'Espérance
  un doute ;
Si, par la nuit, un peuple est surpris
  dans sa route,
Quelques hommes, pour tous, gardent le
  feu vivant.

On ne sait pas le nom de ces êtres paisi-
  bles ;
Dans le grand bruit du siècle ils passent
  invisibles,
Des plus riches clartés humbles distribu-
  teurs.
Mais la postérité les compte et les salue ;
Elle est juste et courtoise aux gens de
  race élue
Qui de la vérité se firent serviteurs.

L'AVENIR.

VICTOR HUGO. 1871.

POLYNICE, Étéocle, Abel, Caïn ! ô frères !
Vieille querelle humaine ! échafauds !
  lois agraires !
Batailles ! ô drapeaux, ô linceuls ! noirs
  lambeaux !
Ouverture hâtive et sombre des tom-
  beaux !
Dieu puissant ! quand la mort sera-t-elle
  tuée !
O sainte paix !

La guerre est la prostituée ;
Elle est la concubine infâme du hasard.
Attila sans génie et Tamerlan sans art
Sont ses amants ; elle a pour eux des
    préférences ;
Elle traîne au charnier toutes nos espé-
    rances,
Égorge nos printemps, foule aux pieds
    nos souhaits,
Et comme elle est la haine, ô ciel bleu,
    je la hais !
J'espère en toi, marcheur qui viens dans
    les ténèbres,
Avenir !

Nos travaux sont d'étranges algèbres ;
Le labyrinthe vague et triste où nous
    rôdons
Est plein d'effrois subits, de piéges,
    d'abandons ;
Mais toujours dans la main le fil obscur
    nous reste.
Malgré le noir duel d'Atrée et de Thyeste,
Malgré Léviathan combattant Béhémoth,
J'aime et je crois. L'énigme enfin dira
    son mot.
L'ombre n'est pas sur l'homme à jamais
    acharnée.
·Non ! Non ! l'humanité n'a point pour
    destinée
D'être assise immobile au seuil froid des
    tombeaux,
Comme Jérome, morne et blême, dans
    Ombos,
Ou comme dans Argos la douloureuse
    Électre.

Un jour, moi qui ne crains l'approche
    d'aucun spectre,
J'allai voir le lion de Waterloo. Je vins
Jusqu'à la sombre plaine à travers les
    ravins ;
C'était l'heure où le jour chasse le cré-
    puscule ;
J'arrivai ; je marchai droit au noir monti-
    cule.
Indigné, j'y montai ; car la gloire du
    sang,
Du glaive et de la mort me laisse frémis-
    sant.
Le lion se dressait sur la plaine mu-
    ette ;
Je regardais d'en bas sa haute silhouette ;
Son immobilité défiait l'infini ;
On sentait que ce fauve, au fond des
    cieux banni,
Relégué dans l'azur, fier de sa solitude,

Portait un souvenir affreux sans lassitude ;
Farouche, il était là, ce témoin de l'af-
    front.
Je montais, et son ombre augmentait sur
    mon front,
Et tout en gravissant vers l'âpre plate-
    forme,
Je disais : Il attend que la terre s'en-
    dorme ;
Mais il est implacable ; et, la nuit, par
    moment
Ce bronze doit jeter un sourd rugisse-
    ment ;
Et les hommes, fuyant ce champ vision-
    naire,
Doutent si c'est le monstre ou si c'est le
    tonnerre.
J'arrivai jusqu'à lui, pas à pas m'appro-
    chant —

J'attendais une foudre et j'entendis un
    chant.
Une humble voix sortait de cette bouche
    énorme.
Dans cette espèce d'antre effroyable et
    difforme
Un rouge-gorge était venu faire son nid ;
Le doux passant ailé que le printemps
    bénit,
Sans peur de la mâchoire affreusement
    levée,
Entre ses dents d'airain avait mis sa
    couvée,
Et l'oiseau gazouillait dans le lion pensif.
Le mont tragique était debout comme
    un récif
Dans la plaine jadis de tant de sang ver-
    meille ;
Et comme je songeais, pâle et prêtant
    l'oreille,
Je sentis un esprit profond me visiter,
Et, peuples, je compris que j'entendais
    chanter
L'espoir dans ce qui fut le désespoir na-
    guère,
Et la paix dans la gueule horrible de la
    guerre.

BÊTISE DE LA GUERRE.

VICTOR HUGO. 1871.

Ouvrière sans yeux, Pénélope imbécile,
Berceuse du chaos où le néant oscille,
Guerre, ô guerre occupée au choc des
    escadrons,

Toute pleine du bruit furieux des clai-
rons,
O buveuse de sang, qui, farouche, flétrie,
Hideuse, entraînes l'homme en cette ivro-
gnerie,
Nuée où le destin se déforme, où Dieu
fuit,
Où flotte une clarté plus noire que la
nuit,
Folle immense, de vent et de foudres
armée,
À quoi sers-tu, géante, à quoi sers-tu,
fumée,
Si tes écroulements reconstruisent le mal,
Si pour le bestial tu chasses l'animal,
Si tu ne sais, dans l'ombre où ton hasard
se vautre,
Défaire un empereur que pour en faire
un autre ?

GUERRE.

L. ACKERMANN. 8 Février 1871.

NON, ce n'est point à nous, penseur et
chantre austère,
De nier les grandeurs de la mort volon-
taire.
D'un élan généreux il est beau d'y courir.
Philosophes, savants, explorateurs, apô-
tres,
Soldats de l'Idéal, ces héros sont les
nôtres ;
Guerre, ils sauront sans toi trouver pour
qui mourir.

Mais à ce fer brutal qui frappe et qui
mutile,
Aux exploits destructeurs, au trépas in-
utile,
Ferme dans mon horreur, toujours je
dirai : Non !
O vous que l'Art enivre ou quelque noble
envie,
Qui, débordant d'amour, fleurissez pour
la vie,
On ose vous jeter en pâture au canon !

Liberté, Droit, Justice, affaire de mi-
traille !
Pour un lambeau d'État, pour un pan
de muraille,
Sans pitié, sans remords, un peuple est
massacré.
— Mais il est innocent ! — Qu'importe ?
On l'extermine.

Pourtant la vie humaine est de source
divine ;
N'y touchez pas ; arrière ! un homme,
c'est sacré !

Sous ces vapeurs de poudre et de sang
Quand les astres
Pâlissent indignés, parmi tant de dé-
sastres,
Moi-même à la fureur me laissant em-
porter,
Je ne distingue plus les bourreaux des
victimes ;
Mon âme se soulève, et devant de tels
crimes
Je voudrais être foudre et pouvoir éclater.

Du moins, te poursuivant jusqu'en pleine
victoire,
À travers tes lauriers, dans les bras de
l'Histoire
Qui, séduite, pourrait t'absoudre et te
sacrer,
O Guerre, Guerre impie, assassin qu'on
encense,
Je resterai, navrée et dans mon impuis-
sance,
Bouche pour te maudire et cœur pour
t'exécrer.

LE LIVRE D'HEURES.

JOSEPH AUTRAN. 1873.

TU sors, après vingt ans, de cette armoire
obscure,
O vieux livre sacré, vieux livre qu'au-
trefois
La mère de mon père, humble et pâle
figure,
Prenait, en commençant par un signe de
croix !

Confident de sa foi toujours naïve et pure,
Elle te relisait sans cesse à demi-voix,
Si bien que le velours de cette reliure
Garde encore aujourd'hui l'empreinte de
ses doigts.

Ce fut dans tes feuillets qu'avec un bon
sourire,
Aïeule patiente, elle m'apprit à lire ;
Je répétais par cœur les mots cent fois
relus.

J'ai, depuis lors, ouvert tous les livres
des sages ;

Mais ces livres fameux, datés de tous les
âges,
Sur la vie et la mort ne m'ont rien dit
de plus !

DE LA LUMIÈRE.

L. ACKERMANN. 1874.

" Mehr Licht ! mehr Licht !"
Dernières paroles de Gœthe

LORSQUE Gœthe éperdu criait : " De la
lumière !"
Contre l'obscurité luttant avec effort,
Ah ! lui du moins déjà sentait sur sa
paupière
Peser le voile de la mort.

Nous, pour le proférer ce même cri ter-
rible,
Nous avons devancé les affres du trépas,
Notre œil perçoit encore, oui, mais, sup-
plice horrible !
C'est notre esprit qui ne voit pas.

Il tâtonne au hasard depuis des jours
sans nombre,
À chaque pas qu'il fait forcé de s'arrê-
ter ;
Et bien loin de percer cet épais réseau
d'ombre,
Il peut à peine l'écarter.

Parfois son désespoir confine à la dé-
mence.
Il s'agite, il s'égare au sein de l'Inconnu,
Tout prêt à se jeter, dans son angoisse
immense,
Sur le premier flambeau venu.

La Foi lui tend le sien en lui disant :
" J'éclaire !
Tu trouveras en moi la fin de tes tour-
ments."
Mais lui, la repoussant du geste avec
colère,
A déjà répondu : " Tu mens !"

Ton prétendu flambeau n'a jamais sur la
terre
Apporté qu'un surcroît d'ombre et de
cécité.
Mais réponds-nous d'abord : "Est-ce avec
ton mystère
Que tu feras de la clarté ?"

La Science à son tour s'avance et nous
appelle.
Ce ne sont entre nous que veilles et la-
beurs.
Eh bien ! tous nos efforts à sa torche
immortelle
N'ont arraché que des lueurs.

Sans doute elle a rendu nos ombres moins
funèbres,
Un peu de jour s'est fait où ses rayons
portaient ;
Mais son pouvoir ne va qu'à chasser des
ténèbres
Les fantômes qui les hantaient.

Et l'homme est là devant une obscurité
vide,
Sans guide désormais, et tout au désespoir
De n'avoir pu forcer, en sa poursuite
avide,
L'Invisible à se laisser voir.

Rien ne le guérira du mal qui le possède ;
Dans son âme et son sang il est enraciné,
Et le rêve divin de la lumière obsède
À jamais cet aveugle-né.

Qu'on ne lui parle pas de quitter sa tor-
ture.
S'il en souffre, il en vit ; c'est là son
élément,
Et vous n'obtiendrez pas de cette créature
Qu'elle renonce à son tourment.

De la lumière donc ! bien que ce mot
n'exprime
Qu'un désir sans espoir, qui va s'exas-
pérant.
À force d'être en vain poussé, ce cri
sublime
Devient de plus en plus navrant.

Et quand il s'éteindra, le vieux soleil lui-
même
Frissonnera d'horreur dans son obscurité,
En l'entendant sortir, comme un adieu
suprême,
Des lèvres de l'Humanité.

LE POSITIVISME.

L. ACKERMANN. 1874.

IL s'ouvre par delà toute science humaine
Un vide dont la Foi fut prompte à s'em-
parer.

De cet abîme obscur elle a fait son do-
    maine ;
En s'y précipitant elle a cru l'éclairer.
Eh bien, nous t'expulsons de tes divins
    royaumes,
Dominatrice ardente, et l'instant est
    venu ;
Tu ne vas plus savoir où loger tes fan-
    tômes ;
    Nous fermons l'Inconnu.

Mais ton triomphateur expîra ta défaite.
L'homme déjà se trouble et, vainqueur
    éperdu,
Il se sent ruiné par sa propre conquête ;
En te dépossédant nous avons tout perdu.
Nous restons sans espoir, sans recours,
    sans asile,
Tandis qu'obstinément le Désir qu'on
    exile
Revient errer autour du gouffre défendu.

LE VIEUX SOULIER.

FRANÇOIS COPPÉE. 1874.

En mai, par une pure et chaude après-
    midi,
Je cheminais au bord du doux fleuve
    attiédi
Où se réfléchissait la fuite d'un nuage.
Je suivais lentement le chemin de halage
Tout en fleurs, qui descend en pente
    vers les eaux.
Des peupliers à droite, à gauche des ro-
    seaux ;
Devant moi, les détours de la rivière en
    marche
Et, fermant l'horizon, un pont d'une seule
    arche.
Le courant murmurait, en inclinant les
    joncs,
Et les poissons, avec leurs sauts et leurs
    plongeons,
Sans cesse le rideaient de grands cercles
    de moire.
Le loriot et la fauvette à tête noire
Se répondaient parmi les arbres en ri-
    deau ;
Et ces chansons des nids joyeux et ce
    bruit d'eau
Accompagnaient ma douce et lente flâ-
    nerie.

Soudain, dans le gazon de la berge
    fleurie,

Parmi les boutons d'or qui criblaient le
    chemin,
J'aperçus à mes pieds, — premier vestige
    humain
Que j'eusse rencontré dans ce lieu soli-
    taire, —
Sous l'herbe et se mêlant déjà presque à
    la terre,
Un soulier laissé là par quelque mendiant.

C'était un vieux soulier, sale, ignoble,
    effrayant,
Éculé du talon, bâillant de la semelle,
Laid comme la misère et sinistre comme
    elle ;
Qui jadis fut sans doute usé par un sol-
    dat,
Puis, chez le savetier, bien qu'en piteux
    état,
Fut à quelque rôdeur vendu dans une
    échoppe ;
Un de ces vieux souliers qui font le tour
    d'Europe
Et qu'un jour, tout meurtri, sanglant,
    estropié,
Le pied ne quitte pas, mais qui quittent
    le pied.

Quel poëme navrant dans cette morne
    épave !
Le boulet du forçat ou le fer de l'es-
    clave
Sont-ils plus lourds que toi, soulier du
    vagabond ?
Pourquoi t'a-t-on laissé sous cette arche
    de pont ?
L'eau doit être profonde ici ! Cette ri-
    vière
N'a-t-elle pas été mauvaise conseillère
Au voyageur si las et de si loin venu ?
Réponds ! S'en alla-t-il, en traînant son
    pied nu,
Mendier des sabots à la prochaine au-
    berge ?
Ou bien, après l'avoir perdu sur cette
    berge,
Ce pauvre, abandonné même par ses
    haillons,
Est-il allé savoir au sein des tourbillons
Si l'on n'a plus besoin, quand on dort
    dans le fleuve,
De costume décent et de chaussure neuve !

En vain je me défends du dégoût singu-
    lier
Que j'éprouve à l'aspect de ce mauvais
    soulier,

Trouvé sur mon chemin, tout seul, dans la campagne.

Il est infâme, il a l'air de venir du bagne ;

Il est rouge, l'averse ayant lavé le cuir ;

Et je rêve de meurtre, et j'entends quelqu'un fuir

Loin d'un homme râlant dans une rue obscure

Et dont des clous sanglants ont broyé la figure !

Abominable objet sous mes pas rencontré,

Rebut du scélérat ou du désespéré,

Tu donnes le frisson. Tout en toi me rappelle,

Devant les fleurs, devant la nature si belle,

Devant les cieux où court le doux vent aromal,

Devant le bon soleil, l'éternité du mal.

Tu me dis devant eux, triste témoin sincère,

Que le monde est rempli de vice et de misère,

Et que ceux dont les pieds saignent sur les chemins,

O malheur ! sont bien près d'ensanglanter leurs mains.

Sois maudit ! instrument de crime ou de torture !

Mais qu'est-ce que cela peut faire à la nature ?

Voyez, il disparaît sous l'herbe des sillons ;

Hideux, il ne fait pas horreur aux papillons ;

La terre le reprend ; il verdit sous la mousse,

Et dans le vieux soulier une fleur des champs pousse.

CHANGEMENT D'HORIZON.

VICTOR HUGO. 1877.

Homère était jadis le poëte ; la guerre
Était la loi ; vieillir était d'un cœur vulgaire ;
La hâte des vivants et leur unique effort
Était l'embrassement tragique de la mort.

Ce que les dieux pouvaient donner de mieux à l'homme,

C'était un grand linceul libérateur de Rome,

Ou quelque saint tombeau pour Sparte et pour ses lois ;

L'adolescent hagard seruait aux exploits ;

C'était à qui ferait plus vite l'ouverture,

Du sépulcre, et courrait cette altière aventure.

La mort avec la gloire, ô sublime présent !

Ulysse devinait Achille frémissant ;

Une fille fendait du haut en bas sa robe,

Et tous criaient : "Voilà le chef qu'on nous dérobe !"

Et la virginité sauvage de Scyros

Était le masque auguste et fatal des héros ;

L'homme était pour l'épée un fiancé fidèle ;

La muse avait toujours un vautour auprès d'elle ;

Féroce, elle menait aux champs ce déterreur.

Elle était la chanteuse énorme de l'horreur,

La géante du mal, la déesse tigresse,

Le grand nuage noir de l'azur de la Grèce.

Elle poussait aux cieux des cris désespérés.

Elle disait : "Tuez ! tuez ! tuez ! mourez !"

Des chevaux monstrueux elle mordait les croupes,

Et, les cheveux au vent, s'effarait sur les groupes

Des hommes dieux étreints par les héros titans ;

Elle mettait l'enfer dans l'œil des combattants,

L'éclair dans le fourreau d'Ajax, et des courroies

Dans les pieds des Hectors traînés autour des Troies ;

Pendant que les soldats touchés du dard sifflant,

Pâles, tombaient, avec un ruisseau rouge au flanc,

Que les crânes s'ouvraient comme de sombres urnes,

Que les lances trouaient son voile aux plis nocturnes,

Que les serpents montaient le long de son bras blanc,

Que la mêlée entrait dans l'Olympe en
  hurlant,
Elle chantait, terrible et tranquille, et
  sa bouche
Fauve, bavait du sang dans le clairon
  farouche !
Et les casques, les tours, les tentes, les
  blessés,
Les noirs fourmillements de morts dans
  les fossés,
Les tourbillons de chars et de drapeaux,
  les piques
Et les glaives, volaient dans ses souffles
  épiques !
La muse est aujourd'hui la Paix, ayant
  les reins
Sans cuirasse et le front sous les épis
  sereins ;
Le poëte à la mort dit : " Meurs, guerre,
  ombre, envie ! "
Et chasse doucement les hommes vers la
  vie ;
Et l'on voit de ses vers, goutte à goutte,
  des pleurs
Tomber sur les enfants, les femmes et
  les fleurs,
Et des astres jaillir de ses strophes
  volantes ;
Et son chant fait pousser des bourgeons
  verts aux plantes ;

Et ses rêves sont faits d'aurore, et, dans
  l'amour,
Sa bouche chante et rit, toute pleine de
  jour.

————

En vain, montrant le poing dans tes
  mornes bravades,
Tu menaces encor, noir passé ; tu
  t'évades !
C'est fini. Les vivants savent que dé-
  sormais,
S'ils le veulent, les plans hideux que tu
  formais
Crouleront, qu'il fait jour, que la guerre
  est impie,
Et qu'il faut s'entr'aider, car toujours
  l'homme expie
Ses propres lâchetés, ses propres trahi-
  sons ;
Ce que nous serons sort de ce que nous
  faisons.
Moi, proscrit, je travaille à l'éclosion
  sainte
Des temps où l'homme aura plus d'espoir
  que de crainte
Et contemplera l'aube, afin de s'ôter
  mieux
L'enfer du cœur, ayant le ciel devant les
  yeux.

RELIGIOUS.

HYMNE DES PÈRES DE FAMILLE.

PIERRE DE RONSARD. 1560.

À SAINCT BLAISE.

SAINCT Blaise, qui vis aux cieux
Comme un ange precieux,
Si, de la terre où nous sommes,
Tu entens la voix des hommes,
Recevant les vœux de tous,
Je te prie, escoute-nous.
  Ce jourd'huy que nous faisons
À ton autel oraisons
Et processions sacrées
Pour nous, nos bleds et nos prées,
Chantant ton hymne à genous :
Je te prie, escoute-nous.
  Garde nos petits troupeaux,
Laines entieres et peaux,
De la ronce dentelée,
De tac et de clavelée,
De morfonture [1] et de tous :
Je te prie, escoute-nous.
  Garde nos petits vergers
Et nos jardins potagers,
Nos maisons et nos familles,
Enfans, et femmes, et filles,
Et leur donne bons espous :
Je te prie, escoute-nous.
  Garde poulles et poussins
De renards et de larcins ;
Garde sauves nos avettes ; [2]
Qu'ils portent force fleurettes
Toujours en leurs petits trous :
Je te prie, escoute-nous.
  Fay naistre force boutons
Pour engraisser nos moutons,
Et force fueille menue
Que paist la troupe cornue

[1] Morfondure.
[2] Abeilles.

De nos chevres et nos boucs :
Je te prie, escoute-nous.
  Garde nos petits ruisseaux
De souillure de pourceaux,
Naiz [1] pour engraisser leur pance ;
Pour eux tombe en abondance
Le glan des chesnes secous : [2]
Je te prie, escoute-nous.
  Nos genices au printemps
Ne sentent mouches ne tans,
Enflent de laict leurs mammelles ;
Que pleines soient nos faiscelles [3]
De fourmages secs et mous :
Je te prie, escoute-nous.
  Chasse loin les paresseux ;
Donne bon courage à ceux
Qui travaillent, sans blesseure
De congnée et sans morseure
De chiens enragez et fous :
Je te prie, escoute-nous.
  Donne que ceux qui viendront
Prier ton nom, et rendront
À ton autel leurs offrandes,
Jouissent de leurs demandes,
De tous leurs pechez absous :
Je te prie, escoute-nous. [4]

PARAPHRASE DU PSAUME CXXIX.

MALHERBE. 1615.

LES funestes complots des âmes force-
nées,
Qui pensoient triompher de mes jeunes
années,
Ont d'un commun assaut mon repos of-
fensé.

[1] Nés.
[2] Anc. part. pas. du verbe secorre, secouer.
[3] Panier d'osier.
[4] La strophe finale est la répétition de la pre-
mière.

Leur rage a mis au jour ce qu'elle avoit
    de pire,
  Certes, je le puis dire ;
Mais je puis dire aussi qu'ils n'ont rien
    avancé.

J'étois dans leurs filets ; c'étoit fait de
    ma vie ;
Leur funeste rigueur qui l'avoit pour-
    suivie,
Méprisoit le conseil de revenir à soi ;
Et le coutre aiguisé s'imprime sur la terre
  Moins avant, que leur guerre
N'espéroit imprimer ses outrages sur moi.

Dieu, qui de ceux qu'il aime est la garde
    éternelle,
Me témoignant contre eux sa bonté pa-
    ternelle,
À selon mes souhaits terminé mes dou-
    leurs.
Il a rompu leur piége, et de quelque arti-
    fice
  Qu'ait usé leur malice,
Ses mains qui peuvent tout m'ont dégagé
    des leurs.

La gloire des méchants est pareille à cette
    herbe
Qui, sans porter jamais ni javelle ni
    gerbe,
Croît sur le toit pourri d'une vieille mai-
    son ;
On la voit sèche et morte aussitôt qu'elle
    est née,
  Et vivre une journée
Est réputé pour elle une longue saison.

Bien est-il malaisé que l'injuste licence
Qu'ils prennent chaque jour d'affliger
    l'innocence
En quelqu'un de leurs vœux ne puisse
    prospérer ;
Mais tout incontinent leur bonheur se
    retire,
  Et leur honte fait rire
Ceux que leur insolence avoit fait sou-
    pirer.

PARAPHRASE DU PSAUME VIII.[1]

MALHERBE. 1615.

O SAGESSE éternelle, à qui cet univers
Doit le nombre infini des miracles divers

[1] C'est le psaume *Domine, Dominus noster,
quam admirabile est nomen tuum in universa*

Qu'on voit également sur la terre et sur
    l'onde ;
  Mon Dieu, mon créateur,
Que ta magnificence étonne tout le monde,
Et que le ciel est bas au prix de ta hau-
    teur !

Quelques blasphémateurs, oppresseurs
    d'innocents,
À qui l'excès d'orgueil a fait perdre le
    sens,
De profanes discours ta puissance ra-
    baissent ;
  Mais la naïveté
Dont mêmes au berceau les enfants te
    confessent,
Clôt-elle pas la bouche à leur impiété ?

De moi, toutes les fois que j'arrête les
    yeux
À voir les ornements dont tu pares les
    cieux,
Tu me sembles si grand, et nous si peu
    de chose,
  Que mon entendement
Ne peut s'imaginer quelle amour te dis-
    pose
À nous favoriser d'un regard seulement.

Il n'est foiblesse égale à nos infirmités ;
Nos plus sages discours ne sont que va-
    nités ;
Et nos sens corrompus n'ont goût qu'à
    des ordures ;
  Toutefois, ô bon Dieu,
Nous te sommes si chers, qu'entre tes
    créatures,
Si l'ange est le premier, l'homme a le
    second lieu.

Quelles marques d'honneur se peuvent
    ajouter
À ce comble de gloire où tu l'as fait
    monter ?
Et pour obtenir mieux quel souhait peut-
    il faire ?
  Lui que jusqu'au ponant,
Depuis où le soleil vient dessus l'hémi-
    sphère,
Ton absolu pouvoir a fait son lieutenant !

Sitôt que le besoin excite son desir,
Qu'est-ce qu'en ta largesse il ne trouve à
    choisir ?
Et par ton règlement l'air, la mer et la
    terre
  N'entretiennent-ils pas

Une secrète loi de se faire la guerre
À qui de plus de mets fournira ses repas ?

Certes je ne puis faire en ce ravissement,
Que rappeler mon âme, et dire basse-
ment :
O Sagesse éternelle, en merveilles féconde,
Mon Dieu, mon créateur,
Que ta magnificence étonne tout le
monde,
Et que le ciel est bas au prix de ta hau-
teur !

STANCES SPIRITUELLES.

MALHERBE. 1620.

Louez Dieu par toute la terre,
Non pour la crainte du tonnerre
Dont il menace les humains ;
Mais pour ce que sa gloire en merveilles
abonde,
Et que tant de beautés qui reluisent au
monde
Sont des ouvrages de ses mains.

Sa providence libérale
Est une source générale,
Toujours prête à nous arroser.
L'Aurore et l'Occident s'abreuvent en sa
course,
On y puise en Afrique, on y puise sous
l'Ourse,
Et rien ne la peut épuiser.

N'est-ce pas lui qui fait aux ondes
Germer les semences fécondes
D'un nombre infini de poissons ;
Qui peuple de troupeaux les bois et les
montagnes,
Donne aux prés la verdure, et couvre les
campagnes
De vendanges et de moissons ?

Il est bien dur à sa justice
De voir l'impudente malice
Dont nous l'offensons chaque jour ;
Mais comme notre père il excuse nos
crimes,
Et même ses courroux, tant soient-ils
légitimes,
Sont des marques de son amour.

Nos affections passagères,
Tenant de nos humeurs légères,

Se font vieilles en un moment,
Quelque nouveau desir comme un vent
les emporte ;
La sienne toujours ferme, et toujours
d'une sorte,
Se conserve éternellement.

LA MAUVAISE HONTE.

BOILEAU-DESPRÉAUX. 1673.

Des superbes mortels le plus affreux
lien,
N'en doutons point, Arnauld, c'est la
honte du bien.
Des plus nobles vertus cette adroite en-
nemie
Peint l'honneur à nos yeux des traits de
l'infamie,
Asservit nos esprits sous un joug rigou-
reux,
Et nous rend l'un de l'autre esclaves
malheureux.
Par elle la vertu devient lâche et timide.
Vois-tu ce libertin en public intrépide,
Qui prêche contre un Dieu que dans son
âme il croit ?
Il iroit embrasser la vérité qu'il voit ;
Mais de ses faux amis il craint la raillerie,
Et ne brave ainsi Dieu que par poltron-
nerie.

L'ÂME ET LE CORPS.[1]

LOUIS RACINE. 1742.

Je pense. La pensée, enfant de la lu-
mière,
Ne peut sortir du sein de l'épaisse ma-
tière.
J'entrevois ma grandeur. Ce corps lourd
et grossier
N'est donc pas tout mon bien, n'est pas
moi tout entier.
Quand je pense, chargé de cet emploi
sublime,
Plus noble que mon corps, un autre être
m'anime.
Je trouve donc qu'en moi, par d'admira-
bles nœuds,
Deux êtres opposés sont réunis entre eux :
De la chair et du sang, le corps vil as-
semblage,

[1] From La Religion.

L'âme, rayon de Dieu, son souffle, son
    image ;
Ces deux êtres liés par des nœuds si
    secrets
Séparent rarement leurs plus chers inté-
    rêts :
Leurs plaisirs sont communs, aussi bien
    que leurs peines
L'âme, guide du corps, doit en tenir les
    rênes.
Mais par des maux cruels quand le corps
    est troublé,
De l'âme quelquefois l'empire est ébran-
    lé.
Quand le vaisseau périt, en vain le
    maître ordonne :
À l'orage souvent lui-même il s'aban-
    donne.
Lorsque du coup fatal le Temps frappe
    le corps,
Le coup qui les divise en détruit les
    ressorts :
Mais l'être simple et pur n'a rien qui se
    divise,
Et sur l'âme le temps ne trouve point de
    prise.
Que dis-je ! Tous ces corps, dans la
    terre engloutis,
Disparus à nos yeux, sont-ils anéantis !
D'où nous vient du néant cette crainte
    bizarre !
Tout en sort, rien n'y rentre : heureuse-
    ment avare,
La nature, attentive à ménager son bien,
Le répare, le change, et n'en perd jamais
    rien.
Quel est donc cet instant où l'on cesse
    de vivre,
L'instant où de ses fers une âme se dé-
    livre !
Le corps, né de la poudre, à la poudre
    est rendu ;
L'esprit retourne au ciel, dont il est de-
    scendu.

VERS AU BAS D'UN CRUCIFIX.

ALEXIS PIRON. 1765.

O DE l'amour divin sacrifice éclatant !
De Satan foudroyé quels sont donc les
    prestiges !
Admirons à la fois et pleurons deux pro-
    diges :
Un Dieu mourant pour l'homme, et
    l'homme impénitent !

ADIEUX À LA VIE.

NICOLAS GILBERT. 1780.

J'AI révélé mon cœur au Dieu de l'inno-
    cence ;
  Il a vu mes pleurs pénitents ;
Il guérit mes remords, il m'arme de
    constance ;
  Les malheureux sont ses enfants.

Mes ennemis, riant, ont dit dans leur
    colère :
  "Qu'il meure, et sa gloire avec lui !"
Mais à mon cœur calmé le Seigneur dit
    en père :
  Leur haine sera ton appui.

À tes plus chers amis ils ont prêté leur
    rage.
  Tout trompe ta simplicité :
Celui que tu nourris court vendre ton
    image,
  Noire de sa méchanceté.

Mais Dieu t'entend gémir, Dieu vers
    qui te ramène
  Un vrai remords né des douleurs,
Dieu qui pardonne enfin à la nature
    humaine
  D'être faible dans les malheurs.

J'éveillerai pour toi la pitié, la justice
  De l'incorruptible avenir ;
Eux-mêmes épureront, par leur long
    artifice,
  Ton honneur qu'ils pensent ternir.

Soyez béni, mon Dieu ! vous qui daignez
    me rendre
  L'innocence et son noble orgueil ;
Vous qui, pour protéger le repos de ma
    cendre,
  Veillerez près de mon cercueil !

Au banquet de la vie, infortuné convive,
  J'apparus un jour, et je meurs ;
Je meurs, et sur ma tombe, où lentement
    j'arrive,
  Nul ne viendra verser des pleurs.

Salut, champs que j'aimais ! et vous,
    douce verdure !
  Et vous, riant exil des bois !
Ciel, pavillon de l'homme, admirable
    nature,
  Salut pour la dernière fois !

Ah ! puissent voir longtemps votre
beauté sacrée
Tant d'amis sourds à mes adieux !
Qu'ils meurent pleins de jours, que
leur mort soit pleurée ;
Qu'un ami leur ferme les yeux !

LE TEMPLE.

LAMARTINE. 1820.

Qu'il est doux, quand du soir l'étoile
solitaire,
Précédant de la nuit le char silencieux,
S'élève lentement dans la voûte des
cieux,
Et que l'ombre et le jour se disputent la
terre ;
Qu'il est doux de porter ses pas religieux
Dans le fond du vallon, vers ce temple
rustique
Dont la mousse a couvert le modeste
portique,
Mais où le ciel encor parle à des cœurs
pieux !
Salut, bois consacré ! Salut, champ funé-
raire,
Des tombeaux du village humble déposi-
taire !
Je bénis en passant tes simples monu-
ments.
Malheur à qui des morts profane la
poussière !
J'ai fléchi le genou devant leur humble
pierre,
Et la nef a reçu mes pas retentissants.
Quelle nuit ! quel silence ! Au fond du
sanctuaire
À peine on aperçoit la tremblante lumière
De la lampe qui brûle auprès des saints
autels.
Seule elle luit encor quand l'univers
sommeille,
Emblème consolant de la bonté qui
veille
Pour recueillir ici les soupirs des mortels.
Avançons. Aucun bruit n'a frappé mon
oreille ;
Le parvis frémit seul sous mes pas me-
surés :
Du sanctuaire enfin j'ai franchi les
degrés.
Murs sacrés, saints autels ! je suis seul,
et mon âme
Peut verser devant vous ses douleurs et
sa flamme,

Et confier au ciel des accents ignorés,
Que lui seul connaîtra, que vous seuls
entendrez.
Mais quoi ! de ces autels j'ose approcher
sans crainte !
J'ose apporter, grand Dieu ! dans cette
auguste enceinte
Un cœur encor brûlant de douleur et
d'amour !
Et je ne tremble pas que ta majesté
sainte
Ne venge le respect qu'on doit à son
séjour !
Non, je ne rougis plus du feu qui me
consume :
L'amour est innocent quand la vertu
l'allume.
Aussi pur que l'objet à qui je l'ai juré,
Le mien brûle mon cœur, mais c'est d'un
feu sacré ;
La constance l'honore et le malheur
l'épure.
Je l'ai dit à la terre, à toute la nature ;
Devant tes saints autels je l'ai dit sans
effroi ;
J'oserais, Dieu puissant, la nommer de-
vant toi.
Oui, malgré la terreur que ton temple
m'inspire,
Ma bouche a murmuré tout bas le nom
d'Elvire ;
Et ce nom, répété de tombeaux en tom-
beaux,
Comme l'accent plaintif d'une ombre
qui soupire,
De l'enceinte funèbre a troublé le repos.

Adieu, froids monuments, adieu, saintes
demeures !
Deux fois l'écho nocturne a répété les
heures,
Depuis que devant vous mes larmes ont
coulé :
Le ciel a vu ces pleurs, et je sors consolé.
Peut-être au même instant, sur un autre
rivage,
Elvire veille aussi, seule avec mon image,
Et dans un temple obscur, les yeux
baignés de pleurs,
Vient aux autels déserts confier ses dou-
leurs.[1]

[1] "Cette méditation n'est qu'un cri de l'âme
jeté devant Dieu dans une petite église de vil-
lage, où j'aperçus un soir la lueur d'une lampe,
et où j'entrai, plein de la pensée qui me pour-
suivait partout. Une image se plaçait toujours
entre Dieu et moi : j'éprouvai le besoin de la

LE DÉSESPOIR.

LAMARTINE. 1822.

LORSQUE du Créateur la parole féconde
Dans une heure fatale eut enfanté le
    monde
Des germes du chaos,
De son œuvre imparfaite il détourna sa
    face,
Et, d'un pied dédaigneux le lançant
    dans l'espace,
Rentra dans son repos.

"Va," dit-il, "je te livre à ta propre
    misère ;
Trop indigne à mes yeux d'amour ou de
    colère,
Tu n'es rien devant moi :
Roule au gré du hasard dans les déserts
    du vide ;
Qu'à jamais loin de moi le destin soit
    ton guide,
Et le malheur ton roi !"

Il dit.   Comme un vautour qui plonge
    sur sa proie,
Le Malheur, à ces mots, pousse, en
    signe de joie,
Un long gémissement ;
Et, pressant l'univers dans sa serre
    cruelle,
Embrasse pour jamais de sa rage éternelle
L'éternel aliment.

Le mal dès lors régna dans son immense
    empire ;
Dès lors tout ce qui pense et tout ce qui
    respire
Commença de souffrir ;
Et la terre, et le ciel, et l'âme, et la
    matière,
Tout gémit ; et la voix de la nature
    entière
Ne fut qu'un long soupir.

Levez donc vos regards vers les célestes
    plaines,
Cherchez Dieu dans son œuvre, invoquez
    dans vos peines
Ce grand consolateur :
Malheureux ! sa bonté de son œuvre
    est absente :

consacrer. En sortant de ce recueillement
dans ces murs humides de soupirs, j'écrivis
cette méditation."—LAMARTINE.

Vous cherchez votre appui ! l'univers
    vous présente
Votre persécuteur.

De quel nom te nommer, ô fatale puis-
    sance !
Qu'on t'appelle Destin, Nature, Provi-
    dence,
Inconcevable loi ;
Qu'on tremble sous ta main, ou bien
    qu'on la blasphème,
Soumis ou révolté, qu'on te craigne ou
    qu'on t'aime ;
Toujours, c'est toujours toi !

Hélas ! ainsi que vous j'invoquai l'Espé-
    rance ;
Mon esprit abusé but avec complaisance
Son philtre empoisonneur :
C'est elle qui, poussant nos pas dans les
    abîmes,
De festons et de fleurs couronne les vic-
    times
Qu'elle livre au Malheur.

Si du moins au hasard il décimait les
    hommes,
Ou si sa main tombait sur tous tant que
    nous sommes
Avec d'égales lois !
Mais les siècles ont vu les âmes magna-
    nimes,
La beauté, le génie, ou les vertus sub-
    limes,
Victimes de son choix.

Tel, quand des dieux de sang voulaient
    en sacrifice ;
Des troupeaux innocents les sanglantes
    prémices
Dans leurs temples cruels,
De cent taureaux choisis on formait
    l'hécatombe,
Et l'agneau sans souillure, ou la blanche
    colombe,
Engraissaient leurs autels.

Créateur tout-puissant, principe de tout
    être,
Toi pour qui le possible existe avant de
    naître,
Roi de l'immensité,
Tu pouvais cependant, au gré de ton
    envie,
Puiser pour tes enfants le bonheur et la
    vie
Dans ton éternité.

Sans t'épuiser jamais, sur toute la nature
Tu pouvais à longs flots répandre sans
mesure
Un bonheur absolu :
L'espace, le pouvoir, le temps, rien ne
te coûte.
Ah ! ma raison frémit, tu le pouvais
sans doute,
Tu ne l'as pas voulu.

Quel crime avons-nous fait pour mériter
de naître ?
L'insensible néant t'a-t-il demandé l'être,
Ou l'a-t-il accepté ?
Sommes-nous, ô hasard, l'œuvre de tes
caprices ?
Ou plutôt, Dieu cruel, fallait-il nos
supplices
Pour ta félicité ?

Montez donc vers le ciel, montez, encens
qu'il aime,
Soupirs, gémissements, larmes, sanglots,
blasphème,
Plaisirs, concerts divins ;
Cris du sang, voix des morts, plaintes
inextinguibles,
Montez, allez frapper les voûtes insensi-
bles
Du palais des destins !

Terre, élève ta voix ; cieux, répondez ;
abîmes,
Noir séjour où la mort entasse ses vic-
times,
Ne formez qu'un soupir !
Qu'une plainte éternelle accuse la nature,
Et que la douleur donne à toute créature
Une voix pour gémir !

Du jour où la nature, au néant arrachée,
S'échappa de tes mains comme une
œuvre ébauchée,
Qu'as-tu vu cependant ?
Aux désordres du mal la matière asser-
vie,
Toute chair gémissant, hélas ! et toute
vie
Jalouse du néant !

Des éléments rivaux les luttes intes-
tines ;
Le Temps, qui flétrit tout, assis sur les
ruines
Qu'entassèrent ses mains,
Attendant sur le seuil tes œuvres éphé-
mères ;

14

Et la mort étouffant, dès le sein de leurs
mères,
Les germes des humains !

La vertu succombant sous l'audace im-
punie,
L'imposture en honneur, la vérité ban-
nie ;
L'errante liberté
Aux dieux vivants du monde offerte en
sacrifice ;
Et la force, partout, fondant de l'injus-
tice
Le règne illimité !

La valeur sans les dieux décidant les
batailles !
Un Caton, libre encor, déchirant ses
entrailles
Sur la foi de Platon ;
Un Brutus qui, mourant pour la vertu
qu'il aime,
Doute au dernier moment de cette vertu
même,
Et dit : " Tu n'es qu'un nom ! "

La fortune toujours du parti des grands
crimes ;
Les forfaits couronnés devenus légitimes ;
La gloire au prix du sang ;
Les enfants héritant l'iniquité des pères ;
Et le siècle qui meurt racontant ses
misères
Au siècle renaissant !

Eh quoi ! tant de tourments, de forfaits,
de supplices,
N'ont-ils pas fait fumer d'assez de sacri-
fices
Tes lugubres autels ?
Ce soleil, vieux témoin des malheurs de
la terre,
Ne fera-t-il pas naître un seul jour qui
n'éclaire
L'angoisse des mortels ?

Héritiers des douleurs, victimes de la vie,
Non, non, n'espérez pas que sa rage
assouvie
Endorme le Malheur,
Jusqu'à ce que la Mort, ouvrant son
aile immense,
Engloutisse à jamais dans l'éternel si-
lence
L'éternelle douleur ![1]

1 COMMENTAIRE. — Il y a des heures où la
sensation de la douleur est si forte dans l'homme
jeune et sensible, qu'elle étouffe la raison. Il

LA PROVIDENCE À L'HOMME.

LAMARTINE. 1829.

Quoi ! le fils du néant a maudit l'exis-
    tence !
Quoi ! tu peux m'accuser de mes propres
    bienfaits,
Tu peux fermer tes yeux à la magnifi-
    cence
    Des dons que je t'ai faits !

Tu n'étais pas encor, créature insensée,
Déjà de ton bonheur j'enfantais le des-
    sein ;
Déjà, comme son fruit, l'éternelle pensée
    Te portait dans son sein.

Oui, ton être futur vivait dans ma mé-
    moire ;
Je préparais les temps selon ma volonté.
Enfin ce jour parut ; je dis : "Nais
    pour ma gloire
    Et ta félicité !"

Tu naquis : ma tendresse, invisible et
    présente,
Ne livra pas mon œuvre aux chances du
    hasard ;

faut lui permettre alors le cri et presque l'im-
précation contre la destinée ! L'excessive dou-
leur a son délire, comme l'amour. Passion veut
dire souffrance, et souffrance veut dire passion.
Je souffrais trop ; il fallait crier.

J'étais jeune, et les routes de la vie se fer-
maient devant moi comme si j'avais été un
vieillard. J'étais dévoré d'activité intérieure,
et on me condamnait à l'immobilité ; j'étais
ivre d'amour, et j'étais séparé de ce que j'ado-
rais ; les tortures de mon cœur étaient multi-
pliées par celles d'un autre cœur. Je souffrais
comme deux, et je n'avais que la force d'un.
J'étais enfermé, par les suites de mes dissi-
pations et par l'indigence, dans une retraite
forcée à la campagne, loin de tout ce que j'ai-
mais ; j'étais malade de cœur, de corps, d'imagi-
nation ; je n'avais pour toute société que les buis
chargés de givre de la montagne en face de ma
fenêtre, et les vieux livres d'histoire, cent fois
relus, écrits avec les larmes des générations
qu'ils racontent, et avec le sang des hommes
vertueux que ces générations immolent en ré-
compense de leurs vertus. Une nuit, je me
levai, je rallumai ma lampe, et j'écrivis ce gé-
missement ou plutôt ce rugissement de mon
âme. Ce cri me soulagea : je me rendormis.
Après, il me sembla que je m'étais vengé du
destin par un coup de poignard.

Il y avait bien d'autres strophes plus acerbes,
plus insultantes, plus impies. Quand je re-
trouvai cette méditation, et que je me résolus
à l'imprimer, je retranchai ces strophes. L'in-
vective y montait jusqu'au sacrilège. C'était
` ``ronien ; mais c'était Byron sincère, et non

J'échauffai de tes sens la séve languis-
    sante
    Des feux de mon regard.

D'un lait mystérieux je remplis la ma-
    melle ;
Tu t'enivras sans peine à ces sources
    d'amour.
J'affermis les ressorts, j'arrondis la pru-
    nelle
    Où se peignit le jour.

Ton âme, quelque temps par les sens
    éclipsée,
Comme tes yeux au jour, s'ouvrit à la
    raison :
Tu pensas ; la parole acheva ta pensée,
    Et j'y gravai mon nom.

En quel éclatant caractère
Ce grand nom s'offrit à tes yeux !
Tu vis ma bonté sur la terre,
Tu lus ma grandeur dans les cieux !
L'ordre était mon intelligence ;
La nature, ma providence ;
L'espace, mon immensité !
Et, de mon être ombre altérée,
Le temps te peignit ma durée,
Et le destin, ma volonté !

Tu m'adoras dans ma puissance,
Tu ne bénis dans ton bonheur,
Et tu marchas en ma présence
Dans la simplicité du cœur ;
Mais aujourd'hui que l'infortune
A couvert d'une ombre importune
Ces vives clartés du réveil,
Ta voix m'interroge et me blâme,
Le nuage couvre ton âme,
Et tu ne crois plus au soleil.

"Non, tu n'es plus qu'un grand pro-
    blème
Que le sort offre à la raison ;
Si ce monde était ton emblème,
Ce monde serait juste et bon."
Arrête, orgueilleuse pensée !
À la loi que je t'ai tracée
Tu prétends comparer ma loi !
Connais leur différence auguste :
Tu n'as qu'un jour pour être juste ;
J'ai l'éternité devant moi !

Quand les voiles de ma sagesse
À tes yeux seront abattus,
Ces maux dont gémit ta faiblesse
Seront transformés en vertus.

De ces obscurités cessantes
Tu verras sortir triomphantes
Ma justice et ta liberté :
C'est la flamme qui purifie
Le creuset divin où la vie
Se change en immortalité !

Mais ton cœur endurci doute et murmure
encore :
Ce jour ne suffit pas à tes yeux révoltés,
Et dans la nuit des sens tu voudrais voir
éclore
De l'éternelle aurore
Les célestes clartés !

Attends ; ce demi-jour, mêlé d'une om-
bre obscure,
Suffit pour te guider en ce terrestre lieu :
Regarde qui je suis, et marche sans mur-
mure,
Comme fait la nature
Sur la foi de son Dieu.

La terre ne sait pas la loi qui la féconde ;
L'Océan, refoulé sous mon bras tout-
puissant,
Sait-il comment, au gré du nocturne
croissant,
De sa prison profonde
La mer vomit son onde,
Et des bords qu'elle inonde
Recule en mugissant ?

Ce soleil éclatant, ombre de la lumière,
Sait-il où le conduit le signe de ma main ?
S'est-il tracé lui-même un glorieux che-
min ?
Au bout de sa carrière,
Quand j'éteins sa lumière,
Promet-il à la terre
Le soleil de demain ?

Cependant tout subsiste et marche en
assurance.
Ma voix chaque matin réveille l'univers ;
J'appelle le soleil du fond de ses déserts :
Franchissant la distance,
Il monte en ma présence,
Me répond, et s'élance
Sur le trône des airs !

Et toi, dont mon souffle est la vie,
Toi, sur qui mes yeux sont ouverts,
Peux-tu craindre que je t'oublie,
Homme, roi de cet univers ?
Crois-tu que ma vertu sommeille ?
Non, mon regard immense veille

Sur tous les mondes à la fois !
La mer qui fuit à ma parole,
Ou la poussière qui s'envole,
Suivent et comprennent mes lois.

Marche au flambeau de l'espérance
Jusque dans l'ombre du trépas,
Assuré que ma providence
Ne tend point de piège à tes pas !
Chaque aurore la justifie,
L'univers entier s'y confie,
Et l'homme seul en a douté !
Mais ma vengeance paternelle
Confondra ce doute infidèle
Dans l'abîme de ma bonté.[1]

JÉHOVAH.

VICTOR HUGO. 1822.

GLOIRE à Dieu seul ! son nom rayonne
en ses ouvrages !
Il porte dans sa main l'univers réuni ;
Il mit l'éternité par delà tous les âges,
Par delà tous les cieux il jeta l'infini.

Il a dit au chaos sa parole féconde,
Et d'un mot de sa voix laissé tomber le
monde !
L'archange auprès de lui compte les na-
tions ;
Quand, des jours et des lieux franchis-
sant les espaces,
Il dispense aux siècles leurs races,
Et mesure leur temps aux générations !

Rien n'arrête en son cours sa puissance
prudente.
Soit que son souffle immense, aux oura-
gans pareil,
Pousse de sphère en sphère une comète
ardente,
Ou dans un coin du monde éteigne un
vieux soleil !

[1] COMMENTAIRE. — Cette méditation ne vaut
pas la précédente. Voici pourquoi ; la première
est d'inspiration, celle-ci est de réflexion. Le
repentir a-t-il jamais l'énergie de la passion ?
Ma mère, à qui je montrai ce volume avant
de le livrer à l'impression, me reprocha pieuse-
ment et tendrement ce cri de désespoir. C'était,
disait-elle, une offense à Dieu, un blasphème
contre la volonté d'en haut, toujours juste, tou-
jours sage, toujours aimante, jusque dans ses
sévérités. Je ne pouvais, disait-elle, imprimer
de pareils vers qu'en les réfutant moi-même par
une plus haute proclamation à l'éternelle sagesse
et à l'éternelle bonté. J'écrivis, pour lui obéir
et pour lui complaire, la méditation intitulée *la
Providence à l'homme.*

Soit qu'il sème un volcan sous l'Océan
   qui gronde,
Courbe ainsi que des flots le front altier
   des monts,
Ou de l'enfer troublé touchant la voûte
   immonde,
Au fond des mers de feu chasse les noirs
   démons !

Oh ! la création se meut dans ta pen-
   sée,
Seigneur ! tout suit la voie en tes des-
   seins tracée.
Ton bras jette un rayon au milieu des
   hivers,
Défend la veuve en pleurs du publicain
   avide,
Ou dans un ciel lointain, séjour désert
   du vide,
   Crée en passant un univers !

L'homme n'est rien sans lui, l'homme,
   débile proie,
Que le malheur dispute un moment au
   trépas.
Dieu lui donne le deuil ou lui reprend
   la joie,
Du berceau vers la tombe il a compté
   ses pas.

Son nom, que des élus la harpe d'or
   célèbre,
Est redit par les voix de l'univers
   sauvé,
Et lorsqu'il retentit dans son écho fu-
   nèbre,
L'enfer maudit son roi par les cieux ré-
   prouvé !

Oui, les anges, les saints, les sphères
   étoilées,
Et les âmes des morts devant toi rassem-
   blées,
O Dieu ! font de ta gloire un concert
   solennel ;
Et tu veux bien que l'homme, être hum-
   ble et périssable,
   Marchant dans la nuit sur le sable,
Mêle un chant éphémère à cet hymne
   éternel !

Gloire à Dieu seul ! son nom rayonne en
   ses ouvrages,
Il porte dans sa main l'univers réuni ;
Il mit l'éternité par delà tous les âges,
Par delà tous les cieux il jeta l'infini !

DIEU.

LAMARTINE. 1825.

À M. L'ABBÉ F. DE LAMENNAIS.

OUI, mon âme se plaît à secouer ses
   chaînes :
Déposant le fardeau des misères hu-
   maines,
Laissant errer mes sens dans ce monde
   des corps,
Au monde des esprits je monte sans ef-
   forts.
Là, foulant à mes pieds cet univers visi-
   ble,
Je plane en liberté dans les champs du
   possible.
Mon âme est à l'étroit dans sa vaste
   prison,
Il me faut un séjour qui n'ait pas d'ho-
   rizon.

Comme une goutte d'eau dans l'Océan
   versée,
L'infini dans son sein absorbe ma pen-
   sée :
Là, reine de l'espace et de l'éternité,
Elle ose mesurer le temps, l'immensité,
Aborder le néant, parcourir l'existence,
Et concevoir de Dieu l'inconcevable es-
   sence.
Mais sitôt que je veux peindre ce que je
   sens,
Toute parole expire en efforts impuis-
   sants :
Mon âme croit parler ; ma langue em-
   barrassée
Frappe l'air de vains sons, ombre de ma
   pensée.

Dieu fit pour les esprits deux langages
   divers :
En sons articulés l'un vole dans les airs ;
Ce langage borné s'apprend parmi les
   hommes ;
Il suffit au besoin de l'exil où nous
   sommes,
Et, suivant des mortels les destins in-
   constants,
Change avec les climats ou passe avec
   les temps.
L'autre, éternel, sublime, universel, im-
   mense,
Est le langage inné de toute intelligence :
Ce n'est point un son mort dans les airs
   répandu,

C'est un verbe vivant dans le cœur entendu ;
On l'entend, on l'explique, on le parle avec l'âme ;
Ce langage senti touche, illumine, enflamme :
De ce que l'âme éprouve interprètes brûlants,
Il n'a que des soupirs, des ardeurs, des élans ;
C'est la langue du ciel que parle la prière,
Et que le tendre amour comprend seul sur la terre.

Aux pures régions où j'aime à m'envoler,
L'enthousiasme aussi vient me la révéler ;
Lui seul est mon flambeau dans cette nuit profonde,
Et mieux que la raison il m'explique le monde.
Viens donc ! il est mon guide, et je veux t'en servir ;
À ses ailes de feu, viens, laisse-toi ravir.
Déjà l'ombre du monde à nos regards s'efface :
Nous échappons au temps, nous franchissons l'espace ;
Et, dans l'ordre éternel de la réalité,
Nous voilà face à face avec la vérité !
Cet astre universel, sans déclin, sans aurore,
C'est Dieu, c'est ce grand tout, qui soi-même s'adore !
Il est ; tout est en lui : l'immensité, les temps,
De son être infini sont les purs éléments ;
L'espace est son séjour, l'éternité son âge ;
Le jour est son regard, le monde est son image :
Tout l'univers subsiste à l'ombre de sa main ;
L'être à flots éternels découlant de son sein,
Comme un fleuve nourri par cette source immense,
S'en échappe, et revient finir où tout commence.

Sans bornes comme lui, ses ouvrages parfaits
Bénissent en naissant la main qui les a faits :
Il peuple l'infini chaque fois qu'il respire ;

Pour lui, vouloir c'est faire, exister c'est produire !
Tirant tout de soi seul, rapportant tout à soi,
Sa volonté suprême est sa suprême loi.
Mais cette volonté, sans ombre et sans faiblesse,
Est à la fois puissance, ordre, équité, sagesse.
Sur tout ce qui peut être il l'exerce à son gré ;
Le néant jusqu'à lui s'élève par degré :
Intelligence, amour, force, beauté, jeunesse,
Sans s'épuiser jamais, il peut donner sans cesse ;
Et, comblant le néant de ses dons précieux,
Des derniers rangs de l'être il peut tirer des dieux !
Mais ces dieux de sa main, ces fils de sa puissance,
Mesurent d'eux à lui l'éternelle distance,
Tendant par la nature à l'être qui les fit :
Il est leur fin à tous, et lui seul se suffit !
Voilà, voilà le Dieu que tout esprit adore,
Qu'Abraham a servi, que rêvait Pythagore,
Que Socrate annonçait, qu'entrevoyait Platon ;
Ce Dieu que l'univers révèle à la raison,
Que la justice attend, que l'infortune espère,
Et que le Christ enfin vint montrer à la terre !
Ce n'est plus là ce Dieu par l'homme fabriqué,
Ce Dieu par l'imposture à l'erreur expliqué,
Ce Dieu défiguré par la main des faux prêtres,
Qu'adoraient en tremblant nos crédules ancêtres :
Il est seul, il est un, il est juste, il est bon ;
La terre voit son œuvre, et le ciel sait son nom !

Heureux qui le connaît ! plus heureux qui l'adore !
Qui, tandis que le monde ou l'outrage ou l'ignore,
Seul, aux rayons pieux des lampes de la nuit,
S'élève au sanctuaire où la foi l'introduit,

Et, consumé d'amour et de reconnais-
sance,
Brûle, comme l'encens, son âme en sa
présence !
Mais, pour monter à lui, notre esprit
abattu
Doit emprunter d'en haut sa force et sa
vertu ;
Il faut voler au ciel sur des ailes de
flamme ;
Le désir et l'amour sont les ailes de
l'âme.
Ah ! que ne suis-je né dans l'âge où les
humains,
Jeunes, à peine encore échappés de ses
mains,
Près de Dieu par le temps, plus près
par l'innocence,
Conversaient avec lui, marchaient en sa
présence !
Que n'ai-je vu le monde à son premier
soleil !
Que n'ai-je entendu l'homme à son pre-
mier réveil !
Tout lui parlait de toi, tu lui parlais toi-
même ;
L'univers respirait ta majesté su-
prême ;
La nature, sortant des mains du Créa-
teur,
Étalait en tous sens le nom de son au-
teur :
Ce nom, caché depuis sous la rouille des
âges,
En traits plus éclatants brillait sur tes
ouvrages ;
L'homme dans le passé ne remontait
qu'à toi ;
Il invoquait son père, et tu disais :
" C'est moi."

Longtemps comme un enfant ta voix
daigna l'instruire,
Et par la main longtemps tu voulus le
conduire.
Que de fois dans ta gloire à lui tu t'es
montré,
Aux vallons de Sennar, aux chênes de
Membré,
Dans le buisson d'Horeb, ou sur l'auguste
cime
Où Moïse aux Hébreux dictait sa loi
sublime !
Ces enfants de Jacob, premiers-nés des
humains,
Reçurent quarante ans la manne de tes
mains :

Tu frappais leur esprit par tes vivants
oracles ;
Tu parlais à leurs yeux par la voix des
miracles ;
Et lorsqu'ils t'oubliaient, tes anges de-
scendus
Rappelaient ta mémoire à leurs cœurs
éperdus.
Mais enfin, comme un fleuve éloigné de
sa source,
Ce souvenir si pur s'altéra dans sa
course ;
De cet astre vieilli la sombre nuit des
temps
Éclipsa par degrés les rayons éclatants.
Tu cessas de parler : l'oubli, la main des
âges,
Usèrent ce grand nom empreint dans tes
ouvrages ;
Les siècles en passant firent pâlir la
foi ;
L'homme plaça le doute entre le monde
et toi.

Oui, ce monde, Seigneur, est vieilli pour
ta gloire ;
Il a perdu ton nom, ta trace et ta mé-
moire ;
Et pour les retrouver il nous faut, dans
son cours,
Remonter flots à flots le long fleuve des
jours.
Nature, firmament ! l'œil en vain vous
contemple :
Hélas ! sans voir le Dieu, l'homme ad-
mire le temple ;
Il voit, il suit en vain, dans les déserts
des cieux,
De leurs mille soleils le cours mysté-
rieux ;
Il ne reconnaît plus la main qui les
dirige :
Un prodige éternel cesse d'être un pro-
dige.
Comme ils brillaient hier, ils brilleront
demain !
Qui sait où commença leur glorieux
chemin ?
Qui sait si ce flambeau, qui luit et qui
féconde,
Une première fois s'est levé sur le monde !
Nos pères n'ont point vu briller son pre-
mier tour,
Et les jours éternels n'ont point de pre-
mier jour.
Sur le monde moral, en vain ta provi-
dence

Dans ces grands changements révèle ta
  présence ;
C'est en vain qu'en tes jeux l'empire des
  humains
Passe d'un sceptre à l'autre, errant de
  mains en mains,
Nos yeux accoutumés à sa vicissitude,
Se sont fait de la gloire une froide habi-
  tude :
Les siècles ont tant vu de ces grands
  coups du sort !
Le spectacle est usé, l'homme engourdi
  s'endort.

Réveille-nous, grand Dieu ! parle et
  change le monde ;
Fais entendre au néant ta parole fé-
  conde :
Il est temps ! lève-toi ! sors de ce long
  repos ;
Tire un autre univers de cet autre chaos.
À nos yeux assoupis il faut d'autres
  spectacles ;
À nos esprits flottants il faut d'autres
  miracles.
Change l'ordre des cieux qui ne nous parle
  plus !
Lance un nouveau soleil à nos yeux
  éperdus :
Détruis ce vieux palais, indigne de ta
  gloire ;
Viens ! montre-toi toi-même, et force-
  nous de croire !
Mais peut-être, avant l'heure où dans les
  cieux déserts
Le soleil cessera d'éclairer l'univers,
De ce soleil moral la lumière éclipsée
Cessera par degrés d'éclairer la pensée,
Et le jour qui verra ce grand flambeau
  détruit
Plongera l'univers dans l'éternelle nuit !
Alors tu briseras ton inutile ouvrage.
Ses débris foudroyés rediront d'âge en
  âge :
" Seul je suis ! hors de moi rien ne peut
  subsister !
L'homme cessa de croire, il cessa d'ex-
  ister ! "[1]

[1] COMMENTAIRE. — J'avais connu M. de La-
mennais par son *Essai sur l'indifférence.* Il
m'avait connu par quelques vers de moi que
lui avait récités M. de Genoude, alors son ami
et le mien. L'*Essai sur l'indifférence* m'avait
frappé comme une page de J. J. Rousseau re-
trouvée dans le dix-neuvième siècle. Je m'at-
tachais peu aux arguments, qui me paraissaient
faibles ; mais l'argumentation me ravissait. Ce
style réalisait la grandeur, la vigueur et la cou-

LA PRIÈRE.

LAMARTINE. 1825.

Le roi brillant du jour, se couchant dans
  sa gloire,
Descend avec lenteur de son char de vic-
  toire ;
Le nuage éclatant qui le cache à nos
  yeux
Conserve en sillons d'or sa trace dans les
  cieux,
Et d'un reflet de pourpre inonde l'éten-
  due.
Comme une lampe d'or dans l'azur sus-
  pendue,
La lune se balance au bord de l'hori-
  zon ;
Ses rayons affaiblis dorment sur le gazon,
Et le voile des nuits sur les monts se
  déplie.
C'est l'heure où la nature, un moment
  recueillie,
Entre la nuit qui tombe et le jour qui
  s'enfuit,
S'élève au créateur du jour et de la
  nuit,
Et semble offrir à Dieu, dans son brillant
  langage,
De la création le magnifique hommage.

leur que je portais dans mon idéal de jeune
homme. J'avais besoin d'épancher mon admira-
tion. Je ne pouvais le faire qu'en m'élevant au
sujet le plus haut de la pensée humaine, *Dieu.*
J'écrivis ces vers en retournant seul à cheval
de Paris à Chambéry, par de belles et longues
journées du mois de mai. Je n'avais ni papier,
ni crayon, ni plume. Tout se gravait dans ma
mémoire à mesure que tout sortait de mon cœur
et de mon imagination. La solitude et le silence
des grandes rontes à une certaine distance de
Paris, l'aspect de la nature et du ciel, la splen-
deur de la saison, ce sentiment de voluptueux
frisson que j'ai toujours éprouvé en quittant le
tumulte d'une grande capitale pour me replon-
ger dans l'air muet, profond et limpide des
grands horizons, tout semblable, pour mon
âme, à ce frisson qui saisit et raffermit les nerfs
quand on se plonge pour nager dans les vagues
bleues et fraîches de la Méditerranée ; enfin,
le pas cadencé de mon cheval, qui berçait ma
pensée comme mon corps, tout cela m'aidait à
rêver, à contempler, à penser, à chanter. En
arrivant, le soir, au cabaret de village où je
m'arrêtais ordinairement pour passer la nuit,
et après avoir donné l'avoine, le seau d'eau du
puits et étendu la paille de sa litière à mon cheval,
que j'aimais mieux encore que mes vers, je de-
mandais une plume et du papier à mon hôtesse,
et j'écrivais ce que j'avais composé dans la jour-
née. En arrivant à Urcy, dans les bois de la
haute Bourgogne, au château de mon oncle,
l'abbé de Lamartine, mes vers étaient termi-
nés.

216   RELIGIOUS.

Voilà le sacrifice immense, universel !
L'univers est le temple et la terre est
    l'autel ;
Les cieux en sont le dôme, et ses astres
    sans nombre,
Ces feux demi-voilés, pâle ornement de
    l'ombre,
Dans la voûte d'azur avec ordre semés,
Sont les sacrés flambeaux pour ce tem-
    ple allumés :
Et ces nuages purs qu'un jour mourant
    colore,
Et qu'un souffle léger, du couchant à
    l'aurore,
Dans les plaines de l'air repliant molle-
    ment,
Roule en flocons de pourpre aux bords
    du firmament,
Sont les flots de l'encens qui monte et
    s'évapore
Jusqu'au trône du Dieu que la nature
    adore.

Mais ce temple est sans voix.   Où sont
    les saints concerts ?
D'où s'élèvera l'hymne au roi de l'uni-
    vers ?
Tout se tait : mon cœur seul parle dans
    ce silence.
La voix de l'univers, c'est mon intelli-
    gence.
Sur les rayons du soir, sur les ailes du
    vent,
Elle s'élève à Dieu comme un parfum
    vivant,
Et, donnant un langage à toute créa-
    ture,
Prête, pour l'adorer, mon âme à la na-
    ture.
Seul, invoquant ici son regard paternel,
Je remplis le désert du nom de l'Éternel ;
Et Celui qui, du sein de sa gloire infinie,
Des sphères qu'il ordonne écoute l'har-
    monie,
Écoute aussi la voix de mon humble
    raison,
Qui contemple sa gloire et murmure son
    nom.

Salut, principe et fin de toi-même et du
    monde !
Toi qui rends d'un regard l'immensité
    féconde,
Âme de l'univers, Dieu, père, créateur,
Sous tous ces noms divers je crois en toi,
    Seigneur ;
ans avoir besoin d'entendre ta parole,

Je lis au front des cieux mon glorieux
    symbole.
L'étendue à mes yeux révèle ta grandeur,
La terre, ta bonté, les astres, ta splen-
    deur.
Tu t'es produit toi-même en ton brillant
    ouvrage !
L'univers tout entier réfléchit ton image,
Et mon âme à son tour réfléchit l'univers.
Ma pensée, embrassant tes attributs di-
    vers,
Partout autour de toi te découvre et
    t'adore,
Se contemple soi-même, et t'y découvre
    encore.
Ainsi l'astre du jour éclate dans les cieux,
Se réfléchit dans l'onde et se peint à mes
    yeux.

C'est peu de croire en toi, bonté, beauté
    suprême !
Je te cherche partout, j'aspire à toi, je
    t'aime !
Mon âme est un rayon de lumière et
    d'amour
Qui, du foyer divin détaché pour un jour,
De désirs dévorants loin de toi consumée,
Brûle de remonter à sa source enflammée.
Je respire, je sens, je pense, j'aime en
    toi !
Ce monde qui te cache est transparent
    pour moi ;
C'est toi que je découvre au fond de la
    nature,
C'est toi que je bénis dans toute créature.
Pour m'approcher de toi, j'ai fui dans ces
    déserts :
Là, quand l'aube, agitant son voile dans
    les airs,
Entr'ouvre l'horizon qu'un jour naissant
    colore,
Et sème sur les monts les perles de l'au-
    rore,
Pour moi c'est ton regard qui, du divin
    séjour,
S'entr'ouvre sur le monde et lui répand
    le jour.
Quand l'astre à son midi, suspendant sa
    carrière,
M'inonde de chaleur, de vie et de lu-
    mière,
Dans ses puissants rayons, qui raniment
    mes sens,
Seigneur, c'est ta vertu, ton souffle que
    je sens ;
Et quand la nuit, guidant son cortége
    d'étoiles,

Sur le monde endormi jette ses sombres
voiles,
Seul, au sein du désert et de l'obscurité,
Méditant de la nuit la douce majesté,
Enveloppé de calme, et d'ombre, et de
silence,
Mon âme de plus près adore ta présence ;
D'un jour intérieur je me sens éclairer,
Et j'entends une voix qui me dit d'espé-
rer.

Oui, j'espère, Seigneur, en ta magnifi-
cence :
Partout à pleines mains prodiguant l'ex-
istence,
Tu n'auras pas borné le nombre de mes
jours
À ces jours d'ici-bas, si troublés et si
courts.
Je te vois en tous lieux conserver et pro-
duire :
Celui qui peut créer dédaigne de détruire.
Témoin de ta puissance et sûr de ta
bonté,
J'attends le jour sans fin de l'immorta-
lité.
La mort m'entoure en vain de ses ombres
funèbres,
Ma raison voit le jour à travers les ténè-
bres ;
C'est le dernier degré qui m'approche de
toi,
C'est le voile qui tombe entre ta face et
moi.
Hâte pour moi, Seigneur, ce moment que
j'implore,
Ou, si dans tes secrets tu le retiens en-
core,
Entends du haut du ciel le cri de mes
besoins !
L'atome et l'univers sont l'objet de tes
soins :
Des dons de ta bonté soutiens mon in-
digence,
Nourris mon corps de pain, mon âme
d'espérance ;
Réchauffe d'un regard de tes yeux tout-
puissants
Mon esprit éclipsé par l'ombre de mes
sens,
Et, comme le soleil aspire la rosée,
Dans ton sein à jamais absorbe ma pen-
sée ![1]

[1] COMMENTAIRE. — J'ai toujours pensé que la
poésie était surtout la langue des prières, la
langue parlée et la révélation de la langue inté-
rieure. Quand l'homme parle au suprême In-
terlocuteur, il doit nécessairement employer la

LA HARPE ÉOLIENNE.

SAINTE-BEUVE. 1829.

TRADUIT DE COLERIDGE.[1]

O PENSIVE Sara, quand ton beau front
qui penche,
Léger comme l'oiseau qui s'attache à la
branche,
Repose sur mon bras, et que je tiens ta
main,
Il m'est doux, sur le banc tapissé de
jasmin,
À travers les rosiers, derrière la chau-
mière,
De suivre dans le ciel les reflets de lu-
mière,
Et tandis que pâlit la pourpre du cou-
chant,
Que les nuages d'or s'écroulent en mar-
chant,
Et que de ce côté tout devient morne et
sombre,
De voir à l'Orient les étoiles sans nombre
Naître l'une après l'autre et blanchir
dans l'azur,
Comme les saints désirs, le soir, dans un
cœur pur.
À terre, autour de nous, tout caresse nos
rêves ;
Nous sentons la senteur de ce doux
champ de fèves ;
Aucun bruit ne nous vient, hors la plainte
des bois,
Hors l'Océan paisible et sa lointaine voix
Au fond d'un grand silence ;

Et le son de la Harpe,
De la Harpe en plein air, que suspend
une écharpe

forme la plus complète et la plus parfaite de ce
langage que Dieu a mis en lui. Cette forme
relativement parfaite et complète, c'est évidem-
ment la forme poétique. Le vers réunit toutes
les conditions de ce qu'on appelle la parole, c'est-
à-dire le son, la couleur, l'image, le rhythme,
l'harmonie, l'idée, le sentiment, l'enthousiasme :
la parole ne mérite véritablement le nom de
Verbe ou de Logos, que quand elle réunit toutes
ces qualités. Depuis les temps les plus reculés
les hommes l'ont senti par instinct ; et tous
les cultes ont eu pour langue la poésie, pour
premier prophète ou pour premier pontife les
poëtes.
J'écrivis cet hymne de l'adoration rationnelle
en me promenant sur une des montagnes qui
dominent la gracieuse ville de Chambéry, non
loin des Charmettes, ce berceau de la sensibilité
et du génie de J. J. Rousseau.
[1] See *The Eolian Harp*, in Coleridge's Siby-
lline Leaves.

Aux longs rameaux d'un saule, et qui
répond souvent
Par ses soupirs à l'aile amoureuse du vent.
Comme une vierge émue et qui résiste à
peine,
Elle est si langoureuse à repousser l'ha-
leine
De son amant vainqueur, qu'il recom-
mence encor,
Et plus harmonieux redouble son essor.
Sur l'ivoire il se penche, et d'une aile
enhardie
Soulève et lance au loin des flots de
mélodie ;
Et l'oreille, séduite à ce bruit enchanté,
Croit entendre passer, de grand matin,
l'été,
Les sylphes voyageurs, qui, du pays des
fées,
Avec des ris moqueurs, des plaintes étouf-
fées,
Arrivent, épiant le vieux monde au ré-
veil.
O magique pays, montre-moi ton soleil,
Tes palais, tes jardins, où sont les Har-
monies,
Elles, qui, dès l'aurore, en essaims ré-
unies,
Boivent le miel des fleurs, et chantent,
purs esprits,
Et font en voltigeant envie aux colibris !
O subtile atmosphère, ô vie universelle
Dont, en nous, hors de nous, le flot passe
et ruisselle ;
Âme de toute chose et de tout mouve-
ment ;
Vaste éther qui remplis les champs du
firmament :
Nuance dans le son et ton dans la lu-
mière ;
Rhythme dans la pensée ; — impalpable
matière ;
Oh ! s'il m'était donné, dès cet exil mortel,
De nager au torrent de ton fleuve éternel,
Je ne serais qu'amour, effusion immense ;
Car j'entendrais sans fin ton bruit ou ton
silence !

Ainsi, de rêve en rêve et sans suite je
vais ;
Ainsi, ma bien-aimée, hier encor je rêvais,
À midi, sur le bord du rivage, à mi-côte,
Couché, les yeux mi-clos, et la mer pleine
et haute
À mes pieds, tout voyant trembler les
flots dormants
Et les rayons brisés jaillir en diamants ;

Ainsi mille rayons traversent ma pensée ;
Ainsi mon âme ouverte et des vents ca-
ressée
Chante, pleure, s'exhale en vaporeux
concerts,
Comme ce luth pendant qui flotte au gré
des airs.

Et qui sait si nous-même, épars dans
la nature,
Ne sommes pas des luths de diverse
structure
Qui vibrent en pensées, quand les touche
en passant
L'esprit mystérieux, souffle du Tout-
puissant !

Mais je lis dans tes yeux un long re-
proche tendre,
O femme bien-aimée ; et tu me fais en-
tendre
Qu'il est temps d'apaiser ce délire men-
teur.
Blanche et douce brebis chère au divin
Pasteur,
Tu me dis de marcher humblement dans
la voie ;
C'est bien, et je t'y suis ; et loin, loin,
je renvoie
Ces vieux songes usés, ces systèmes nou-
veaux,
Vaine ébullition de malades cerveaux,
Fantômes nuageux, nés d'un orgueil risi-
ble ;
Car qui peut le louer, Lui, l'Incompré-
hensible,
Autrement qu'à genoux, abîmé dans la
foi,
Noyé dans la prière ! — Et moi, — moi,
— surtout moi,
Pécheur qu'il a tiré d'en bas, âme char-
nelle
Qu'il a blanchie ; à qui sa bonté pater-
nelle
Permet de posséder en un loisir obscur
La paix, cette chaumière, et toi, femme
au cœur pur !

LE CRUCIFIX.

LAMARTINE. 1825.

Toi que j'ai recueilli sur sa bouche ex-
pirante
Avec son dernier souffle et son dernier
adieu,

Symbole deux fois saint, don d'une main
    mourante,
    Image de mon Dieu ;

Que de pleurs ont coulé sur tes pieds que
    j'adore,
Depuis l'heure sacrée où, du sein d'un
    martyr,
Dans mes tremblantes mains tu passas,
    tiède encore
    De son dernier soupir !

Les saints flambeaux jetaient une der-
    nière flamme ;
Le prêtre murmurait ces doux chants de
    la mort,
Pareils aux chants plaintifs que murmure
    une femme
    À l'enfant qui s'endort.

De son pieux espoir son front gardait la
    trace,
Et sur ses traits, frappés d'une auguste
    beauté,
La douleur fugitive avait empreint sa
    grâce,
    La mort sa majesté.

Le vent qui caressait sa tête éche-
    velée
Me montrait tour à tour ou me voilait
    ses traits,
Comme l'on voit flotter sur un blanc
    mausolée
    L'ombre des noirs cyprès.

Un de ses bras pendait de la funèbre
    couche ;
L'autre, languissamment replié sur son
    cœur,
Semblait chercher encore et presser sur
    sa bouche
    L'image du Sauveur.

Ses lèvres s'entr'ouvraient pour l'embras-
    ser encore ;
Mais son âme avait fui dans ce divin
    baiser,
Comme un léger parfum que la flamme
    dévore
    Avant de l'embraser.

Maintenant tout dormait sur sa bouche
    glacée,
Le souffle se taisait dans son sein en-
    dormi,

Et sur l'œil sans regard la paupière
    affaissée
    Retombait à demi.

Et moi, debout, saisi d'une terreur se-
    crète,
Je n'osais m'approcher de ce reste adoré,
Comme si du trépas la majesté muette
    L'eût déjà consacré.

Je n'osais ! — Mais le prêtre entendit
    mon silence,
Et, de ses doigts glacés prenant le cru-
    cifix :
" Voilà le souvenir, et voilà l'espérance :
    Emportez-les, mon fils ! "

Oui, tu me resteras, ô funèbre héritage !
Sept fois, depuis ce jour, l'arbre que j'ai
    planté
Sur sa tombe sans nom a changé de
    feuillage :
    Tu ne m'as pas quitté.

Placé près de ce cœur, hélas ! où tout
    s'efface,
Tu l'as contre le temps défendu de l'oubli,
Et mes yeux goutte à goutte ont impri-
    mé leur trace
    Sur l'ivoire amolli.

O dernier confident de l'âme qui s'en-
    vole,
Viens, reste sur mon cœur ! parle encore,
    et dis-moi
Ce qu'elle te disait quand sa faible pa-
    role
    N'arrivait plus qu'à toi ;

À cette heure douteuse où l'âme re-
    cueillie,
Se cachant sous le voile épaissi sur nos
    yeux,
Hors de nos sens glacés pas à pas se re-
    plie,
    Sourde aux derniers adieux ;

Alors qu'entre la vie et la mort incer-
    taine,
Comme un fruit par son poids détaché
    du rameau,
Notre âme est suspendue, et tremble à
    chaque haleine
    Sur la nuit du tombeau ;

Quand des chants, des sanglots, la con-
    fuse harmonie

N'éveille déjà plus notre esprit endormi,
Aux lèvres des mourants collé dans
　　l'agonie,
Comme un dernier ami :

Pour éclaircir l'horreur de cet étroit
　　passage,
Pour relever vers Dieu leur regard abattu,
Divin consolateur dont nous baisons
　　l'image,
Réponds, que leur dis-tu ?

Tu sais, tu sais mourir ! et tes larmes
　　divines,
Dans cette nuit terrible où tu prias en
　　vain,
De l'olivier sacré baignèrent les racines
　　Du soir jusqu'au matin.

De la croix, où ton œil sonda ce grand
　　mystère,
Tu vis ta mère en pleurs et la nature en
　　deuil ;
Tu laissas comme nous tes amis sur la
　　terre,
　　Et ton corps au cercueil !

Au nom de cette mort, que ma faiblesse
　　obtienne
De rendre sur ton sein ce douloureux
　　soupir :
Quand mon heure viendra, souviens-toi
　　de la tienne,
　　O toi qui sais mourir !

Je chercherai la place où sa bouche ex-
　　pirante
Exhala sur tes pieds l'irrévocable adieu,
Et son âme viendra guider mon âme er-
　　rante
　　Au sein du même Dieu.

Ah ! puisse, puisse alors sur ma funèbre
　　couche,
Triste et calme à la fois, comme un ange
　　éploré,
Une figure en deuil recueillir sur ma
　　bouche
　　L'héritage sacré !

Soutiens ses derniers pas, charme sa der-
　　nière heure ;
Et, gage consacré d'espérance et d'a-
　　mour,
De celui qui s'éloigne à celui qui de-
　　meure
　　Passe ainsi tour à tour,

Jusqu'au jour où, des morts perçant la
　　voûte sombre,
Une voix dans le ciel, les appelant sept
　　fois,
Ensemble éveillera ceux qui dorment à
　　l'ombre
　　De l'éternelle croix ![1]

LA VEILLE DE NOËL.

MADAME TASTU. 1826.

HYMNE À LA VIERGE.

ENTRE mes doigts guide ce lin docile ;
Pour mon enfant, tourne, léger fuseau ;
Seul, tu soutiens sa vie encor débile ;
Tourne sans bruit auprès de son berceau.

Les entends-tu, chaste reine des anges,
Ces tintements de l'airain solennel ?
Le peuple en foule, entourant ton autel,
Avec amour répète tes louanges.

Pour mon enfant, tourne, léger fuseau,
Tourne sans bruit auprès de son berceau.

Si je ne puis unir aux saints mystères
Des vœux offerts sur le sacré parvis,
Si le devoir me retient près d'un fils,
Prête l'oreille à mes chants solitaires.

Pour mon enfant, tourne, léger fuseau,
Tourne sans bruit auprès de son berceau.

Le monde entier m'oublie et me délaisse ;
Je n'ai connu que d'éternels soucis :
Vierge sacrée, au moins donne à mon fils
Tout le bonheur qu'espérait ma jeunesse !

Pour mon enfant, tourne, léger fuseau,
Tourne sans bruit auprès de son berceau.

Paisible, il dort du sommeil de son âge,
Sans pressentir mes douloureux tour-
　　ments,

[1] Ceci est une méditation sortie avec des larmes du cœur de l'homme, et non de l'imagination de l'artiste. On le sent ; tout y est vrai. Les lecteurs qui voudront savoir sous quelle impression réelle j'écrivis, après une année de silence et de deuil, cette élégie sépulcrale, n'ont qu'à lire dans *Raphaël* la mort de Julia. Mon ami M. de V——, qui assistait à ses derniers moments, me rapporta de sa part le crucifix qui avait reposé sur ses lèvres dans son agonie. Je ne relis jamais ces vers ; c'est assez de les avoir écrites.

Reine du ciel, accorde-lui longtemps
Ce doux repos qui n'est plus mon par-
tage !

Pour mon enfant, tourne, léger fuseau,
Tourne sans bruit auprès de son berceau.

Tendre arbrisseau menacé par l'orage,
Privé d'un père, où sera ton appui ?
À ta faiblesse il ne reste aujourd'hui
Que mon amour, mes soins et mon cou-
rage.

Pour mon enfant, tourne, léger fuseau,
Tourne sans bruit auprès de son berceau.

L'ANGE GARDIEN DES FEMMES.

MADAME TASTU. 1826.

OH ! qu'il est beau cet esprit immortel,
Gardien sacré de notre destinée !
Des fleurs d'Éden sa tête est couron-
née,
Il resplendit de l'éclat éternel.
Dès le berceau sa voix mystérieuse
Des vœux confus d'une âme ambitieuse
Sait réprimer l'impétueuse ardeur,
Et d'âge en âge il nous guide au bon-
heur.

L'ENFANT.

Dans cette vie obscure à mes regards voi-
lée,
Quel destin m'est promis ! à quoi suis-je
appelée ?
Avide d'un espoir qu'à peine j'entrevois,
Mon cœur voudrait franchir plus de jours
à la fois !
Si la nuit règne aux cieux, mon ardente
insomnie
À ce cœur inquiet révèle son génie :
Mes compagnons en vain m'appellent, et
ma main
De la main qui l'attend s'éloigne avec
dédain.

L'ANGE.

Crains, jeune enfant, la tristesse sau-
vage
Dont ton orgueil subit la vaine loi.
Loin de les fuir, cours aux jeux de ton
âge,
Jouis des biens que le ciel fit pour toi :
Aux doux ébats d'une innocente joie
N'oppose plus un front triste et rêveur ;

Sous l'œil de Dieu suis ta riante voie ;
Enfant, crois-moi, je conduis au bon-
heur.

LA JEUNE FILLE.

Quel immense horizon devant moi se
révèle !
À mes regards ravis que la nature est
belle !
Tout ce que sent mon âme ou qu'em-
brassent mes yeux
S'exhale de ma bouche en sons mélo-
dieux.
Où courent ces rivaux armés du luth
sonore ?
Dans cette arène il est quelques places
encore ;
Ne puis-je, à leur côté me frayant un
chemin,
M'élancer seule, libre, et ma lyre à la
main ?

L'ANGE.

Seule couronne à ton front destinée,
Déjà blanchit la fleur de l'oranger ;
D'un saint devoir doucement enchaî-
née,
Que ferais-tu d'un espoir mensonger ?
Loin des sentiers dont ma main te re-
pousse,
Ne pleure pas un dangereux honneur ;
Suis une route et plus humble et plus
douce,
Vierge, crois-moi, je conduis au bon-
heur.

LA FEMME.

Oh ! laissez-moi charmer les heures soli-
taires ;
Sur ce luth ignoré laissez errer mes
doigts,
Laissez naître et mourir ces notes passa-
gères,
Comme les sons plaintifs d'un écho dans
les bois.
Je ne demande rien aux brillantes de-
meures,
Des plaisirs fastueux inconstant univers ;
Loin du monde et du bruit laissez couler
mes heures
Avec ces doux accords à mon repos si
chers.

L'ANGE.

As-tu réglé dans ton modeste empire
Tous les travaux, les repas, les loisirs ?
Tu peux alors accorder à ta lyre

Quelques instants ravis à tes plaisirs.
Le rossignol élève sa voix pure,
Mais dans le nid du nocturne chanteur
Est le repos, l'abri, la nourriture —
Femme, crois-moi, je conduis au bonheur.

LA MÈRE.

Revenez, revenez, songes de ma jeunesse !
Éclatez, nobles chants ! lyre, réveillez-vous !
Je puis forcer la gloire à tenir sa promesse ;
Recueillis pour mon fils, ses lauriers seront doux.
Qui, je veux à ses pas aplanir la carrière,
À son nom jeune encore offrir l'appui du mien,
Pour le conduire au but y marcher la première,
Et tenter l'avenir pour assurer le sien.

L'ANGE.

Vois ce berceau, ton enfant y repose ;
Tes chants hardis vont troubler son sommeil ;
T'éloignes-tu ? ton absence l'expose
À te chercher en vain à son réveil.
Si tu frémis pour son naissant voyage,
De sa jeune âme exerce la vigueur ;
Voilà ton but, ton espoir, ton ouvrage ;
Mère, crois-moi, je conduis au bonheur.

LA VIEILLE FEMME.

L'hiver sur mes cheveux étend sa main glacée,
Il est donc vrai ! mes vœux n'ont pu vous arrêter,
Jours rapides ! et vous, pourquoi donc me quitter,
Rêves harmonieux qu'enfantait ma pensée ?
Hélas ! sans la toucher j'ai laissé se flétrir
La palme que m'offrait un verdoyant feuillage,
Et ce feu, qu'attendait le phare du rivage,
Dans un foyer obscur je l'ai laissé mourir.

L'ANGE.

Ce feu sacré, renfermé dans ton âme,
S'y consumait loin des profanes yeux ;
Comme l'encens offert dans les saints lieux,

Quelques parfums ont seuls trahi sa flamme
D'un art heureux tu connus la douceur,
Sans t'égarer sur les pas de la gloire,
Jouis en paix d'une telle mémoire ;
Femme, crois-moi, je conduis au bonheur.

LA MOURANTE.

Je sens pâlir mon front, et ma voix presque éteinte
Salue en expirant l'approche du trépas.
D'une pieuse vie on peut sortir sans crainte,
Et mon céleste ami ne m'abandonne pas.
Mais quoi ! ne rien laisser après moi de moi-même !
Briller, trembler, mourir comme un triste flambeau !
Ne pas léguer du moins mes chants à ceux que j'aime,
Un souvenir au monde, un nom à mon tombeau !

L'ANGE.

Il luit pour toi le jour de la promesse,
Au port sacré je te dépose enfin,
Et près des cieux ta coupable faiblesse
Pleure un vain nom dans un monde plus vain.
La tombe attend tes dépouilles mortelles ;
L'oubli, tes chants : mais l'âme est au Seigneur,
L'heure est venue, entends frémir mes ailes,
Viens, suis mon vol, je conduis au bonheur.

L'ANGE ET L'ENFANT.[1]

JEAN REBOUL. 1828.

Un ange au radieux visage,
Penché sur le bord d'un berceau,
Semblait contempler son image
Comme dans l'onde d'un ruisseau.

"Charmant enfant qui me ressemble,"
Disait-il, "oh ! viens avec moi,
Viens, nous serons heureux ensemble,
La terre est indigne de toi.

[1] Cette élégie fut adressée, en 1828, à une dame qui venait de perdre un enfant au berceau.

"Là, jamais entière allégresse,
L'âme y souffre de ses plaisirs :
Les cris de joie ont leur tristesse,
Et les voluptés, leurs soupirs.

"Eh quoi ! les chagrins, les alarmes,
Viendraient troubler ce front si pur
Et par l'amertume des larmes
Se terniraient ces yeux d'azur !

"Non, non, dans les champs de l'espace
Avec moi tu vas t'envoler :
La Providence te fait grâce
Des jours que tu devais couler."

Et, secouant ses blanches ailes,
L'ange, à ces mots, a pris l'essor
Vers les demeures éternelles —
Pauvre mère ! — ton fils est mort.

LA VIE.

LAMARTINE. 1830.

Et j'ai dit dans mon cœur : "Que faire
de la vie
Irai-je encor, suivant ceux qui m'ont
devancé,
Comme l'agneau qui passe où sa mère a
passé,
Imiter des mortels l'immortelle folie !

"L'un cherche sur les mers les trésors
de Memnon,
Et la vague engloutit ses vœux et son
navire ;
Dans le sein de la gloire, où son génie
aspire,
L'autre meurt enivré par l'écho d'un vain
nom.

"Avec nos passions formant sa vaste
trame,
Celui-là fonde un trône et monte pour
tomber ;
Dans des piéges plus doux aimant à suc-
comber,
Celui-ci lit son sort dans les yeux d'une
femme.

"Le paresseux s'endort dans les bras de
la faim ;
Le laboureur conduit sa fertile charrue ;
Le savant pense et lit ; le guerrier frappe
et tue ;
Le mendiant s'assied sur le bord du che-
min.

"Où vont-ils cependant ! Ils vont où
va la feuille
Que chasse devant lui le souffle des hi-
vers.
Ainsi vont se flétrir dans leurs travaux
divers
Ces générations que le temps sème et
cueille.

"Ils luttaient contre lui, mais le temps
a vaincu :
Comme un fleuve engloutit le sable de
ses rives,
Je l'ai vu dévorer leurs ombres fugitives.
Ils sont nés, ils sont morts : Seigneur,
ont-ils vécu !

"Pour moi, je chanterai le Maître que
j'adore,
Dans le bruit des cités, dans la paix des
déserts,
Couché sur le rivage, ou flottant sur les
mers,
Au déclin du soleil, au réveil de l'aurore."

La terre m'a crié : "Qui donc est le
Seigneur !"
Celui dont l'âme immense est partout
répandue,
Celui dont un seul pas mesure l'étendue,
Celui dont le soleil emprunte sa splen-
deur,

Celui qui du néant a tiré la matière,
Celui qui sur le vide a fondé l'univers,
Celui qui sans rivage a renfermé les
mers,
Celui qui d'un regard a lancé la lumière,

Celui qui ne connaît ni jour ni lende-
main,
Celui qui de tout temps de soi-même
s'enfante,
Qui vit dans l'avenir comme à l'heure
présente,
Et rappelle les temps échappés de sa
main :

C'est lui, c'est le Seigneur ! Que ma
langue redise
Les cent noms de sa gloire aux enfants
des mortels ;
Comme la lampe d'or pendue à ses au-
tels,
Je chanterai pour lui jusqu'à ce qu'il me
brise.

RAPHAEL.

AUGUSTE BARBIER. 1832.

Ce qui donne du prix à l'humaine exis-
    tence,
Ah ! c'est de la beauté le spectacle
    éternel !
Qui peut la contempler dans sa plus
    pure essence,
En garde sur ses jours un reflet immortel.

Et ce fut là ton sort, bienheureux Raphaël,
Artiste plein d'amour, de grâce et de
    puissance !
Ton œil noir de bonne heure attaché sur
    le ciel,
Y chercha du vrai beau la divine sub-
    stance.

En vain autour de toi, jeune encore et
    sans nom,
Le monstre impur du laid, hurlant
    comme un dragon
Déroula ses anneaux et ses replis de
    fange :

Tu dédaignas ses cris, ses bonds tumul-
    tueux,
Et, d'un brodequin d'or foulant son
    front hideux,
Tu t'élanças vers Dieu comme le grand
    Archange.

À UNE JEUNE FILLE QUI AVAIT PERDU SA MÈRE.

LAMARTINE. 1832.

Que notre œil tristement se pose,
Enfant, quand nous nous regardons !
Nous manque-t-il donc une chose,
Que du cœur nous nous demandons !

Ah ! je sais la pensée amère
Qui de tes regards monte aux miens :
Dans mes yeux tu cherches ta mère ;
Je vois ma fille dans les tiens !

Du regard quels que soient les charmes,
Ne nous regardons plus ainsi :
Hélas ! ce ne sont que des larmes
Que les yeux échangent ici.

Le sort nous sevra de bonne heure,
Toi de ton lait, moi de mon miel.
Pour revoir ce que chacun pleure,
Pauvre enfant, regardons au ciel !

SONNET

DE SAINTE THÉRÈSE À JÉSUS CRUCIFIÉ.

SAINTE-BEUVE. 1837.

Ce qui m'excite à t'aimer, ô mon Dieu,
Ce n'est pas l'heureux ciel que mon
    espoir devance,
Ce qui m'excite à t'épargner l'offense,
Ce n'est pas l'enfer sombre et l'horreur
    de son feu !

C'est toi, mon Dieu, toi par ton libre
    vœu
Cloué sur cette croix où t'atteint l'inso-
    lence ;
C'est ton saint corps sous l'épine et la
    lance,
Où tous les aiguillons de la mort sont
    en jeu.

Voilà ce qui m'éprend, et d'amour si
    suprême,
O mon Dieu, que, sans ciel même, je
    t'aimerais ;
Que, même sans enfer, encor je te crain-
    drais !

Tu n'as rien à donner, mon Dieu, pour
    que je t'aime ;
Car, si profond que soit mon espoir, en
    l'ôtant,
Mon amour irait seul, et t'aimerait
    autant !

LE CONDUCTEUR DE CABRIOLET.

SAINTE-BEUVE. 1837.

Dans ce cabriolet de place j'examine
L'homme qui me conduit, qui n'est plus
    que machine,
Hideux, à barbe épaisse, à longs cheveux
    collés :
Vice et vin et sommeil chargent ses yeux
    soûlés.
Comment l'homme peut-il ainsi tomber !
    pensais-je,
Et je me reculais à l'autre coin du
    siège.
— Mais toi, qui vois si bien le mal à son
    dehors,
La crapule poussée à l'abandon du corps,
Comment tiens-tu ton âme au dedans ?
    Souvent pleine

Ét chargée, es-tu prompt à la mettre en
  haleine ?
Le matin, plus soigneux que l'homme
  d'à côté,
La laves-tu du songe épais ? et dégoûté,
Le soir, la laves-tu du jour gros de
  poussière ?
Ne la laisses-tu pas sans baptême et
  prière
S'engourdir et croupir, comme ce con-
  ducteur
Dont l'immonde sourcil ne sent pas sa
  moiteur ?

DIEU EST TOUJOURS LÀ.

VICTOR HUGO. 1837.

I.

Quand l'été vient, le pauvre adore :
L'été, c'est la saison de feu,
C'est l'air tiède et la fraîche aurore ;
L'éte, c'est le regard de Dieu.

L'été, la nuit bleue et profonde
S'accouple au jour limpide et clair ;
Le soir est d'or, la plaine est blonde ;
On entend des chansons dans l'air.

L'été, la nature éveillée
Partout se répand en tous sens ;
Sur l'arbre en épaisse feuillée,
Sur l'homme en bienfaits caressants :

Tout ombrage alors semble dire :
" Voyageur, viens te reposer !"
Elle met dans l'aube un sourire,
Elle met dans l'onde un baiser.

Elle cache et recouvre d'ombre,
Loin du monde sourd et moqueur,
Une lyre dans le bois sombre,
Une oreille dans notre cœur !

Elle donne vie et pensée
Aux pauvres de l'hiver sauvés,
Du soleil à pleine croisée,
Et le ciel pur qui dit : " Vivez ! "

Sur les chaumières dédaignées
Par les maîtres et les valets,
Joyeuse, elle jette à poignées
Les fleurs qu'elle vend aux palais.

Son luxe aux pauvres seuils s'étale :
Ni les parfums ni les rayons
15

N'ont peur, dans leur candeur royale,
De se salir à des haillons.

Sur un toit où l'herbe frissonne
Le jasmin peut bien se poser ;
Le lis ne méprise personne,
Lui qui pourrait tout mépriser.

Alors la masure où la mousse
Sur l'humble chaume a débordé
Montre avec une fierté douce
Son vieux mur de roses brodé.

L'aube alors de clartés baignée,
Entrant dans le réduit profond,
Dore la toile d'araignée
Entre les poutres du plafond.

Alors l'âme du pauvre est pleine.
Humble, il bénit ce Dieu lointain
Dont il sent la céleste haleine
Dans tous les souffles du matin !

L'air le réchauffe et le pénètre ;
Il fête le printemps vainqueur.
Un oiseau chante à sa fenêtre,
La gaîté chante dans son cœur !

Alors, si l'orphelin s'éveille,
Sans toit, sans mère, et priant Dieu,
Une voix lui dit à l'oreille :
" Eh bien ! viens sous mon dôme bleu !

" Le Louvre est égal aux chaumières
Sous ma coupole de saphirs.
Viens sous mon ciel plein de lumières,
Viens sous mon ciel plein de zéphirs !

" J'ai connu ton père et ta mère
Dans leurs bons et leurs mauvais jours ;
Pour eux la vie était amère,
Mais moi je fus douce toujours.

" C'est moi qui sur leur sépulture
Ai mis l'herbe qui la défend.
Viens, je suis la grande nature ;
Je suis l'aïeule, et toi l'enfant.

" Viens, j'ai des fruits d'or, j'ai des roses,
J'en remplirai tes petits bras ;
Je te dirai de douces choses,
Et peut-être tu souriras !

" Car je voudrais te voir sourire,
Pauvre enfant si triste et si beau !
Et puis tout bas j'irais le dire
A ta mère dans son tombeau ! "

Et l'enfant, à cette voix tendre,
De la vie oubliant le poids,
Rêve et se hâte de descendre
Le long des coteaux dans les bois.

Là, du plaisir tout a la forme ;
L'arbre a des fruits, l'herbe a des fleurs ;
Il entend dans le chêne énorme
Rire les oiseaux querelleurs.

Dans l'onde il mire son visage ;
Tout lui parle ; adieu son ennui !
Le buisson l'arrête au passage,
Et le caillou joue avec lui.

Le soir, point d'hôtesse cruelle
Qui l'accueille d'un front hagard.
Il trouve l'étoile si belle
Qu'il s'endort à son doux regard !

—Oh ! qu'en dormant rien ne t'oppresse !
Dieu sera là pour ton réveil ! —
La lune vient qui le caresse
Plus doucement que le soleil.

Car elle a de plus molles trêves
Pour nos travaux et nos douleurs ;
Elle fait éclore les rêves,
Lui ne fait naître que les fleurs !

Oh ! quand la fauvette dérobe
Son nid sous les rameaux penchants,
Lorsqu'au soleil séchant sa robe,
Mai, tout mouillé, rit dans les champs,

J'ai souvent pensé, dans mes veilles,
Que la nature au front sacré
Dédiait tout bas ses merveilles
À ceux qui l'hiver ont pleuré !

Pour tous et pour le méchant même
Elle est bonne, Dieu le permet,
Dieu le veut, mais surtout elle aime
Le pauvre que Jésus aimait !

Toujours sereine et pacifique,
Elle offre à l'auguste indigent
Des dons de reine magnifique,
Des soins d'esclave intelligent !

A-t-il faim, au fruit de la branche
Elle dit : " Tombe, ô fruit vermeil ! "
A-t-il soif : " Que l'onde s'épanche ! "
A-t-il froid : " Lève-toi, soleil ! "

II.

Mais hélas ! juillet fait sa gerbe ;
L'été, lentement effacé,
Tombe feuille à feuille dans l'herbe,
Et jour à jour dans le passé.

Puis octobre perd sa dorure :
Et les bois dans les lointains bleus
Couvrent de leur rousse fourrure
L'épaule des coteaux frileux.

L'hiver des nuages sans nombre
Sort, et chasse l'été du ciel,
Pareil au temps, ce faucheur sombre
Qui suit le semeur éternel !

Le pauvre alors s'effraye et prie.
L'hiver, hélas ! c'est Dieu qui dort ;
C'est la faim livide et maigrie
Qui tremble auprès du foyer mort !

Il croit voir une main de marbre
Qui, mutilant le jour obscur,
Retire tous les fruits de l'arbre
Et tous les rayons de l'azur.

Il pleure, la nature est morte !
O rude hiver ! ô dure loi !
Soudain un ange ouvre sa porte
Et dit en souriant : " C'est moi ! "

Cet ange qui donne et qui tremble,
C'est l'aumône aux yeux de douceur,
Au front crédule, et qui ressemble
À la foi, dont elle est la sœur !

" Je suis la Charité, l'amie
Qui se réveille avant le jour,
Quand la nature est rendormie,
Et que Dieu m'a dit : ' À ton tour ! '

" Je viens visiter ta chaumière
Veuve de l'été si charmant !
Je suis fille de la prière,
J'ai des mains qu'on ouvre aisément.

" J'accours, car la saison est dure.
J'accours, car l'indigent a froid !
J'accours, car la tiède verdure
Ne fait plus d'ombre sur le toit !

" Je prie, et jamais je n'ordonne.
Chère à tout homme, quel qu'il soit,
Je laisse la joie à qui donne
Et je l'apporte à qui reçoit. "

O figure auguste et modeste,
Où le Seigneur mêla pour nous
Ce que l'ange a de plus céleste,
Ce que la femme a de plus doux !

Au lit du vieillard solitaire
Elle penche un front gracieux,
Et rien n'est plus beau sur la terre,
Et rien n'est plus grand sous les cieux,

Lorsque, réchauffant leurs poitrines
Entre ses genoux triomphants,
Elle tient dans ses mains divines
Les pieds nus des petits enfants !

Elle va dans chaque masure,
Laissant au pauvre réjoui
Le vin, le pain frais, l'huile pure
Et le courage épanoui !

Et le feu ! le beau feu folâtre,
À la pourpre ardente pareil,
Qui fait qu'amené devant l'âtre
L'aveugle croit rire au soleil !

Puis elle cherche au coin des bornes,
Transis par la froide vapeur,
Ces enfants qu'on voit nus et mornes
Et se mourant avec stupeur.

Oh ! voilà surtout ceux qu'elle aime !
Faibles fronts dans l'ombre engloutis !
Parés d'un triple diadème,
Innocents, pauvres et petits !

Ils sont meilleurs que nous ne sommes !
Elle leur donne en même temps,
Avec le pain qu'il faut aux hommes,
Le baiser qu'il faut aux enfants !

Tandis que leur faim secourue
Mange ce pain de pleurs noyé,
Elle étend sur eux dans la rue
Son bras des passants coudoyé.

Et si, le front dans la lumière,
Un riche passe en ce moment,
Par le bord de sa robe altière
Elle le tire doucement.

Puis pour eux elle prie encore
La grande foule au cœur étroit,
La foule qui, dès qu'on l'implore,
S'en va comme l'eau qui décroît !

"Oh ! malheureux celui qui chante
Un chant joyeux, peut-être impur,

Pendant que la bise méchante
Mord un pauvre enfant sous son mur !

"Oh ! la chose est triste et fatale,
Lorsque chez le riche hautain
Un grand feu tremble dans la salle,
Reflété par un grand festin,

"De voir, quand l'orgie enrouée
Dans la pourpre s'égaye et rit,
À peine une toile trouée
Sur les membres de Jésus-Christ !

"Oh ! donnez-moi pour que je donne.
J'ai des oiseaux nus dans mon nid.
Donnez, méchants, Dieu vous pardonne ;
Donnez, ô bons ! Dieu vous bénit.

"Heureux ceux que mon zèle enflamme !
Qui donne aux pauvres prête à Dieu.
Le bien qu'on fait parfume l'âme ;
On s'en souvient toujours un peu !

"Le soir, au seuil de sa demeure,
Heureux celui qui sait encor
Ramasser un enfant qui pleure,
Comme un avare un sequin d'or !

"Le vrai trésor rempli de charmes,
C'est un groupe pour vous priant
D'enfants qu'on a trouvés en larmes
Et qu'on a laissés souriant !

"Les biens que je donne à qui m'aime,
Jamais Dieu ne les retira.
L'or que sur le pauvre je sème
Pour le riche au ciel germera ! "

III.

Oh ! que l'été brille ou s'éteigne,
Pauvres, ne désespérez pas.
Le Dieu qui sourit et qui règne
A mis ses pieds où sont vos pas !

Pour vous couvrir, il se dépouille ;
Bon même pour l'homme fatal
Qui, comme l'airain dans la rouille,
Va s'endurcissant dans le mal !

Tendre, même en buvant l'absinthe,
Pour l'impie au regard obscur
Qui l'insulte sans plus de crainte
Qu'un passant qui raye un vieux mur !

Ils ont beau traîner sur les claies
Ce Dieu mort dans leur abandon ;
Ils ne font couler de ses plaies
Qu'un intarissable pardon.

Il n'est pas l'aigle altier qui vole,
Ni le grand lion ravisseur ;
Il compose son auréole
D'une lumineuse douceur !

Quand sur nous une chaîne tombe,
Il la brise anneau par anneau.
Pour l'esprit il se fait colombe,
Pour le cœur il se fait agneau !

Vous pour qui la vie est mauvaise,
Espérez : il veille sur vous !
Il sait bien que cela pèse,
Lui qui tomba sur ses genoux !

Il est le Dieu de l'Évangile ;
Il tient votre cœur dans sa main,
Et c'est une chose fragile
Qu'il ne veut pas briser enfin !

Lorsqu'il est temps que l'été meure
Sous l'hiver sombre et solennel,
Même à travers le ciel qui pleure
On voit son sourire éternel !

Car sur les familles souffrantes,
L'hiver, l'été, la nuit, le jour,
Avec des urnes différentes
Dieu verse à grands flots son amour !

Et dans ses bontés éternelles
Il penche sur l'humanité
Ces mères aux triples mamelles,
La nature et la charité !

LA FIN DE TOUT.

VICTOR HUGO. 1837.

QUELLE est la fin de tout ? la vie, ou
    bien la tombe ?
Est-ce l'onde où l'on flotte ?   Est-ce
    l'ombre où l'on tombe !
De tant de pas croisés quel est le but
    lointain ?
Le berceau contient-il l'homme ou bien
    le destin ?
Sommes-nous ici-bas, dans nos maux,
    dans nos joies,
`s rois prédestinés, ou de fatales proies ?

O Seigneur, dites-nous, dites-nous, ô
    Dieu fort,
Si vous n'avez créé l'homme que pour le
    sort !
Si déjà le calvaire est caché dans la
    crèche ?
Et si les nids soyeux, dorés par l'aube
    fraîche,
Où la plume naissante éclôt parmi des
    fleurs,
Sont faits pour les oiseaux ou pour les
    oiseleurs !

L'ESPOIR EN DIEU.

ALFRED DE MUSSET. 1838.

TANT que mon faible cœur, encor plein
    de jeunesse,
À ses illusions n'aura pas dit adieu,
Je voudrais m'en tenir à l'antique sa-
    gesse,
Qui du sobre Épicure a fait un demi-
    dieu.
Je voudrais vivre, aimer, m'accoutumer
    aux hommes,
Chercher un peu de joie et n'y pas trop
    compter,
Faire ce qu'on a fait, être ce que nous
    sommes,
Et regarder le ciel sans m'en inquiéter.

Je ne puis ; — malgré moi l'infini me
    tourmente.
Je n'y saurais songer sans crainte et sans
    espoir ;
Et, quoi qu'on en ait dit, ma raison
    s'épouvante
De ne pas le comprendre et pourtant de
    le voir.
Qu'est-ce donc que ce monde, et qu'y
    venons-nous faire,
Si, pour qu'on vive en paix, il faut voiler
    les cieux !
Passer comme un troupeau les yeux fixés
    à terre,
Et renier le reste, est-ce donc être heu-
    reux ?
Non, c'est cesser d'être homme et dé-
    grader son âme.
Dans la création le hasard m'a jeté ;
Heureux ou malheureux, je suis né d'une
    femme,
Et je ne puis m'enfuir hors de l'human-
    ité.

Que faire donc ? "Jouis," dit la raison
  païenne ;
"Jouis et meurs ; les dieux ne songent
  qu'à dormir."
"Espère seulement," répond la foi
  chrétienne ;
"Le ciel veille sans cesse, et tu ne peux
  mourir."
Entre ces deux chemins j'hésite et je
  m'arrête.
Je voudrais, à l'écart, suivre un plus
  doux sentier.
Il n'en existe pas, dit une voix secrète ;
En présence du ciel, il faut croire ou
  nier.
Je le pense en effet ; les âmes tour-
  mentées
Dans l'un et l'autre excès se jettent tour
  à tour.
Mais les indifférents ne sont que des
  athées ;
Ils ne dormiraient plus s'ils doutaient
  un seul jour.
Je me résigne donc, et, puisque la ma-
  tière
Me laisse dans le cœur un désir plein
  d'effroi,
Mes genoux fléchiront ; je veux croire et
  j'espère,
Que vais-je devenir, et que veut-on de
  moi ?

Me voilà dans les mains d'un Dieu plus
  redoutable
Que ne sont à la fois tous les maux
  d'ici-bas ;
Me voilà seul, errant, fragile et misé-
  rable,
Sous les yeux d'un témoin qui ne me
  quitte pas.
Il m'observe, il me suit. Si mon cœur
  bat trop vite,
J'offense sa grandeur et sa divinité.
Un gouffre est sous mes pas : si je m'y
  précipite,
Pour expier une heure il faut l'éternité.
Mon juge est un bourreau qui trompe sa
  victime.
Pour moi, tout devient piége et tout
  change de nom ;
L'amour est un péché, le bonheur est un
  crime,
Et l'œuvre des sept jours n'est que ten-
  tation.
Je ne garde plus rien de la nature hu-
  maine ;
Il n'existe pour moi ni vertu ni remords.

J'attends la récompense et j'évite la
  peine ;
Mon seul guide est la peur, et mon seul
  but la mort.

On me dit cependant qu'une joie infinie
Attend quelques élus. — Où sont-ils, ces
  heureux ?
Si vous m'avez trompé, me rendrez-vous
  la vie ?
Si vous m'avez dit vrai, m'ouvrirez-vous
  les cieux ?
Hélas ! ce beau pays dont parlaient vos
  prophètes,
S'il existe là-haut, ce doit être un dé-
  sert.
Vous les voulez trop purs, les heureux
  que vous faites,
Et quand leur joie arrive, ils en ont trop
  souffert.
Je suis seulement homme, et ne veux
  pas moins être,
Ni tenter davantage. — À quoi donc
  m'arrêter ?
Puisque je ne puis croire aux promesses
  du prêtre,
Est-ce l'indifférent que je vais consul-
  ter ?

Si mon cœur, fatigué du rêve qui l'ob-
  sède,
À la réalité revient pour s'assouvir,
Au fond des vains plaisirs que j'appelle
  à mon aide
Je trouve un tel dégoût, que je me sens
  mourir
Aux jours même où parfois la pensée est
  impie,
Où l'on voudrait nier pour cesser de
  douter.
Quand je posséderais tout ce qu'en cette
  vie
Dans ses vastes désirs l'homme peut
  convoiter ;
Donnez-moi le pouvoir, la santé, la ri-
  chesse,
L'amour même, l'amour, le seul bien
  d'ici-bas !
Que la blonde Astarté, qu'idolâtrait la
  Grèce,
De ses îles d'azur sorte en m'ouvrant les
  bras ;
Quand je pourrais saisir dans le sein de
  la terre
Les secrets éléments de sa fécondité,
Transformer à mon gré la vivace matière
Et créer pour moi seul une unique beaut

Quand Horace, Lucrèce et le vieil Épi-
cure,
Assis à mes côtés, m'appelleraient heu-
reux,
Et quand ces grands amants de l'antique
nature
Me chanteraient la joie et le mépris des
dieux,
Je leur dirais à tous : " Quoi que nous
puissions faire,
Je souffre, il est trop tard ; le monde
s'est fait vieux
Une immense espérance a traversé la
terre ;
Malgré nous vers le ciel il faut lever les
yeux ! "

Que me reste-t-il donc ? Ma raison ré-
voltée
Essaye en vain de croire et mon cœur de
douter.
Le chrétien m'épouvante, et ce que dit
l'athée,
En dépit de mes sens, je ne puis l'écou-
ter.
Les vrais religieux me trouveront impie,
Et les indifférents me croiront insensé.
A qui m'adresserai-je, et quelle voix
amie
Consolera ce cœur que le doute a blessé !

Il existe, dit-on, une philosophie
Qui nous explique tout sans révélation,
Et qui peut nous guider à travers cette
vie
Entre l'indifférence et la religion.
J'y consens. — Où sont-ils, ces faiseurs
de systèmes,
Qui savent, sans la foi, trouver la vérité,
Sophistes impuissants qui ne croient
qu'en eux-mêmes ?
Quels sont leurs arguments et leur auto-
rité ?
L'un me montre ici-bas deux principes
en guerre,
Qui, vaincus tour à tour, sont tous deux
immortels ; [1]
L'autre découvre au loin, dans le ciel
solitaire,
Un inutile Dieu qui ne veut pas d'au-
tels. [2]
Je vois rêver Platon et penser Aristote ;
J'écoute, j'applaudis, et poursuis mon
chemin.

Sous les rois absolus je trouve un Dieu
despote ;
On nous parle aujourd'hui d'un Dieu
républicain.
Pythagore et Leibnitz transfigurent mon
être.
Descartes m'abandonne au sein des tour-
billons.
Montaigne s'examine, et ne peut se con-
naître.
Pascal fuit en tremblant ses propres
visions.
Pyrrhon me rend aveugle, et Zénon in-
sensible.
Voltaire jette à bas tout ce qu'il voit
debout.
Spinosa, fatigué de tenter l'impossible,
Cherchant en vain son Dieu, croit le
trouver partout.
Pour le sophiste anglais l'homme est
une machine. [1]
Enfin sort des brouillards un rhéteur
allemand [2]
Qui, du philosophisme achevant la
ruine,
Déclare le ciel vide, et conclut au néant.

Voilà donc les débris de l'humaine
science !
Et, depuis cinq mille ans qu'on a tou-
jours douté,
Après tant de fatigue et de persévérance,
C'est là le dernier mot qui nous en est
resté !
Ah ! pauvres insensés, misérables cer-
velles,
Qui de tant de façons avez tout expliqué,
Pour aller jusqu'aux cieux il vous fallait
des ailes ;
Vous aviez le désir, la foi vous a manqué.
Je vous plains ; votre orgueil part d'une
âme blessée.
Vous sentiez les tourments dont mon
cœur est rempli,
Et vous la connaissiez, cette amère
pensée
Qui fait frissonner l'homme en voyant
l'infini.
Eh bien, prions ensemble, — abjurons la
misère
De vos calculs d'enfants, de tant de
vains travaux.
Maintenant que vos corps sont réduits
en poussière,

---

[1] Système des Manichéens.
[2] Le théisme.

[1] Locke.
[2] Kant.

J'irai m'agenouiller pour vous sur vos
tombeaux.
Venez, rhéteurs païens, maîtres de la
science,
Chrétiens des temps passés et rêveurs
d'aujourd'hui ;
Croyez-moi, la prière est un cri d'espé-
rance !
Pour que Dieu nous réponde, adressons-
nous à lui.
Il est juste, il est bon ; sans doute il
vous pardonne.
Tous vous avez souffert, le reste est
oublié.
Si le ciel est désert, nous n'offensons
personne ;
Si quelqu'un nous entend, qu'il nous
prenne en pitié !

O toi que nul n'a pu connaître,
Et n'a renié sans mentir,
Réponds-moi, toi qui m'as fait naître,
Et demain me feras mourir !

Puisque tu te laisses comprendre,
Pourquoi fais-tu douter de toi ?
Quel triste plaisir peux-tu prendre
A tenter notre bonne foi ?

Dès que l'homme lève la tête,
Il croit t'entrevoir dans les cieux ;
La création, sa conquête,
N'est qu'un vaste temple à ses yeux.

Dès qu'il redescend en lui-même,
Il t'y trouve ; tu vis en lui.
S'il souffre, s'il pleure, s'il aime,
C'est son Dieu qui le veut ainsi.

De la plus noble intelligence
La plus sublime ambition
Est de prouver ton existence,
Et de faire épeler ton nom.

De quelque façon qu'on t'appelle,
Brahma, Jupiter ou Jésus,
Vérité, Justice éternelle,
Vers toi tous les bras sont tendus.

Le dernier des fils de la terre
Te rend grâces du fond du cœur,
Dès qu'il se mêle à sa misère
Une apparence de bonheur.

Le monde entier te glorifie :
L'oiseau te chante sur son nid ;

Et pour une goutte de pluie
Des milliers d'êtres t'ont béni.

Tu n'as rien fait qu'on ne l'admire ;
Rien de toi n'est perdu pour nous ;
Tout prie, et tu ne peux sourire,
Que nous ne tombions à genoux.

Pourquoi donc, ô Maître suprême,
As-tu créé le mal si grand,
Que la raison, la vertu même,
S'épouvantent en le voyant ?

Lorsque tant de choses sur terre
Proclament la Divinité,
Et semblent attester d'un père
L'amour, la force et la bonté,

Comment, sous la sainte lumière,
Voit-on des actes si hideux,
Qu'ils font expirer la prière
Sur les lèvres du malheureux ?

Pourquoi, dans ton œuvre céleste,
Tant d'éléments si peu d'accord ?
A quoi bon le crime et la peste ?
O Dieu juste ! pourquoi la mort ?

Ta pitié dut être profonde
Lorsqu'avec ses biens et ses maux,
Cet admirable et pauvre monde
Sortit en pleurant du chaos !

Puisque tu voulais le soumettre
Aux douleurs dont il est rempli,
Tu n'aurais pas dû lui permettre
De t'entrevoir dans l'infini.

Pourquoi laisser notre misère
Rêver et deviner un Dieu ?
Le doute a désolé la terre ;
Nous en voyons trop ou trop peu.

Si ta chétive créature
Est indigne de t'approcher,
Il fallait laisser la nature
T'envelopper et te cacher.

Il te resterait ta puissance,
Et nous en sentirions les coups ;
Mais le repos et l'ignorance
Auraient rendu nos maux plus doux.

Si la souffrance et la prière
N'atteignent pas ta majesté,
Garde ta grandeur solitaire,
Ferme à jamais l'immensité.

Mais si nos angoisses mortelles
Jusqu'à toi peuvent parvenir ;
Si, dans les plaines éternelles,
Parfois tu nous entends gémir,

Brise cette voûte profonde
Qui couvre la création ;
Soulève les voiles du monde,
Et montre-toi, Dieu juste et bon !

Tu n'apercevras sur la terre
Qu'un ardent amour de la foi,
Et l'humanité tout entière
Se prosternera devant toi.

Les larmes qui l'ont épuisée
Et qui ruissellent de ses yeux,
Comme une légère rosée
S'évanouiront dans les cieux.

Tu n'entendras que tes louanges,
Qu'un concert de joie et d'amour,
Pareil à celui dont tes anges
Remplissent l'éternel séjour ;

Et dans cet hosanna suprême,
Tu verras, au bruit de nos chants,
S'enfuir le doute et le blasphème,
Tandis que la Mort elle-même
Y joindra ses derniers accents.

DIEU.

VICTOR HUGO. 1839.

MATELOTS ! matelots ! vous déploierez les
　　voiles,
Vous voguerez, joyeux parfois, mornes
　　souvent ;
Et vous regarderez aux lueurs des étoiles
La rive, écueil ou port, selon le coup de
　　vent.

Envieux, vous mordrez la base des sta-
　　tues ;
Oiseaux, vous chanterez ; vous verdirez,
　　rameaux ;
Portes, vous croulerez de lierre revêtues ;
Cloches, vous ferez vivre et rêver les
　　hameaux.

Teignant votre nature aux mœurs de tous
　　les hommes,
Voyageurs, vous irez comme d'errants
　　flambeaux ;

Vous marcherez pensifs sur la terre où
　　nous sommes,
En vous ressouvenant quelquefois des
　　tombeaux.

Chênes, vous grandirez au fond des soli-
　　tudes ;
Dans les lointains brumeux, à la clarté
　　des soirs,
Vieux saules, vous prendrez de tristes
　　attitudes,
Et vous vous mirerez vaguement aux
　　lavoirs.

Nids, vous tressaillerez, sentant croître
　　des ailes ;
Sillons, vous frémirez, sentant sourdre le
　　blé ;
Torches, vous jetterez de rouges étin-
　　celles
Qui tourbillonneront comme un esprit
　　troublé.

Foudres, vous nommerez le Dieu que la
　　mer nomme ;
Ruisseaux, vous nourrirez la fleur qu'a-
　　vril dora ;
Vos flots refléteront l'ombre austère de
　　l'homme,
Et vos flots couleront, et l'homme pas-
　　sera.

Chaque chose et chacun âme, être, objet
　　ou nombre,
Suivra son cours, sa loi, son but, sa pas-
　　sion,
Portant sa pierre à l'œuvre indéfinie et
　　sombre
Qu'avec le genre humain fait la création !

Moi, je contemplerai le Dieu père du
　　monde,
Qui livre à notre soif, dans l'ombre ou
　　la clarté,
Le ciel, cette grande urne, adorable et
　　profonde,
Où l'on puise le calme et la sérénité !

LES FLEURS SUR L'AUTEL.

LAMARTINE. 1841.

QUAND sous la majesté du Maître qu'elle
　　adore
L'âme humaine a besoin de se fondre
　　d'amour,

ÉCRIT AU BAS D'UN CRUCIFIX. — LE CHÊNE. **233**

Comme une mer dont l'eau s'échauffe et
s'évapore
Pour monter en nuage à la source du
jour,

Elle cherche partout dans l'art, dans la
nature,
Le vase le plus saint pour y brûler l'en-
cens.
Mais pour l'Être innommé quelle coupe
assez pure ?
Et quelle âme ici-bas n'a profané ses
sens ?

Les vieillards ont éteint le feu des sacri-
fices ;
Les enfants laisseront vaciller son flam-
beau ;
Les vierges ont pleuré le froid de leurs
cilices :
Comment parer l'autel de ces fleurs du
tombeau !

Voilà pourquoi les fleurs, ces prières
écloses
Dont Dieu lui-même emplit les corolles
de miel,
Pures comme ces lis, chastes comme ces
roses,
Semblent prier pour nous dans ces mai-
sons du ciel.

Quand l'homme a déposé sur les degrés
du temple
Ce faisceau de parfum, ce symbole d'hon-
neur,
Dans un muet espoir son regard le con-
temple ;
Il croit ce don du ciel acceptable au
Seigneur.

Il regarde la fleur dans l'urne déposée
Exhaler lentement son âme au pied des
dieux,
Et la brise qui boit ses gouttes de rosée
Lui paraît une main qui vient sécher ses
yeux.

ÉCRIT AU BAS D'UN CRUCIFIX.

VICTOR HUGO. 1842.

Vous qui pleurez, venez à ce Dieu, car
il pleure.
Vous qui souffrez, venez à lui, car il
guérit.

Vous qui tremblez, venez à lui, car il
sourit.
Vous qui passez, venez à lui, car il de-
meure.

PRIÈRE DE L'INDIGENT.

LAMARTINE. 1846.

O toi dont l'oreille s'incline
Au nid du pauvre passereau,
Au brin d'herbe de la colline
Qui soupire après un peu d'eau ;

Providence qui les console,
Toi qui sais de quelle humble main
S'échappe la secrète obole
Dont le pauvre achète son pain ;

Toi qui tiens dans ta main diverse
L'abondance et la nudité,
Afin que de leur doux commerce
Naissent justice et charité ;

Charge-toi seule, ô Providence,
De connaître nos bienfaiteurs,
Et de puiser leur récompense
Dans les trésors de tes faveurs !

Notre cœur, qui pour eux t'implore,
A l'ignorance est condamné ;
Car toujours leur main gauche ignore
Ce que leur main droite a donné.

LE CHÊNE.

LAMARTINE. 1850.

Voilà ce chêne solitaire
Dont le rocher s'est couronné,
Parlez à ce tronc séculaire,
Demandez comment il est né.

Un gland tombe de l'arbre et roule sur
la terre,
L'aigle à la serre vide, en quittant les
vallons,
S'en saisit en jouant et l'emporte à son
aire
Pour aiguiser le bec de ses jeunes aiglons !
Bientôt du nid désert qu'emporte la tem-
pête
Il roule confondu dans les débris mou-
vants,

Et sur la roche nue un grain de sable
    arrête
Celui qui doit un jour rompre l'aile des
    vents ;
  L'été vient, l'aquilon soulève
La poudre des sillons qui pour lui n'est
    qu'un jeu,
Et sur le germe éteint où couve encor la
    sève
  En laisse retomber un peu !
  Le printemps de sa tiède ondée
  L'arrose comme avec la main ;
  Cette poussière est fécondée,
  Et la vie y circule enfin !

La vie ! à ce seul mot tout œil, toute
    pensée,
S'inclinent confondus et n'osent péné-
    trer ;
Au seuil de l'Infini c'est la borne placée ;
Où la sage ignorance et l'audace insen-
    sée
  Se rencontrent pour adorer !

Il vit, ce géant des collines !
Mais avant de paraître au jour,
Il se creuse avec ses racines
Des fondements comme une tour.
Il sait quelle lutte s'apprête,
Et qu'il doit contre la tempête
Chercher sous la terre un appui ;
Il sait que l'ouragan sonore
L'attend au jour ! — ou, s'il l'ignore,
Quelqu'un du moins le sait pour lui !

Ainsi quand le jeune navire
Où s'élancent les matelots,
Avant d'affronter son empire,
Veut s'apprivoiser sur les flots,
Laissant filer son vaste câble,
Son ancre va chercher le sable
Jusqu'au fond des vallons mouvants,
Et sur ce fondement mobile
Il balance son mât fragile
Et dort au vain roulis des vents !

Il vit ! le colosse superbe
Qui couvre un arpent tout entier,
Dépasse à peine le brin d'herbe
Que le moucheron fait plier !
Mais sa feuille boit la rosée,
Sa racine fertilisée
Grossit comme une eau dans son cours
Et dans son cœur qu'il fortifie
Circule un sang ivre de vie
Pour qui les siècles sont des jours !

Les sillons où les blés jaunissent
Sous les pas changeants des saisons,
Se dépouillent et se vêtissent
Comme un troupeau de ses toisons ;
Le fleuve naît, gronde et s'écoule,
La tour monte, vieillit, s'écroule ;
L'hiver effeuille le granit,
Des générations sans nombre
Vivent et meurent sous son ombre,
Et lui ! voyez ! il rajeunit !

Son tronc que l'écorce protége,
Fortifié par mille nœuds,
Pour porter sa feuille ou sa neige
S'élargit sur ses pieds noueux ;
Ses bras que le temps multiplie,
Comme un lutteur qui se replie
Pour mieux s'élancer en avant,
Jetant leurs coudes en arrière,
Se recourbent dans la carrière
Pour mieux porter le poids du vent !

Et son vaste et pesant feuillage,
Répandant la nuit alentour,
S'étend, comme un large nuage,
Entre la montagne et le jour ;
Comme de nocturnes fantômes,
Les vents résonnent dans ses dômes,
Les oiseaux y viennent dormir,
Et pour saluer la lumière
S'élèvent comme une poussière,
Si sa feuille vient à frémir !

La nef dont le regard implore
Sur les mers un phare certain,
Le voit tout noyé dans l'aurore,
Pyramider dans le lointain !
Le soir fait pencher sa grande ombre
Des flancs de la colline sombre
Jusqu'au pied des derniers coteaux.
Un seul des cheveux de sa tête
Abrite contre la tempête
Et le pasteur et les troupeaux !

Et pendant qu'au vent des collines
Il berce ses toits habités,
Des empires dans ses racines,
Sous son écorce des cités ;
Là, près des ruches des abeilles,
Arachné tisse ses merveilles,
Le serpent siffle, et la fourmi
Guide à des conquêtes de sables
Ses multitudes innombrables
Qu'écrase un lézard endormi !

Et ces torrents d'âme et de vie,
Et ce mystérieux sommeil,

Et cette sève rajeunie
Qui remonte avec le soleil ;
Cette intelligence divine
Qui pressent, calcule, devine
Et s'organise pour sa fin ;
Et cette force qui renferme
Dans un gland le germe du germe
D'êtres sans nombres et sans fin !

Et ces mondes de créatures
Qui, naissant et vivant de lui,
Y puisent être et nourritures
Dans les siècles comme aujourd'hui ;
Tout cela n'est qu'un gland fragile
Qui tombe sur le roc stérile
Du bec de l'aigle ou du vautour !
Ce n'est qu'une aride poussière
Que le vent sème en sa carrière,
Et qu'échauffe un rayon du jour !

Et moi, je dis : Seigneur ! c'est toi seul,
    c'est ta force,
Ta sagesse et ta volonté,
Ta vie et ta fécondité,
Ta prévoyance et ta bonté !
Le ver trouve ton nom gravé sous son
    écorce,
Et mon œil dans sa masse et son éternité !

LA LAMPE DU TEMPLE,

OU, L'ÂME PRÉSENTE À DIEU.

LAMARTINE. 1850.

PÂLE lampe du sanctuaire,
Pourquoi, dans l'ombre du saint lieu,
Inaperçue et solitaire,
Te consumes-tu devant Dieu ?

Ce n'est pas pour diriger l'aile
De la prière ou de l'amour,
Pour éclairer, faible étincelle,
L'œil de celui qui fit le jour.

Ce n'est pas pour écarter l'ombre
Des pas de ses adorateurs ;
La vaste nef n'est que plus sombre
Devant tes lointaines lueurs.

Ce n'est pas pour lui faire hommage
Des feux qui sous ses pas ont lui ;
Les cieux lui rendent témoignage,
Les soleils brûlent devant lui.

Et pourtant, lampes symboliques,
Vous gardez vos feux immortels,

Et la brise des basiliques
Vous berce sur tous les autels.

Et mon œil aime à se suspendre
À ce foyer aérien,
Et je leur dis sans les comprendre ;
Flambeaux pieux, vous faites bien.

Peut-être, brillantes parcelles
De l'immense création,
Devant son trône imitent-elles
L'éternelle adoration.

Et c'est ainsi, dis-je à mon âme,
Que de l'ombre de ce bas lieu,
Tu brûles, invisible flamme,
En la présence de ton Dieu.

Et jamais, jamais tu n'oublies
De diriger vers lui mon cœur,
Pas plus que ces lampes remplies,
De flotter devant le Seigneur.

Quelque soit le vent, tu regardes
Ce pôle, objet de tous tes vœux,
Et, comme un nuage, tu gardes
Toujours ton côté lumineux.

Dans la nuit du monde sensible
Je sens avec sérénité
Qu'il est un point inaccessible
À la terrestre obscurité ;

Une lueur sur la colline,
Qui veillera toute la nuit,
Une étoile qui s'illumine
Au seul astre qui toujours luit ;

Un feu qui dans l'urne demeure
Sans s'éteindre et se consumer,
Où l'on peut jeter à toute heure
Un grain d'encens pour l'allumer.

Et quand sous l'œil qui te contemple,
O mon âme, tu t'éteindras,
Sur le pavé fumant du temple,
Son pied ne te foulera pas.

Mais vivante, au foyer suprême,
Au disque du jour sans sommeil,
Il te réunira lui-même
Comme un rayon à son soleil.

Et tu luiras de sa lumière,
De la lumière de celui
Dont les astres sont la poussière
Qui monte et tombe devant lui.

L'HYMNE DE LA NUIT.

LAMARTINE. 1850.

Le jour s'éteint sur tes collines,
O terre où languissent mes pas !
Quand pourrez-vous, mes yeux, quand
　　pourrez-vous, hélas !
Saluer les splendeurs divines
Du jour qui ne s'éteindra pas ?

Sont-ils ouverts pour les ténèbres
Ces regards altérés du jour ?
De son éclat, ô Nuit ! à tes ombres fu-
　　nèbres
Pourquoi passent-ils tour à tour ?

Mon âme n'est pas lasse encore
D'admirer l'œuvre du Seigneur ;
Les élans enflammés de ce sein qui l'adore
N'avaient pas épuisé mon cœur !

Dieu du jour ! Dieu des nuits ! Dieu de
　　toutes les heures !
Laisse-moi m'envoler sur les feux du so-
　　leil !
Où va vers l'occident ce nuage vermeil ?
Il va voiler le seuil de tes saintes de-
　　meures
Où l'œil ne connaît plus la nuit ni le
　　sommeil !
Cependant ils sont beaux à l'œil de l'es-
　　pérance
Ces champs du firmament ombragés par
　　la nuit ;
Mon Dieu ! dans ces déserts mon œil
　　retrouve et suit
Les miracles de ta présence !

Ces chœurs étincelants que ton doigt
　　seul conduit,
Ces océans d'azur où leur foule s'élance,
Ces fanaux allumés de distance en dis-
　　tance,
Cet astre qui paraît, cet astre qui s'en-
　　fuit,
Je les comprends, Seigneur ! tout chante,
　　tout m'instruit
Que l'abîme est comblé par ta magnifi-
　　cence,
Que les cieux sont vivants, et que ta
　　Providence
Remplit de sa vertu tout ce qu'elle a
　　produit,
Ces flots d'or, d'azur, de lumière,
Ces mondes nébuleux que l'œil ne compte
　　pas,

O mon Dieu, c'est la poussière
Qui s'élève sous tes pas !

O Nuits, déroulez en silence
Les pages du livre des cieux ;
Astres, gravitez en cadence
Dans vos sentiers harmonieux ;
Durant ces heures solennelles,
Aquilons, repliez vos ailes,
Terre, assoupissez vos échos ;
Etends tes vagues sur les plages,
O mer ! et berce les images
Du Dieu qui t'a donné tes flots.

Savez-vous son nom ? La nature
Réunit en vain ses cent voix,
L'étoile à l'étoile murmure :
Quel Dieu nous imposa nos lois ?
La vague à la vague demande :
Quel est celui qui nous gourmande ?
La foudre dit à l'aquilon :
Sais-tu comment ton Dieu se nomme ?
Mais les astres, la terre et l'homme
Ne peuvent achever son nom.

Que tes temples, Seigneur, sont étroits
　　pour mon âme !
Tombez, murs impuissants, tombez !
Laissez-moi voir ce ciel que vous me dé-
　　robez !
Architecte divin, tes dômes sont de
　　flamme !
Que tes temples, Seigneur, sont étroits
　　pour mon âme !
Tombez, murs impuissants, tombez !

Voilà le temple où tu résides !
Sous la voûte du firmament
Tu ranimes ces feux rapides
Par leur éternel mouvement !
Tous ces enfants de ta parole,
Balancés sur leur double pôle,
Nagent au sein de tes clartés,
Et des cieux où leurs feux pâlissent
Sur notre globe ils réfléchissent
Des feux à toi-même empruntés !

L'Océan se joue
Aux pieds de son Roi ;
L'aquilon secoue
Ses ailes d'effroi ;
La foudre te loue
Et combat pour toi ;
L'éclair, la tempête,
Couronnent ta tête
D'un triple rayon ;
L'aurore t'admire,

Le jour te respire,
La nuit te soupire,
Et la terre expire
D'amour à ton nom !

Et moi, pour te louer, Dieu des soleils,
  qui suis-je ?
Atome dans l'immensité,
Minute dans l'éternité,
Ombre qui passe et qui n'a plus été,
Peux-tu m'entendre sans prodige ?
Ah ! le prodige est ta bonté !

Je ne suis rien, Seigneur, mais ta soif
  me dévore ;
L'homme est néant, mon Dieu, mais ce
  néant t'adore,
Il s'élève par son amour ;
Tu ne peux mépriser l'insecte qui t'ho-
  nore ;
Tu ne peux repousser cette voix qui
  t'implore,
Et qui vers ton divin séjour,
Quand l'ombre s'évapore,
S'élève avec l'aurore,
Le soir gémit encore,
Renaît avec le jour.

Oui, dans ces champs d'azur que ta splen-
  deur inonde,
Où ton tonnerre gronde,
Où tu veilles sur moi,
Ces accents, ces soupirs animés par la
  foi,
Vont chercher, d'astre en astre, un Dieu
  qui me réponde,
Et d'échos en échos, comme des voix sur
  l'onde,
Roulant de monde en monde,
Retentir jusqu'à toi.

ENCORE UN HYMNE.

LAMARTINE. 1850.

ENCORE un hymne, ô ma lyre !
Un hymne pour le Seigneur,
Un hymne dans mon délire,
Un hymne dans mon bonheur !

Oh ! qui me prêtera le regard de l'au-
  rore,
Les ailes de l'oiseau, le vol de l'aquilon ?
Pourquoi ? — Pour te trouver, toi que
  mon âme adore,
Toi qui n'as ni séjour, ni symbole, ni
  nom !

Qu'ils sont heureux les sons qui partent
  de ma lyre !
D'un vol mélodieux ils s'élèvent vers toi ;
Ils remontent d'eux-mêmes au Dieu qui
  les inspire !
Et moi, Seigneur, et moi,
Je reste où je languis, je reste où je sou-
  pire !

Encore un hymne, ô ma lyre !
Un hymne pour le Seigneur,
Un hymne dans mon délire,
Un hymne dans mon bonheur !

Esprits qui balancez les astres sur nos
  têtes,
Vous qui vivez de feu comme nous vivons
  d'air,
Anges qui respirez le tonnerre et l'éclair,
Soleil, foudres, rayons, cieux étoilés,
  tempêtes !
Parlez, est-il où vous êtes ?
Dans tes abîmes, ô mer !

J'étais né pour briller où vous brillez
  vous-même,
Pour respirer là-haut ce que vous respi-
  rez,
Pour m'enivrer du jour dont vous vous
  enivrez,
Pour voir et réfléchir cette beauté su-
  prême
Dont les yeux ici-bas sont en vain al-
  térés !
Mon âme a l'œil de l'aigle, et mes fortes
  pensées,
Au but de leurs désirs volant comme des
  traits,
Chaque fois que mon sein respire, plus
  pressées
Que les colombes des forêts,
Montent, montent toujours, par d'autres
  remplacées,
Et ne redescendent jamais !

Les reverrai-je un jour ? mon Dieu ! re-
  viendront-elles,
Ainsi que le ramier qui traversa les flots,
M'apporter un rameau des palmes im-
  mortelles
Et me dire : Là haut, est un nid pour
  nos ailes,
Une terre, un lieu de repos !

Encore un hymne, ô ma lyre !
Un hymne pour le Seigneur,

Un hymne dans mon délire,
Un hymne dans mon bonheur !

Mon âme est un torrent qui descend des
    montagnes
Et qui roule sans fin ses vagues sans re-
    pos
À travers les vallons, les plaines, les cam-
    pagnes,
    Où leur pente entraîne ses flots ;
Il fuit quand le jour meurt, il fuit quand
    naît l'aurore ;
La nuit revient, il fuit ; le jour, il fuit
    encore ;
Rien ne peut ni tarir ni suspendre son
    cours,
Jusqu'à ce qu'à la mer, où ses ondes sont
    nées,
Il rende en murmurant ses vagues dé-
    chaînées,
Et se repose enfin, en elle, et pour tou-
    jours !

    Mon âme est un vent de l'aurore
    Qui s'élève avec le matin,
    Qui brûle, renverse, dévore
    Tout ce qu'il trouve en son chemin ;
    Rien n'entrave son vol rapide,
Il fait trembler la tour comme la feuille
    aride
Et le mât du vaisseau comme un roseau
    pliant ;
Il roule en plis de feu le tonnerre et la
    nue,
Et, quand il a passé, laisse la terre nue
    Comme la main du mendiant ;
Jusqu'à ce qu'épuisé de sa fuite éter-
    nelle,
Et comme un doux ramier de sa course
    lassé,
    Il vienne fermer son aile
    Dans la main qui l'a lancé.

Toi qui donnes sa pente au torrent des
    collines,
Toi qui prêtes son aile au vent pour s'ex-
    haler,
Où donc es-tu, Seigneur ! Parle, où faut-
    il aller ?
    N'est-il pas des ailes divines,
Pour que mon âme aussi puisse enfin
    s'envoler !

    Encore un hymne, ô ma lyre !
    Un hymne pour le Seigneur,
    Un hymne dans mon délire,
    Un hymne dans mon bonheur !

    Je voudrais être la poussière
    Que le vent dérobe au sillon,
La feuille que l'automne enlève en tour-
    billon,
    L'atome flottant de lumière
Qui remonte le soir aux bords de l'hori-
    zon ;
    Le son lointain qui s'évapore,
    L'éclair, le regard, le rayon,
L'étoile qui se perd dans ce ciel diaphane,
    Ou l'aigle qui va le braver,
Tout ce qui monte, enfin, ou vole, ou
    flotte, ou plane,
Pour me perdre, Seigneur ! me perdre ou
    te trouver !

    Encore un hymne, ô ma lyre !
    Encore un hymne au Seigneur,
    Un hymne dans mon délire,
    Un hymne dans mon bonheur !

L'HUMANITÉ.

LAMARTINE. 1850.

À DE plus hauts degrés de l'échelle de
    l'être,
En traits plus éclatants Jéhovah va
    paraître,
La nuit qui le voilait ici s'évanouit !
Voyez aux purs rayons de l'amour qui
    va naître
    La vierge qui s'épanouit !

    Elle n'éblouit pas encore
    L'œil fasciné qu'elle suspend,
    On voit qu'elle-même elle ignore
    La volupté qu'elle répand ;
    Pareille, en sa fleur virginale,
    À l'heure pure et matinale
    Qui suit l'ombre et que le jour suit,
    Doublement belle à la paupière,
    Et des splendeurs de la lumière
    Et des mystères de la nuit !

    Son front léger s'élève et plane
    Sur un cou flexible, élancé,
    Comme sur le flot diaphane
    Un cygne mollement bercé ;
    Sous la voûte à peine décrite
    De ce temple où son âme habite,
    On voit le sourcil s'ébaucher,
    Arc onduleux d'or et d'ébène
    Que craint d'effacer une haleine,
    Ou le pinceau de retoucher !

Là jaillissent deux étincelles
Que voile et rouvre à chaque instant,
Comme un oiseau qui bat des ailes,
La paupière au cil palpitant !
Sur la narine transparente
Les veines où le sang serpente
S'entrelacent comme à dessein,
Et de sa lèvre qui respire
Se répand avec le sourire
Le souffle embaumé de son sein !

Comme un mélodieux génie
De sons épars fait des concerts,
Une sympathique harmonie
Accorde entre eux ces traits divers ;
De cet accord, charme de charmes,
Dans le sourire ou dans les larmes
Naissent la grâce et la beauté ;
La beauté, mystère suprême
Qui ne se révèle lui-même
Que par désir et volupté !

Sur ces traits dont le doux ovale
Borne l'ensemble gracieux,
Les couleurs que la nue étale
Se fondent pour charmer les yeux ;
À la pourpre qui teint sa joue,
On dirait que l'aube s'y joue,
Ou qu'elle a fixé pour toujours,
Au moment qui la voit éclore,
Un rayon glissant de l'aurore
Sur un marbre aux divins contours !

Sa chevelure qui s'épanche
Au gré du vent prend son essor,
Glisse en ondes jusqu'à sa hanche
Et là s'effile en franges d'or ;
Autour du cou blanc qu'elle embrasse,
Comme un collier elle s'enlace,
Descend, serpente et vient rouler
Sur un sein où s'enflent à peine
Deux sources d'où la vie humaine
En ruisseaux d'amour doit couler !

Noble et légère, elle folâtre,
Et l'herbe que foulent ses pas
Sous le poids de son pied d'albâtre,
Se courbe et ne se brise pas !
Sa taille en marchant se balance,
Comme la nacelle, qui danse
Lorsque la voile s'arrondit
Sous son mât que berce l'aurore,
Balance son flanc vide encore
Sur la vague qui rebondit !

Son âme n'est rien que tendresse,
Son corps qu'harmonieux contour,

Tout son être que l'œil caresse
N'est qu'un pressentiment d'amour !
Elle plaint tout ce qui soupire ;
Elle aime l'air qu'elle respire,
Rêve ou pleure, ou chante à l'écart,
Et sans savoir ce qu'il implore
D'une volupté qu'elle ignore
Elle rougit sous un regard !

Mais déjà sa beauté plus mûre
Fleurit à son quinzième été ;
À ses yeux toute la nature
N'est qu'innocence et volupté !
Aux feux des étoiles brillantes
Au doux bruit des eaux ruisselantes,
Sa pensée erre avec amour ;
Et toutes les fleurs des prairies
Viennent entre ses doigts flétries
Sur son char sécher tour à tour !

L'oiseau, pour tout autre sauvage,
Sous ses fenêtres vient nicher,
Ou, charmé de son esclavage,
Sur ses épaules se percher ;
Elle nourrit les tourterelles,
Sur le blanc satin de leurs ailes
Promène ses doigts caressants,
Ou, dans un amoureux caprice,
Elle aime que leur cou frémisse
Sous ses baisers retentissants !

Elle paraît, et tout soupire,
Tout se trouble sous son regard ;
Sa beauté répand un délire
Qui donne une ivresse au vieillard !
Et comme on voit l'humble poussière
Tourbillonner à la lumière
Qui la fascine à son insu,
Partout où ce beau front rayonne,
Un souffle d'amour environne
Celle par qui l'homme est conçu !

Un homme ! un fils, un roi de la nature
    entière !
Insecte né de boue et qui vit de lumière !
Qui n'occupe qu'un point, qui n'a que
    deux instants,
Mais qui de l'Infini par la pensée est
    maître,
Et reculant sans fin les bornes de son
    être,
S'étend dans tout l'espace et vit dans
    tous les temps !

Il naît, et d'un coup d'œil il s'empare
    du monde,

Chacun de ses besoins soumet un élément ;
Pour lui germe l'épi, pour lui s'épanche l'onde,
Et le feu, fils du jour, descend du firmament !

L'instinct de sa faiblesse est sa toute-puissance ;
Pour lui l'insecte même est un objet d'effroi,
Mais le sceptre du globe est à l'intelligence ;
L'homme s'unit à l'homme, et la terre a son roi !

Il regarde, et le jour se peint dans sa paupière ;
Il pense, et l'univers dans son âme apparaît !
Il parle, et son accent, comme une autre lumière,
Va dans l'âme d'autrui se peindre trait pour trait !

Il se donne des sens qu'oublia la nature,
Jette un frein sur la vague au vent capricieux,
Lance la mort au but que son calcul mesure,
Sonde avec un cristal les abîmes des cieux !

Il écrit, et les vents emportent sa pensée,
Qui va dans tous les lieux vivre et s'entretenir !
Et son âme invisible en traits vivants tracée
Écoute le passé qui parle à l'avenir !

Il fonde les cités, familles immortelles,
Et pour les soutenir il élève les lois,
Qui, de ces monuments colonnes éternelles,
Du temple social se divisent le poids !

Après avoir conquis la nature, il soupire ;
Pour un plus noble prix sa vie a combattu ;
Et son cœur vide encor dédaignant son empire,
Pour s'égaler aux dieux inventa la vertu !

Il offre en souriant sa vie en sacrifice,
Il se confie au Dieu que son œil ne voit pas ;

Coupable, à le remords qui venge la justice,
Vertueux, une voix qui l'applaudit tout bas !

Plus grand que son destin, plus grand que la nature,
Ses besoins satisfaits ne lui suffisent pas,
Son âme a des destins qu'aucun œil ne mesure,
Et des regards portant plus loin que le trépas !

Il lui faut l'espérance, et l'empire et la gloire,
L'avenir à son nom, à sa foi des autels,
Des dieux à supplier, des vérités à croire,
Des cieux et des enfers, et des jours immortels !

———

Mais le temps tout à coup manque à sa vie usée,
L'horizon raccourci s'abaisse devant lui,
Il sent tarir ses jours comme une onde épuisée,
     Et son dernier soleil a lui !

Regardez-le mourir ! — Assis sur le rivage
Que vient battre la vague où sa nef doit partir,
Le pilote qui sait le but de son voyage
D'un cœur plus rassuré n'attend pas le zéphyr !

On dirait que son œil, qu'éclairé l'espérance,
Voit l'immortalité luire sur l'autre bord,
Au delà du tombeau sa vertu le devance,
Et, certain du réveil, le jour baisse, il s'endort !

Et les astres n'ont plus d'assez pure lumière,
Et l'Infini n'a plus d'assez vaste séjour,
Et les siècles divins d'assez longue carrière
Pour l'âme de celui qui n'était que poussière
     Et qui n'avait qu'un jour !

Voilà cet instinct qui l'annonce
Plus haut que l'aurore et la nuit.
Voilà l'éternelle réponse
Au doute qui se reproduit !
Du grand livre de la nature,
Si la lettre, à vos yeux obscure,

Ne le trahit pas en tout lieu,
Ah ! l'homme est le livre suprême ;
Dans les fibres de son cœur même
Lisez, mortels : Il est un Dieu !

LE TOMBEAU D'UNE MÈRE.

LAMARTINE. 1850.

Un jour, les yeux lassés de veilles et de
    larmes,
Comme un lutteur vaincu prêt à jeter
    ses armes,
Je disais à l'aurore : En vain tu vas
    briller ;
La nature trahit nos yeux par ses mer-
    veilles,
Et le ciel coloré de ses teintes vermeilles
Ne sourit que pour nous rallier !

Rien n'est vrai, rien n'est faux ; tout est
    songe et mensonge !
Illusion du cœur qu'un vain espoir pro-
    longe !
Nos seules vérités, hommes, sont nos
    douleurs !
Cet éclair dans nos yeux que nous nom-
    mons la vie,
Étincelle dont l'âme est à peine éblouie,
    Qu'elle va s'allumer ailleurs !

Plus nous ouvrons les yeux, plus la nuit
    est profonde,
Dieu n'est qu'un mot rêvé pour expliquer
    le monde,
Un plus obscur abîme où l'esprit s'est
    lancé,
Et tout flotte et tout tombe ainsi que la
    poussière
Que fait en tourbillons dans l'aride car-
    rière
    Lever le pied d'un insensé !

Je disais ; et mes yeux voyaient avec
    envie
Tout ce qui n'a reçu qu'une insensible vie
Et dont nul rêve au moins n'agite le
    sommeil ;
Au sillon, au rocher j'attachais ma pau-
    pière,
Et ce regard disait : À la brute, à la
    pierre,
    Au moins, que ne suis-je pareil !

Et ce regard errant comme l'œil du pilote
Qui demande sa route à l'abîme qui flotte,

S'arrêta tout à coup fixé sur un tombeau !
Tombeau, cher entretien d'une douleur
    amère,
Où le gazon sacré qui recouvre ma mère
Grandit sous les pleurs du hameau !

Là, quand l'ange voilé sous les traits
    d'une femme
Dans le Dieu sa lumière eut exhalé son
    âme
Comme on souffle une lampe à l'approche
    du jour ;
À l'ombre des autels qu'elle aimait à
    toute heure,
Je lui creusai moi-même une étroite de-
    meure,
    Une porte à l'autre séjour !

Là dort dans son espoir celle dont le
    sourire
Cherchait encor mes yeux à l'heure où
    tout expire,
Ce cœur, source du mien, ce sein qui m'a
    conçu,
Ce sein qui m'allaita de lait et de ten-
    dresses,
Ces bras qui n'ont été qu'un berceau de
    caresses,
    Ces lèvres dont j'ai tout reçu !

Là dorment soixante ans d'une seule
    pensée !
D'une vie à bien faire uniquement pas-
    sée,
D'innocence, d'amour, d'espoir, de pure-
    té,
Tant d'aspirations vers son Dieu répé-
    tées,
Tant de foi dans la mort, tant de vertus
    jetées
    En gage à immortalité !

Tant de nuits sans sommeil pour veiller
    la souffrance,
Tant de pain retranché pour nourrir l'in-
    digence,
Tant de pleurs toujours prêts à s'unir à
    des pleurs,
Tant de soupirs brûlants vers une autre
    patrie,
Et tant de patience à porter une vie
    Dont la couronne était ailleurs !

Et tout cela pourquoi ! Pour qu'un creux
    dans le sable
Absorbât pour jamais cet être intarissa-
    ble !

16

Pour que ces vils sillons en fussent en-
graissés !
Pour que l'herbe des morts dont sa tombe
est couverte
Grandît, là, sous mes pieds, plus épaisse
et plus verte !
Un peu de cendre était assez !

Non, non ; pour éclairer trois pas sur la
poussière
Dieu n'aurait pas créé cette immense
lumière,
Cette âme au long regard, à l'héroïque
effort !
Sur cette froide pierre en vain le regard
tombe,
O vertu ! ton aspect est plus fort que la
tombe,
Et plus évident que la mort !

Et mon œil convaincu de ce grand té-
moignage,
Se releva de terre et sortit du nuage,
Et mon cœur ténébreux recouvra son
flambeau !
Heureux l'homme à qui Dieu donne une
sainte mère !
En vain la vie est dure et la mort est
amère,
Qui peut douter sur son tombeau !

RELLIGIO.

VICTOR HUGO. 1855.

L'OMBRE venait ; le soir tombait, calme
et terrible.
Hermann me dit : "Quelle est ta foi,
quelle est ta bible !
Parle. Es-tu ton propre géant !
Si tes vers ne sont pas de vains flocons
d'écume,
Si ta strophe n'est pas un tison noir qui
fume
Sur le tas de cendre Néant,

"Si tu n'es pas une âme en l'abîme en-
gloutie,
Quel est donc ton ciboire et ton eucha-
ristie !
Quelle est donc la source où tu bois ?"
Je me taisais ; il dit : "Songeur qui
civilises,
Pourquoi ne vas-tu pas prier dans les
églises ?"
Nous marchions tous deux dans les
bois.

Et je lui dis : "Je prie." Hermann dit :
" Dans quel temple !
Quel est le célébrant que ton âme con-
temple,
Et l'autel qu'elle réfléchit !
Devant quel confesseur la fais-tu com-
paraître !"
"L'église, c'est l'azur," lui dis-je ; "et
quant au prêtre —"
En ce moment le ciel blanchit.

La lune à l'horizon montait, hostie
énorme ;
Tout avait le frisson, le pin, le cèdre et
l'orme,
Le loup, et l'aigle, et l'alcyon :
Lui montrant l'astre d'or sur la terre
obscurcie,
Je lui dis : "Courbe-toi. Dieu lui-même
officie,
Et voici l'élévation.'

LA CROIX.

L. ACKERMANN. 1861.

AU retour du combat, tout couvert de
morsures,
Et songeant au danger qu'il venait de
courir,
Quand le lutteur comptait ou sondait ses
blessures,
Et qu'il se demandait s'il n'allait pas
mourir,
Il lui semblait alors, vers la hauteur cé-
leste
S'il venait à lever son regard attristé,
Qu'aussitôt tant de trouble et de lan-
gueur funeste
Se changeait en espoir, en ivresse, en
clarté.
Comme un point lumineux qu'en vain le
brouillard voile,
Pascal, dans le lointain, sous un ciel
sans étoile,
Tu t'imaginais voir un phare ensan-
glanté,
La Croix ! Elle élevait de loin ses bras
funèbres
Où, livide, pendait ton Dieu même im-
molé ;
Pour l'avoir aperçue à travers les té-
nèbres,
Tu te dis éclairé, tu n'étais qu'aveuglé.
En proie aux visions d'une peur in-
sensée,

Tu t'élances vers Elle, implorant ton
salut ;
Gloire, plaisirs, travaux, ta vie et ta
pensée,
Tu jettes tout au pied d'un gibet ver-
moulu.
Nous te surprenons là, spectacle qui nous
navre,
Te consumant d'amour dans les bras d'un
cadavre,
Et croyant sur son sein trouver ta gué-
rison.
Mais tu n'étreins, hélas ! qu'une forme
insensible,
Et bien loin d'obtenir un miracle im-
possible,
Dans cet embrassement tu laissas ta rai-
son.
La Croix a triomphé ; ta défaite est com-
plète ;
Oui, te voilà vaincu, subjugué, prosterné.
Au lieu comme autrefois d'un héroïque
athlète,
Nous n'avons sous les yeux qu'un pauvre
halluciné.
Comment ! tant de faiblesse après tant
de vaillance !
Puisqu'entre ces trépas tu pouvais faire
un choix,
N'eût-il pas mieux valu périr sans dé-
faillance,
Dévoré par le Sphinx qu'écrasé sous la
Croix ?

LE MONT DES OLIVIERS.

ALFRED DE VIGNY. 1862.

ALORS il était nuit et Jésus marchait seul,
Vêtu de blanc ainsi qu'un mort de son
linceul ;
Les disciples dormaient au pied de la
colline,
Parmi les oliviers, qu'un vent sinistre
incline,
Jésus marche à grands pas en frissonnant
comme eux,
Triste jusqu'à la mort, l'œil sombre et
ténébreux,
Le front baissé croisant les deux bras sur
sa robe
Comme un voleur de nuit cachant ce qu'il
dérobe,
Connaissant les rochers mieux qu'un sen-
tier uni,
Il s'arrête en un lieu nommé Gethsémani.

Il se courbe, à genoux, le front contre la
terre ;
Puis regarde le ciel en appelant : " Mon
père ! "
Mais le ciel reste noir, et Dieu ne répond
pas.
Il se lève étonné, marche encore à grands
pas,
Froissant les oliviers qui tremblent.
Froide et lente
Découle de sa tête une sueur sanglante.
Il recule, il descend, il crie avec effroi :
" Ne pourriez-vous prier et veiller avec
moi ? "
Mais un sommeil de mort accable les
apôtres.
Pierre à la voix du maître est sourd comme
les autres.
Le Fils de l'Homme alors remonte lente-
ment ;
Comme un pasteur d'Égypte, il cherche
au firmament
Si l'Ange ne luit pas au fond de quelque
étoile.
Mais un nuage en deuil s'étend comme
le voile
D'une veuve, et ses plis entourent le dé-
sert.
Jésus, se rappelant ce qu'il avait souf-
fert
Depuis trente-trois ans, devint homme,
et la crainte
Serra son cœur mortel d'une invincible
étreinte.
Il eut froid. Vainement il appela trois
fois :
" Mon père ! " Le vent seul répondit à
sa voix.
Il tomba sur le sable assis, et dans sa
peine,
Eut sur le monde et l'homme une pensée
humaine.
— Et la terre trembla, sentant la pesan-
teur
Du Sauveur qui tombait aux pieds du
Créateur.

II.

Jésus disait : " O Père, encor laisse-moi
vivre !
Avant le dernier mot ne ferme pas mon
livre !
Ne sens-tu pas le monde et tout le genre
humain
Qui souffre avec ma chair et frémit dans
ta main ?

C'est que la Terre a peur de rester seule
et veuve,
Quand meurt celui qui dit une parole
neuve ;
Et que tu n'as laissé dans son sein des-
séché
Tomber qu'un mot du ciel par ma bouche
épanché.
Mais ce mot est si pur, et sa douceur est
telle,
Qu'il a comme enivré la famille mortelle
D'une goutte de vie et de divinité,
Lorsqu'en ouvrant les bras j'ai dit :
' Fraternité.'

" Pere, oh ! si j'ai rempli mon doulou-
reux message
Si j'ai caché le Dieu sous la face du sage,
Du sacrifice humain si j'ai changé le
prix,
Pour l'offrande des corps recevant les
esprits,
Substituant partout aux choses le sym-
bole,
La parole au combat, comme au trésor
l'obole,
Aux flots rouges du sang les flots ver-
meils du vin,
Aux membres de la chair le pain blanc
sans levain ;
Si j'ai coupé les temps en deux parts,
l'une esclave
Et l'autre libre ; — au nom du passé que
je lave,
Par le sang de mon corps qui souffre et
va finir,
Versons-en la moitié pour laver l'avenir !
Père libérateur ! jette aujourd'hui, d'a-
vance,
La moitié de ce sang d'amour et d'inno-
cence
Sur la tête de ceux qui viendront en di-
sant :
' Il est permis pour tous de tuer l'inno-
cent.'
Nous savons qu'il naîtra, dans le loin-
tain des âges,
Des dominateurs durs escortés de faux
sages
Qui troubleront l'esprit de chaque nation
En donnant un faux sens à ma rédemp-
tion.
— Hélas ! je parle encor, que déjà ma
parole
Est tournée en poison dans chaque para-
bole ;
Éloigne ce calice impur et plus amer

Que le fiel, ou l'absinthe, ou les eaux de
la mer.
Les verges qui viendront, la couronne
d'épine,
Les clous des mains, la lance au fond de
ma poitrine,
Enfin toute la croix qui se dresse et
m'attend,
N'ont rien, mon Père, oh ! rien qui m'é-
pouvante autant !
Quand les Dieux veulent bien s'abattre
sur les mondes,
Ils n'y doivent laisser que des traces
profondes ;
Et, si j'ai mis le pied sur ce globe incom-
plet,
Dont le gémissement sans repos m'ap-
pelait,
C'était pour y laisser deux Anges à ma
place
De qui la race humaine aurait baisé la
trace,
La Certitude heureuse et l'Espoir con-
fiant
Qui, dans le paradis, marchent en sou-
riant.
Mais je vais la quitter, cette indigente
terre,
N'ayant que soulevé ce manteau de mi-
sère
Qui l'entoure à grands plis, drap lugubre
et fatal,
Que d'un bout tient le Doute et de l'au-
tre le Mal,
Mal et Doute ! En un mot je puis les
mettre en poudre.
Vous les aviez prévus, laissez-moi vous
absoudre
De les avoir permis. — C'est l'accusa-
tion
Qui pèse de partout sur la création ! —
Sur son tombeau désert faisons monter
Lazare.
Du grand secret des morts qu'il ne soit
plus avare,
Et de ce qu'il a vu donnons-lui souvenir ;
Qu'il parle. — Ce qui dure et ce qui doit
finir,
Ce qu'a mis le Seigneur au cœur de la
Nature,
Ce qu'elle prend et donne à toute créa-
ture,
Quels sont avec le ciel ses muets entre-
tiens,
Son amour ineffable et ses chastes liens ;
Comment tout s'y détruit et tout s'y re-
nouvelle,

Pourquoi ce qui s'y cache et ce qui s'y
révèle ;
Si les astres des cieux tour à tour éprouvés
Sont comme celui-ci coupables et sauvés ;
Si la terre est pour eux ou s'ils sont pour
la terre ;
Ce qu'a de vrai la fable et de clair le
mystère,
D'ignorant le savoir et de faux la rai-
son ;
Pourquoi l'âme est liée en sa faible
prison ;
Et pourquoi nul sentier entre deux larges
voies,
Entre l'ennui du calme et des paisibles
joies
Et la rage sans fin des vagues passions,
Entre la léthargie et les convulsions ;
Et pourquoi pend la Mort comme une
sombre épée
Attristant la Nature à tout moment
frappée ;
Si le juste et le bien, si l'injuste et le
mal
Sont de vils accidents en un cercle fa-
tal,
Ou si de l'univers ils sont les deux
grandes pôles,
Soutenant terre et cieux sur leurs vastes
épaules ;
Et pourquoi les Esprits du mal sont
triomphants
Des maux immérités de la mort des en-
fants ;
Et si les Nations sont des femmes gui-
dées
Par les étoiles d'or des divines idées,
Ou de folles enfants sans lampes dans la
nuit,
Se heurtant et pleurant et que rien ne
conduit ;
Et, si, lorsque des temps l'horloge péris-
sable
Aura jusqu'au dernier versé ses grains de
sable,
Un regard de vos yeux, un cri de votre
voix,
Un soupir de mon cœur, un signe de ma
croix,
Pourra faire ouvrir l'ongle aux Peines
éternelles,
Lâcher leur proie humaine et replier
leurs ailes ;
— Tout sera révélé dès que l'homme
saura
De quels lieux il arrive et dans quels
il ira."

III.

Ainsi le divin Fils parlait au divin Père.
Il se prosterne encore, il attend, il es-
père,
Mais il remonte et dit : "Que votre vo-
lonté
Soit faite et non la mienne, et pour
l'éternité."
Une terreur profonde, une angoisse in-
finie
Redoublent sa torture et sa lente agonie.
Il regarde longtemps, longtemps cherche
sans voir.
Comme un marbre de deuil tout le ciel
était noir ;
La Terre, sans clartés, sans astre et sans
aurore,
Et sans clartés de l'âme ainsi qu'elle est
encore,
Frémissait. — Dans le bois il entendit
des pas,
Et puis il vit rôder la torche de Judas.

LE SILENCE.

S'il est vrai qu'au Jardin sacré des Écri-
tures,
Le Fils de l'Homme ait dit ce qu'on voit
rapporté,
Muet, aveugle et sourd au cri des créa-
tures,
Si le Ciel nous laissa comme un monde
avorté,
Le juste opposera le dédain à l'absence
Et ne répondra plus que par un froid si-
lence
Au silence éternel de la Divinité.

À L'ÉVÊQUE QUI M'APPELLE ATHÉE.

VICTOR HUGO. 1870.

Athée ! entendons-nous, prêtre, une fois
pour toutes.
M'espionner, guetter mon âme, être aux
écoutes,
Regarder par le trou de la serrure au
fond
De mon esprit, chercher jusqu'où mes
doutes vont,
Questionner l'enfer, consulter son re-
gistre
De police, à travers son soupirail si-
nistre,

Pour voir ce que je nie ou bien ce que
  je crois.
Ne prends pas cette peine inutile. Ma foi
Est simple, et je la dis. J'aime la clarté
  franche :

S'il s'agit d'un bonhomme à longue barbe
  blanche,
D'une espèce de pape ou d'empereur, assis
Sur un trône qu'on nomme au théâtre
  un châssis,
Dans la nuée, ayant un oiseau sur sa tête,
À sa droite un archange, à sa gauche un
  prophète,
Entre ses bras son fils pâle et percé de
  clous,
Un et triple, écoutant des harpes, Dieu
  jaloux,
Dieu vengeur, que Garasse enregistre,
  qu'annote
L'abbé Pluche en Sorbonne et qu'ap-
  prouve Nonotte ;
S'il s'agit de ce Dieu que constate Tru-
  blet,
Dieu foulant aux pieds ceux que Moïse
  accablait,
Sacrant tous les bandits royaux dans
  leurs repaires,
Punissant les enfants pour la faute des
  pères,
Arrêtant le soleil à l'heure où le soir
  naît,
Au risque de casser le grand ressort tout
  net,
Dieu mauvais géographe et mauvais as-
  tronome,
Contrefaçon immense et petite de
  l'homme,
En colère, et faisant la moue au genre
  humain,
Comme un Père Duchêne un grand sabre
  à la main ;
Dieu qui volontiers damne et rarement
  pardonne,
Qui sur un passe-droit consulte une ma-
  done,
Dieu qui dans son ciel bleu se donne le
  devoir
D'imiter nos défauts et le luxe d'avoir
Des fléaux, comme on a des chiens, qui
  trouble l'ordre,
Lâche sur nous Nemrod et Cyrus, nous
  fait mordre
Par Cambyse, et nous jette aux jambes
  Attila,
Prêtre, oui, je suis athée à ce vieux bon
  Dieu-là.

Mais s'il s'agit de l'être absolu qui con-
  dense
Là-haut tout l'idéal dans toute l'evi-
  dence,
Par qui, manifestant l'unité de la loi,
L'univers peut, ainsi que l'homme, dire :
  Moi ;
De l'être dont je sens l'âme au fond de
  mon âme,
De l'être qui me parle à voix basse, et
  réclame
Sans cesse pour le vrai contre le faux,
  parmi
Les instincts dont le flot nous submerge
  à demi ;
S'il s'agit du témoin dont ma pensée ob-
  scure
A parfois la caresse et parfois la piqûre,
Selon qu'en moi, montant au bien, tom-
  bant au mal,
Je sens l'esprit grandir ou croître l'ani-
  mal ;
S'il s'agit du prodige immanent qu'on
  sent vivre
Plus que nous ne vivons, et dont notre
  âme est ivre
Toutes les fois qu'elle est sublime, et
  qu'elle va,
Où s'envola Socrate, où Jésus arriva,
Pour le juste, le vrai, le beau, droit au
  martyre ;
Toutes les fois qu'au gouffre un grand
  devoir l'attire,
Toutes les fois qu'elle est dans l'orage
  alcyon ;
Toutes les fois qu'elle a l'auguste am-
  bition
D'aller, à travers l'ombre infâme qu'elle
  abhorre
Et de l'autre côté des nuits, trouver l'au-
  rore ;
O prêtre, s'il s'agit de ce quelqu'un pro-
  fond
Que les religions ne font ni ne défont,
Que nous devinons bon et que nous sen-
  tons sage,
Qui n'a pas de contour, qui n'a pas de
  visage,
Et pas de fils, ayant plus de paternité
Et plus d'amour que n'a de lumière
  l'été ;
S'il s'agit de ce vaste inconnu que ne
  nomme,
N'explique et ne commente aucun Deu-
  téronome,
Qu'aucun Calmet ne peut lire en aucun
  Esdras,

Que l'enfant dans sa crèche et les morts
    dans leurs draps,
Distinguent vaguement d'en bas comme
    une cime,
Très-Haut qui n'est mangeable en aucun
    pain azime,
Qui parce que deux cœurs s'aiment, n'est
    point fâché,
Et qui voit la nature où tu vois le péché ;
S'il s'agit de ce Tout vertigineux des
    êtres
Qui parle par la voix des éléments, sans
    prêtres,
Sans bibles, point charnel et point offi-
    ciel,
Qui pour livre a l'abîme et pour temple
    le ciel,
Loi, Vie, Âme, invisible à force d'être
    énorme,
Impalpable à ce point qu'en dehors de
    la forme
Des choses que dissipe un souffle aérien,
On l'aperçoit dans tout sans le saisir
    dans rien ;
S'il s'agit du suprême Immuable, sol-
    stice,
De la raison, du droit, du bien, de la
    justice,
En équilibre avec l'infini, maintenant,
Autrefois, aujourd'hui, demain, toujours,
    donnant
Aux soleils la durée, aux cœurs la pa-
    tience,
Qui, clarté hors de nous, est en nous
    conscience ;
Si c'est de ce Dieu-là qu'il s'agit, de celui
Qui toujours dans l'aurore et dans la
    tombe a lui,
Étant ce qui commence et ce qui recom-
    mence ;
S'il s'agit du principe éternel, simple,
    immense,
Qui pense puisqu'il est, qui de tout est
    le lieu,
Et que, faute d'un nom plus grand, j'ap-
    pelle Dieu,
Alors tout change, alors nos esprits se
    retournent,
Le tien vers la nuit, gouffre et cloaque
    où séjournent
Les rires, les néants, sinistre vision,
Et le mien vers le jour, sainte affirma-
    tion,
Hymne, éblouissement de mon âme en-
    chantée ;
Et c'est moi le croyant, prêtre, et c'est
    toi l'athée.

DIEU.

VICTOR HUGO. 1877.

DIEU ! Dieu ! Dieu ! le rocher où la lame
    déferle
Compte sur lui ; c'est lui qui règne ; il
    fait la perle
    Et l'étoile pour les sondeurs ;
L'azur le voile ; il met, pour que le tigre
    y dorme,
De la mousse dans l'antre ; il parle,
    voix énorme,
    À l'ombre dans les profondeurs.

Il règne, il songe ; il fond les granits
    dans les soufres ;
Il crée en même temps les soleils dans
    les gouffres
    Et le liseron dans le pré ;
Pour l'avoir un jour vu, la mer est
    encore ivre ;
Les versants du Sina sont de son vaste
    livre
    Le pupitre démesuré.

L'Océan calme, c'est le plat de son
    épée.
La montagne à sa voix s'enfuirait dissi-
    pée
Comme de l'eau dans le gazon ;
Dans les éternités sans fin continuées
Ce Père habite ; il fait des arches de
    nuées
    Aux quatre coins de l'horizon.

Il pense, il règle, il mène, il pèse, il
    juge, il aime ;
Et laisse les festins rire à Lucullus blême
    Qui paît, hideux, chauve et jauni,
Et se gonfle de vin comme une poche
    pleine ;
Ce qu'une outre peut dire au ventre de
    Silène
    N'importe pas à l'infini.

Ce même Dieu qui fit d'avril une cor-
    beille,
Qui fait l'oiseau chanteur pour les bois,
    et l'abeille
    Pour l'herbe où l'aube étincela,
Donne au Pôle effrayant, sans jour, sans
    fleur, sans arbre,
Pour qu'il puisse parfois chauffer ses
    mains de marbre,
    Ta cheminée, ô sombre Hékla !

Sous l'œil de cet esprit suprême et for-
  midable,
L'eau monte eu brume au front du pic
  inabordable
Et tombe en flots du haut des monts ;
La créature éteinte est d'une autre
  suivie,
L'univers, où ce Dieu met la mort et la
  vie,
Respire par ces deux poumons.

Devant ce Dieu s'enfuit tout ce qui hait
  son œuvre,
La tempête, le mal, l'épervier, la cou-
  leuvre,
Le méchant qui ment et qui nuit,
La trombe, affreux bandit qui dans les
  flots se vautre,
L'hiver boiteux qui fait marcher l'un
  après l'autre
Son jour court et sa longue nuit.

Il fait lâcher la proie aux bêtes carnas-
  sières.
Les morts dans le sépulcre ont perdu
  leurs poussières ;
Il rêve, et sait où sont leurs os.
En entendant passer son souffle dans
  l'espace,
Subitement l'enfer à la gueule rapace,
Les mondes hurlants du chaos,

Les univers punis dont la clameur
  s'élance,
Les bagnes monstrueux de l'ombre, font
  silence,
Et dans la nuit des noirs arrêts
Cessent de secouer les chaînes qui leur
  pèsent,
Comme le soir, au pas d'un voyageur, se
  taisent
Les grenouilles dans le marais.

Il tient une balance immense en équi-
  libre ;
Il met dans un plateau les cieux, la mer
  qui vibre,
Ceux qui sur le trône ont vécu,

Le monde et ses clartés, le mystère et
  ses voiles,
Et l'abîme jetant son écume d'étoiles ;
  Dans l'autre il met Caton vaincu.

Ce qu'il est ? regardez au-dessus de vos
  têtes ;
Voyez le ciel, le jour, la nuit ! Ce que
  vous êtes !
  Cherchez dans votre cendrier.
Son année est sans fin. Prosternez vos
  pensées.
Les constellations sont des mouches
  posées
  Sur l'énorme calendrier.

Mais voyez-le donc, vous dont les chants
  sont des râles,
Vivants qui ne pouvez que mourir,
  ombres pâles,
  Et qui ne savez qu'oublier !
L'Océan goutte à goutte en sa clepsydre
  pleure ;
Tout Sahara, tombant grain à grain,
  marque l'heure
  Dans son effrayant sablier.

Mêlez-le maintenant à vos anniversaires !
Allumez vos flambeaux, égrenez vos
  rosaires,
  Sur vos lutrins soyez béants ;
Ayez vos jours sacrés que plus de clarté
  dore ;
Mettez, devant ce Dieu que couronne
  l'aurore,
  Des tiares à vos néants !

La bête des bois rit quand les hommes,
  vain nombre,
Vont clouant leurs erreurs sur Dieu, leur
  nom sur l'ombre,
  Leur date sur l'immensité,
Se font centre du monde, eux les pas-
  sants rapides,
Et s'en viennent chanter leurs bouts de
  l'an stupides
  À la muette éternité.

NATURE.

CONTRE LES BUCHERONS

DE LA FOREST DE GASTINE.

PIERRE DE RONSARD. 1560.

ESCOUTE, bucheron, arreste un peu le
   bras ;
Ce ne sont pas des bois que tu jettes à
   bas ;
Ne vois-tu pas le sang lequel degoute à
   force
Des nymphes qui vivoient dessous la
   dure escorce ?
Sacrilege meurdrier, si on pend un voleur
Pour piller un butin de bien peu de va-
   leur,
Combien de feux, de fers, de morts et
   de détresses
Merites-tu, meschant, pour tuer nos dé-
   esses !
   Forest, haute maison des oiseaux bo-
   cagers !
Plus le cerf solitaire et les chevreuls le-
   gers
Ne paistront sous ton ombre, et ta verte
   criniere
Plus du soleil d'esté ne rompra la lu-
   miere.
   Plus l'amoureux pasteur sur un tronq
   adossé,
Enflant son flageolet à quatre trous persé,
Son mastin à ses pieds, à son flanc la
   houlette,
Ne dira plus l'ardeur de sa belle Ja-
   nette ;
Tout deviendra muet, Echo sera sans
   vois ;
Tu deviendras campagne, et, en lieu de
   tes bois,
Dont l'ombrage incertain lentement se
   remue,
Tu sentiras le soc, le coutre et la charrue ;

Tu perdras le silence, et haletans d'effroy
Ny Satyres ni Pans ne viendront plus
   chez toy.
   Adieu, vieille forest, le jouet de
   Zephyre,
Où premier[1] j'accorday les langues de
   ma lyre,
Où premier j'entendi les fleches resonner
D'Apollon, qui me vint tout le cœur
   estonner ;
Où premier, admirant ma belle Calliope,
Je devins amoureux de sa neuvaine[2]
   trope,[3]
Quand sa main sur le front cent roses
   me jetta,
Et de son propre laict Euterpe m'allaita.
   Adieu, vieille forest, adieu testes sa-
   crées,
De tableaux et de fleurs autrefois hono-
   rées,
Maintenant le desdain des passans alte-
   rez,
Qui, bruslez en l'esté des rayons etherez,
Sans plus trouver le frais de tes douces
   verdures,
Accusent tes meurtriers et leur disent
   injures.
   Adieu, chesnes, couronne aux vaillants
   citoyens,
Arbres de Jupiter, germes Dodonéens,
Qui premiers aux humains donnates à
   repaistre ;
Peuples vrayment ingrats, qui n'ont sceu
   recognoistre
Les biens receus de vous, peuples vray-
   ment grossiers
De massacrer ainsi leurs peres nourri-
   ciers.
   Que l'homme est malheureux qui au
   monde se fie !

[1] Pour la première fois.
[2] Composée des neuf Muses.
[3] Troupe.

O dieux, que veritable est la philosophie,
Qui dit que toute chose à la fin perira,
Et qu'en changeant de forme une autre
    vestira !
De Tempé la valée un jour sera mon-
    tagne,
Et la cyme d'Athos une large campagne ;
Neptune quelquefois de blé sera couvert :
La matiere demeure et la forme se perd.

DEDANS MES CHAMPS.

PHILIPPE DESPORTES. 1590.

O BIEN-HEUREUX qui peut passer sa
    vie
Entre les siens, franc de haine et d'envie,
Parmy les champs, les forests et les
    bois,
Loin du tumulte et du bruit populaire,
Et qui ne vend sa liberté pour plaire
Aux passions des princes et des rois !
    Il n'a soucy d'une chose incertaine,
Il ne se paist d'une esperance vaine,
Nulle faveur ne le va decevant,
De cent fureurs il n'a l'ame embrasée,
Et ne maudit sa jeunesse abusée,
Quand il ne trouve à la fin que du
    vant.
    Il ne fremist, quand la mer courroucée
Enfle ses flots, contrairement poussée
Des vens esmeus, soufflans horriblement ;
Et quand la nuict à son aise il sommeille,
Une trompette en sursaut ne l'éveille,
Pour l'envoyer du lict au monument.
    L'ambition son courage n'attise ;
D'un fard trompeur son ame il ne dé-
    guise,
Il ne se plaist à violer sa foy ;
Des grands seigneurs l'oreille il n'impor-
    tune,
Mais en vivant contant de sa fortune,
Il est sa cour, sa faveur et son roy,
    Je vous rens grace, ô deïtez sacrées
Des monts, des eaux, des forests et des
    prées,
Qui me privez de pensers soucieux,
Et qui rendez ma volonté contente,
Chassant bien loin ma miserable attente
Et les desirs des cœurs ambitieux !
    Dedans mes champs ma pensée est
    enclose ;
Si mon corps dort, mon esprit se re-
    pose,
Un soin cruel ne le va devorant.
Au plus matin la fraischeur me soulage ;

S'il fait trop chaud, je me mets à l'om-
    brage,
Et, s'il fait froid, je m'échauffe en cou-
    rant.
    Si je ne loge en ces maisons dorées,
Au front superbe, aux voûtes peinturées
D'azur, d'esmail et de mille couleurs,
Mon œil se paist des thresors de la plaine,
Riche d'œillets, de lis, de marjolaine,
Et du beau teint des printanieres fleurs.
    Dans les palais enflez de vaine pompe,
L'ambition, la faveur qui nous trompe,
Et les soucys logent communément ;
Dedans nos champs se retirent les fées,
Roines des bois à tresses décoiffées,
Les jeux, l'amour et le contentement.
    Ainsi vivant, rien n'est qui ne m'agrée :
J'oy des oiseaux la musique sacrée,
Quand au matin ils benissent les cieux,
Et le doux son des bruyantes fontaines,
Qui vont coulant de ces roches hautaines,
Pour arrouser nos prez delicieux.
    Que de plaisir de voir deux colom-
    belles,
Bec contre bec, en tremoussant des ailes,
Mille baisers se donner tour à tour,
Puis, tout ravy de leur grace naïve,
Dormir au frais d'une source d'eau vive,
Dont le doux bruit semble parler d'a-
    mour !
    Que de plaisir de voir sous la nuict
    brune,
Quand le soleil a fait place à la lune,
Au fond des bois les nymphes s'assem-
    bler,
Monstrer au vent leur gorge découverte,
Danser, sauter, se donner cotte-verte,
Et sous leurs pas tout l'herbage trembler !
    Le bal finy, je dresse en haut la
    veuë,
Pour voir le teint de la lune cornuë,
Claire, argentée, et me mets à penser
Au sort heureux du pasteur de Latmie ;
Lors je souhaite une aussi belle amie,
Mais je voudrois en veillant l'embrasser.

LA CAMPAGNE ET LA VILLE.

BOILEAU-DESPRÉAUX. 1677.

OUI, Lamoignon, je fuis les chagrins
    de la ville,
Et contre eux la campagne est mon
    unique asile.
Du lieu qui m'y retient veux-tu voir le
    tableau ?

C'est un petit village ou plutôt un ha-
meau,
Bâti sur le penchant d'un long rang de
collines,
D'où l'œil s'égare au loin dans les plaines
voisines.
La Seine, au pied des monts que son flot
vient laver,
Voit du sein de ses eaux vingt îles s'éle-
ver,
Qui, partageant son cours en diverses
manières,
D'une rivière seule y forment vingt rivi-
ères.
Tous ses bords sont couverts de saules
non plantés,
Et de noyers souvent du passant insultés.
Le village au-dessus forme un amphithé-
âtre :
L'habitant ne connoît ni la chaux ni le
plâtre ;
Et dans le roc, qui cède et se coupe aisé-
ment,
Chacun sait de sa main creuser son loge-
ment.
La maison du seigneur, seule un peu plus
ornée,
Se présente au dehors de murs environ-
née.
Le soleil en naissant la regarde d'abord,
Et le mont la défend des outrages du
nord.
C'est là, cher Lamoignon, que mon esprit
tranquille
Met à profit les jours que la Parque me
file.
Ici, dans un vallon bornant tous mes
désirs,
J'achète à peu de frais de solides plai-
sirs.
Tantôt, un livre en main, errant dans
les prairies,[1]
J'occupe ma raison d'utiles rêveries :
Tantôt, cherchant la fin d'un vers que
je construi,
Je trouve au coin d'un bois le mot qui
m'avoit fui ;
Quelquefois, aux appas[2] d'un hameçon
perfide,
J'amorce en badinant le poisson trop
avide ;
Ou d'un plomb qui suit l'œil, et part
avec l'éclair,
Je vais faire la guerre aux habitants de
l'air.

[1] Boileau lisait alors les *Essais* de Montaigne.
[2] Il faudrait à l'*appât*.

Une table au retour, propre et non mag-
nifique,
Nous présente un repas agréable et rus-
tique :
Là, sans s'assujettir aux dogmes Du
Broussain,[1]
Tout ce qu'on boit est bon, tout ce qu'on
mange est sain ;
La maison le fournit, la fermière l'or-
donne ;
Et mieux que Bergerat l'appétit l'assai-
sonne.
O fortuné séjour ! ô champs aimés des
cieux !
Que, pour jamais foulant vos prés déli-
cieux,
Ne puis-je ici fixer ma course vagabonde,
Et connu de vous seuls, oublier tout le
monde !

LE SOLEIL FIXE AU MILIEU DES PLANÈTES.

MALFILÂTRE. 1759.

L'HOMME a dit : les cieux m'environnent,
Les cieux ne roulent que pour moi ;
De ces astres qui me couronnent,
La Nature me fit le roi ;
Pour moi seul le Soleil se lève,
Pour moi seul le Soleil achève
Son cercle éclatant dans les airs ;
Et je vois, souverain tranquille,
Sur son poids la terre immobile
Au centre de cet univers.[2]

Fier mortel, bannis ces fantômes,
Sur toi-même jette un coup-d'œil.
Que sommes-nous faibles atomes,
Pour porter si loin notre orgueil ?
Insensés ! nous parlons en maîtres,
Nous qui, dans l'océan des êtres,
Nageons tristement confondus ;
Nous, dont l'existence légère,
Pareille à l'ombre passagère,
Commence, paraît, et n'est plus.

[1] " René Brulart, comte Du Broussin (et non *Broussain*) était fort habile dans l'art de la bonne chère. Lorsque Boileau faisait la satire III., Du Broussin lui disait : ' Écrivez plutôt contre les hypocrites ; vous aurez pour vous les hon-nêtes gens : mais pour la bonne chère, croyez-moi, ne badinez point là-dessus.' Boileau donna un jour un dîner où se trouvait Du Broussin et dont celui-ci fut fort content : ' Vous pouvez vanter,' dit-il au poète, ' de nous avoir donné un dîner sans faute." —DAUNOU.
[2] " Système de Ptolémée." —MALFILÂTRE.

Mais quelles routes immortelles
Uranie entr'ouvre à mes yeux !
Déesse, est-ce toi qui m'appelles
Aux voûtes brillantes des cieux ?
Je te suis. Mon âme agrandie,
S'élançant d'une aile hardie,
De la terre a quitté les bords :
De ton flambeau la clarté pure
Me guide au temple où la Nature
Cache ses augustes trésors.

Grand Dieu ! quel sublime spectacle
Confond mes sens, glace ma voix !
Où suis-je ? Quel nouveau miracle
De l'Olympe a changé les lois ?
Au loin, dans l'étendue immense,
Je contemple seul en silence
La marche du grand univers ;
Et dans l'enceinte qu'il embrasse,
Mon œil surpris voit sur leur trace
Retourner les orbes divers.[1]

Portés du couchant à l'aurore
Par un mouvement éternel,
Sur leur axe ils tournent encore
Dans les vastes plaines du ciel.
Quelle intelligence secrète
Règle en son cours chaque planète
Par d'imperceptibles ressorts ?
Le Soleil est-il le génie
Qui fait avec tant d'harmonie
Circuler les célestes corps ?

Au milieu d'un vaste fluide,
Que la main du Dieu créateur
Versa dans l'abîme du vide,
Cet astre unique est leur moteur ;
Sur lui-même agité sans cesse,
Il emporte, il balance, il presse
L'éther et les orbes errans ;
Sans cesse une force contraire,
De cette ondoyante matière,
Vers lui repousse les torrens.

Ainsi se forment les orbites
Que tracent ces globes connus :
Ainsi, dans des bornes prescrites,
Volent et Mercure et Vénus.
La Terre suit ; Mars, moins rapide,
D'un air sombre s'avance et guide

Les pas tardifs de Jupiter ;
Et son père, le vieux Saturne,
Roule à peine son char nocturne
Sur les bords glacés de l'éther.

Oui, notre sphère, épaisse masse,
Demande au Soleil ses présens.
A travers sa dure surface
Il darde ses feux bienfaisans.
Le jour voit les heures légères
Présenter les deux hémisphères
Tour à tour à ses doux rayons ;
Et sur les signes inclinée,
La Terre, promenant l'année,
Produit des fleurs et des moissons.

Je te salue, âme du monde,
Sacré Soleil, astre de feu,
De tous les biens source féconde,
Soleil, image de mon Dieu !
Aux globes qui, dans leur carrière,
Rendent hommage à ta lumière,
Annonce Dieu par ta splendeur :
Règne à jamais sur ses ouvrages,
Triomphe, entretiens tous les âges
De son éternelle grandeur.

ALLUSION.

Du ciel auguste souveraine,
C'est toi que je peins sous ces traits.
Le tourbillon qui nous entraîne,
Vierge, ne t'ébranla jamais.
Enveloppés de vapeurs sombres,
Toujours errant parmi les ombres,
Du jour nous cherchons la clarté.
Ton front seul, aurore nouvelle,
Ton front, sans nuage, étincelle
Des feux de la divinité.

LE CYGNE.

STANCES À TROIS JEUNES FILLES, AGLAÉ,
BLANCHE, ET NINA.

PIERRE LEBRUN. 1809.

ERRANT dans ce riant séjour,[1]
Parmi ces eaux et ces ombrages

---

[1] "Système de Copernic. Un homme dont les
sens sont accoutumés au système vulgaire,
croirait que les planètes retournent sur leur
trace, s'il pouvait les voir, tout-à-coup, suivre
'e contraire, c'est-à-dire celle que Coper-
- fait suivre d'occident en orient."—
.TRE.

[1] "Le val est en effet, ou du moins était, 'au
temps de l'empire,' un séjour vraiment en-
chanté : ancienne abbaye, devenue demeure
très-mondaine, voisine de l'Ile-Adam, entourée
de beaux ombrages et rafraîchie de belles eaux.
Ces vers ont été inspirés par des jeunes filles
qui agaçaient un cygne en lui jetant de l'herbe
et des fleurs : tableau fait pour le peintre plus
encore que pour le poète, car ces jeunes filles,

Où m'environnent tant d'images
De paix, de bonheur et d'amour,

Un penchant secret me ramène
Au lieu du cygne fréquenté,
Où sur les eaux, en liberté,
Ce roi paisible se promène.

Que son destin me semble heureux,
Et combien je lui porte envie !
J'arrête avec plaisir mes yeux
Sur l'innocence de sa vie.

J'aime les flexibles contours
De ce cou qu'il plonge dans l'onde,
Et de son erreur vagabonde
J'aime la grâce et les détours ;

Soit que près du bord il se joue,
Et vienne, d'un air de fierté,
Sensible à ma voix qui le loue,
Me faire admirer sa beauté ;

Soit que, s'éloignant du rivage,
Il flotte aussi calme, aussi pur
Que le calme et limpide azur
Qui répète sa blanche image ;

Doux navire, qui, sans effort,
Au vent léger ouvrant ses voiles,
Va, sans boussole et sans étoiles,
Parmi les fleurs trouver un port.

Longtemps sur la rive, immobile,
Je demeure à te contempler,
Et, rêveur, avec l'eau tranquille,
Mes yeux le regardent couler.

Que de charme dans son silence !
Dans son port que de majesté !
Dans ses formes que d'élégance !
Dans son air que de volupté !

Ne dirait-on pas qu'il soupire
À l'aspect de ces lieux charmants,
Et qu'une âme aimante respire
Dans ses suaves mouvements ?

Du milieu des eaux qu'il décore,
Ses regards ne cherchent-ils pas
Quelque Léda qui l'aime encore
Aux bords d'un nouvel Eurotas ?

sœurs et nièces de la belle maîtresse du lieu,
toutes trois dans la première fleur de l'âge et
de la beauté, étaient ravissantes. La plus jeune
était une copie vivante de la Psyché de Gérard."
—PIERRE LEBRUN.

Jeunes filles sans défiance,
Qui l'agacez avec des fleurs,
Prenez garde : telle imprudence
A jadis coûté bien des pleurs.

Amoureux de simples mortelles,
On a vu des dieux, nos rivaux,
Vêtir ainsi de blanches ailes,
Et se jouer au bord des eaux.

Fuyez, vierges, fuyez plus vite ;
Le beau cygne s'est agité ;
Et sous son plumage argenté,
Le cœur de Jupiter palpite.

LA CHUTE DES FEUILLES.

MILLEVOYE. 1810.

DE la dépouille de nos bois
L'automne avait jonché la terre ;
Le bocage était sans mystère,
Le rossignol était sans voix.
Triste, et mourant à son aurore,
Un jeune malade, à pas lents,
Parcourait une fois encore
Le bois cher à ses premiers ans :
" Bois que j'aime ! adieu — je succombe.
Ton deuil m'avertit de mon sort ;
Et dans chaque feuille qui tombe
Je vois un présage de mort.
Fatal oracle d'Épidaure,
Tu m'as dit : ' Les feuilles des bois
À tes yeux jauniront encore ;
Mais c'est pour la dernière fois.
L'éternel cyprès se balance ;
Déjà sur ta tête en silence
Il incline ses longs rameaux :
Ta jeunesse sera flétrie
Avant l'herbe de la prairie,
Avant le pampre des coteaux.'
Et je meurs ! De leur froide haleine
M'ont touché les sombres autans ;
Et j'ai vu, comme une ombre vaine,
S'évanouir mon beau printemps.
Tombe, tombe, feuille éphémère !
Couvre, hélas ! ce triste chemin ;
Cache au désespoir de ma mère
La place où je serai demain.
Mais si mon amante voilée
Au détour de la sombre allée
Venait pleurer quand le jour fuit,
Éveille par un léger bruit
Mon ombre un instant consolée."
Il dit, s'éloigne — et, sans retour —
La dernière feuille qui tombe

A signalé son dernier jour.
Sous le chêne on creusa sa tombe —
Mais son amante ne vint pas
Visiter la pierre isolée ;
Et le pâtre de la vallée
Troubla seul du bruit de ses pas
Le silence du mausolée.[1]

LA ROSE.

MILLEVOYE. 1812.

La rose, doux présent des cieux,
Semble sourire à la nature ;
De la terre aimable parure, —
La rose est le souffle des dieux.

Vénus la reçoit ou la donne ;
Les Muses en parent leurs fronts ;
Et, l'entrelaçant en festons,
Les Grâces en font leur couronne.

Heureux celui qui la moissonne !
Fidèle image du plaisir,
Quoique l'épine l'environne,
On aime encore à la cueillir.

Charme de tout ce qui respire,
Vierges, elle orne votre sein ;
Poëte, elle ombrage ta lyre ;
Buveur, elle embaume ton vin.

Partout la rose : elle colore
Des nymphes les bras demi-nus ;
La rose est aux doigts de l'aurore,
La rose est au front de Vénus.

Quand elle a perdu sa jeunesse
Et son empire d'un matin,
Par son odorante vieillesse
Elle prolonge son destin.

1 "Cette pièce, que chacun sait par cœur, et qui est l'expression délicieuse d'une mélancolie toujours sentie, suffit à sauver le nom poétique de Millevoye, comme celle du *Cimetière* suffit à Gray.

Anacréon n'a laissé qu'une page
Qui flotte encor sur l'abîme des temps,

a dit M. Delavigne d'après Horace. Millevoye a laissé au courant du flot sa feuille qui surnage : son nom se lit dessus, c'en est assez pour ne plus mourir. On m'apprenait dernièrement que cette *Chute des Feuilles*, traduite par un poëte russe, avait été de là retraduite en anglais par le docteur Bowring, et de nouveau citée en français, comme preuve, je crois, du génie rêveur et mélancolique des poëtes du Nord."—Sainte-Beuve.

On nous raconte que Cybèle,
Lorsque Vénus reçut le jour,
Embellit son nouveau séjour,
Et créa la rose pour elle.

Les dieux cultivent cette fleur ;
De son nectar Bacchus l'arrose,
Et ce nectar donne à la rose
Et ses parfums et sa couleur.

L'IF DE TANCARVILLE.

PIERRE LEBRUN. 1812.

Aux anciens du hameau j'ai demandé
      son âge :
   Par siècles il compte ses jours,
   Et, né même avant le village,
Tel il est aujourd'hui, tel on l'a vu tou-
      jours.
Sur le sentier qui mène à l'humble cime-
      tière,
Celui qui l'a connu du temps de nos aïeux
Et qui depuis mille ans aurait fermé les
      yeux,
S'il rouvrait aujourd'hui ses yeux à la
      lumière,
Le trouverait encore à la place première,
   Où peut-être il l'a trouvé vieux.

Il était là lorsque sur la colline
Les quatre tours du féodal château,
Qui voit la chèvre habiter sa ruine,
   Élevaient leur premier créneau.

Il était là lorsque le duc Guillaume,
Le casque en tête, allait, par ces sentiers,
Avec clairons, vassaux et chevaliers,
   À la conquête d'un royaume.

Il était là lorsque le grand Dunois,
Se reposant d'héroïques conquêtes,
Dans le manoir plein de joie et de fêtes,
Ouvrait la lice des tournois.

Ah ! s'il pouvait parler ! s'il avait la mé-
      moire
   Des anciens arbres fabuleux,
   Et, prenant une voix comme eux,
De tout ce qu'il a vu nous racontait l'his-
      toire !
Que d'hommes et de temps divers !
Que de printemps et que d'hivers !
Que d'heures tristes ou sereines !
Que de rires, et que de pleurs !
Que de joie et que de douleurs !
Et toutes également vaines :

" J'ai vu l'enfant, vers le saint lieu
Dans les bras de sa jeune mère
Portée à son heure première,
Pour être, aux fonts, offerte à Dieu ;
Le lendemain, elle est passée
Dans des habits de fiancée ;
Le lendemain dans ceux du deuil ;
Le lendemain, vieille et cassée ;
Le lendemain, dans son cercueil.

" Et depuis l'instant où la terre
S'est ouverte pour la couvrir,
J'ai bien des fois sur sa poussière
Vu l'herbe renaître et mourir !

" Dans leurs jours de toute-puis-
sance,
Des hommes beaux, braves et forts,
Pleins de jeunesse et d'espérance,
Passaient à mes pieds : ils sont morts.
De ce château, semé sous l'herbe,
Les maîtres qui, nobles autours,
S'abattaient sur mes alentours,
Et foulaient d'un pied si superbe,
Le vassal, son chaume et sa gerbe,
Ils sont tombés, comme leurs tours.

" Et depuis l'instant où la terre
S'est ouverte pour les couvrir,
J'ai bien des fois sur leur poussière,
Vu l'herbe renaître et mourir ! "

Il me parle ! j'entends comme une voix
secrète
Jusqu'au fond de mon cœur doucement
arriver.
Du temps et de la mort insensible inter-
prète,
Vieil arbre, tu m'as fait rêver.

Oh ! comme sur la terre on laisse peu de
trace !
Pourquoi tant tourmenter nos rapides
moments !
Que je me sens mortel près de ce tronc
vivace,
Dont la nature a fait un de ses monu-
ments !
Tout monument humain et s'écroule et
s'efface ;
Notre temps n'a que peu de jours ;
Un homme naît, un cercueil passe ;
Un siècle meurt, un autre le remplace ;
La nature est la même et demeure tou-
jours.
Les générations, vingt fois renouve-
lées,

Ont agité leurs flots et se sont écoulées ;
Et le vieil arbre encor garde après mille
hivers,
Impassible témoin, ses rameaux toujours
verts.

Hélas ! déjà des ans sans nombre
Sur ma dépouille auront passé,
Et du bord du chemin, où je l'aurai laissé,
Sur le passant encore il jettera son ombre.
Les beaux rayons du soir comme à pré-
sent encor
Sur la cime des bois répandront leurs flots
d'or ;
Le même vent viendra frémir dans le
feuillage ;
Le flot, du même bruit, viendra battre
la plage ;
Et la source, où souvent j'ai cherché la
fraîcheur,
Où les bois bercent leur image,
Murmurera sous leur ombrage
Avec le même charme et la même dou-
ceur.

LA FENÊTRE DE LA MAISON PATERNELLE.

LAMARTINE. 1816.

AUTOUR du toit qui nous vit naître
Un pampre étalait ses rameaux ;
Ses grains dorés vers la fenêtre
Attiraient les petits oiseaux.

Ma mère, étendant sa main blanche,
Rapprochait les grappes de miel,
Et ses enfants suçaient la branche,
Qu'ils rendaient aux oiseaux du ciel.

L'oiseau n'est plus, la mère est morte,
Le vieux cep languit jaunissant,
L'herbe d'hiver croît sur la porte,
Et moi, je pleure en y pensant.

C'est pourquoi la vigne, enlacée
Aux mémoires de mon berceau,
Porte à mon âme une pensée,
Et doit ramper sur mon tombeau.

LA GELÉE D'AVRIL.

PIOULT DE CHÊNEDOLLÉ. 1819.

AVRIL avait repris le sceptre de l'année,
Et, de rayons nouveaux la tête couron-
née,

Le grand astre des cieux, libre et resplen-
    dissant,
Guidait, au haut des airs, son char éblou-
    issant.
De ses plus verts gazons la terre était
    parée.
Le crocus au front d'or, l'hépatique em-
    pourprée,
Jetés sur la verdure en bouquets écla-
    tants,
Embellissaient déjà la robe du printemps.
Partout germaient, naissaient, et se hâ-
    taient d'éclore
Les riantes tribus du royaume de Flore ;
L'hyacinthe qui s'ouvre aux feux d'un
    soleil pur,
Et l'aimable pervenche aux pétales d'a-
    zur,
Et l'humble violette à l'haleine embau-
    mée ;
Mille arbres, des jardins parure accoutu-
    mée,
Reprenant à la fois leurs vêtements de
    fleurs,
Semblaient rivaliser d'éclat et de cou-
    leurs.
Des oiseaux ranimés les légères familles,
Ou suspendaient leurs nids aux dômes
    des charmilles,
Ou, cachés dans le sein des odorants
    buissons,
Faisaient retentir l'air de leurs douces
    chansons.
Le froment, jeune encor, sans craindre
    la faucille,
Se couronnait déjà de son épi mobile,
Et, prenant dans la plaine un essor plus
    hardi,
Ondoyait à côté du trèfle reverdi.
La cerisaie en fleurs, par avril ranimée,[1]
Emplissait de parfums l'atmosphère em-
    baumée,
Et des dons du printemps les pommiers
    enrichis
Balançaient leurs rameaux empourprés
    ou blanchis.

Oh ! comme alors, quittant le sein bruy-
    ant des villes,
On aimait à fouler les campagnes fertiles !
Que les prés étaient beaux ! que les yeux
    enchantés
Erraient avec plaisir sur leurs fraîches
    beautés !
À l'aspect des trésors que la terre déploie,

[1] *Cerisaie*, lieu planté de cerisiers.

Les laboureurs, comblés d'espérance et
    de joie,
Répétaient à l'envi que, depuis quarante
    ans,
Aucun d'eux n'avait vu de plus riche
    printemps.

Le soir, assis au seuil de l'antique chau-
    mière,
Méril, vieux laboureur au front octogé-
    naire,
Reportant tour à tour son regard attendri
De ses belles moissons à son verger fleuri,
Contemplait du printemps les brillantes
    promesses,
Et de l'été déjà saluait les richesses.
"Quatre-vingts fois, armé de ses noirs
    aquilons,
L'hiver a," disait-il, "ravagé nos vallons :
Le printemps, ranimant leur verdure
    fanée,
Quatre-vingts fois aussi renouvela l'an-
    née,
Depuis que, dirigeant le fer agricul-
    teur,
Je me livre avec joie à l'art du laboureur.
J'ai vu dans mes enclos descendre l'abon-
    dance !
La moisson a souvent passé mon espé-
    rance ;
Mais jamais je n'ai vu, sur nos fertiles
    bords,
Avril au métayer ouvrir tant de trésors.
Oui, nos labeurs encore auront leur ré-
    compense ;
Je pourrai donc encor secourir l'indi-
    gence ;
Je pourrai l'assister, quoique je sois bien
    vieux,
Et que d'un pied je touche aux tombes
    des aïeux ! —
Mais quels que soient les jours que me
    réserve encore
La bonté de ce Dieu que sans cesse j'im-
    plore,
Je n'oublierai jamais les faveurs et les
    dons
Qu'il verse en ce printemps sur nos jeunes
    moissons ;
Et je mourrai content, puisque encor ma
    vieillesse
De nos champs une fois a revu la ri-
    chesse."
Il dit. Du lendemain il règle les tra-
    vaux,
Puis regagne sa couche, et se livre au
    repos.

Mais du soir, tout-à-coup, les horizons rougissent ;
Le ciel s'est coloré, les airs se refroidissent,
Et l'étoile du Nord, qu'un char glacé conduit,
Étincelle en tremblant sur le sein de la nuit.
Soudain l'âpre gelée, aux piquantes haleines,
Frappe à la fois les prés, les vergers et les plaines,
Et le froid aquilon, de son souffle acéré,
Poursuit dans les bosquets le printemps éploré.
C'en est fait ! d'une nuit l'haleine empoisonnée
A séché dans sa fleur-tout l'espoir de l'année.
Le mal se cache encor sous un voile incertain :
Mais, quand l'aube eut blanchi les portes du matin,
Que son premier rayon éclaira de ravages !
Tout du fougueux Borée attestait les outrages,
Le fruit tendre et naissant, que septembre eût doré,
Par le souffle ennemi s'offre décoloré.
La vigne, autre espérance, en proie à la froidure,
A du pampre hâtif vu mourir la verdure.
L'épi, dans ses tuyaux vainement élancé,
Est frappé par le givre, et retombe affaissé.
Le pommier, que parait sa fleur prématurée,
A vu tomber l'honneur de sa tête empourprée ;
Et, plus honteux encor, de ses bouquets flétris,
L'arbre de Cérasonte a pleuré les débris.

À l'aspect du fléau que de larmes coulèrent !
Mais quand le jour s'accrut, les sanglots redoublèrent,
Et les vieux laboureurs, au désespoir réduits,
Se montraient, en pleurant, tant de trésors détruits.
Méril, non sans verser bien des larmes amères,
Du hameau ruiné déplora les misères ;
Mais, d'une âme chrétienne, il soutint ses malheurs,

Et le malheur d'autrui seul lui coûta des pleurs.
Il disait : "Puisqu'un Dieu si bon, si tutélaire,
A fait sur nos guérets descendre sa colère,
De nos erreurs sans doute il était mécontent.
Amis, résignons-nous. Je l'avouerai pourtant,
J'ai regret à ces blés ; car plus d'un misérable
Dans ma grange eût trouvé la gerbe secourable.
Mais nos jours sont mêlés d'amertume et de fiel,
Et l'on doit se soumettre aux volontés du ciel."

ADIEUX À LA MER.

LAMARTINE. Naples, 1822.

MURMURE autour de ma nacelle,
Douce mer dont les flots chéris,
Ainsi qu'une amante fidèle,
Jettent une plainte éternelle
Sur ces poétiques débris !

Que j'aime à flotter sur ton onde,
À l'heure où du haut du rocher
L'oranger, la vigne féconde,
Versent sur ta vague profonde
Une ombre propice au nocher !

Souvent, dans ma barque sans rame,
Me confiant à ton amour,
Comme pour assoupir mon âme,
Je ferme au branle de ta lame
Mes regards fatigués du jour.

Comme un coursier souple et docile
Dont on laisse flotter le mors,
Toujours vers quelque frais asile
Tu pousses ma barque fragile
Avec l'écume de tes bords.

Ah ! berce, berce, berce encore,
Berce pour la dernière fois,
Berce cet enfant qui t'adore,
Et qui depuis sa tendre aurore
N'a rêvé que l'onde et les bois !

Le Dieu qui décora le monde
De ton élément gracieux,

17

Afin qu'ici tout se réponde,
Fit les cieux pour briller sur l'onde,
L'onde pour réfléchir les cieux.

Aussi pur que dans ma paupière,
Le jour pénètre ton flot pur ;
Et dans ta brillante carrière
Tu sembles rouler la lumière
Avec tes flots d'or et d'azur.

Aussi libre que la pensée,
Tu brises le vaisseau des rois,
Et dans ta colère insensée,
Fidèle au Dieu qui t'a lancée,
Tu ne t'arrêtes qu'à sa voix.

De l'infini sublime image,
De flots en flots l'œil emporté
Te suit en vain de plage en plage ;
L'esprit cherche en vain ton rivage,
Comme ceux de l'éternité.

Ta voix majestueuse et douce
Fait trembler l'écho de tes bords ;
Ou sur l'herbe qui te repousse,
Comme le zéphyr dans la mousse,
Murmure de mourants accords.

Que je t'aime, ô vague assouplie,
Quand sous mon timide vaisseau,
Comme un géant qui s'humilie,
Sous ce vain poids l'onde qui plie
Me creuse un liquide berceau !

Que je t'aime quand, le zéphyre
Endormi dans tes antres frais,
Ton rivage semble sourire
De voir, dans ton sein qu'il admire,
Flotter l'ombre de ses forêts !

Que je t'aime quand sur ma poupe
Des festons de mille couleurs,
Pendant au vent qui les découpe,
Te couronnent comme une coupe
Dont les bords sont voilés de fleurs !

Qu'il est doux, quand le vent caresse
Ton sein mollement agité,
De voir, sous ma main qui la presse,
Ta vague qui s'enfle et s'abaisse
Comme le sein de la beauté !

Viens à ma barque fugitive,
Viens donner le baiser d'adieux ;
Roule autour une voix plaintive,
Et de l'écume de ta rive
ille encor mon front et mes yeux.

Laisse sur ta plaine mobile
Flotter ma nacelle à son gré,
Et sous l'antre de la Sibylle,
Ou sous le tombeau de Virgile :
Chacun de tes flots m'est sacré.

Partout sur ta rive chérie,
Où l'amour éveilla mon cœur,
Mon âme, à sa vue attendrie,
Trouve un asile, une patrie,
Et des débris de son bonheur.

Flotte au hasard : sur quelque plage
Que tu me fasses dériver,
Chaque flot m'apporte une image ;
Chaque rocher de ton rivage
Me fait souvenir ou rêver !

LE PAPILLON.

LAMARTINE. 1835.

NAÎTRE avec le printemps, mourir avec
les roses ;
Sur l'aile du zéphyr nager dans un ciel
pur ;
Balancé sur le sein des fleurs à peine
écloses,
S'enivrer de parfums, de lumière et
d'azur ;
Secouant, jeune encor, la poudre de ses
ailes,
S'envoler comme un souffle aux voûtes
éternelles ;
Voilà du papillon le destin enchanté.
Il ressemble au désir, qui jamais ne se
pose,
Et, sans se satisfaire, effleurant toute
chose,
Retourne enfin au ciel chercher la vo-
lupté.

À UNE FLEUR SÉCHÉE DANS UN ALBUM.

LAMARTINE. 1827.

IL m'en souvient, c'était aux plages
Où m'attire un ciel du Midi,
Ciel sans souillure et sans orages,
Où j'aspirais sous les feuillages
Les parfums d'un air attiédi.

Une mer qu'aucun bord n'arrête
S'étendait bleue à l'horizon ;

L'oranger, cet arbre de fête,
Neigeait par moments sur ma tête ;
Des odeurs montaient du gazon.

Tu croissais près d'une colonne
D'un temple écrasé par le temps ;
Tu lui faisais une couronne,
Tu parais son tronc monotone
Avec tes chapiteaux flottants ;

Fleur qui décores la ruine
Sans un regard pour t'admirer !
Je cueillis ta blanche étamine,
Et j'emportai sur ma poitrine
Tes parfums pour les respirer.

Aujourd'hui, ciel, temple, rivage,
Tout a disparu sans retour :
Ton parfum est dans le nuage,
Et je trouve, en tournant la page,
La trace morte d'un beau jour !

SOLEIL COUCHANT.

VICTOR HUGO. JUIN 1828.

"Merveilleux tableaux que la vue découvre à la
pensée." — CH. NODIER.

J'AIME les soirs sereins et beaux, j'aime
les soirs,
Soit qu'ils dorent le front des antiques
manoirs
Ensevelis dans les feuillages ;
Soit que la brume au loin s'allonge en
bancs de feu ;
Soit que mille rayons brisent dans un
ciel bleu
À des archipels de nuages.

Oh ! regardez le ciel ! cent nuages mou-
vants,
Amoncelés là-haut sous le souffle des
vents,
Groupent leurs formes inconnues ;
Sous leurs flots par moments flamboie
un pâle éclair,
Comme si tout à coup quelque géant de
l'air
Tirait son glaive dans les nues.

Le soleil, à travers leurs ombres, brille
encor ;
Tantôt fait, à l'égal des larges dômes
d'or,
Luire le toit d'une chaumière,

Ou dispute aux brouillards des vagues
horizons ;
Ou découpe, en tombant sur les sombres
gazons,
Comme de grands lacs de lumière.

Puis voilà qu'on croit voir, dans le ciel
balayé,
Pendre un grand crocodile au dos large
et rayé,
Aux trois rangs de dents acérées ;
Sous son ventre plombé glisse un rayon
du soir,
Cent nuages ardents luisent sous son
flanc noir
Comme des écailles dorées.

Puis se dresse un palais, puis l'air trem-
ble et tout fuit.
L'édifice effrayant des nuages détruit
S'écroule en ruines pressées ;
Il jonche au loin le ciel, et ses cônes
vermeils
Pendent, la pointe en bas, sur nos têtes,
pareils
À des montagnes renversées.

Ce nuage de plomb, d'or, de cuivre, de
fer,
Où l'ouragan, la trombe, et la foudre et
l'enfer
Dorment avec de sourds murmures,
C'est Dieu qui les suspend en foule aux
cieux profonds,
Comme un guerrier qui pend aux pou-
tres des plafonds
Ses retentissantes armures !

Tout s'en va ! Le soleil, d'en haut pré-
cipité,
Comme un globe d'airain qui, rouge, est
rejeté
Dans les fournaises remuées,
En tombant sur leurs flots, que son choc
désunit,
Fait en flocons de feu jaillir jusqu'au
zénith
L'ardente écume des nuées !

Oh ! contemplez le ciel ! et dès qu'a fui
le jour,
En tout temps, en tout lieu, d'un inef-
fable amour,
Regardez à travers ses voiles ;
Un mystère est au fond de leur grav·
beauté :

L'hiver, quand ils sont noirs comme un
　　linceul ; l'été,
Quand la nuit les brode d'étoiles.

LA SOLITUDE.

LAMARTINE. 1828.

HEUREUX qui, s'écartant des sentiers
　　d'ici-bas,
À l'ombre du désert allant cacher ses
　　pas,
D'un monde dédaigné secouant la pous-
　　sière,
Efface, encor vivant, ses traces sur la
　　terre,
Et, dans la solitude enfin enseveli,
Se nourrit d'espérance et s'abreuve
　　d'oubli !
Tel que ces esprits purs qui planent
　　dans l'espace,
Tranquille spectateur de cette ombre qui
　　passe,
Des caprices du sort à jamais défendu,
Il suit de l'œil ce char dont il est de-
　　scendu ! —
Il voit les passions, sur une onde incer-
　　taine,
De leur souffle orageux enfler la voile
　　humaine.
Mais ces vents inconstants ne troublent
　　plus sa paix ;
Il se repose en Dieu, qui ne change
　　jamais ;
Il aime à contempler ses plus hardis
　　ouvrages,
Ces monts vainqueurs des vents, de la
　　foudre et des âges,
Où dans leur masse auguste et leur so-
　　lidité
Ce Dieu grava sa force et son éternité.
A cette heure où, frappé d'un rayon de
　　l'aurore,
Leur sommet enflammé, que l'orient
　　colore,
Comme un phare céleste allumé dans la
　　nuit,
Jaillit étincelant de l'ombre qui s'enfuit,
Il s'élance, il franchit ces riantes collines
Que le mont jette au loin sur ses larges
　　racines,
Et, porté par degrés jusqu'à ses sombres
　　flancs,
Sous ses pins immortels il s'enfonce à
　　pas lents.

Là, des torrents séchés le lit seul est la
　　route ;
Tantôt les rocs minés sur lui pendent en
　　voûte,
Et tantôt, sur leurs bords tout à coup
　　suspendu,
Il recule étonné : son regard éperdu
Jouit avec horreur de cet effroi sublime,
Et sous ses pieds longtemps voit tour-
　　noyer l'abîme.
Il monte, et l'horizon grandit à chaque
　　instant ;
Il monte, et devant lui l'immensité
　　s'étend
Comme sous le regard d'une nouvelle
　　aurore ;
Un monde à chaque pas pour ses yeux
　　semble éclore,
Jusqu'au sommet suprême où son œil
　　enchanté
S'empare de l'espace et plane en liber-
　　té.
Ainsi, lorsque notre âme, à sa source
　　envolée
Quitte enfin pour toujours la terrestre
　　vallée,
Chaque coup de son aile, en l'élevant
　　aux cieux,
Élargit l'horizon qui s'étend sous ses
　　yeux ;
Des mondes sous son vol le mystère
　　s'abaisse ;
En découvrant toujours, elle monte sans
　　cesse
Jusqu'aux saintes hauteurs d'où l'œil du
　　séraphin
Sur l'espace infini plonge un regard sans
　　fin.

Salut, brillants sommets, champs de
　　neige et de glace ;
Vous qui d'aucun mortel n'avez gardé la
　　trace,
Vous que le regard même aborde avec
　　effroi,
Et qui n'avez souffert que les aigles et
　　moi !
Œuvres du premier jour, augustes pyra-
　　mides
Que Dieu même affermit sur vos bases
　　solides,
Confins de l'univers, qui depuis ce grand
　　jour
N'avez jamais changé de forme et de
　　contour,
Le nuage en grondant parcourt en vain
　　vos cimes,

Le fleuve en vain grossi sillonne vos abîmes,
La foudre frappe en vain votre front endurci :
Votre front solennel, un moment obscurci,
Sur nous, comme la nuit, versant son ombre obscure,
Et laissant pendre au loin sa noire chevelure,
Semble, toujours vainqueur du choc qui l'ébranla,
Au Dieu qui l'a fondé dire encor : "Me voilà."
Et moi, me voici seul sur ces confins du monde !
Loin d'ici, sous mes pieds, la foudre vole et gronde ;
Les nuages battus par les ailes des vents,
Entre-choquant comme eux leurs tourbillons mouvants,
Tels qu'un autre Océan soulevé par l'orage,
Se déroulent sans fin dans des lits sans rivage,
Et, devant ces sommets abaissant leur orgueil,
Brisent incessamment sur cet immense écueil.
Mais tandis qu'à ses pieds ce noir chaos bouillonne,
D'éternelles splendeurs le soleil le couronne :
Depuis l'heure où son char s'élance dans les airs
Jusqu'à l'heure où son disque incline vers les mers,
Cet astre, en décrivant son oblique carrière,
D'aucune ombre jamais n'y souille sa lumière ;
Et déjà la nuit sombre a descendu des cieux,
Qu'à ses sommets encore il dit de longs adieux.
Là, tandis que je nage en des torrents de joie,
Ainsi que mon regard mon âme se déploie,
Et croit, en respirant cet air de liberté,
Recouvrer sa splendeur et sa sérénité.
Oui, dans cet air du ciel, les soins lourds de la vie,
Le mépris des mortels, leur haine ou leur envie,
N'accompagnent plus l'homme et ne surnagent pas ;

Comme un vil plomb, d'eux-même ils retombent en bas.
Ainsi, plus l'onde est pure, et moins l'homme y surnage ;
À peine de ce monde il emporte une image :
Mais ton image, ô Dieu, dans ces grands traits épars,
En s'élevant vers toi grandit à nos regards !
Comme au prêtre habitant l'ombre du sanctuaire,
Chaque pas te révèle à l'âme solitaire ;
Le silence et la nuit et l'ombre des forêts
Lui murmurent tout bas de sublimes secrets ;
Et l'esprit, abîmé dans ces rares spectacles,
Par la voix des déserts écoute tes oracles.
J'ai vu de l'Océan les flots épouvantés,
Pareils aux fiers coursiers dans la plaine emportés,
Déroulant à ta voix leur humide crinière,
Franchir en bondissant leur bruyante carrière,
Puis soudain, refoulés sous ton frein tout-puissant,
Dans l'abîme étonné rentrer en mugissant.
J'ai vu le fleuve, épris des gazons du rivage,
Se glisser, flots à flots, de bocage en bocage,
Et dans son lit, voilé d'ombrage et de fraîcheur,
Bercer en murmurant la barque du pêcheur.
J'ai vu le trait brisé de la foudre qui gronde,
Comme un serpent de feu, se dérouler sur l'onde ;
Le zéphyr, embaumé des doux parfums du miel,
Balayer doucement l'azur voilé du ciel ;
La colombe, essuyant son aile encore humide,
Sur les bords de son nid poser un pied timide,
Puis, d'un vol cadencé, fendant le flot des airs,
S'abattre en soupirant sur la rive des mers.
J'ai vu ces monts voisins des cieux où tu reposes,
Cette neige où l'aurore aime à semer ses roses,

Ces trésors des hivers, d'où par mille dé-
  tours,
Dans nos champs desséchés multipliant
  leur cours.
Cent rochers de cristal, que tu fonds à
  mesure,
Viennent désaltérer la mourante ver-
  dure ;
Et ces ruisseaux pleuvant de ces rocs
  suspendus,
Et ces torrents grondant dans les granits
  fendus,
Et ces pics où le temps a perdu sa vic-
  toire —
Et toute la nature est un hymne à ta
  gloire.[1]

PLUIE D'ÉTÉ.

VICTOR HUGO. 1828.

" L'aubépine et l'églantin,
    Et le thym,
  L'œillet, le lys et les roses,
    En cette belle saison,
        À foison,
  Montrent leurs robes écloses.

" Le gentil rossignolet,
      Doucelet,
  Découpe, dessous l'ombrage,
    Mille fredons babillards,
      Frétillards,
  Aux doux sons de son ramage."
                    REMI BELLEAU.

QUE la soirée est fraîche et douce !
O viens ! il a plu ce matin ;
Les humides tapis de mousse
Verdissent tes pieds de satin.
L'oiseau vole sous les feuillées,
Secouant ses ailes mouillées ;

[1] Cette méditation de mes meilleurs jours
est un cri d'admiration longtemps contenu qui
m'échappa en apercevant le bassin du lac Lé-
man et l'amphithéâtre des Alpes, en y plon-
geant pour la centième fois mon regard du
sommet du mont Jura.
  J'étais seul ; je voyageais à pied dans ces
montagnes. Je m'arrêtai dans un chalet, et j'y
passai trois jours dans une famille de bergers :
j'aurais voulu y passer trois ans. Plus je mon-
tais, plus je voyais Dieu. La nature est, sur-
tout pour moi, un temple dont le sanctuaire
a besoin de silence et de solitude. L'homme
offusque l'homme ; il se place entre notre œil
et Dieu. Je comprends les solitaires. Ce sont
des âmes qui ont l'oreille plus fine que les
autres, qui entendent Dieu à travers ses œuvres,
et qui ne veulent pas être interrompues dans
leur entretien.
  Aussi voyez ! tous les poëtes se font une
"·nde dans leur âme pour écouter Dieu.

Pauvre oiseau que le ciel bénit !
Il écoute le vent bruire,
Chante, et voit des gouttes d'eau luire,
Comme des perles, dans son nid.

La pluie a versé ses ondées ;
Le ciel reprend son bleu changeant,
Les terres luisent fécondées
Comme sous un réseau d'argent.
Le petit ruisseau de la plaine,
Pour une heure enflé, roule et traîne
Brins d'herbe, lézards endormis,
Court, et précipitant son onde
Du haut d'un caillou qu'il inonde,
Fait des Niagaras aux fourmis !

Tourbillonnant dans ce déluge,
Des insectes sans avirons
Voguent pressés, frêle refuge !
Sur des ailes de moucherons ;
D'autres pendent, comme à des îles,
A des feuilles, errants asiles ;
Heureux dans leur adversité,
Si, perçant les flots de sa cime,
Une paille au bord de l'abîme
Retient leur flottante cité !

Les courants ont lavé le sable ;
Au soleil montent les vapeurs,
Et l'horizon insaisissable
Tremble et fuit sous leurs plis trompeurs.
On voit seulement sous leurs voiles,
Comme d'incertaines étoiles,
Des points lumineux scintiller,
Et les monts, de la brume enfuie,
Sortir, et ruisselant de pluie,
Les toits d'ardoise étinceler.

Viens errer dans la plaine humide.
A cette heure nous serons seuls.
Mets sur mon bras ton bras timide ;
Viens, nous prendrons par les tilleuls.
Le soleil rougissant décline :
Avant de quitter la colline,
Tourne un moment tes yeux pour voir,
Avec ses palais, ses chaumières,
Rayonnants des mêmes lumières,
La ville d'or sur le ciel noir.

O ! vois voltiger les fumées
Sur les toits de brouillards baignés !
Là, sont des épouses aimées,
Là, des cœurs doux et résignés.
La vie, hélas ! dont on s'ennuie,
C'est le soleil après la pluie —
Le voilà qui baisse toujours !
De la ville, que ses feux noient,

Toutes les fenêtres flamboient
Comme des yeux au front des tours.

L'arc-en-ciel ! l'arc-en-ciel ! Regarde —
Comme il s'arrondit pur dans l'air !
Quel trésor le Dieu bon nous garde
Après le tonnerre et l'éclair !
Que de fois, sphères éternelles,
Mon âme a demandé ses ailes,
Implorant quelque Ithuriel,
Hélas ! pour savoir à quel monde
Mène cette courbe profonde,
Arche immense d'un pont du ciel !

L'ÉGYPTE.

VICTOR HUGO. 1828.

L'Égypte ! — Elle étalait, toute blonde
    d'épis,
Ses champs bariolés comme un riche tapis,
    Plaines que des plaines prolongent ;
L'eau vaste et froide au nord, au sud le
    sable ardent,
Se disputent l'Égypte : elle rit cepen-
    dant
Entre ces deux mers qui la rongent.

Trois monts bâtis par l'homme au loin
    perçaient les cieux
D'un triple angle de marbre, et dérobaient
    aux yeux
    Leurs bases de cendre inondées ;
Et de leur faîte aigu jusqu'aux sables
    dorés,
Allaient s'élargissant leurs monstrueux
    degrés,
    Faits pour des pas de six coudées.

Un sphinx de granit rose, un dieu de
    marbre vert,
Les gardaient, sans qu'il fût vent de
    flamme au désert
Qui leur fît baisser la paupière.
Des vaisseaux au flanc large entraient
    dans un grand port.
Une ville géante, assise sur le bord,
    Baignait dans l'eau ses pieds de pierre.

On entendait mugir le semoun meurtrier,
Et sur les cailloux blancs les écailles
    crier
    Sous le ventre des crocodiles.
Les obélisques gris s'élançaient d'un
    seul jet

Comme une peau de tigre, au couchant
    s'allongeait
Le Nil Jaune, tacheté d'îles.

L'astre-roi se couchait. Calme, à l'abri
    du vent,
La mer réfléchissait ce globe d'or vi-
    vant,
Ce monde, âme et flambeau du nôtre ;
Et dans le ciel rougeâtre et dans les flots
    vermeils,
Comme deux rois amis, on voyait deux
    soleils
Venir au-devant l'un de l'autre.

LE COIN DU FEU.

THÉOPHILE GAUTIER. 1830.

" Blow, blow, winter's wind."
        SHAKESPEARE.

" Vente, gelle, gresle, j'ay mon pain cuict."
        VILLON.

"Around in sympathetic mirth,
    Its tricks the kitten tries ;
The cricket chirrups in the hearth,
    The crackling fagot flies."
        GOLDSMITH.

"Quam juvat immites ventos audire cuban-
    tem."
        TIBULLE.

Que la pluie à déluge au long des toits
    ruisselle !
Que l'orme du chemin penche, craque et
    chancelle
Au gré du tourbillon dont il reçoit le
    choc !
Que du haut des glaciers l'avalanche
    s'écroule !
Que le torrent aboie au fond du gouffre,
    et roule
Avec ses flots fangeux de lourds quartiers
    de roc !

Qu'il gèle ! et qu'à grand bruit, sans re-
    lâche, la grêle
De grains rebondissants fouette la vitre
    frêle !
Que la bise d'hiver se fatigue à gémir !
Qu'importe ? n'ai-je pas un feu clair dans
    mon âtre,
Sur mes genoux un chat qui se joue et
    folâtre,
Un livre pour veiller, un fauteuil pour
    dormir ?

PROMENADE NOCTURNE.

THÉOPHILE GAUTIER. 1830.

"Allons, la belle nuit d'été."
ALFRED DE MUSSET.

"C'était par un beau soir, par un des soirs que
rêve
Au murmure lointain d'un invisible accord
Le poète qui veille ou l'amante qui dort."
VICTOR PAVIE.

LA rosée arrondie en perles
Scintille aux pointes du gazon,
Les chardonnerets et les merles
Chantent à l'envi leur chanson.

Les fleurs de leurs paillettes blanches
Brodent le bord vert du chemin ;
Un vent léger courbe les branches
Du chèvrefeuille et du jasmin ;

Et la lune, vaisseau d'agate,
Sur les vagues des rochers bleus
S'avance comme la frégate
Au dos de l'Océan houleux.

Jamais la nuit de plus d'étoiles
N'a semé son manteau d'azur,
Ni du doigt, entr'ouvrant ses voiles,
Mieux fait voir Dieu dans le ciel pur.

Prends mon bras, ô ma bien-aimée,
Et nous irons, à deux, jouir
De la solitude embaumée,
Et, couchés sur la mousse, ouïr

Ce que tout bas, dans la ravine
Où brillent ses moites réseaux,
En babillant l'eau qui chemine
Conte à l'oreille des roseaux.

LA JEUNE FILLE.

THÉOPHILE GAUTIER. 1832.

"La vierge est un ange d'amour."
A. GUIRAUD.

"Dieu l'a faite une heureuse et belle créature."
Inédit, M——.

BRUNE à la taille svelte, aux grands
yeux noirs, brillants,
A la lèvre rieuse, aux gestes sémillants ;
Blonde aux yeux bleus rêveurs, à la peau
rose et blanche,

La jeune fille plaît : ou réservée ou
franche,
Mélancolique ou gaie, il n'importe ; le don
De charmer est le sien, autant par l'a-
bandon
Que par la retenue ; en Occident, Syl-
phide,
En Orient, Péri, vertueuse, perfide,
Sous l'arcade moresque en face d'un ciel
bleu,
Sous l'ogive gothique assise auprès du feu,
Ou qui chante, ou qui file, elle plaît ;
nos pensées
Et nos heures, pourtant si vite dépensées,
Sont pour elle. Jamais, imprégné de
fraîcheur,
Sur nos yeux endormis un rêve de bon-
heur
Ne passe fugitif, comme l'ombre du
cygne
Sur le miroir des lacs, qu'elle n'en soit ;
d'un signe
Nous appelant vers elle, et murmurant
des mots
Magiques, dont un seul enchante tous
nos maux.
Éveillés, sa gaîté dissipe nos alarmes,
Et, lorsque la douleur nous arrache des
larmes,
Son baiser à l'instant les tarit dans nos
yeux.
La jeune fille ! — elle est un souvenir
des cieux,
Au tissu de la vie une fleur d'or brodée !
Un rayon de soleil qui sourit dans l'on-
dée !

TYROL.

ALFRED DE MUSSET. 1832.

AIMER, boire et chasser, voilà la vie hu-
maine
Chez les fils du Tyrol, — peuple héroïque
et fier !
Montagnard comme l'aigle, et libre
comme l'air !
Beau ciel, où le soleil a dédaigné la
plaine,
Ce paisible océan dont les monts sont
les flots !
Beau ciel tout sympathique, et tout
peuplé d'échos !
Là, siffle autour des puits l'écumeur des
montagnes,
Qui jette au vent son cœur, sa flèche et
sa chanson.

Venise vient au loin dorer son horizon.
La robuste Helvétie abrite ses cam-
pagnes.
Ainsi les vents du sud t'apportent la
beauté,
Mon Tyrol, et les vents du nord la li-
berté.

Salut, terre de glace, amante des nuages,
Terre d'hommes errants et de daims en
voyages,
Terre sans oliviers, sans vigne et sans
moissons.
Ils sucent un sein dur, mère, tes nour-
rissons ;
Mais ils t'aiment ainsi, — sous la neige
bleuâtre
De leurs lacs vaporeux, sous ce pâle
soleil
Qui respecte les bras de leurs femmes
d'albâtre,
Sous la ronce des champs qui mord leur
pied vermeil.
Noble terre, salut ! Terre simple et
naïve,
Tu n'aimes pas les arts, toi qui n'es pas
oisive.
D'efféminés rêveurs tu n'es pas le sé-
jour ;
On ne fait sous ton ciel que la guerre et
l'amour.
On ne se vieillit pas dans tes longues
veillées.
Si parfois tes enfants, dans l'écho des
vallées,
Mêlent un doux refrain aux soupirs des
roseaux,
C'est qu'ils sont nés chanteurs, comme
de gais oiseaux.
Tu n'as rien, toi, Tyrol, ni temples, ni
richesse,
Ni poëtes, ni dieux ; — Tu n'as rien,
chasseresse !
Mais l'amour de ton cœur s'appelle d'un
beau nom :
La liberté ! — Qu'importe au fils de la
montagne
Pour quel despote obscur envoyé d'Alle-
magne
L'homme de la prairie écorche le sil-
lon !
Ce n'est pas son métier de traîner la
charrue ;
Il couche sur la neige, il soupe quand il
tue ;
Il vit dans l'air du ciel, qui n'appartient
qu'à Dieu.

L'HIVER.

HÉGÉSIPPE MOREAU. 1833.

Adieu donc les beaux jours ! Le froid
noir de novembre
Condamne le poëte à l'exil de la chambre.
Où riaient tant de fleurs, de soleil, de
gaîté,
Rien, plus rien ; tout a fui comme un
songe d'été.
Là-bas, avec sa voix monotone et tou-
chante,
Le pâtre seul détonne un vieux noël ; il
chante,
Et des sons fugitifs le vent capricieux
M'apporte la moitié ; l'autre s'envole aux
cieux.
La femme de la Bible erre, pâle et cour-
bée,
Glanant le long des bois quelque branche
tombée,
Pour attiser encor son foyer, pour nourrir
Encore quelques jours son enfant, et
mourir.
Plus d'amour sous l'ombrage, et la forêt
complice
Gémit sous les frimas comme sous un
cilice.
La forêt, autrefois belle nymphe, laissant
Aller ses cheveux verts au zéphyr cares-
sant,
Maigre et chauve aujourd'hui, sans par-
fum, sans toilette,
Sans vie, agite en l'air ses grands os de
squelette.
Un bruit mystérieux par intervalle en
sort,
Semblable à cette voix qui disait : Pan
est mort !
Oui, la nature entière agonise à cette
heure,
Et pourtant ce n'est pas de son deuil que
je pleure.
Non, car je me souviens et songe avec
effroi
Que voici la saison de la faim et du froid ;
Que plus d'un malheureux tremble et se
dit : " Que n'ai-je,
Pour m'envoler aussi, loin de nos champs
de neige,
Les ailes de l'oiseau, qui va chercher
ailleurs
Du grain dans les sillons et des nids dans
les fleurs !
Vers ces bords sans hiver que l'oranger
parfume,

Où l'on a pour foyer le Vésuve qui
   fume,
Où devant les palais, sur le marbre at-
   tiédi,
Le Napolitain dort aux rayons du midi,
Oh ! qui m'emportera ! " Mais captif à
   sa place,
Hélas ! le pauvre meurt dans sa prison
   de glace ;
Il meurt, et cependant le riche insou-
   cieux
De son char voyageur fatigue les essieux.
Les beaux jours sont passés ; qu'importe !
   heureux du monde !
Abandonnez vos parcs au vent qui les
   émonde ;
Tombez de vos châteaux dans la ville,
   où toujours
On peut avec de l'or se créer de beaux
   jours.
Dans notre Babylone, hôtellerie immense,
Pour les élus du sort le grand festin
   commence.
Ruez-vous sur Paris comme des conqué-
   rants ;
Précipitez sans frein vos caprices errants ;
À vous tous les plaisirs et toutes les
   merveilles,
Le pauvre et ses sueurs, le poëte et ses
   veilles,
Les fruits de tous les arts et de tous les
   climats,
Les chants de Rossini, les drames de
   Dumas ;
À vous les nuits d'amour, la bacchanale
   immonde :
À vous pendant six mois Paris, à vous
   le monde ! —
Ne craignez pas Thémis : devant le ra-
   meau d'or,
Cerbère à triple gueule, elle s'apaise et
   dort.

Mais, pour bien savourer ce bonheur
   solitaire
Qu'assaisonne d'avance un jeûne volon-
   taire,
Ne regardez jamais autour de vous ; pas-
   sez
De vos larges manteaux masqués et cui-
   rassés,
Car, si vos yeux tombaient sur les dou-
   leurs sans nombre
Qui rampent à vos pieds et frissonnent
   dans l'ombre,
Comme un frisson de fièvre, à la porte
   d'un bal,

La pitié vous prendrait, et la pitié fait
   mal.
Votre face vermeille en deviendrait mo-
   rose,
Et le soir votre couche aurait un pli de
   rose.
Tremblez, quand le punch bout dans son
   cratère ardent,
D'égarer vers la porte un coup d'œil
   imprudent ;
Vos ris évoqueraient un fantôme bizarre,
Et vous rencontreriez face à face Lazare
Qui, béant à l'odeur, voudrait et n'ose
   pas
Disputer à vos chiens les miettes du
   repas.
Éblouissant les yeux de l'or qui le bla-
   sonne,
Quand votre char bondit sur un pont qui
   résonne,
Passez vite, de peur d'entendre jusqu'à
   vous
Monter le bruit que font ceux qui passent
   dessous ;
Car voici le moment de la débâcle hu-
   maine ;
La Morgue va pêcher les corps que l'eau
   promène ;
L'égoïsme, en sultan, jouit et règne ; il a
Des crimes à cacher, et son Bosphore est
   là.

          .

Il est vrai, quelquefois une plainte légère
Blesse la majesté du riche qui digère ;
Des hommes, que la faim moissonne par
   millions,
En se comptant des yeux disent : Si
   nous voulions !
Le sanglot devient cri, la douleur se
   courrouce,
Et plus d'une cité regarde la Croix-
   Rousse.
Mais quoi ! n'avez-vous pas des orateurs
   fervents
Qui, par un *quos ego*, savent calmer les
   vents ;
Qui, pour le tronc du pauvre avares d'une
   obole,
Daignent lui prodiguer le pain de la
   parole,
Et, comme l'Espagnol qui montre, en
   l'agaçant,
Son écharpe écarlate au taureau mena-
   çant,
Jettent, pour fasciner ses grands yeux
   en colère,
Un lambeau tricolore au tigre populaire !

Oh ! quand donc viendra-t-il, ce jour
que je rêvais,
Tardif réparateur de tant de jours mau-
vais,
Ce niveau qui, selon les écrivains pro-
phètes,
Léger et caressant passera sur les têtes ?
Jamais, dit la raison, le monde se fait
vieux ;
Il ne changera pas ; — et dans mon cœur :
Tant mieux,
Ai-je dit bien souvent ; au jour de la
vengeance
Si l'opprimé s'égare, il est absous d'a-
vance.
Spartacus ressaisit son glaive souverain.
Il va se réveiller, le peuple souter-
rain,
Qui, paraissant au jour des grandes sa-
turnales,
De mille noms hideux a souillé nos an-
nales :
Truands, mauvais garçons, bohémiens,
pastoureaux,
Tombant et renaissant sous le fer des
bourreaux ;
Et les repus voudront enfin, pour qu'il
s'arrête,
Lui tailler une part dans leur gâteau de
fête ;
Mais lui, beau de vengeance et de ré-
bellion :
À moi toutes les parts, je me nomme
lion !
Alors s'accomplira l'épouvantable scène
Qu'Isnard prophétisait au peuple de la
Seine ;
Au rivage désert les barbares surpris.
Demanderont où fut ce qu'on nommait
Paris.
Pour effacer du sol la reine des Sodomes,
Que ne défendra pas l'aiguille de ses
dômes,
La foudre éclatera ; les quatre vents du
ciel
Sur le terrain fumant feront grêler du
sel ;
Et moi, j'applaudirai : ma jeunesse en-
gourdie
Se réchauffera bien à ce grand incen-
die.

Ainsi je m'égarais à des vœux impru-
dents,
Et j'attisais de pleurs mes iambes ar-
dents,
Je haïssais alors, car la souffrance irrite ;

Mais un peu de bonheur m'a converti
bien vite.
Pour que son vers clément pardonne au
genre humain,
Que faut-il au poëte ? Un baiser et du
pain.
Dieu ménagea le vent à ma pauvreté
nue ;
Mais le siècle d'airain pour d'autres con-
tinue,
Et des maux fraternels mon cœur est en
émoi.
Dieu, révèle-toi bon pour tous comme
pour moi.
Que ta manne en tombant étouffe le
blasphème ;
Empêche de souffrir, puisque tu veux
qu'on aime !
Pour que tes fils élus, tes fils déshérités
Ne lancent plus d'en bas des regards
irrités,
Aux petits des oiseaux toi qui donnes
pâture,
Nourris toutes les faims ; à tout dans la
nature
Que ton hiver soit doux ; et, son règne
fini,
Le poëte et l'oiseau chanteront : "Sois
béni !"

LA VOULZIE.

HÉGÉSIPPE MOREAU. 1835.

S'IL est un nom bien doux fait pour la
poésie,
Oh ! dites, n'est-ce pas le nom de la
Voulzie ?
La Voulzie, est-ce un fleuve aux grandes
îles ? Non ;
Mais, avec un murmure aussi doux que
son nom,
Un tout petit ruisseau coulant visible à
peine ;
Un géant altéré le boirait d'une ha-
leine ;
Le nain vert Obéron, jouant au bord des
flots,
Sauterait par-dessus sans mouiller ses
grelots.
Mais j'aime la Voulzie et ses bois noirs
de mûres,
Et dans son lit de fleurs ses bonds et ses
murmures.
Enfant, j'ai bien souvent, à l'ombre des
buissons,

Dans le langage humain traduit ces
vagues sons ;
Pauvre écolier rêveur, et qu'on disait
sauvage,
Quand j'émiettais mon pain à l'oiseau du
rivage,
L'onde semblait me dire : " Espère !
aux mauvais jours
Dieu te rendra ton pain." — Dieu me le
doit toujours !
C'était mon Égérie, et l'oracle pro-
spère
À toutes mes douleurs jetait ce mot :
" Espère !
Espère et chante, enfant dont le berceau
trembla,
Plus de frayeur : Camille et ta mère
sont là.
Moi, j'aurai pour tes chants de longs
échos — " Chimère !
Le fossoyeur m'a pris et Camille et ma
mère.
J'avais bien des amis ici-bas quand j'y
vins,
Bluet éclos parmi les roses de Provins :
Du sommeil de la mort, du sommeil que
j'envie,
Presque tous maintenant dorment, et,
dans la vie,
Le chemin dont l'épine insulte à mes
lambeaux,
Comme une voie antique est bordé de
tombeaux.
Dans le pays des sourds j'ai promené ma
lyre,
J'ai chanté sans échos, et, pris d'un noir
délire,
J'ai brisé mon luth, puis de l'ivoire
sacré
J'ai jeté les débris au vent — et j'ai
pleuré !
Pourtant, je te pardonne, ô ma Voulzie !
et même,
Triste, tant j'ai besoin d'un confident
qui m'aime,
Ma parle avec douceur et me trompe,
qu'avant
De clore au jour mes yeux battus d'un
si long vent,
Je veux faire à tes bords un saint péleri-
nage,
Revoir tous les buissons si chers à mon
jeune âge,
Dormir encore au bruit de tes roseaux
chanteurs,
Et causer d'avenir avec tes flots men-
teurs.

LES OISEAUX.

VICTOR HUGO. Mai 1835.

Je rêvais dans un grand cimetière dé-
sert ;
De mon âme et des morts j'écoutais le
concert,
Parmi les fleurs de l'herbe et les croix de
la tombe.
Dieu veut que ce qui naît sorte de ce
qui tombe.
Et l'ombre m'emplissait.

Autour de moi, nombreux,
Gais, sans avoir souci de mon front téné-
breux,
Dans ce champ, lit fatal de la sieste
dernière,
Des moineaux francs faisaient l'école
buissonnière.
C'était l'éternité que taquine l'instant.
Ils allaient et venaient, chantant, volant,
sautant,
Égratignant la mort de leurs griffes
pointues,
Lissant leur bec au nez lugubre des
statues,
Becquetant les tombeaux, ces grains
mystérieux.
Je pris ces tapageurs ailés au sérieux ;
Je criai : "Paix aux morts ! vous êtes
des harpies."
"Nous sommes des moineaux," me dirent
ces impies.
"Silence ! allez-vous-en !" repris-je, peu
clément.
Ils s'enfuirent ; j'étais le plus · fort.
Seulement,
Un d'eux resta derrière, et, pour toute
musique,
Dressa la queue, et dit : " Quel est ce
vieux classique !"

Comme ils s'en allaient tous, furieux,
maugréant,
Criant, et regardant de travers le géant,
Un houx noir qui songeait près d'une
tombe, un sage,
M'arrêta brusquement par la manche au
passage,
Et me dit : " Ces oiseaux sont dans leur
fonction.
Laisse-les. Nous avons besoin de ce
rayon.
Dieu les envoie. Ils font vivre le cime-
tière.

Homme, ils sont la gaîté de la nature
   entière :
Ils prennent son murmure au ruisseau, sa
   clarté
À l'astre, son sourire au matin enchanté ;
Partout où rit un sage, ils lui prennent
   sa joie,
Et nous l'apportent ; l'ombre en les
   voyant flamboie :
Ils emplissent . leurs becs des cris des
   écoliers ;
À travers l'homme et l'herbe, et l'onde,
   et les halliers,
Ils vont pillant la joie en l'univers im-
   mense.
Ils ont cette raison qui te semble dé-
   mence.
Ils ont pitié de nous qui loin d'eux lan-
   guissons ;
Et, lorsqu'ils sont bien pleins de jeux et
   de chansons,
D'églogues, de baisers, de tous les com-
   mérages
Que les nids en avril font sous les verts
   ombrages,
Ils accourent, joyeux, charmants, légers,
   bruyants,
Nous jeter tout cela dans nos trous ef-
   frayants ;
Et viennent, des palais, des bois, de la
   chaumière,
Vider dans notre nuit toute cette lu-
   mière !
Quand mai nous les ramène, ô songeur,
   nous disons :
' Les voilà !' tout s'émeut, pierres, ter-
   tres, gazons ;
Le moindre arbrisseau parle, et l'herbe
   est en extase ;
Le saule pleureur chante en achevant sa
   phrase ;
Ils confessent les ifs, devenus babillards ;
Ils jasent de la vie avec les corbillards ;
Des linceuls trop pompeux ils décrochent
   l'agrafe ;
Ils se moquent du marbre ; ils savent
   l'orthographe ;
Et, moi qui suis ici le vieux chardon
   boudeur,
Devant qui le mensonge étale sa laideur,
Et ne se gêne pas, me traitant comme un
   hôte,
Je trouve juste, ami, qu'en lisant à voix
   haute
L'épitaphe où le mort est toujours bon
   et beau,
Ils fassent éclater de rire le tombeau."

LA NICHÉE SOUS LE PORTAIL.

VICTOR HUGO. 1836.

Oui, va prier à l'église,
Va ; mais regarde en passant,
Sous la vieille voûte grise,
Ce petit nid innocent.

Aux grands temples où l'on prie,
Le martinet, frais et pur,
Suspend la maçonnerie
Qui contient le plus d'azur.

La couvée est dans la mousse
Du portail qui s'attendrit ;
Elle sent la chaleur douce
Des ailes de Jésus-Christ.

L'église, où l'ombre flamboie,
Vibre, émue à ce doux bruit ;
Les oiseaux sont pleins de joie,
La pierre est pleine de nuit.

Les saints, graves personnages
Sous les porches palpitants,
Aiment ces doux voisinages
Du baiser et du printemps.

Les vierges et les prophètes
Se penchent dans l'âpre tour,
Sur ces ruches d'oiseaux faites
Pour le divin miel amour.

L'oiseau se perche sur l'ange ;
L'apôtre rit sous l'arceau.
"Bonjour, saint !" dit la mésange.
Le saint dit : "Bonjour, oiseau !"

Les cathédrales sont belles
Et hautes sous le ciel bleu ;
Mais le nid des hirondelles
Est l'édifice de Dieu.

JUIN.

VICTOR HUGO. 1836.

Voici juin. Le moineau raille
Dans les champs les amoureux ;
Le rossignol de muraille
Chante dans son nid pierreux.

Les herbes et les branchages,
Pleins de soupirs et d'abois,

Font de charmants rabâchages
Dans la profondeur des bois.

La grive et la tourterelle
Prolongent, dans les nids sourds,
La ravissante querelle
Des baisers et des amours.

Sous les treilles de la plaine,
Dans l'antre où verdit l'osier,
Virgile enivre Silène,
Et Rabelais Grandgousier.

O Virgile, verse à boire !
Verse à boire, ô Rabelais !
La forêt est une gloire ;
La caverne est un palais !

Il n'est pas de lac ni d'île
Qui ne nous prenne au gluau,
Qui n'improvise une idylle,
Ou qui ne chante un duo.

Car l'amour chasse aux bocages,
Et l'amour pêche aux ruisseaux,
Car les belles sont les cages
Dont nos cœurs sont les oiseaux.

De la source, sa cuvette,
La fleur faisant son miroir,
Dit : " Bonjour," à la fauvette,
Et dit au hibou : " Bonsoir."

Le toit espère la gerbe,
Pain d'abord et chaume après ;
La croupe du bœuf dans l'herbe
Semble un mont dans les forêts.

L'étang rit à la macreuse,
Le pré rit au loriot,
Pendant que l'ornière creuse
Gronde le lourd chariot.

L'or fleurit en giroflée ;
L'ancien zéphyr fabuleux
Souffle avec sa joue enflée
Au fond des nuages bleus.

Jersey, sur l'onde docile,
Se drape d'un beau ciel pur,
Et prend des airs de Sicile
Dans un grand haillon d'azur.

Partout l'églogue est écrite :
Même en la froide Albion.
L'air est plein de Théocrite,
Le vent sait par cœur Bion,

Et redit, mélancolique,
La chanson que fredonna
Moschus, grillon bucolique
De la cheminée Etna.

L'hiver tousse, vieux phthisique,
Et s'en va ; la brume fond ;
Les vagues font la musique
Des vers que les arbres font.

Tout la nature sombre
Verse un mystérieux jour ;
L'âme qui rêve a plus d'ombre
Et la fleur a plus d'amour.

L'herbe éclate en pâquerettes ;
Les parfums, qu'on croit muets,
Content les peines secrètes
Des liserons aux bleuets.

Les petites ailes blanches
Sur les eaux et les sillons
S'abattent en avalanches ;
Il neige des papillons.

Et sur la mer, qui reflète
L'aube au sourire d'émail,
La bruyère violette
Met au vieux mont un camail ;

Afin qu'il puisse, à l'abîme
Qu'il contient et qu'il bénit,
Dire sa messe sublime
Sous sa mitre de granit.

UNE NUIT QU'ON ENTENDAIT LA MER SANS LA VOIR.

VICTOR HUGO. 1836.

QUELS sont ces bruits sourds ?
Écoutez vers l'onde
Cette voix profonde
Qui pleure toujours
Et qui toujours gronde,
Quoiqu'un son plus clair
Parfois l'interrompe —
Le vent de la mer
Souffle dans sa trompe !

Comme il pleut ce soir !
N'est-ce pas, mon hôte ?
Là-bas, à la côte,
Le ciel est bien noir,
La mer est bien haute !

On dirait l'hiver ;
Parfois on s'y trompe —
Le vent de la mer
Souffle dans sa trompe.

Oh ! marins perdus !
Au loin, dans cette ombre,
Sur la nef qui sombre,
Que de bras tendus
Vers la terre sombre !
Pas d'ancre de fer
Que le flot ne rompe —
Le vent de la mer
Souffle dans sa trompe.

Nochers imprudents !
Le vent dans la voile
Déchire la toile
Comme avec les dents !
Là-haut pas d'étoile !
L'un lutte avec l'air,
L'autre est à la pompe —
Le vent de la mer
Souffle dans sa trompe.

C'est toi, c'est ton feu
Que le nocher rêve,
Quand le flot s'élève,
Chandelier que Dieu
Pose sur la grève,
Phare au rouge éclair
Que la brume estompe —
Le vent de la mer
Souffle dans sa trompe.

LA VACHE.

VICTOR HUGO. 1837.

DEVANT la blanche ferme où parfois vers
  midi
Un vieillard vient s'asseoir sur le sol at-
  tiédi,
Où cent poules gaîment mêlent leurs
  crêtes rouges,
Où, gardiens du sommeil, les dogues dans
  leurs bouges
Écoutent les chansons du gardien du ré-
  veil,
Du beau coq vernissé qui reluit au soleil,
Une vache était là tout à l'heure arrêtée.
Superbe, énorme, rousse et de blanc
  tachetée,
Douce comme une biche avec ses jeunes
  faons,
Elle avait sous le ventre un beau groupe
  d'enfants,

D'enfants aux dents de marbre, aux che-
  veux en broussail
Frais, et plus charbonnés que de vieilles
  murailles,
Qui, bruyants, tous ensemble, à grands
  cris appelant
D'autres qui, tout petits, se hâtaient en
  tremblant,
Dérobant sans pitié quelque laitière ab-
  sente,
Sous leur bouche joyeuse et peut-être
  blessante
Et sous leurs doigts pressant le lait par
  mille trous,
Tiraient le pis fécond de la mère au poil
  roux.
Elle, bonne et puissante, et de son trésor
  pleine,
Sous leurs mains par moments faisant
  frémir à peine
Son beau flanc plus ombré qu'un flanc de
  léopard,
Distraite, regardait vaguement quelque
  part.

Ainsi, Nature, abri de toute créature !
O mère universelle, indulgente Nature!
Ainsi, tous à la fois, mystiques et char-
  nels,
Cherchant l'ombre et le lait sous tes flancs
  éternels,
Nous sommes là, savants, poëtes, pêle-
  mêle,
Pendus de toutes parts à ta forte ma-
  melle !
Et tandis qu'affamés, avec des cris vain-
  queurs,
À tes sources sans fin désaltérant nos
  cœurs,
Pour en faire plus tard notre sang et notre
  âme,
Nous aspirons à flots ta lumière et ta
  flamme,
Les feuillages, les monts, les prés verts,
  le ciel bleu,
Toi, sans te déranger, tu rêves à ton
  Dieu !

LA PERVENCHE.

LAMARTINE. 1837.

PALE fleur, timide pervenche,
Je sais la place où tu fleuris,
Le gazon où ton front se penche
Pour humecter tes yeux flétris !

C'est dans un sentier qui se cache
Sous ses deux bords de noisetiers,
Où pleut sur l'ombre qu'elle tache
La neige des blancs églantiers.

L'ombre t'y voile, l'herbe égoutte
Les perles de nos nuits d'été,
Le rayon les boit goutte à goutte
Sur ton calice velouté.

Une source tout près palpite,
Où s'abreuve le merle noir ;
Il y chante, et moi j'y médite
Souvent de l'aube jusqu'au soir.

O fleur, que tu dirais de choses
A mon amour, si tu retiens
Ce que je dis à lèvres closes
Quand tes yeux me peignent les siens !

LES FLEURS.

LAMARTINE. 1837.

O TERRE, vil monceau de boue
Où germent d'épineuses fleurs,
Rendons grâce à Dieu, qui secoue
Sur ton sein ces fraîches couleurs !

Sans ces urnes où goutte à goutte
Le ciel rend la force à nos pas,
Tout serait désert, et la route
Au ciel ne s'achèverait pas.

Nous dirions : " À quoi bon poursuivre
Ce sentier qui mène au cercueil ?
Puisqu'on se lasse en vain à vivre,
Mieux vaut s'arrêter sur le seuil."

Mais pour nous cacher les distances,
Sur le chemin de nos douleurs
Tu sèmes le sol d'espérances,
Comme on borde un linceul de fleurs !

Et toi, mon cœur, cœur triste et tendre,
Où chantaient de si fraîches voix ;
Toi qui n'es plus qu'un bloc de cendre
Couvert de charbons noirs et froids,

Ah ! laisse refleurir encore
Ces lueurs d'arrière-saison !
Le soir d'été qui s'évapore
Laisse une pourpre à l'horizon.

Oui, meurs en brûlant, ô mon âme,
Sur ton bûcher d'illusions,
Comme l'astre éteignant sa flamme
S'ensevelit dans ses rayons !

LES OISEAUX.

LAMARTINE. 1842.

ORCHESTRE du Très-Haut, bardes de ses
   louanges,
Ils chantent à l'été des notes de bon-
   heur ;
Ils parcourent les airs avec des ailes
   d'anges
Échappés tout joyeux des jardins du
   Seigneur.

Tant que durent les fleurs, tant que l'épi
   qu'on coupe
Laisse tomber un grain sur les sillons
   jaunis,
Tant que le rude hiver n'a pas gelé la
   coupe
Où leurs pieds vont poser comme aux
   bords de leurs nids,

Ils remplissent le ciel de musique et de
   joie :
La jeune fille embaume et verdit leur
   prison,
L'enfant passe la main sur leur duvet
   de soie,
Le vieillard les nourrit au seuil de sa
   maison.

Mais dans les mois d'hiver, quand la
   neige et le givre
Ont remplacé la feuille et le fruit, où
   vont-ils ?
Ont-ils cessé d'aimer ? ont-ils cessé de
   vivre ?
Nul ne sait le secret de leurs lointains
   exils.

On trouve au pied de l'arbre une plume
   souillée,
Comme une feuille morte où rampe un
   ver rongeur,
Que la brume des nuits a jaunie et mouil-
   lée,
Et qui n'a plus, hélas ! ni parfum ni
   couleur.

On voit pendre à la branche un nid rem-
   pli d'écailles,
Dont le vent pluvieux balance un noir
   débris ;
Pauvre maison en deuil et vieux pan de
   murailles
Que les petis, hier, réjouissaient de cris.

O mes charmants oiseaux, vous si joyeux
   d'éclore !
La vie est donc un piége où le bon Dieu
   vous prend ?
Hélas ! c'est comme nous. Et nous chan-
   tons encore !
Que Dieu serait cruel, s'il n'était pas si
   grand !

LES PAVOTS.

LAMARTINE. 1847.

Lorsque vient le soir de la vie,
Le printemps attriste le cœur :
De sa corbeille épanouie
Il s'exhale un parfum moqueur.
De toutes ces fleurs qu'il étale,
Dont l'amour ouvre le pétale,
Dont les prés éblouissent l'œil,
Hélas ! il suffit que l'on cueille
De quoi parfumer d'une feuille
L'oreiller du lit d'un cercueil.

Cueillez-moi ce pavot sauvage
Qui croît à l'ombre de ces blés :
On dit qu'il en coule un breuvage
Qui ferme les yeux accablés.
J'ai trop veillé ; mon âme est lasse
De ces rêves qu'un rêve chasse.
Que me veux-tu, printemps vermeil ?
Loin de moi ces lis et ces roses !
Que faut-il aux paupières closes ?
La fleur qui garde le sommeil !

LE COQUILLAGE AU BORD DE LA MER.

À UNE JEUNE ÉTRANGÈRE.

LAMARTINE. 1847.

Quand tes beaux pieds distraits errent,
   ô jeune fille,
Sur ce sable mouillé, frange d'or de la
   mer,

Baisse-toi, mon amour, vers la blonde
   coquille
Que Vénus fait, dit-on, polir au flot
   amer.

L'écrin de l'Océan n'en a point de pa-
   reille ;
Les roses de ta joue ont peine à l'égaler ;
Et quand de sa volute on approche
   l'oreille,
On entend mille voix qu'on ne peut dé-
   mêler.

Tantôt c'est la tempête avec ses lourdes
   vagues
Qui viennent en tonnant se briser sur
   tes pas ;
Tantôt c'est la forêt avec ses frissons
   vagues ;
Tantôt ce sont des voix qui chuchotent
   tout bas.

Oh ! ne dirais-tu pas, à ce confus mur-
   mure
Que rend le coquillage aux lèvres de
   carmin,
Un écho merveilleux où l'immense na-
   ture
Résume tous ses bruits dans le creux de
   ta main ?

Emporte-là, mon ange ! Et quand ton
   esprit joue
Avec lui-même, oisif, pour charmer tes
   ennuis,
Sur ce bijou des mers penche en riant ta
   joue,
Et fermant tes beaux yeux, recueilles-en
   les bruits.

Si, dans ces mille accents dont sa conque
   fourmille,
Il en est un plus doux qui vienne te
   frapper,
Et qui s'élève à peine aux bords de la
   coquille,
Comme un aveu d'amour qui n'ose
   s'échapper ;

S'il a pour ta candeur des terreurs et des
   charmes ;
S'il renaît en mourant presque éternelle-
   ment ;
S'il semble au fond d'un cœur rouler avec
   des larmes ;
S'il tient de l'espérance et du gémisse-
   ment, —

Ne te consume pas à chercher ce mys-
tère !
Ce mélodieux souffle, ô mon ange, c'est
moi !
Quel bruit plus éternel et plus doux
sur la terre,
Qu'un écho de mon cœur qui m'entre-
tient de toi !

SPECTACLE RASSURANT.

VICTOR HUGO. Juin 1839.

Tout est lumière, tout est joie.
L'araignée au pied diligent
Attache aux tulipes de soie
Ses rondes dentelles d'argent.

La frissonnante libellule
Mire les globes de ses yeux
Dans l'étang splendide où pullule
Tout un monde mystérieux !

La rose semble, rajeunie,
S'accoupler au bouton vermeil ;
L'oiseau chante plein d'harmonie
Dans les rameaux pleins de soleil.

Sa voix bénit le Dieu de l'âme
Qui, toujours visible au cœur pur,
Fait l'aube, paupière de flamme,
Pour le ciel, prunelle d'azur !

Sous les bois, où tout bruit s'émousse,
Le faon craintif joue en rêvant ;
Dans les verts écrins de la mousse
Luit le scarabée, or vivant.

La lune au jour est tiède et pâle,
Comme un joyeux convalescent ;
Tendre, elle ouvre ses yeux d'opale
D'où la douceur du ciel descend !

La giroflée avec l'abeille
Folâtre en baisant le vieux mur ;
Le chaud sillon gaîment s'éveille,
Remué par le germe obscur.

Tout vit et se pose avec grâce,
Le rayon sur le seuil ouvert,
L'ombre qui fuit sur l'eau qui passe,
Le ciel bleu sur le coteau vert !

La plaine brille, heureuse et pure,
Le bois jase, l'herbe fleurit, —
Homme ! ne crains rien ! la nature
Sait le grand secret, et sourit.

LES ÉTOILES.

LAMARTINE. 1840.

Il est pour la pensée une heure, — une
heure sainte,
Alors que, s'enfuyant de la céleste en-
ceinte,
De l'absence du jour pour consoler les
cieux,
Le crépuscule aux monts prolonge ses
adieux.
On voit à l'horizon sa lueur incertaine,
Comme les bords flottants d'une robe
qui traîne,
Balayer lentement le firmament obscur,
Où les astres ternis revivent dans l'azur.
Alors ces globes d'or, ces îles de lu-
mière,
Que cherche par instinct la rêveuse pau-
pière,
Jaillissent par milliers de l'ombre qui
s'enfuit,
Comme une poudre d'or sur les pas de la
nuit ;
Et le souffle du soir, qui vole sur sa
trace,
Les sème en tourbillons dans le brillant
espace.
L'œil ébloui les cherche et les perd à la
fois :
Les uns semblent planer sur les cimes
des bois,
Tels qu'un céleste oiseau dont les rapides
ailes
Font jaillir, en s'ouvrant, des gerbes
d'étincelles.
D'autres en flots brillants s'étendent dans
les airs,
Comme un rocher blanchi de l'écume des
mers ;
Ceux-là, comme un coursier volant dans
la carrière,
Déroulent à longs plis leur flottante
crinière ;
Ceux-ci, sur l'horizon se penchant à
demi,
Semblent des yeux ouverts sur le monde
endormi ;
Tandis qu'aux bords du ciel de légères
étoiles
Voguent dans cet azur comme de blanches
voiles
Qui, revenant au port d'un rivage loin-
tain,
Brillent sur l'Océan aux rayons du
matin.

De ces astres brillants, son plus sublime ouvrage,
Dieu seul connaît le nombre, et la distance, et l'âge :
Les uns, déjà vieillis, pâlissent à nos yeux ;
D'autres se sont perdus dans la route des cieux ;
D'autres, comme des fleurs que son souffle caresse,
Lèvent un front riant de grâce et de jeunesse,
Et, charmant l'orient de leurs fraîches clartés,
Etonnent tout à coup l'œil qui les a comptés.
Dans l'espace aussitôt ils s'élancent — et l'homme,
Ainsi qu'un nouveau-né, les salue et les nomme.
Quel mortel enivré de leur chaste regard,
Laissant ses yeux flottants les fixer au hasard,
Et cherchant le plus pur parmi ce chœur suprême,
Ne l'a pas consacré du nom de ce qu'il aime !
Moi-même — il en est un, solitaire, isolé,
Qui dans mes longues nuits m'a souvent consolé,
Et dont l'éclat, voilé des ombres du mystère,
Me rappelle un regard qui brillait sur la terre.
Peut-être — ah ! puisse-t-il au céleste séjour
Porter au moins ce nom que lui donna l'amour !

Cependant la nuit marche, et sur l'abîme immense
Tous ces mondes flottants gravitent en silence,
Et nous-même, avec eux emportés dans leur cours,
Vers un port inconnu nous avançons toujours.
Souvent pendant la nuit, au souffle du zéphire,
On sent la terre aussi flotter comme un navire ;
D'une écume brillante on voit les monts couverts
Fendre d'un cours égal le flot grondant des airs :
Sur ces vagues d'azur où le globe se joue,

On entend l'aquilon se briser sur la proue,
Et du vent dans les mâts les tristes sifflements,
Et de ses flancs battus les sourds gémissements,
Et l'homme, sur l'abîme où sa demeure flotte,
Vogue avec volupté sur la foi du pilote !
Soleils, mondes errants qui voguez avec nous,
Dites, s'il vous l'a dit, où donc allons-nous tous ?
Quel est le port céleste où son souffle nous guide ?
Quel terme assigne-t-il à notre vol rapide ?
Allons-nous sur des bords de silence et de deuil,
Échouant dans la nuit sur quelque vaste écueil,
Semer l'immensité des débris du naufrage ?
Ou, conduits par sa main sur un brillant rivage,
Et sur l'ancre éternelle à jamais affermis,
Dans un golfe du ciel aborder endormis ?

Vous qui nagez plus près de la céleste voûte,
Mondes étincelants, vous le savez sans doute !
Cet océan plus pur, ce ciel où vous flottez,
Laisse arriver à vous de plus vives clartés ;
Plus brillantes que nous, vous savez davantage :
Car de la vérité la lumière est l'image.
Oui, si j'en crois l'éclat dont vos orbes errants
Argentent des forêts les dômes transparents,
Ou qui, glissant soudain sur des mers irritées,
Calme en les éclairant les vagues agitées ;
Si j'en crois ces rayons qui, plus doux que le jour,
Inspirent la vertu, la prière, l'amour,
Et, quand l'œil attendri s'entr'ouvre à leur lumière,
Attirent une larme aux bords de la paupière ;
Si j'en crois ces instincts, ces deux pressentiments
Qui dirigent vers vous les soupirs des amants,
Les yeux de la beauté, les rêves qu'on regrette,

Et le vol enflammé de l'aigle et du poëte,
Tentes du ciel, Edens, temples, brillants
  palais,
Vous êtes un séjour d'innocence et de
  paix !
Dans le calme des nuits, à travers la dis-
  tance,
Vous en versez sur nous la lointaine in-
  fluence.
Tout ce que nous cherchons, l'amour, la
  vérité,
Ces fruits tombés du ciel, dont la terre
  a goûté,
Dans vos brillants climats que le regard
  envie,
Nourrissent à jamais les enfants de la
  vie ;
Et l'homme un jour peut-être, à ses des-
  tins rendu,
Retrouvera chez vous tout ce qu'il a
  perdu.
Hélas ! combien de fois seul, veillant
  sur ces cimes
Où notre âme plus libre a des vœux plus
  sublimes,
Beaux astres, fleurs du ciel dont le lis
  est jaloux,
J'ai murmuré tout bas : " Que ne suis-je
  un de vous !
Que ne puis-je, échappant à ce globe de
  boue,
Dans la sphère éclatante où mon regard
  se joue,
Jonchant d'un feu de plus le parvis du
  saint lieu,
Éclore tout à coup sous les pas de mon
  Dieu,
Ou briller sur le front de la beauté su-
  prême,
Comme un pâle fleuron de son saint dia-
  dème !

Dans le limpide azur de ces flots de
  cristal,
Me souvenant encor de mon globe natal,
Je viendrais chaque nuit, tardif et soli-
  taire,
Sur les monts que j'aimais briller près
  de la terre ;
J'aimerais à glisser sous la nuit des ra-
  meaux,
À dormir sur les prés, à flotter sur les
  eaux,
À percer doucement le voile d'un nuage,
Comme un regard d'amour que la pudeur
  ombrage.
  visiterais l'homme ; et, s'il est ici-bas

Un front pensif, des yeux qui ne se
  ferment pas,
Une âme en deuil, un cœur qu'un poids
  sublime oppresse,
Répandant devant Dieu sa pieuse tris-
  tesse ;
Un malheureux au jour dérobant ses
  douleurs,
Et dans le sein des nuits laissant couler
  ses pleurs ;
Un génie inquiet, une active pensée
Par un instinct trop fort dans l'infini
  lancée,
Mon rayon, pénétré d'une sainte amitié,
Pour des maux trop connus prodiguant
  sa pitié,
Comme un secret d'amour versé dans un
  cœur tendre,
Sur ces fronts inclinés se plairait à des-
  cendre.
Ma lueur fraternelle en découlant sur
  eux
Dormirait sur leur sein, sourirait à leurs
  yeux ;
Je leur révélerais dans la langue divine
Un mot du grand secret que le malheur
  devine ;
Je sécherais leurs pleurs, et, quand l'œil
  du matin
Ferait pâlir mon disque à l'horizon loin-
  tain,
Mon rayon, en quittant leur paupière
  attendrie,
Leur laisserait encor la vague rêverie,
Et la paix et l'espoir ; et lassés de gé-
  mir,
Au moins avant l'aurore ils pourraient
  s'endormir.

Et vous, brillantes sœurs, étoiles mes
  compagnes,
Qui du bleu firmament émaillez les cam-
  pagnes,
Et, cadençant vos pas à la lyre des cieux,
Nouez et dénouez vos chœurs harmo-
  nieux ;
Introduit sur vos pas dans la céleste
  chaîne,
Je suivrais dans l'azur l'instinct qui vous
  entraîne ;
Vous guideriez mon œil dans ce vaste
  désert,
Labyrinthe de feux où le regard se perd :
Vos rayons m'apprendraient à louer, à
  connaître
Celui que nous cherchons, que vous voyez
  peut-être ;

Et, noyant dans son sein mes tremblantes
  clartés,
Je sentirais en lui — tout ce que vous
  sentez.

LA VIE AUX CHAMPS.

VICTOR HUGO. 1840.

Le soir, à la campagne, on sort, on se
  promène,
Le pauvre dans son champ, le riche en
  son domaine ;
Moi, je vais devant moi ; le poëte en
  tout lieu
Se sent chez lui, sentant qu'il est par-
  tout chez Dieu.
Je vais volontiers seul. Je médite ou
  j'écoute.
Pourtant, si quelqu'un veut m'accom-
  pagner en route,
J'accepte. Chacun a quelque chose en
  l'esprit ;
Et tout homme est un livre où Dieu lui-
  même écrit.
Chaque fois qu'en mes mains un de ces
  livres tombe,
Volume où vit une âme et que scelle la
  tombe,
J'y lis.

Chaque soir donc, je m'en vais, j'ai
  congé,
Je sors. J'entre en passant chez des
  amis que j'ai.
On prend le frais, au fond du jardin, en
  famille.
Le serein mouille un peu les bancs sous
  la charmille ;
N'importe : je m'assieds, et je ne sais
  pourquoi
Tous les petits enfants viennent autour
  de moi.
Dès que je suis assis, les voilà tous qui
  viennent.
C'est qu'ils savent que j'ai leurs goûts ;
  ils se souviennent
Que j'aime comme eux l'air, les fleurs,
  les papillons
Et les bêtes qu'on voit courir dans les
  sillons.
Ils savent que je suis un homme qui les
  aime,
Un être auprès duquel on peut jouer,
  et même

Crier, faire du bruit, parler à haute
  voix ;
Que je riais comme eux et plus qu'eux
  autrefois,
Et qu'aujourd'hui, sitôt qu'à leurs ébats
  j'assiste,
Je leur souris encore, bien que je sois
  plus triste ;
Ils disent, doux amis, que je ne sais
  jamais
Me fâcher ; qu'on s'amuse avec moi ;
  que je fais
Des choses en carton, des dessins à la
  plume ;
Que je raconte, à l'heure où la lampe
  s'allume,
Oh ! des contes charmants qui vous font
  peur la nuit ;
Et qu'enfin je suis doux, pas fier et fort
  instruit.
Aussi, dès qu'on m'a vu : "Le voilà !"
  tous accourent.
Ils quittent jeux, cerceaux et balles ; ils
  m'entourent
Avec leurs beaux grands yeux d'enfants,
  sans peur, sans fiel,
Qui semblent toujours bleus, tant on y
  voit le ciel !

Les petits — quand on est petit, on est
  très-brave —
Grimpent sur mes genoux ; les grands
  ont un air grave ;
Ils m'apportent des nids de merles qu'ils
  ont pris,
Des albums, des crayons qui viennent
  de Paris ;
On me consulte, on a cent choses à me
  dire,
On parle, on cause, on rit surtout ; —
  j'aime le rire,
Non le rire ironique aux sarcasmes mo-
  queurs,
Mais le doux rire honnête ouvrant bouches
  et cœurs,
Qui montre en même temps des âmes et
  des perles.

J'admire les crayons, l'album, les nids
  de merles ;
Et quelquefois on dit, quand j'ai bien
  admiré :
"Il est du même avis que monsieur le
  curé."
Puis, lorsqu'ils ont jasé tous ensemble à
  leur aise,

Ils font soudain, les grands s'appuyant à
  ma chaise,
Et les petits toujours groupés sur mes
  genoux,
Un silence, et cela veut dire : "Parle-
  nous."

Je leur parle de tout.   Mes discours en
  eux sèment
Ou l'idée ou le fait.   Comme ils m'aiment,
  ils aiment
Tout ce que je leur dis.   Je leur montre
  du doigt
Le ciel, Dieu qui s'y cache, et l'astre
  qu'on y voit.
Tout, jusqu'à leur regard, m'écoute.   Je
  dis comme
Il faut penser, rêver, chercher.   Dieu bé-
  nit l'homme,
Non pour avoir trouvé, mais pour avoir
  cherché.
Je dis : " Donnez l'aumône au pauvre
  humble et penché ;
Recevez doucement la leçon ou le blâme.
Donner et recevoir, c'est faire vivre
  l'âme ! "
Je leur conte la vie, et que, dans nos
  douleurs,
Il faut que la bonté soit au fond de nos
  pleurs,
Et que, dans nos bonheurs, et que dans
  nos délires,
Il faut que la bonté soit au fond de nos
  rires ;
Qu'être bon, c'est bien vivre, et que l'ad-
  versité
Peut tout chasser d'une âme, excepté la
  bonté ;
Et qu'ainsi les méchants, dans leur haine
  profonde
Ont tort d'accuser Dieu.   Grand Dieu !
  nul homme au monde
N'a droit, en choisissant sa route, en y
  marchant,
De dire que c'est toi qui l'as rendu mé-
  chant ;
Car le méchant, Seigneur, ne t'est pas
  nécessaire !

Je leur raconte aussi l'histoire ; la mi-
  sère
Du peuple juif, maudit qu'il faut enfin
  bénir ;
La Grèce, rayonnant jusque dans l'ave-
  nir ;
Rome ; l'antique Égypte et ses plaines
  sans ombre,

Et tout ce qu'on y voit de sinistre et de
  sombre.
Lieux effrayants ! tout meurt ; le bruit
  humain finit.
Tous ces démons taillés dans les blocs de
  granit,
Olympe monstrueux des époques ob-
  scures,
Les Sphinx, les Anubis, les Ammons, les
  Mercures,
Sont assis au désert depuis quatre mille
  ans ;
Autour d'eux le vent souffle, et les sables
  brûlants
Montent comme une mer d'où sort leur
  tête énorme ;
La pierre mutilée a gardé quelque forme
De statue ou de spectre, et rappelle
  d'abord
Les plis que fait un drap sur la face d'un
  mort ;
On y distingue encor le front, le nez, la
  bouche,
Les yeux, je ne sais quoi d'horrible et de
  farouche
Qui regarde et qui vit, masque vague et
  hideux.
Le voyageur de nuit, qui passe à côté
  d'eux,
S'épouvante, et croit voir, aux lueurs des
  étoiles,
Des géants enchaînés et muets sous des
  voiles.

LA MORT D'UN CHÊNE.

VICTOR DE LAPRADE. 1844.

QUAND l'homme te frappa de sa lâche
  cognée,
O roi qu'hier le mont portait avec or-
  gueil,
Mon âme, au premier coup, retentit in-
  dignée,
Et dans la forêt sainte il se fit un grand
  deuil.

Un murmure éclata sous ses ombres pai-
  sibles ;
J'entendis des sanglots et des bruits me-
  naçants ;
Je vis errer des bois les hôtes invi-
  sibles,
Pour te défendre, hélas ! contre l'homme
  impuissants.

Tout un peuple effrayé partit de ton
   feuillage,
Et mille oiseaux chanteurs, troublés dans
   leurs amours,
Planèrent sur ton front comme un pâle
   nuage,
Perçant de cris aigus tes gémissements
   sourds.

Le flot triste hésita dans l'une des fon-
   taines ;
Le haut du mont trembla sous les pins
   chancelants ;
Et l'aquilon roula dans les gorges loin-
   taines
L'écho des grands soupirs arrachés à tes
   flancs.

Ta chute laboura, comme un coup de
   tonnerre,
Un arpent tout entier sur le sol paternel ;
Et quand son sein meurtri reçut ton
   corps, la terre
Eut un rugissement terrible et solennel :

Car Cybèle t'aimait, toi l'aîné de ses
   chênes,
Comme un premier enfant que sa mère a
   nourri,
Du plus pur de sa sève elle abreuvait tes
   veines,
Et son front se levait pour te faire un
   abri.

Elle entoura tes pieds d'un long tapis de
   mousse,
Où toujours en avril elle faisait germer
Pervenche et violette à l'odeur fraîche et
   douce,
Pour qu'on choisît ton ombre et qu'on y
   vînt aimer.

Toi, sur elle épanchant cette ombre et
   tes murmures,
Oh ! tu lui payais bien ton tribut filial !
Et chaque automne à flots versait tes
   feuilles mûres,
Comme un manteau d'hiver sur le coteau
   natal.

La terre s'enivrait de ta large harmonie ;
Pour parler dans la brise, elle a créé les
   bois :
Quand elle veut gémir d'une plainte in-
   finie,
Des chênes et des pins elle emprunte la
   voix.

Cybèle t'amenait une immense famille ;
Chaque branche portait son nid ou son
   essaim :
Abeille, oiseaux, reptile, insecte qui four-
   mille,
Tous avaient la pâture et l'abri dans ton
   sein.

Ta chute a dispersé tout ce peuple so-
   nore
Mille êtres avec toi tombent anéantis ;
À ta place, dans l'air, seuls voltigent
   encore
Quelques pauvres oiseaux qui cherchent
   leurs petits.

Dis adieu, pauvre chêne, au printemps
   qui t'enivre.
Hier, il t'a paré de feuillages nouveaux :
Tu ne sentiras plus ce bonheur de re-
   vivre.
Adieu les nids d'amour qui peuplaient
   tes rameaux.

Adieux les noirs essaims bourdonnant sur
   tes branches,
Le frisson de la feuille aux caresses du
   vent,
Adieu les frais tapis de mousse et de
   pervenches
Où le bruit des baisers t'a réjoui souvent.

O chêne, je comprends ta puissante
   agonie !
Dans sa paix, dans sa force, il est dur de
   mourir ;
À voir crouler ta tête, au printemps ra-
   jeunie,
Je devine, ô géant ! ce que tu dois
   souffrir.

Car j'ai pour les forêts des amours fra-
   ternelles ;
Poëte vêtu d'ombre, et dans la paix rê-
   vant,
Je vis avec lenteur, triste et calme, et,
   comme elles,
Je porte haut ma tête, et chante au moin-
   dre vent.

Je crois le bien au fond de tout ce que
   j'ignore ;
J'espère malgré tout, mais nul bonheur
   humain ;
Comme un chêne immobile, en mon repos
   sonore,
J'attends le jour de Dieu qui nous luira
   demain.

En moi de la forêt le calme s'insinue ;
De ses arbres sacrés, dans l'ombre enseveli,
J'apprends la patience aux hommes inconnue,
Et mon cœur apaisé vit d'espoir et d'oubli.

FANTAISIES D'HIVER.

THÉOPHILE GAUTIER. 1850.

I.

Le nez rouge, la face blême,
Sur un pupitre de glaçons,
L'Hiver exécute son thème
Dans le quatuor des saisons.

Il chante d'une voix peu sûre
Des airs vieillots et chevrotants ;
Son pied glacé bat la mesure
Et la semelle en même temps ;

Et comme Handel, dont la perruque
Perdait sa farine en tremblant,
Il fait envoler de sa nuque
La neige qui la poudre à blanc.

II.

Dans le bassin des Tuileries,
Le cygne s'est pris en nageant,
Et les arbres, comme aux féeries,
Sont en filigrane d'argent.

Les vases ont des fleurs de givre,
Sous la charmille aux blancs réseaux ;
Et sur la neige on voit se suivre
Les pas étoilés des oiseaux.

Au piédestal où, court-vêtue,
Vénus coudoyait Phocion,
L'Hiver a posé pour statue
La Frileuse de Clodion.

III.

Les femmes passent sous les arbres,
En martre, hermine et menu-vair,
Et les déesses, frileux marbres,
Ont pris aussi l'habit d'hiver.

La Vénus Anadyomène
Est en pelisse à capuchon ;

Flore, que la brise malmène,
Plonge ses mains dans son manchon.

Et pour la saison, les bergères
De Coysevox et de Coustou,
Trouvant leurs écharpes légères,
Ont des boas autour du cou.

IV.

Sur la mode parisienne
Le Nord pose ses manteaux lourds,
Comme sur une Athénienne
Un Scythe étendrait sa peau d'ours.

Partout se mélange aux parures
Dont Palmyre habille l'Hiver,
Le faste russe des fourrures
Que parfume le vétyver.

Et le Plaisir rit dans l'alcôve
Quand, au milieu des Amours nus,
Des poils roux d'une bête fauve
Sort le torse blanc de Vénus.

V.

Sous le voile qui vous protége,
Défiant les regards jaloux,
Si vous sortez par cette neige,
Redoutez vos pieds andalous ;

La neige saisit comme un moule
L'empreinte de ce pied mignon
Qui, sur le tapis blanc qu'il foule,
Signe, à chaque pas, votre nom.

PREMIER SOURIRE DU PRINTEMPS.

THÉOPHILE GAUTIER. 1850.

Tandis qu'à leurs œuvres perverses
Les hommes courent haletants,
Mars qui rit, malgré les averses,
Prépare en secret le printemps.

Pour les petites pâquerettes,
Sournoisement lorsque tout dort,
Il repasse des collerettes
Et cisèle des boutons d'or.

Dans le verger et dans la vigne,
Il s'en va, furtif perruquier,
Avec une houppe de cygne,
Poudrer à frimas l'amandier.

La nature au lit se repose ;
Lui, descend au jardin désert
Et lace les boutons de rose
Dans leur corset de velours vert.

Tout en composant des solféges,
Qu'aux merles il siffle à mi-voix,
Il sème aux prés les perce-neiges
Et les violettes aux bois.

Sur le cresson de la fontaine
Où le cerf boit, l'oreille au guet,
De sa main cachée il égrène
Les grelots d'argent du muguet.

Sous l'herbe, pour que tu la cueilles,
Il met la fraise au teint vermeil,
Et te tresse un chapeau de feuilles
Pour te garantir du soleil.

Puis, lorsque sa besogne est faite,
Et que son règne va finir,
Au seuil d'avril tournant la tête,
Il dit : "Printemps, tu peux venir !"

LA ROSE-THÉ.

THÉOPHILE GAUTIER. 1852.

La plus délicate des roses
Est, à coup sûr, la rose-thé.
Son bouton aux feuilles mi-closes
De carmin à peine est teinté.

On dirait une rose blanche
Qu'aurait fait rougir de pudeur,
En la lutinant sur la branche,
Un papillon trop plein d'ardeur.

Son tissu rose et diaphane
De la chair a le velouté ;
Auprès, tout incarnat se fane
Ou prend de la vulgarité.

Comme un teint aristocratique
Noircit les fronts bruns de soleil,
De ses sœurs elle rend rustique
Le coloris chaud et vermeil.

Mais, si votre main qui s'en joue,
A quelque bal, pour son parfum,
La rapproche de votre joue,
Son frais éclat devient commun.

Il n'est pas de rose assez tendre
Sur la palette du printemps,

Madame, pour oser prétendre
Lutter contre vos dix-sept ans.

La peau vaut mieux que le pétale,
Et le sang pur d'un noble cœur
Qui sur la jeunesse s'étale,
De toutes les roses est vainqueur !

LA SUISSE.

VICTOR HUGO. 1859.

Gloire aux monts ! leur front brille et
  la nuit se dissipe,
C'est plus que le matin qui luit ; c'est
  un principe !
Ces mystérieux jours blanchissant les
  hauteurs,
Qu'on prend pour des rayons, sont des
  libérateurs ;
Toujours aux fiers sommets ces aubes
  sont données :
Aux Alpes Stauffacher, Pélage aux Pyré-
  nées !

La Suisse dans l'histoire aura le dernier
  mot,
Puisqu'elle est deux fois grande, étant
  pauvre, et là-haut ;
Puisqu'elle a sa montagne et qu'elle a sa
  cabane.
La houlette de Schwitz qu'une vierge
  enrubanne,
Fière, et, quand il le faut, se hérissant
  de clous,
Chasse les rois ainsi qu'elle chasse les
  loups.
Gloire au chaste pays que le Léman
  arrose !
À l'ombre de Melchthal, à l'ombre du
  mont Rose,
La Suisse trait sa vache et vit paisible-
  ment.
Sa blanche liberté s'adosse au firma-
  ment.
Le soleil, quand il vient dorer une chau-
  mière,
Fait que le toit de paille est un toit de
  lumière ;
Telle est la Suisse, ayant l'honneur dans
  ses prés verts,
Et de son indigence éclairant l'uni-
  vers.
Tant que les nations garderont leurs
  frontières,
La Suisse éclatera parmi les plus altières ;

Quand les peuples riront et s'embrasse-
  ront tous,
La Suisse sera douce au milieu des plus
  doux.

Suisse ! à l'heure où l'Europe enfin mar-
  chera seule,
Tu verras accourir vers toi, sévère aïeule,
La jeune Humanité sous son chapeau de
  fleurs ;
Tes hommes bons seront chers aux
  hommes meilleurs ;
Les fléaux disparus, faux dieu, faux roi,
  faux prêtre,
Laisseront le front blanc de la paix ap-
  paraître ;
Et les peuples viendront en foule te
  bénir,
Quand la guerre mourra, quand, devant
  l'avenir,
On verra dans l'horreur des tourbillons
  funèbres,
Se hâter pêle-mêle au milieu des ténèbres,
Comme d'affreux oiseaux heurtant leurs
  ailerons,
Une fuite effrénée et noire de clairons !

En attendant, la Suisse a dit au monde :
  " Espère ! "
Elle a de la vieille hydre effrayé le re-
  paire ;
Ce qu'elle a fait jadis, pour les siècles
  est fait ;
La façon dont la Suisse à Sempach tri-
  omphait
Reste la grande audace et la grande
  manière
D'attaquer une bête au fond de sa tanière.
Tous ces nuages, blancs ou noirs, sont
  des drapeaux.
L'exemple, c'est lo fait dans sa gloire,
  au repos,
Qui charge lentement les cœurs et re-
  commence ;
Melchthal, grave et penché sur le monde,
  ensemence.
Un jour, à Bâle, Albrecht, l'empereur
  triomphant,
Vit une jeune mère auprès d'un jeune
  enfant ;
La mère était charmante ; elle semblait
  encore,
Comme l'enfant, sortie à peine de l'au-
  rore ;
L'empereur écouta de près leurs doux
  ébats,
Et la mère disait à son enfant tout bas :

" Fils, quand tu seras grand, meurs pour
  la bonne cause ! "
Oh ! rien ne flétrira cette feuille de
  rose !
Toujours le despotisme en sentira le
  pli ;
Toujours les mains prêtant le serment de
  Grutli
Apparaîtront en rêve au peuple en lé-
  thargie ;
Toujours les oppresseurs auront, dans
  leur orgie,
Sur la lividité de leur face l'effroi
Du tocsin qu'Unterwald cache dans son
  beffroi.
Tant que les nations au joug seront
  nouées,
Tant que l'aigle à deux becs sera dans
  les nuées
Tant que dans le brouillard des montagnes
  l'éclair
Ebauchera le spectre insolent de Gessler,
On verra Tell songer dans quelque coin
  terrible.
Et les iniquités, la violence horrible,
La fraude, le pouvoir du vainqueur
  meurtrier,
Cibles noires, craindront cet arbalétrier.
Assis à leur souper, car c'est leur cré-
  puscule,
Et le jour qui pour nous monte, pour
  eux recule,
Les satrapes seront éblouissants à voir,
Raillant la conscience, insultant le de-
  voir,
Mangeant dans les plats d'or et les coupes
  d'opales
Joyeux ; mais par instants ils deviendront
  tout pâles,
Feront taire l'orchestre, et, la sueur au
  front,
Penchés, se parlant bas, tremblants, re-
  garderont
S'il n'est pas quelque part, là derrière
  la table,
Calme, et serrant l'écrou de son arc re-
  doutable.
Pourtant il se pourra qu'à de certains
  moments, .
Dans les satiétés et les enivrements,
Ils se disent : " Les yeux n'ont plus
  rien de sévère ;
Guillaume Tell est mort." Ils rempli-
  ront leur verre.
Et le monde comme eux oubliera. Tout
  à coup,
À travers les fléaux et les crimes debout,

Et l'ombre, et l'esclavage, et les hontes
sans nombre,
On entendra siffler la grande flèche
sombre.

Oui, c'est là la foi sainte, et, quand
nous étouffons, ·
Dieu nous fait respirer par ces pensers
profonds.
Aù-dessus des tyrans l'histoire est abon-
dante
En spectres que du doigt Tacite montre
à Dante ;
Tous ces fantômes sont la liberté planant,
Et toujours prête à dire aux hommes :
" Maintenant ! "
Et, depuis Padrona Kalil aux jambes
nues
Jusqu'à Franklin ôtant le tonnerre des
nues,
Depuis Léonidas jusqu'à Kosciuzko,
Le cri des uns du cri des autres est l'écho.
Oui, sur vos actions, de tant de deuil
mêlées,
Multipliez les plis des pourpres étoilées,
Ayez pour vous l'oracle, et Delphe avec
Endor,
Maîtres ; riez le front coiffé du laurier
d'or,
Aux pieds de la fortune infâme et colos-
sale ;
Tout à coup Botzaris entrera dans la
salle,
Byron se dressera, le poëte héros,
Tzavellas, indigné du succès des bour-
reaux,
Soufflettera le groupe effaré des victoires ;
Et l'on verra surgir au-dessus de vos
gloires
L'effrayant avoyer Gundoldingen, cas-
sant
Sur César le sapin des Alpes teint de
sang !

SOUS LES HÊTRES.

ANDRÉ LEMOYNE. 1860.

Las du rail continu, du sifflet des ma-
chines,
Conduit par mes deux pieds, comme un
simple marcheur,
J'aime à vivre en plein bois dans l'herbe
des ravines,
Enveloppé d'oubli, de calme et de fraî-
cheur.

Là jamais aucun bruit des wagons ni des
cloches ;
Pas même l'Angélus d'un village loin-
tain.
J'écoute un filet d'eau qui, filtrant sous
les roches,
Fait frémir au départ trois feuilles de
plantain.

Le beau loriot jaune et la mésange bleue,
Souvent de compagnie avec le merle noir,
Doux chanteurs buvant frais, viennent
d'un quart de lieue,
Réjouis du bain pur et charmés du miroir.

Le plus riche voisin de la source limpide
Parfois comme un éclair s'échappe des
roseaux :
C'est un martin-pêcheur au vol droit et
rapide,
Emportant sur son aile un reflet vert des
eaux.

Blutée à petit jour par les feuilles de
hêtre,
Une lueur discrète éclaire les ravins,
Peuplés d'esprits follets que j'aime à
reconnaître :
Sphinx, papillons nacrés, faunes et
grands sylvains.

Sous la haute forêt le cœur troublé
s'apaise.
Les plus fraîches senteurs m'arrivent à
la fois.
Est-ce un parfum de menthe, un souve-
nir de fraise ?
Est-ce le chèvrefeuille ou la rose des
bois ?

Rêveur enseveli dans une paix profonde,
Du long fuseau des jours j'aime à perdre
le fil,
J'aime à ne plus savoir quel âge a notre
monde,
Si je suis un enfant du siècle ou de l'an
mil :

Et j'aime à voir passer là-bas, gardant
ses chèvres,
La petite fileuse au sourire ingénu,
Qui va chantant d'un cœur aussi pur que
ses lèvres
Une vieille chanson d'un poëte inconnu :

La chanson qui jadis a charmé sa grand'-
mère,

Et qu'aux arbres des bois souvent on
redira,
Tant qu'on pourra cueillir muguet et
primevère,
Et que la fleur d'amour dans une âme
éclôra.

MATIN D'OCTOBRE.

ANDRÉ LEMOYNE. 1860.

Le soleil s'est levé rouge comme une
sorbe
Sur un étang des bois : — il arrondit son
orbe
Dans le ciel embrumé, comme un astre
qui dort ;
Mais le voilà qui monte en éclairant la
brume,
Et le premier rayon qui brusquement
s'allume
À toute la forêt donne des feuilles d'or.

Et sur les verts tapis de la grande clai-
rière,
Ferme dans ses sabots, marche en pleine
lumière
Une petite fille (elle a sept ou huit ans).
Avec un brin d'osier menant sa vache
rousse,
Elle connaît déjà l'herbe fine qui pousse
Vive et drue, à l'automne, au bord frais
des étangs.

Oubliant de brouter, parfois la grosse
bête,
L'herbe aux dents, réfléchit et détourne
la tête,
Et ses grands yeux naïfs, rayonnants de
bonté,
Ont comme des lueurs d'intelligence
humaine :
Elle aime à regarder cette enfant qui la
mène,
Belle petite brune ignorant sa beauté.

Et, rencontrant la vache et la petite fille,
Un rouge-gorge en fête à plein cœur
s'égosille ;
Et ce doux rossignol de l'arrière-sai-
son,
Ebloui des effets sans connaître les causes,
Est tout surpris de voir aux églantiers
des roses
Pour la seconde fois donnant leur flo-
raison.

PRINTEMPS.

ANDRÉ LEMOYNE. 1860.

Les amoureux ne vont pas loin :
On perd du temps aux longs voyages.
Les bords de l'Yvette ou du Loing
Pour eux ont de frais paysages.

Ils marchent à pas cadencés
Dont le cœur règle l'harmonie,
Et vont l'un à l'autre enlacés
En suivant leur route bénie.

Ils savent de petits sentiers
Où les fleurs de mai sont écloses ;
Quand ils passent, les églantiers,
S'effeuillant, font pleuvoir des roses.

Ormes, frênes et châtaigniers,
Taillis et grands fûts, tout verdoie,
Berçant les amours printaniers
Des nids où les cœurs sont en joie :

Ramiers au fond des bois perdus,
Bouvreuils des aubépines blanches,
Loriots jaunes suspendus
À la fourche des hautes branches.

Le trille ému, les sons flûtés,
Croisent les soupirs d'amoureuses :
Tous les arbres sont enchantés
Par les heureux et les heureuses.

UNE NOCE À LA VILLE.

JULES-ROMAIN TARDIEU. AVRIL 1862.

Vous ne savez pas la grande nouvelle,
Et si le premier je vous la révèle,
Que me donnez-vous ? Il ne s'agit pas
Du très-érudit *Journal des Débats*,
Ni d'un incident bien diplomatique,
Ni d'un beau discours bien académique,
Ni du long roman d'un illustre auteur,
Ni du *ré* bémol du nouveau chanteur,
Ni de ce qu'ont fait la cour et la ville ;
C'est mieux que cela. Je le donne en
mille :
Les pois sont en fleur.

Les pois sont en fleur ! Est-il bien
possible !
Qui de nous pourrait rester insensible
Au simple énoncé de ce *Fait-Paris ?*

Pas même un boursier. Je tiens les
paris.
Que vont devenir nos grands politiques,
Si divertissants dans leurs polémiques ?
Quel banquier voudra coter des valeurs ?
Car c'est le printemps, — la vigne est en
pleurs :
(On est si méchant qu'on ne fait qu'en
rire)
Et, comme j'avais l'honneur de vous dire :
Les pois sont en fleurs.

Les pois sont en fleurs ; et les hiron-
delles
Au terme d'avril sont toujours fidèles.
Si vous demandez comment j'ai compris
Les derniers discours des Whigs et Torys ;
Si nous pourrons voir bientôt l'Angleterre
Sans pont ni bateaux, — en passant sous
terre ;
Si j'aime la blonde avec ses langueurs,
Ou plutôt la brune aux vives couleurs,
Sur quelle beauté mon regard s'arrête ?
J'ai bien réfléchi ; ma réponse est prête :
Les pois sont en fleurs.

Les pois sont en fleurs ! Du plus
doux sourire,
En nous saluant, avril semble dire :
Croyez au printemps, croyez aux amours !
Et ce printemps-là durera toujours.
On avait bien vu jadis des querelles ;
Croyez cette année aux époux fidèles,
Au ciel sans nuage, aux beaux yeux sans
pleurs,
Aux nuits sans alarme, aux jours sans
malheurs.
Et si vous preniez l'air mélancolique,
J'ai mon argument toujours sans réplique :
LES POIS SONT EN FLEURS.

LES ROSES DE NOËL.

JULES-ROMAIN TARDIEU. 1868.

QUOI ! vous ne savez pas ce que disent
les roses !
Vous vous imaginez que ces charmantes
choses
Ne sont là simplement qu'un plaisir
pour les yeux,
Ou pour les parfumeurs un produit pré-
cieux ?
Si c'était là le but de ces frêles mer-
veilles,

Dieu nous aurait donné toutes ces fleurs
pareilles.
Aurait-il prodigué cette variété
Rien que pour illustrer l'œuvre de Re-
douté ?

Les femmes, on le sait, sont toutes
adorables ;
Pourtant vous n'en voyez pas deux qui
soient semblables ;
De même chaque rose a ses goûts et ses
mœurs,
Et son esprit varie ainsi que ses couleurs.
Voulez-vous avec moi les passer en revue ?
Prenons, pour commencer, la première
venue :

Rose pompon,
Petite folle,
Que ton bouton
Vif et frivole
Pour le corset
De la coquette
Toujours en fête
Paraît bien fait !

La rose bengale
Qui fleurit toujours
Si blême et si pâle,
Ce n'est pas l'amour.
— L'amour se devine,
Mais par la douleur ;
Rose sans épine
Sera sans odeur.

Sur sa tige pendante
Voyez la rose thé
Étaler sa beauté
Lascive et languissante ;
Elle vous dit tout bas :
Vois, je suis assez belle ;
Viens, c'est moi qui t'appelle,
Ne me comprends-tu pas ?

La candide rose blanche
Sur son buisson velouté
À flots verse l'avalanche
De sa neigeuse beauté.
Sur le front de la rosière
Elle brille sans orgueil,
Et comme une humble prière
Elle suit l'ange au cercueil.

Si j'aime la rose grimpante,
Je crains ses plans insidieux.
Tandis que sa fleur caressante
Me suit d'un regard curieux,

Elle escalade ma fenêtre
Et demande abri sous mon toit ;
Puis me dit : Tu n'es plus le maître,
Et rien ici n'est plus à toi.

La plus splendide est la rose mous-
  seuse,
Bijou parfait de forme et de fini ;
Avec dédain sa beauté paresseuse
Sans rien aimer se repose en son nid.
Par sa noblesse et sa grâce légère,
Par le parfum, par l'éclat des couleurs,
Elle le sait, cette beauté si fière.
Elle est la reine au royaume des fleurs.

Pour moi, j'avais choisi la modeste
  églantine
Qui cache au fond des bois ses pudiques
  appas,
Toute simple et naïve en sa grâce enfan-
  tine,
Belle d'une beauté qu'elle ne connaît
  pas,
Devant la pureté de ses simples pétales,
Devant les vifs rayons de son calice d'or,
On verrait se ternir le voile des Vestales,
Et du Sacramento pâlirait le trésor.

Et portant il en est une plus belle
  encore :
La ROSE DE NOEL qu'on appelle Ellé-
  bore,
Rose de la folie, ou rose de l'amour,
C'est tout comme ; un seul nom leur
  servira toujours.
Ne faut-il pas vraiment qu'Ellébore soit
  folle
Pour livrer aux frimas sa tremblante
  corolle,
Pour ouvrir son calice aux baisers de
  l'hiver,
Popr resplendir au sein de son feuillage
  vert,
Quand tout semble mourir, quand la
  terre attristée,
Sans vie et sans chaleur, languit dés-
  héritée !

Charme de la beauté ! puissance de
  l'amour !
Au milieu de la nuit, c'est toi qui fais
  le jour.
Dis, rose de Noël, es-tu donc la der-
  nière
De l'année épuisée, ou plutôt la première
Du printemps qui viendra ? Es-tu le
  souvenir

Du bonheur autrefois, ou dis-tu l'avenir
Du renouveau joyeux et des roses nou-
  velles ?
Dis-tu l'avénement des amours éter-
  nelles ?

Et la rose répond : C'est moi qui suis
  l'amour,
L'amour qui ne connaît ni la nuit ni le
  jour.
Au milieu de la mort, c'est moi qui suis
  la vie ;
Je porte dans mon sein la divine folie
Qui fait aimer toujours — et quand tout
  est glacé,
Moi je réchauffe encore et je tiens em-
  brassé
Le neigeux diamant qui sur mon sein
  repose,
Et qui meurt en pleurant dans mon
  calice rose.

LA TERRE (HYMNE).

VICTOR HUGO. 1877.

ELLE est la terre, elle est la plaine, elle
  est le champ.
Elle est chère à tous ceux qui sèment en
  marchant ;
Elle offre un lit de mousse au pâtre ;
Frileuse, elle se chauffe au soleil éter-
  nel,
Rit, et fait cercle avec les planètes du
  ciel
Comme des sœurs autour de l'âtre.

Elle aime le rayon propice aux blés
  mouvants,
Et l'assainissement formidable des vents,
Et les souffles, qui sont des lyres,
Et l'éclair, front vivant qui, lorsqu'il
  brille et fuit,
Tout ensemble épouvante et rassure la
  Nuit
À force d'effrayants sourires.

Gloire à la terre ! Gloire à l'aube où
  Dieu paraît !
Au fourmillement d'yeux ouverts dans
  la forêt,
Aux fleurs, aux nids que le jour dore !
Gloire au blanchissement nocturne des
  sommets !
Gloire au ciel bleu qui peut, sans s'épui-
  ser jamais,
Faire des dépenses d'aurore !

La terre aime ce ciel tranquille, égal
   · pour tous,
Dont la sérénité ne dépend pas de nous,
   Et qui mêle à nos vils désastres,
À nos deuils, aux éclats de rires effrontés,
À nos méchancetés, à nos rapidités,
   La douceur profonde des astres.

La terre est calme auprès de l'océan
   grondeur ;
La terre est belle ; elle a la divine pu-
   deur
De se cacher sous les feuillages ;
Le printemps son amant vient en mai
   la baiser ;
Elle envoie au tonnerre altier pour
   l'apaiser
   La fumée humble des villages.

Ne frappe pas, tonnerre. Ils sont petits,
   ceux-ci.
La terre est bonne ; elle est grave et
   sévère aussi ;
Les roses sont pures comme elle ;
Quiconque pense, espère et travaille lui
   plaît ;
Et l'innocence offerte à tout homme est
   son lait,
   Et la justice est sa mamelle.

La terre cache l'or et montre les mois-
   sons ;
Elle met dans le flanc des fuyantes sai-
   sons
   Le germe des saisons prochaines,
Dans l'azur les oiseaux qui chuchotent :
   aimons !
Et les sources au fond de l'ombre, et sur
   les monts
   L'immense tremblement des chênes.

L'harmonie est son œuvre auguste sous
   les cieux ;
Elle ordonne aux roseaux de saluer,
   joyeux
   Et satisfaits, l'arbre superbe ;
Car l'équilibre, c'est le bas aimant le
   haut ;
Pour que le cèdre altier soit dans son
   droit, il faut
   Le consentement du brin d'herbe.

Elle égalise tout dans la fosse ; et con-
   fond
Avec les bouviers morts la poussière que
   font
   Les Césars et les Alexandres ;

Elle envoie au ciel l'âme et garde l'ani-
   mal ;
Elle ignore, en son vaste effacement du
   mal,
   La différence de deux cendres.

Elle paie à chacun sa dette, au jour la
   nuit,
À la nuit le jour, l'herbe aux rocs, aux
   fleurs le fruit ;
   Elle nourrit ce qu'elle crée,
Et l'arbre est confiant quand l'homme
   est incertain ;
O confrontation qui fait honte au destin,
   O grande nature sacrée !

Elle fut le berceau d'Adam et de Ja-
   phet,
Et puis elle est leur tombe ; et c'est elle
   qui fait
   Dans Tyr qu'aujourd'hui l'on ignore,
Dans Sparte et Rome en deuil, dans
   Memphis abattu,
Dans tous les lieux où l'homme a parlé,
   puis s'est tu,
   Chanter la cigale sonore.

Pourquoi ? Pour consoler les sépulcres
   dormants.
Pourquoi ? Parce qu'il faut faire aux
   écroulements
   Succéder les apothéoses,
Aux voix qui disent Non les voix qui
   disent Oui,
Aux disparitions de l'homme évanoui
   Le chant mystérieux des choses.

La terre a pour amis les moissonneurs ;
   le soir,
Elle voudrait chasser du vaste horizon
   noir
   L'âpre essaim des corbeaux voraces,
À l'heure où le bœuf las dit : Rentrons
   maintenant ;
Quand les bruns laboureurs s'en revi-
   ennent traînant
   Les socs pareils à des cuirasses.

Elle enfante sans fin les fleurs qui durent
   peu ;
Les fleurs ne font jamais de reproches à
   Dieu ;
   Des chastes lys, des vignes mûres,
Des myrtes frissonnant au vent, jamais
   un cri

Ne monte vers le ciel vénérable, attendri
  Par l'innocence des murmures.

Elle ouvre un livre obscur sous les
    rameaux épais ;
Elle fait son possible ; et prodigue la
    paix
  Au rocher, à l'arbre, à la plante,
Pour nous éclairer, nous, fils de Cham
    et d'Hermès,
Qui sommes condamnés à ne lire jamais
  Qu'à de la lumière tremblante.

Son but, c'est la naissance et ce n'est pas
    la mort ;
C'est la bouche qui parle et non la dent
    qui mord ;
  Quand la guerre infâme se rue
Creusant dans l'homme un vil sillon de
    sang baigné,

Farouche, elle détourne un regard in-
    digné
  De cette sinistre charrue.

Meurtrie, elle demande aux hommes : À
    quoi sert
Le ravage ! Quel fruit produira le désert !
  Pourquoi tuer la plaine verte !
Elle ne trouve pas utiles les méchants,
Et pleure la beauté virginale des champs
  Déshonorés en pure perte.

La terre fut jadis Cérès, Alma Cérès,
Mère aux yeux bleus des blés, des prés
    et des forêts ;
  Et je l'entends qui dit encore :
Fils, je suis Démèter, la déesse des
    dieux ;
Et vous me bâtirez un temple radieux
  Sur la colline Callichore.

NARRATIVE.

DIANE (CANTATE).

JEAN-BAPTISTE ROUSSEAU. 1695.

À PEINE le soleil au fond des antres
  sombres
Avait du haut des cieux précipité les
  ombres ;
Quand la chaste Diane, à travers les fo-
  rêts,
  Aperçut un lieu solitaire
Où le fils de Vénus et les dieux de Cy-
  thère
  Dormaient sous un ombrage frais :
Surprise, elle s'arrête ; et sa prompte co-
  lère
S'exhale en ce discours qu'elle adresse
  tout bas
À ces dieux endormis, qui ne l'entendent
  pas :

Vous, par qui tant de misérables
Gémissent sous d'indignes fers,
Dormez, Amours inexorables ;
Laissez respirer l'univers.

Profitons de la nuit profonde
Dont le sommeil couvre leurs yeux ;
Assurons le repos au monde,
En brisant leurs traits odieux.

Vous, par qui tant de misérables
Gémissent sous d'indignes fers,
Dormez, Amours inexorables ;
Laissez respirer l'univers.

À ces mots elle approche ; et ses nymphes
  timides,
Portant sans bruit leurs pas vers ces dieux
  homicides,

D'une tremblante main saisissent leurs
  carquois,
Et bientôt du débris de leurs flèches per-
  fides
  Sèment les plaines et les bois.
Tous les dieux des forêts, des fleuves, des
  montagnes,
Viennent féliciter leurs heureuses com-
  pagnes ;
Et, de leurs ennemis bravant les vains
  efforts,
  Expriment ainsi leurs transports :

Quel bonheur ! quelle victoire !
Quel triomphe ! quelle gloire !
Les Amours sont désarmés.

Jeunes cœurs, rompez vos chaînes :
Cessons de craindre les peines
Dont nous étions alarmés.

Quel bonheur ! quelle victoire !
Quel triomphe, quelle gloire !
Les Amours sont désarmés.

L'Amour s'éveille au bruit de ces chants
  d'allégresse :
  Mais quels objets lui sont offerts !
  Quel réveil ! dieux ! quel tristesse,
Quand de ses dards brisés il voit les
  champs couverts !
Un trait me reste encor dans ce désordre
  extrême ;
Perfides, votre exemple instruira l'uni-
  vers.
Il parle : le trait vole, et, traversant les
  airs,
  Va percer Diane elle-même :
  Juste mais trop cruel revers,
Qui signale, grand dieu, ta vengeance
  suprême !

Respectons l'Amour
Tandis qu'il sommeille,
Et craignons qu'un jour
Ce dieu ne s'éveille.

En vain nous romprons
Tous les traits qu'il darde,
Si nous ignorons
Le trait qu'il nous garde.

Respectons l'Amour
Tandis qu'il sommeille,
Et craignons qu'un jour
Ce dieu ne s'éveille.

ADONIS (CANTATE).

JEAN-BAPTISTE ROUSSEAU. 1695.

LE dieu Mars et Vénus, blessés des mêmes
    traits,
  Goûtaient les biens les plus parfaits
Qu'aux cœurs bien enflammés le tendre
    Amour apprête ;
  Mais ce dieu superbe et jaloux,
D'un œil de conquérant regardant sa
    conquête,
Fit bientôt aux plaisirs succéder les dé-
    goûts.

  Un cœur jaloux ne fait paraître
  Que des feux qui le font haïr ;
  Et, pour être toujours le maître,
  L'amant doit toujours obéir.

  L'Amour ne va point sans les Grâces ;
  On n'arrache point ses faveurs :
  L'emportement ni les menaces
  Ne font point le lien des cœurs.

  Un cœur jaloux ne fait paraître
  Que des feux qui le font haïr ;
  Et, pour être toujours le maître,
  L'amant doit toujours obéir.

La déesse déjà ne craint plus son ab-
    sence,
Et, cessant de l'aimer sans s'en aperce-
    voir,
Fait atteler son char, pleine d'impa-
    tience,
Et vole vers les bords soumis à son pou-
    voir.
  Là ses jours coulaient sans alarmes,

Lorsqu'un jeune chasseur se présente à
    ses yeux :
Elle croit voir son fils, il en a tous les
    charmes ;
Jamais rien de plus beau ne parut sous
    les cieux ;
Et le vainqueur de l'Inde était moins
    gracieux
Le jour que d'Ariane il vint sécher les
    larmes.

    La froide Naïade
    Sort pour l'admirer ;
    La jeune Dryade
    Chercher à l'attirer ;
    Faune d'un sourire
    Approuve leur choix ;
    Le jaloux Satyre
    Fuit au fond des bois ;
    Et Pan, qui soupire,
    Brise son hautbois.

Il aborde en tremblant la charmante
    déesse ;
Sa timide pudeur relève ses appas :
  Les Grâces, les Ris, la Jeunesse,
  Marchent au-devant de ses pas ;
Et du plus haut des airs l'Amour avec
    adresse
Fait partir à l'instant le trait dont il les
    blesse.
  Que désormais Mars en fureur
  Gronde, menace, tonne, éclate ;
Amants, profitez tous de sa jalouse er-
    reur :
Des feux trop violents font souvent une
    ingrate ;
On oublie aisément un amour qui fait
    peur,
  En faveur d'un amour qui flatte.

    Que le soin de charmer
    Soit votre unique affaire ;
    Songez que l'art d'aimer
    N'est que celui de plaire.

    Voulez-vous dans vos feux
    Trouver des biens durables !
    Soyez moins amoureux,
    Devenez plus aimables.

    Que le soin de charmer
    Soit votre unique affaire ;
    Songez que l'art d'aimer
    N'est que celui de plaire.

LE TRIOMPHE DE L'AMOUR
(CANTATE).

JEAN-BAPTISTE ROUSSEAU. 1695.

Filles du dieu de l'univers,
Muses, que je me plais dans vos douces
retraites !
Que ces rivages frais, que ces bois tou-
jours verts,
Sont propres à charmer les âmes inqui-
ètes !
Quel cœur n'oublierait ses tourments
Au murmure flatteur de cette onde tran-
quille ?
Qui pourrait résister aux doux ravisse-
ments
Qu'excite votre voix fertile !
Non, ce n'est qu'en ces lieux charmants
Que le parfait bonheur a choisi son asile.

Heureux qui de vos doux plaisirs
Goûte la douceur toujours pure !
Il triomphe des vains désirs,
Et n'obéit qu'à la nature.

Il partage avec les héros
La gloire qui les environne ;
Et le puissant dieu de Délos
D'un même laurier les couronne.

Heureux qui de vos doux plaisirs
Goûte la douceur toujours pure !
Il triomphe des vains désirs,
Et n'obéit qu'à la nature.

Mais que vois-je, grands dieux ! quels
magiques efforts
Changent la face de ces bords !
Quelles danses ! quels jeux ! quels con-
certs d'allégresse !
Les Grâces, les Plaisirs, les Ris et la
Jeunesse,
Se rassemblent de toutes parts.
Quel songe me transporte au-dessus du
tonnerre ?
Je ne reconnais point la terre
Au spectacle enchanteur qui frappe mes
regards.

Est-ce la cour suprême
Du souverain des dieux ?
Ou Vénus elle-même
Descend-elle des cieux ?

Les compagnes de Flore
Parfument ces côteaux ;

Une nouvelle Aurore
Semble sortir des eaux ;
Et l'olympe se dore
De ses feux les plus beaux.

Est-ce la cour suprême
Du souverain des dieux ?
Ou Vénus elle-même
Descend-elle des cieux ?

Nymphes, quel est ce dieu qui reçoit
votre hommage ?
Pourquoi cet arc et ce bandeau ?
Quel charme en le voyant, quel prodige
nouveau
De mes sens interdits me dérobe l'usage ?
Il s'approche ; il me tend une innocente
main :
Venez, cher tyran de mon âme,
Venez, je vous fuirais en vain ;
Et je vous reconnais à ces traits pleins
de flamme
Que vous allumez dans mon sein.

Adieu, Muses, adieu ; je renonce à l'en-
vie
De mériter les biens dont vous m'avez
flatté ;
Je renonce à ma liberté :
Sous de trop douces lois mon âme est as-
servie :
Et je suis plus heureux dans ma cap-
tivité,
Que je ne le fus de ma vie
Dans le triste bonheur dont j'étais en-
chanté.

AMYMONE (CANTATE).

JEAN-BAPTISTE ROUSSEAU. 1695.

Sur les rives d'Argos, près de ces bords
arides
Où la mer vient briser ses flots impérieux,
La plus jeune des Danaïdes,
Amymone, implorait l'assistance des
dieux ;
Un Faune poursuivait cette belle crain-
tive :
Et, levant ses mains vers les cieux,
Neptune, disait-elle, entends ma voix
plaintive,
Sauve-moi des transports d'un amant fu-
rieux !

À l'innocence poursuivie,
Grand dieu, daigne offrir ton secours;
Protége ma gloire et ma vie
Contre de coupables amours.

Hélas ! ma prière inutile
Se perdra-t-elle dans les airs ?
Ne me reste-t-il plus d'asile
Que le vaste abîme des mers ?

À l'innocence poursuivie,
Grand dieu, daigne offrir ton secours;
Protége ma gloire et ma vie
Contre de coupables amours.

La Danaïde en pleurs faisait ainsi sa
　　plainte,
Lorsque le dieu des eaux vint dissiper sa
　　crainte.
Il s'avance, entouré d'une superbe cour:
Tel jadis il parut aux regards d'Amphi-
　　trite,
　　Quand il fit marcher à sa suite
　　L'Hyménée et le dieu d'amour.
Le Faune à son aspect s'éloigne du ri-
　　vage ;
Et Neptune, enchanté, surpris,
L'amour peint dans les yeux, adresse ce
　　langage
À l'objet dont il est épris :

　　Triomphez, belle princesse,
　　Des amants audacieux :
　　Ne cédez qu'à la tendresse
　　De qui sait aimer le mieux.

　　Heureux le cœur qui vous aime,
　　S'il était aimé de vous !
　　Dans les bras de Vénus même
　　Mars en deviendrait jaloux.

　　Triomphez, belle princesse,
　　Des amants audacieux :
　　Ne cédez qu'à la tendresse
　　De qui sait aimer le mieux.

Qu'il est facile aux dieux de séduire une
　　belle !
Tout parlait en faveur de Neptune
　　amoureux,
　　L'éclat d'une cour immortelle,
Le mérite récent d'un secours généreux.
Dieux, quel secours ! Amour, ce sont
　　là de tes jeux :
Quel Satyre eût été plus à craindre pour
　　elle ?

Thétis, en rougissant, détourna ses re-
　　gards ;
Doris se replongea dans ses grottes hu-
　　mides,
Et par cette leçon apprit aux Néréides
　　À fuir de semblables hasards.

　　Tous les amants savent feindre ;
　　Nymphes, craignez leurs appas :
　　Le péril le plus à craindre
　　Est celui qu'on ne craint pas.

　　L'audace d'un téméraire
　　Est aisée à surmonter :
　　C'est l'amant qui sait nous plaire
　　Que nous devons redouter.

　　Tous les amants savent feindre ;
　　Nymphes, craignez leurs appas :
　　Le péril le plus à craindre
　　Est celui qu'on ne craint pas.

THÉTIS (CANTATE).

JEAN-BAPTISTE ROUSSEAU. 1695.

PRÈS de l'humide empire où Vénus prit
　　naissance,
Dans un bois consacré par le malheur
　　d'Atys,
Le Sommeil et l'Amour, tous deux d'in-
　　telligence,
À l'amoureux Pélée avaient livré Thétis.
Qu'eût fait Minerve même en cet état
　　réduite ?
Mais, dans l'art de Protée en sa jeunesse
　　instruite,
Elle sut éluder un amant furieux :
D'une ardente lionne elle prend l'appa-
　　rence.
Il s'émeut ; et, tandis qu'il songe à sa
　　défense,
La nymphe, en rugissant, se dérobe à ses
　　yeux.

Où fuyez-vous, déesse inexorable,
Cruel lion de carnage altéré ?
Que craignez-vous d'un amant miséra-
　　ble
Que vos rigueurs ont déjà déchiré ?

Il ne craint point une mort rigoureuse :
Il s'offre à vous sans armes, sans se-
　　cours ;
Et votre fuite est pour lui plus affreuse
Que les lions, les tigres, et les ours.

Où fuyez-vous, déesse inexorable,
Cruel lion de carnage altéré ?
Que craignez-vous d'un amant miséra-
ble
Que vos rigueurs ont déjà déchiré ?

Ce héros malheureux exprimait en ces
mots
Sa honte et sa douleur extrême,
Quand tout à coup du fond des flots
Protée apparaissant lui-même,
Que fais-tu, lui dit-il, faible et timide
amant ?
Pourquoi troubler les airs de plaintes
éternelles ?
Est-ce d'aujourd'hui que les belles
Ont recours au déguisement ?
Répare ton erreur : la nymphe qui te
charme
Va rentrer dans le sein des mers :
Attends-la sur ces bords ; mais que rien
ne t'alarme ;
Et songe que tu dois Achille à l'univers.

Le guerrier qui délibère
Fait mal sa cour au dieu Mars :
L'amant ne triomphe guère,
S'il n'affronte les hasards.

Quand le péril nous étonne,
N'importunons point les dieux :
Vénus, ainsi que Bellone,
Aime les audacieux.

Le guerrier qui délibère
Fait mal sa cour au dieu Mars :
L'amant ne triomphe guère,
S'il n'affronte les hasards.

Pélée, à ce discours, portant au loin sa
vue,
Voit paraître l'objet qui le tient sous ses
lois :
Heureux que pour lui seul l'occasion
perdue
Renaisse une seconde fois !
Le cœur plein d'une noble audace,
Il vole à la déesse, il l'approche, il l'em-
brasse.
Thétis veut se défendre, et, d'un prompt
changement
Employant la ruse ordinaire,
Redevient à ses yeux lion, tigre, pan-
thère ;
Vains objets qui ne font qu'irriter son
amant.

Ses désirs ont vaincu sa crainte ;
Il la retient toujours d'un bras victo-
rieux ;
Et, lasse de combattre, elle est enfin
contrainte
De reprendre sa forme, et d'obéir aux
dieux.

Amants, si jamais quelque belle,
Changée en lionne cruelle,
S'efforce à vous faire trembler,
Moquez-vous d'une image feinte ;
C'est un fantôme que sa crainte
Vous présente pour vous troubler.

Elle peut, en prenant l'image
D'un tigre ou d'un lion sauvage,
Effrayer les jeunes Amours ;
Mais, après un effort extrême,
Elle redevient elle-même,
Et ces dieux triomphent toujours.

CIRCÉ (CANTATE).[1]

JEAN-BAPTISTE ROUSSEAU. 1695.

Sur un rocher désert, l'effroi de la nature,
Dont l'aride sommet semble toucher les
cieux,
Circé, pâle, interdite, et la mort dans
les yeux,
Pleurait sa funeste aventure.
Là, ses yeux, errant sur les flots,
D'Ulysse fugitif semblaient suivre la
trace,
Elle croit voir encor son volage héros ;
Et, cette illusion soulageant sa disgrâce,
Elle le rappelle en ces mots,
Qu'interrompent cent fois ses pleurs et
ses sanglots :

Cruel auteur des troubles de mon âme,
Que la pitié retarde un peu tes pas !
Tourne un moment tes yeux sur ces
climats ;
Et, si ce n'est pour partager ma flamme,
Reviens du moins pour hâter mon tré-
pas.

Ce triste cœur, devenu ta victime,
Chérit encor l'amour qui l'a surpris :

---

1 "La cantate de *Circé* est un morceau à part ;
elle a toute l'élévation des plus belles odes de
Rousseau, avec plus de variété : c'est un des
chefs-d'œuvre de la poésie française." — La
Harpe.

Amour fatal ! ta haine en est le prix.
Tant de tendresse, ô dieux ! est-elle
　　un crime,
Pour mériter de si cruels mépris ?

Cruel auteur des troubles de mon âme,
Que la pitié retarde un peu tes pas !
Tourne un moment tes yeux sur ces
　　climats ;
Et, si ce n'est pour partager ma flamme,
Reviens du moins pour hâter mon tré-
　　pas.

C'est ainsi qu'en regrets sa douleur se
　　déclare :
Mais bientôt, de son art employant le
　　secours,
Pour rappeler l'objet de ses tristes amours,
Elle invoque à grands cris tous les dieux
　　du Ténare,
Les Parques, Némésis, Cerbère, Phlégé-
　　thon,
Et l'inflexible Hécate, et l'horrible Alec-
　　ton.
Sur un autel sanglant l'affreux bûcher
　　s'allume,
La foudre dévorante aussitôt le consume ;
Mille noires vapeurs obscurcissent le jour ;
Les astres de la nuit interrompent leur
　　course ;
Les fleuves étonnés remontent vers leur
　　source ;
Et Pluton même tremble en son obscur
　　séjour.

　　Sa voix redoutable
　　Trouble les enfers ;
　　Un bruit formidable
　　Gronde dans les airs ;
　　Un voile effroyable
　　Couvre l'univers ;
　　La terre tremblante
　　Frémit de terreur ;
　　L'onde turbulente
　　Mugit de fureur ;
　　La lune sanglante
　　Recule d'horreur.

Dans le sein de la mort ses noirs en-
　　chantements
Vont troubler le repos des ombres :
Les mânes effrayés quittent leurs monu-
　　ments ;
L'air retentit au loin de leurs longs hurle-
　　ments ;
Et les vents, échappés de leurs cavernes
　　sombres,

Mêlent à leurs clameurs d'horribles siffle-
　　ments.
Inutiles efforts ! amante infortunée,
D'un dieu plus fort que toi dépend ta
　　destinée :
Tu peux faire trembler la terre sous tes
　　pas,
Des enfers déchaînés allumer la colère ;
　　Mais tes fureurs ne feront pas
　　Ce que tes attraits n'ont pu faire.

Ce n'est point par effort qu'on aime,
L'Amour est jaloux de ses droits ;
Il ne dépend que de lui-même,
On ne l'obtient que par son choix.
Tout reconnaît sa loi suprême ;
Lui seul ne connaît point de lois.

Dans les champs que l'hiver désole
Flore vient rétablir sa cour ;
L'alcyon fuit devant Éole ;
Éole le fuit à son tour :
Mais sitôt que l'Amour s'envole,
Il ne connaît plus de retour.

CÉPHALE (CANTATE).

JEAN-BAPTISTE ROUSSEAU. 1695.

La nuit d'un voile obscur couvrait encor
　　les airs,
Et la seule Diane éclairait l'univers,
　　Quand, de la rive orientale,
L'Aurore, dont l'amour avance le réveil,
　　Vint trouver le jeune Céphale,
Qui reposait encor dans le sein du som-
　　meil.
Elle approche, elle hésite, elle craint,
　　elle admire ;
　　La surprise enchaîne ses sens ;
Et l'amour du héros pour qui son cœur
　　soupire
À sa timide voix arrache ces accents :

Vous, qui parcourez cette plaine,
Ruisseaux, coulez plus lentement ;
Oiseaux, chantez plus doucement ;
Zéphyrs, retenez votre haleine :

Respectez un jeune chasseur
Las d'une course violente,
Et du doux repos qui l'enchante
Laissez-lui goûter la douceur.

Vous, qui parcourez cette plaine,
Ruisseaux, coulez plus lentement ;

Oiseaux, chantez plus doucement ;
Zéphyrs, retenez votre haleine.[1]

Mais que dis-je ? où m'emporte une aveu-
gle tendresse ?
Lâche amant, est-ce là cette délicatesse
Dont s'enorgueillit ton amour !
Viens-je donc en ces lieux te servir de
trophée ?
Est-ce dans les bras de Morphée
Que l'on doit d'une amante attendre le
retour !

Il en est temps encore,
Céphale, ouvre les yeux :
Le jour plus radieux
Va commencer d'éclore.
Et le flambeau des cieux
Va faire fuir l'aurore.
Il en est temps encore,
Céphale, ouvre les yeux.

Elle dit ; et le dieu qui répand la lumière,
De son char argenté lançant les premiers
feux,
Vint ouvrir, mais trop tard, la tranquille
paupière
D'un amant à la fois heureux et malheur-
eux.
Il s'éveille, il regarde, il la voit, il l'ap-
pelle ;
Mais, ô cris, ô pleurs superflus !
Elle fuit, et ne laisse à sa douleur mor-
telle
Que l'image d'un bien qu'il ne possède
plus.
Ainsi l'Amour punit une froide indo-
lence :
Méritons ses faveurs par notre vigilance.

N'attendons jamais le jour ;
Veillons quand l'Aurore veille :
Le moment où l'on sommeille
N'est pas celui de l'amour.

Comme un Zéphyr qui s'envole,
L'heure de Vénus s'enfuit,
Et ne laisse pour tout fruit
Qu'un regret triste et frivole.

---

[1] Ces stances délicieuses rappellent le som-
meil d'*Issé* par La Motte, et la cantatille d'Apol-
lon : —

" Vous, ruisseaux amoureux de cette aimable plaine,
Coulez si lentement, et murmurez si bas,
Qu'Issé ne vous entende pas !
Zéphire, remplissez l'air d'une fraicheur nouvelle ;
Et vous, Échos, dormez comme elle."

N'attendons jamais le jour ;
Veillons quand l'Aurore veille :
Le moment où l'on sommeille
N'est pas celui de l'amour.

LA BASTILLE.

VOLTAIRE. 1717.

Or ce fut donc par un matin, sans
faute,
En beau printemps, un jour de Pente-
côte,
Qu'un bruit étrange en sursaut m'éveilla.
Un mien valet, qui du soir était ivre :
"Maître," dit-il, "le Saint-Esprit est là ;
C'est lui sans doute, et j'ai lu dans mon
livre
Qu'avec vacarme il entre chez les gens."
Et moi de dire alors entre mes dents :
" Gentil puîné de l'essence suprême,
Beau Paraclet, soyez le bienvenu ;
N'êtes-vous pas celui qui fait qu'on
aime !"

En achevant ce discours ingénu,
Je vois paraître au bout de ma ruelle,
Non un pigeon, non une colombelle,
De l'Esprit saint oiseau tendre et fidèle,
Mais vingt corbeaux de rapine affamés,
Monstres crochus que l'enfer a formés.
L'un près de moi s'approche en syco-
phante :
Un maintien doux, une démarche lente,
Un ton cafard, un compliment flatteur,
Cachent le fiel qui lui ronge le cœur.
" Mon fils," dit-il, " la cour sait vos mé-
rites ;
On prise fort les bons mots que vous
dites,
Vos petits vers, et vos galants écrits ;
Et, comme ici tout travail a son prix,
Le roi, mon fils, plein de reconnaissance,
Veut de vos soins vous donner récom-
pense
Et vous accorde, en dépit des rivaux,
Un logement dans un de ses châteaux.
Les gens de bien qui sont à votre porte
Avec respect vous serviront d'escorte ;
Et moi, mon fils, je viens de par le roi
Pour m'acquitter de mon petit emploi."
" Faquin," lui dis-je, " à moi point ne
s'adresse
Ce beau début ; c'est me jouer d'un
tour :
Je ne suis point rimeur suivant la cour ;

Je ne connais roi, prince, ni princesse ;
Et, si tout bas je forme des souhaits,
C'est que d'iceux ne sois connu jamais.
Je les respecte, ils sont dieux sur la
    terre ;
Mais ne les faut de trop près regarder :
Sage mortel doit toujours se garder
De ces gens-là qui portent le tonnerre.
Partant, vilain, retournez vers le roi ;
Dites-lui fort que je le remercie
De son logis ; c'est trop d'honneur pour
    moi ;
Il ne me faut tant de cérémonie :
Je suis content de mon bouge ; et les
    dieux
Dans mon taudis m'ont fait un sort
    tranquille ;
Mes biens sont purs, mon sommeil est
    facile,
J'ai le repos ; les rois n'ont rien de
    mieux."

J'eus beau prêcher, et j'eus beau m'en
    défendre,
Tous ces messieurs, d'un air doux et
    bénin,
Obligeamment me prirent par la main :
"Allons, mon fils, marchons." Fallut
    se rendre,
Fallut partir. Je fus bientôt conduit
En coche clos vers le royal réduit
Que près Saint-Paul ont vu bâtir nos
    pères
Par Charles cinq. O gens de bien, mes
    frères,
Que Dieu vous gard' d'un pareil logement !
J'arrive enfin dans mon appartement.
Certain croquant avec douce manière
Du nouveau gîte exaltait les beautés,
Perfections, aises, commodités.
"Jamais Phébus," dit-il, "dans sa car-
    rière,
De ses rayons n'y porta la lumière :
Voyez ces murs de dix pieds d'épaisseur,
Vous y serez avec plus de fraîcheur."
Puis me fesant admirer la clôture,
Triple la porte et triple la serrure,
Grilles, verrous, barreaux de tout côté,
"C'est," me dit-il, "pour votre sûreté."

Midi sonnant, un chaudeau l'on m'ap-
    porte ;
La chère n'est délicate ni forte :
De ce beau mets je n'étais point tenté ;
Mais on me dit : "C'est pour votre
    santé ;
Mangez en paix, ici rien ne vous presse."

Me voici donc en ce lieu de détresse,
Embastillé, logé fort à l'étroit,
Ne dormant point, buvant chaud, man-
    geant froid,
Trahi de tous, même de ma maîtresse.
O Marc-René,[1] que Caton le censeur
Jadis dans Rome eût pris pour succes-
    seur.
O Marc-René, de qui la faveur grande
Fait ici-bas tant de gens murmurer,
Vos beaux avis m'ont fait claquemurer :
Que quelque jour le bon Dieu vous le
    rende !

LES MASSACRES DE LA SAINT-BARTHÉLEMI.[2]

VOLTAIRE. 1720.

LE signal est donné sans tumulte et
    sans bruit ;
C'était à la faveur des ombres de la nuit.
De ce mois malheureux l'inégale cour-
    rière
Semblait cacher d'effroi sa tremblante
    lumière :
Coligni languissait dans les bras du repos,
Et le sommeil trompeur lui versait ses
    pavots.
Soudain de mille cris le bruit épouvan-
    table
Vient arracher ses sens à ce calme agré-
    able :
Il se lève, il regarde, il voit de tous
    côtés
Courir des assassins à pas précipités ;
Il voit briller partout les flambeaux et
    les armes,
Son palais embrasé, tout un peuple en
    alarmes,
Ses serviteurs sanglants dans la flamme
    étouffés,
Les meurtriers en foule au carnage échauf-
    fés,
Criant à haute voix : "Qu'on n'épargne
    personne ;
C'est Dieu, c'est Médicis, c'est le roi qui
    l'ordonne !"
Il entend retentir le nom de Coligni ;
Il aperçoit de loin le jeune Téligni,
Téligni dont l'amour a mérité sa fille,

[1] Marc-René de Voyer d'Argenson, alors lieu-
tenant de police.
[2] Henri de Bourbon, roi de Navarre, les re-
conte à Elizabeth, Reine d'Angleterre.

L'espoir de son parti, l'honneur de sa
famille,
Qui, sanglant, déchiré, traîné par des
soldats,
Lui demandait vengeance, et lui tendait
les bras.

Le héros malheureux, sans armes, sans
défense,
Voyant qu'il faut périr, et périr sans
vengeance,
Voulut mourir du moins comme il avait
vécu,
Avec toute sa gloire et toute sa vertu.

Déjà des assassins la nombreuse co-
horte
Du salon qui l'enferme allait briser la
porte ;
Il leur ouvre lui-même, et se montre à
leurs yeux
Avec cet œil serein, ce front majestueux,
Tel que dans les combats, maître de son
courage,
Tranquille, il arrêtait ou pressait le car-
nage.

À cet air vénérable, à cet auguste
aspect,
Les meurtriers surpris sont saisis de re-
spect ;
Une force inconnue a suspendu leur rage.
"Compagnons," leur dit-il, "achevez
votre ouvrage,
Et de mon sang glacé souillez ces cheveux
blancs,
Que le sort des combats respecta quarante
ans ;
Frappez, ne craignez rien ; Coligni vous
pardonne ;
Ma vie est peu de chose, et je vous
l'abandonne —
J'eusse aimé mieux la perdre en combat-
tant pour vous —:"
Ces tigres, à ces mots, tombent à ses
genoux :
L'un, saisi d'épouvante, abandonne ses
armes ;
L'autre embrasse ses pieds, qu'il trempe
de ses larmes ;
Et de ses assassins ce grand homme
entouré
Semblait un roi puissant par son peuple
adoré.

Besme, qui dans la cour attendait sa
victime,

Monte, accourt, indigné qu'on diffère
son crime ;
Des assassins trop lents il veut hâter les
coups ;
Aux pieds de ce héros il les voit trembler
tous.
À cet objet touchant lui seul est inflexi-
ble ;
Lui seul, à la pitié toujours inaccessible,
Aurait cru faire un crime et trahir Mé-
dicis,
Si du moindre remords il se sentait sur-
pris.
À travers les soldats il court d'un pas
rapide :
Coligni l'attendait d'un visage intrépide ;
Et bientôt dans le flanc ce monstre fu-
rieux
Lui plonge son épée, en détournant les
yeux,
De peur que d'un coup d'œil cet auguste
visage
Ne fît trembler son bras, et glaçât son
courage.

Du plus grand des Français tel fut le
triste sort.
On l'insulte, on l'outrage encore après
sa mort.
Son corps percé de coups, privé de sé-
pulture,
Des oiseaux dévorants fut l'indigne pâ-
ture ;
Et l'on porta sa tête aux pieds de Médicis,
Conquête digne d'elle, et digne de son
fils.
Médicis la reçut avec indifférence,
Sans paraître jouir du fruit de sa ven-
geance,
Sans remords, sans plaisir, maîtresse de
ses sens,
Et comme accoutumée à de pareils pré-
sents.

Qui pourrait cependant exprimer les
ravages
Dont cette nuit cruelle étala les images !
La mort de Coligni, prémices des hor-
reurs,
N'était qu'un faible essai de toutes leurs
fureurs.
D'un peuple d'assassins les troupes effré-
nées,
Par devoir et par zèle au carnage achar-
nées,
Marchaient le fer en main, les yeux
étincelants,

Sur les corps étendus de nos frères sang-
  lants.
Guise était à leur tête, et, bouillant de
  colère,
Vengeait sur tous les miens les mânes
  de son père.
Nevers, Gondi, Tavanne, un poignard à
  la main,
Échauffaient les transports de leur zèle
  inhumain ;
Et, portant devant eux la liste de leurs
  crimes,
Les conduisaient au meurtre, et mar-
  quaient les victimes.

Je ne vous peindrai point le tumulte
  et les cris,
Le sang de tous côtés ruisselant dans
  Paris,
Le fils assassiné sur le corps de son père,
Le frère avec la sœur, la fille avec la
  mère,
Les époux expirant sous leurs toits em-
  brasés,
Les enfants au berceau sur la pierre
  écrasés :
Des fureurs des humains c'est ce qu'on
  doit attendre.
Mais ce que l'avenir aura peine à com-
  prendre,
Ce que vous-même encore à peine vous
  croirez,
Ces monstres furieux, de carnage altérés,
Excités par la voix des prêtres sangui-
  naires,
Invoquaient le Seigneur en égorgeant
  leurs frères ;
Et, le bras tout souillé du sang des in-
  nocents,
Osaient offrir à Dieu cet exécrable en-
  cens.

O combien de héros indignement
  périrent !
Resnel et Pardaillan chez les morts de-
  scendirent ;
Et vous, brave Guerchy, vous, sage La-
  vardin,
Digne de plus de vie et d'un autre destin.
Parmi les malheureux que cette nuit
  cruelle
Plongea dans les horreurs d'une nuit
  éternelle,
Marsillac et Soubise, au trépas con-
  damnés,
Défendent quelque temps leurs jours in-
  fortunés.

Sanglants, percés de coups, et respirant
  à peine,
Jusqu'aux portes du Louvre on les pousse,
  on les traîne,
Ils teignent de leur sang ce palais odieux,
En implorant leur roi, qui les trahit tous
  deux.

Du haut de ce palais excitant la
  tempête,
Médicis à loisir contemplait cette fête :
Ses cruels favoris, d'un regard curieux,
Voyaient les flots de sang regorger sous
  leurs yeux,
Et de Paris en feu les ruines fatales
Étaient de ces héros les pompes triom-
  phales.

Que dis-je ! ô crime ! ô honte ! ô
  comble de nos maux !
Le roi, le roi lui-même, au milieu des
  bourreaux,
Poursuivant des proscrits les troupes
  égarées,
Du sang de ses sujets souillait ses mains
  sacrées :
Et ce même Valois que je sers au-
  jourd'hui,
Ce roi qui par ma bouche implore votre
  appui,
Partageant les forfaits de son barbare
  frère,
À ce honteux carnage excitait sa colère.
Non qu'après tout Valois ait un cœur
  inhumain,
Rarement dans le sang il a trempé sa
  main ;
Mais l'exemple du crime assiégeait sa
  jeunesse ;
Et sa cruauté même était une faiblesse.

Quelques-uns, il est vrai dans la foule
  des morts,
Du fer des assassins trompèrent les ef-
  forts.
De Caumont, jeune enfant, l'étonnante
  aventure
Ira de bouche en bouche à la race future.
Son vieux père, accablé sous le fardeau
  des ans,
Se livrait au sommeil entre ses deux en-
  fants ;
Un lit seul enfermait et les fils et le
  père.
Les meurtriers ardents, qu'aveuglait la
  colère,

Sur eux à coups pressés enfoncent le poignard :
Sur ce lit malheureux la mort vole au hasard.

L'Éternel en ses mains tient seul nos destinées ;
Il sait, quand il lui plaît, veiller sur nos années,
Tandis qu'en ses fureurs l'homicide est trompé.
D'aucun coup, d'aucun trait, Caumont ne fut frappé.
Un invisible bras, armé pour sa défense,
Aux mains des meurtriers dérobait son enfance ;
Son père, à son côté, sous mille coups mourant,
Le couvrait tout entier de son corps expirant ;
Et, du peuple et du roi trompant la barbarie,
Une seconde fois il lui donna la vie.

Cependant que fesais-je en ces affreux moments ?
Hélas ! trop assuré sur la foi des serments,
Tranquille au fond du Louvre, et loin du bruit des armes,
Mes sens d'un doux repos goûtaient encor les charmes.
O nuit, nuit effroyable ! ô funeste sommeil !
L'appareil de la mort éclaira mon réveil.
On avait massacré mes plus chers domestiques ;
Le sang de tous côtés inondait mes portiques :
Et je n'ouvris les yeux que pour envisager
Les miens que sur le marbre on venait d'égorger.
Les assassins sanglants vers mon lit s'avancèrent ;
Leurs parricides mains devant moi se levèrent ;
Je touchais au moment qui terminait mon sort ;
Je présentai ma tête, et j'attendis la mort.

Mais, soit qu'un vieux respect pour le sang de leurs maîtres
Parlât encor pour moi dans le cœur de ces traîtres ;
Soit que de Médicis l'ingénieux courroux

Trouvât pour moi la mort un supplice trop doux ;
Soit qu'enfin, s'assurant d'un port durant l'orage,
Sa prudente fureur me gardât pour otage,
On réserva ma vie à de nouveaux revers,
Et bientôt de sa part on m'apporta des fers.

Coligni, plus heureux et plus digne d'envie,
Du moins, en succombant, ne perdit que la vie ;
Sa liberté, sa gloire au tombeau le suivit —
Vous frémissez, madame, à cet affreux récit :
Tant d'horreur vous surprend ; mais de leur barbarie
Je ne vous ai conté que la moindre partie.
On eût dit que, du haut de son Louvre fatal,
Médicis à la France eût donné le signal ;
Tout imita Paris : la mort sans résistance
Couvrit en un moment la face de la France.
Quand un roi veut le crime, il est trop obéi !
Par cent mille assassins son courroux fut servi ;
Et des fleuves français les eaux ensanglantées
Ne portaient que des morts aux mers épouvantées.

LE CARÊME IMPROMPTU.

GRESSET. 1740.

Sous un ciel toujours rigoureux,
Au sein des flots impétueux,
Non loin de l'armorique plage,
Il est une île, affreux rivage,
Habitacle marécageux,
Moitié peuplé, moitié sauvage,
Dont les habitants malheureux,
Séparés du reste du monde,
Semblent ne connaître que l'onde,
Et n'être connus que des cieux.
Des nouvelles de la nature
Viennent rarement sur ces bords ;
On n'y sait que par aventure,
Et par de très tardifs rapports,
Ce qui se passe sur la terre,
Qui fait la paix, qui fait la guerre,
Qui sont les vivants et les morts.

De cette étrange résidence
Le curé, sans trop d'embarras,
Enseveli dans l'indolence
D'une héréditaire ignorance,
Vit de baptême et de trépas
Et d'offices qu'il n'entend pas.
Parmi les notables de l'île
Il est regardé comme habile
Quand il peut dire quelquefois
Le mois de l'an, le jour du mois.
On va penser que j'exagère,
Et que j'outre ce caractère.

" Quelle apparence ?" dira-t-on ;
" Quelle île assez abandonnée
Ignore le temps de l'année !
Non, ce trait ne peut être bon
Que dans une île imaginée
Par le fabuleux Robinson."

De grâce, censeur incrédule,
Ne jugez point sur ce soupçon ;
Un fait narré sans fiction
Va vous enlever ce scrupule ;
Il porte la conviction ;
Je n'y mettrai que la façon.

Le curé de l'île susdite,
Vieux papa, bon Israélite
(N'importe quand advint le cas),
N'avait point, avant les étrennes,
Fait apporter de nos climats
De guide-ânes ni d'almanachs
Pour le guider dans ses antiennes
Et régler ses petits états.
Il reconnut sa négligence ;
Mais trop tard vint la prévoyance.

La saison ne permettait pas
De faire voile vers la France ;
Abandonnée aux noirs frimas,
La mer n'était plus praticable ;
Et l'on n'espérait les bons vents
Qui rendent l'onde navigable
Et le continent abordable
Qu'à la naissance du printemps.

Pendant ces trois mois de tempête,
Que faire sans calendrier ?
Comment placer les jours de fête ?
Comment les différencier ?
Dans une pareille méprise,
Quelque autre curé plus savant
N'aurait pu régir son église ;
Et peut-être dévotement,
Bravant les fougues de la bise,
Se serait livré sans remise

Aux périls du moite élément ;
Mais pour une telle imprudence,
Doué d'un trop bon jugement,
Notre bon prêtre assurément
Chérissait trop son existence :
C'était d'ailleurs un vieux routier
Qui, s'étant fait une habitude
Des fonctions de son métier,
Officiait sans trop d'étude,
Et qui, dans sa décrépitude,
Dégoisait psaumes et leçons
Sans y faire tant de façons.
Prenant donc son parti sans peine,
Il annonce le premier mois,
Et recommande par trois fois
A son assistance chrétienne
De ne point finir la semaine
Sans chômer la fête des Rois.
Ces premiers points étaient faciles ;
Il ne trouva de l'embarras
Qu'en pensant qu'il ne saurait pas
Où ranger les fêtes mobiles.
Qu'y faire enfin ! Peu scrupuleux,
Il décida, ne pouvant mieux,
Que ces fêtes, comme ignorées,
Ne seraient chez lui célébrées
Que quand, au retour du zéphir,
Lui-même il aurait pu venir
Prendre langue dans nos contrées.
Il crut cet avis selon Dieu ;
Ce fut celui de son vicaire,
De Javotte sa ménagère
Et de son magister Matthieu,
La plus forte tête du lieu.

Ceci posé, janvier se passe ;
Plus agile encor dans son cours,
Février fuit, mars le remplace,
Et l'aquilon régnait toujours :
Du printemps avec patience
Attendant le prochain retour,
Et sur l'annuelle abstinence
Prétendant cause d'ignorance,
Ou, bonnement et sans détour,
Par faute de réminiscence,
Notre vieux curé, chaque jour,
Se mettait sur la conscience
Un chapon de sa basse cour.
Cependant, poursuit la chronique,
Le carême, depuis un mois,
Sur tout l'univers catholique
Étendait ses austères lois :
L'île seule, grâce au bon homme,
A l'abri des statuts de Rome,
Voyait ses libres habitants
Vivre en gras pendant tout ce temps.
De vrai ce n'était fine chère ;

Mais cependant chaque insulaire,
Mi-paysan et mi-bourgeois,
Pouvait parer son ordinaire
D'un fin lard flanqué de vieux pois.
À l'exemple du presbytère,
Tous, dans cette erreur salutaire,
Soupaient pour nous d'un cœur joyeux,
Tandis que nous jeûnions pour eux.

Enfin pourtant le froid Borée
Quitta l'onde plus tempérée.
Voyant qu'il était plus que temps
D'instruire nos impénitents.
Le diable, content de lui-même,
Ne retarda plus le printemps :
C'était lui qui, par stratagème,
Leur rendant contraire tout vent,
Avait voulu, chemin faisant,
Leur escamoter un carême
Pour se divertir en passant.
Le calme rétabli sur l'onde,
Mon curé, selon son serment,
Pour voir comment allait le monde,
S'embarque sans retardement,
S'étant bien lesté la bedaine
De quatre tranches de jambon
(Fait digne de réflexion ;
Car de la sainte quarantaine
Déjà la cinquième semaine
Venait de commencer son cours).
Il vient : il trouve avec surprise
Que dans l'empire de l'église
Pâques revenait dans dix jours.
"Dieu soit loué ! prenons courage,"
Dit-il, enfonçant son castor.
"Grâce au Seigneur, notre voyage
Se trouve fait à temps encor
Pour pouvoir, dans mon ermitage,
Fêter Pâques selon l'usage."

Content, il rentre sur son bord,
Après avoir fait ses emplettes
Et d'almanachs et de lunettes,
Il part, il arrive à bon port
Dans ses solitaires retraites.
Le lendemain, jour des Rameaux,
Prônant avec un zèle extrême,
Il notifie à ses vassaux
La date de notre carême.
"Mais," poursuit-il, "j'ai mon système,
Mes frères, nous n'y perdrons rien,
Et nous le rattraperons bien :
D'abord, avant notre abstinence,
Pour garder l'usage ancien
Et bien remplir toute observance,
Le mardi-gras sera mardi ;
Le jour des Cendres, mercredi ;

Suivront trois jours de pénitence,
Dans toute l'île on jeûnera ;
Et dimanche, unis à l'église,
Sans plus craindre aucune méprise,
Nous chanterons l'ALLELUIA."

SÉSOSTRIS.[1]

VOLTAIRE. 1775.

Vous le savez, chaque homme a son
    génie
Pour l'éclairer et pour guider ses pas
Dans les sentiers de cette courte vie.
À nos regards il ne se montre pas,
Mais en secret il nous tient compagnie.
On sait aussi qu'ils étaient autrefois
Plus familiers que dans l'âge où nous
    sommes :
Ils conversaient, vivaient avec les
    hommes
En bons amis, surtout avec les rois.

Près de Memphis, sur la rive féconde
Qu'en tous les temps, sous des palmiers
    fleuris,
Le dieu du Nil embellit de son onde
Un soir au frais, le jeune Sésostris.
Se promenait, loin de ses favoris,
Avec son ange, et lui disait : "Mon
    maître,
Me voilà roi : j'ai dans le fond du cœur
Un vrai désir de mériter de l'être :
Comment m'y prendre ?" Alors son
    directeur
Dit : "Avançons vers ce grand laby-
    rinthe
Dont Osiris forma la belle enceinte ;
Vous l'apprendrez." Docile à ses avis,
Le prince y vole. Il voit dans le parvis
Deux déités d'espèce différente :
L'une paraît une beauté touchante,
Au doux sourire, aux regards enchan-
    teurs,
Languissamment couchée entre des fleurs,
D'Amours badins, de Grâces entourée,
Et de plaisir encor tout enivrée.
Loin derrière elle étaient trois assistants,
Secs, décharnés, pâles, et chancelants.
Le roi demande à son guide fidèle
Quelle est la nymphe et si tendre et si
    belle,
Et que font là ces trois vilaines gens.

1 "Ce conte est une allégorie en l'honneur de
Louis XVI, qui régnait depuis environ vingt
mois." — Note de M. BEUCHOT.

Son compagnon lui répondit : "Mon prince,
Ignorez-vous quelle est cette beauté !
À votre cour, à la ville, en province,
Chacun l'adore, et c'est la Volupté.
Ces trois vilains, qui vous font tant de peine,
Marchent souvent après leur souveraine :
C'est le Dégoût, l'Ennui, le Repentir,
Spectres hideux, vieux enfants du Plaisir."

L'Égyptien fut affligé d'entendre
De ce propos la triste vérité.
"Ami," dit-il, "veuillez aussi m'apprendre
Quelle est plus loin cette autre déité
Qui me paraît moins facile et moins tendre,
Mais dont l'air noble et la sérénité
Me plaît assez. Je vois à son côté
Un sceptre d'or, une sphère, une épée,
Une balance ; elle tient dans sa main
Des manuscrits dont elle est occupée :
Tout l'ornement qui pare son beau sein
Est une égide. Un temple magnifique
S'ouvre à sa voix, tout brillant de clarté ;
Sur le fronton de l'auguste portique
Je lis ces mots, *À l'immortalité.*
Y puis-je entrer ?" " L'entreprise est pénible,"
Repartit l'ange, "on a souvent tenté
D'y parvenir, mais on s'est rebuté.
Cette beauté, qui vous semble inflexible,
Peut quelquefois se laisser enflammer.
La Volupté, plus douce et plus sensible,
A plus d'attraits ; l'autre sait mieux aimer.
Il faut, pour plaire à la fière immortelle,
Un esprit juste, un cœur pur et fidèle :
C'est la Sagesse ; et ce brillant séjour
Qu'on vient d'ouvrir est celui de la Gloire.
Le bien qu'on fait y vit dans la mémoire ;
Votre beau nom y doit paraître un jour.
Décidez-vous entre ces deux déesses : ·
Vous ne pouvez les servir à la fois."

Le jeune roi lui dit : " J'ai fait mon choix
Ce que j'ai vu doit régler mes tendresses.
D'autres voudront les aimer toutes deux :
L'une un moment pourrait me rendre heureux ;
L'autre par moi peut rendre heureux le monde."

À la première, avec un air galant,
Il appliqua deux baisers en passant ;
Mais il donna son cœur à la seconde.

RUTH.

ÉGLOGUE TIRÉE DE L'ÉCRITURE SAINTE.

COURONNÉE PAR L'ACADÉMIE FRANÇAISE EN 1784.

FLORIAN. 1784.

Le plus saint des devoirs, celui qu'en traits de flamme
La nature a gravé dans le fond de notre âme,
C'est de chérir l'objet qui nous donna le jour.
Qu'il est doux de remplir ce précepte d'amour !
Voyez ce faible enfant que le trépas menace ;
Il ne sent plus ses maux quand sa mère l'embrasse.
Dans l'âge des erreurs, ce jeune homme fougueux
N'a qu'elle pour ami quand il est malheureux.
Ce vieillard, qui va perdre un reste de lumière,
Retrouve encor des pleurs en parlant de sa mère.
Bienfait du Créateur, qui daigna nous choisir
Pour première vertu notre plus doux plaisir !
Il fit plus : il voulut qu'une amitié si pure
Fût un bien de l'amour comme de la nature,
Et que les nœuds d'hymen, en doublant nos parents,
Vinssent multiplier nos plus chers sentiments.
C'est ainsi que de Ruth récompensant le zèle,
De ce pieux respect Dieu nous donne un modèle.
Lorsque autrefois un juge, au nom de l'Éternel,
Gouvernait dans Maspha les tribus d'Israël,
Du coupable Juda Dieu permit la ruine.
Des murs de Bethléem chassés par la famine,

Noémi, son époux, deux fils de leur amour,
Dans les champs de Moab vont fixer leur séjour.
Bientôt de Noémi les fils n'ont plus de père :
Chacun d'eux prit pour femme une jeune étrangère ;
Et la mort les frappa. La triste Noémi,
Sans époux, sans enfants, chez un peuple ennemi,
Tourne ses yeux en pleurs vers sa chère patrie,
Et prononce en partant, d'une voix attendrie,
Ces mots qu'elle adressait aux veuves de ses fils :
"Ruth, Orpha, c'en est fait, mes beaux jours sont finis ;
Je retourne en Juda mourir où je suis née.
Mon Dieu n'a pas voulu bénir notre hyménée ;
Que mon Dieu soit béni ! Je vous rends votre foi.
Puissiez-vous être un jour plus heureuses que moi !
Votre bonheur rendrait ma peine moins amère.
Adieu ! n'oubliez pas que je fus votre mère."
Elle les presse alors sur son cœur palpitant.
Orpha baisse les yeux, et pleure en la quittant.
Ruth demeure avec elle. "Ah ! laissez-moi vous suivre ;
Partout où vous vivrez, Ruth près de vous doit vivre.
N'êtes-vous pas ma mère en tout temps, en tout lieu ?
Votre peuple est mon peuple, et votre Dieu mon Dieu.
La terre où vous mourrez verra finir ma vie ;
Ruth dans votre tombeau veut être ensevelie :
Jusque-là vous servir sera mes plus doux soins ;
Nous souffrirons ensemble, et nous souffrirons moins."
Elle dit ; c'est en vain que Noémi la presse
De ne point se charger de sa triste vieillesse ;
Ruth, toujours si docile à son moindre désir,

Pour la première fois refuse d'obéir.
Sa main de Noémi saisit la main tremblante ;
Elle guide et soutient sa marche défaillante,
Lui sourit, l'encourage, et, quittant ces climats,
De l'antique Jacob va chercher les États.
De son peuple chéri Dieu réparait les pertes ;
Noémi de moissons voit les plaines couvertes.
"Enfin," s'écria-t-elle en tombant à genoux,
"Le bras de l'Éternel ne pèse plus sur nous ;
Que ma reconnaissance à ses yeux se déploie :
Voici les premiers pleurs que je donne à la joie.
Vous voyez Bethléem, ma fille ; cet ormeau
De la tendre Rachel vous marque le tombeau.
Le front dans la poussière, adorons en silence
Du Dieu de mes aïeux la bonté, la puissance :
C'est ici qu'Abraham parlait à l'Éternel."
Ruth baise avec respect la terre d'Israël.
Bientôt de leur retour la nouvelle est semée.
À peine de ce bruit la ville est informée,
Que tous vers Noémi précipitent leurs pas.
Plus d'un vieillard surpris ne la reconnaît pas :
"Quoi ! c'est là Noémi !" "Non," leur répondit-elle,
"Ce n'est plus Noémi : ce nom veut dire belle ;
J'ai perdu ma beauté, mes fils et mon ami ;
Nommez-moi malheureuse, et non pas Noémi."
Dans ce temps, de Juda les nombreuses familles
Recueillaient les épis tombant sous les faucilles ;
Ruth veut aller glaner. Le jour à peine luit,
Qu'aux champs du vieux Booz le hasard la conduit ;
De Booz dont Juda respecte la sagesse,
Vertueux sans orgueil, indulgent sans faiblesse,

Et qui, des malheureux l'amour et le
soutien,
Depuis quatre-vingts ans a fait tous les
jours du bien.
Ruth suivait dans son champ la dernière
glaneuse ;
Étrangère et timide, elle se trouve heu-
reuse
De ramasser l'épi qu'un autre a dédaigné.
Booz, qui l'aperçoit, vers elle est en-
traîné :
" Ma fille," lui dit-il, " glanez près des
javelles ;
Les pauvres ont des droits sur des mois-
sons si belles.
Mais vers ces deux palmiers suivez plutôt
mes pas ;
Venez des moissonneurs partager le repas;
Le maître de ce champ par ma voix vous
l'ordonne :
Ce n'est que pour donner que le Seigneur
nous donne."
Il dit ; Ruth, à genoux, de pleurs baigne
sa main.
Le vieillard la conduit au champêtre
festin.
Les moissonneurs, charmés de ses traits,
de sa grâce,
Veulent qu'au milieu d'eux elle prenne
sa place ;
De leur pain, de leurs mets lui donnent
la moitié ;
Et Ruth, riche des dons que lui fait
l'amitié,
Songeant que Noémi languit dans la
misère,
Pleure, et garde son pain pour en nour-
rir sa mère.
Bientôt elle se lève, et retourne aux
sillons.
Booz parle à celui qui veillait aux mois-
sons :
" Fais tomber," lui dit-il, " les épis au-
tour d'elle,
Et prends garde surtout que rien ne te
décèle ;
Il faut que sans te voir elle pense glaner,
Tandis que par nos soins elle va mois-
sonner.
Épargne à sa pudeur trop de reconnais-
sance,
Et gardons le secret de notre bienfai-
sance.
Ce zélé serviteur se presse d'obéir ;
Partout aux yeux de Ruth un épi vient
s'offrir.
Elle porte ces biens vers le toit solitaire

Où Noémi cachait ses pleurs et sa misère,
Elle arrive en chantant : " Bénissons le
Seigneur,"
Dit-elle ; " de Booz il a touché le cœur.
A glaner dans son champ ce vieillard
m'encourage ;
Il dit que sa moisson du pauvre est
l'héritage."
De son travail alors elle montre le fruit.
"Oui," lui dit Noémi, " l'Eternel vous
conduit ;
Il veut votre bonheur, n'en doutez point,
ma fille.
Le vertueux Booz est de notre famille,
Et nos lois — Je ne puis vous expliquer
ces mots ;
Mais retournez demain dans le champ
de Booz ;
Il vous demandera quel sang vous a fait
naître ;
Répondez : Noémi vous le fera connaî-
tre,
La veuve de son fils embrasse vos ge-
noux.
Tous mes desseins alors seront connus de
vous.
Je n'en puis dire plus ; soyez sûre d'a-
vance
Que le sage Booz respecte l'innocence,
Et que vous voir heureuse est mon plus
cher désir."
Ruth embrasse sa mère, et promet
d'obéir.
Bientôt un doux sommeil vient fermer
sa paupière.
Le soleil n'avait pas commencé sa car-
rière,
Que Ruth est dans les champs. Les
moissonneurs lassés
Dormaient près des épis autour d'eux
dispersés.
Le jour commence à naître, aucun ne se
réveille ;
Mais, aux premiers rayons de l'aurore
vermeille,
Parmi ses serviteurs Ruth reconnaît
Booz.
D'un paisible sommeil il goûtait le re-
pos ;
Des gerbes soutenaient sa tête vénérable.
Ruth s'arrête : "O vieillard, soutien du
misérable,
Que l'ange du Seigneur garde tes cheveux
blancs !
Dieu pour se faire aimer doit prolonger
tes ans.
Quelle sérénité se peint sur ton visage !

Comme ton cœur est pur, ton front est
sans nuage.
Tu dors, et tu parais méditer des bien-
faits ;
Un songe t'offre-t-il les heureux que tu
fais ?
Ah ! s'il parle de moi, de ma tendresse
extrême,
Crois-le ; ce songe, hélas ! est la vérité
même."
  Le vieillard se réveille à ces accents
    si doux.
"Pardonnez," lui dit Ruth, "j'osais prier
    pour vous :
Mes vœux étaient dictés par la recon-
    naissance :
Chérir son bienfaiteur ne peut être une
    offense ;
Un sentiment si pur doit-il se réprimer ?
Non, ma mère me dit que je peux vous
    aimer.
De Noémi dans moi reconnaissez la fille.
Est-il vrai que Booz soit de notre fa-
    mille ?
Mon cœur et Noémi me l'assurent tous
    deux."
  "O ciel !" répond Booz, "ô jour trois
    fois heureux !
Vous êtes cette Ruth, cette aimable
    étrangère
Qui laissa son pays et ses dieux pour sa
    mère !
Je suis de votre sang ; et, selon notre loi,
Votre époux doit trouver un successeur
    en moi.
Mais puis-je réclamer ce noble et saint
    usage ?
Je crains que mes vieux ans n'effa-
    rouchent votre âge.
Au mien l'on aime encor, près de vous je
    le sens ;
Mais peut-on jamais plaire avec des che-
    veux blancs ?
Dissipez la frayeur dont mon âme est
    saisie :
Moïse ordonne en vain le bonheur de
    ma vie ;
Si je suis heureux seul, ce n'est plus un
    bonheur."
  "Ah ! que ne lisez-vous dans le fond
    de mon cœur !"
Lui dit Ruth ; "vous verriez que la loi
    de ma mère
Me devient dans ce jour et plus douce et
    plus chère."
La rougeur, à ces mots, augmente ses at-
    traits.

Booz tombe à ses pieds : "Je vous donne
    à jamais
Et ma main et ma foi ; le plus saint hy-
    ménée
Aujourd'hui va m'unir à votre destinée.
À cette fête, hélas ! nous n'aurons pas
    l'amour ;
Mais l'amitié suffit pour en faire un beau
    jour.
Et vous, Dieu de Jacob, seul maître de
    ma vie,
Je ne me plaindrai point qu'elle me soit
    ravie ;
Je ne veux que le temps et l'espoir, ô mon
    Dieu !
De laisser Ruth heureuse, en lui disant
    adieu."
  Ruth le conduit alors dans les bras de
    sa mère.
Tous trois à l'Éternel adressent leur
    prière,
Et le plus saint des nœuds en ce jour
    les unit.
Juda s'en glorifie ; et Dieu, qui les
    bénit,
Aux désirs de Booz permet que tout ré-
    ponde.
Belle comme Rachel, comme Lia féconde,
Son épouse eut un fils ; et cet enfant si
    beau
Des bienfaits du Seigneur est un gage
    nouveau :
C'est l'aïeul de David. Noémi le caresse;
Elle ne peut quitter ce fils de sa ten-
    dresse,
Et dit, en le montrant sur son sein en-
    dormi :
"Vous pouvez maintenant m'appeler
    Noémi."
  De ma sensible Ruth, prince, acceptez
    l'hommage.
Il a fallu monter jusques au premier âge,
Pour trouver un mortel qu'on pût vous
    comparer.
En honorant Booz, j'ai cru vous honorer:
Vous avez sa vertu, sa douce bienfai-
    sance ;
Vous moissonnez aussi pour nourrir l'in-
    digence ;
Pieux comme Booz, austère avec dou-
    ceur,
Vous aimez les humains, et craignez le
    Seigneur.
Hélas ! un seul soutien manque à votre
    famille ;
Vous n'épousez pas Ruth, mais vous
    l'avez pour fille.

CONTE IMITÉ DE L'ARABE.

MADAME DESBORDES-VALMORE. 1890.

C'ÉTAIT jadis. Pour un peu d'or,
Un fou quitta ses amours, sa patrie.
(De nos jours cette soif ne paraît point
tarie ;
J'en connais qu'elle brûle encor).
Courageux, il s'embarque ; et, surpris
par l'orage,
Demi-mort de frayeur, il échappe au
naufrage.
La fatigue d'abord lui donna le sommeil ;
Puis enfin l'appétit provoqua son réveil.

Au rivage, où jamais n'aborda l'Espé-
rance,
Il cherche, mais en vain, quelque fruit
savoureux :
Du sable, un rocher nu s'offrent seuls à
ses vœux ;
Sur la vague en fureur il voit fuir l'exis-
tence.
L'âme en deuil, le cœur froid, le corps
appesanti,
L'œil fixé sur les flots qui mugissent
encore
Sentant croître et crier la faim qui le
dévore,
Dans un morne silence il reste anéanti.

La mer, qui par degrés se calme et se
retire,
Laisse au pied du rocher les débris du
vaisseau ;
L'infortuné vers lui lentement les attire,
S'y couche, se résigne, et s'apprête un
tombeau.
Tout à coup il tressaille, il se lève, il
s'élance :
Il croit voir un prodige, il se jette à
genoux.
D'un secours imprévu bénir la Provi-
dence
Est de tous les besoins le plus grand, le
plus doux !
Puis, en tremblant, ses mains avides
Touchent le lin mouillé, rempli de grains
humides ;
Il presse, il interroge et la forme et le
poids,
Y sent rouler des fruits — des noisettes
— des noix —
"Des noix !" dit-il, "des noix ! Quel tré-
sor plein de charmes !"

Il déchire la toile. O surprise ! ô tour-
ments !
"Hélas !" dit-il, en versant quelques
larmes,
"Ce ne sont que des diamants !"

LA PRISON.

ALFRED DE VIGNY. 1821, à VINCENNES.

POËME DU XVIIᵉ SIÈCLE.

"OH ! ne vous jouez plus d'un vieillard
et d'un prêtre !
Étranger dans ces lieux, comment les
reconnaître ?
Depuis une heure au moins, cet impor-
tun bandeau
Presse mes yeux souffrants de son épais
fardeau.
Soin stérile et cruel ! car de ces édifices
Ils n'ont jamais tenté les sombres arti-
fices.
Soldats ! vous outragez le ministre et le
Dieu,
Dieu même que mes mains apportent
dans ce lieu."
Il parle ; mais en vain sa crainte les
prononce :
Ces mots et d'autres cris se taisent sans
réponse.
On l'entraîne toujours en des détours
savants.
Tantôt crie à ses pieds le bois des ponts
mouvants ;
Tantôt sa voix s'éteint à de courts in-
tervalles,
Tantôt fait retentir l'écho des vastes
salles.
Dans l'escalier tournant on dirige ses
pas ;
Il monte à la prison que lui seul ne voit
pas,
Et, les bras étendus, le vieux prêtre
timide
Tâte les murs épais du corridor humide.
On s'arrête ; il entend le bruit des pas
mourir,
Sous de bruyantes clefs des gonds de fer
s'ouvrir,
Il descend trois degrés sur la pierre
glissante,
Et, privé du secours de sa vue impuis-
sante,
La chaleur l'avertit qu'on éclaire ces
lieux ;

Enfin, de leur bandeau l'on délivre ses
yeux.
Dans un étroit cachot dont les torches
funèbres
Ont peine à dissiper les épaisses té-
nèbres,
Un vieillard expirant attendait ses se-
cours :
Du moins ce fut ainsi qu'en un brusque
discours
Ses sombres conducteurs le lui firent
entendre.
Un instant, en silence, on le pria d'at-
tendre.
" Mon prince," dit quelqu'un, "le saint
homme est venu."
"Eh! que m'importe, à moi !" soupira
l'inconnu.
Cependant, vers le lit que deux lourdes
tentures
Voilent du luxe ancien de leurs pâles
peintures,
Le prêtre s'avança lentement, et, sans
voir
Le malade caché, se mit à son devoir.

LE PRÊTRE.

Écoutez-moi, mon fils.

LE MOURANT.

Hélas ! malgré ma haine,
J'écoute votre voix, c'est une voix hu-
maine :
J'étais né pour l'entendre, et je ne sais
pourquoi
Ceux qui m'ont fait du mal ont tant
d'attrait pour moi.
Jamais je ne connus cette rare parole
Qu'on appelle amitié, qui, dit-on, vous
console ;
Et les chants maternels qui charment
vos berceaux
N'ont jamais résonné sous mes tristes
arceaux ;
Et pourtant, lorsqu'un mot m'arriva
moins sévère,
Il ne fut pas perdu pour mon cœur soli-
taire.
Mais, puisque vous m'aimez, ô vieillard
inconnu !
Pourquoi jusqu'à ce jour n'êtes-vous pas
venu ?

LE PRÊTRE.

Qui que vous soyez ! vous que tant
de mystère,

Avant le temps prescrit, sépara de la
terre,
Vous n'aurez plus de fers dans l'asile des
morts :
Si vous avez failli, rappelez les remords,
Versez-les dans le sein du Dieu qui vous
écoute ;
Ma main du repentir vous montrera la
route.
Entrevoyez le Ciel par vos maux acheté :
Je suis prêtre, et vous porte ici la liberté.
De la confession j'accomplis l'œuvre
sainte ;
Le tribunal divin siége dans cette en-
ceinte.
Dieu même —

LE MOURANT.

Il est un Dieu ! J'ai pourtant bien
souffert !

LE PRÊTRE.

Vous avez moins souffert qu'il ne l'a fait
lui-même.
Votre dernier soupir sera-t-il un blas-
phème ?
Et quel droit avez-vous de plaindre vos
malheurs,
Lorsque le sang du Christ tomba dans
les douleurs !
O mon fils, c'est pour nous, tout ingrats
que nous sommes,
Qu'il a daigné descendre aux misères des
hommes ;
À la vie, en son nom, dites un mâle
adieu.

LE MOURANT.

J'étais peut-être roi.

LE PRÊTRE.

Le sauveur était Dieu ;
Mais, sans nous élever jusqu'à ce divin
Maître,
Si j'osais, après lui, nommer encor le
prêtre,
Je vous dirais : Et moi, pour combattre
l'enfer,
J'ai resserré mon sein dans un corset de
fer ;
Mon corps a revêtu l'inflexible cilice,
Où chacun de mes pas trouve un nou-
veau supplice.
Au cloître est un pavé que, durant qua-
rante ans,

Ont usé cha ue jour mes genoux péni-
tents.q
Et c'est encor trop peu que de tant de
souffrance
Pour acheter du Ciel l'ineffable espé-
rance.
Au creuset douloureux il faut être épuré
Pour conquérir son rang dans le séjour
sacré.
Le temps nous presse ; au nom de vos
douleurs passées,
Dites-moi vos erreurs pour les voir effa-
cées ;
Et devant cette croix où Dieu monta
pour nous,
Souhaitez avec moi de tomber à genoux.

Sur le front du vieux moine, une rougeur
légère
Fit renaître une ardeur à son âge étran-
gère ;
Les pleurs qu'il retenait coulèrent un
moment,
Au chevet du captif il tomba pesam-
ment ;
Et ses mains présentaient le crucifix
d'ébène,
Et tremblaient en l'offrant, et le te-
naient à peine.
Pour le cœur du chrétien demandant des
remords,
Il murmurait tout bas la prière des morts.
Et, sur le lit, sa tête, avec douleur pen-
chée,
Cherchait du prisonnier la figure cachée.
Un flambeau la révèle entière : ce n'est
pas
Un front décoloré par un prochain tré-
pas,
Ce n'est pas l'agonie et son dernier
ravage ;
Ce qu'il voit est sans traits, et sans vie,
et sans âge :
Un fantôme immobile à ses yeux est
offert,
Et les feux ont relui sur un masque de
fer.

———

Plein d'horreur à l'aspect de ce sombre
mystère,
Le prêtre se souvient que, dans le mo-
nastère,
Une fois, en tremblant, on se parlait
tout bas
D'un prisonnier d'Etat que l'on ne nom-
mait pas ;

Qu'on racontait de lui des choses mer-
veilleuses,
De berceau dérobé, de craintes orgueil-
leuses,
De royale naissance, et de droits arra-
chés,
Et de ses jours captifs sous un masque
caché.
Quelques pères disaient qu'à sa descente
en France,
De secouer ses fers il conçut l'espérance ;
Qu'aux géôliers un instant il s'était dé-
robé,
Et, quoiqu'entre leurs mains aisément
retombé,
L'on avait vu ses traits ; et qu'une Pro-
vençale,
Arrivée au couvent de Saint-François-de-
Sale
Pour y prendre le voile, avait dit, en
pleurant,
Qu'elle prenait la Vierge et son Fils pour
garant
Que le Masque de fer avait vécu sans
crime,
Et que son jugement était illégitime ;
Qu'il tenait des discours pleins de grâce
et de foi,
Qu'il était jeune et beau, qu'il ressem-
blait au roi,
Qu'il avait dans la voix une douceur
étrange,
Et que c'était un prince ou que c'était
un ange.
Il se souvint encor qu'un vieux bénédic-
tin,
S'étant acheminé vers la tour, un matin,
Pour rendre un vase d'or tombé sur son
passage,
N'était pas revenu de ce triste voyage :
Sur quoi, l'abbé du lieu pour toujours
défendit
Les entretiens touchant ·le prisonnier
maudit !
Nul ne devait sonder la récente aven-
ture ;
Le Ciel avait puni la coupable lecture
Des mystères gravés sur ce vase indis-
cret.
Le temps fit oublier ce dangereux secret.

———

Le prêtre regardait le malheureux cé-
lèbre :
Mais ce cachot tout plein d'un appareil
funèbre.

Et cette mort voilée, et ces longs che-
veux blancs,
Nés captifs et jetés sur des membres
tremblants,
L'arrêtèrent longtemps en un sombre
silence.
Il va parler enfin ; mais, tandis qu'il
balance,
L'agonisant du lit se soulève et lui dit :
" Vieillard, vous abaissez votre front
interdit ;
Je n'entends plus le bruit de vos conseils
frivoles ;
L'aspect de mon malheur arrête vos
paroles.
Oui, regardez-moi bien, et puis dites,
après,
Qu'un Dieu de l'innocent défend les in-
térêts ;
Des péchés tant proscrits, où toujours
l'on succombe,
Aucun n'a séparé mon berceau de ma
tombe ;
Seul, toujours seul, par l'âge et la dou-
leur vaincu,
Je meurs tout chargé d'ans, et je n'ai
pas vécu.
Du récit de mes maux vous êtes bien
avide :
Pourquoi venir fouiller dans ma mémoire
vide,
Où, stérile de jours, le temps dort effacé ?
Je n'eus point d'avenir et n'ai point de
passé ;
J'ai tenté d'en avoir ; dans mes longues
journées,
Je traçais sur les murs mes lugubres
années ;
Mais je ne pus les suivre en leur dou-
loureux cours.
Les murs étaient remplis, et je vivais
toujours.
Tout me devint alors obscurité profonde ;
Je n'étais rien pour lui, qu'était pour
moi le monde ?
Que m'importaient des temps où je ne
comptais pas ?
L'heure que j'invoquais, c'est l'heure du
trépas.
Écoutez, écoutez : quand je tiendrais la
vie
De l'homme qui toujours tint la mienne
asservie,
J'hésiterais, je crois, à le frapper des
maux
Qui rongèrent mes jours, brûlèrent mon
repos ;

Quand le règne inconnu d'une impuis-
sante ivresse
Saisit mon cœur oisif d'une vague ten-
dresse,
J'appelais le bonheur, et ces êtres amis
Qu'à mon âge brûlant un songe avait
promis.
Mes larmes ont rouillé mon masque de
torture ;
J'arrosais de mes pleurs ma noire nour-
riture ;
Je déchirais mon sein par mes gémisse-
ments ;
J'effrayais mes geôliers de mes longs
hurlements ;
Des nuits, par mes soupirs, je mesurais
l'espace ;
Aux hiboux des créneaux je disputais
leur place,
Et, pendant aux barreaux où s'arrêtaient
mes pas,
Je vivais hors des murs d'où je ne sortais
pas."

———

Ici tomba sa voix. Comme après le ton-
nerre
De tristes sons encore épouvantent la terre,
Et, dans l'antre sauvage où l'effroi l'a
placé,
Retiennent en grondant le voyageur
glacé,
Longtemps on entendit ses larmes rete-
nues
Suivre encore une fois des routes bien
connues ;
Les sanglots murmuraient dans ce cœur
expirant.
Le vieux prêtre toujours priait en sou-
pirant,
Lorsqu'un des noirs geôliers se pencha
pour lui dire
Qu'il fallait se hâter, qu'il craignait le
délire,
Un nouveau zèle alors ralluma ses dis-
cours.
"O mon fils !" criait-il, "votre vie eut
son cours ;
Heureux, trois fois heureux, celui que
Dieu corrige !
Gardons de repousser les peines qu'il
inflige :
Voici l'heure où vos maux vous seront
précieux,
Il vous a préparé lui-même pour les cieux.
Oubliez votre corps, ne pensez qu'à
votre âme ;

Dieu lui-même l'a dit : 'L'homme né
de la femme
Ne vit que peu de temps, et c'est dans
les douleurs.'
Ce monde n'est que vide et ne vaut pas
des pleurs.
Qu'aisément de ses biens notre âme est
assouvie !
Me voilà, comme vous, au bout de cette
vie ;
J'ai passé bien des jours, et ma mémoire
en deuil
De leur peu de bonheur n'est plus que
le cercueil.
C'est à moi d'envier votre longue souf-
france,
Qui d'un monde plus beau vous donne
l'espérance ;
Les anges à vos pas ouvriront le saint
lieu :
Pourvu que vous disiez un mot à votre
Dieu,
Il sera satisfait." Ainsi, dans sa parole,
Mêlant les saints propos du livre qui
console,
Le vieux prêtre engageait le mourant à
prier,
Mais en vain : tout à coup on l'entendit
crier,
D'une voix qu'animait la fièvre du délire,
Ces rêves du passé : "Mais enfin je res-
pire !
O bords de la Provence ! ô lointain
horizon !
Sable jaune où des eaux murmure le
doux son !
Ma prison s'est ouverte. Oh ! que la
mer est grande !
Est-il vrai qu'un vaisseau jusque là-bas
se rende !
Dieu ! qu'on doit être heureux parmi les
matelots !
Que je voudrais nager dans la fraîcheur
des flots !
La terre vient, nos pieds à marcher se
disposent,
Sur nos mâts arrêtés les voiles se re-
posent.
Ah ! j'ai fui les soldats ; en vain ils
m'ont cherché ;
Je suis libre, je cours, le masque est
arraché ;
De l'air dans mes cheveux j'ai senti le
passage,
Et le soleil un jour éclaira mon visage.
Oh ! pourquoi fuyez-vous ? Restez sur
vos gazons,

Vierges ! continuez vos pas et vos chan-
sons ;
Pourquoi vous retirer aux cabanes pro-
chaines ?
Le monde autant que moi déteste donc
les chaînes ?
Une seule s'arrête et m'attend sans ter-
reur :
Quoi ! du Masque de fer elle n'a pas
horreur !
Non, j'ai vu la pitié sur ses lèvres si
belles,
Et de ses yeux en pleurs les douces
étincelles.
Soldats ! que voulez-vous ? quel lugu-
bre appareil !
J'ai mes droits à l'amour et ma part au
soleil ;
Laissez-nous fuir ensemble. Oh ! voyez-
là ! c'est elle
Avec qui je veux vivre, elle est là qui
m'appelle ;
Je ne fais pas le mal ; allez, dites au roi
Qu'aucun homme jamais ne se plaindra
de moi ;
Que je serais content si, près de ma
compagne,
Je puis errer longtemps de montagne en
montagne,
Sans jamais arrêter nos loisirs voya-
geurs !
Que je ne chercherai ni parents ni ven-
geurs ;
Et, si l'on me demande où j'ai passé ma
vie,
Je saurai déguiser ma liberté ravie ;
Votre crime est bien grand, mais je le
cacherai.
Ah ! laissez-moi le Ciel, je vous pardon-
nerai.
Non ! — toujours des cachots — Je suis
né votre proie —
Mais je vois mon tombeau, je m'y couche
avec joie,
Car vous ne m'aurez plus, et je n'en-
tendrai plus
Les verrous se fermer sur l'éternel reclus.
Que me veut donc cet homme avec ses
habits sombres ?
Captifs morts dans ces murs, est-ce une
de vos ombres ?
Il pleure. Ah ! malheureux, est-ce ta
liberté ?"

LE PRÊTRE.

Non, mon fils, c'est sur vous ; voici
l'éternité.

LE MOURANT.

A moi ! Je n'en veux pas ; j'y trouve-
rais des chaînes.

LE PRÊTRE.

Non, vous n'y trouverez que des faveurs
prochaines.
Un mot de repentir, un mot de notre
foi,
Le Seigneur vous pardonne.

LE MOURANT.

O prêtre ! laissez-moi !

LE PRÊTRE.

Dites : "Je crois en Dieu." La mort
vous est ravie.

LE MOURANT.

Laissez en paix ma mort, on y laissa ma
vie.

Et d'un dernier effort l'esclave délirant
Au mur de la prison brise son bras mou-
rant.
"Mon Dieu ! venez vous-même au se-
cours de cette âme !"
Dit le prêtre, animé d'une pieuse flamme.
Au fond d'un vase d'or, ses doigts saints
ont cherché
Le pain mystérieux où Dieu même est
caché :
Tout se prosterne alors en un morne
silence.
La clarté d'un flambeau sur le lit se
balance ;
Le chevet sur deux bras s'avance sup-
porté,
Mais en vain : le captif était en liberté.

Resté seul au cachot, durant la nuit
entière,
Le vieux religieux récita la prière ;
Auprès du lit funèbre il fut toujours
assis.
Quelques larmes souvent, de ses yeux
obscurcis,
Interrompant sa voix, tombaient sur le
saint livre ;
Et, lorsque la douleur l'empêchait de
poursuivre,
Sa main jetait alors l'eau du rameau
bénit

Sur celui qui du ciel peut-être était
banni.
Et puis, sans se lasser, il reprenait en-
core,
De sa voix qui tremblait dans la prison
sonore,
Le dernier chant de paix ; il disait :
"O Seigneur !
Ne brisez pas mon âme avec votre
fureur ;
Ne m'enveloppez pas dans la mort de
l'impie."
Il ajoutait aussi : "Quand le méchant
m'épie,
Me ferez-vous tomber, Seigneur, entre
ses mains !
C'est lui qui sous mes pas a rompu vos
chemins ;
Ne me châtiez point, car mon crime est
son crime.
J'ai crié vers le Ciel du plus profond
abîme.
O mon Dieu ! tirez-moi du milieu des
méchants !"
Lorsqu'un rayon du jour eut mis fin à
ses chants,
Il entendit monter vers les noires re-
traites,
Et des voix résonner sous les voûtes
secrètes.
Un moment lui restait, il eût voulu du
moins
Voir le mort qu'il pleurait sans ces
cruels témoins ;
Il s'approche, en tremblant, de ce fils
du mystère
Qui vivait et mourait étranger à la
terre ;
Mais le Masque de fer soulevait le lin-
ceul,
Et la captivité le suivit au cercueil.

LE DÉLUGE.

MYSTÈRE.

ALFRED DE VIGNY, 1823.

"Serait-il dit que vous fassiez mourir le
juste avec le méchant ?" — Genèse.

I.

LA terre était riante et dans sa fleur
première ;
Le jour avait encor cette même lumière

Qui du ciel embelli couronna les hau-
teurs
Quand Dieu la fit tomber de ses doigts
créateurs.
Rien n'avait dans sa forme altéré la na-
ture,
Et des monts réguliers l'immense archi-
tecture
S'élevait jusqu'aux cieux par ses degrés
égaux,
Sans que rien de leur chaîne eût brisé
les anneaux ;
La forêt, plus féconde, ombrageait, sous
ses dômes,
Des plaines et des fleurs les gracieux
royaumes,
Et des fleuves aux mers le cours était
réglé
Dans un ordre parfait qui n'était pas
troublé.
Jamais un voyageur n'aurait, sous le
feuillage,
Rencontré, loin des flots, l'émail du co-
quillage,
Et la perle habitait son palais de cristal ;
Chaque trésor restait dans l'élément
natal,
Sans enfreindre jamais la céleste défense ;
Et la beauté du monde attestait son en-
fance ;
Tout suivait sa loi douce et son premier
penchant,
Tout était pur encor. Mais l'homme
était méchant.

————

Les peuples déjà vieux, les races déjà
mûres,
Avaient vu jusqu'au fond des sciences
obscures ;
Les mortels savaient tout, et tout les
affligeait ;
Le prince était sans joie ainsi que le
sujet ;
Trente religions avaient eu leurs pro-
phètes,
Leurs martyrs, leurs combats, leurs
gloires, leurs défaites,
Leur temps d'indifférence et leur siècle
d'oubli ;
Chaque peuple, à son tour dans l'ombre
enseveli,
Chantait languissamment ses grandeurs
effacées
'a mort régnait déjà dans les âmes
glacées ;

Même plus haut que l'homme atteignaient
ses malheurs.
D'autres êtres cherchaient ses plaisirs et
ses pleurs.
Souvent, fruit inconnu d'un orgueilleux
mélange,
Au sein d'une mortelle on vit le fils d'un
ange.[1]
Le crime universel s'élevait jusqu'aux
cieux.
Dieu s'attrista lui-même et détourna les
yeux.

————

Et cependant, un jour, au sommet soli-
taire
Du mont sacré d'Arar, le plus haut de
la terre,
Apparut une vierge et près d'elle un
pasteur,
Tous deux nés dans les champs, loin
d'un peuple imposteur ;
Leur langage était doux, leurs mains
étaient unies
Comme au jour fortuné des unions bé-
nies ;
Ils semblaient, en passant sur ces monts
inconnus,
Retourner vers le Ciel dont ils étaient
venus ;
Et sans l'air de douleur, signe que Dieu
nous laisse,
Rien n'eût de leur nature indiqué la
faiblesse,
Tant les traits primitifs et leur simple
beauté
Avaient sur leur visage empreint la ma-
jesté.

————

Quand du mont orageux ils touchèrent
la cime,
La campagne à leurs pieds s'ouvrit comme
un abîme.
C'était l'heure où la nuit laisse le ciel au
jour :
Les constellations pâlissaient tour à tour ;
Et, jetant à la terre un regard triste
encore,
Couraient vers l'orient se perdre dans
l'aurore,
Comme si pour toujours elles quittaient
les yeux

[1] "Les enfants de Dieu, voyant que les filles
des hommes étaient belles, prirent pour femmes
celles qui leur avaient plu." — *Genèse* vi. 2.

Qui lisaient leur destin sur elles dans
   les Cieux.
Le soleil, dévoilant sa figure agrandie,
S'éleva sur les bois comme un vaste in-
   cendie ;
Et la terre aussitôt, s'agitant longue-
   ment,
Salua son retour par un gémissement.
Réunis sur les monts, d'immobiles nuages
Semblaient y préparer l'arsenal des
   orages ;
Et sur leurs fronts noircis qui parta-
   geaient les cieux
Luisait incessamment l'éclair silencieux.
Tous les oiseaux, poussés par quelque
   instinct funeste,
S'unissaient dans leur vol en un cercle
   céleste ;
Comme des exilés qui se plaignent entre
   eux,
Ils poussaient dans les airs de longs cris
   douloureux.

———

La terre cependant montrait ses lignes
   sombres
Au jour pâle et sanglant qui faisait fuir
   les ombres ;
Mais, si l'homme y passait, on ne pouvait
   le voir :
Chaque cité semblait comme un point
   vague et noir,
Tant le mont s'élevait à des hauteurs
   immenses !
Et des fleuves lointains les faibles ap-
   parences
Ressemblaient au dessin par le vent
   effacé
Que le doigt d'un enfant sur le sable a
   tracé.

Ce fut là que deux voix, dans le désert
   perdues,
Dans les hauteurs de l'air avec peine
   entendues,
Osèrent un moment prononcer tour à
   tour
Ce dernier entretien d'innocence et d'a-
   mour :

———

" Comme la terre est belle en sa rondeur
   immense !
La vois-tu qui s'étend jusqu'où le ciel
   commence ?
La vois-tu s'embellir de toutes ses cou-
   leurs ?

Respire un jour encor le parfum de ses
   fleurs,
Que le vent matinal apporte à nos mon-
   tagnes.
On dirait aujourd'hui que les vastes
   campagnes
Élèvent leur encens, étalent leur beauté,
Pour toucher, s'il se peut, le Seigneur
   irrité.
Mais les vapeurs du ciel, comme de noirs
   fantômes,
Amènent tous ces bruits, ces lugubres
   symptômes
Qui devaient, sans manquer au moment
   attendu,
Annoncer l'agonie à l'univers perdu.
Viens, tandis que l'horreur partout nous
   environne,
Et qu'une vaste nuit lentement nous
   couronne,
Viens, ô ma bien-aimée ! et, fermant tes
   beaux yeux,
Qu'épouvante l'aspect du désordre des
   cieux,
Sur mon sein, sous mes bras repose en-
   core ta tête,
Comme l'oiseau qui dort au sein de la
   tempête ;
Je te dirai l'instant où le ciel sourira,
Et durant le péril ma voix te parlera."

La vierge sur son cœur pencha sa tête
   blonde,
Un bruit régnait au loin, pareil au bruit
   de l'onde,
Mais tout était paisible et tout dormait
   dans l'air ;
Rien ne semblait vivant, rien excepté
   l'éclair.
Le pasteur poursuivit d'une voix solen-
   nelle :
" Adieu, monde sans borne, ô terre ma-
   ternelle !
Formes de l'horizon, ombrages des forêts,
Antres de la montagne, embaumés et
   secrets ;
Gazons verts, belles fleurs de l'oasis ché-
   rie,
Arbres, rochers connus, aspects de la
   patrie !
Adieu ! tout va finir, tout doit être
   effacé,
Le temps qu'a reçu l'homme est au-
   jourd'hui passé,
Demain rien ne sera. Ce n'est point par
   l'épée,
Postérité d'Adam, que tu seras frappée,

Ni par les maux du corps ou les chagrins
   du cœur ;
Non, c'est un élément qui sera ton vain-
   queur.
La terre va mourir sous des eaux éter-
   nelles,
Et l'ange en la cherchant fatiguera ses
   ailes.
Toujours succédera, dans l'univers sans
   bruits,
Au silence des jours le silence des nuits.
L'inutile soleil, si le matin l'amène,
N'entendra plus la voix et la parole hu-
   maine ;
Et, quand sur un flot mort sa flamme
   aura relui,
Le stérile rayon remontera vers lui.
Oh ! pourquoi de mes yeux a-t-on levé
   les voiles ?
Comment ai-je connu le secret des étoiles ?
Science du désert, annales des pasteurs !
Cette nuit, parcourant vos divines hau-
   teurs
Dont l'Égypte et Dieu seul connaissent
   le mystère,
Je cherchais dans le Ciel l'avenir de la
   terre ;
Ma houlette savante, orgueil de nos
   bergers,
Traçait l'ordre éternel sur les sables
   légers,
Comparant, pour fixer l'heure où l'étoile
   passe,
Les cailloux de la plaine aux lueurs de
   l'espace.

———

"Mais un ange a paru dans la nuit sans
   sommeil ;
Il avait de son front quitté l'éclat ver-
   meil,
Il pleurait, et disait dans sa douleur
   amère :
'Que n'ai-je pu mourir lorsque mourut
   ta mère !
J'ai failli, je l'aimais ; Dieu punit cet
   amour,
Elle fut enlevée en te laissant au jour.
Le nom d'Emmanuel que la terre te
   donne,
C'est mon nom.   J'ai prié pour que Dieu
   te pardonne ;
Va seul au mont Arar, prends ses rocs
   pour autels,
Prie, et seul, sans songer au destin des
   mortels,

Tiens toujours tes regards plus haut que
   sur la terre ;
La mort de l'innocence est pour l'homme
   un mystère,
Ne t'en étonne pas, n'y porte pas les
   yeux ;
La pitié du mortel n'est point celle des
   Cieux.
Dieu ne fait point de pacte avec la race
   humaine :
Qui créa sans amour fera périr sans
   haine.
Sois seul, si Dieu m'entend, je viens.'
Il m'a quitté ;
Avec combien de pleurs, hélas ! l'ai-je
   écouté !
J'ai monté sur l'Arar, mais avec une
   femme."

Sara lui dit : "Ton âme est semblable
   à mon âme,
Car un mortel m'a dit : 'Venez sur Gel-
   boë,
Je me nomme Japhet, et mon père est
   Noë.
Devenez mon épouse, et vous serez sa
   fille ;
Tout va périr demain, si ce n'est ma
   famille.'
Et moi, je l'ai quitté sans avoir répondu,
De peur qu'Emmanuel n'eût longtemps
   attendu."
Puis tous deux embrassés, ils se dirent
   · ensemble :
"Ah ! louons l'Éternel, il punit, mais
   rassemble !"
Le tonnerre grondait et tous deux à
   genoux
S'écrièrent alors : "O Seigneur, jugez-
   nous !"

II.

Tous les vents mugissaient, les mon-
   tagnes tremblèrent,
Des fleuves arrêtés les vagues reculèrent,
Et, du sombre horizon dépassant la hau-
   teur,
Des vengeances de Dieu l'immense exé-
   cuteur,
L'Océan apparut. , Bouillonnant et su-
   perbe,
Entraînant les forêts comme le sable et
   l'herbe,
De la plaine inondée envahissant le fond,
Il se couche en vainqueur dans le désert
   profond,

Apportant avec lui comme de grands tro-
phées
Les débris inconnus des villes étouffées,
Et, là, bientôt plus calme en son accroisse-
ment,
Semble, dans ses travaux, s'arrêter un
moment,
Et se plaire à mêler, à briser sur son
onde
Les membres arrachés au cadavre du
monde.

———

Ce fut alors qu'on vit des hôtes inconnus
Sur les bords étrangers tout à coup sur-
venus ;
Le cèdre jusqu'au Nord vint écraser le
saule ;
Les ours noyés, flottants sur les glaçons
du pôle,
Heurtèrent l'éléphant près du Nil en-
dormi,
Et le monstre, que l'eau soulevait à demi,
S'étonna d'écraser, dans sa lutte contre
elle,
Une vague où nageaient le tigre et la
gazelle.
En vain des larges flots repoussant les
premiers,
Sa trompe tournoyante arracha les pal-
miers ;
Il fut roulé comme eux dans les plaines
torrides,
Regrettant ses roseaux et ses sables
arides,
Et de ses hauts bambous le lit flexible
et vert,
Et jusqu'au vent de flamme exilé du
désert.

Dans l'effroi général de toute créature,
La plus féroce même oubliait sa nature ;
Les animaux n'osaient ni ramper ni
courir,
Chacun d'eux résigné se coucha pour
mourir.
En vain fuyant aux cieux l'eau sur ses
rocs venue,
L'aigle tomba des airs, repoussé par la
nue.
Le péril confondit tous les êtres trem-
blants.
L'homme seul se livrait à des projets
sanglants.
Quelques rares vaisseaux qui se faisaient
la guerre,
Se disputaient longtemps les restes de la
terre ;

Mais, pendant leurs combats, les flots
non ralentis
Effaçaient à leurs yeux ces restes englou-
tis.
Alors un ennemi plus terrible que l'onde
Vint achever partout la défaite du
monde ;
La faim de tous les cœurs chassa les
passions :
Les malheureux, vivants après leurs na-
tions,
N'avaient qu'une pensée, effroyable tor-
ture,
L'approche de la mort, la mort sans sé-
pulture.
On vit sur un esquif, de mers en mers
jeté,
L'œil affamé du fort sur le faible arrêté ;
Des femmes, à grands cris, insultant la
nature,
Y réclamaient du sort leur humaine pâ-
ture ;
L'athée, épouvanté de voir Dieu triom-
phant,
Puisait un jour de vie aux veines d'un
enfant ;
Des derniers réprouvés telle fut l'agonie.
L'amour survivait seul à la bonté bannie ;
Ceux qu'unissaient entre eux des ser-
ments mutuels,
Et que persécutait la haine des mortels,
S'offraient ensemble à l'onde avec un
front tranquille,
Et contre leurs douleurs trouvaient un
même asile.

———

Mais sur le mont Arar, encor loin du
trépas,
Pour sauver ses enfants l'ange ne venait
pas ;
En vain le cherchaient-ils, les vents et
les orages
N'apportaient sur leurs fronts que de
sombres nuages.

———

Cependant sous les flots montés égale-
ment
Tout avait par degrés disparu lentement :
Les cités n'étaient plus, rien ne vivait,
et l'onde
Ne donnait qu'un aspect à la face du
monde.
Seulement quelquefois sur l'élément pro-
fond

Un palais englouti montrait l'or de son
 front ;
Quelques dômes, pareils à de magiques
 îles,
Restaient pour attester la splendeur de
 leurs villes.
Là parurent encore un moment deux
 mortels :
L'un la honte d'un trône, et l'autre des
 autels ;
L'un se tenant au bras de sa propre
 statue,
L'autre au temple élevé d'une idole
 abattue.
Tous deux jusqu'à la mort s'accusèrent
 en vain
De l'avoir attirée avec le flot divin.
Plus loin, et contemplant la solitude hu-
 mide,
Mourait un autre roi, seul sur sa pyra-
 mide.
Dans l'immense tombeau, s'était d'abord
 sauvé
Tout son peuple ouvrier qui l'avait
 élevé ;
Mais la mer implacable, en fouillant dans
 les tombes,
Avait tout arraché du fond des cata-
 combes ;
Les mourants et les dieux, les spectres
 immortels,
Et la race embaumée, et le sphinx des
 autels ;
Et ce roi fut jeté sur les sombres momies
Qui dans leurs lits flottants se heurtaient
 endormies.
Expirant, il gémit de voir à son côté
Passer ses demi-dieux sans immortalité,
Dérobés à la mort, mais reconquis par
 elle
Sous les palais profonds de leur tombe
 éternelle ;
Il eut le temps encor de penser une fois
Que nul ne saurait plus le nom de tant
 de rois,
Qu'un seul jour désormais comprendrait
 leur histoire,
Car la postérité mourait avec leur gloire.

———

L'arche de Dieu passa comme un palais
 errant.
Le voyant assiégé par les flots du cou-
 rant,
Le dernier des enfants de la famille élue
Lui tendit en secret sa main irrésolue,

Mais d'un dernier effort : "Va-t-en," lui
 cria-t-il ;
" De ton lâche salut je refuse l'exil ;
Va, sur quelques rochers qu'aura dé-
 daignés l'onde,
Construire tes cités sur le tombeau du
 monde ;
Mon peuple mort est là, sous la mer je
 suis roi.
Moins coupables que ceux qui descen-
 dront de toi,
Pour étonner tes fils sous ces plaines hu-
 mides,
Mes géants [1] glorieux laissent les pyra-
 mides ;
Et sur le haut des monts leurs vastes
 ossements,
De ces rivaux du Ciel terribles monu-
 ments,
Trouvés dans les débris de la terre in-
 ondée,
Viendront humilier ta race dégradée."
Il disait, s'essayant par le geste et la
 voix,
À l'air impérieux des hommes qui sont
 rois,
Quand, roulé sur la pierre et touché par
 la foudre,
Sur sa tombe immobile il fut réduit en
 poudre.

———

Mais sur le mont Arar l'ange ne venait
 pas,
L'eau faisait sur les rocs de gigantesques
 pas,
Et ses flots rugissants vers le mont soli-
 taire
Apportaient avec eux tous les bruits du
 tonnerre.

———

Enfin le fléau lent qui frappait les hu-
 mains
Couvrit le dernier point des œuvres de
 leurs mains ;
Les montagnes, bientôt par l'onde esca-
 ladées,
Cachèrent dans son sein leur têtes in-
 ondées.
Le volcan s'éteignit, et le feu périssant
Voulut en vain y rendre un combat im-
 puissant ;

———

1 " Or, il y avait des géants sur la terre. Car,
depuis que les fils de Dieu eurent épousé les
filles des hommes, il en sortit des enfants fameux
et puissants dans le siècle."—*Genèse* vi. 4.

A l'élément vainqueur il céda le cratère,
Et sortit en fumant des veines de la terre.

III.

Rien ne se voyait plus, pas même des débris ;
L'univers écrasé ne jetait plus ses cris.
Quand la mer eut des monts chassé tous les nuages,
On vit se disperser l'épaisseur des orages;
Et les rayons du jour, dévoilant leur trésor,
Lançaient jusqu'à la mer des jets d'opale et d'or ;
La vague était paisible, et molle et cadencée,
En berceaux de cristal mollement balancée ;
Les vents, sans résistance, étaient silencieux ;
La foudre, sans échos, expirait dans les cieux ;
Les cieux devenaient purs, et, réfléchis dans l'onde,
Teignaient, d'un azur clair l'immensité profonde.

———

Tout s'était englouti sous les flots triomphants,
Déplorable spectacle ! excepté deux enfants.
Sur le sommet d'Arar tous deux étaient encore,
Mais par l'onde et les vents battus depuis l'aurore,
Sous les lambeaux mouillés des tuniques de lin,
La vierge était tombée aux bras de l'orphelin ;
Et lui, gardant toujours sa tête évanouie,
Mêlait ses pleurs sur elle aux gouttes de la pluie.
Cependant, lorsqu'enfin le soleil renaissant
Fit tomber un rayon sur son front innocent,
Par la beauté du jour un moment abusée,
Comme un lis abattu, secouant la rosée,
Elle entr'ouvrit les yeux et dit : " Emmanuel !
Avons-nous obtenu la clémence du ciel ?
J'aperçois dans l'azur la colombe qui passe,

Elle porte un rameau ; Dieu nous a-t-il fait grâce ? "
" La colombe est passée et ne vient pas à nous."
" Emmanuel, la mer a touché mes genoux."
" Dieu nous attend ailleurs à l'abri des tempêtes."
" Vois-tu l'eau sur nos pieds ? " " Vois le ciel sur nos têtes ! "
" Ton père ne vient pas ; nous serons donc punis ? "
" Sans doute après la mort nous serons réunis."
" Venez, ange du ciel, et prêtez-lui vos ailes ! "
" Recevez-la, mon père, aux voûtes éternelles ! "

———

Ce fut le dernier cri du dernier des humains.
Longtemps, sur l'eau croissante élevant ses deux mains,
Il soutenait Sara par les flots poursuivie ;
Mais, quand il eut perdu sa force avec la vie,
Par le ciel et la mer le monde fut rempli,
Et l'arc-en-ciel brilla, tout étant accompli.

LA FILLE DE JEPHTÉ.

ALFRED DE VIGNY. 1824.

" Et de là vient la coutume qui s'est toujours observée depuis en Israël, que toutes les filles d'Israël s'assemblent une fois l'année, pour pleurer la fille de Jephté de Galaad pendant quatre jours."—*Juges* ix. 40.

VOILÀ ce qu'ont chanté les filles d'Israël,
Et leurs pleurs ont coulé sur l'herbe du Carmel :

" Jephté de Galaad a ravagé trois villes;
Abel ! la flamme a lui sur tes vignes fertiles !
Aroër sous la cendre éteignit ses chansons,
Et Mennith s'est assise en pleurant ses moissons !

" Tous les guerriers d'Ammon sont détruits, et leur terre

Du Seigneur notre Dieu reste la tribu-
taire.
Israël est vainqueur, et par ses cris per-
çants
Reconnait du Très-Haut les secours tout-
puissants.

" À l'hymne universel que le désert ré-
pète
Se mêle en longs éclats le son de la trom-
pette,
Et l'armée, en marchant vers les tours
de Maspha,
Leur raconte de loin que Jephté tri-
-ompha.

" Le peuple tout entier tressaille de la
fête.
Mais le sombre vainqueur marche en
baissant la tête ;
Sourd à ce bruit de gloire, et seul, silen-
cieux,
Tout à coup il s'arrête, il a fermé ses
yeux.

" Il a fermé ses yeux, car au loin, de la
ville,
Les vierges, en chantant d'un pas lent
et tranquille,
Venaient ; il entrevoit le chœur reli-
gieux,
C'est pourquoi, plein de crainte, il a fermé
ses yeux.

" Il entend le concert qui s'approche et
l'honore ;
La harpe harmonieuse et le tambour
sonore,
Et la lyre aux dix voix, et le kinnor
léger,
Et les sons argentins du nebel étranger,

" Puis de plus près, les chants, leurs pa-
roles pieuses,
Et les pas mesurés en des danses joyeuses,
Et, par des bruits flatteurs, les mains
frappant les mains,
Et de rameaux fleuris parfumant les
chemins.

" Ses genoux ont tremblé sous le poids de
ses armes ;
Sa paupière s'entr'ouvre à ses premières
larmes ;
C'est que, parmi les voix, le père a re-
connu
La voix la plus aimée à ce chant ingénu :

" ' O vierges d'Israël ! ma couronne s'ap-
prête
La première à parer les cheveux de sa
tête ;
C'est mon père, et jamais un autre enfant
que moi
N'augmenta la famille heureuse sous sa
loi.'

" Et ses bras à Jephté donnés avec ten-
dresse,
Suspendant à son col leur pieuse caresse :
' Mon père, embrassez-moi ! D'où naissent
vos retards !
Je ne vois que vos pleurs et non pas vos
regards.

" ' Je n'ai point oublié l'encens du sacri-
fice :
J'offrais pour vous hier la naissante gé-
nisse.
Qui peut vous affliger ! Le Seigneur
n'a-t-il pas
Renversé les cités au seul bruit de vos
pas ! '

" ' C'est vous, hélas ! c'est vous, ma
fille bien-aimée ! '
Dit le père en rouvrant sa paupière en-
flammée.
' Faut-il que ce soit vous ! ô douleur des
douleurs !
Que vos embrassements feront couler de
pleurs !

" ' Seigneur, vous êtes bien le Dieu de la
vengeance,
En échange du crime il vous faut l'inno-
cence.
C'est la vapeur du sang qui plaît au Dieu
jaloux !
Je lui dois une hostie, ô ma fille ! et
c'est vous ! '

" ' Moi ! ' dit-elle. Et ses yeux se
remplirent de larmes.
Elle était jeune et belle, et la vie a des
charmes.
Puis elle répondit : ' Oh ! si votre ser-
ment
Dispose de mes jours, permettez seule-
ment

" ' Qu'emmenant avec moi les vierges,
mes compagnes,
J'aille, deux mois entiers, sur le haut
des montagnes,

Pour la dernière fois, errante en liberté,
Pleurer sur ma jeunesse et ma virginité !

" ' Car je n'aurai jamais, de mes mains
orgueilleuses,
Purifié mon fils sous les eaux merveil-
leuses,
Vous n'aurez pas béni sa venue, et mes
pleurs
Et mes chants n'auront pas endormi ses
douleurs ;

" ' Et, le jour de ma mort, nulle vierge
jalouse
Ne viendra demander de qui je fus
l'épouse,
Quel guerrier prend pour moi le cilice et
le deuil,
Et seul vous pleurerez autour de mon
cercueil.'

" Après ces mots, l'armée assise tout en-
tière
Pleurait, et sur son front répandait la
poussière.
Jephté sous un manteau tenait ses pleurs
voilés ;
Mais, parmi les sanglots, on entendit :
' Allez.'

" Elle inclina la tête et partit. Ses com-
pagnes,
Comme nous la pleurons, pleuraient sur
les montagnes ;
Puis elle vint s'offrir au couteau paternel."
Voilà ce qu'ont chanté les filles d'Is-
raël.

LE PETIT SAVOYARD.[1]

PIERRE-ALEXANDRE GUIRAUD. 1824.

LE DÉPART.

" Pauvre petit, pars pour la France.
Que te sert mon amour ? Je ne possède
rien.
On vit heureux ailleurs ; ici, dans la
souffrance.
Pars, mon enfant, c'est pour ton bien.

" Tant que mon toit put te suffire,
Tant qu'un travail utile à mes bras fut
permis,

[1] Les pauvres montagnards de la Savoie vont
passer l'hiver dans les grandes villes, et gagnent
leur vie en ramonant les cheminées, en montrant
des singes, des marmottes, etc.

Heureuse et délassée en te voyant sou-
rire,
Jamais on n'eût osé me dire :
' Renonce aux baisers de ton fils.'

" Mais je suis veuve ; on perd sa force
avec la joie.
Triste et malade, où recourir ici ?
Où mendier pour toi ? chez des pauvres
aussi !
Laisse ta pauvre mère, enfant de la Sa-
voie ;
Va, mon enfant, où Dieu t'envoie.

" Mais, si loin que tu sois, pense au foyer
absent ;
Avant de le quitter, viens, qu'il nous
réunisse.
Une mère bénit son fils en l'embrassant :
Mon fils, qu'un baiser te bénisse.

" Vois-tu ce grand chêne, là-bas ?
Je pourrais jusque-là t'accompagner,
j'espère.
Quatre ans déjà passés, j'y conduisis ton
père ;
Mais lui, mon fils, ne revint pas.

" Encor, s'il était là pour guider ton en-
fance,
Il m'en coûterait moins de t'éloigner de
moi ;
Mais tu n'as pas dix ans, et tu pars sans
défense —
Que je vais prier Dieu pour toi !

" Que feras-tu, mon fils, si Dieu ne te
seconde,
Seul, parmi les méchants, car il en est
au monde,
Sans ta mère, du moins, pour t'appren-
dre à souffrir ? —
Oh ! que n'ai-je du pain, mon fils, pour
te nourrir !

" Mais Dieu le veut ainsi : nous devons
nous soumettre.
Ne pleure pas en me quittant ;
Porte au seuil des palais un visage con-
tent.
Parfois mon souvenir t'affligera peut-
être —

" Pour distraire le riche, il faut chanter
pourtant.
Chante tant que pour toi la vie est moins
amère,

Enfant, prends ta marmotte[1] et ton léger
    trousseau,[2]
Répète, en cheminant, les chansons de
    ta mère,
Quand ta mère chantait autour de ton
    berceau.

"Si ma force première encore m'était
    donnée,
J'irais, te conduisant moi-même par la
    main ;
Mais je n'atteindrais pas la troisième
    journée ;
Il faudrait me laisser bientôt sur ton
    chemin :
Et moi, je veux mourir aux lieux où je
    suis née.

"Maintenant de ta mère entends le der-
    nier vœu :
Souviens-toi, si tu veux que Dieu ne
    t'abandonne,
Que le seul bien du pauvre est le peu
    qu'on lui donne.
Prie et demande au riche : il donne au
    nom de Dieu.
Ton père le disait ; sois plus heureux :
    adieu."

Mais le soleil tombait des montagnes
    prochaines,
Et la mère avait dit : "Il faut nous
    séparer."
Et l'enfant s'en allait à travers les grands
    chênes,
Se tournant quelquefois et n'osant pas
    pleurer.

PARIS.

"J'ai faim ; vous qui passez, daignez me
    secourir.
Voyez, la neige tombe, et la terre est
    glacée,
J'ai froid : le vent se lève et l'heure est
    votre avancée,
    Et je n'ai rien pour me couvrir.

"Tandis qu'en vos palais tout flatte
    votre envie,
À genoux sur le seuil, j'y pleure bien
    souvent ;
Donnez ; peu me suffit : je ne suis qu'un
    enfant ;
    Un petit sou me rend la vie.

"On m'a dit qu'à Paris je trouverais du
    pain ;
Plusieurs ont raconté dans nos forêts
    lointaines,
Qu'ici le riche aidait le pauvre dans ses
    peines ;
Eh bien ! moi, je suis pauvre, et je vous
    tends la main,

"Faites-moi gagner mon salaire :
Où me faut-il courir ? dites, j'y volerai.
Ma voix tremble de froid ; eh bien ! je
    chanterai,
Si mes chansons peuvent vous plaire—

"Il ne m'écoute pas, il fuit ;[1]
Il court dans une fête (et j'en entends
    le bruit)
Finir son heureuse journée.
Et moi, je vais chercher, pour y passer
    la nuit,
Cette guérite[2] abandonnée.

"Au foyer paternel quand pourrai-je
    m'asseoir ?
Rendez-moi ma pauvre chaumière,
Le laitage durci qu'on partageait le soir.[3]
Et, quand la nuit tombait, l'heure de la
    prière
Qui ne s'achevait pas sans laisser quelque
    espoir.

"Ma mère, tu m'as dit, quand j'ai fui
    ta demeure :
'Pars, grandis et prospère, et reviens
    près de moi.'
Hélas ! et, tout petit, faudra-t-il que je
    meure
Sans avoir rien gagné pour toi ?

"Non : l'on ne meurt point à mon âge ;
Quelque chose me dit de reprendre cou-
    rage—
Eh ! que sert d'espérer ? — que puis-je
    attendre enfin ! —
J'avais une marmotte, elle est morte de
    faim."

Et, faible, sur la terre il reposait sa tête,
Et la neige, en tombant, le couvrait à
    demi ;

---

[1] *Marmotte*, animal de la grosseur du chat, que les Savoyards montrent pour de l'argent.
[2] *Trousseau*, paquet d'habits.

[1] *Il* pour *le riche*, à qui il s'addresse.
[2] *Guérite*, petite loge de bois pour une sentinelle.
[3] *Le laitage durci*, périphrase pour *le fromage.*

Lorsqu'une douce voix, à travers la tem-
    pête,
Vint réveiller l'enfant par le froid en-
    dormi.

"Qu'il vienne à nous, celui qui pleure,"
Disait la voix mêlée au murmure des
    vents ;
" L'heure du péril est notre heure :
Les orphelins sont nos enfants."

Et deux femmes en deuil recueillaient sa
    misère.
Lui, docile et confus, se levait à leur
    voix,
Il s'étonnait d'abord ; mais il vit dans
    leurs doigts
Briller la croix d'argent au bout du long
    rosaire,
Et l'enfant les suivit en se signant deux
    fois.

LE RETOUR.

Avec leurs grands sommets, leurs glaces
    éternelles,
Par un soleil d'été, que les Alpes sont
    belles !
Tout dans leurs frais vallons sert à nous
    enchanter,
La verdure, les eaux, les bois, les fleurs
    nouvelles.
Heureux qui sur ces bords peut long-
    temps s'arrêter !
Heureux qui le revoit, s'il a pu les quit-
    ter !

Quel est ce voyageur que l'été leur envoie,
Seul, loin dans la vallée, un bâton à la
    main !
C'est un enfant — il marche, il suit le
    long chemin
    Qui va de France à la Savoie,

Bientôt de la colline il prend l'étroit
    sentier :
Il a mis ce matin la bure[1] du dimanche,
    Et dans son sac de toile blanche
Est un pain de froment qu'il garde tout
    entier.

Pourquoi tant se hâter à sa course der-
    nière ?
C'est que le pauvre enfant veut gravir le
    coteau,

[1] Bure, pour habit de bure, étoffe grossière de
laine.

21

Et ne point s'arrêter qu'il n'ait vu son
    hameau,
    Et n'ait reconnu sa chaumière.

Les voilà ! — tels encore qu'il les a vus
    toujours,
Ces grands bois, ce ruisseau qui fuit sous
    le feuillage !
Il ne se souvient plus qu'il a marché dix
    jours :
    Il est si près de son village !

Tout joyeux il arrive et regarde —
    Mais quoi !
Personne ne l'attend ! sa chaumière est
    fermée !
Pourtant du toit aigu sort un peu de
    fumée,
Et l'enfant plein de trouble : "Ouvrez,"
    dit-il, " c'est moi."

La porte cède : il entre ; et sa mère at-
    tendrie,
Sa mère, qu'un long mal près du foyer
    retient,
Se relève à moitié, tend les bras et
    s'écrie :
    " N'est-ce pas mon fils qui revient ?"

Son fils est dans ses bras qui pleure et
    qui l'appelle :
"Je suis infirme, hélas ! Dieu m'afflige,"
    dit-elle ;
" Et depuis quelques jours je te l'ai fait
    savoir,
Car je ne voulais pas mourir sans te
    revoir."

Mais lui : "De votre enfant vous étiez
    éloignée :
Le voilà qui revient ; ayez des jours con-
    tents :
Vivez : je suis grandi, vous serez bien
    soignée :
    Nous sommes riches pour longtemps."

Et les mains de l'enfant, des siennes
    détachées,
Jetaient sur ses genoux tout ce qu'il
    possédait,
Les trois pièces d'argent dans sa veste
    cachées,
Et le pain de froment que pour elle il
    gardait.

Sa mère l'embrassait et respirait à peine :
Et son œil se fixait, de larmes obscurci,

Sur un grand crucifix de chêne
Suspendu devant elle et par le temps
　　noirci.

"C'est lui, je le savais, le Dieu des
　　pauvres mères
Et des petits enfants, qui du mien a pris
　　soin ;
Lui qui me consolait quand mes plaintes
　　amères
Appelaient mon fils de si loin.

"C'est le Christ du foyer que les mères
　　implorent,
Qui sauve nos enfants du froid et de la
　　faim.
Nous gardons nos agneaux, et les loups
　　les dévorent ;
Nos fils s'on vont tout seuls—et re-
　　viennent enfin.

"Toi, mon fils, maintenant me seras-tu
　　fidèle ?
Ta pauvre mère infirme a besoin de se-
　　cours ;
Elle mourrait sans toi." L'enfant, à ce
　　discours,
Grave, et joignant les mains, tombe à
　　genoux près d'elle,
Disant : "Que le bon Dieu vous fasse
　　de longs jours !"

LE COR.

ALFRED DE VIGNY. 1826.

I.

J'AIME le son du cor, le soir, au fond des
　　bois,
Soit qu'il chante les pleurs de la biche
　　aux abois,
Ou l'adieu du chasseur que l'écho faible
　　accueille,
Et que le vent du nord porte de feuille
　　en feuille.

Que de fois, seul, dans l'ombre à minuit
　　demeuré,
J'ai souri de l'entendre, et plus souvent
　　pleuré !
Car je croyais ouïr de ces bruits pro-
　　phétiques
Qui précédaient la mort des paladins
　　antiques.

O montagne d'azur ! ô pays adoré !
Rocs de la Frazona, cirque du Marboré,
Cascades qui tombez des neiges entraî-
　　nées,
Sources, gaves, ruisseaux, torrents des
　　Pyrénées ;

Monts gelés et fleuris, trône des deux
　　saisons,
Dont le front est de glace et le pied de
　　gazons !
C'est là qu'il faut s'asseoir, c'est là qu'il
　　faut entendre
Les airs lointains d'un cor mélancolique
　　et tendre.

Souvent un voyageur, lorsque l'air est
　　sans bruit,
De cette voix d'airain fait retentir la
　　nuit ;
À ses chants cadencés autour de lui se
　　mêle
L'harmonieux grelot du jeune agneau
　　qui bêle.

Une biche attentive, au lieu de se cacher,
Se suspend immobile au sommet du
　　rocher,
Et la cascade unit, dans une chute im-
　　mense,
Son éternelle plainte aux chants de la
　　romance.

Ames des chevaliers, revenez-vous encor ?
Est-ce vous qui parlez avec la voix du
　　cor ?
Roncevaux ! Roncevaux ! dans ta sombre
　　vallée
L'ombre du grand Roland n'est donc
　　pas consolée !

II.

Tous les preux étaient morts, mais aucun
　　n'avait fui.
Il reste seul debout, Olivier près de lui ;
L'Afrique sur le mont l'entoure et trem-
　　ble encore.
"Roland, tu vas mourir, rends-toi,"
　　criait le More ;

"Tous tes pairs sont couchés dans les
　　eaux des torrents."
Il rugit comme un tigre, et dit : "Si je
　　me rends,

Africain, ce sera lorsque les Pyrénées
Sur l'onde avec leurs corps rouleront
    entraînées."

"Rends-toi donc," répond-il, "ou meurs,
    car les voilà."
Et du plus haut des monts un grand
    rocher roula.
Il bondit, il roula jusqu'au fond de
    l'abîme,
Et de ses pins, dans l'onde, il vint briser
    la cime.

"Merci," cria Roland ; "tu m'as fait un
    chemin."
Et, jusqu'au pied des monts le roulant
    d'une main,
Sur le roc affermi comme un géant
    s'élance,
Et, prête à fuir, l'armée à ce seul pas
    balance.

III.

Tranquilles cependant, Charlemagne et
    ses preux
Descendaient la montagne et se parlaient
    entre eux.
À l'horizon déjà, par leurs eaux signa-
    lées,
De Luz et d'Argélès se montraient les
    vallées.

L'armée applaudissait. Le luth du
    troubadour
S'accordait pour chanter les saules de
    l'Adour ;
Le vin français coulait dans la coupe
    étrangère ;
Le soldat, en riant, parlait à la bergère.

Roland gardait les monts ; tous passaient
    sans effroi.
Assis nonchalamment sur un noir pale-
    froi
Qui marchait revêtu de housses violettes,
Turpin disait, tenant les saintes amu-
    lettes :

"Sire, on voit dans le ciel des nuages
    de feu ;
Suspendez votre marche ; il ne faut
    tenter Dieu.
Par monsieur saint Denis, certes ce sont
    des âmes
Qui passent dans les airs sur ces vapeurs
    de flammes.

"Deux éclairs ont relui, puis deux
    autres encor."
Ici l'on entendit le son lointain du cor.
L'empereur étonné, se jetant en arrière,
Suspend du destrier la marche aventu-
    rière.

"Entendez - vous ?" dit-il. "Oui, ce
    sont des pasteurs
Rappelant les troupeaux épars sur les
    hauteurs,"
Répondit l'archevêque, "ou la voix étouf-
    fée
Du nain vert Obéron, qui parle avec sa
    fée."

Et l'empereur poursuit ; mais son front
    soucieux
Est plus sombre et plus noir que l'orage
    des cieux.
Il craint la trahison, et, tandis qu'il y
    songe,
Le cor éclate et meurt, renaît et se pro-
    longe.

"Malheur ! c'est mon neveu ! malheur !
    car, si Roland
Appelle à son secours, ce doit être en
    mourant.
Arrière, chevaliers, repassons la mon-
    tagne !
Tremble encor sous nos pieds, sol trom-
    peur de l'Espagne !"

IV.

Sur le plus haut des monts s'arrêtent
    les chevaux ;
L'écume les blanchit ; sous leurs pieds,
    Roncevaux
Des feux mourants du jour à peine se
    colore.
A l'horizon lointain fuit l'étendard du
    More.

"Turpin, n'as-tu rien vu dans le fond du
    torrent ?"
"J'y vois deux chevaliers : l'un mort,
    l'autre expirant.
Tous deux sont écrasés sous une roche
    noire ;
Le plus fort, dans sa main, élève un cor
    d'ivoire,
Son âme en s'exhalant nous appela deux
    fois."

———

Dieu ! que le son du cor est triste au
    fond des bois !

LA FRÉGATE LA SÉRIEUSE;

OU LA PLAINTE DU CAPITAINE.

ALFRED DE VIGNY. 1828.

I.

Qu'ELLE était belle, ma frégate,
Lorsqu'elle voguait dans le vent !
Elle avait, au soleil levant,
Toutes les couleurs de l'agate ;
Ses voiles luisaient le matin
Comme des ballons de satin ;
Sa quille mince, longue et plate,
Portait deux bandes d'écarlate
Sur vingt-quatre canons cachés ;
Ses mâts, en arrière penchés,
Paraissaient à demi-couchés,
Dix fois plus vive qu'un pirate,
En cent jours du Havre à Surate
Elle nous emporta souvent.
—Qu'elle était belle, ma frégate,
Lorsqu'elle voguait dans le vent !

II.

Brest vante son beau port et cette rade
    insigne
Où peuvent manœuvrer trois cents vais-
    seaux de ligne
Boulogne, sa cité haute et double, et
    Calais,
Sa citadelle assise en mer comme un
    palais ;
Dieppe a son vieux château soutenu
    par la dune,
Ses baigneuses cherchant la vague au
    clair de lune,
Et ses deux monts en vain par la mer
    insultés ;
Cherbourg a ses fanaux de bien loin
    consultés,
Et gronde en menaçant Guernsey la
    sentinelle
Debout près de Jersey, presque en France
    ainsi qu'elle.
Lorient, dans sa rade au mouillage
    inégal,
Reçoit la poudre d'or des noirs du Séné-
    gal ;
Saint-Malo dans son port tranquille-
    ment regarde
Mille rochers debout qui lui servent de
    garde :
Le Havre a pour parure ensemble et
    pour appui

Notre-Dame-de-Grâce et Honfleur de-
    vant lui ;
Bordeaux, de ses longs quais parés de
    maisons neuves,
Porte jusqu'à la mer ses vins sur deux
    grands fleuves ;
Toute ville à Marseille aurait droit
    d'envier
Sa ceinture de fruits, d'orange et d'oli-
    vier ;
D'or et de fer Bayonne en tout temps
    fut prodigue,
Du grand cardinal-duc La Rochelle a
    la digue ;
Tous nos ports ont leur gloire ou leur
    luxe à nommer ;
Mais Toulon a lancé la Sérieuse ne
    mer.

III,

LA TRAVERSÉE.

Quand la belle Sérieuse
Pour l'Égypte appareilla,
Sa figure gracieuse
Avant le jour s'éveilla ;
À la lueur des étoiles
Elle déploya ses voiles,
Leurs cordages et leurs toiles,
Comme de larges réseaux,
Avec ce long bruit qui tremble,
Qui se prolonge et rassemble
Au bruit des ailes qu'ensemble
Ouvre une troupe d'oiseaux.

IV.

Dès que l'ancre dégagée,
Revient par son câble à bord,
La proue alors est changée,
Selon l'aiguille et le nord.
La Sérieuse l'observe,
Elle passe la Réserve,
Et puis marche de conserve
Avec le grand Orient :
Sa voilure toute blanche
Comme un sein gonflé se penche ;
Chaque mât, comme une branche,
Touche la vague en pliant.

V.

Avec sa démarche leste,
Elle glisse et prend le vent,
Laisse à l'arrière l'Alceste,
Et marche seule à l'avant.

Par son pavillon conduite,
L'escadre n'est à sa suite
Que lorsqu'arrêtant sa fuite,
Elle veut l'attendre enfin :
Mais, de bons marins pourvue,
Aussitôt qu'elle est en vue,
Par sa manœuvre imprévue,
Elle part comme un dauphin.

VI.

Comme un dauphin elle saute,
Elle plonge comme lui
Dans la mer profonde et haute,
Où le feu Saint-Elme a lui.
Le feu serpente avec grâce ;
Du gouvernail qu'il embrasse
Il marque longtemps la trace,
Et l'on dirait un éclair
Qui, n'ayant pu nous atteindre,
Dans les vagues va s'éteindre,
Mais ne cesse de les teindre
Du prisme emflammé de l'air.

VII.

Ainsi qu'une forêt sombre
La flotte venait après,
Et de loin s'étendait l'ombre
De ses immenses agrès.
En voyant le Spartiate,
Le Franklin et sa frégate,
Le bleu, le blanc, l'écarlate,
De cent mâts nationaux,
L'armée, en convoi, remise
Comme en garde à l'Artémise,
Nous nous dîmes : "C'est Venise
Qui s'avance sur les eaux."

VIII.

Quel plaisir d'aller si vite,
Et de voir son pavillon,
Loin des terres qu'il évite
Tracer un noble sillon !
Au large on voit mieux le monde,
Et sa tête énorme et ronde
Qui se balance et qui gronde
Comme éprouvant un affront.
Parce que l'homme se joue
De sa force, et que la proue,
Ainsi qu'une lourde roue,
Fend sa route sur son front.

IX.

Quel plaisir ! et quel spectacle
Que l'élément triste et froid
Ouvert ainsi sans obstacle
Par un bois de chêne étroit !
Sur la plaine humide et sombre,
La nuit reluisaient dans l'ombre
Des insectes en grand nombre,
De merveilleux vermisseaux
Troupe brillante et frivole,
Comme un feu follet qui vole,
Ornant chaque banderole
Et chaque mât des vaisseaux.

X.

Et surtout la Sérieuse,
Était belle nuit et jour ;
La mer, douce et curieuse,
La portait avec amour,
Comme un vieux lion abaisse
Sa longue crinière épaisse,
Et, sans l'agiter, y laisse
Se jouer le lionceau ;
Comme sur sa tête agile
Une femme tient l'argile,
Ou le jonc souple et fragile
D'un mystérieux berceau.

XI.

Moi, de sa poupe hautaine
Je ne m'absentais jamais,
Car, étant son capitaine,
Comme un enfant je l'aimais :
J'aurais moins aimé peut-être
L'enfant que j'aurais vu naître ;
De son cœur on n'est pas maître.
Moi, je suis un vrai marin ;
Ma naissance est un mystère :
Sans famille, et solitaire,
Je ne connais pas la terre,
Et la vois avec chagrin.

XII.

Mon banc de quart est mon trône,
J'y règne plus que les rois ;
Sainte Barbe est ma patronne,
Mon sceptre est mon porte-voix ;
Ma couronne est ma cocarde ;
Mes officiers sont ma garde ;
À tous les vents je hasarde
Mon peuple de matelots,

Sans que personne demande
A quel bord je veux qu'il tende,
Et pourquoi je lui commande
D'être plus fort que les flots.

XIII.

Voilà toute la famille
Qu'en mon temps il me fallait ;
Ma frégate était ma fille.
"Va !" lui disais-je. Elle allait,
S'élançait dans la carriére,
Laissant l'écueil en arrière,
Comme un cheval sa barrière ;
Et l'on m'a dit qu'une fois
(Quand je pris terre en Sicile)
Sa marche fut moins facile,
Elle parut indocile
Aux ordres d'une autre voix.

XIV.

On l'aurait crue animée !
Toute l'Égypte la prit,
Si blanche et si bien formée,
Pour un gracieux Esprit
Des Français compatriote,
Lorsqu'en avant de la flotte,
Dont elle était le pilote,
Doublant une vieille tour,[1]
Elle entra, sans avarie,
Aux cris : "Vive la patrie !"
Dans le port d'Alexandrie,
Qu'on appelle Abou-Mandour.

XV.

LE REPOS.

Une fois, par malheur, si vous avez pris
      terre,
Peut-être qu'un de vous, sur un lac soli-
      taire,
Aura vu, comme moi, quelque cygne
      endormi,
Qui se laissait au vent balancer à demi.
Sa tête nonchalante, en arrière appuyée,
Se cache dans la plume au soleil es-
      suyée :
Son poitrail est lavé par le flot transpa-
      rent,
Comme un écueil où l'eau se joue en ex-
      pirant ;

[1] La tour des Arabes, près d'Alexandrie.

Le duvet qu'en passant l'air dérobe à sa
      plume
Autour de lui s'envole et se mêle à
      l'écume ;
Une aile est son coussin, l'autre est son
      éventail ;
Il dort, et de son pied le large gouver-
      nail
Trouble encore, en ramant, l'eau tour-
      noyante et douce,
Tandis que sur ses flancs se forme un lit
      de mousse,
De feuilles et de joncs, et d'herbages er-
      rants
Qu'apportent près de lui d'invisibles
      courants.

XVI.

LE COMBAT.

Ainsi près d'Aboukir reposait ma fré-
      gate ;
À l'ancre dans la rade, en avant des
      vaisseaux,
On voyait de bien loin son corset d'écar-
      late
      Se mirer dans les eaux.

Ses canots l'entouraient, à leur place as-
      signée.
Pas une voile ouverte, on était sans
      dangers.
Ses cordages semblaient des filets d'a-
      raignée,
      Tant ils étaient légers.

Nous étions tous marins.   Plus de sol-
      dats timides
Qui chancellent à bord ainsi que des en-
      fants ;
Ils marchaient sur leur sol, prenant des
      Pyramides,
      Montant des éléphants.

Il faisait beau. — La mer, de sable en-
      vironnée,
Brillait comme un bassin d'argent en-
      touré d'or ;
Un vaste soleil rouge annonça la jour-
      née
      Du quinze thermidor.

La Sérieuse alors s'ébranla sur sa quille :
Quand venait un combat, c'était toujours
      ainsi ;

Je le reconnus bien, et je lui dis : " Ma
   fille,
Je te comprends, merci."

J'avais une lunette exercée aux étoiles ;
Je la pris, et la tins ferme sur l'horizon.
—Une, deux, trois— je vis treize et qua-
   torze voiles :
Enfin, c'était Nelson.

Il courait contre nous en avant de la
   brise ;
La Sérieuse à l'ancre, immobile s'of-
   frant,
Reçut le rude abord sans en être surprise,
   Comme un roc un torrent.

Tous passèrent près d'elle en lâchant leur
   bordée ;
Fière, elle répondit aussi quatorze fois,
Et par tous les vaisseaux elle fut dé-
   bordée,
   Mais il en resta trois.

Trois vaisseaux de haut bord—combattre
   une frégate !
Est-ce l'art d'un marin ! le trait d'un
   amiral ?
Un écumeur de mer, un forban, un pi-
   rate,
   N'eût pas agi si mal !

N'importe ! elle bondit, dans son repos
   troublée,
Elle tourna trois fois jetant vingt-quatre
   éclairs,
Et rendit tous les coups dont elle était
   criblée,
   Feux pour feux, fers pour fers.

Ses boulets enchaînés fauchaient des
   mâts énormes,
Faisaient voler le sang, la poudre et le
   goudron,
S'enfonçaient dans le bois, comme au
   cœur des grands ormes
   Le coin du bûcheron.

Un brouillard de fumée où la flamme
   étincelle
L'entourait ; mais, le corps brûlé, noir,
   écharpé,
Elle tournait, roulait, et se tordait sous
   elle,
   Comme un serpent coupé.

Le soleil s'éclipsa dans l'air plein de
   bitume.
Ce jour entier passa dans le feu, dans le
   bruit ;
Et lorsque la nuit vint, sous cette ar-
   dente brume
   On ne vit pas la nuit.

Nous étions enfermés comme dans un
   orage :
Des deux flottes au loin le canon s'y
   mêlait ;
On tirait en aveugle à travers le nuage :
   Toute la mer brûlait.

Mais, quand le jour revint, chacun con-
   nut son œuvre.
Les trois vaisseaux flottaient démâtés, et
   si las,
Qu'ils n'avaient plus de force assez pour
   la manœuvre ;
   Mais ma frégate, hélas !

Elle ne voulait plus obéir à son maître ;
Mutilée, impuissante, elle allait au ha-
   sard ;
Sans gouvernail, sans mât, on n'eût pu
   reconnaître
   La merveille de l'art !

Engloutie à demi, son large pont à peine,
S'affaissant par degrés, se montrait sur
   les flots,
Et là ne restaient plus, avec moi capi-
   taine,
   Que douze matelots.

Je les fis mettre en mer à bord d'une
   chaloupe,
Hors de notre eau tournante et de son
   tourbillon ;
Et je revins tout seul me coucher sur la
   poupe
   Au pied du pavillon.

J'aperçus des Anglais les figures livides,
Faisant pour s'approcher un inutile ef-
   fort
Sur leurs vaisseaux flottants comme des
   tonneaux vides,
   Vaincus par notre mort.

La Sérieuse alors semblait à l'agonie,
L'eau dans ses cavités bouillonnait sourde-
   ment ;
Elle, comme voyant sa carrière finie,
   Gémit profondément.

Je me sentis pleurer, et ce fut un pro-
   dige,
Un mouvement honteux ; mais bientôt
   l'étouffant :
" Nous nous sommes conduits comme il
   fallait," lui dis-je ;
   "Adieu donc, mon enfant ! "

Elle plonge d'abord sa poupe et puis sa
   proue ;
Mon pavillon noyé se montrait en des-
   sous ;
Puis elle s'enfonça, tournant comme une
   roue,
   Et la mer vint sur nous.

XVII.

Hélas ! deux mousses d'Angleterre
Me sauvèrent alors, dit-on,
Et me voici sur un ponton ; —
J'aimerais presque autant la terre !
Cependant je respire ici
L'odeur de la vague et des brises.
Vous êtes marins, Dieu merci !
Nous causons de combats, de prises ;
Nous fumons, et nous prenons l'air
Qui vient aux sabords de la mer,
Votre voix m'anime et me flatte,
Aussi je vous dirai souvent :
" Qu'elle était belle ma frégate,
Lorsqu'elle voguait dans le vent ! "

MADAME DE SOUBISE.

ALFRED DE VIGNY. 1828.

POÈME DU XVIᵉ SIÈCLE.

" Le 24 du mesme mois s'exploita l'exécution
tant souhaitée, qui délivra la chrestienté d'un
nombre de pestes, au moyen desquelles le diable
se faisoit fort de la destruire, attendu que deux
ou trois qui en reschappèrent font encore autant
de mal. Ce jour apporta merveilleux allége-
ment et soulas à l'Eglise."—*La vraye et entière
histoire des troubles, par le frère de* LAVAL.

" ARQUEBUSIERS ! chargez ma coule-
   vrine !
Les lanquenets¹ passent ! sur leur poi-
   trine
Je vois enfin la croix rouge, la croix
Double, et tracée avec du sang, je crois !
Il est trop tard ; le bourdon Notre-Dame

¹ Fantassins allemands.

Ne m'avait donc éveillé qu'à demi !
Nous avons bu trop longtemps, sur mon
   âme !
Mais nous buvions à saint Barthélemy.

   " Donnez une épée,
   Et la mieux trempée,
   Et mes pistolets,
   Et mes chapelets.
Déjà le jour brille
Sur le Louvre noir ;
On va tout savoir :
Dites à ma fille
De venir tout voir."

Le baron parle ainsi par la fenêtre ;
C'est bien sa voix qu'on ne peut mécon-
   naître ;
Courez, varlets, échansons, écuyers,
Suisses, piqueux, page, arbalétriers !
Voici venir madame Marie-Anne,
Elle descend l'escalier de la tour ;
Jusqu'aux pavés baissez la pertuisane,
Et que chacun la salue à son tour.

   Une haquenée
   Est seule amenée,
   Tant elle a d'effroi
   Du noir palefroi.
Mais son père monte
Le beau destrier.
Ferme à l'étrier :
" N'avez-vous pas honte,"
Dit-il, " de crier !

" Vous descendez des hauts barons, ma
   mie ;
Dans ma lignée, on note d'infamie
Femme qui pleure, et ce, par la raison
Qu'il en peut naître un lâche en ma
   maison.
Levez la tête et baissez votre voile ;
Partons. Varlets, faites sonner le cor.
Sous ce brouillard la Seine me dévoile
Ses flots rougis—je veux voir plus encor.

   " La voyez-vous croître
   La tour du vieux cloître !
   Et le grand mur noir
   Du royal manoir !
Entrons dans le Louvre.
Vous tremblez, je crois.
Au son du beffroi !
La fenêtre s'ouvre,
Saluez le roi."

Le vieux baron, en signant sa poitrine,
Va visiter la reine Catherine ;
Sa fille reste, et dans la cour s'assied :
Mais sur un corps elle heurte son pied :
" Je vis encor, je vis encor, madame ;
Arrêtez-vous et donnez-moi la main ;
En me sauvant, vous sauverez mon âme ;
Car j'entendrai la messe dès demain."

" Huguenot profane,"
Lui dit Marie-Anne,
" Sur ton corselet
Mets mon chapelet.
Tu prieras la Vierge,
Je prierai le roi.
Prends ce palefroi,
Surtout prends un cierge,
Et viens avec moi."

Marie ordonne à tout son équipage
De l'emporter dans le manteau d'un page,
Lui fait ôter ses baudriers trop lourds,
Jette sur lui sa cape de velours,
Attache un voile avec une relique
Sur sa blessure, et dit, sans s'émouvoir :
" Ce gentilhomme est un bon catholique,
Et dans l'église il vous le fera voir."

Murs de Saint-Eustache !
Quel peuple s'attache
À vos escaliers,
À vos noirs piliers,
Traînant sur la claie
Ces morts sans cercueil,
La fureur dans l'œil,
Et formant la haie
De l'autel au seuil !

Dieu fasse grâce à l'année où nous
    sommes !
Ce sont vraiment des femmes et des
    hommes ;
Leur foule entonne un *Te Deum* en
    chœur,
Et dans le sang trempe et dévoue un
    cœur,
Cœur d'amiral arraché dans la rue,
Cœur gangrené du schisme de Calvin.
On boit, on mange, on rit ; la foule ac-
    crue
Se l'offre et dit : "C'est le pain et le vin."

Un moine qui masque
Son front sous un casque
Lit au maître-autel
Le livre immortel ;

Il chante au pupitre,
Et sa main trois fois,
En faisant la croix,
Jette sur l'épître
Le sang de ses doigts.

"Place !" dit-il ; "tenons notre pro-
    messe
D'épargner ceux qui viennent à la messe.
Place ! je vois arriver deux enfants :
Ne tuez pas encor, je le défends ;
Tant qu'ils sont là, je les ai sous ma
    garde.
Saint Paul a dit : 'Le temple est fait
    pour tous.'
Chacun son lot, le dedans me regarde ;
Mais, une fois dehors, ils sont à vous."

"Je viens sans mon père ;
Mais en vous j'espère
(Dit Anne deux fois
D'une faible voix) ;
Il est chez la reine ;
Moi, j'accours ici
Demander merci
Pour ce capitaine
Qui vous prie aussi."

Le blessé dit : "Il n'est plus temps,
    madame ;
Mon corps n'est pas sauvé, mais bien
    mon âme ;
Si vous voulez, donnez-moi votre main,
Et je mourrai catholique et romain ;
Épousez-moi, je suis duc de Soubise :
Vous n'aurez pas à vous en repentir :
C'est pour un jour.   Hélas ! dans votre
    église
Je suis entré, mais pour n'en plus sortir.

"Je sens fuir mon âme !
Êtes-vous ma femme ?"
"Hélas !" dit-elle, "oui,"
Se baissant vers lui.
Un mot les marie.
Ses yeux, par l'effort
D'un dernier transport,
Regardent Marie ;
Puis il tombe mort.

Ce fut ainsi qu'Anne devint duchesse ;
Elle donna le fief et sa richesse
À l'ordre saint des frères de Jésus
Et leur légua ses propres biens en sus.
Un faible corps qu'un esprit troublé
    ronge

Résiste peu, mais ne vit pas longtemps :
Dans le couvent des nonnes, en Saint-
onge,
Elle mourut vierge et veuve à vingt ans.

LES TROIS VOLEURS.

JEAN REBOUL. 1828.

TROIS voleurs en campagne aperçurent
un coffre
Que quelque diligence avait laissé tom-
ber :
"Frères ! il est à nous ! c'est le sort qui
nous l'offre ;
Mais aux yeux des passants il faut le dé-
rober,"

Dit l'un d'eux. "Vous voyez ce roc à
haute taille :
Il cache une caverne : elle n'est pas bien
loin ;
Là nous pourrons savoir ce qu'est notre
trouvaille,
Et nous la partager sans crainte et sans
témoin."

Sitôt dit, sitôt fait. — La malle était
pesante ;
Mais ce poids était doux à leur avidité.
Ils marchent à grands pas : dans la grotte
béante
Le fardeau précieux est bientôt abrité.

Ce n'est pas sans travail qu'on en brise le
pène.
On l'ouvre ; sa lourdeur tient ce qu'elle
a promis.
Devant les pièces d'or dont la valise est
pleine,
Nos hommes bien longtemps restèrent
ébahis.

On compte cependant la somme, on la
partage ;
Dans trois sacs pour chacun le tiers est
destiné.
Mais ils étaient à jeun ; vers le prochain
village
Le plus agile court pour chercher le dîné.

Or, l'un des deux restants se prit à dire
à l'autre :
"Une part divisée en deux vaut mieux
qu'en trois,

Le lot de notre ami pourrait grossir le
nôtre,
Il faut s'en emparer, frère, si tu m'en
crois."

"Ce projet me sourit, mais comment
nous y prendre ?
Il pourra, dépouillé, dénoncer notre vol."
"Il ne le fera pas, et tu vas le com-
prendre :
Ce mousquet, au retour, l'étendra sur le
sol."

Le porteur du dîner dans la caverne ar-
rive.
Le coup prémédité le couche roide mort,
Et le festin, grossi du départ du con-
vive,
Auprès de son cadavre est mangé sans
remord.

Mais voilà que, saisi par d'horribles tor-
tures
Qui lui tournent les bras, lui déchirent
le sein,
Près de son compagnon meurt le couple
assassin :
De son côté, chacun avait pris ses me-
sures.

Pendant qu'il cheminait, le susdit com-
pagnon
Avait aussi rêvé pour lui seul la valise ;
Et du jus vénéneux d'un mauvais cham-
pignon
Il avait épicé quelques plats, à sa guise.

Si vous me demandez la leçon qui res-
sort
De ce récit ; voyez ! la réponse est fa-
cile :
Trois cadavres gisants près d'un or inu-
tile !
La soif de s'enrichir n'enrichit que la
mort.

À BADE.

ALFRED DE MUSSET. 1834.

LES dames de Paris savent par la ga-
zette
Que l'air de Bade est noble, et parfaite-
ment sain.
Comme on va chez Herbault faire un peu
de toilette,

On fait de la santé là-bas ; c'est une
   emplette :
Des roses au visage, et de la neige au
   sein ;
Ce qui n'est défendu par aucun méde-
   cin.

Bien entendu, d'ailleurs, que le but du
   voyage
Est de prendre les eaux ; c'est un compte
   réglé.
D'eaux, je n'en ai point vu lorsque j'y
   suis allé ;
Mais qu'on en puisse voir, je n'en mets
   rien en gage ;
Je crois même, en honneur, que l'eau du
   voisinage
A, quand on l'examine, un petit goût
   salé.

Or, comme on a dansé tout l'hiver, on
   est lasse ;
On accourt donc à Bade avec l'intention
De n'y pas soupçonner l'ombre d'un
   violon.
Mais dès qu'il y fait nuit, que voulez-
   vous qu'on fasse ?
Personne au Vieux Château, personne à
   la Terrasse ;
On entre à la maison de Conversation.

Cette maison se trouve être un gros bloc
   fossile,
Bâti de vive force à grands coups de
   moellon ;
C'est comme un temple grec, tout recou-
   vert en tuile,
Une espèce de grange avec un péristyle,
Je ne sais quoi d'informe et n'ayant pas
   de nom ;
Comme un grenier à foin, bâtard du
   Parthénon.

J'ignore vers quel temps Belzébuth l'a
   construite.
Peut-être est-ce un mammouth du règne
   minéral.
Je la prendrais plutôt pour quelque aéro-
   lithe,
Tombée un jour de pluie, au temps du
   carnaval.
Quoi qu'il en soit du moins, les flancs de
   l'animal
Sont construits tout à point pour l'âme
   qui l'habite.

Cette âme, c'est le jeu ; mettez bas le
   chapeau ;
Vous qui venez ici, mettez bas l'espé-
   rance.
Derrière ces piliers, dans cette salle im-
   mense,
S'étale un tapis vert, sur lequel se ba-
   lance
Un grand lustre blafard au bout d'un
   oripeau
Que dispute à la nuit une pourpre en
   lambeau.

Là, du soir au matin, roule le grand *peut-
   être*,
Le hasard, noir flambeau de ces siècles
   d'ennui,
Le seul qui dans le ciel flotte encore au-
   jourd'hui.
Un bal est à deux pas ; à travers la
   fenêtre,
On le voit çà et là bondir et disparaître
Comme un chevreau lascif qu'une abeille
   poursuit.

Les croupiers nasillards chevrotent en
   cadence,
Au son des instruments, leurs mots mys-
   térieux ;
Tout est joie et chansons ; la roulette
   commence :
Ils lui donnent le branle, ils la mettent
   en danse,
Et, ratissant gaîment l'or qui scintille
   aux yeux,
Ils jardinent ainsi sur un rhythme joy-
   eux.

L'abreuvoir est public, et qui veut vient
   y boire.
J'ai vu les paysans, fils de la forêt
   Noire,
Leurs bâtons à la main, entrer dans ce
   réduit ;
Je les ai vus penchés sur la bille d'ivoire,
Ayant à travers champs couru toute la
   nuit,
Fuyards désespérés de quelque honnête
   lit ;

Je les ai vus debout, sous la lampe en-
   fumée,
Avec leur veste rouge et leurs souliers
   boueux,
Tournant leurs grands chapeaux entre
   leurs doigts calleux,

Poser sur les râteaux la sueur d'une an-
   née !
Et là, muets d'horreur devant la Des-
   tinée,
Suivre des yeux leur pain qui courait
   devant eux !

Dirai-je qu'ils perdaient ? Hélas ! ce
   n'était guères.
C'était bien vite fait de leur vider les
   mains.
Ils regardaient alors toutes ces étran-
   gères,
Cet or, ces voluptés, ces belles passa-
   gères,
Tout ce monde enchanté de la saison des
   bains,
Qui s'en va sans poser le pied sur les
   chemins.

Ils couraient, ils partaient, tout ivres de
   lumière,
Et la nuit sur leurs yeux posait son noir
   bandeau.
Ces mains vides, ces mains qui labou-
   raient la terre,
Il fallait les étendre, en rentrant au ha-
   meau,
Pour trouver à tâtons les murs de la
   chaumière,
L'aïeule au coin du feu, les enfants au
   berceau !

O toi, Père immortel, dont le Fils s'est
   fait homme,
Si jamais ton jour vient, Dieu juste, ô
   Dieu vengeur ! —
J'oublie à tout moment que je suis gen-
   tilhomme.
Revenons à mon fait : tout chemin mène
   à Rome.
Ces pauvres paysans (pardonne-moi, lec-
   teur),
Ces pauvres paysans, je les ai sur le
   cœur.

Me voici donc à Bade : et vous pensez,
   sans doute,
Puisque j'ai commencé par vous parler
   du jeu,
Que j'eus pour premier soin d'y perdre
   quelque peu.
Vous ne vous trompez pas, je vous en fais
   l'aveu.

De même que pour mettre une armée en
   déroute,
Il ne faut qu'un poltron qui lui montre
   la route,

De même, dans ma bourse, il ne faut
   qu'un écu
Qui tourne les talons, et le reste est
   perdu.
Tout ce que je possède à quelque ressem-
   blance
Aux moutons de Panurge : au premier
   qui commence,
Voilà Panurge à sec et son troupeau
   tondu.
Hélas ! le premier pas se fait sans qu'on
   y pense.

Ma poche est comme une île escarpée et
   sans bords,
On n'y saurait rentrer quand on en est
   dehors.
Au moindre fil cassé, l'écheveau se dé-
   vide :
Entraînement funeste et d'autant plus
   perfide,
Que j'eus de tous les temps la sainte hor-
   reur du vide,
Et qu'après le combat je rêve à tous mes
   morts.

Un soir, venant de perdre une bataille
   honnête,
Ne possédant plus rien qu'un grand mal
   à la tête,
Je regardais le ciel, étendu sur un banc,
Et songeais, dans mon âme, aux héros
   d'Ossian.
Je pensai tout à coup à faire une con-
   quête ;
Il tressaillit en moi des phrases de ro-
   man.

Il ne faudrait pourtant, me disais-je à
   moi-même,
Qu'une permission de notre seigneur
   Dieu,
Pour qu'il vînt à passer quelque femme
   en ce lieu.
Les bosquets sont déserts ; la chaleur
   est extrême ;
Les vents sont à l'amour ; l'horizon est
   en feu ;
Toute femme, ce soir, doit désirer qu'on
   l'aime.

S'il venait à passer, sous ces grands mar-
   ronniers,
Quelque alerte beauté de l'école fla-
   mande,
Une ronde fillette, échappée à Téniers,
Ou quelque ange pensif de candeur alle-
   mande :
Une vierge en or fin d'un livre de lé-
   gende,
Dans un flot de velours traînant ses pe-
   tits pieds ;

Elle viendrait par là, de cette sombre
   allée,
Marchant à pas de biche avec un air
   boudeur,
Écoutant murmurer le vent dans la
   feuillée,
De paresse amoureuse et de langueur
   voilée,
Dans ses doigts inquiets tourmentant
   une fleur,
Le printemps sur la joue, et le ciel dans
   le cœur.

Elle s'arrêterait là-bas, sous la tonnelle.
Je ne lui dirais rien, j'irais tout simple-
   ment
Me mettre à deux genoux par terre de-
   vant elle,
Regarder dans ses yeux l'azur du firma-
   ment,
Et pour toute faveur la prier seulement
De se laisser aimer d'une amour immor-
   telle.

Comme j'en étais là de mon raisonne-
   ment,
Enfoncé jusqu'au cou dans cette rêverie,
Une bonne passa, qui tenait un enfant.
Je crus m'apercevoir que le pauvre inno-
   cent
Avait dans ses grands yeux quelque mé-
   lancolie.
Ayant toujours aimé cet age à la folie,

Et ne pouvant souffrir de le voir mal-
   traité,
Je fus à la rencontre, et m'enquis de la
   bonne
Quel motif de colère ou de sévérité
Avait du chérubin dérobé la gaîté.
"Quoiqu'il ait fait d'abord, je veux
   qu'on lui pardonne,"
Lui dis-je, "et ce qu'il veut, je veux
   qu'on le lui donne."

(C'est mon opinion de gâter les enfants).
Le marmot là-dessus, m'accueillant d'un
   sourire,
D'abord à me répondre hésita quelque
   temps ;
Puis il tendit la main et finit par me
   dire :
"Qu'il n'avait pas de quoi donner aux
   mendiants."
Le ton dont il le dit, je ne peux pas
   l'écrire.

Mais vous savez, lecteur, que j'étais
   ruiné ;
J'avais encor, je crois, deux écus dans
   ma bourse ;
C'était, en vérité, mon unique ressource,
La seule goutte d'eau qui restât dans la
   source,
Le seul verre de vin pour mon prochain
   dîné ;
Je les tirai bien vite, et je les lui donnai.

Il les prit sans façon, et s'en fut de la
   sorte.
À quelques jours de là, comme j'étais au
   lit,
La Fortune, en passant, vint frapper à
   ma porte.
Je reçus de Paris une somme assez forte,
Et très-heureusement il me vint à l'es-
   prit
De payer l'hôtelier qui m'avait fait
   crédit.

Mon marmot cependant se trouvait une
   fille,
Anglaise de naissance et de bonne fa-
   mille.
Or, la veille du jour fixé pour mon dé-
   part,
Je vins à rencontrer sa mère par hasard.
C'était au bal. — Au bal il faut bien
   qu'on babille :
Je fis donc pour le mieux mon métier de
   bavard.

Une goutte de lait dans la plaine éthérée
Tomba, dit-on, jadis, du haut du firma-
   ment.
La Nuit, qui sur son char passait en ce
   moment,
Vit ce pâle sillon sur sa mer azurée,
Et, secouant les plis de sa robe nacrée,
Fit au ruisseau céleste un lit de diamant.

Les Grecs, enfants gâtés des Filles de
  Mémoire,
De miel et d'ambroisie ont doré cette
  histoire ;
Mais j'en veux dire un point qui fut
  ignoré d'eux :
C'est que, lorsque Junon vit son beau
  sein d'ivoire
En un fleuve de lait changer ainsi les cieux,
Elle eut peur tout à coup du souverain
  des dieux.

Elle voulut poser ses mains sur sa poi-
  trine ;
Et, sentant ruisseler sa mamelle divine,
Pour épargner l'Olympe, elle se dé-
  tourna ;
Le soleil était loin, la terre était voisine;
Sur notre pauvre argile une goutte en
  tomba ;
Tout ce que nous aimons nous est venu
  de là.

C'était un bel enfant que cette jeune
  mère ;
Un véritable enfant, — et la riche An-
  gleterre,
Plus d'une fois dans l'eau jettera son
  filet
Avant d'y retrouver une perle aussi
  chère ;
En vérité, lecteur, pour faire son por-
  trait,
Je ne puis mieux trouver qu'une goutte
  de lait.

Jamais le voile blanc de la mélancolie
Ne fut plus transparent sur un sang plus
  vermeil.
Je m'assis auprès d'elle et parlai d'Italie ;
Car elle connaissait le pays sans pareil.
Elle en venait, hélas ! à sa froide patrie
Rapportant dans son cœur un rayon de
  soleil.

Nous causâmes longtemps, elle était
  simple et bonne.
Ne sachant pas le mal, elle faisait le
  bien ;
Des richesses du cœur elle me fit l'au-
  mône,
Et, tout en écoutant comme le cœur se
  donne,
Sans oser y penser, je lui donnai le mien;
Elle emporta ma vie et n'en sut jamais
  rien.

Le soir, en revenant, après la contre-
  danse,
Je lui donnai le bras, nous entrâmes au
  jeu ;
Car on ne peut sortir autrement de ce
  lieu.
"Vous partez," me dit-elle, "et vous
  allez, je pense.
D'ici jusque chez vous faire quelque dé-
  pense ;
Pour votre dernier jour il faut jouer un
  peu."

Elle me fit asseoir avec un doux sourire.
Je ne sais quel caprice alors la conseilla ;
Elle étendit la main et me dit : "Jouez
  là."
Par cet ange aux yeux bleus je me laissai
  conduire,
Et je n'ai pas besoin, mon ami, de vous
  dire
Qu'avec quelques louis mon numéro
  gagna.

Nous jouâmes ainsi pendant une heure
  entière,
Et je vis devant moi tomber tout un
  trésor ;
Si c'était rouge ou noir, je ne m'en sou-
  viens guère ;
Si c'était dix ou vingt, je n'en sais rien
  encor ;
Je partais pour la France, elle pour
  l'Angleterre,
Et je sortis de là les deux mains pleines
  d'or.

Quand je rentrai chez moi, je vis cette
  richesse
Je me souvins alors de ce jour de dé-
  tresse
Où j'avais à l'enfant donné mes deux
  écus.
C'était par charité : je les croyais per-
  dus.
De Celui qui voit tout je compris la sa-
  gesse :
La mère, ce soir-là, me les avait rendus.

LES AMANTS DE MONTMORENCY.

ALFRED DE VIGNY. 1830.

ÉTAIENT-ILS malheureux ! Esprits qui
  le savez !
Dans les trois derniers jours qu'ils s'é-
  taient réservés,

Vous les vîtes partir tous deux, l'un
jeune et grave,
L'autre joyeuse et jeune. Insouciante
esclave,
Suspendue au bras droit de son rêveur
amant,
Comme à l'autel un vase attaché molle-
ment,
Balancée en marchant sur sa flexible
épaule
Comme la harpe juive à la branche du
saule ;
Riant, les yeux en l'air, et la main dans
sa main,
Elle allait en comptant les arbres du
chemin,
Pour cueillir une fleur demeurait en ar-
rière,
Puis revenait à lui, courant dans la
poussière,
L'arrêtait par l'habit pour l'embrasser,
posait
Un œillet sur sa tête, et chantait, et
jasait
Sur les passants nombreux, sur la riche
vallée
Comme un large tapis à ses pieds étalée ;
Beau tapis de velours chatoyant et
changeant,
Semé de clochers d'or et de maisons
d'argent,
Tout pareils aux jouets qu'aux enfants
on achète
Et qu'au hasard pour eux par la chambre
l'on jette.
Ainsi, pour lui complaire, on avait sous
ses pieds
Répandu des bijoux brillants, multi-
pliés,
En forme de troupeaux, de village aux
toits roses
Ou bleus, d'arbres rangés, de fleurs sous
l'onde écloses,
De murs blancs, de bosquets bien noirs,
de lacs bien verts,
Et de chênes tordus par la poitrine ou-
verts ;
Elle voyait ainsi tout préparé pour elle :
Enfant, elle jouait, en marchant, toute
belle,
Toute blonde, amoureuse et fière ; et c'est
ainsi
Qu'ils allèrent à pied jusqu'à Montmo-
rency.

Ils passèrent deux jours d'amour et
d'harmonie,

De chants et de baisers, de voix, de
lèvre unie,
De regards confondus, de soupirs bien-
heureux,
Qui furent deux moments et deux siècles
pour eux.
La nuit, on entendait leurs chants; dans
la journée,
Leur sommeil, tant leur âme était aban-
donnée
Aux caprices divins du désir ! Leurs
repas
Étaient rares, distraits ; ils ne les voy-
aient pas.
Ils allaient, ils allaient au hasard et sans
heures,
Passant des champs aux bois, et des bois
aux demeures,
Se regardant toujours, laissant les airs
chantés
Mourir, et tout à coup restaient comme
enchantés.
L'extase avait fini par éblouir leur
âme,
Comme seraient nos yeux éblouis par la
flamme.
Troublés, ils chancelaient, et, le troisième
soir,
Ils étaient enivrés jusques à ne rien
voir
Que les feux mutuels de leurs yeux. La
nature
Étalait vainement sa confuse peinture
Autour du front aimé, derrière les che-
veux
Que leurs yeux noirs voyaient tracés
dans leurs yeux bleus.
Ils tombèrent assis sous des arbres peut-
être —
Ils ne le savaient pas. Le soleil allait
naître
Ou s'éteindre — ils voyaient seulement
que le jour
Était pâle, et l'air doux, et le monde en
amour —
Un bourdonnement faible emplissait leur
oreille
D'une musique vague au bruit des mers
pareille,
Et formant des propos tendres, légers,
confus,
Que tous deux entendaient, et qu'on
n'entendra plus.
Le vent léger disait de sa voix la plus
douce :
" Quand l'amour m'a troublé, je gémis
sous la mousse."

Les mélèzes touffus s'agitaient en disant :
"Secouons dans les airs le parfum sé-
  duisant
Du soir, car le parfum est le secret lan-
  gage
Que l'amour enflammé fait sortir du feuil-
  lage."
Le soleil incliné sur les monts dit en-
  cor :
"Par mes flots de lumière et par mes
  gerbes d'or,
Je réponds en élans aux élans de votre
  âme ;
Pour exprimer l'amour mon langage est
  la flamme."
Et les fleurs exhalaient de suaves odeurs,
Autant que les rayons de suaves ar-
  deurs ;
Et l'on eût dit des voix timides et flû-
  tées
Qui sortaient à la fois des feuilles velou-
  tées ;
Et, comme un seul accord d'accents har-
  monieux,
Tout semblait s'élever en chœur jusques
  aux cieux ;
Et ces voix s'éloignaient, en rasant les
  campagnes,
Dans les enfoncements magiques des
  montagnes ;
Et la terre sous eux palpitait molle-
  ment.
Comme le flot des mers ou le cœur d'un
  amant ;
Et tout ce qui vivait, par un hymne
  suprême,
Accompagnait leurs voix qui se disaient :
"Je t'aime !"

Or, c'était pour mourir qu'ils étaient
  venus là.
Lequel des deux enfants le premier en
  parla ?
Comment dans leurs baisers vint la mort ?
  Quelle balle
Traversa les deux cœurs d'une atteinte
  inégale
Mais sûre ? Quels adieux leurs lèvres
  s'unissant
Laissèrent s'écouler avec l'âme et le
  sang ?
Qui le saurait ? Heureux celui dont
  l'agonie
Fut dans les bras chéris avant l'autre
  finie !
Heureux si nul des deux ne s'est plaint
  de souffrir !

Si nul des deux n'a dit : *Qu'on a peine
  à mourir !*
Si nul des deux n'a fait, pour se lever et
  vivre,
Quelque effort en fuyant celui qu'il de-
  vait suivre ;
Et, reniant sa mort, par le mal égaré,
N'a repoussé du bras l'homicide adoré !
Heureux l'homme surtout s'il a rendu
  son âme,
Sans avoir entendu ces angoisses de
  femme,
Ces longs pleurs, ces sanglots, ces cris
  perçants et doux
Qu'on apaise en ses bras ou sur ses deux
  genoux,
Pour un chagrin ; mais qui, si la mort
  les arrache,
Font que l'on tord ses bras, qu'on blas-
  phème, qu'on cache
Dans ses mains son front pâle et son
  cœur plein de fiel,
Et qu'on se prend du sang pour le jeter
  au ciel. —
Mais qui saura leur fin ? —

                    Sur les pauvres murailles
D'un auberge où depuis l'on fit leurs fu-
  nérailles,
Auberge où pour une heure ils vinrent
  se poser,
Ployant l'aile à l'abri pour toujours re-
  poser,
Sur un vieux papier jaune, ordinaire
  tenture,
Nous avons lu des vers d'une double
  écriture,
Des vers de fou, sans rime et sans mesure.
  — Un mot
Qui n'avait pas de suite était tout seul
  en haut ;
Demande sans réponse, énigme inextri-
  cable,
Question sur la mort. — Trois noms sur
  une table,
Profondément gravés au couteau. —
  C'était d'eux
Tout ce qui demeurait — et le récit joy-
  eux
D'une fille au bras rouge. "Ils n'a-
  vaient," disait-elle,
"Rien oublié." La bonne eut quelque
  bagatelle
Qu'elle montre en suivant leurs traces,
  pas à pas.
— Et Dieu ? — Tel est le siècle : ils n'y
  pensèrent pas.

LA NEIGE.

ALFRED DE VIGNY. 1830.

I.

Qu'il est doux, qu'il est doux d'écouter
des histoires,
Des histoires du temps passé,
Quand les branches d'arbre sont noires,
Quand la neige est épaisse, et charge un
sol glacé !
Quand seul dans un ciel pâle un peuplier
s'élance,
Quand sous le manteau blanc qui vient
de le cacher
L'immobile corbeau sur l'arbre se ba-
lance,
Comme la girouette au bout du long
clocher !

———

Ils sont petits et seuls, ces deux pieds
dans la neige.
Derrière les vitraux dont l'azur le pro-
tége,
Le roi pourtant regarde et voudrait ne
pas voir,
Car il craint sa colère et surtout son
pouvoir.

De cheveux longs et gris son front brun
s'environne,
Et porte en se ridant le fer de la cou-
ronne ;
Sur l'habit dont la pourpre a peint l'ample
velours,
L'empereur a jeté la lourde peau d'un
ours.

Avidement courbé, sur le sombre vitrage
Ses soupirs inquiets impriment un nuage.
Contre un marbre frappé d'un pied ap-
pesanti,
La sandale romaine a vingt fois retenti.

Est-ce vous, blanche Emma, princesse
de la Gaule ?
Quel amoureux fardeau pèse à sa jeune
épaule !
C'est le page Éginard, qu'à ses genoux
le jour
Surprit, ne dormant pas, dans la secrète
tour.

Doucement son bras droit étreint un cou
d'ivoire

Doucement son baiser suit une tresse
noire,
Et la joue inclinée, et ce dos où les lis
De l'hermine entourés sont plus blancs
que ses plis.

Il retient dans son cœur une craintive
haleine,
Et de sa dame ainsi pense alléger la
peine,
Et gémit de son poids, et plaint ses faibles
pieds
Qui, dans ses mains, ce soir, dormiront
essuyés ;

Lorsqu'arrêtée Emma vante sa marche
sûre,
Lève un front caressant, sourit et le ras-
sure,
D'un baiser mutuel implore le secours,
Puis repart chancelante et traverse les
cours.

Mais les voix des soldats résonnent sous
les voûtes,
Les hommes d'armes noirs en ont fermé
les routes ;
Éginard, échappant à ses jeunes liens,
Descend des bras d'Emma, qui tombe
dans les siens.

II.

Un grand trône ombragé des drapeaux
d'Allemagne
De son dossier de pourpre entoure Char-
lemagne.
Les douze pairs, debout sur ses larges
degrés,
Y font luire l'orgueil des lourds man-
teaux dorés.

Tous posent un bras fort sur une longue
épée,
Dans le sang des Saxons neuf fois par
eux trempée ;
Par trois vives couleurs se peint sur
leurs écus
La gothique devise autour des rois vain-
cus.

Sous les triples piliers des colonnes
moresques,
En cercle sont placés des soldats gigan-
tesques,

22

Dont le casque fermé, chargé de cimiers
  blancs,
Laisse à peine entrevoir les yeux étince-
  lants.

Tous deux joignant les mains, à genoux
  sur la pierre,
L'un pour l'autre en leur cœur cherchant
  une prière,
Les beaux enfants tremblaient, en abais-
  sant leur front,
Tantôt pâle de crainte ou rouge de l'af-
  front.

D'un silence glacé régnait la paix pro-
  fonde.
Bénissant en secret sa chevelure blonde,
Avec un lent effort, sous ce voile, Égi-
  nard
Tente vers sa maîtresse un timide regard.

Sous l'abri de ses mains Emma cache sa
  tête,
Et, pleurant, elle attend l'orage qui
  s'apprête :
Comme on se tait encore, elle donne à
  ses yeux
À travers ses beaux doigts un jour auda-
  cieux.

L'empereur souriait en versant une
  larme,
Qui donnait à ses traits un ineffable
  charme ;
Il appela Turpin, l'évêque du palais,
Et d'une voix très-douce il dit : "Bénis-
  sez-les."

———

Qu'il est doux, qu'il est doux d'écouter
  des histoires,
  Des histoires du temps passé,
  Quand les branches d'arbre sont noires,
  Quand la neige est épaisse et charge un
  sol glacé !

CE QUI SE PASSAIT AUX FEUIL-
LANTINES VERS 1813.

VICTOR HUGO. 1839.

ENFANTS ! beaux fronts naïfs penchés
  autour de moi,
Bouches aux dents d'émail disant tou-
  jours : Pourquoi ?

Vous qui, m'interrogeant sur plus d'un
  grand problème,
Voulez de chaque chose, obscure pour
  moi-même,
Connaître le vrai sens et le mot décisif,
Et qui touchez à tout dans mon esprit
  pensif ;
— Si bien que, vous partis, enfants, sou-
  vent je passe
Des heures, fort maussade, à remettre à
  leur place
Au fond de mon cerveau mes plans, mes
  visions,
Mes sujets éternels de méditations,
Dieu, l'homme, l'avenir, la raison, la
  démence,
Mes systèmes, tas sombre, échafaudage
  immense,
Dérangés tout à coup, sans tort de votre
  part,
Par une question d'enfant faite au ha-
  sard ! —
Puisqu'enfin vous voilà sondant mes
  destinées,
Et que vous me parlez de mes jeunes
  années,
De mes premiers instincts, de mon pre-
  mier espoir,
Écoutez, doux amis, qui voulez tout
  savoir !
J'eus dans ma blonde enfance, hélas !
  trop éphémère,
Trois maîtres, — un jardin, un vieux
  prêtre et ma mère.

Le jardin était grand, profond, mysté-
  rieux,
Fermé par de hauts murs aux regards
  curieux,
Semé de fleurs s'ouvrant ainsi que des
  paupières,
Et d'insectes vermeils qui couraient sur
  les pierres ;
Plein de bourdonnements et de confuses
  voix ;
Au milieu, presque un champ ; dans le
  fond presque un bois,
Le prêtre, tout nourri de Tacite et
  d'Homère,
Était un doux vieillard. Ma mère —
  était ma mère !

Ainsi je grandissais sous ce triple rayon.

Un jour — Oh ! si Gautier me prêtait
  son crayon,
Je vous dessinerais d'un trait une figure

Qui chez ma mère un jour entra, fâcheux
augure !
Un docteur au front pauvre, au maintien
solennel,
Et je verrais éclore à vos bouches sans
fiel,
Portes de votre cœur qu'aucun souci ne
mine,
Ce rire éblouissant qui parfois m'illumine !

Lorsque cet homme entra, je jouais au
jardin,
Et rien qu'en le voyant je m'arrêtai sou-
dain.

C'était le principal d'un collége quel-
conque.

Les tritons que Coypel groupe autour
d'une conque,
Les faunes que Watteau dans les bois
fourvoya,
Les sorciers de Rembrandt, les gnomes
de Goya,
Les diables variés, vrais cauchemars de
moine,
Dont Callot en riant taquine saint An-
toine,
Sont laids, mais sont charmants ; dif-
formes, mais remplis
D'un feu qui de leur face anime tous les
plis,
Et parfois dans leurs yeux jette un
éclair rapide.
— Notre homme était fort laid, mais il
était stupide.
Pardon, j'en parle encor comme un franc
écolier ;
C'est mal. Ce que j'ai dit, tâchez de
l'oublier ;
Car de votre âge heureux, qu'un pédant
embarrasse,
J'ai gardé la colère et j'ai perdu la grâce.

Cet homme chauve et noir, très-effrayant
pour moi,
Et dont ma mère aussi d'abord eut
quelque effroi,
Tout en multipliant les humbles atti-
tudes,
Apportait des avis et des sollicitudes :
"Que l'enfant n'était pas dirigé ; — que
parfois
Il emportait son livre en rêvant dans les
bois ;
Qu'il croissait au hasard dans cette soli-
tude ;

Qu'on devait y songer ; que la sévère
étude
Était fille de l'ombre et des cloîtres pro-
fonds ;
Qu'une lampe pendue à de sombres pla-
fonds,
Qui de cent écoliers guide la plume
agile,
Éclairait mieux Horace et Catulle et
Virgile,
Et versait à l'esprit des rayons bien
meilleurs
Que le soleil qui joue à travers l'arbre
en fleurs ;
Et qu'enfin il fallait aux enfants, — loin
des mères, —
Le joug, le dur travail et les larmes
amères.
Là-dessus, le collége, aimable et triom-
phant,
Avec un doux sourire offrait au jeune
enfant,
Ivre de liberté, d'air, de joie et de roses,
Ses bancs de chêne noirs, ses longs dor-
toirs moroses,
Ses salles qu'on verrouille et qu'à tous
leurs piliers
Sculpte avec un vieux clou l'ennui des
écoliers,
Ses magisters qui font, parmi les pape-
rasses,
Manger l'heure du jeu par les pensums
voraces,
Et sans eau, sans gazon, sans arbres,
sans fruits mûrs,
Sa grande cour pavée entre quatre
grands murs."

L'homme congédié, de ses discours
frappée,
Ma mère demeura triste et préoccupée.
Que faire ? que vouloir ? qui donc avait
raison :
Ou le morne collége, ou l'heureuse mai-
son ?
Qui sait mieux de la vie accomplir
l'œuvre austère :
L'écolier turbulent, ou l'enfant soli-
taire ?
Problèmes ! questions ! elle hésitait
beaucoup.
L'affaire était bien grave. Humble
femme après tout,
Âme par le destin, non par les livres
faite,
De quel front repousser ce tragique
prophète,

Au ton si magistral, aux gestes si cer-
tains,
Qui lui parlait au nom des Grecs et des
Latins !
Le prêtre était savant sans doute ; mais,
que sais-je !
Apprend-on par le maître ou bien par le
collège ?
Et puis enfin, — souvent ainsi nous tri-
omphons ! —
L'homme le plus vulgaire a de grands
mots profonds :
"Il est indispensable ! — il convient !
— il importe ! "
Qui troublent quelquefois la femme la
plus forte.
Pauvre mère ! lequel choisir des deux
chemins ?
Tout le sort de son fils se pesait dans
ses mains.
Tremblante, elle tenait cette lourde
balance,
Et croyait bien la voir par moments en
silence
Pencher vers le collège, hélas ! en oppo-
sant
Mon bonheur à venir à mon bonheur
présent.

Elle songeait ainsi sans sommeil et sans
trêve.

C'était l'été : vers l'heure où la lune se
lève,
Par un de ces beaux soirs qui ressemblent
au jour,
Avec moins de clarté, mais avec plus
d'amour,
Dans son parc, où jouaient le rayon et
la brise,
Elle errait, toujours triste et toujours
indécise,
Questionnant tout bas l'eau, le ciel, la
forêt,
Écoutant au hasard les voix qu'elle
entendrait.

C'est dans ces moments-là que le jardin
paisible,
La broussaille où remue un insecte in-
visible,
Le scarabée ami des feuilles, le lézard
Courant au clair de lune au fond du
vieux puisard,
La faïence à fleur bleue où vit la plante
se,

Le dôme oriental du sombre Val-de-
Grâce,
Le cloître du couvent, brisé, mais doux
encor,
Les marronniers, la verte allée aux bou-
tons d'or,
La statue où sans bruit se meut l'ombre
des branches,
Les pâles liserons, les pâquerettes
blanches,
Les cent fleurs du buisson, de l'arbre,
du roseau,
Qui rendent en parfums ses chansons à
l'oiseau,
Se mirent dans la mare, ou se cachent
dans l'herbe,
Ou qui, de l'ébénier chargeant le front
superbe,
Au bord des clairs étangs se mêlant au
bouleau,
Tremblent en grappes d'or dans les
moires de l'eau ;
Et le ciel scintillant derrière les ramées,
Et les toits répandant de charmantes
fumées ;
C'est dans ces moments-là, comme je
vous le dis,
Que tout ce beau jardin, radieux paradis,
Tous ces vieux murs croulants, toutes
ces jeunes roses,
Tous ces objets pensifs, toutes ces douces
choses,
Parlèrent à ma mère avec l'onde et le
vent,
Et lui dirent tout bas : " Laisse-nous
cet enfant !

"Laisse-nous cet enfant, pauvre mère
troublée !
Cette prunelle ardente, ingénue, étoilée,
Cette tête au front pur qu'aucun deuil ne
voila,
Cette âme neuve encor, mère, laisse-
nous-la !
Ne va pas la jeter au hasard dans la
foule :
La foule est un torrent qui brise ce qu'il
roule.
Ainsi que les oiseaux, les enfants ont
leurs peurs.
Laisse à notre air limpide, à nos moites
vapeurs,
À nos soupirs, légers comme l'aile d'un
songe,
Cette bouche où jamais n'a passé le
mensonge,
Ce sourire naïf que sa candeur défend !

O mère au cœur profond, laisse-nous cet
enfant !
Nous ne lui donnerons que de bonnes
pensées ;
Nous changerons en jour ses lueurs
commencées ;
Dieu deviendra visible à ses yeux en-
chantés ;
Car nous sommes les fleurs, les rameaux,
les clartés,
Nous sommes la nature et la source
éternelle
Où toute soif s'épanche, où se lave toute
aile ;
Et les bois et les champs, du sage seul
compris,
Font l'éducation de tous les grands
esprits !
Laisse croître l'enfant parmi nos bruits
sublimes.
Nous le pénétrerons de ces parfums
intimes
Nés du souffle céleste, épars dans tout
beau lieu,
Qui font sortir de l'homme et monter
jusqu'à Dieu,
Comme le chant d'un luth, comme l'en-
cens d'un vase,
L'espérance, l'amour, la prière et l'ex-
tase !
Nous pencherons ses yeux vers l'ombre
d'ici-bas,
Vers le secret de tout entr'ouvert sous
ses pas.
D'enfant nous le ferons homme, et
d'homme poëte.
Pour former de ses sens la corolle inquiète,
C'est nous qu'il faut choisir ; et nous lui
montrerons
Comment, de l'aube au soir, du chêne
aux moucherons
Emplissant tout, reflets, couleurs,
brumes, haleines,
La vie aux mille aspects rit dans les
vertes plaines.
Nous te le rendrons simple et des cieux
ébloui,
Et nous ferons germer de toutes parts en
lui
Pour l'homme, triste effet perdu sous
tant de causes,
Cette pitié qui naît du spectacle des
choses !
Laisse-nous cet enfant ! nous lui ferons
un cœur
Qui comprendra la femme ; un esprit
non moqueur,

Où naîtront aisément le songe et la chi-
mère,
Qui prendra Dieu pour livre et les champs
pour grammaire ;
Une âme, pur foyer de secrètes faveurs,
Qui luira doucement sur tous les fronts
rêveurs,
Et, comme le soleil dans les fleurs fé-
condées,
Jettera des rayons sur toutes les idées !"

Ainsi parlaient, à l'heure où la ville se
tait,
L'astre, la plante et l'arbre, — et ma
mère écoutait.

Enfants, ont-ils tenu leur promesse
sacrée ?
Je ne sais. Mais je sais que ma mère
adorée
Les crut, et, m'épargnant d'ennuyeuses
prisons,
Confia ma jeune âme à leurs douces
leçons.

Dès lors, en attendant la nuit, heure où
l'étude
Rappelait ma pensée à sa grave attitude,
Tout le jour, libre, heureux, seul sous le
firmament,
Je pus errer à l'aise en ce jardin char-
mant,
Contemplant les fruits d'or, l'eau rapide
ou stagnante,
L'étoile épanouie et la fleur rayonnante,
Et les prés et les bois que mon esprit, le
soir,
Revoyait dans Virgile ainsi qu'en un
miroir.

Enfants, aimez les champs, les vallons,
les fontaines,
Les chemins que le soir emplit de voix
lointaines,
Et l'onde et le sillon, flanc jamais as-
soupi,
Où germe la pensée à côté de l'épi.
Prenez-vous par la main et marchez dans
les herbes ;
Regardez ceux qui vont liant les blondes
gerbes ;
Épelez dans le ciel plein de lettres de
feu,
Et, quand un oiseau chante, écoutez
parler Dieu.

La vie avec le choc des passions con-
traires
Vous attend ; soyez bons, soyez vrais,
soyez frères ;
Unis contre le monde où l'esprit se cor-
rompt,
Lisez au même livre en vous touchant
du front,
Et n'oubliez jamais que l'âme humble et
choisie,
Faite pour la lumière et pour la poésie,
Que les cœurs où Dieu met des échos
sérieux
Pour tous les bruits qu'anime un sens
mystérieux,
Dans un cri, dans un son, dans un vague
murmure
Entendent les conseils de toute la na-
ture !

LE BARDE RÎ-WALL.

AUGUSTE BRIZEUX. 1840.

Des temps qui ne sont plus écoutez une
histoire.
Les méchants ont parfois leur châtiment
notoire :
Tel le barde Rî-Wall. Depuis quinze
cents ans,
Sa mort fait chaque hiver rire nos pay-
sans,
Lorsque le vent du soir au dehors se
déchaîne
Et qu'au fond du foyer brille un grand
feu de chêne.

Quand Rî-Wall le rimeur disparut tout
à coup
Dans la fosse où déjà s'était pris un vieux
loup,
Devant ces blanches dents, devant ces
yeux de braise
Le barde au pied boiteux n'était guère à
son aise.

Tous deux se regardaient : "Hélas !"
pensait Rî-Wall,
"Avec ce compagnon il doit m'arriver
mal !
Et le mal, juste ciel, vient sur moi par
votre ordre !
Oui, je serai mordu, moi toujours prêt
à mordre :

"Que j'échappe, et je prends la douceur
des ramiers !

Sur les brillants balcons, sur les nobles
cimiers,
Je roucoule ! et mes chants, lais, virelais,
ballades,
Plus que tes vers mielleux, ô Roz-Venn,
seront fades."

Même ici son humeur maligne le pous-
sait.
Mais le loup lentement, lentement avan-
çait ;
Rî-Wall sentait déjà son haleine de
flamme :
Et point d'arme, grands dieux ! un bâton,
une lame ! —

Une arme qu'un nœud d'or suspendait à
son cou,
Le barde l'entendit résonner tout à coup :
La harpe dont la voix peut adoucir les
bêtes,
Éteindre l'incendie et calmer les tem-
pêtes !

Et du son le plus clair légèrement tiré,
La harpe obéissante a doucement vibré,
Et toujours murmuraient les notes ar-
gentines
Comme au matin la brise entre les églan-
tines ;

Et la bête, soumise au charme caressant,
Recule, puis se couche et clôt ses yeux
de sang ;
Mais qu'un instant la harpe elle-même
sommeille,
La bête menaçante en sursaut se réveille.

Ainsi durant trois jours, ainsi durant
trois nuits,
Des pâtres attirés par ces étranges bruits,
Et les serfs, les seigneurs, des clercs,
plus d'une dame
Que le malin rimeur avait blessés dans
l'âme,

Sur la fosse penchés, disaient : "Salut,
Rî-Wall !
Lequel sera mangé, le barde ou l'ani-
mal ?"
Et la troupe partait en riant, et leur rire
Du sombre patient aigrissait le martyre.

Seul, Roz-Venn le chanteur vit d'un œil
de pitié
Celui dont il sentit souvent l'inimitié :

"'Prenez," lui cria-t-il, "le bout de mon
    écharpe !"
Mais le barde expirait tout sanglant sur
    sa harpe.

Assis dans son foyer, les pieds sur le
    tison,
Voilà ce que contait un vieux chef de
    maison.
Il reprit : " Fuyez donc, mes enfants, la
    satire :
Mais aimez la gaieté sans fiel, aimez le
    rire,
Tel qu'il brille à cette heure, Héléna,
    dans vos yeux :
La gaieté d'un bon cœur rend tous les
    cœurs joyeux !"

JACQUES LE MAÇON.[1]

AUGUSTE BRIZEUX. 1840.

I.

LE MARI.

ADIEU, mes bons petits.   Toi, plus frais
    qu'une pomme,
Mon Paul, un gros baiser.   Encore un !
    encore un !
Femme, entrez vos deux bras serrez donc
    mieux votre homme.
Songez que jusqu'au soir je vais rester à
    jeun.

LA FEMME.

Vous, Vincent, veillez mieux sur vos
    échaffaudages ;
Ah ! pour me mettre en deuil il suffit
    d'un faux pas.
Enfoncez bien vos pieux, nouez bien vos
    cordages,
Vraiment le long du jour ici je ne vis
    pas.

LE MARI.

La bâtisse s'achève ; avec notre ami
    Jacques
Bientôt je reviendrai, nous serons joyeux
    tous :

---

[1] Trait historique, arrivé à Paris.   Deux
maçons travaillaient sur un échafaudage qui
s'écroula. Ils n'étaient retenus que par une
planche trop faible pour les supporter tous les
deux. Si l'un d'eux périt, l'autre est sauvé.
"Jacques," dit l'un, "j'ai une femme et trois
enfants." "C'est vrai," dit Jacques, et il se
précipite dans la rue.

Du vin, un bon rôti, des œufs rouges de
    Pâques !
Tu sais, Jacques, tu sais que ta place est
    chez nous.

II.

Courage ! encore une journée
Et cette reine des maisons
Dans Paris sera terminée :
Courage, apprentis et maçons !

Avec leurs marteaux, leurs truelles,
Et des gravats plein leurs paniers,[1]
Comme ils sont vifs sur les échelles !
Moins vifs seraient des mariniers.

Qu'on prépare un bouquet de fête ;
Au pignon il faut le planter.[2]
Les plumes, au vent, sur le faîte,
Voyez-vous le moineau chanter ?

Eux, ce soir, les gars de Limoge,[3]
Du travail chanteront la fin ;
Et vous entendrez votre éloge,
Bourgeoise, si vous payez le vin.

III.

Ah ! quelle rumeur sur la place !
" À l'aide, à l'aide, Limousins !
Du foin, de la paille ! oh ! de grâce,
Des matelas et des coussins !

"Si l'un à cette pierre blanche
Peut s'accrocher, ils sont sauvés—
Ah ! tous deux font craquer la planche !
Ils vont tomber sur les pavés."

Et vers l'étai qui se balance,[4]
Ils restent là, les bras en haut ;
Alors, dans le morne silence,
On entendit sur l'échafaud :

" J'ai trois enfants, Jacques, une
    femme !"
Jacques un instant le regarda :

---

[1] Gravat ou gravois, partie grossière du plâtre.
— Des gravats plein leurs paniers (gallicisme),
autant que leurs paniers peuvent en contenir.
[2] Pignon, partie supérieure d'un mur terminé
en pointe.
[3] Gars, garçon (familier) ; — Limoges, chef-lieu
de la Haute-Vienne. Ce département fournit
beaucoup de maçons.
[4] Étai, support, pièce de bois destinée à sou-
tenir une construction.

"C'est juste!" dit cette bonne âme,
Et dans la rue il se jeta.

IV.

Ah! ton nom, ton vrai nom, que ma
   voix le répande,
Toi que j'appelai Jacques, ô brave com-
   pagnon!
Inconnu qui portais une âme douce et
   grande,
Pour l'honneur du pays, héros, dis-moi
   ton nom!

Sommes-nous au-dessous des temps de
   barbarie?
Les tiens dans ton hameau ne t'ont point
   rapporté!
Ils ne t'ont point nommé saint de leur
   confrérie![1]
Les rimeurs se sont tus! l'orgue n'a
   point chanté!

Des amis, un surtout, pleurant sur ton
   cadavre,
Quelques mots du journal, voilà ton seul
   honneur:
Honte à qui voit le mal sans que le mal
   le navre,
Ou qui voyant le bien n'est ivre de bon-
   heur!

LA FLUTE.

ALFRED DE VIGNY. 1843.

I.

Un jour, je vis s'asseoir au pied de ce
   grand arbre
Un pauvre qui posa sur ce vieux banc de
   marbre
Son sac et son chapeau, s'empressa d'a-
   chever
Un morceau de pain noir, puis se mit à
   rêver.
Il paraissait chercher dans les longues
   allées
Quelqu'un pour écouter ses chansons
   désolées;
Il suivait à regret la trace des passants
Rares et qui pressés s'en allaient en tous
   sens.
Avec eux s'enfuyait l'aumône disparue,

[1] *La Confrérie des maçons.*

Prix douteux d'un lit dur en quelque
   étroite rue,
Et d'un amer souper dans un logis mal-
   sain.
Cependant il tirait lentement de son sein,
Comme se préparait au martyre un
   apôtre,
Les trois parts d'une Flûte et liait l'une
   à l'autre,
Essayait l'embouchure à son menton
   tremblant,
Faisait mouvoir la clef, l'épurait en souf-
   flant,
Sur ses genoux ployés frottait le bois
   d'ébène,
Puis jouait. — Mais son front en vain
   gonflait sa veine,
Personne autour de lui pour entendre et
   juger
L'humble acteur d'un public ingrat et
   passager.
J'approchais une main du vieux chapeau
   d'artiste,
Sans attendre un regard de son œil doux
   et triste
En ce temps de révolte et d'orgueil si
   rempli;
Mais, quoique pauvre, il fut modeste et
   très-poli.

II.

Il me fit un tableau de sa pénible vie.
Poussé par ce démon qui toujours nous
   convie,
Ayant tout essayé, rien ne lui réussit,
Et le chaos entier roulait dans son récit,
Ce n'était qu'élan brusque et qu'ambi-
   tions folles,
Qu'entreprise avortée et grandeur en pa-
   roles.

D'abord, à son départ, orgueil démesuré,
Gigantesque écriteau sur un front assuré,
Promené dans Paris d'une façon hau-
   taine;
Bonaparte et Byron, poëte et capitaine,
Législateur aussi, chef de religion
(De tous les écoliers c'est la contagion),
Père d'un panthéisme orné de plusieurs
   choses,
De quelques âges d'or et des métempsy-
   coses
De Bouddha, qu'en son cœur il croyait
   inventer;
Il l'appliquait à tout, espérant importer
Sa révolution dans sa philosophie;

Mais des contrebandiers notre âge se
défie ;
Bientôt par nos fleurets le défaut est
trouvé ;
D'un seul argument fin son ballon fut
crevé.

Pour hisser sa nacelle, il en gonfla bien
d'autres
Que le vent dispersa. Fatigué des
apôtres,
Il dépouilla leur froc. (Lui-même le
premier
Souriait tristement de cet air cavalier
Dont sa marche, au début, avait· été
fardée
Et, pour d'obscurs combats, si pesam-
ment bardée :
Car, plus grave à présent, d'une double
lueur
Semblait se réchauffer et s'éclairer son
cœur ;
Le bon Sens qui se voit, la Candeur qui
s'avoue,
Coloraient en parlant les pâleurs de sa
joue.)
Laissant donc les couvents, panthéistes
ou non,
Sur la poupe d'un drame il inscrivit son
nom
Et vogua sur ces mers aux trompeuses
étoiles ;
Mais, faute de savoir, il sombra sous ses
voiles
Avant d'avoir montré son pavillon aux
airs.
Alors rien devant lui que flots noirs et
déserts ;
L'océan du travail si chargé de tempêtes
Où chaque vague emporte et brise mille
têtes.
Là, flottant quelques jours sans force et
sans fanal,
Son esprit surnagea dans les plis d'un
journal,
Radeau désespéré que trop souvent dé-
ploie
L'équipage affamé qui se perd et se noie.
Il s'y noya de même, et de même, ayant
faim,
Fit ce que fait tout homme invalide et
sans pain,

"Je gémis," disait-il, "d'avoir une
pauvre âme
Faible autant que serait l'âme de quelque
femme,

Qui ne peut accomplir ce qu'elle a com-
mencé
Et s'abat au départ sur tout chemin
tracé.
L'idée à l'horizon est à peine entrevue,
Que sa lumière écrase et fait ployer ma vue.
Je vois grossir l'obstacle en invincible
amas,
Je tombe ainsi que Paul en marchant
vers Damas.
'Pourquoi,' me dit la voix qu'il faut
aimer et craindre,
'Pourquoi me poursuis-tu, toi qui ne peux
m'étreindre ? '
Et le rayon me trouble et la voix m'é-
tourdit,
Et je demeure aveugle et je me sens
maudit."

III.

"Non," criai-je en prenant ses deux mains
dans les miennes,
"Ni dans les grandes lois des croyances
anciennes,
Ni dans nos dogmes froids, forgés à l'a-
telier,
Entre le banc du maître et ceux de
l'écolier,
Ces faux Athéniens dépourvus d'atti-
cisme,
Qui nous soufflent aux yeux des bulles
de sophisme,
N'ont découvert un mot par qui fût con-
damné
L'homme aveuglé d'esprit plus que
l'aveugle-né.

"C'est assez de souffrir sans se juger
coupable
Pour avoir entrepris et pour être inca-
pable,
J'aime, autant que le fort, le faible cou-
rageux
Qui lance un bras débile en des flots ora-
geux,
De la glace d'un lac plonge dans la four-
naise
Et d'un volcan profond va tourmenter la
braise.
Ce Sisyphe éternel est beau, seul, tout
meurtri,
Brûlé, précipité, sans jeter un seul cri,
Et n'avouant jamais qu'il saigne et qu'il
succombe
À toujours ramasser son rocher qui re-
tombe.

Si, plus haut parvenus, de glorieux es-
  prits
Vous dédaignent jamais, méprisez leur
  mépris ;
Car ce sommet de tout, dominant toute
  gloire,
Ils n'y sont pas, ainsi que l'œil pourrait
  le croire.
On n'est jamais en haut.   Les forts, de-
  vant leurs pas,
Trouvent un nouveau mont inaperçu d'en
  bas.
Tel que l'on croit complet et maître en
  toute chose
Ne dit pas les savoirs qu'à tort on lui
  suppose,
Et qu'il est tel grand but qu'en vain il
  entreprit.
— Tout homme a vu le mur qui borne
  son esprit.

"Du corps et non de l'âme accusons
  l'indigence.
Des organes mauvais servent l'intelli-
  gence
Et touchent, en tordant et tourmentant
  leur nœud,
Ce qu'ils peuvent atteindre et non ce
  qu'elle veut.
En traducteurs grossiers de quelque au-
  teur céleste
Ils parlent.   Elle chante et désire le
  reste.
Et, pour vous faire ici quelque com-
  paraison,
Regardez votre flûte, écoutez-en le son.
Est-ce bien celui-là que voulait faire en-
  tendre
La lèvre ?   Était-il pas ou moins rude ou
  moins tendre ?
Eh bien, c'est au bois lourd que sont tous
  les défauts,
Votre souffle était juste et votre chant
  est faux,
Pour moi qui ne sais rien et vais du
  doute au rêve,
Je crois qu'après la mort, quand l'union
  s'achève,
L'âme retrouve alors la vue et la
  clarté,
Et que, jugeant son œuvre avec sérénité,
Comprenant sans obstacle et s'expliquant
  sans peine,
Comme ses sœurs du ciel elle est puis-
  sante et reine,
Se mesure au vrai poids, connaît visible-
  ment

Que son souffle était faux par le faux
  instrument,
N'était ni glorieux ni vil, n'étant pas
  libre ;
Que le corps seulement empêchait l'équi-
  libre ;
Et, calme, elle reprend, dans l'idéal bon-
  heur,
La sainte égalité des esprits du Sei-
  gneur."

IV.

Le pauvre alors rougit d'une joie im-
  prévue,
Et contempla sa Flûte avec une autre
  vue ;
Puis, me connaissant mieux, sans crain-
  dre mon aspect,
Il la baisa deux fois en signe de respect,
Et joua, pour quitter ses airs anciens et
  tristes,
Ce *Salve Regina* que chantent les Trap-
  pistes,
Son regard attendri paraissait inspiré,
La note était plus juste et le souffle as-
  suré.

LE CALUMET DE PAIX.

CHARLES BAUDELAIRE. 1857.

IMITÉ DE LONGFELLOW.[1]

I.

Or Gitche Manito,[2] le Maître de la Vie,
Le Puissant, descendit dans la verte
  prairie,
Dans l'immense prairie aux coteaux
  montueux ;
Et là, sur les rochers de la Rouge Car-
  rière,
Dominant tout l'espace et baigné de lu-
  mière,
Il se tenait debout, vaste et majestueux.

Alors il convoqua les peuples innombra-
  bles,
Plus nombreux que ne sont les herbes et
  les sables.
Avec sa main terrible il rompit un mor-
  ceau
Du rocher, dont il fit une pipe superbe,

1 Song of Hiawatha, Canto I.
2 Prononcez : *Guitchi Manitou.* — C. B.

Puis, au bord du ruisseau, dans une
énorme gerbe,
Pour s'en faire un tuyau, choisit un long
roseau.

Pour la bourrer il prit au saule son
écorce ;
Et lui, le Tout-Puissant, Créateur de la
Force,
Debout, il alluma, comme un divin
fanal,
La Pipe de la Paix. Debout sur la Car-
rière
Il fumait, droit, superbe et baigné de
lumière.
Or pour les nations c'était le grand
signal.

Et lentement montait la divine fumée
Dans l'air doux du matin, onduleuse,
embaumée.
Et d'abord ce ne fut qu'un sillon téné-
breux ;
Puis la vapeur se fit plus bleue et plus
épaisse,
Puis blanchit ; et montant, et grossis-
sant sans cesse,
Elle alla se briser au dur plafond des
cieux.

Des plus lointains sommets des Mon-
tagnes Rocheuses,
Depuis les lacs du Nord aux ondes ta-
pageuses,
Depuis Tawasentha, le vallon sans pa-
reil,
Jusqu'à Tuscaloosa, la forêt parfumée,
Tous virent le signal et l'immense fu-
mée
Montant paisiblement dans le matin ver-
meil.

Les Prophètes disaient : " Voyez-vous
cette bande
De vapeur, qui, semblable à la main qui
commande,
Oscille et se détache en noir sur le so-
leil !
C'est Gitche Manito, le Maître de la Vie,
Qui dit aux quatre coins de l'immense
prairie :
'Je vous convoque tous, guerriers, à
mon conseil !'"

Par le chemin des eaux, par la route des
plaines,
Par les quatre côtés d'où soufflent les
haleines

Du vent, tous les guerriers de chaque
tribu, tous,
Comprenant le signal du nuage qui
bouge,
Vinrent docilement à la Carrière Rouge
Où Gitche Manito leur donnait rendez-
vous.

Les guerriers se tenaient sur la verte
prairie,
Tous équipés en guerre, et la mine
aguerrie,
Bariolés ainsi qu'un feuillage automnal ;
Et la haine qui fait combattre tous les
êtres,
La haine qui brûlait les yeux de leurs
ancêtres
Incendiait encor leurs yeux d'un feu
fatal.

Et leurs yeux étaient pleins de haine hé-
réditaire.
Or Gitche Manito, le Maître de la Terre,
Les considérait tous avec compassion,
Comme un père très-bon, ennemi du
désordre,
Qui voit ses chers petits batailler et se
mordre.
Tel Gitche Manito pour toute nation.

Il étendit sur eux sa puissante main
droite
Pour subjuguer leur cœur et leur nature
étroite,
Pour rafraîchir leur fièvre à l'ombre de
sa main ;
Puis il leur dit avec sa voix majestu-
euse,
Comparable à la voix d'une eau tumul-
tueuse
Qui tombe et rend un son monstrueux,
surhumain :

II.

"O ma postérité, déplorable et chérie !
O mes fils ! écoutez la divine raison.
C'est Gitche Manito, le Maître de la
Vie,
Qui vous parle ! celui qui dans votre
patrie
A mis l'ours, le castor, le renne et le
bison.

" Je vous ai fait la chasse et la pêche
faciles ;
Pourquoi donc le chasseur devient-il
assassin ?

Le marais fut par moi peuplé de vola-
    tiles ;
Pourquoi n'êtes-vous pas contents, fils
    indociles !
Pourquoi l'homme fait-il la chasse à son
    voisin !

"Je suis vraiment bien las de vos horri-
    bles guerres.
Vos prières, vos vœux mêmes sont des
    forfaits !
Le péril est pour vous dans vos humeurs
    contraires,
Et c'est dans l'union qu'est votre force.
    En·frères
Soyez donc, et sachez vous maintenir en
    paix.

"Bientôt vous recevrez de ma main un
    Prophète,
Qui viendra vous instruire et souffrir
    avec vous.
Sa parole fera de la vie une fête ;
Mais si vous méprisez sa sagesse par-
    faite,
Pauvres enfants maudits, vous dispa-
    raîtrez tous !

"Effacez dans les flots vos couleurs
    meurtrières.
Les roseaux sont nombreux et le roc est
    épais ;
Chacun en peut tirer sa pipe. Plus de
    guerres,
Plus de sang ! Désormais vivez comme
    des frères,
Et tous, unis, fumez le Calumet de
    Paix !"

III.

Et soudain tous, jetant leurs armes sur
    la terre,
Lavent dans le ruisseau les couleurs de
    la guerre
Qui luisaient sur leurs fronts cruels et
    triomphants.
Chacun creuse une pipe et cueille sur la
    rive
Un long roseau qu'avec adresse il enjo-
    live.
Et l'Esprit souriait à ses pauvres en-
    fants !

Chacun s'en retourna l'âme calme et
    ravie,

Et Gitche Manito, le Maître de la Vie,
Remonta par la porte entr'ouverte des
    cieux.
—À travers la vapeur splendide du
    nuage
Le Tout-Puissant montait, content de
    son ouvrage,
Immense, parfumé, sublime, radieux !

SULTAN MOURAD.

VICTOR HUGO. 1859.

LÉGENDE DE L'ORIENT.

MOURAD, fils du sultan Bajazet, fut un
    homme
Glorieux, plus qu'aucun des Tibères de
    Rome ;
Dans son sérail veillaient les lions ac-
    croupis,
Et Mourad en couvrit de meurtres les
    tapis ;
On y voyait blanchir des os entre les
    dalles ;
Un long fleuve de sang de dessous ses
    sandales
Sortait, et s'épandait sur la terre, inon-
    dant
L'Orient, et fumant dans l'ombre à l'Oc-
    cident ;
Il fit un tel carnage avec son cimeterre
Que son cheval semblait au monde une
    panthère ;
Sous lui Smyrne et Tunis, qui regretta
    ses beys,
Furent comme des corps qui pendent aux
    gibets ;
Il fut sublime ; il prit, mêlant la force
    aux ruses,
Le Caucase aux Kirghis et le Liban aux
    Druses,
Il fit, après l'assaut, pendre les magis-
    trats
D'Ephèse, et rouer vifs les prêtres de
    Patras ;
Grâce à Mourad, suivi des victoires ram-
    pantes,
Le vautour essuyait son bec fauve aux
    charpentes
Du temple de Thésée encor pleines de
    clous ;
Grâce à lui, l'on voyait dans Athènes
    des loups,
Et la ronce couvrait de sa verte tu-
    nique

Tous ces vieux pans de murs écroulés,
Salonique,
Corinthe, Argos, Varna, Tyr, Didymo-
thicos,
Où l'on n'entendait plus parler que les
échos ;
Mourad fut saint ; il fit étrangler ses
huit frères ;
Comme les deux derniers, petits, cher-
chaient leurs mères
Et s'enfuyaient, avant de les faire mourir,
Tout autour de la chambre il les laissa
courir ;
Mourad, parmi la foule invitée à ses
fêtes,
Passait, le cangiar à la main, et les
têtes
S'envolaient de son sabre ainsi que des
oiseaux ;
Mourad, qui ruina Delphe, Ancyre, et
Naxos,
Comme on cueille un fruit mûr, tuait
une province ;
Il anéantissait le peuple avec le prince,
Les temples et les dieux, les rois et les
donjons ;
L'eau n'a pas plus d'essaims d'insectes
dans ses joncs
Qu'il n'avait de rois morts et de spectres
épiques
Volant autour de lui dans les forêts de
piques ;
Mourad, fils étoilé de sultans triom-
phants,
Ouvrit, l'un après l'autre et vivants,
douze enfants
Pour trouver dans leur ventre une pomme
volée ;
Mourad fut magnanime ; il détruisit
Élée,
Mégare et Famagouste avec l'aide d'Al-
lah ;
Il effaça de terre Agrigente ; il brûla
Fiume et Rhode, voulant avoir des femmes
blanches ;
Il fit scier son oncle Achmet entre deux
planches
De cèdre, afin de faire honneur à ce vieil-
lard ;
Mourad fut sage et fort ; son père mourut
tard,
Mourad l'aida ; ce père avait laissé vingt
femmes,
Filles d'Europe ayant dans leurs regards
des âmes,
Ou filles de Tiflis au sein blanc, au teint
clair ;

Sultan Mourad jeta ces femmes à la mer
Dans des sacs convulsifs que la houle
profonde
Emporta, se tordant confusément sous
l'onde ;
Mourad les fit noyer toutes ; ce fut sa loi ;
Et quand quelque santon lui demandait
pourquoi,
Il donnait pour raison, "C'est qu'elles
étaient grosses."
D'Aden et d'Erzeroum il fit de larges
fosses,
Un charnier de Modon vaincue, et trois
amas
De cadavres d'Alep, de Brousse et de
Damas ;
Un jour, tirant de l'arc, il prit son fils
pour cible,
Et le tua ; Mourad sultan fut invincible ;
Vlad, boyard de Tarvis, appelé Belzébuth,
Refuse de payer au sultan son tribut,
Prend l'ambassade turque et la fait périr
toute
Sur trente pals, plantés aux deux bords
d'une route ;
Mourad accourt, brûlant moissons,
granges, greniers ;
Bat le boyard, lui fait vingt mille pri-
sonniers,
Puis, autour de l'immense et noir champ
de bataille,
Bâtit un large mur tout en pierre de
taille,
Et fait dans les créneaux, pleins d'affreux
cris plaintifs,
Maçonner et murer les vingt mille cap-
tifs,
Laissant des trous par où l'on voit leurs
yeux dans l'ombre,
Et part, après avoir écrit sur leur mur
sombre :
"Mourad, tailleur de pierre, à Vlad,
planteur de pieux."
Mourad était croyant, Mourad était pi-
eux ;
Il brûla cent couvents de chrétiens en
Eubée,
Où par hasard sa foudre était un jour
tombée ;
Mourad fut quarante ans l'éclatant meur-
trier
Sabrant le monde, ayant Dieu sous son
étrier ;
Il eut le Rhamséion et le Généralife ;
Il fut le padischah, l'empereur, le calife,
Et les prêtres disaient : "Allah ! Mou-
rad est grand."

II.

Législateur horrible et pire conquérant,
N'ayant autour de lui que des troupeaux
    infâmes,
De la foule, de l'homme en poussière,
    des âmes
D'où des langues sortaient pour lui lé-
    cher les pieds,
Loué pour ses forfaits toujours inexpiés,
Flatté par ses vaincus et baisé par ses
    proies,
Il vivait dans l'encens, dans l'orgueil,
    dans les joies,
Avec l'immense ennui du méchant adoré.

Il était le faucheur, la terre était le pré.

III.

Un jour, comme il passait à pied dans
    une rue
À Bagdad, tête auguste au vil peuple
    apparue,
À l'heure où les maisons, les arbres et
    les blés
Jettent sur les chemins de soleil acca-
    blés
Leur frange d'ombre au bord d'un tapis
    de lumière,
Il vit, à quelques pas du seuil d'une
    chaumière,
Gisant à terre, un porc fétide qu'un
    boucher
Venait de saigner vif avant de l'écorcher ;
Cette bête râlait devant cette masure ;
Son cou s'ouvrait, béant d'une affreuse
    blessure ;
Le soleil de midi brûlait l'agonisant ;
Dans la plaie implacable et sombre, dont
    le sang
Faisait un lac fumant à la porte du bouge,
Chacun de ses rayons entrait comme un
    fer rouge ;
Comme s'ils accouraient à l'appel du
    soleil,
Cent moustiques suçaient la plaie au
    bord vermeil ;
Comme autour de leur lit voltigent les
    colombes,
Ils allaient et venaient, parasites des
    tombes,
Les pattes dans le sang, l'aile dans le
    rayon ;
Car la mort, l'agonie et la corruption,
ici bas le seul mystérieux désastre

Où la mouche travaille en même temps
    que l'astre ;
Le porc ne pouvait faire un mouvement,
    livré
Au féroce soleil, des mouches dévoré ;
On voyait tressaillir l'effroyable cou-
    pure ;
Tous les passants fuyaient loin de la bête
    impure ;
Qui donc eût eu pitié de ce malheur
    hideux ?
Le porc et le sultan étaient seuls tous
    les deux ;
L'un torturé, mourant, maudit, infect,
    immonde ;
L'autre, empereur, puissant, vainqueur,
    maître du monde,
Triomphant aussi haut que l'homme peut
    monter,
Comme si le destin eût voulu confronter
Les deux extrémités sinistres des té-
    nèbres.
Le porc, dont un frisson agitait les ver-
    tèbres,
Râlait, triste, épuisé, morne ; et le pa-
    dischah
De cet être difforme et sanglant s'ap-
    procha,
Comme on s'arrête au bord d'un gouffre
    qui se creuse ;
Mourad pencha son front vers la bête
    lépreuse,
Puis la poussa du pied dans l'ombre du
    chemin,
Et de ce même geste énorme et surhu-
    main
Dont il chassait les rois, Mourad chassa
    les mouches.
Le porc mourant rouvrit ses paupières
    farouches,
Regarda d'un regard ineffable, un mo-
    ment,
L'homme qui l'assistait dans son acca-
    blement ;
Puis son œil se perdit dans l'immense
    mystère ;
Il expira.

IV.

      Le jour où ceci sur la terre
S'accomplissait, voici ce que voyait le
    ciel :

C'était dans l'endroit calme, apaisé, so-
    lennel,
Où luit l'astre idéal sous l'idéal nuage,

Au delà de la vie, et de l'heure, et de
    l'âge,
Hors de ce qu'on appelle espace, et des
    contours
Des songes qu'ici-bas nous nommons
    nuits et jours ;
Lieu d'évidence où l'âme enfin peut voir
    les causes,
Où, voyant le revers inattendu des
    choses,
On comprend, et l'on dit : " C'est bien ! "
    l'autre côté
De la chimère sombre étant la vérité ;
Lieu blanc, chaste, où le mal s'évanouit
    et sombre.
L'étoile en cet azur semble une goutte
    d'ombre.

Ce qui rayonne là, ce n'est pas un vain
    jour
Qui naît et meurt, riant et pleurant tour
    à tour,
Jaillissant, puis rentrant dans la noirceur
    première,
Et, comme notre aurore, un sanglot de
    lumière ;
C'est un grand jour divin, regardé dans
    les cieux
Par les soleils, comme est le nôtre par
    les yeux ;
Jour pur, expliquant tout, quoiqu'il soit
    le problème ;
Jour qui terrifierait, s'il n'était l'espoir
    même,
De toute l'étendue éclairant l'épaisseur,
Foudre par l'épouvante, aube par la dou-
    ceur.
Là, toutes les beautés tonnent épanouies ;
Là, frissonnent en paix les lueurs in-
    ouïes ;
Là, les ressuscités ouvrent leur œil béni
Au resplendissement de l'éclair infini ;
Là, les vastes rayons passent comme des
    ondes.

C'était sur le sommet du Sinaï des
    mondes ;
C'était là.

Le nuage auguste, par moments,
Se fendait, et jetait des éblouissements.
Toute la profondeur entourait cette cime.

On distinguait, avec un tremblement
    sublime,
Quelqu'un d'inexprimable au fond de la
    clarté.

Et tout frémissait, tout, l'aube et l'ob-
    scurité,
Les anges, les soleils, et les êtres su-
    prêmes.
Devant un vague front couvert de dia-
    dèmes.
Dieu méditait.

        Celui qui crée et qui sourit,
Celui qu'en bégayant nous appelons Es-
    prit,
Bonté, Force, Équité, Perfection, Sa-
    gesse,
Regarde devant lui, toujours, sans fin,
    sans cesse,
Fuir les siècles ainsi que des mouches
    d'été.
Car il est éternel avec tranquillité.

Et dans l'ombre hurlait tout un gouffre,
    la terre.

En bas, sous une brume épaisse, cette
    sphère
Rampait, monde lugubre où les pâles
    humains
Passaient et s'écroulaient et se tordaient
    les mains ;
On apercevait l'Inde et le Nil, des mê-
    lées
D'exterminations et de villes brûlées,
Et des champs ravagés et des clairons
    soufflant,
Et l'Europe livide ayant un glaive au
    flanc ;
Des vapeurs de tombeau, des lueurs de
    repaire ;
Cinq frères tout sanglants ; l'oncle, le
    fils, le père ;
Des hommes dans des murs, vivants,
    quoique pourris ;
Des têtes voletant, mornes chauves-sou-
    ris,
Autour d'un sabre nu, fécond en funé-
    railles ;
Des enfants éventrés soutenant leurs en-
    trailles ;
Et de larges bûchers fumaient, et des
    tronçons
D'êtres sciés en deux rampaient dans les
    tisons ;
Et le vaste étouffeur des plaintes et des
    râles,
L'Océan, échouait dans les nuages pâles
D'affreux sacs noirs faisant des gestes
    effrayants ;

Et ce chaos de fronts hagards, de pas
　　fuyants,
D'yeux en pleurs, d'ossements, de larves,
　　de décombres,
Ce brumeux tourbillon de spectres, et
　　ces ombres
Secouant des linceuls, et tous ces morts,
　　saignant
Au loin, d'un continent à l'autre conti-
　　nent,
Pendant aux pals, cloués aux croix, nus
　　sur les claies,
Criaient, montrant leurs fers, leur sang,
　　leurs maux, leurs plaies :

"C'est Mourad ! c'est Mourad ! justice,
　　ô Dieu vivant !"

À ce cri, qu'apportait de toutes parts le
　　vent,
Les tonnerres jetaient des grondements
　　étranges,
Des flamboiements passaient sur les faces
　　des anges,
Les grilles de l'enfer s'empourpraient, le
　　courroux
En faisait remuer d'eux-mêmes les ver-
　　rous,
Et l'on voyait sortir de l'abîme inson-
　　dable
Une sinistre main qui s'ouvrait formi-
　　dable ;
"Justice !" répétait l'ombre ; et le châ-
　　timent
Au fond de l'infini se dressait lentement.
Soudain, du plus profond des nuits, sur
　　la nuée,
Une bête difforme, affreuse, exténuée,
Un être abject et sombre, un pourceau,
　　s'éleva.
Ouvrant un œil sanglant qui cherchait
　　Jéhovah ;
La nuée apporta le porc dans la lu-
　　mière,
À l'endroit même où luit l'unique sanctu-
　　aire,
Le saint des saints, jamais décru, jamais
　　accru ;
Et le porc murmura : "Grâce ! il m'a
　　secouru."
Le pourceau misérable et Dieu se regar-
　　dèrent.

Alors, selon des lois que hâtent ou mo-
　　dèrent
Les volontés de l'Être effrayant qui con-
　　struit

Dans les ténèbres l'aube et dans le jour la
　　nuit,
On vit, dans le brouillard où rien n'a plus
　　de forme,
Vaguement apparaître une balance
　　énorme :
Cette balance vint d'elle-même, à travers
Tous les enfers béants, tous les cieux
　　entr'ouverts,
Se placer sous la foule immense des vic-
　　times ;
Au-dessus du silence horrible des abîmes,
Sous l'œil du seul vivant, du seul vrai,
　　du seul grand,
Terrible, elle oscillait, et portait, s'éclai-
　　rant
D'un jour mystérieux plus profond que
　　le nôtre,
Dans un plateau le monde et le pourceau
　　dans l'autre.

Du côté du pourceau la balance pencha.

V.

Mourad, le haut calife et l'altier padi-
　　schah,
En sortant de la rue où les gens de la
　　ville
L'avaient pu voir toucher à cette bête
　　vile,
Fut le soir même pris d'une fièvre, et
　　mourut.

Le tombeau des soudans, bâti de jaspe
　　brut,
Couvert d'orfèvrerie, auguste, et dont
　　l'entrée
Semble l'intérieur d'une bête éventrée
Qui serait tout en or et tout en diamants,
Ce monument, superbe entre les monu-
　　ments,
Qui hérisse, au-dessus d'un mur de
　　briques sèches,
Son faîte plein de tours comme un car-
　　quois de flèches,
Ce turbé que Bagdad montre encore au-
　　jourd'hui,
Reçut le sultan mort et se ferma sur lui.

Quand il fut là, gisant et couché sous la
　　pierre,
Mourad ouvrit les yeux et vit une lu-
　　mière ;
Sans qu'on pût distinguer l'astre ni le
　　flambeau,

Un éblouissement remplissait son tom-
beau ;
Une aube s'y levait, prodigieuse et douce ;
Et sa prunelle éteinte eut l'étrange se-
cousse
D'une porte de jour qui s'ouvre dans la
nuit :
Il aperçut l'échelle immense qui conduit
Les actions de l'homme à l'œil qui voit
les âmes ;
Et les clartés étaient des roses et des
flammes ;
Et Mourad entendit une voix qui disait :

" Mourad, neveu d'Achmet et fils de
Bajazet,
Tu semblais à jamais perdu ; ton âme
infime
N'était plus qu'un ulcère et ton destin
qu'un crime ;
Tu sombrais parmi ceux que le mal sub-
mergea ;
Déjà Satan était visible en toi ; déjà,
Sans t'en douter, promis aux tourbillons
funèbres
Des spectres sous la voûte infâmé des
ténèbres,
Tu portais sur ton dos les ailes de la
nuit ;
De ton pas sépulcral l'enfer guettait le
bruit ;
Autour de toi montait, par ton crime
attirée,
L'obscurité du gouffre ainsi qu'une ma-
rée ;
Tu penchais sur l'abîme où l'homme est
châtié ;
Mais tu viens d'avoir, monstre, un éclair
de pitié ;
Une lueur suprême et désintéressée
A, comme à ton insu, traversé ta pensée,
Et je t'ai fait mourir dans tón bon mouve-
ment ;
Il suffit, pour sauver même l'homme in-
clément,
Même le plus sanglant des bourreaux et
des maîtres,
Du moindre des bienfaits sur le dernier
des êtres ;
Un seul instant d'amour rouvre l'Eden
fermé ;
Un pourceau secouru pèse un monde op-
primé ;
Viens ! le ciel s'offre, avec ses étoiles
sans nombre,
En frémissant de joie, à l'évadé de
l'ombre !

Viens ! tu fus bon un jour, sois à jamais
heureux.
Entre, transfiguré ; tes crimes téné-
breux,
O roi, derrière toi s'effacent dans les
gloires ;
Tourne la tête, et vois blanchir tes ailes
noires."

LES RAISONS DU MOMOTOMBO.

VICTOR HUGO. 1859.

TROUVANT les tremblements de terre
trop fréquents,
Les rois d'Espagne ont fait baptiser les
volcans
Du royaume qu'ils ont en dessous de la
sphère ;
Les volcans n'ont rien dit et se sont
laissé faire,
Et le Momotombo lui seul n'a pas
voulu.
Plus d'un prêtre en surplis, par le saint-
père élu,
Portant le sacrement que l'Église ad-
ministre,
L'œil au ciel, a monté la montagne si-
nistre ;
Beaucoup y sont allés, pas un n'est
revenu.

O vieux Momotombo, colosse chauve et
nu,
Qui songes près des mers, et fais de ton
cratère
Une tiare d'ombre et de flamme à la
terre,
Pourquoi, lorsqu'à ton seuil terrible
nous frappons,
Ne veux-tu pas du Dieu qu'on t'apporte !
Réponds.

La montagne interrompt son crachement
de lave,
Et le Momotombo répond d'une voix
grave :

"Je n'aimais pas beaucoup le dieu qu'on
a chassé.
Cet avare cachait de l'or dans un fossé ;
Il mangeait de la chair humaine ; ses
mâchoires
Étaient de pourriture et de sang toutes
noires.

Son antre était un porche au farouche
    carreau,
Temple sépulcre orné d'un pontife bour-
    reau ;
Des squelettes riaient sous ses pieds ;
    les écuelles
Où cet être buvait le meurtre étaient
    cruelles,
Sourd, difforme, il avait des serpents au
    poignet ;
Toujours entre ses dents un cadavre
    saignait ;
Ce spectre noircissait le firmament sub-
    lime.
J'en grondais quelquefois au fond de
    mon abîme.
Aussi, quand sont venus, fiers sur les
    flots tremblants,
Et du côté d'où vient le jour, des hommes
    blancs,
Je les ai bien reçus, trouvant que c'était
    sage.
" L'âme a certainement la couleur du
    visage,"
Disais-je, " l'homme blanc, c'est comme
    le ciel bleu ;
Et le dieu de ceux-ci doit être un très-
    bon dieu.
On ne le verra point de meurtres se
    repaître."
J'étais content ; j'avais horreur de l'an-
    cien prêtre.
Mais quand j'ai vu comment travaille le
    nouveau,
Quand j'ai vu flamboyer, ciel juste ! à
    mon niveau !
Cette torche lugubre, âpre, jamais
    éteinte,
Sombre, que vous nommez l'Inquisition
    sainte ;
Quand j'ai pu voir comment Torque-
    mada s'y prend
Pour dissiper la nuit du sauvage igno-
    rant,
Comment il civilise, et de quelle ma-
    nière
Le saint-office enseigne et fait de la
    lumière ;
Quand j'ai vu dans Lima d'affreux
    géants d'osier,
Pleins d'enfants, pétiller sur un large
    brasier,
Et le feu dévorer la vie, et les fumées
Se tordre sur les seins des femmes allu-
    mées ;
Quand je me suis senti parfois presque
    étouffé

Par l'âcre odeur qui sort de votre auto-
    da-fé,
Moi qui ne brûlais rien que l'ombre en
    ma fournaise,
J'ai pensé que j'avais eu tort d'être bien
    aise ;
J'ai regardé de près le dieu de l'étranger,
Et j'ai dit : "Ce n'est pas la peine de
    changer."

LES PAUVRES GENS.

VICTOR HUGO. 1859.

I.

Il est nuit. La cabane est pauvre, mais
    bien close.
Le logis est plein d'ombre, et l'on sent
    quelque chose
Qui rayonne à travers ce crépuscule
    obscur.
Des filets de pêcheur sont accrochés au
    mur.
Au fond, dans l'encoignure où quelque
    humble vaisselle
Aux planches d'un bahut vaguement
    étincelle,
On distingue un grand lit aux longs
    rideaux tombants.
Tout près, un matelas s'étend sur de
    vieux bancs,
Et cinq petits enfants, nid d'âmes, y
    sommeillent.
La haute cheminée où quelques flammes
    veillent
Rougit le plafond sombre, et, le front
    sur le lit,
Une femme à genoux prie, et songe, et
    pâlit.
C'est la mère. Elle est seule. Et dehors,
    blanc d'écume,
Au ciel, aux vents, aux rocs, à la nuit,
    à la brume,
Le sinistre Océan jette son noir san-
    glot.

II.

L'homme est en mer. Depuis l'enfance
    matelot,
Il livre au hasard sombre une rude
    bataille.
Pluie ou bourrasque, il faut qu'il sorte,
    il faut qu'il aille,

Car les petits enfants ont faim.   Il part
   le soir
Quand l'eau profonde monte aux marches
   du musoir.
Il gouverne à lui seul sa barque à quatre
   voiles.
La femme est au logis, cousant les vieil-
   les toiles,
Remaillant les filets, préparant l'hame-
   çon,
Surveillant l'âtre où bout la soupe de
   poisson,
Puis priant Dieu sitôt que les cinq en-
   fants dorment.
Lui, seul, battu des flots qui toujours se
   reforment,
Il s'en va dans l'abîme et s'en va dans
   la nuit.
Dur labeur ! tout est noir, tout est
   froid ; rien ne luit.
Dans les brisants, parmi les lames en
   démence,
L'endroit bon à la pêche, et, sur la mer
   immense,
Le lieu mobile, obscur, capricieux,
   changeant,
Où se plaît le poisson aux nageoires
   d'argent,
Ce n'est qu'un point ; c'est grand deux
   fois comme la chambre.
Or, la nuit, dans l'ondée et la brume, en
   décembre,
Pour rencontrer ce point sur le désert
   mouvant,
Comme il faut calculer la marée et le
   vent !
Comme il faut combiner sûrement les
   manœuvres !
Les flots le long du bord glissent, vertes
   couleuvres ;
Le gouffre roule et tord ses plis dé-
   mesurés
Et fait râler d'horreur les agrès effarés.
Lui, songe à sa Jeannie au sein des mers
   glacées,
Et Jeannie en pleurant l'appelle ; et
   leurs pensées
Se croisent dans la nuit, divins oiseaux
   du cœur.

III.

Elle prie, et la mauve au cri rauque et
   moqueur
L'importune, et, parmi les écueils en
   décombres,

L'Océan l'épouvante, et toutes sortes
   d'ombres
Passent dans son esprit : la mer, les
   matelots
Emportés à travers la colère des flots.
Et dans sa gaîne, ainsi que le sang dans
   l'artère,
La froide horloge bat, jetant dans le
   mystère,
Goutte à goutte, le temps, saisons, prin-
   temps, hivers ;
Et chaque battement, dans l'énorme
   univers,
Ouvre aux âmes, essaims d'autours et de
   colombes,
D'un côté les berceaux et de l'autre les
   tombes.

Elle songe, elle rêve, — et tant de pau-
   vreté !
Ses petits vont pieds nus l'hiver comme
   l'été.
Pas de pain de froment.   On mange du
   pain d'orge.
— O Dieu ! le vent rugit comme un
   soufflet de forge,
La côte fait le bruit d'une enclume, on
   croit voir
Les constellations fuir dans l'ouragan
   noir
Comme les tourbillons d'étincelles de
   l'âtre.
C'est l'heure où, gai danseur, minuit rit
   et folâtre
Sous le loup de satin qu'illuminent ses
   yeux,
Et c'est l'heure où minuit, brigand mys-
   térieux,
Voilé d'ombre et de pluie et le front
   dans la bise,
Prend un pauvre marin frissonnant et le
   brise
Aux rochers monstrueux apparus brus-
   quement. —
Horreur ! l'homme dont l'onde éteint le
   hurlement,
Sent fondre et s'enfoncer le bâtiment
   qui plonge ;
Il sent s'ouvrir sous lui l'ombre et
   l'abîme, et songe
Au vieil anneau de fer du quai plein de
   soleil !

Ces mornes visions troublent son cœur,
   pareil
À la nuit.   Elle tremble et pleure.

IV.

O pauvres femmes
De pêcheurs ! c'est affreux de se dire :
"Mes âmes,
Père, amant, frères, fils, tout ce que j'ai
de cher,
C'est là, dans ce chaos ! — mon cœur,
mon sang, ma chair !"
Ciel ! être en proie aux flots, c'est être
en proie aux bêtes.
Oh ! songer que l'eau joue avec toutes
ces têtes,
Depuis le mousse enfant jusqu'au mari
patron,
Et que le vent hagard, soufflant dans
son clairon,
Dénoue au-dessus d'eux sa longue et
folle tresse,
Et que peut-être ils sont à cette heure
en détresse,
Et qu'on ne sait jamais au juste ce qu'ils
font,
Et que, pour tenir tête à cette mer sans
fond,
À tous ces gouffres d'ombre où ne luit
nulle étoile,
Ils n'ont qu'un bout de planche avec un
bout de toile !
Souci lugubre ! on court à travers les
galets,
Le flot monte, on lui parle, on crie :
"Oh ! rends-nous-les !"
Mais, hélas ! que veut-on que dise à la
pensée
Toujours sombre, la mer toujours boule-
versée !

Jeannie est bien plus triste encor. Son
homme est seul !
Seul dans cette âpre nuit ! seul sous ce
noir linceul !
Pas d'aide. Ses enfants sont trop petits.
— O mère !
Tu dis : "S'ils étaient grands ! Leur
père est seul !" Chimère !
Plus tard, quand ils seront près du père
et partis,
Tu diras en pleurant : "Oh ! s'ils
étaient petits !"

V.

Elle prend sa lanterne et sa cape. —
"C'est l'heure
D'aller voir s'il revient, si la mer est
meilleure,
S'il fait jour, si la flamme est au mât du
signal."
Allons !" — Et la voilà qui part. L'air
matinal
Ne souffle pas encore. Rien. Pas de
ligne blanche
Dans l'espace où le flot des ténèbres
s'épanche.
Il pleut. Rien n'est plus noir que la
pluie au matin ;
On dirait que le jour tremble et doute,
incertain,
Et qu'ainsi que l'enfant, l'aube pleure
de naître.
Elle va. L'on ne voit luire aucune fenêtre.

Tout à coup à ses yeux qui cherchent le
chemin
Avec je ne sais quoi de lugubre et d'hu-
main
Une sombre masure apparaît décrépite,
Ni lumière, ni feu ; la porte au vent
palpite ;
Sur les murs vermoulus branle un toit
hasardeux ;
La bise sur ce toit tord des chaumes
hideux,
Jaunes, sales, pareils aux grosses eaux
d'un fleuve.

"Tiens ! je ne pensais plus à cette pau-
vre veuve,"
Dit-elle ; "mon mari, l'autre jour, la
trouva
Malade et seule ; il faut voir comment
elle va."

Elle frappe à la porte, elle écoute ; per-
sonne
Ne répond. Et Jeannie au vent de mer
frissonne.
"Malade ! et ses enfants ! comme c'est
mal nourri !
Elle n'en a que deux, mais elle est sans
mari."
Puis, elle frappe encore. "Hé ! voi-
sine !" elle appelle.
Et la maison se tait toujours. "Ah,
Dieu !" dit-elle,
"Comme elle dort, qu'il faut l'appeler si
longtemps !"
La porte, cette fois, comme si, par in-
stants,
Les objets étaient pris d'une pitié su-
prême,
Morne, tourna dans l'ombre et s'ouvrit
d'elle-même.

VI.

Elle entra. Sa lanterne éclaira le dedans
Du noir logis muet au bord des flots grondants.
L'eau tombait du plafond comme des trous d'un crible.

Au fond était couchée une forme terrible ;
Une femme immobile et renversée, ayant
Les pieds nus, le regard obscur, l'air effrayant ;
Un cadavre, — autrefois, mère joyeuse et forte, —
Le spectre échevelé de la misère morte ;
Ce qui reste du pauvre après un long combat.
Elle laissait, parmi la paille du grabat,
Son bras livide et froid et sa main déjà verte
Pendre, et l'horreur sortait de cette bouche ouverte
D'où l'âme en s'enfuyant, sinistre, avait jeté
Ce grand cri de la mort qu'entend l'éternité !

Près du lit où gisait la mère de famille,
Deux tout petits enfants, le garçon et la fille,
Dans le même berceau souriaient endormis.

La mère, se sentant mourir, leur avait mis
Sa mante sur les pieds et sur le corps sa robe,
Afin que, dans cette ombre où la mort nous dérobe,
Ils ne sentissent plus la tiédeur qui décroît,
Et pour qu'ils eussent chaud pendant qu'elle aurait froid.

VII.

Comme ils dorment tous deux dans le berceau qui tremble !
Leur haleine est paisible et leur front calme. Il semble
Que rien n'éveillerait ces orphelins dormant,
Pas même le clairon du dernier jugement ;
Car, étant innocents, ils n'ont pas peur du juge.
Et la pluie au dehors gronde comme un déluge.
Du vieux toit crevassé, d'où la rafale sort,
Une goutte parfois tombe sur ce front mort,
Glisse sur cette joue et devient une larme.
La vague sonne ainsi qu'une cloche d'alarme.
La morte écoute l'ombre avec stupidité.
Car le corps, quand l'esprit radieux l'a quitté,
A l'air de chercher l'âme et de rappeler l'ange ;
Il semble qu'on entend ce dialogue étrange
Entre la bouche pâle et l'œil triste et hagard :
" Qu'as-tu fait de ton souffle ? — Et toi, de ton regard ? "

Hélas ! aimez, vivez, cueillez les primevères,
Dansez, riez, brûlez vos cœurs, videz vos verres.
Comme au sombre Océan arrive tout ruisseau,
Le sort donne pour but au festin, au berceau,
Aux mères adorant l'enfance épanouie,
Aux baisers de la chair dont l'âme est éblouie,
Aux chansons, au sourire, à l'amour frais et beau,
Le refroidissement lugubre du tombeau !

VIII.

Qu'est-ce donc que Jeannie a fait chez cette morte ?
Sous sa cape aux longs plis qu'est-ce donc qu'elle emporte ?
Qu'est-ce donc que Jeannie emporte en s'en allant ?
Pourquoi son cœur bat-il ? Pourquoi son pas tremblant
Se hâte-t-il ainsi ? D'où vient qu'en la ruelle

Elle court, sans oser regarder derrière
    elle !
Qu'est-ce donc qu'elle cache avec un air
    troublé
Dans l'ombre, sur son lit ! Qu'a-t-elle
    donc volé !

IX.

Quand elle fut rentrée au logis, la fa-
    laise
Blanchissait ; près du lit elle prit une
    chaise
Et s'assit toute pâle ; on eût dit qu'elle
    avait
Un remords, et son front tomba sur le
    chevet,
Et, par instants, à mots entrecoupés, sa
    bouche
Parlait, pendant qu'au loin grondait la
    mer farouche.

"Mon pauvre homme ! ah, mon Dieu !
    que va-t-il dire ? il a
Déjà tant de souci ! Qu'est-ce que j'ai
    fait là !
Cinq enfants sur les bras ! ce père qui
    travaille !
Il n'avait pas assez de peine ; il faut que
    j'aille
Lui donner celle-là de plus.— C'est lui !
    — Non.   Rien.
— J'ai mal fait. — S'il me bat, je dirai :
    ' Tu fais bien.'
— Est-ce lui ? — Non. — Tant mieux. —
    La porte bouge comme
Si l'on entrait.— Mais non. — Voilà-t-il
    pas, pauvre homme,
Que j'ai peur de le. voir rentrer, moi,
    maintenant ! "
Puis elle demeura pensive et frisson-
    nant,
S'enfonçant par degrés dans son angoisse
    intime,
Perdue en son souci comme dans un
    abîme,
N'entendant même plus les bruits ex-
    térieurs,
Les cormorans qui vont comme de noirs
    crieurs,
Et l'onde et la marée et le vent en co-
    lère.

La porte tout à coup s'ouvrit, bruyante
    et claire,

Et fit dans la cabane entrer un rayon
    blanc,
Et le pêcheur, traînant son filet ruisse-
    lant,
Joyeux, parut au seuil, et dit : "C'est
    la marine."

X.

"C'est toi ! " cria Jeannie, et, contre sa
    poitrine,
Elle prit son mari comme on prend un
    amant,
Et lui baisa sa veste avec emporte-
    ment,
Tandis que le marin disait : "Me voici,
    femme ! "
Et montrait sur son front qu'éclairait
    l'âtre en flamme
Son cœur bon et content que Jeannie
    éclairait.
"Je suis volé," dit-il ; "la mer, c'est la
    forêt.
— Quel temps a-t-il fait ? — Dur. — Et
    la pêche ?— Mauvaise.
Mais, vois-tu, je t'embrasse, et me voilà
    bien aise.
Je n'ai rien pris du tout. J'ai troué
    mon filet.
Le diable était caché dans le vent qui
    soufflait.
Quelle nuit ! Un moment dans tout ce
    tintamarre,
J'ai cru que le bateau se couchait, et
    l'amarre
A cassé.   Qu'as-tu fait, toi, pendant ce
    temps-là ? "
Jeannie eut un frisson dans l'ombre et se
    troubla.

"Moi ! "   dit-elle.   "Ah, mon Dieu !
    rien, comme à l'ordinaire,
J'ai cousu.   J'écoutais la mer comme un
    tonnerre,
J'avais peur. — Oui, l'hiver est dur, mais
    c'est égal."
Alors, tremblante ainsi que ceux qui font
    le mal,
Elle dit : "A propos, notre voisine est
    morte.
C'est hier qu'elle a dû mourir, enfin,
    n'importe,
Dans la soirée après que vous fûtes
    partis.
Elle laisse ses deux enfants, qui sont
    petits.

L'un s'appelle Guillaume et l'autre Ma-
deleine ;
L'un qui ne marche pas, l'autre qui
parle à peine.
La pauvre bonne femme était dans le
besoin."

L'homme prit un air grave, et, jetant
dans un coin
Son bonnet de forçat mouillé par la
tempête :
" Diable ! diable ! " dit-il, en se grat-
tant la tête,
" Nous avions cinq enfants, cela va faire
sept.
Déjà, dans la saison mauvaise, on se
passait
De souper quelquefois. Comment allons-
nous faire ?
Bah ! tant pis ! ce n'est pas ma faute.
C'est l'affaire
Du bon Dieu. Ce sont là des accidents
profonds.
Pourquoi donc a-t-il pris leur mère à ces
chiffons ?
C'est gros comme le poing. Ces choses-
là sont rudes.
Il faut pour les comprendre avoir fait ses
études.
Si petits ! on ne peut leur dire : ' Tra-
vaillez.'
Femme, va les chercher. S'ils se sont
réveillés,
Ils doivent avoir peur tout seuls avec la
morte.
C'est la mère, vois-tu, qui frappe à notre
porte ;
Ouvrons aux deux enfants. Nous les
mêlerons tous.
Cela nous grimpera le soir sur les ge-
noux.
Ils vivront, ils seront frère et sœur des
cinq autres.
Quand il verra qu'il faut nourrir avec les
nôtres
Cette petite fille et ce petit garçon,
Le bon Dieu nous fera prendre plus de
poisson.
Moi, je boirai de l'eau, je ferai double
tâche.
C'est dit. Va les chercher. Mais qu'as-
tu ? Ça te fâche ?
D'ordinaire, tu cours plus vite que
cela."

" Tiens," dit-elle en ouvrant les rideaux,
" les voilà ! "

LA ROSE DE L'INFANTE.

VICTOR HUGO. 1859.

ELLE est toute petite ; une duègne la
garde.
Elle tient à la main une rose et re-
garde.
Quoi ? que regarde-t-elle ? Elle ne sait
pas. L'eau,
Un bassin qu'assombrit le pin et le bou-
leau ;
Ce qu'elle a devant elle ; un cygne aux
ailes blanches,
Le bercement des flots sous la chanson
des branches,
Et le profond jardin rayonnant et fleuri ;
Tout ce bel ange a l'air dans la neige
pétri.
On voit un grand palais comme au fond
d'une gloire,
Un parc, des clairs viviers où les biches
vont boire,
Et des paons étoilés sous les bois cheve-
lus.
L'innocence est sur elle une blancheur
de plus ;
Toutes ces grâces font comme un faisceau
qui tremble.
Autour de cette enfant l'herbe est splen-
dide et semble
Pleine de vrais rubis et de diamants
fins ;
Un jet de saphirs sort des bouches des
dauphins.
Elle se tient au bord de l'eau ; sa fleur
l'occupe ;
Sa basquine est en point de Gênes ; sur
sa jupe
Une arabesque, errant dans les plis du
satin,
Suit les mille détours d'un fil d'or floren-
tin.
La rose épanouie et toute grande ouverte,
Sortant du frais bouton comme d'une
urne ouverte,
Charge la petitesse exquise de sa main ;
Quand l'enfant, allongeant ses lèvres de
carmin,
Fronce, en la respirant, sa riante na-
rine,
La magnifique fleur, royale et purpu-
rine,
Cache plus qu'à demi ce visage char-
mant,
Si bien que l'œil hésite, et qu'on ne sait
comment

Distinguer de la fleur ce bel enfant qui
joue,
Et si l'on voit la rose ou si l'on voit la
joue.
Ses yeux bleus sont plus beaux sous son
pur sourcil brun.
En elle tout est joie, enchantement, par-
fum ;
Quel doux regard, l'azur ! et quel doux
nom, Marie !
Tout est rayon ; son œil éclaire et son
nom prie.
Pourtant, devant la vie et sous le firma-
ment,
Pauvre être ! elle se sent très-grande
vaguement ;
Elle assiste, au printemps, à la lumière,
à l'ombre,
Au grand soleil couchant horizontal et
sombre,
À la magnificence éclatante du soir,
Aux ruisseaux murmurants qu'on entend
sans les voir,
Aux champs, à la nature éternelle et se-
reine,
Avec la gravité d'une petite reine ;
Elle n'a jamais vu l'homme que se cour-
bant ;
Un jour, elle sera duchesse de Bra-
bant ;
Elle gouvernera la Flandre ou la Sar-
daigne.
Elle est l'infante, elle a cinq ans, elle
dédaigne.
Car les enfants des rois sont ainsi ; leurs
fronts blancs
Portent un cercle d'ombre, et leurs pas
chancelants
Sont des commencements de règne. Elle
respire
Sa fleur en attendant qu'on lui cueille
un empire ;
Et son regard, déjà royal, dit : " C'est à
moi."
Il sort d'elle un amour mêlé d'un vague
effroi.
Si quelqu'un, la voyant si tremblante et
si frêle,
Fût-ce pour la sauver, mettait la main
sur elle,
Avant qu'il eût pu faire un pas ou dire
un mot,
Il aurait sur le front l'ombre de l'écha-
faud.

La douce enfant sourit, ne faisant autre
chose

Que de vivre et d'avoir dans la main une
rose,
Et d'être là devant le ciel, parmi les
fleurs.

Le jour s'éteint ; les nids chuchottent,
querelleurs ;
Les pourpres du couchant sont dans les
branches d'arbre ;
La rougeur monte au front des déesses de
marbre
Qui semblent palpiter sentant venir la
nuit ;
Et tout ce qui planait redescend ; plus
de bruit,
Plus de flamme ; le soir mystérieux re-
cueille
Le soleil sous la vague et l'oiseau sous la
feuille.

Pendant que l'enfant rit, cette fleur à la
main,
Dans le vaste palais catholique romain
Dont chaque ogive semble au soleil une
mitre,
Quelqu'un de formidable est derrière la
vitre ;
On voit d'en bas une ombre, au fond
d'une vapeur,
De fenêtre en fenêtre errer, et l'on a
peur ;
Cette ombre au même endroit, comme en
un cimetière,
Parfois est immobile une journée en-
tière ;
C'est un être effrayant qui semble ne
rien voir ;
Il rôde d'un chambre à l'autre, pâle et
noir ;
Il colle aux vitraux blancs son front lu-
gubre, et songe ;
Spectre blême ! Son ombre aux feux du
soir s'allonge ;
Son pas funèbre est lent comme un glas
de beffroi ;
Et c'est la Mort, à moins que ce ne soit
le Roi.
C'est lui ; l'homme en qui vit et trem-
ble le royaume.
Si quelqu'un pouvait voir dans l'œil de
ce fantôme
Debout en ce moment l'épaule contre un
mur,
Ce qu'on apercevrait dans cet abîme
obscur,
Ce n'est pas l'humble enfant, le jardin,
l'eau moirée

Reflétant le ciel d'or d'une claire soirée,
Les bosquets, les oiseaux se becquetant
　　entre eux.
Non : au fond de cet œil comme l'onde
　　vitreux,
Sous ce fatal sourcil qui dérobe à la
　　sonde
Cette prunelle autant que l'Océan pro-
　　fonde,
Ce qu'on distinguerait, c'est, mirage
　　mouvant,
Tout un vol de vaisseaux en fuite dans
　　le vent,
Et dans l'écume, au pli des vagues, sous
　　l'étoile,
L'immense tremblement d'une flotte à
　　la voile,
Et, là-bas, sous la brume, une île, un
　　blanc rocher,
Écoutant sur les flots ces tonnerres
　　marcher.

Telle est la vision qui, dans l'heure où
　　nous sommes,
Emplit le froid cerveau de ce maître des
　　hommes,
Et qui fait qu'il ne peut rien voir autour
　　de lui.
L'armada, formidable et flottant point
　　d'appui
Du levier dont il va soulever tout un
　　monde,
Traverse en ce moment l'obscurité de
　　l'onde ;
Le roi, dans son esprit, la suit des yeux,
　　vainqueur,
Et son tragique ennui n'a plus d'autre
　　lueur.

Philippe Deux était une chose terrible.
Iblis dans le Coran et Caïn dans la Bible
Sont à peine aussi noirs qu'en son Es-
　　curial
Ce royal spectre, fils du spectre impé-
　　rial.
Philippe Deux était le Mal tenant le
　　glaive.
Il occupait le haut du monde comme un
　　rêve.
Il vivait : nul n'osait le regarder ; l'ef-
　　froi
Faisait une lumière étrange autour du
　　roi ;
On tremblait rien qu'à voir passer ses
　　majordomes ;
Tant il se confondait, aux yeux troublés
　　des hommes,

Avec l'abîme, avec les astres du ciel
　　bleu !
Tant semblait grande à tous son approche
　　de Dieu !
Sa volonté fatale, enfoncée, obstinée,
Était comme un crampon mis sur la des-
　　tinée ;
Il tenait l'Amérique et l'Inde, il s'ap-
　　puyait
Sur l'Afrique, il régnait sur l'Europe,
　　inquiet
Seulement du côté de la sombre Angle-
　　terre ;
Sa bouche était silence et son âme mys-
　　tère ;
Son trône était de piége et de fraude
　　construit ;
Il avait pour soutien la force de la
　　nuit ;
L'ombre était le cheval de sa statue
　　équestre.
Toujours vêtu de noir, ce Tout-Puissant
　　terrestre
Avait l'air d'être en deuil de ce qu'il ex-
　　istait ;
Il ressemblait au sphinx qui digère et
　　se tait,
Immuable : étant tout, il n'avait rien à
　　dire.
Nul n'avait vu ce roi sourire ; le sourire
N'étant pas plus possible à ces lèvres de
　　fer
Que l'aurore à la grille obscure de l'enfer.
S'il secouait parfois sa torpeur de cou-
　　leuvre,
C'était pour assister le bourreau de son
　　œuvre,
Et sa prunelle avait pour clarté le reflet
Des bûchers sur lesquels par moments il
　　soufflait.
Il était redoutable à la pensée, à l'homme,
À la vie, au progrès, au droit, dévot à
　　Rome ;
C'était Satan régnant au nom de Jésus-
　　Christ ;
Les choses qui sortaient de son nocturne
　　esprit
Semblaient un glissement sinistre de
　　vipères.
L'Escurial, Burgos, Aranjuez, ses re-
　　paires,
Jamais n'illuminaient leurs livides pla-
　　fonds ;
Pas de festins, jamais de cour, pas de
　　bouffons ;
Les trahisons pour jeu, l'auto-da-fé pour
　　fête.

Les rois troublés avaient au-dessus de
  leur tête
Ses projets dans la nuit obscurément
  ouverts ;
Sa rêverie était un poids sur l'univers ;
Il pouvait et voulait tout vaincre et tout
  dissoudre ;
Sa prière faisait le bruit sourd d'une
  foudre ;
De grands éclairs sortaient de ses songes
  profonds.
Ceux auxquels il pensait disaient : "Nous
  étouffons."
Et les peuples, d'un bout à l'autre de
  l'empire,
Tremblaient, sentant sur eux ces deux
  yeux fixes luire.

Charles fut le vautour, Philippe est le
  hibou.

Morne en son noir pourpoint, la toison
  d'or au cou,
On dirait du destin la froide sentinelle,
Son immobilité commande ; sa prunelle
Luit comme un soupirail de caverne ;
  son doigt
Semble, ébauchant un geste obscur que
  nul ne voit,
Donner un ordre à l'ombre et vaguement
  l'écrire.
Chose inouïe ! il vient de grincer un
  sourire.
Un sourire insondable, impénétrable,
  amer.
C'est que la vision de son armée en mer
Grandit de plus en plus dans sa sombre
  pensée ;
C'est qu'il la voit voguer par son dessein
  poussée,
Comme s'il était là, planant sous le zé-
  nith ;
Tout est bien ; l'Océan docile s'aplanit ;
L'armada lui fait peur comme au déluge
  l'arche ;
La flotte se déploie en bon ordre de
  marche,
Et, les vaisseaux gardant les espaces
  fixés,
Échiquier de tillacs, de ponts, de mâts
  dressés,
Ondule sur les eaux comme une immense
  claie.
Ces vaisseaux sont sacrés, les flots leur
  font la haie ;
Les courants, pour aider ces nefs à dé-
  barquer,

Ont leur besogne à faire et n'y sauraient
  manquer ;
Autour d'elles la vague avec amour dé-
  ferle,
L'écueil se change en port, l'écume tombe
  en perle.
Voici chaque galère avec son gastadour :
Voilà ceux de l'Escaut, voilà ceux de
  l'Adour ;
Les cent mestres de camp et les deux
  connétables ;
L'Allemagne a donné ses ourques re-
  doutables,
Naples ses brigantins, Cadix ses galions,
Lisbonne ses marins, car il faut des lions.
Et Philippe se penche, et, qu'importe
  l'espace ?
Non-seulement il voit, mais il entend.
  On passe,
On court, on va.   Voici le cri des porte-
  voix,
Le pas des matelots courant sur les pa-
  vois,
Les moços, l'amiral appuyé sur son page,
Les tambours, les sifflets des maîtres
  d'équipage,
Les signaux pour la mer, l'appel pour les
  combats,
Le fracas sépulcral et noir du branle-bas.
Sont-ce des cormorans ? sont-ce des cita-
  delles ?
Les voiles font un vaste et sourd batte-
  ment d'ailes ;
L'eau gronde, et tout ce groupe énorme
  vogue, et fuit,
Et s'enfle et roule avec un prodigieux
  bruit.
Et le lugubre roi sourit de voir groupées
Sur quatre cents vaisseaux quatre-vingt
  mille épées.
O rictus du vampire assouvissant sa faim !
Cette pâle Angleterre, il la tient donc
  enfin !
Qui pourrait la sauver ? Le feu va prendre
  aux poudres.
Philippe dans sa droite a la gerbe des
  foudres ;
Qui pourrait délier ce faisceau dans son
  poing ?
N'est-il pas le seigneur qu'on ne contredit
  point ?
N'est-il pas l'héritier de César ? le Phi-
  lippe
Dont l'ombre immense va du Gange au
  Pausilippe ?
Tout n'est-il pas fini quand il a dit :
  "Je veux" ?

N'est-ce pas lui qui tient la victoire aux
  cheveux !
N'est-ce pas lui qui lance en avant cette
  flotte,
Ces vaisseaux effrayants dont il est le
  pilote
Et que la mer charrie ainsi qu'elle le
  doit !
Ne fait-il pas mouvoir avec son petit
  doigt
Tous ces dragons ailés et noirs, essaim
  sans nombre !
N'est-il pas, lui, le roi ! n'est-il pas
  l'homme sombre
À qui ce tourbillon de monstres obéit !

Quand Béit-Cifresil, fils d'Abdallah-Béit,
Eut creusé le grand puits de la mosquée,
  au Caire,
Il y grava : " Le ciel est à Dieu ; j'ai la
  terre."
Et, comme tout se tient, se mêle et se
  confond,
Tous les tyrans n'étant qu'un seul despote
  au fond,
Ce que dit ce sultan jadis, ce roi le pense.

Cependant, sur le bord du bassin, en
  silence,
L'infante tient toujours sa rose grave-
  ment,
Et, doux ange aux yeux bleus, la baise
  par moments,
Soudain un souffle d'air, une de ces ha-
  leines
Que le soir frémissant jette à travers les
  plaines,
Tumultueux zéphyr effleurant l'horizon,
Trouble l'eau, fait frémir les joncs, met
  un frisson
Dans les lointains massifs de myrthe et
  d'asphodèle,
Vient jusqu'au bel enfant tranquille, et,
  d'un coup d'aile,
Rapide, et secouant même l'arbre voisin,
Effeuille brusquement la fleur dans le
  bassin,
Et l'infante n'a plus dans la main qu'une
  épine ;
Elle se penche, et voit sur l'eau cette
  ruine ;
Elle ne comprend pas ; qu'est-ce donc !
  Elle a peur ;
Et la voilà qui cherche au ciel avec
  stupeur
Cette brise qui n'a pas craint de lui
  déplaire.

Que faire ! le bassin semble plein de
  colère ;
Lui, si clair tout à l'heure, il est noir
  maintenant ;
Il a des vagues ; c'est une mer bouillon-
  nant ;
Toute la pauvre rose est éparse sur l'onde ;
Ses cent feuilles que noie et roule l'eau
  profonde,
Tournoyant, naufrageant, s'en vont de
  tous côtés
Sur mille petits flots par la brise irrités ;
On croit voir dans un gouffre une flotte
  qui sombre.
" Madame," dit la duègne avec sa face
  d'ombre
À la petite fille étonnée et rêvant,
" Tout sur terre appartient aux princes,
  hors le vent."

LE MARIAGE DE ROLAND.

VICTOR HUGO. 1859.

Ils se battent — combat terrible ! —
  corps à corps.
Voilà déjà longtemps que leurs chevaux
  sont morts ;
Ils sont là seuls tous deux dans une île
  du Rhône.
Le fleuve à grand bruit roule un flot
  rapide et jaune,
Le vent trempe en sifflant les brins
  d'herbe dans l'eau.
L'archange saint Michel attaquant Apollo
Ne ferait pas un choc plus étrange et
  plus sombre ;
Déjà, bien avant l'aube, ils combattaient
  dans l'ombre.
Qui, cette nuit, eût vu s'habiller ces
  barons,
Avant que la visière eût dérobé leurs
  fronts,
Eût vu deux pages blonds, roses comme
  des filles.
Hier, c'étaient deux enfants riant à leurs
  familles,
Beaux, charmants ; aujourd'hui, sur ce
  fatal terrain,
C'est le duel effrayant de deux spectres
  d'airain,
Deux fantômes auxquels le démon prête
  une âme,
Deux masques dont les trous laissent
  voir de la flamme.

Ils luttent, noirs, muets, furieux, achar-
nés.
Les bateliers pensifs qui les ont amenés
Ont raison d'avoir peur et de fuir dans
la plaine,
Et d'oser, de bien loin, les épier à peine :
Car de ces deux enfants, qu'on regarde
en tremblant,
L'un s'appelle Olivier et l'autre a nom
Roland.

Et, depuis qu'ils sont là, sombres, ar-
dents, farouches,
Un mot n'est pas encor sorti de ces deux
bouches.

Olivier, sieur de Vienne et comte souve-
rain,
A pour père Gérard et pour aïeul Garin.
Il fut pour ce combat habillé par son
père.
Sur sa targe est sculpté Bacchus faisant
la guerre
Aux Normands, Rollon ivre et Rouen
consterné,
Et le dieu souriant par des tigres traîné,
Chassant, buveur de vin, tous ces buveurs
de cidre.
Son casque est enfoui sous les ailes d'une
hydre ;
Il porte le haubert que portait Salomon ;
Son estoc resplendit comme l'œil d'un
démon ;
Il y grava son nom afin qu'on s'en sou-
vienne ;
Au moment du départ, l'archevêque de
Vienne
A béni son cimier de prince féodal.

Roland a son habit de fer, et Durandal.

Ils luttent de si près avec de sourds
murmures,
Que leur souffle âpre et chaud s'empreint
sur leurs armures ;
Le pied presse le pied ; l'île à leurs noirs
assauts
Tressaille au loin ; l'acier mord le fer ;
des morceaux
De heaume et de haubert, sans que pas
un s'émeuve,
Sautent à chaque instant dans l'herbe et
dans le fleuve,
Leurs brassards sont rayés de longs filets
de sang
Qui coule de leur crâne et dans leurs
yeux descend.

Soudain, sire Olivier, qu'un coup affreux
démasque,
Voit tomber à la fois son épée et son
casque.
Main vide et tête nue, et Roland l'œil
en feu !
L'enfant songe à son père et se tourne
vers Dieu.
Durandal sur son front brille. Plus
d'espérance !
"Çà," dit Roland, "je suis neveu du roi
de France,
Je dois me comporter en franc neveu de
roi,
Quand j'ai mon ennemi désarmé devant
moi,
Je m'arrête. Va donc chercher une autre
épée,
Et tâche, cette fois, qu'elle soit bien
trempée.
Tu feras apporter à boire en même temps,
Car j'ai soif."

"Fils, merci," dit Olivier.

"J'attends,"
Dit Roland, "hâte-toi."

Sire Olivier appelle
Un batelier caché derrière une chapelle.

"Cours à la ville, et dis à mon père qu'il
faut
Une autre épée à l'un de nous, et qu'il
fait chaud."

Cependant les héros, assis dans les brous-
sailles,
S'aident à délacer leurs capuchons de
mailles,
Se lavent le visage et causent un mo-
ment.
Le batelier revient, il a fait prompte-
ment ;
L'homme a vu le vieux comte ; il rap-
porte une épée
Et du vin, de ce vin qu'aimait le grand
Pompée,
Et que Tournon récolte au flanc de son
vieux mont.
L'épée est cette illustre et fière Closa-
mont,
Que d'autres quelquefois appellent Haute-
Claire.
L'homme a fui. Les héros achèvent sans
colère
Ce qu'ils disaient ; le ciel rayonne au-
dessus d'eux ;

Olivier verse à boire à Roland ; puis
tous deux
Marchent droit l'un vers l'autre, et le
duel recommence.
Voilà que par degrés de sa sombre dé-
mence
Le combat les enivre ; il leur revient au
cœur
Ce je ne sais quel dieu qui veut qu'on
soit vainqueur, ·
Et qui, s'exaspérant aux armures frap-
pées,
Mêle l'éclair des yeux aux lueurs des
épées.

Ils combattent, versant à flots leur sang
vermeil.
Le jour entier se passe ainsi. Mais le
soleil
Baisse vers l'horizon. La nuit vient.

        "Camarade,"
Dit Roland, "je ne sais, mais je me
sens malade.
Je ne me soutiens plus, et je voudrais un
peu
De repos."

    "Je prétends, avec l'aide de Dieu,"
Dit le bel Olivier, le sourire à la lèvre,
"Vous vaincre par l'épée et non point
par la fièvre.
Dormez sur l'herbe verte, et cette nuit,
Roland,
Je vous éventerai de mon panache blanc.
Couchez-vous et dormez." ·

     "Vassal, ton âme est neuve,"
Dit Roland. "Je riais, je faisais une
épreuve.
Sans m'arrêter et sans me reposer, je puis
Combattre quatre jours encore, et quatre
nuits."

Le duel reprend. La mort plane, le
sang ruisselle.
Durandal heurte et suit Closamont ; l'é-
tincelle
Jaillit de toutes parts sous leurs coups
répétés.
L'ombre autour d'eux s'emplit de sinis-
tres clartés.
Ils frappent ; le brouillard du fleuve
monte et fume ;
Le voyageur s'effraye et croit voir dans
la brume
D'étranges bûcherons qui travaillent la
nuit.

Le jour naît, le combat continue à grand
bruit ;
La pâle nuit revient, ils combattent ;
l'aurore
Reparaît dans les cieux, ils combattent
encore.·

Nul repos. Seulement, vers le troisième
soir,
Sous un arbre, en causant, ils sont allés
s'asseoir ;
Puis ont recommencé.

     Le vieux Gérard dans Vienne
Attend depuis trois jours que son enfant
revienne.
Il envoie un devin regarder sur les tours ;
Le devin dit : "Seigneur, ils combattent
toujours."

Quatre jours sont passés, et l'île et le
rivage
Tremblent sous ce fracas monstrueux et
sauvage.
Ils vont, viennent, jamais fuyant, jamais
lassés,
Froissent le glaive au glaive et sautent
les fossés,
Et passent, au milieu des ronces remuées,
Comme deux tourbillons et comme deux
nuées.
O chocs affreux ! terreur ! tumulte étin-
celant !
Mais enfin Olivier saisit au corps Roland,
Qui de son propre sang en combattant
s'abreuve,
Et jette d'un revers Durandal dans le
fleuve.

"C'est mon tour maintenant, et je vais
envoyer
Chercher un autre estoc pour vous," dit
Olivier.
"Le sabre du géant Sinnagog est à Vi-
enne.
C'est, après Durandal, le seul qui vous
convienne.
Mon père le lui prit alors qu'il le défit.
Acceptez-le."

     Roland sourit. "Il me suffit
De ce bâton." Il dit, et déracine un
chêne.

Sire Olivier arrache un orme dans la
plaine

Et jette son épée, et Roland, plein d'en-
nui,
L'attaque. Il n'aimait pas qu'on vînt
faire après lui
Les générosités qu'il avait déjà faites.

Plus d'épée en leurs mains, plus de
casque à leurs têtes,
Ils luttent maintenant, sourds, effarés,
béants,
À grands coups de troncs d'arbre, ainsi
que des géants.

Pour la cinquième fois, voici que la nuit
tombe.
Tout à coup Olivier, aigle aux yeux de
colombe,
S'arrête et dit :

"Roland, nous n'en finirons point.
Tant qu'il nous restera quelque tronçon
au poing,
Nous lutterons ainsi que lions et pan-
thères.
Ne vaudrait-il pas mieux que nous de-
vinssions frères !
Écoute, j'ai ma sœur, la belle Aude au
bras blanc,
Épouse-la."

"Pardieu ! je veux bien," dit Roland.
"Et maintenant buvons, car l'affaire
était chaude."

C'est ainsi que Roland épousa la belle
Aude.

ZIM-ZIZIMI.

VICTOR HUGO. 1859.

LÉGENDE DE L'ORIENT.

Zim-Zizimi, soudan d'Égypte, comman-
deur
Des croyants, padischah qui dépasse en
grandeur
Le césar d'Allemagne et le sultan d'Asie,
Maître que la splendeur énorme rassasie,
Songe : c'est le moment de son festin du
soir ;
Toute la table fume ainsi qu'un encen-
soir ;
Le banquet est dressé dans la plus haute
crypte

D'un grand palais bâti par les vieux rois
d'Égypte ;
Les plafonds sont dorés et les piliers
sont peints ;
Les buffets sont chargés de viandes et de
pains,
Et de tout ce que peut rêver la faim
humaine ;
Un roi mange en un jour plus qu'en une
semaine
Le peuple d'Ispahan, de Byzance et de
Tyr ;
Et c'est l'art des valets que de faire
aboutir
La mamelle du monde à la bouche d'un
homme ;
Tous les mets qu'on choisit, tous les
vins qu'on renomme
Sont là, car le sultan Zizimi boit du
vin ;
Il rit du livre austère et du texte
divin
Que le derviche triste, humble et pâle
vénère ;
L'homme sobre est souvent cruel, et,
d'ordinaire,
L'économe de vin est prodigue de sang ;
Mais Zim est à la fois ivrogne et malfai-
sant.

Ce qui n'empêche pas qu'il ne soit plein
de gloire.
Il règne : il a soumis la vieille Afrique
noire ;
Il règne par le sang, la guerre et l'écha-
faud ;
Il tient l'Asie ainsi qu'il tient l'Afrique ;
il faut
Que celui qui veut fuir son empire s'exile
Au nord, en Thrace, au sud, jusqu'au
fleuve Baxile ;
Toujours vainqueur, fatal, fauve, il a
pour vassaux
Les batailles, les camps, les clairons, les
assauts ;
L'aigle en l'apercevant crie et fuit dans
les roches.
Les rajahs de Mysore et d'Agra sont ses
proches,
Ainsi qu'Omar qui dit : "Grâce à moi,
Dieu vaincra."
Son oncle est Hayraddin, sultan de
Bassora,
Les grands cheiks du désert sont tous de
sa famille,
Le roi d'Oude est son frère, et l'épée est
sa fille.

Il a dompté Bagdad, Trébizonde, et
   Mossul,
Que conquit le premier Duilius, ce consul
Qui marchait précédé de flûtes tibicines ;
Il a soumis Gophna, les forêts abyssines,
L'Arabie, où l'aurore a d'immenses rou-
   geurs,
Et l'Hedjaz, où, le soir, les tremblants
   voyageurs,
De la nuit autour d'eux sentant rôder
   les bêtes,
Allumant de grands feux, tiennent leurs
   armes prêtes,
Et se brûlent un doigt pour ne pas s'en-
   dormir ;
Mascate et son iman, la Mecque et son
   émir,
Le Liban, le Caucase et l'Atlas font
   partie
De l'ombre de son trône, ainsi que la
   Scythie,
Et l'eau de Nagaïn et le sable d'Ophir,
Et le Sahara fauve, où l'oiseau vert asfir
Vient becqueter la mouche aux pieds
   des dromadaires,
Pareils à des vautours forcés de changer
   d'aires,
Devant lui, vingt sultans, reculant
   hérissés,
Se sont dans la fournaise africaine en-
   foncés ;
Quand il étend son sceptre, il touche
   aux âpres zones
Où luit la nudité des fières amazónes ;
En Grèce, il fait lutter chrétiens contre
   chrétiens,
Les chiens contre les porcs, les porcs
   contre les chiens ;
Tout le craint ; et sa tête est de loin
   saluée
Par le lama debout dans la sainte nuée,
Et son nom fait pâlir parmi les Kassbur-
   dars
Le sophi devant qui flottent sept éten-
   dards ;
Il règne ; et le morceau qu'il coupe de
   la terre
S'agrandit chaque jour sous son noir
   cimeterre ;
Il foule les cités, les achète, les vend,
Les dévore ; à qui sont les hommes,
   Dieu vivant ?
À lui, comme la paille est au bœuf dans
   l'étable.

Cependant, il s'ennuie. Il est seul à sa
   table,

Le trône ne pouvant avoir de conviés ;
Grandeur, bonheur, les biens par la foule
   enviés,
L'alcôve où l'on s'endort, le sceptre où
   l'on s'appuie,
Il a tout ; c'est pourquoi ce tout-puis-
   sant s'ennuie ;
Ivre, il est triste.

    Il vient d'épuiser les plaisirs ;
Il a donné son pied à baiser aux vizirs ;
Sa musique a joué les fanfares connues ;
Des femmes ont dansé devant lui toutes
   nues ;
Il s'est fait adorer par un tas prosterné
De cheiks et d'ulémas décrépits, étonné
Que la barbe fût blanche alors que l'âme
   est vile ;
Il s'est fait amener des prisons de la
   ville
Deux voleurs qui se sont traînés à ses
   genoux,
Criant grâce, implorant l'homme maître
   de tous,
Agitant à leurs poings de pesantes fer-
   railles,
Et, curieux de voir s'échapper leurs en-
   trailles,
Il leur a lentement lui-même ouvert le
   flanc ;
Puis il a renvoyé ses esclaves, bâillant.

Zim regarde, en sa molle et hautaine
   attitude,
Cherchant à qui parler dans cette soli-
   tude.

———

Le trône où Zizimi s'accoude est soutenu
Par dix sphinx au front ceint de roses,
   au flanc nu ;
Tous sont en marbre blanc ; tous tiennent
   une lyre ;
L'énigme dans leurs yeux semble presque
   sourire ;
Chacun d'eux porte un mot sur sa tête
   sculpté,
Et ces dix mots sont : Gloire, Amour,
   Jeu, Volupté,
Santé, Bonheur, Beauté, Grandeur, Vic-
   toire, Joie.

Et le sultan s'écrie :

    " O sphinx dont l'œil flamboie,
Je suis le Conquérant ; mon nom est
   établi

Dans l'azur des cieux, hors de l'ombre
  et de l'oubli :
Et mon bras porte un tas de foudres
  qu'il secoue ;
Mes exploits fulgurants passent comme
  une roue ;
Je vis ; je ne suis pas ce qu'on nomme
  un mortel ;
Mon trône vieillissant se transforme en
  autel ;
Quand le moment viendra que je quitte
  la terre,
Étant le jour, j'irai rentrer dans la lu-
  mière ;
Dieu dira : ‘ Du sultan je veux me
  rapprocher.'
L'aube prendra son astre et viendra me
  chercher.
L'homme m'adore avec des faces d'épou-
  vante ;
L'Orgueil est mon valet, la Gloire est
  ma servante ;
Elle se tient debout quand Zizimi s'as-
  sied ;
Je dédaigne et je hais les hommes ; et
  mon pied
Sent le mou de la fange en marchant sur
  leurs nuques.
À défaut des humains, tous muets, tous
  eunuques,
Tenez-moi compagnie, ô sphinx qui
  m'entourez
Avec vos noms joyeux sur vos têtes
  dorés,
Désennuyez le roi redoutable qui tonne :
Que ma splendeur en vous autour de
  moi rayonne ;
Chantez-moi votre chant de gloire et de
  bonheur :
O trône triomphal dont je suis le sei-
  gneur,
Parle-moi ! Parlez-moi, sphinx couron-
  nés de roses ! "

Alors les sphinx, avec la voix qui sort
  des choses,
Parlèrent : tels ces bruits qu'on entend
  en dormant.

———

LE PREMIER SPHINX.

La reine Nitocria, près du clair firma-
  ment,
     le tombeau de la haute ter-
    rasse ;

Elle est seule, elle est triste ; elle songe
  à sa race,
À tous ces rois, terreur des Grecs et des
  Hébreux,
Durs, sanglants, et sortis de son flanc
  ténébreux ;
Au milieu de l'azur son sépulcre est
  farouche ;
Les oiseaux tombent morts quand leur
  aile le touche ;
Et la reine est muette, et les nuages
  font
Sur son royal silence un bruit sombre et
  profond.
Selon l'antique loi, nul vivant, s'il ne
  porte
Sur sa tête un corps mort, ne peut fran-
  chir la porte
Du tombeau, plein d'enfer et d'horreur
  pénétré.
La reine ouvre les yeux la nuit ; le ciel
  sacré
Apparaît à la morte à travers les pilas-
  tres ;
Son œil sinistre et fixe importune les
  astres ;
Et jusqu'à l'aube, autour des os de Nito-
  cris,
Un flot de spectres passe avec de vagues
  cris.

LE DEUXIÈME SPHINX.

Si grands que soient les rois, les pha-
  raons, les mages,
Qu'entoure une nuée éternelle d'hom-
  mages,
Personne n'est plus haut que Téglath-
  Phalasar.
Comme Dieu même, à qui l'étoile sert
  de char,
Il a son temple avec un prophète pour
  prêtre ;
Ses yeux semblent de pourpre, étant les
  yeux du maître ;
Tout tremble ; et, sous son joug redouté,
  le héros
Tient les peuples courbés ainsi que des
  taureaux ;
Pour les villes d'Assur que son pas met
  en cendre,
Il est ce que sera pour l'Asie Alexandre,
Il est ce que sera pour l'Europe Attila ;
Il triomphe, il rayonne ; et, pendant ce
  temps-là,
Sans savoir qu'à ses pieds toute la terre
  tombe,

Pour le mur qui sera la cloison de sa
tombe,
Des potiers font sécher de la brique au
soleil.

LE TROISIÈME SPHINX.

Nemrod était un maître aux archanges
pareil ;
Son nom est sur Babel, la sublime
mesure ;
Son sceptre altier couvrait l'espace qu'on
mesure
De la mer du couchant à la mer du
levant ;
Baal le fit terrible à tout être vivant
Depuis le ciel sacré jusqu'à l'enfer im-
monde,
Ayant rempli ses mains de l'empire du
monde.
Si l'on eût dit, "Nemrod mourra," qui
l'aurait cru ?
Il vivait ; maintenant cet homme a dis-
paru.
Le désert est profond et le vent est sonore.

LE QUATRIÈME SPHINX.

Chrem fut roi ; sa statue était d'or ; on
ignore
La date de la fonte et le nom du fon-
deur ;
Et nul ne pourrait dire à quelle profon-
deur,
Ni dans quel sombre puits, ce pharaon
sévère
Flotte, plongé dans l'huile, en son cer-
cueil de verre.
Les rois triomphent, beaux, fiers, joyeux,
courroucés,
Puissants, victorieux ; alors Dieu dit :
"Assez !"

Le temps, spectre debout sur tout ce qui
s'écroule,
Tient et par moments tourne un sablier
où coule
Une poudre qu'il a prise dans les tom-
beaux
Et ramassée aux plis des linceuls en
lambeaux,
Et la cendre des morts mesure aux
vivants l'heure.

Rois, le sablier tremble et la clepsydre
pleure ;

Pourquoi ? le savez-vous, rois ! C'est
que chacun d'eux
Voit au dedans de vous, ô princes hasard-
eux,
Le dedans du sépulcre et de la cata-
combe,
Et la forme que prend le trône dans la
tombe.

LE CINQUIÈME SPHINX.

Les quatre conquérants de l'Asie étaient
grands ;
Leurs colères roulaient ainsi que des
torrents ;
Quand ils marchaient, la terre oscillait
sur son axe ;
Thuras tenait le Phase, Ochus avait
l'Araxe,
Gour la Perse, et le roi fatal, Phal-Bé-
lézys,
Sur l'Inde monstrueuse et triste était
assis ;
Quand Cyrus les lia tous quatre à son
quadrige,
L'Euphrate eut peur ; Ninive, en voy-
ant ce prodige,
Disait : "Quel est ce char étrange et
radieux
Que traîne un formidable attelage de
dieux ?"
Ainsi parlait le peuple, ainsi parlait
l'armée ;
Tout s'est évanoui, puisque tout est
fumée.

LE SIXIÈME SPHINX.

Cambyse ne fait plus un mouvement ; il
dort ;
Il dort sans même voir qu'il pourrit ;
il est mort.
Tant que vivent les rois la foule est à
plat ventre ;
On les contemple, on trouve admirable
leur antre ;
Mais sitôt qu'ils sont morts, ils de-
viennent hideux,
Et n'ont plus que les vers pour ramper
autour d'eux.
Oh ! de Troie à Memphis, et d'Ecbatane
à Tarse,
La grande catastrophe éternelle est
éparse
Avec Pyrrhus le grand, avec Psamméti-
cus !
Les rois vainqueurs sont morts plus que
les rois vaincus:

Car la mort rit, et fait, quand sur
  l'homme elle monte,
Plus de nuit sur la gloire, hélas ! que
  sur la honte.

LE SEPTIÈME SPHINX.

La tombe où l'on a mis Bélus croule au
  désert ;
Ruine, elle a perdu son mur de granit
  vert,
Et sa coupole, sœur du ciel, splendide
  et ronde ;
Le pâtre y vient choisir des pierres pour
  sa fronde ;
Celui qui, le soir, passe en ce lugubre
  champ
Entend le bruit que fait le chacal en
  mâchant ;
L'ombre en ce lieu s'amasse et la nuit
  est là toute ;
Le voyageur, tâtant de son bâton la
  voûte,
Crie en vain : "Est-ce ici qu'était le
  dieu Bélus ?"
Le sépulcre est si vieux qu'il ne s'en
  souvient plus.

LE HUITIÈME SPHINX.

Aménophis, Ephrée et Cherbron sont
  funèbres ;
Rhamsès est devenu tout noir dans les
  ténèbres ;
Les satrapes s'en vont dans l'ombre, ils
  s'en vont tous ;
L'ombre n'a pas besoin de clefs ni de
  verrous,
L'ombre est forte. La mort est la grande
  geôlière ;
Elle manie un dieu d'une main familière,
Et l'enferme ; les rois sont ses noirs
  prisonniers ;
Elle tient les premiers, elle tient les
  derniers ;
Dans une gaîne étroite elle a roidi leurs
  membres ;
Elle les a couchés dans de lugubres cham-
  bres
Entre des murs bâtis de cailloux et de
  chaux ;
Et pour qu'ils restent seuls dans ces
  blêmes cachots,
Méditant sur leur sceptre et sur leur
  aventure,
Elle a pris de la terre et bouché l'ouver-
  ture.

LE NEUVIÈME SPHINX.

Passants, quelqu'un veut-il voir Clé-
  opatre au lit ?
Venez ; l'alcôve est morne, une brume
  l'emplit ;
Cléopatre est couchée à jamais ; cette
  femme
Fut l'éblouissement de l'Asie et la
  flamme
Que tout le genre humain avait dans le
  regard ;
Quand elle disparut, le monde fut
  hagard ;
Ses dents étaient de perle et sa bouche
  était d'ambre ;
Les rois mouraient d'amour en entrant
  dans sa chambre.
Pour elle Ephractæus soumit l'Atlas,
  Sapor
Vint d'Osymandias saisir le cercle d'or,
Mamylos conquit Suze et Tentyris dé-
  truite,
Et Palmyre, et pour elle Antoine prit la
  fuite ;
Entre elle et l'univers qui s'offraient à
  la fois
Il hésita, lâchant le monde dans son
  choix.
Cléopatre égalait les Junons éternelles ;
Une chaîne sortait de ses vagues pru-
  nelles ;
O tremblant cœur humain, si jamais tu
  vibras,
C'est dans l'étreinte altière et douce de
  ses bras ;
Son nom seul enivrait ; Strophus n'osait
  l'écrire ;
La terre s'éclairait de son divin sourire,
A force de lumière et d'amour, effrayant ;
Son corps semblait mêlé d'azur ; en la
  voyant,
Vénus, le soir, rentrait jalouse sous la
  nue ;
Cléopatre embaumait l'Égypte, toute
  nue,
Elle brûlait les yeux ainsi que le soleil ;
Les roses enviaient l'ongle de son or-
  teil ;
O vivants, allez voir sa tombe souve-
  raine ;
Fière, elle était déesse et daignait être
  reine ;
L'amour prenait pour arc sa lèvre aux
  coins moqueurs ;
Sa beauté rendait fous les fronts, les
  sens, les cœurs,

Et plus que les lions rugissants était
forte ;
Mais bouchez-vous le nez si vous passez
la porte.

LE DIXIÈME SPHINX.

Que fait Sennachérib, roi plus grand que
le sort !
Le roi Sennachérib, fait ceci qu'il est
mort.
Que fait Gad ! Il est mort. Que fait
Sardanapale ?
Il est mort.

———

Le sultan écoutait, morne et pâle.

" Voilà de sombres voix," dit-il, " et je
ferai
Dès demain jeter bas ce palais effaré
Où le démon répond quand on s'adresse
aux anges."

Il menaça du poing les sphinx aux yeux
étranges.

———

Et son regard tomba sur sa coupe où
brillait
Le vin semé de sauge et de feuilles
d'œillet.

" Ah ! toi, tu sais calmer ma tête fati-
guée ;
Viens, ma coupe," dit-il. " Ris, parle-
moi, sois gaie.
Chasse de mon esprit ces nuages hideux.
Moi, le pouvoir, et toi, le vin, causons
tous deux."

La coupe étincelante, embaumée et
fleurie,
Lui dit :

" Phur, roi soleil, avait Alexandrie,
Il levait au-dessus de la mer son cimier ;
Il tirait de son peuple orageux, le pre-
mier
D'Afrique après Carthage et du monde
après Rome,
Des soldats plus nombreux que les rêves
que l'homme
Voit dans la transparence obscure du
sommeil ;
Mais à quoi bon avoir été l'homme
soleil ?

Puisqu'on est le néant, que sert d'être
le maître ?
Que sert d'être calife ou mage ? À
quoi bon être
Un de ces pharaons, ébauches des sul-
tans,
Qui, dans la profondeur ténébreuse des
temps,
Jettent la lueur vague et sombre de
leurs mitres !
À quoi bon être Arsès, Darius, Arma-
mithres,
Cyaxare, Séthos, Dardanus, Dercylas,
Xercès, Nabonassar, Asar-addon, hélas !
On a des légions qu'à la guerre on ex-
erce ;
On est Antiochus, Chosroès, Artaxerce,
Sésostris, Annibal, Astyage, Sylla,
Achille, Omar, César, on meurt, sachez
cela.
Ils étaient dans le bruit, ils sont dans
le silence.
Vivants, quand le trépas sur un de vous
s'élance,
Tout homme, quel qu'il soit, meurt
tremblant ; mais le roi
Du haut de plus d'orgueil tombe dans
plus d'effroi ;
Cet esprit plus noir trouve un juge plus
farouche ;
Pendant que l'âme fuit, le cadavre se
couche,
Et se sent sous la terre opprimer et
chercher
Par la griffe de l'arbre et le poids du
rocher ;
L'orfraie à son côté se tapit défiante ;
Qu'est-ce qu'un sultan mort ? Les taupes
font leur fiente
Dans de la cendre à qui l'empire fut
donné,
Et dans des ossements qui jadis ont
régné ;
Et les tombeaux des rois sont des trous
à panthère."

Zim, furieux, brisa la coupe contre
terre.

———

Pour éclairer la salle, on avait apporté
Au centre de la table un flambeau d'or
sculpté
À Sumatra, pays des orfévres célèbres ;
Cette lampe splendide étoilait les té-
nèbres.

Zim lui parla :

"Voilà de la lumière au moins !
Les sphinx sont de la nuit les funèbres
    témoins ;
La coupe, étant toujours ivre, est à peu
    près folle ;
Mais, toi, flambeau, tu vis dans ta
    claire auréole ;
Tu jettes aux banquets un regard sou-
    riant ;
O lampe, où tu parais tu fais un orient ;
Quand tu parles, ta voix doit être un
    chant d'aurore ;
Dis-moi quelque chanson divine que
    j'ignore,
Parle-moi, ravis-moi, lampe du paradis !
Que la coupe et les sphinx monstrueux
    soient maudits ;
Car les sphinx ont l'œil faux, la coupe a
    le vin traître."

Et la lampe parla sur cet ordre du maître :

"Après avoir eu Tyr, Babylone, Ilion,
Et pris Delphe à Thésée et l'Athos au
    lion,
Conquis Thèbe, et soumis le Gange
    tributaire,
Ninus le fratricide est perdu sous la
    terre ;
Il est muré, selon le rite assyrien,
Dans un trou formidable où l'on ne voit
    plus rien.
Où ! Qui le sait ! Les puits sont noirs,
—   la terre est creuse.
L'homme est devenu spectre. À travers
    l'ombre affreuse,
Si le regard de ceux qui sont vivants
    pouvait
Percer jusqu'au lit triste au lugubre
    chevet
Où gît ce roi, jadis éclair dans la tem-
    pête,
On verrait, à côté de ce qui fut sa tête,
Un vase de grès rouge, un doigt de
    marbre blanc ;
Adam le trouverait à Caïn ressemblant.
La vipère frémit quand elle s'aven-
    ture
Jusqu'à cette effrayante et sombre pour-
    riture ;
Il est gisant ; il dort ; peut-être qu'il
    attend.

"Par moments, la Mort vient dans sa
    tombe, apportant
Une cruche et du pain qu'elle dépose à
    terre ;

Elle pousse du pied le dormeur solitaire,
Et lui dit : 'Me voici, Ninus. Ré-
    veille-toi.
Je t'apporte à manger. Tu dois avoir
    faim, roi.
Prends.' 'Je n'ai plus de mains,' répond
    le roi farouche.
'Allons, mange.' Et Ninus dit : 'Je
    n'ai plus de bouche.'
Et la Mort, lui montrant le pain, dit :
    'Fils des dieux,
Vois ce pain.' Et Ninus répond : 'Je
    n'ai plus d'yeux.'"

———

Zim se dressa terrible, et, sur les dalles
    sombres
Que le festin couvrait de ses joyeux dé-
    combres,
Jeta la lampe d'or sculptée à Sumatra.
La lampe s'éteignit.

                    Alors la Nuit entra ;
Et Zim se trouva seul avec elle ; la
    salle,
Comme en une fumée obscure et colos-
    sale,
S'effaça : Zim tremblait, sans gardes,
    sans soutiens,
La Nuit lui prit la main dans l'ombre,
    et lui dit : "Viens."

BIVAR.

VICTOR HUGO. 1859.

LÉGENDE DU CYCLE HÉROIQUE CHRÉ-
·   TIEN.

BIVAR était, au fond d'un bois sombre,
    un manoir
Carré, flanqué de tours, fort vieux, et
    d'aspect noir.
La cour était petite et la porte était
    laide.
Quand le scheik Jabias, depuis roi de
    Tolède,
Vint visiter le Cid au retour de Cintra,
Dans l'étroit patio le prince maure en-
    tra ;
Un homme, qui tenait à la main une
    étrille,
Pansait une jument attachée à la grille ;
Cet homme, dont le scheik ne voyait que
    le dos,

Venait de déposer à terre des fardeaux,
Un sac d'avoine, une auge, un harnais,
    une selle ;
La bannière arborée au donjon était
    celle
De don Diègue, ce père était encor vi-
    vant ;
L'homme, sans voir le scheik, frottant,
    brossant, lavant,
Travaillait, tête nue et bras nus, et sa
    veste
Était d'un cuir farouche, et d'une mode
    agreste ;
Le scheik, sans ébaucher même un
    buenos dias,
Dit : " Manant, je viens voir le seigneur
    Ruy Diaz,
Le grand campéador des Castilles." Et
    l'homme,
Se retournant, lui dit : "C'est moi."

            "Quoi ! vous qu'on nomme
Le héros, le vaillant, le seigneur des
    pavois,"
S'écria Jabais, " c'est vous qu'ainsi je
    vois !
Quoi ! c'est vous qui n'avez qu'à vous
    mettre en campagne
Et qu'à dire : 'Partons !' pour donner
    à l'Espagne,
D'Avis à Gibraltar, d'Algarve à Cadafal,
O grand Cid, le frisson du clairon triom-
    phal,
Et pour faire accourir au-dessus de vos
    tentes,
Ailes au vent, l'essaim des victoires
    chantantes !
Lorsque je vous ai vu, seigneur, moi
    prisonnier,
Vous vainqueur au palais du roi, l'été
    dernier,
Vous aviez l'air royal du conquérant de
    l'Èbre !
Vous teniez à la main la Tizona célèbre ;
Votre magnificence emplissait cette cour,
Comme il sied quand on est celui d'où
    vient le jour ;
Cid, vous étiez vraiment un Bivar très-
    superbe ;
On eût dans un brasier cueilli des touffes
    d'herbe
Seigneur, plus aisément, certes, qu'on
    n'eût trouvé
Quelqu'un qui devant vous prit le haut
    du pavé ;
Plus d'un richomme avait pour orgueil
    d'être membre

De votre servidumbre et de votre anti-
    chambre :
Le Cid dans sa grandeur allait, venait,
    parlait,
La faisant boire à tous, comme aux en-
    fants le lait,
D'altiers ducs, tout enflés de faste et de
    tempête,
Qui, depuis qu'ils avaient le chapeau sur
    la tête,
D'aucun homme vivant ne s'étaient
    souciés,
Se levaient, sans savoir pourquoi, quand
    vous passiez ;
Vous vous faisiez servir par tous les gen-
    tilshommes,
Le Cid comme une altesse avait ses ma-
    jordomes,
Lerme était votre archer ; Gusman, votre
    frondeur ;
Vos habits étaient faits avec de la splen-
    deur ;
Vous si bon, vous aviez la pompe de
    l'armure ;
Votre miel semblait or comme l'orange
    mûre.
Sans cesse autour de vous vingt coureurs
    étaient prêts.
Nul n'était au-dessus du Cid, et nul au-
    près ;
Personne, eût-il été de la royale es-
    trade,
Prince, infant, n'eût osé vous dire :
    'Camarade !'
Vous éclatiez, avec des rayons jusqu'aux
    cieux,
Dans une préséance éblouissante aux
    yeux ;
Vous marchiez entouré d'un ordre de
    bataille ;
Aucun sommet n'était trop haut pour
    votre taille,
Et vous étiez un fils d'une telle fierté
Que les aigles volaient tous de votre
    côté.
Vous regardiez ainsi que néants et fu-
    mées
Tout ce qui n'était pas commandement
    d'armées,
Et vous ne consentiez qu'au nom de
    général ;
Cid était le baron suprême et magis-
    tral ;
Vous dominiez tout, grand, sans chef,
    sans joug, sans digue,
Absolu, lance au poing, panache au
    front."

Rodrigue
Répondit : "Je n'étais alors que chez le
roi."

Et le scheik s'écria : "Mais, Cid, au-
jourd'hui, quoi,
Que s'est-il donc passé ? quel est cet équi-
page ?
J'arrive, et je vous trouve en veste,
comme un page,
Dehors, bras nus, nu-tête, et si petit gar-
çon
Que vous avez en main l'auge et le cav-
eçon !
Et faisant ce qu'il sied aux écuyers de
faire ! "

"Scheik," dit le Cid, "je suis mainte-
nant chez mon père."

AYMERILLOT.

VICTOR HUGO. 1859.

LÉGENDE DU CYCLE HÉROIQUE CHRÉ-
TIEN.

CHARLEMAGNE, empereur à la barbe
fleurie,
Revient d'Espagne ; il a le cœur triste, il
s'écrie :
"Roncevaux ! Roncevaux ! ô traître
Ganelon ! "
Car son neveu Roland est mort dans ce
vallon
Avec les douze pairs et toute son armée.
Le laboureur des monts qui vit sous la
ramée
Est rentré chez lui, grave et calme, avec
son chien.
Il a baisé sa femme au front et dit :
"C'est bien."
Il a lavé sa trompe et son arc aux fon-
taines ;
Et les os des héros blanchissent dans les
plaines.

Le bon roi Charle est plein de douleur et
d'ennui ;
Son cheval syrien est triste comme lui.
Il pleure ; l'empereur pleure de la souf-
france
D'avoir perdu ses preux, ses douze pairs
de France,
Ses meilleurs chevaliers qui n'étaient
jamais las,

Et son neveu Roland, et la bataille,
hélas !
Et surtout de songer, lui, vainqueur des
Espagnes,
Qu'on fera des chansons dans toutes ces
montagnes
Sur ses guerriers tombés devant des pay-
sans,
Et qu'on en parlera plus de quatre cents
ans !

Cependant il chemine ; au bout de trois
journées
Il arrive au sommet des hautes Pyré-
nées.
Là, dans l'espace immense il regarde en
rêvant ;
Et sur une montagne, au loin, et bien
avant
Dans les terres, il voit une ville très-
forte,
Ceinte de murs avec deux tours à chaque
porte.
Elle offre à qui la voit ainsi dans le loin-
tain
Trente maîtresses tours avec des toits
d'étain,
Et des mâchicoulis de forme sarrasine
Encor tout ruisselants de poix et de ré-
sine.
Au centre est un donjon si beau, qu'en
vérité,
On ne le peindrait pas dans tout un jour
d'été.
Ses créneaux sont scellés de plomb ;
chaque embrasure
Cache un archer dont l'œil toujours
guette et mesure ;
Ses gargouilles font peur ; à son faîte
vermeil
Rayonne un diamant gros comme le
soleil,
Qu'on ne peut regarder fixement de trois
lieues.

Sur la gauche est la mer aux grandes
ondes bleues,
Qui jusqu'à cette ville apporte ses dro-
mons.

Charle, en voyant ces tours, tressaille
sur les monts.

"Mon sage conseiller, Naymes, duc de
Bavière,
Quelle est cette cité près de cette ri-
vière ?

Qui la tient la peut dire unique sous les
  cieux.
Or, je suis triste, et c'est le cas d'être
  joyeux.
Oui, dussé-je rester quatorze ans dans
  ces plaines,
O gens de guerre, archers, compagnons,
  capitaines,
Mes enfants ! mes lions ! saint Denis
  m'est témoin
Que j'aurai cette ville avant d'aller plus
  loin ! "

Le vieux Naymes frissonne à ce qu'il
  vient d'entendre.

" Alors, achetez-la, car nul ne peut la
  prendre.
Elle a pour se défendre, outre ses Béar-
  nais,
Vingt mille Turcs ayant chacun double
  harnais.
Quant à nous, autrefois, c'est vrai, nous
  triomphâmes ;
Mais, aujourd'hui, vos preux ne valent
  pas des femmes,
Ils sont tous harassés et du gîte en-
  vieux,
Et je suis le moins las, moi qui suis le
  plus vieux.
Sire, je parle franc et je ne farde guère.
D'ailleurs, nous n'avons point de ma-
  chines de guerre ;
Les chevaux sont rendus, les gens ras-
  sasiés ;
Je trouve qu'il est temps que vous vous
  reposiez,
Et je dis qu'il faut être aussi fou que
  vous l'êtes
Pour attaquer ces tours avec des arba-
  lètes."

L'empereur répondit au duc avec bonté :
" Duc, tu ne m'as pas dit le nom de la
  cité ! "

" On peut bien oublier quelque chose à
  mon âge.
Mais, sire, ayez pitié de votre baron-
  nage ;
Nous voulons nos foyers, nos logis, nos
  amours.
C'est ne jouir jamais que conquérir tou-
  jours.
Nous venons d'attaquer bien des pro-
  vinces, sire,

Et nous en avons pris de quoi doubler
  l'empire.
Ces assiégés riraient de vous du haut des
  tours.
Ils ont, pour recevoir sûrement des se-
  cours,
Si quelque insensé vient heurter leurs
  citadelles,
Trois souterrains creusés par les Turcs
  infidèles,
Et qui vont, le premier, dans le val de
  Bastan.
Le second, à Bordeaux, le dernier, chez
  Satan."

L'empereur, souriant, reprit d'un air
  tranquille :
" Duc, tu ne m'as pas dit le nom de
  cette ville ! "

" C'est Narbonne."

" Narbonne est belle," dit le roi,
" Et je l'aurai ; je n'ai jamais vu, sur ma
  foi,
Ces belles filles-là sans leur rire au pas-
  sage,
Et me piquer un peu les doigts à leur
  corsage."

Alors, voyant passer un comte de haut
  lieu,
Et qu'on appelait Dreus de Montdidier.
" Pardieu !
Comte, ce bon duc Nayme expire de
  vieillesse !
Mais vous, ami, prenez Narbonne, et je
  vous laisse
Tout le pa s d'ici jusques à Montpellier ;
Car vous êtes le fils d'un gentil cheva-
  lier ;
Votre oncle, que j'estime, était abbé de
  Chelles,
Vous-même êtes vaillant ; donc, beau
  sire, aux échelles !
L'assaut ! "

" Sire empereur," répondit Montdidier,
" Je ne suis désormais bon qu'à congédier ;
J'ai trop porté haubert, maillot, casque
  et salade ;
J'ai besoin de mon lit, car je suis fort
  malade ;
J'ai la fièvre ; un ulcère aux jambes m'est
  venu ;

Et voilà plus d'un an que je n'ai
 couché nu.
Gardez tout ce pays, car je n'en ai que
 faire."

L'empereur ne montra ni trouble ni
 colère.
Il chercha du regard Hugo de Cotentin ;
Ce seigneur était brave et comte palatin.

"Hugues," dit-il, "je suis aise de vous
 apprendre
Que Narbonne est à vous ; vous n'avez
 qu'à la prendre."

Hugo de Cotentin salua l'empereur.

"Sire, c'est un manant heureux qu'un
 laboureur !
Le drôle gratte un peu la terre brune ou
 rouge,
Et, quand sa tâche est faite, il rentre
 dans son bouge.
Moi, j'ai vaincu Tryphon, Thessalus,
 Gaiffer ;
Par le chaud, par le froid, je suis vêtu
 de fer ;
Au point du jour, j'entends le clairon
 pour antienne ;
Je n'ai plus à ma selle une boucle qui
 tienne ;
Voilà longtemps que j'ai pour unique
 destin
De m'endormir fort tard pour m'éveiller
 matin,
De recevoir des coups pour m'éveiller
 matin,
De recevoir des coups pour vous et pour
 les vôtres,
Je suis très-fatigué.   Donnez Narbonne
 à d'autres."

Le roi laissa tomber sa tête sur son sein.
Chacun songeait, poussant du coude son
 voisin.
Pourtant Charle, appelant Richer de
 Normandie :
"Vous êtes grand seigneur et de race
 hardie,
Duc ; ne voudrez-vous pas prendre Nar-
 bonne un peu ?"

"Empereur, je suis duc par la grâce de
 Dieu.
Ces aventures-là vont aux gens de for-
 tune.
Quand on a ma duché, roi Charle, on
 n'en veut qu'une."

L'empereur se tourna vers le comte de
 Gand :

"Tu mis jadis à bas Maugiron le bri-
 gand.
Le jour où tu naquis sur la plage ma-
 rine,
L'audace avec le souffle entra dans ta
 poitrine :
Bavon, ta mère, était de fort bonne
 maison ;
Jamais on ne t'a fait choir que par tra-
 hison ;
Ton âme après la chute était encor
 meilleure.
Je me rappellerai jusqu'à ma dernière
 heure
L'air joyeux qui parut dans ton œil
 hasardeux,
Un jour que nous étions en marche seuls
 tous deux,
Et que nous entendions dans les plaines
 voisines
Le cliquetis confus des lances sarra-
 sines.
Le péril fut toujours de toi bien ac-
 cueilli,
Comte ; eh bien ! prends Narbonne, et
 je t'en fais bailli."

"Sire," dit le Gantois, "je voudrais être
 en Flandre.
J'ai faim, mes gens ont faim ; nous ve-
 nons d'entreprendre
Une guerre à travers un pays endiablé ;
Nous y mangions, au lieu de farine de
 blé,
Des rats et des souris, et, pour toutes
 ribotes,
Nous avons dévoré beaucoup de vieilles
 bottes.
Et puis votre soleil d'Espagne m'a hâlé
Tellement, que je suis tout noir et tout
 brûlé ;
Et, quand je reviendrai de ce ciel insa-
 lubre
Dans ma ville de Gand avec ce front lu-
 gubre,
Ma femme, qui déjà peut-être a quelque
 amant,
Me prendra pour un Maure et non pour
 un Flamand !
J'ai hâte d'aller voir là-bas ce qui se
 passe.
Quand vous me donneriez, pour prendre
 cette place,

Tout l'or de Salomon et tout l'or de
   Pépin,
Non ! je m'en vais en Flandre, où l'on
   mange du pain."

" Ces bons Flamands," dit Charle, " il
   faut que cela mange."

Il reprit :
   " Çà, je suis stupide. Il est étrange
Que je cherche un preneur de ville, ayant
   ici
Mon vieil oiseau de proie, Eustache de
   Nancy.
Eustache, à, moi ! Tu vois, cette Nar-
   bonne est rude ;
Elle a trente châteaux, trois fossés, et
   l'air prude ;
A chaque porte un camp, et, pardieu !
   j'oubliais,
Là-bas, six grosses tours en pierre de
   liais.
Ces douves-là nous font parfois si grise
   mine
Qu'il faut recommencer à l'heure où l'on
   termine,
Et que, la ville prise, on échoue au don-
   jon.
Mais qu'importe ! es-tu pas le grand
   aigle ?"

          " Un pigeon,
Un moineau," dit Eustache, " un pinson
   dans la haie !
Roi, je me sauve au nid. Mes gens
   veulent leur paie ;
Or, je n'ai pas le sou ; sur ce, pas un
   garçon
Qui me fasse crédit d'un coup d'estra-
   maçon ;
Leurs yeux me donneront à peine une
   étincelle
Par sequin qu'ils verront sortir de l'es-
   carcelle.
Tas de gueux ! Quant à moi, je suis
   très-ennuyé ;
Mon vieux poing tout sanglant n'est
   jamais essuyé ;
Je suis moulu. Car, sire, on s'échine à
   la guerre ;
On arrive à haïr ce qu'on aimait na-
   guère,
Le danger qu'on voyait tout rose, on le
   voit noir ;
On s'use, on se disloque, on finit par
   avoir

La goutte aux reins, l'entorse aux pieds,
   aux mains l'ampoule,
Si bien, qu'étant parti vautour, on revient
   poule.
Je désire un bonnet de nuit. Foin du
   cimier !
J'ai tant de gloire, ô roi, que j'aspire au
   fumier."
Le bon cheval du roi frappait du pied la
   terre
Comme s'il comprenait ; sur le mont
   solitaire
Les nuages passaient. Gérard de Rous-
   sillon
Était à quelques pas avec son bataillon ;
Charlemagne en riant vint à lui.

           " Vaillant homme,
Vous êtes dur et fort comme un romain
   de Rome ;
Vous empoignez le pieu sans regarder
   aux clous ;
Gentilhomme de bien, cette ville est à
   vous ! "

Gérard de Roussillon regarda d'un air
   sombre
Son vieux gilet de fer rouillé, le petit
   nombre
De ses soldats marchant tristement de-
   vant eux,
Sa bannière trouée et son cheval boiteux.

"Tu rêves," dit le roi, " comme un clerc
   en Sorbonne
Faut-il donc tant songer pour accepter
   Narbonne ! "

" Roi," dit Gérard, " merci, j'ai des
   terres ailleurs."

Voilà comme parlaient tous ces fiers ba-
   tailleurs
Pendant que les torrents mugissaient sous
   les chênes.

L'empereur fit le tour de tous ses capi-
   taines ;
Il appela les plus hardis, les plus fou-
   gueux,
Eudes, roi de Bourgogne, Albert de Pé-
   rigueux,
Samo, que la légende aujourd'hui di-
   vinise,
Garin, qui, se trouvant un beau jour à
   Venise,

Emporta sur son dos le lion de Saint-
Marc,
Ernaut de Beauléande, Ogier de Dane-
mark,
Roger, enfin, grande âme au péril tou-
jours prête.
Ils refusèrent tous.

Alors, levant la tête,
Se dressant tout debout sur ses grands
étriers,
Tirant sa large épée aux éclairs meurtri-
ers,
Avec un âpre accent plein de sourdes
huées,
Pâle, effrayant, pareil à l'aigle des nuées,
Terrassant du regard son camp épou-
vanté,
L'invincible empereur s'écria : "Lâcheté !
O comtes palatins tombés dans ces val-
lées,
O géants qu'on voyait debout dans les
mêlées,
Devant qui Satan même aurait crié merci,
Olivier et Roland, que n'êtes-vous ici !
Si vous étiez vivants, vous prendriez
Narbonne.
Paladins ! vous, du moins votre épée
était bonne,
Votre cœur était haut, vous ne marchan-
diez pas !
Vous alliez en avant sans compter tous
vos pas !
O compagnons couchés dans la tombe
profonde,
Si vous étiez vivants, nous prendrions
le monde !
Grand Dieu ! que voulez-vous que je
fasse à présent !
Mes yeux cherchent en vain un brave
au cœur puissant,
Et vont, tout effrayés de nos immenses
tâches,
De ceux-là qui sont morts à ceux-ci qui
sont lâches !
Je ne sais point comment on porte des
affronts !
Je les jette à mes pieds, je n'en veux
pas ! — Barons,
Vous qui m'avez suivi jusqu'à cette mon-
tagne,
Normands, Lorrains, marquis des
marches d'Allemagne,
Poitevins, Bourguignons, gens du pays
Pisan,
Bretons, Picards, Flamands, Français,
allez-vous-en !

Guerriers, allez-vous-en d'auprès de ma
personne ;
Des camps où l'on entend mon noir
clairon qui sonne,
Rentrez dans vos logis, allez-vous-en chez
vous,
Allez-vous-en d'ici, car je vous chasse
tous !
Je ne veux plus de vous ! retournez chez
vos femmes !
Allez vivre cachés, prudents, contents,
infâmes !
C'est ainsi qu'on arrive à l'âge d'un
aïeul.
Pour moi, j'assiégerai Narbonne à moi
tout seul.
Je reste ici rempli de joie et d'espé-
rance !
Et, quand vous serez tous dans notre
douce France,
O vainqueurs des Saxons et des Arago-
nais !
Quand vous vous chaufferez les pieds à
vos chenets,
Tournant le dos aux jours de guerres et
d'alarmes,
Si l'on vous dit, songeant à tous vos
grands faits d'armes
Qui remplirent longtemps la terre de
terreur :
"Mais où donc avez-vous quitté votre
empereur ?"
Vous répondrez, baissant les yeux vers
la muraille :
"Nous nous sommes enfuis le jour d'une
bataille,
Si vite et si tremblants et d'un pas si
pressé
Que nous ne savons plus où nous l'avons
laissé !"
Ainsi Charles de France appelé Charle-
magne,
Exarque de Ravenne, empereur d'Alle-
magne,
Parlait dans la montagne avec sa grande
voix ;
Et les pâtres lointains, épars au fond des
bois,
Croyaient en l'entendant que c'était le
tonnerre.

Les barons consternés fixaient leurs yeux
à terre.
Soudain, comme chacun demeurait in-
terdit,
Un jeune homme bien fait sortit des
rangs et dit :

"Que monsieur saint Denis garde le roi
de France ! "

L'empereur fut surpris de ce ton d'assu-
rance.

Il regarda celui qui s'avançait, et vit,
Comme le roi Saül lorsque apparut Da-
vid,
Une espèce d'enfant au teint rose, aux
mains blanches,
Que d'abord les soudards dont l'estoc bat
les hanches
Prirent pour une fille habillée en garçon,
Doux, frêle, confiant, serein, sans écus-
son
Et sans panache, ayant, sous ses habits
de serge
L'air grave d'un gendarme et l'air froid
d'une vierge.
"Toi, que veux-tu," dit Charle, "et
qu'est-ce qui t'émeut ?"

"Je viens vous demander ce dont pas
un ne veut :
L'honneur d'être, ô mon roi, si Dieu ne
m'abandonne,
L'homme dont on dira : 'C'est lui qui
prit Narbonne.'"

L'enfant parlait ainsi d'un air de loyauté,
Regardant tout le monde avec simplicité.

Le Gantois, dont le front se relevait très-
vite,
Se mit à rire et dit aux reîtres de sa
suite :
"Hé ! c'est Aymerillot, le petit com-
pagnon !"

"Aymerillot," reprit le roi, "dis-nous
ton nom."

"Aymery. Je suis pauvre autant qu'un
pauvre moine ;
J'ai vingt ans, je n'ai point de paille et
point d'avoine,
Je sais lire en latin, et je suis bachelier.
Voilà tout, sire. Il plut au sort de
m'oublier
Lorsqu'il distribua les fiefs héréditaires.
Deux liards couvriraient fort bien toutes
mes terres,
Mais tout le grand ciel bleu n'emplirait
pas mon cœur :
J'entrerai dans Narbonne et je serai vain-
queur.

Après, je châtierai les railleurs, s'il en
reste."
Charles, plus rayonnant que l'archange
céleste,
S'écria :

"Tu seras, pour ce propos hautain,
Aymery, de Narbonne et comte palatin,
Et l'on te parlera d'une façon civile.
Va, fils !"

Le lendemain Aymery prit la ville.

LE PARRICIDE.

VICTOR HUGO. 1859.

LÉGENDE DU CYCLE HÉROIQUE CHRÉ-
TIEN.

Un jour, Kanut, à l'heure où l'assoupisse-
ment
Ferme partout les yeux sous l'obscur
firmament,
Ayant pour seul témoin la nuit, l'aveugle
immense,
Vit son père Swéno, vieillard presque en
démence,
Qui dormait, sans un garde à ses pieds,
sans un chien ;
Il le tua, disant : "Lui-même n'en sait
rien."
Puis il fut un grand roi.

Toujours vainqueur, sa vie
Par la prospérité fidèle fut suivie ;
Il fut plus triomphant que la gerbe des
blés ;
Quand il passait devant les vieillards
assemblés,
Sa présence éclairait ces sévères visages ;
Par la chaîne des mœurs pures et des lois
sages
À son cher Danemark natal il enchaîna
Vingt îles, Fionie, Arnhout, Folster,
Mona ;
Il bâtit un grand trône en pierres féo-
dales ;
Il vainquit les Saxons, les Pictes, les
Vandales,
Le Celte, et le Borusse, et le Slave aux
abois,
Et les peuples hagards qui hurlent dans
les bois ;
Il abolit l'horreur idolâtre, et la rune,
Et le menhir féroce où le soir, à la brune,

Le chat sauvage vient frotter son dos
    hideux ;
Il disait en parlant du grand César :
    " Nous deux " ;
Une lueur sortait de son cimier polaire ;
Les monstres expiraient partout sous sa
    colère ;
Il fut, pendant vingt ans, qu'on l'enten-
    dit marcher,
Le cavalier superbe et le puissant archer ;
L'hydre morte, il mettait le pied sur la
    portée ;
Sa vie, en même temps bénie et redoutée,
Dans la bouche du peuple était un fier
    récit ;
Rien que dans un hiver, ce chasseur dé-
    truisit
Trois dragons en Ecosse, et deux rois en
    Scanie ;
Il fut héros, il fut géant, il fut génie ;
Le sort de tout un monde au sien sem-
    blait lié ;
Quant à son parricide, il l'avait oublié.
Il mourut. On le mit dans un cercueil
    de pierre,
Et l'évêque d'Aarhus vint dire une prière,
Et chanter sur sa tombe un hymne, dé-
    clarant
Que Kanut était saint, que Kanut était
    grand,
Qu'un céleste parfum sortait de sa mé-
    moire,
Et qu'ils le voyaient, eux, les prêtres,
    dans la gloire,
Assis comme un prophète à la droite de
    Dieu.

Le soir vint ; l'orgue en deuil se tut dans
    le saint lieu ;
Et les prêtres, quittant la haute cathé-
    drale,
Laissèrent le roi mort dans la paix sé-
    pulcrale.
Alors il se leva, rouvrit ses yeux obscurs,
Prit son glaive, et sortit de la tombe,
    les murs
Et les portes étant brumes pour les fan-
    tômes ;
Il traversa la mer qui reflète les dômes
Et les tours d'Altona, d'Aarhus et d'Else-
    neur ;
L'ombre écoutait les pas de ce sombre
    seigneur ;
Mais il marchait sans bruit, étant lui-
    même un songe ;
Il alla droit au mont Savo que le temps
    ronge,

Et Kanut s'approcha de ce farouche
    aïeul,
Et lui dit : " Laisse-moi, pour m'en
    faire un linceul,
O montagne Savo que la tourmente as-
    siége,
Me couper un morceau de ton manteau de
    neige."
Le mont le reconnut et n'osa refuser.
Kanut prit son épée impossible à briser,
Et sur le mont, tremblant devant ce
    belluaire,
Il coupa de la neige et s'en fit un suaire ;
Puis il cria : " Vieux mont, la mort
    éclaire peu ;
De quel côté faut-il aller pour trouver
    Dieu ? "
Le mont au flanc difforme, aux gorges
    obstruées,
Noir, triste dans le vol éternel des
    nuées,
Lui dit : " Je ne sais pas, spectre ; je
    suis ici."
Kanut quitta le mont par les glaces
    saisi ;
Et le front haut, tout blanc dans son
    linceul de neige,
Il entra, par delà l'Islande et la Nor-
    vége,
Seul dans le grand silence et dans la
    grande nuit ;
Derrière lui le monde obscur s'évanouit ;
Il se trouva, lui, spectre, âme, roi sans
    royaume,
Nu, face à face avec l'immensité fan-
    tôme ;
Il vit l'infini, porche horrible et recu-
    lant,
Où l'éclair, quand il entre, expire triste
    et lent,
L'ombre, hydre dont les nuits sont les
    pâles vertèbres,
L'informe se mouvant dans le noir, les
    Ténèbres ;
Là, pas d'astre ; et pourtant on ne sait
    quel regard
Tombe de ce chaos immobile et hagard ;
Pour tout bruit, le frisson lugubre que
    fait l'onde
De l'obscurité, sourde, effarée et pro-
    fonde ;
Il avança disant : " C'est la tombe ; au
    delà
C'est Dieu." Quand il eut fait trois
    pas, il appela ;
Mais la nuit est muette ainsi que l'os-
    suaire,

Et rien ne répondit : pas un pli du
suaire
Ne s'émut, et Kanut avança ; la blan-
cheur
Du linceul rassurait le sépulcral mar-
cheur ;
Il allait ; tout à coup, sur son livide
voile
Il vit poindre et grandir comme une
noire étoile ;
L'étoile s'élargit lentement, et Kanut,
La tâtant de sa main de spectre, reconnut
Qu'une goutte de sang était sur lui
tombée ;
Sa tête, que la peur n'avait jamais cour-
bée,
Se redressa ; terrible, il regarda la nuit,
Et ne vit rien ; l'espace était noir, pas
un bruit.
" En avant ! " dit Kanut, levant sa tête
fière.
Une seconde tache auprès de la première
Tomba, puis s'élargit ; et le chef cim-
brien
Regarda l'ombre épaisse et vague, et ne
vit rien.
Comme un limier à suivre une piste s'at-
tache,
Morne, il reprit sa route ; une troisième
tache
Tomba sur le linceul. Il n'avait jamais
fui ;
Kanut pourtant cessa de marcher devant
lui,
Et tourna du côté du bras qui tient le
glaive ;
Une goutte de sang, comme à travers un
rêve,
Tomba sur le suaire et lui rougit la
main ;
Pour la seconde fois il changea de
chemin,
Comme en lisant on tourne un feuillet
d'un registre,
Et se mit à marcher vers la gauche si-
nistre,
Une goutte de sang tomba sur le lin-
ceul ;
Et Kanut recula, frémissant d'être seul,
Et voulut regagner sa couche mortuaire ;
Une goutte de sang tomba sur le suaire ;
Alors il s'arrêta livide, et ce guerrier,
Blême, baissa la tête et tâcha de prier ;
Une goutte de sang tomba sur lui.
Farouche,
La prière effrayée expirant dans sa
bouche,

Il se remit en marche ; et, lugubre,
hésitant,
Hideux, ce spectre blanc passait ; et,
par instant,
Une goutte de sang se détachait de
l'ombre,
Implacable, et tombait sur cette blan-
cheur sombre.
Il voyait, plus tremblant qu'au vent le
peuplier,
Ces taches s'élargir et se multiplier ;
Une autre, une autre, une autre, une
autre, ô cieux funèbres !
Leur passage rayait vaguement les té-
nèbres ;
Ces gouttes, dans les plis du linceul,
finissant
Par se mêler, faisaient des nuages de
sang ;
Il marchait, il marchait ; de l'insonda-
ble voûte
Le sang continuait à pleuvoir goutte à
goutte,
Toujours, sans fin, sans bruit, et comme
s'il tombait
De ces pieds noirs qu'on voit la nuit
pendre au gibet ;
Hélas ! Qui donc pleurait ces larmes
formidables ?
L'infini. Vers les cieux, pour le juste
abordables,
Dans l'océan de nuit sans flux et sans
reflux,
Kanut s'avançait, pâle et ne regardant
plus ;
Enfin, marchant toujours comme en une
fumée,
Il arriva devant une porte fermée
Sous laquelle passait un jour mysté-
rieux ;
Alors sur son linceul il abaissa les yeux ;
C'était l'endroit sacré, c'était l'endroit
terrible ;
On ne sait quel rayon de Dieu semble
visible ;
De derrière la porte on entend l'hosanna.

Le linceul était rouge et Kanut fris-
sonna.

Et c'est pourquoi Kanut, fuyant devant
l'aurore
Et reculant, n'a pas osé paraître encore
Devant le juge au front duquel le soleil
luit ;
C'est pourquoi ce roi sombre est resté
dans la nuit,

Et sans pouvoir rentrer dans sa blan-
cheur première,
Sentant à chaque pas qu'il fait vers la
lumière,
Une goutte de sang sur sa tête pleuvoir,
Rôde éternellement sous l'énorme ciel
noir.

APRÈS LA BATAILLE.

VICTOR HUGO. 1859.

MON père, ce héros au sourire si doux,
Suivi d'un seul housard qu'il aimait
entre tous
Pour sa grande bravoure et pour sa
haute taille,
Parcourait à cheval, le soir d'une ba-
taille,
Le champ couvert de morts sur qui
tombait la nuit.
Il lui sembla dans l'ombre entendre un
faible bruit.
C'était un Espagnol de l'armée en dé-
route
Qui se traînait sanglant sur le bord de
la route,
Râlant, brisé, livide, et mort plus qu'à
moitié,
Et qui disait : "À boire, à boire par
pitié !"
Mon père, ému, tendit à son housard
fidèle
Une gourde de rhum qui pendait à sa
selle,
Et dit : "Tiens, donne à boire à ce
pauvre blessé."
Tout à coup, au moment où le housard
baissé
Se penchait vers lui, l'homme, une
espèce de maure,
Saisit un pistolet qu'il étreignait encore,
Et vise au front mon père criant :
"Caramba !"
Le coup passa si près, que le chapeau
tomba
Et que le cheval fit un écart en arrière.
"Donne-lui tout de même à boire," dit
mon père.

LA GRÈVE DES FORGERONS.

FRANÇOIS COPPÉE. 1869.

MON histoire, messieurs les juges, sera
brève.
Voila : Les forgerons s'étaient tous mis
'n grève.

C'était leur droit.   L'hiver était très-dur.
Enfin
Le faubourg, cette fois, était las d'avoir
faim.
Le samedi, le soir du payement de se-
maine,
On me prend doucement par le bras, on
m'emmène
Au cabaret et, là, les plus vieux com-
pagnons
—J'ai déjà refusé de vous livrer leurs
noms —
Me disent :

"Père Jean, nous manquons de courage.
Qu'on augmente la paye ou, sinon, plus
d'ouvrage.
On nous exploite, et c'est notre unique
moyen.
Donc nous vous choisissons, comme étant
le doyen,
Pour aller prévenir le patron, sans colère,
Que, s'il n'augmente pas notre pauvre
salaire,
Dès demain, tous les jours sont autant
de lundis.
Père Jean, êtes-vous notre homme ! "

                                    Moi, je dis :
"Je veux bien, puisque c'est utile aux
camarades."

Mon président, je n'ai pas fait de barri-
cades ;
Je suis un vieux paisible et me méfie un
peu
Des habits noirs pour qui l'on fait le coup
de feu.
Mais je ne pouvais pas leur refuser, peut-
être.
Je prends donc la corvée et me rends
chez le maître ;
J'arrive et je le trouve à table ; on m'intro-
duit ;
Je lui dis notre gêne et tout ce qui s'en-
suit,
Le pain trop cher, le prix des loyers.
Je lui conte
Que nous n'en pouvons plus ; j'établis
un long compte
De son gain et du nôtre, et conclus poli-
ment
Qu'il pourrait, sans ruine, augmenter le
payement.
Il m'écouta, tranquille, en cassant des
noisettes,
Et me dit à la fin :

"Vous, père Jean, vous êtes
Un honnête homme, et ceux qui vous
    poussent ici
Savaient ce qu'ils faisaient quand ils
    vous ont choisi.
Pour vous, j'aurai toujours une place à
    ma forge.
Mais sachez que le prix qu'ils demandent
    m'égorge,
Que je ferme demain l'atelier, et que
    ceux
Qui font les turbulents sont tous des
    paresseux.
C'est là mon dernier mot; vous pouvez
    le leur dire."

Moi, je réponds :

      "C'est bien, monsieur."

               Je me retire,
Le cœur sombre, et m'en vais rapporter
    aux amis
Cette réponse, ainsi que je l'avais promis.
Là-dessus, grand tumulte. On parle
    politique,
On jure de ne pas rentrer à la boutique,
Et dam, je jure aussi, moi, comme les
    anciens.

Ah ! plus d'un, ce soir-là, lorsque devant
    les siens
Il jeta sur un coin de table sa monnaie,
Ne dut pas, j'en réponds, se sentir l'âme
    gaie
Ni sommeiller sa nuit tout entière en
    songeant
Que de longtemps peut-être on n'aurait
    plus d'argent,
Et qu'il allait falloir s'accoutumer au
    jeûne.
— Pour moi le coup fut dur, car je ne
    suis plus jeune,
Et je ne suis pas seul. Lorsque, rentré
    chez nous,
Je pris mes deux petits-enfants sur mes
    genoux,
— Mon gendre a mal tourné, ma fille est
    morte en couches —
Je regardai, pensif, ces deux petites
    bouches
Qui bientôt connaîtraient la faim, et je
    rougis
D'avoir ainsi juré de rester au logis.
Mais je n'étais pas plus à plaindre que
    les autres ;

Et, comme on sait tenir un serment chez
    les nôtres,
Je me promis encor de faire mon devoir.
Ma vieille femme alors rentra de son
    lavoir,
Ployant sous un paquet de linge tout
    humide,
Et je lui dis la chose avec un air timide.
La pauvre n'avait pas le cœur à se fâcher ;
Elle resta, les yeux fixés sur le plancher,
Immobile longtemps et répondit :

             "Mon homme,
Tu sais bien que je suis une femme
    économe.
Je ferai ce qu'il faut, mais les temps sont
    bien lourds
Et nous avons du pain au plus pour
    quinze jours."

Moi, je repris :

      "Cela s'arrangera peut-être.
Quand je savais qu'à moins de devenir
    un traître
Je n'y pouvais plus rien et que les mé-
    contents,
Afin de maintenir la grève plus long-
    temps,
Sauraient bien surveiller et punir les
    transfuges."

Et la misère vint. — O mes juges, mes
    juges,
Vous croyez bien que, même au comble
    du malheur,
Je n'aurais jamais pu devenir un voleur,
Que rien que d'y songer, je serais mort
    de honte,
Et je ne prétends pas qu'il faille tenir
    compte,
Même au désespéré qui du matin au soir
Regarde dans les yeux son propre déses-
    poir,
De n'avoir jamais eu de coupable pensée.
Pourtant, lorsqu'au plus fort de la saison
    glacée
Ma vieille honnêteté voyait — vivants
    défis —
Ma vaillante compagne et mes deux
    petits-fils
Grelotter tous les trois près du foyer sans
    flamme,
Devant ces cris d'enfants, devant ces
    pleurs de femme,
Devant ce groupe affreux de froid pétrifié,
Jamais — j'en jure ici par ce Crucifié —

Jamais dans mon cerveau sombre n'est
    apparue
Cette action furtive et vile de la rue,
Où le cœur tremble, où l'œil guette, où
    la main saisit.
—Hélas! si mon orgueil à présent s'adou-
    cit,
Si je plie un moment devant vous, si je
    pleure,
C'est que je les revois, ceux de qui tout
    à l'heure
J'ai parlé, ceux pour qui j'ai fait ce que
    j'ai fait.

Donc on se conduisait d'abord comme on
    devait.
On mangea du pain sec et l'on mit tout
    en gage.
Je souffrais bien. Pour nous, la chambre
    c'est la cage,
Et nous ne savons pas rester à la maison,
Voyez-vous. J'ai tâté depuis de la prison,
Et je n'ai pas trouvé de grande différence.
Puis ne rien faire, c'est encore une souf-
    france.

On ne le croirait pas, eh bien, il faut
    qu'on soit
Les bras croisés par force ; alors on
    s'aperçoit
Qu'on aime l'atelier et que cette atmos-
    phère
De limaille et de feu, c'est celle qu'on
    préfère.

Au bout de quinze jours, nous étions
    sans un sou.
—J'avais passé ce temps à marcher
    comme un fou,
Seul, allant devant moi, tout droit, parmi
    la foule.
Car le bruit des cités vous endort et vous
    soûle,
Et, mieux que l'alcool, fait oublier la
    faim.
Mais, comme je rentrais, une fois, vers
    la fin
D'une après-midi froide et grise de dé-
    cembre,
Je vis ma femme assise en un coin de la
    chambre
Avec les deux petits serrés contre son
    sein,
Et je pensais :

    " C'est moi qui suis leur assassin,"

Quand la vieille me dit, douce et presque
    confuse :

" Mon pauvre homme, le Mont-de-Piété
    refuse
Le dernier matelas comme étant trop
    mauvais,
Où vas-tu maintenant trouver du pain !"

        "J'y vais,"
Répondis-je, et, prenant à deux mains
    mon courage,
Je résolus d'aller me remettre à l'ouvrage ;
Et, quoique me doutant qu'on me re-
    pousserait,
Je me rendis d'abord dans le vieux ca-
    baret
Où se tenaient toujours les meneurs de
    la grève.
—Lorsque j'entrai, je crus, sur ma foi,
    faire un rêve.
On buvait là, tandis que d'autres avaient
    faim ;
On buvait !—Oh ! ceux-là qui leur pay-
    aient ce vin
Et prolongeaient ainsi notre horrible
    martyre,
Qu'ils entendent encore un vieillard les
    maudire !
—Dès que vers les buveurs je me fus
    avancé
Et qu'ils virent mes yeux rouges, mon
    front baissé,
Ils comprirent un peu ce que je venais
    faire ;
Mais, malgré leur air sombre et leur ac-
    cueil sévère,
Je leur parlai.

      "Je viens pour vous dire ceci :
C'est que j'ai soixante ans passés, ma
    femme aussi,
Que mes deux petits-fils sont restés à ma
    charge
Et que dans la mansarde où nous vivons
    au large
—Tous nos meubles étant vendus — on
    est sans pain.
Un lit à l'hôpital, mon corps au carabin,
C'est un sort pour un gueux comme moi,
    je suppose ;
Mais pour ma femme et mes petits, c'est
    autre chose.
Donc je veux retourner tout seul sur les
    chantiers.
Mais, avant tout, il faut que vous le
    permettiez

Pour qu'on ne puisse pas sur moi faire
   d'histoires.
Voyez. J'ai les cheveux tout blancs et
   les mains noires,
Et voilà quarante ans que je suis forgeron.
— Laissez-moi retourner tout seul chez
   le patron.
J'ai voulu mendier, je n'ai pas pu. Mon
   âge
Est mon excuse. On fait un triste per-
   sonnage
Lorsqu'on porte à son front le sillon qu'a
   gravé
L'effort continuel du marteau soulevé
Et qu'on veut au passant tendre une
   main robuste.
Je vous prie à deux mains. Ce n'est pas
   trop injuste
Que ce soit le plus vieux qui cède le pre-
   mier.
Laissez-moi retourner tout seul à l'ate-
   lier.
Voilà tout. Maintenant dites si ça vous
   fâche."

Un d'entr'eux fit vers moi trois pas et
   me dit:
      "Lâche!"

Alors j'eus froid au cœur et le sang m'a-
   veugla.
Je regardai celui qui m'avait dit cela.
C'était un grand garçon, blême aux re-
   flets des lampes,
Un malin, un coureur de bals, qui sur
   les tempes,
Comme une fille, avait deux gros accroche-
   cœurs.
Il ricanait, fixant sur moi ses yeux mo-
   queurs;
Et les autres gardaient un si profond
   silence
Que j'entendais mon cœur battre avec
   violence.

Tout à coup j'étreignis dans mes deux
   mains mon front
Et m'écriai:

"Ma femme et mes petits mourront.
Soit. Et je n'irai pas travailler. — Mais
   je jure
Que, toi, tu me rendras raison de cette
   injure,
Et que nous nous battrons, tout comme
   des bourgeois.

Mon heure! Sur-le-champ. Mon arme!
   J'ai le choix,
Et, parbleu! ce sera le lourd marteau
   d'enclume
Plus léger pour nos bras que l'épée ou
   la plume;
Et vous, les compagnons, vous serez les
   témoins.
Or çà, faites le cercle et cherchez dans
   les coins
Deux de ces bons frappeurs de fer cou-
   verts de rouille.
Et toi, vil insulteur de vieux, allons,
   dépouille
Ta blouse et ta chemise, et crache dans
   ta main!"

Farouche et me frayant des coudes un
   chemin
Parmi les ouvriers, dans un coin des
   murailles,
Je choisis deux marteaux sur un tas de
   ferrailles,
Et, les ayant jugés d'un coup d'œil, je
   jetai
Le meilleur à celui qui m'avait insulté.
Il ricanait encor, mais à toute aventure,
Il prit l'arme et gardant toujours cette
   posture
Défensive:

   "Allons, vieux, ne fais pas le mé-
      chant."

Mais je ne répondis au drôle qu'en mar-
   chant
Contre lui, le gênant de mon regard
   honnête
Et faisant tournoyer au-dessus de ma
   tête
Mon outil de travail, mon arme de com-
   bat.
Jamais le chien couché sous le fouet qui
   le bat,
Dans ses yeux effarés et qui demandent
   grâce,
N'eut une expression de prière aussi basse
Que celle que je vis alors dans le regard
De ce louche poltron qui reculait, hagard,
Et qui vint s'acculer contre le mur du
   bouge.
Mais il était trop tard, hélas! — Un voile
   rouge,
Une brume de sang descendit entre moi
Et cet être pourtant terrassé par l'effroi;
Et d'un seul coup, d'un seul, je lui brisai
   le crâne!

Je sais que c'est un meurtre et que tout
    me condamne.
Et je ne voudrais pas vraiment qu'on
    chicanât
Et qu'on prît comme duel un simple as-
    sassinat.
Il était à mes pieds, mort, perdant sa
    cervelle,
Et, comme un homme à qui tout à coup
    se révèle
Toute l'immensité du remords de Caïn,
Je restai là, cachant mes deux yeux sous
    ma main,
Lorsque les compagnons de moi se rap-
    prochèrent
Et, voulant me saisir, en tremblant me
    touchèrent.
Mais je les écartai d'un geste, sans effort,
Et leur dis :

  "Laissez-moi.   Je me condamne à
    mort."

Ils comprirent.   Alors, retirant ma cas-
    quette,
Je la leur présentai, disant, comme à la
    quête :
"Pour la femme et pour les enfants,
    mes bons amis."
Et cela fit dix francs qu'un vieux leur a
    remis.
—Puis j'allai me livrer moi-même au
    commissaire.

À présent, vous avez un récit très-sin-
    cère
De mon crime et pouvez ne pas faire
    grand cas
De ce que vous diront messieurs les avo-
    cats.
Je n'ai même conté le détail de la
    chose
Que pour bien vous prouver que
    quelquefois la cause
D'un fait vient d'un concours d'événe-
    ments fatal.
Les mioches maintenant sont au même
    hôpital
Où le chagrin tua ma vaillante com-
    pagne.
Donc, pour moi, que ce soit la prison ou
    le bagne,
Ou même le pardon, je n'en ai plus
    souci ;
—Et, si vous m'envoyez à l'échafaud,
    merci !

PAROLE ÉPISCOPALE.

JOSEPH AUTRAN. 1873.

IL est un bon curé, d'origine flamande,
Qu'on rencontre priant le long des verts
    sentiers,
Homme naïf et droit, qui, lorsqu'on le
    demande,
Aux noces du village assiste volontiers.

Son évêque, un matin, prompt à la ré-
    primande,
Lui reprochait ce goût en mots assez al-
    tiers :
"Cela sent," disait-il, "une bouche
    gourmande,
Et c'est bon, tout au plus, pour les petits
    rentiers."

"J'en conviens, monseigneur ! cepen-
    dant," dit le prêtre,
"Aux noces de Cana l'on vit Jésus pa-
    raître ;
Il prit place parmi les convives joyeux."

Du modeste curé telle fut la réponse.
"Oui," répliqua l'évêque, abrégeant sa
    semonce,
"Oui, mais cela n'est pas ce qu'il a fait
    de mieux ! "

LA QUÊTE.

JOSEPH AUTRAN. 1873.

"Du Dieu de charité qui marche à votre
    tête,
Suivez, ô mes amis, suivez le saint dra-
    peau !
À ceux qui sont sans pain, sans linge
    sur la peau,
Donnez ; qui donne au pauvre à Dieu
    lui-même prête ! "

Quand l'appel du curé fut fait à son
    troupeau,
Quand il eut des esprits assuré la con-
    quête,
À son enfant de chœur il remit son cha-
    peau,
Lui montra l'assistance et lui dit : "Fais
    la quête ! "

La quête du chapeau se fit, hélas ! en
    vain ;

Rien ne fut rapporté dans cette bourse
noire,
Rien ! — L'abbé contint mal son dépit
oratoire :

"Béni soit le Seigneur, notre Père
divin,"
Dit-il, "d'avoir permis que mon cha-
peau revînt,
Après avoir passé par un tel auditoire !"

LE TRAVAIL DES CAPTIFS.

VICTOR HUGO. 1877.

LÉGENDE.

DIEU dit au roi : "Je suis ton Dieu.
Je veux un temple."

C'est ainsi, dans l'azur où l'astre le con-
temple,
Que Dieu parla ; du moins le prêtre
l'entendit.
Et le roi vint trouver les captifs, et leur
dit :
"En est-il un de vous qui sache faire un
temple ?"
"Non," dirent-ils. "J'en vais tuer cent
pour l'exemple,"
Dit le roi. "Dieu demande un temple
en son courroux.
Ce que Dieu veut du roi, le roi le veut
de vous.
C'est juste."

C'est pourquoi l'on fit mourir cent
hommes.

Alors un des captifs cria : "Sire, nous
sommes
Convaincus. Faites-nous, roi, dans les
environs,
Donner une montagne, et nous la creu-
serons."
"Une caverne !" dit le roi. "Roi qui
gouvernes,
Dieu ne refuse point d'entrer dans les
cavernes,"
Dit l'homme, "et ce n'est pas une ré-
bellion
Que faire un temple à Dieu de l'antre
du lion."
"Faites," dit le roi.

L'homme eut donc une montagne ;
Et les captifs, traînant les chaînes de leur
bagne,
Se mirent à creuser ce mont, nommé
Galgal ;
Et l'homme était leur chef, bien qu'il fût
leur égal,
Mais dans la servitude, ombre où rien
ne pénètre,
On a pour chef l'esclave à qui parle le
maître.

Ils creusèrent le mont Galgal profondé-
ment.
Quand ils eurent fini, l'homme dit :
"Roi clément,
Vos prisonniers ont fait ce que le ciel
désire ;
Mais ce temple est à vous avant d'être à
Dieu, sire ;
Que votre Éternité daigne venir le voir."
"J'y consens," répondit le roi. "Notre
devoir,"
Reprit l'humble captif prosterné sur les
dalles,
"Est d'adorer la cendre où marchent vos
sandales ;
Quand vous plaît-il de voir notre œuvre ?"
"Sur-le-champ."
Alors le maître et l'homme, à ses pieds
se couchant,
Furent mis sous un dais sur une plate-
forme ;
Un puits était bouché par une pierre
énorme,
La pierre fut levée, un câble hasardeux
Soutint les quatre coins du trône, et
tous les deux
Descendirent au fond du puits, unique
entrée
De la montagne à coups de pioches éven-
trée.
Quand ils furent en bas, le prince s'é-
tonna.
— C'est de cette façon qu'on entre dans
l'Etna,
C'est ainsi qu'on pénètre au trou de la
Sibylle,
C'est ainsi qu'on aborde à l'Hadès im-
mobile,
Mais ce n'est pas ainsi qu'on arrive au
saint lieu.
"Qu'on monte ou qu'on descende, on va
toujours à Dieu,"
Dit l'architecte ayant comme un forçat
la marque ;
"O roi, soyez ici le bienvenu, monarque

Qui parmi les plus grands et parmi les
　premiers
Rayonnez, comme un cèdre au milieu
　des palmiers
Règne, et comme Pathmos brille entre les
　Sporades."
"Qu'est ce bruit?" dit le roi. "Ce sont
　mes camarades
Qui laissent retomber le couvercle du
　puits."
"Mais nous ne pourrons plus sortir."
" Rois, vos appuis
Sont les astres, ô prince, et votre cime-
　terre
Fait reculer la foudre, et vous êtes sur
　terre
Le soleil comme au ciel le soleil est le
　roi.
Que peut craindre ici-bas Votre Hau-
　tesse ?" "Quoi !
Plus d'issue !" "Ô grand roi, roi sub-
　lime, qu'importe !
Vous êtes l'homme à qui Dieu même
　ouvre la porte."
Alors le roi cria : "Plus de jour, plus
　de bruit,
Tout est noir, je ne vois plus rien.
　Pourquoi la nuit
Est-elle dans ce temple ainsi qu'en une
　cave !
Pourquoi !" "Parce que c'est ta tombe,"
　dit l'esclave.

LE CIMETIÈRE D'EYLAU.

VICTOR HUGO. 1877.

À mes frères aînés, écoliers éblouis,.
Ce qui suit fut conté par mon oncle
　Louis,
Qui me disait à moi, de sa voix la plus
　tendre :
"Joue, enfant !" me jugeant trop petit
　pour comprendre.
J'écoutais cependant, et mon oncle
　disait :

"Une bataille, bah ! savez-vous ce que
　c'est !
De la fumée. À l'aube on se lève, à la
　brune
On se couche ; et je vais vous en racon-
　ter une.
Cette bataille-là se nomme Eylau ; je
　crois

Que j'étais capitaine et que j'avais la
　croix ;
Oui, j'étais capitaine. Après tout, à la
　guerre,
Un homme, c'est de l'ombre, et ça ne
　compte guère,
Et ce n'est pas de moi qu'il s'agit.
　Donc, Eylau
C'est un pays en Prusse ; un bois, des
　champs, de l'eau,
De la glace, et partout l'hiver et la
　bruine.

"Le régiment campa près d'un mur en
　ruine ;
On voyait des tombeaux autour d'un
　vieux clocher.
Bénigasen ne savait qu'une chose, ap-
　procher
Et fuir ; mais l'empereur dédaignait ce
　manège.
Et les plaines étaient toutes blanches de
　neige.
Napoléon passa, sa lorgnette à la main.
Les grenadiers disaient : ' Ce sera pour
　demain.'
Des vieillards, des enfants pieds nus,
　des femmes grosses
Se sauvaient ; je songeais ; je regardais
　les fosses.
Le soir on fit les feux, et le colonel vint,
Il dit : ' Hugo ?' 'Présent.' 'Combien
　d'hommes ?' 'Cent-vingt.'
' Bien. Prenez avec vous la compagnie
　entière,
Et faites-vous tuer.' 'Où ?' 'Dans le
　cimetière.'
Et je lui répondis : ' C'est en effet l'en-
　droit.'
J'avais ma gourde, il but et je bus ; un
　vent froid
Soufflait. Il dit : ' La mort n'est pas
　loin. Capitaine,
J'aime la vie, et vivre est la chose cer-
　taine,
Mais rien ne sait mourir comme les bons
　vivants.
Moi, je donne mon cœur, mais ma peau,
　je la vends.
Gloire aux belles ! Trinquons. Votre
　poste est le pire.'
Car notre colonel avait le mot pour
　rire.
Il reprit : 'Enjambez le mur et le fossé,
Et restez là ; ce point est un peu me-
　nacé,
Ce cimetière étant la clef de la bataille.

Gardez-le.' 'Bien.' 'Ayez quelques
bottes de paille.'
'On n'en a point.' 'Dormez par terre.'
'On dormira.'
'Votre tambour est-il brave !' 'Comme
Barra.'
'Bien. Qu'il batte la charge au hasard
et dans l'ombre,
Il faut avoir le bruit quand on n'a pas
le nombre.'
Et je dis au gamin : 'Entends-tu, ga-
min ?' 'Oui,
Mon capitaine,' dit l'enfant, presque
enfoui
Sous le givre et la neige, et riant. 'La
bataille,'
Reprit le colonel, 'sera toute à mi-
traille ;
Moi, j'aime l'arme blanche, et je blâme
l'abus
Qu'on fait des lâchetés féroces de l'o-
bus ;
Le sabre est un vaillant, la bombe une
traîtresse ;
Mais laissons l'empereur faire. Adieu,
le temps presse.
Restez ici demain sans broncher. Au
revoir.
Vous ne vous en irez qu'à six heures du
soir.'
Le colonel partit. Je dis : 'Par file à
droite !'
Et nous entrâmes tous dans une enceinte
étroite ;
De l'herbe, un mur autour, une église
au milieu,
Et dans l'ombre, au-dessus des tombes,
un bon Dieu.
Un cimetière sombre, avec de blanches
lames,
Cela rappelle un peu la mer. Nous
crénelâmes
Le mur, et je donnai le mot d'ordre, et
je fis
Installer l'ambulance au pied du cruci-
fix.
'Soupons,' dis-je, 'et dormons.' La
neige cachait l'herbe ;
Nos capotes étaient en loques ; c'est
superbe,
Si l'on veut, mais c'est dur quand le
temps est mauvais.
Je pris pour oreiller une fosse ; j'avais
Les pieds transis, ayant des bottes sans
semelle ;
Et bientôt, capitaine et soldats pêle-
mêle,

Nous ne bougeâmes plus, endormis sur
les morts.
Cela dort, les soldats ; cela n'a ni re-
mords,
Ni crainte, ni pitié, n'étant pas respon-
sable ;
Et, glacé par la neige ou brûlé par le
sable,
Cela dort ; et d'ailleurs, se battre rend
joyeux.
Je leur criai : 'Bonsoir !' et je fermai
les yeux ;
À la guerre on n'a pas le temps des pan-
tomimes.
Le ciel était maussade, il neigeait, nous
dormîmes.
Nous avions ramassé des outils de
labour,
Et nous en avions fait un grand feu. Mon
tambour
L'attisa, puis s'en vint près de moi
faire un somme.
C'était un grand soldat, fils, que ce petit
homme.
Le crucifix resta debout, comme un
gibet.
Bref, le feu s'éteignit ; et la neige tom-
bait.
Combien fut-on de temps à dormir de la
sorte ?
Je veux, si je le sais, que le diable
m'emporte !
Nous dormions bien. Dormir, c'est es-
sayer la mort.
À la guerre c'est bon. J'eus froid, très-
froid d'abord ;
Puis je rêvai ; je vis en rêve des sque-
lettes
Et des spectres, avec de grosses épau-
lettes ;
Par degrés, lentement, sans quitter mon
chevet,
J'eus la sensation que le jour se levait,
Mes paupières sentaient de la clarté
dans l'ombre ;
Tout à coup, à travers mon sommeil, un
bruit sombre
Me secoua, c'était au canon ressem-
blant ;
Je m'éveillai ; j'avais quelque chose de
blanc
Sur les yeux ; doucement, sans choc,
sans violence,
La neige nous avait tous couverts en
silence
D'un suaire, et j'y fis en me dressant un
trou ;

Un boulet, qui nous vint je ne sais trop
    par où,
M'éveilla tout à fait ; je lui dis: 'Passe
    au large !'
Et je criai : ' Tambour, debout ! et bats
    la charge !'

"Cent-vingt têtes alors, ainsi qu'un
    archipel,
Sortirent de la neige ; un sergent fit
    l'appel,
Et l'aube se montra, rouge, joyeuse et
    lente ;
On eût cru voir sourire une bouche san-
    glante.
Je me mis à penser à ma mère ; le vent
Semblait me parler bas ; à la guerre
    souvent
Dans le lever du jour c'est la mort qui
    se lève.
Je songeais.   Tout d'abord nous eûmes
    une trêve ;
Les deux coups de canon n'étaient rien
    qu'un signal,
La musique parfois s'envole avant le
    bal
Et fait danser en l'air une ou deux
    notes vaines.
La nuit avait figé notre sang dans nos
    veines,
Mais sentir le combat venir, nous ré-
    chauffait.
L'armée allait sur nous s'appuyer en
    effet ;
Nous étions les gardiens du centre, et la
    poignée
D'hommes sur qui la bombe, ainsi
    qu'une cognée,
Va s'acharner ; et j'eusse aimé mieux
    être ailleurs.
Je mis mes gens le long du mur ; en
    tirailleurs.
Et chacun se berçait de la chance peu
    sûre
D'un bon grade à travers une bonne
    blessure ;
À la guerre on se fait tuer pour réussir.
Mon lieutenant, garçon qui sortait de
    Saint-Cyr,
Me cria: 'Le matin est une aimable
    chose ;
Quel rayon de soleil charmant ! La
    neige est rose !
Capitaine, tout brille et rit ! quel frais
    azur !
Comme ce paysage est blanc, paisible et
    pur !'

'Cela va devenir terrible,' répondis-je.
Et je songeais au Rhin, aux Alpes, à
    l'Adige,
À tous nos fiers combats sinistres d'au-
    trefois.

"Brusquement la bataille éclata. Six
    cents voix
Énormes, se jetant la flamme à pleines
    bouches,
S'insultèrent du haut des collines fa-
    rouches,
Toute la plaine fut un abîme fumant,
Et mon tambour battait la charge éper-
    dûment.
Aux canons se mêlait une fanfare altière,
Et les bombes pleuvaient sur notre
    cimetière,
Comme si l'on cherchait à tuer les tom-
    beaux ;
On voyait du clocher s'envoler les cor-
    beaux ;
Je me souviens qu'un coup d'obus troua
    la terre,
Et le mort apparut stupéfait dans sa
    bière,
Comme si le tapage humain le réveil-
    lait.
Puis un brouillard cacha le soleil. Le
    boulet
Et la bombe faisaient un bruit épouvan-
    table.
Berthier, prince d'empire et vice-conné-
    table,
Chargea sur notre droite un corps hano-
    vrien
Avec trente escadrons, et l'on ne vit
    plus rien
Qu'une brume sans fond, de bombes
    étoilée ;
Tant toute la bataille et toute la mêlée
Avaient dans le brouillard tragique
    disparu.
Un nuage tombé par terre, horrible,
    accru
Par des vomissements immenses de
    fumées,
Enfants, c'est là-dessous qu'étaient les
    deux armées ;
La neige en cette nuit flottait comme
    un duvet,
Et l'on s'exterminait, ma foi, comme on
    pouvait.
On faisait de son mieux. Pensif, dans
    les décombres,
Je voyais mes soldats rôder comme des
    ombres ;

Spectres le long du mur rangés en espa-
lier ;
Et ce champ me faisait un effet singu-
lier,
Des cadavres dessous et dessus des fan-
tômes.
Quelques hameaux flambaient ; au loin
brûlaient des chaumes.
Puis la brume où du Harz on entendait
le cor
Trouva moyen de croître et d'épaissir
encor,
Et nous ne vîmes plus que notre cime-
tière ;
À midi nous avions notre mur pour
frontière,
Comme par une main noire, dans de
la nuit,
Nous nous sentîmes prendre, et tout
s'évanouit.
Notre église semblait un rocher dans
l'écume.
La mitraille voyait fort clair dans cette
brume,
Nous tenait compagnie, écrasait le chevet
De l'église, et la croix de pierre, et nous
prouvait
Que nous n'étions pas seuls dans cette
plaine obscure.
Nous avions faim, mais pas de soupe ;
on se procure
Avec peine à manger dans un tel lieu.
Voilà
Que la grêle de feu tout à coup re-
doubla.
La mitraille, c'est fort gênant ; c'est de
la pluie ;
Seulement ce qui tombe et ce qui vous
ennuie,
Ce sont des grains de flamme et non des
gouttes d'eau.
Des gens à qui l'on met sur les yeux un
bandeau,
C'était nous.   Tout croulait sous les
obus, le cloître,
L'église et le clocher, et je voyais dé-
croître
Les ombres que j'avais autour de moi
debout ;
Une de temps en temps tombait.   'On
meurt beaucoup,'
Dit un sergent pensif comme un loup
dans un piége ;
Puis il reprit, montrant les fosses sous
la neige :
'Pourquoi nous donne-t-on ce champ
déjà meublé !'

Nous luttions.   C'est le sort des hommes
et du blé
D'être fauchés sans voir la faulx.   Un
petit nombre
De fantômes rôdait encor dans la pé-
nombre ;
Mon gamin de tambour continuait son
bruit ;
Nous tirions par-dessus le mur presque
détruit.
Mes enfants, vous avez un jardin ; la
mitraille
Était sur nous, gardiens de cette âpre
muraille,
Comme vous sur les fleurs avec votre
arrosoir.
— Vous ne vous en irez qu'à six heures
du soir.
Je songeais, méditant tout bas cette
consigne.
Des jets d'éclair mêlés à des plumes de
cygne,
Des flammèches rayant dans l'ombre les
flocons,
C'est tout ce que nos yeux pouvaient
voir.   'Attaquons !'
Me dit le sergent.   'Qui !' dis-je, 'on
ne voit personne.'
'Mais on entend.   Les voix parlent ;
le clairon sonne.
Partons, sortons ; la mort crache sur
nous ici ;
Nous sommes sous la bombe et l'obus.'
'Restons-y.'
J'ajoutai : 'C'est sur nous que tombe la
bataille.
Nous sommes le pivot de l'action.'   'Je
bâille,'
Dit le sergent.   Le ciel, les champs,
tout était noir ;
Mais quoiqu'en pleine nuit, nous étions
loin du soir,
Et je me répétais tout bas : 'Jusqu'à six
heures.'
'Morbleu ! nous aurons peu d'occasions
meilleures
Pour avancer !' me dit mon lieutenant.
Sur quoi,
Un boulet l'emporta.   Je n'avais guère foi
Au succès ; la victoire au fond n'est
qu'une garce.
Une blême lueur, dans le brouillard
éparse,
Éclairait vaguement le cimetière.   Au
loin
Rien de distinct, sinon que l'on avait
besoin

De nous pour recevoir sur nos têtes les
  bombes.
L'empereur nous avait mis là, parmi ces
  tombes ;
Mais, seuls, criblés d'obus et rendant
  coups pour coups,
Nous ne devinions pas ce qu'il faisait de
  nous.
Nous étions, au milieu de ce combat, la
  cible.
Tenir bon, et durer le plus longtemps
  possible,
Tâcher de n'être morts qu'à six heures
  du soir,
En attendant, tuer, c'était notre devoir.
Nous tirions au hasard, noirs de poudre,
  farouches ;
Ne prenant que le temps de mordre les
  cartouches,
Nos soldats combattaient et tombaient
  sans parler.
'Sergent,' dis-je, 'voit-on l'ennemi re-
  culer ?'
'Non.' 'Que voyez-vous ?' 'Rien.'
'Ni moi.' 'C'est le déluge
Mais en feu. 'Voyez-vous nos gens ?'
'Non. Si j'en juge
Par le nombre de coups qu'à présent
  nous tirons,
Nous sommes bien quarante.' Un grog-
  nard à chevrons
Qui tiraillait pas loin de moi dit : 'On
  est trente.'
Tout était neige et nuit ; la bise péné-
  trante
Soufflait, et, grelottants, nous regardions
  pleuvoir
Un gouffre de points blancs dans un
  abîme noir.
La bataille pourtant semblait devenir
  pire.
C'est qu'un royaume était mangé par
  un empire !
On devinait derrière un voile un choc
  affreux ;
On eût dit des lions se dévorant en-
  tr'eux ;
C'était comme un combat des géants de
  la fable ;
On entendait le bruit des décharges,
  semblable
À des écroulements énormes ; les fau-
  bourgs
De la ville d'Eylau prenaient feu ; les
  tambours
Redoublaient leur musique horrible, et
  sous la nue

Six cents canons faisaient la basse con-
  tinue ;
On se massacrait ; rien ne semblait dé-
  cidé ;
La France jouait là son plus grand coup
  de dé ;
Le bon Dieu de là-haut était-il pour ou
  contre ?
Quelle ombre ! et je tirais de temps en
  temps ma montre.
Par intervalle un cri troublait ce champ
  muet,
Et l'on voyait un corps gisant qui re-
  muait.
Nous étions fusillés l'un après l'autre,
  un râle
Immense remplissait cette ombre sépul-
  crale.
Les rois ont les soldats comme vous vos
  joujets.
Je levais mon épée, et je la secouais
Au-dessus de ma tête, et je criais :
  'Courage !'
J'étais sourd et j'étais ivre, tant avec
  rage
Les coups de foudre étaient par d'autres
  coups suivis ;
Soudain mon bras pendit, mon bras
  droit, et je vis
Mon épée à mes pieds, qui m'était
  échappée ;
J'avais un bras cassé ; je ramassai l'épée
Avec l'autre, et la pris dans ma main
  gauche : 'Amis !
Se faire aussi casser le bras gauche est
  permis !'
Criai-je, et je me mis à rire, chose utile,
Car le soldat n'est point content qu'on
  le mutile,
Et voir le chef un peu blessé ne déplaît
  point.
Mais quelle heure était-il ? Je n'avais
  plus qu'un poing,
Et j'en avais besoin pour lever mon
  épée ;
Mon autre main battait mon flanc, de
  sang trempée,
Et je ne pouvais plus tirer ma montre.
  Enfin
Mon tambour s'arrêta : 'Drôle, as-tu
  peur ?' 'J'ai faim,'
Me répondit l'enfant. En ce moment
  la plaine
Eut comme une secousse, et fut brusque-
  ment pleine
D'un cri qui jusqu'au ciel sinistre
  s'éleva.

Je me sentais faiblir ; tout un homme
  s'en va
Par une plaie ; un bras cassé, cela ruis-
  selle ;
Causer avec quelqu'un soutient quand
  on chancelle ;
Mon sergent me parla ; je dis au hasard,
  'Oui,'
Car je ne voulais pas tomber évanoui.
Soudain le feu cessa, la nuit sembla
  moins noire.
Et l'on criait, 'Victoire !' et je criai,
  'Victoire !'
J'aperçus des clartés qui s'approchaient
  de nous.
Sanglant, sur une main et sur les deux
  genoux
Je me traînai ; je dis : 'Voyons où nous
  en sommes.'
J'ajoutai : 'Debout, tous !' Et je comp-
  tai mes hommes.'
'Présent !' dit le sergent. 'Présent !'
  dit le gamin.
Je vis mon colonel venir, l'épée en
  main.
'Par qui donc la bataille a-t-elle été
  gagnée !'
'Par vous,' dit-il. La neige était de
  sang baignée.
Il reprit : 'C'est bien vous, Hugo ! c'est
  votre voix !'
'Oui.' 'Combien de vivants êtes-vous
  ici ?' 'Trois.' "

JEAN CHOUAN.

VICTOR HUGO. 1877.

LES blancs fuyaient, les bleus mitrail-
laient la clairière.

Un coteau dominait cette plaine, et der-
  rière
Le monticule nu, sans arbre et sans
  gazon,
Les farouches forêts emplissaient l'hori-
  zon.
En arrière du tertre, abri sûr, rempart
  sombre,
Les blancs se ralliaient, comptant leur
  petit nombre,
Et Jean Chouan parut, ses longs cheveux
  au vent.
"Ah ! personne n'est mort, car le chef
  est vivant ! "

Dirent-ils. Jean Chouan écoutait la
  mitraille.
"Nous manque-t-il quelqu'un !" "Non."
  " Alors qu'on s'en aille,
Fuyez tous !" Les enfants, les femmes
  aux abois
L'entouraient, effarés. " Fils, rentrons
  dans les bois !
Dispersons-nous !" Et tous, comme des
  hirondelles
S'évadent dans l'orage immense à tire-
  d'ailes,
Fuirent vers le hallier noyé dans la va-
  peur ;
Ils couraient ; les vaillants courent
  quand ils ont peur ;
C'est un noir désarroi qu'une fuite où se
  mêle
Au vieillard chancelant l'enfant à la
  mamelle ;
On craint d'être tué, d'être fait prison-
  nier !
Et Jean Chouan marchait à pas lents, le
  dernier,
Se retournant parfois et faisant sa pri-
  ère.

Tout à coup on entend un cri dans la
  clairière,
Une femme parmi les balles apparaît.
Toute la bande était déjà dans la fo-
  rêt,
Jean Chouan seul restait ; il s'arrête, il
  regarde ;
C'est une femme grosse, elle s'enfuit,
  hagarde
Et pâle, déchirant ses pieds nus aux
  buissons ;
Elle est seule ; elle crie : " À moi, les
  bons garçons !"
Jean Chouan rêveur dit : "C'est Jeanne-
  Madeleine.
Elle est le point de mire au milieu de la
  plaine ;
La mitraille sur elle avec rage s'abat.
Il eût fallu que Dieu lui-même se cour-
  bât
Et la prît par la main et la mît sous son
  aile,
Tant la mort formidable abondait autour
  d'elle ;
Elle était perdue." "Ah !".criait-elle,
  "au secours !
Mais les bois sont tremblants et les fuy-
  ards sont sourds.
Et les balles pleuvaient sur la pauvre
  brigande."

Alors sur le coteau qui dominait la lande
Jean Chouan bondit, fier, tranquille,
　　altier, viril,
Debout : "C'est moi qui suis Jean
　　Chouan !" cria-t-il.
Les bleus dirent : "C'est lui, le chef !
　　Et cette tête,
Prenant toute la foudre et toute la tem-
　　pête,
Fit changer à la mort de cible." "Sauve-
　　toi !"
Cria-t-il, "sauve-toi, ma sœur !" Folle
　　d'effroi,
Jeanne hâta le pas vers la forêt pro-
　　fonde.
Comme un pin sur la neige ou comme un
　　mât sur l'onde,
Jean Chouan, qui semblait par la mort
　　ébloui,
Se dressait, et les bleus ne voyaient plus
　　que lui.
"Je resterai le temps qu'il faudra. Va,
　　ma fille !
Va, tu seras encor joyeuse en ta fa-
　　mille,
Et tu mettras encor des fleurs à ton
　　corset !"
Criait-il. C'était lui maintenant que
　　visait
L'ardente fusillade, et sur sa haute taille
Qui semblait presque prête à gagner la
　　bataille,
Les balles s'acharnaient, et son puissant
　　dédain
Souriait ; il levait son sabre nu —
　　Soudain
Par une balle, ainsi l'ours est frappé dans
　　l'antre,
Il se sentit trouer de part en part le
　　ventre ;
Il resta droit, et dit : "Soit. *Ave
Maria !*"
Puis, chancelant, tourné vers le bois, il
　　cria :
"Mes amis ! mes amis ! Jeanne est-elle
　　arrivée ?"
Des voix dans la forêt répondirent :
　　"Sauvée !"

Jean Chouan murmura : "C'est bien !"
　　et tomba mort.

Paysans ! paysans ! hélas ! vous aviez
　　tort,
Mais votre souvenir n'amoindrit pas la
　　France ;
Vous fûtes grands dans l'âpre et sinistre
　　ignorance ;
Vous que vos rois, vos loups, vos prêtres,
　　vos halliers
Faisaient bandits, souvent vous fûtes
　　chevaliers ;
À travers l'affreux joug et sous l'erreur
　　infâme
Vous avez eu l'éclair mystérieux de
　　l'âme ;
Des rayons jaillissaient de votre aveugle-
　　ment ;
Salut ! Moi le banni, je suis pour vous
　　clément ;
L'exil n'est pas sévère aux pauvres toits
　　de chaumes ;
Nous sommes des proscrits, vous êtes
　　des fantômes ;
Frères, nous avons tous combattu ; nous
　　voulions
L'avenir ; vous vouliez le passé, noirs
　　lions ;
L'effort que nous faisions pour gravir sur
　　la cime,
Hélas, vous l'avez fait pour rentrer dans
　　l'abîme ;
Nous avons tous lutté, diversement mar-
　　tyrs,
Tous sans ambitions et tous sans re-
　　pentirs,
Nous pour fermer l'enfer, vous pour
　　rouvrir la tombe ;
Mais sur vos tristes fronts la blancheur
　　d'en haut tombe,
La pitié fraternelle et sublime conduit
Les fils de la clarté vers les fils de la
　　nuit,
Et je pleure en chantant cet hymne ten-
　　dre et sombre,
Moi, soldat de l'aurore, à toi, héros de
　　l'ombre.

DRAMATIC.

LE CID.

CORNEILLE. 1636.

ACTE I.—Scène VI.

LE COMTE DE GORMAS *et* DON DIEGUE.

LE COMTE.

ENFIN vous l'emportez, et la faveur du
roi
Vous élève en un rang qui n'étoit dû
qu'à moi.
Il vous fait gouverneur du prince de
Castille.

D. DIEGUE.

Cette marque d'honneur qu'il met dans
ma famille
Montre à tous qu'il est juste, et fait
connoître assez
Qu'il sait récompenser les services passés.

LE COMTE.

Pour grands que soient les rois, ils sont
ce que nous sommes.
Ils peuvent se tromper comme les autres
hommes ;
Et ce choix sert de preuve à tous les
courtisans
Qu'ils savent mal payer les services
présents.

D. DIEGUE.

Ne parlons plus d'un choix dont votre
esprit s'irrite ;
La faveur l'a pu faire autant que le
mérite ;
Mais on doit ce respect au pouvoir ab-
solu,
De n'examiner rien quand un roi l'a
voulu.

À l'honneur qu'il m'a fait ajoutez-en un
autre ;
Joignons d'un sacré nœud ma maison à
la vôtre :
Rodrigue aime Chimene, et ce digne
sujet
De ses affections est le plus cher objet ;
Consentez-y, monsieur, et l'acceptez pour
gendre.

LE COMTE.

À de plus hauts partis Rodrigue doit
prétendre ;
Et le nouvel éclat de votre dignité
Lui doit enfler le cœur d'une autre
vanité.
Exercez-la, monsieur, et gouvernez le
prince ;
Montrez-lui comme il faut régir une
province,
Faire trembler par-tout les peuples sous
sa loi,
Remplir les bons d'amour, et les mé-
chants d'effroi.
Joignez à ces vertus celles d'un capi-
taine ;
Montrez-lui comme il faut s'endurcir à
la peine,
Dans le métier de Mars se rendre sans
égal,
Passer les jours entiers et les nuits à
cheval,
Reposer tout armé, forcer une muraille,
Et ne devoir qu'à soi le gain d'une ba-
taille.
Instruisez-le d'exemple, et vous res-
souvenez
Qu'il faut faire à ses yeux ce que vous
enseignez.

D. DIEGUE.

Pour s'instruire d'exemple, en dépit de
l'envie,

Il lira seulement l'histoire de ma vie.
Là, dans un long tissu de belles actions,
Il verra comme il faut domter des nations,
Attaquer une place, ordonner une armée,
Et sur de grands exploits bâtir sa renommée.

LE COMTE.

Les exemples vivants ont bien plus de pouvoir ;
Un prince dans un livre apprend mal son devoir.
Et qu'a fait, après tout, ce grand nombre d'années,
Que ne puisse égaler une de mes journées ?
Si vous fûtes vaillant, je le suis aujourd'hui,
Et ce bras du royaume est le plus ferme appui.
Grenade et l'Aragon tremblent quand ce fer brille ;
Mon nom sert de rempart à toute la Castille ;
Sans moi vous passeriez bientôt tous d'autres lois,
Et vous auriez bientôt vos ennemis pour rois.
Chaque jour, chaque instant, pour rehausser ma gloire,
Met lauriers sur lauriers, victoire sur victoire.
Le prince, à mes côtés, feroit dans les combats
L'essai de son courage à l'ombre de mon bras ;
Il apprendroit à vaincre en me regardant faire ;
Et, pour répondre en hâte à son grand caractère,
Il verroit.

D. DIEGUE.

Je le sais, vous servez bien le roi ;
Je vous ai vu combattre et commander sous moi :
Quand l'âge dans mes nerfs a fait couler sa glace,
Votre rare valeur a bien rempli ma place ;
Enfin, pour épargner des discours superflus,
Vous êtes aujourd'hui ce qu'autrefois je fus.

Vous voyez toutefois qu'en cette concurrence
Un monarque entre nous met quelque différence.

LE COMTE.

Ce que je méritois vous l'avez emporté.

D. DIEGUE.

Qui l'a gagné sur vous l'avoit mieux mérité.

LE COMTE.

Qui peut mieux l'exercer en est bien le plus digne.

D. DIEGUE.

En être refusé n'en est pas un bon signe.

LE COMTE.

Vous l'avez eu par brigue, étant vieux courtisan.

D. DIEGUE.

L'éclat de mes hauts faits fut mon seul partisan.

LE COMTE.

Parlons-en mieux, le roi fait honneur à votre âge.

D. DIEGUE.

Le roi, quand il en fait, le mesure au courage.

LE COMTE.

Et par là cet honneur n'étoit dû qu'à mon bras.

D. DIEGUE.

Qui n'a pu l'obtenir ne le méritoit pas.

LE COMTE.

Ne le méritoit pas ! moi ?

D. DIEGUE.

Vous.

LE COMTE.

Ton impudence,
Téméraire vieillard, aura sa récompense.
(*Il lui donne un soufflet.*)

D. DIEGUE, *l'épée à la main.*

Achève, et prends ma vie après un tel
affront,
Le premier dont ma race ait vu rougir
son front.

LE COMTE.

Et que penses-tu faire avec tant de foi-
blesse ?

D. DIEGUE.

O Dieu ! ma force usée en ce besoin me
laisse !

LE COMTE.

Ton épée est à moi : mais tu serois trop
vain,
Si ce honteux trophée avoit chargé ma
main.
  Adieu. Fais lire au prince, en dépit
de l'envie
Pour son instruction, l'histoire de ta
vie ;
D'un insolent discours ce juste châti-
ment
Ne lui servira pas d'un petit ornement.
                       [*Exit.*

D. DIEGUE.

O rage ! ô désespoir ! ô vieillesse enne-
mie !
N'ai-je donc tant vécu que pour cette
infamie ?
Et ne suis-je blanchi dans les travaux
guerriers,
Que pour voir en un jour flétrir tant de
lauriers ?
Mon bras, qu'avec respect toute l'Es-
pagne admire
Mon bras, qui tant de fois a sauvé cet
empire,
Tant de fois affermi le trône de son roi,
Trahit donc ma querelle, et ne fait rien
pour moi !
O cruel souvénir de ma gloire passée !
Œuvre de tant de jours en un jour
effacée !
Nouvelle dignité fatale à mon bonheur !
Précipice élevé d'où tombe mon hon-
neur !
Faut-il de votre éclat voir triompher le
comte,
Et mourir sans vengeance, ou vivre dans
la honte ?
  Comte, sois de mon prince à présent
gouverneur,

Ce haut rang n'admet point un homme
sans honneur ;
Et ton jaloux orgueil, par cet affront in-
signe,
Malgré le choix du roi, m'en a su rendre
indigne.
Et toi, de mes exploits glorieux instru-
ment,
Mais d'un corps tout de glace inutile
ornement,
Fer jadis tant à craindre, et qui, dans
cette offense,
M'as servi de parade, et non pas de dé-
fense,
Va, quitte désormais le dernier des hu-
mains,
Passe pour me venger en de meilleures
mains.

LE CID.

CORNEILLE. 1636.

ACTE IV. — Scène III.

DON FERNAND, *premier Roi de Castille,*
et DON RODRIGUE (LE CID).

D. FERNAND.

GÉNÉREUX héritier d'une illustre fa-
mille
Qui fut toujours la gloire et l'appui de
Castille,
Race de tant d'aïeux en valeur signalés,
Que l'essai de la tienne a sitôt égalés,
Pour te récompenser ma force est trop
petite ;
Et j'ai moins de pouvoir que tu n'as de
mérite.
Le pays délivré d'un si rude ennemi,
Mon sceptre dans ma main par la tienne
affermi,
Et les Maures défaits, avant qu'en ces
alarmes
J'eusse pu donner ordre à repousser leurs
armes,
Ne sont point des exploits qui laissent
à ton roi
Le moyen ni l'espoir de s'acquitter vers
toi.
Mais les deux rois captifs seront ta ré-
compense ;
Ils t'ont nommé tous deux leur Cid en
ma présence :
Puisque Cid, en leur langue, est autant
que seigneur,

Je ne t'envierai pas cé beau titre d'hon-
neur.
Sois désormais le Cid ; qu'à ce grand
nom tout cede ;
Qu'il comble d'épouvante et Grenade et
Tolede ;
Et qu'il marque à tous ceux qui vivent
sous mes lois,
Et ce que tu me vaux, et ce que je te
dois.

D. RODRIGUE.

Que votre majesté, sire, épargne ma
honte ;
D'un si foible service elle fait trop de
compte,
Et me force à rougir devant un si grand
roi
De mériter si peu l'honneur que j'en
reçoi.
Je sais trop que je dois au bien de votre
empire,
Et le sang qui m'anime, et l'air que je
respire ;
Et quand je les perdrai pour un si digne
objet,
Je ferai seulement le devoir d'un sujet.

D. FERNAND.

Tous ceux que ce devoir à mon service
engage
Ne s'en acquittent pas avec même cou-
rage ;
Et lorsque la valeur ne va point dans
l'excès,
Elle ne produit point de si rares succès.
Souffre donc qu'on te loue ; et de cette
victoire
Apprends-moi plus au long la véritable
histoire.

D. RODRIGUE.

Sire, vous avez su qu'en ce danger pres-
sant
Qui jeta dans la ville un effroi si puis-
sant
Une troupe d'amis chez mon père as-
semblée
Sollicita mon ame encor toute troublée.
Mais, sire, pardonnez à ma témérité,
Si j'osai l'employer sans votre autorité ;
Le péril approchoit ; leur brigade étoit
prête ;
Me montrant à la cour je hasardois ma
tête ;
Et s'il falloit la perdre, il m'étoit bien
plus doux

De sortir de la vie en combattant pour
vous.

D. FERNAND.

J'excuse ta chaleur à venger ton of-
fense,
Et l'état défendu me parle en ta défense.
Crois que dorénavant Chimene a beau
parler,
Je ne l'écoute plus que pour la con-
soler.
Mais poursuis.

D. RODRIGUE.

Sous moi donc cette troupe s'avance,
Et porte sur le front une mâle assurance.
Nous partîmes cinq cents ; mais, par un
prompt renfort,
Nous nous vîmes trois mille en arrivant
au port,
Tant à nous voir marcher en si bon équi-
page
Les plus épouvantés reprenoient de
courage !
J'en cache les deux tiers aussitôt qu'ar-
rivés
Dans le fond des vaisseaux qui lors furent
trouvés ;
Le reste, dont le nombre augmentoit à
toute heure,
Brûlant d'impatience, autour de moi de-
meure,
Se couche contre terre, et, sans faire au-
cun bruit,
Passe une bonne part d'une si belle nuit.
Par mon commandement la garde en fait
de même,
Et se tenant cachée aide à mon strata-
gême ;
Et je feins hardiment d'avoir reçu de
vous
L'ordre qu'on me voit suivre et que je
donne à tous.
Cette obscure clarté qui tombe des
étoiles
Enfin avec le flux nous fait voir trente
voiles ;
L'onde s'enfle dessous, et d'un commun
effort
Les Maures et la mer montent jusques au
port.
On les laisse passer ; tout leur paroît
tranquille.
Point de soldats au port, point aux murs
de la ville.
Notre profond silence abusant leurs es-
prits

Ils n'osent plus douter de nous avoir
    surpris ;
Ils abordent sans peur, ils ancrent, ils
    descendent,
Et courent se livrer aux mains qui les
    attendent.
Nous nous levons alors, et tous en même
    temps
Poussons jusques au ciel mille cris écla-
    tants.
Les nôtres à ces cris de nos vaisseaux
    répondent :
Ils paroissent, armés. Les Maures se
    confondent,
L'épouvante les prend à demi descen-
    dus :
Avant que de combattre ils s'estiment
    perdus.
Ils couroient au pillage, et rencontrent la
    guerre :
Nous les pressons sur l'eau, nous les
    pressons sur terre,
Et nous faisons courir des ruisseaux de
    leur sang,
Avant qu'aucun résiste, ou reprenne son
    rang.
Mais bientôt, malgré nous, leurs princes
    les rallient,
Leur courage renaît, et leurs terreurs
    s'oublient ;
La honte de mourir sans avoir com-
    battu
Arrête leur désordre, et leur rend la
    vertu.
Contre nous de pied ferme ils tirent
    leurs épées :
Des plus braves soldats les trames sont
    coupées ;
Et la terre, et le fleuve, et leur flotte, et
    le port,
Sont des champs de carnage où triomphe
    la mort.
    O combien d'actions, combien d'ex-
    ploits célèbres
Sont demeurés sans gloire au milieu des
    ténèbres,
Où chacun, seul témoin des grands coups
    qu'il portoit,
Ne pouvoit discerner où le sort inclinoit !
J'allois de tous côtés encourager les
    nôtres,
Faire avancer les uns, et soutenir les
    autres,
Ranger ceux qui venoient, les pousser à
    leur tour,
Et ne l'ai pu savoir jusques au point du
    jour.

Mais enfin sa clarté montre notre avan-
    tage ;
Le Maure voit sa perte, et pard soudain
    courage ;
En voyant un renfort qui nous vient se-
    courir,
L'ardeur de vaincre cède à la peur de
    mourir.
Ils gagnent leurs vaisseaux, ils en
    coupent les cables,
Poussent jusques aux cieux des cris
    épouvantables,
Font retraite en tumulte, et sans con-
    sidérer
Si leurs rois avec eux peuvent se retirer.
Ainsi leur devoir cede à la frayeur plus
    forte ;
Le flux les apporta, le reflux les rem-
    porte,
Cependant que leurs rois engagés parmi
    nous,
Et quelque peu des leurs tout percés de
    nos coups,
Disputent vaillamment et vendent bien
    leur vie.
À se rendre moi-même en vain je les
    convie ;
Le cimeterre au poing ils ne m'écoutent
    pas :
Mais voyant à leurs pieds tomber tous
    leurs soldats,
Et que seuls désormais en vain ils se dé-
    fendent,
Ils demandent le chef : je me nomme ; ils
    se rendent.
Je vous les envoyai tous deux en même
    temps ;
Et le combat cessa, faute de combat-
    tants.

CINNA.

CORNEILLE. 1640.

ACTE V. — Scène I.

AUGUSTE, *empereur de Rome, et* CINNA,
chef de la Conjuration contre AUGUSTE.

AUGUSTE.

PRENDS un siège, Cinna, prends ; et, sur
    toute chose,
Observe exactement la loi que je t'im-
    pose :
Prête, sans me troubler, l'oreille à mes
    discours ;

D'aucun mot, d'aucun cri, n'en inter-
   rompe le cours ;
Tiens ta langue captive ; et si ce grand
   silence
À ton émotion fait quelque violence,
Tu pourras me répondre, après, tout à
   loisir.
Sur ce point seulement contente mon
   désir.

CINNA.

Je vous obéirai, seigneur.

AUGUSTE.

         Qu'il te souvienne
De garder ta parole ; et je tiendrai la
   mienne.
  Tu vois le jour, Cinna ; mais ceux
   dont tu le tiens
Furent les ennemis de mon père, et lès
   miens :
Au milieu de leur camp tu reçus la nais-
   sance ;
Et lorsqu'après leur mort tu vins en ma
   puissance,
Leur haine, enracinée au milieu de ton
   sein,
T'avoit mis contre moi les armes à la
   main.
Tu fus mon ennemi même avant que de
   naître,
Et tu le fus encor quand tu me pus con-
   noître ;
Et l'inclination jamais n'a démenti
Ce sang qui t'avoit fait du contraire
   parti :
Autant que tu l'as pu, les effets l'ont
   suivie.
Je ne m'en suis vengé qu'en te donnant
   la vie :
Je te fis prisonnier pour te combler de
   biens ;
Ma cour fut ta prison, mes faveurs tes
   liens.
Je te restituai d'abord ton patrimoine ;
Je t'enrichis après des dépouilles d'An-
   toine ;
Et tu sais que depuis à chaque occasion
Je suis tombé pour toi dans la profusion.
Toutes les dignités que tu m'as deman-
   dées,
Je te les ai sur l'heure et sans peine ac-
   cordées ;
Je t'ai préféré même à ceux dont les
   parents
Ont jadis dans mon camp tenu les pre-
   miers rangs,

À ceux qui de leur sang m'ont acheté
   l'empire,
Et qui m'ont conservé le jour que je
   respire :
De la façon enfin qu'avec toi j'ai vécu,
Les vainqueurs sont jaloux du bonheur
   du vaincu.
Quand le ciel me voulut, en rappelant
   Mécene,
Après tant de faveurs montrer un peu de
   haine,
Je te donnai sa place en ce triste acci-
   dent,
Et te fis après lui mon plus cher confi-
   dent.
Aujourd'hui même encor, mon ame irré-
   solue
Me pressant de quitter ma puissance ab-
   solue,
De Maxime et de toi j'ai pris les seuls
   avis ;
Et ce sont malgré lui les tiens que j'ai
   suivis.
Bien plus, ce même jour, je te donne
   Émilie,
Le digne objet des vœux de toute l'Italie,
Et qu'ont mise si haut mon amour et
   mes soins,
Qu'en te couronnant roi je t'aurois donné
   moins.
Tu t'en souviens, Cinna ; tant d'heur et
   tant de gloire
Ne peuvent pas sitôt sortir de ta mé-
   moire ;
Mais, ce qu'on ne pourroit jamais s'ima-
   giner,
Cinna, tu t'en souviens, et veux m'assas-
   siner.

CINNA.

Moi, seigneur ! moi, que j'eusse une ame
   si traîtresse !
Qu'un si lâche dessein —

AUGUSTE.

        Tu tiens mal ta promesse :
Sieds-toi, je n'ai pas dit encor ce que je
   veux ;
Tu te justifieras après, si tu le peux.
Écoute cependant, et tiens mieux ta pa-
   role.
  Tu veux m'assassiner, demain, au capi-
   tole,
Pendant le sacrifice ; et ta main, pour
   signal,
Me doit, au lieu d'encens, donner le coup
   fatal.

La moitié de tes gens doit occuper la
   porte,
L'autre moitié te suivre et te prêter main
   forte.
Ai-je de bons avis, ou de mauvais soup-
   çons ?
De tous ces meurtriers te dirai-je les
   noms ?
Procule, Glabrion, Virginian, Rutile,
Marcel, Plaute, Lénas, Pompone, Albin,
   Icile,
Maxime, qu'après toi j'avois le plus aimé :
Le reste ne vaut pas l'honneur d'être
   nommé ;
Un tas d'hommes perdus de dettes et de
   crimes,
Que pressent de mes lois les ordres lé-
   gitimes,
Et qui, désespérant de les plus éviter,
Si tout n'est renversé ne sauroient sub-
   sister.
   Tu te tais maintenant, et gardes le
   silence
Plus par confusion que par obéissance.
Quel étoit ton dessein, et que prétendois-
   tu,
Après m'avoir au temple à tes pieds
   abattu ?
Affranchir ton pays d'un pouvoir mo-
   narchique ?
Si j'ai bien entendu tantôt ta politique,
Son salut désormais dépend d'un souve-
   rain
Qui, pour tout conserver, tienne tout en
   sa main :
Et si sa liberté te faisoit entreprendre,
Tu ne m'eusses jamais empêché de la
   rendre ;
Tu l'aurois acceptée au nom de tout
   l'état,
Sans vouloir l'acquérir par un assassinat.
Quel étoit donc ton but ? d'y régner à
   ma place ?
D'un étrange malheur son destin le me-
   nace,
Si, pour monter au trône et lui donner
   la loi,
Tu ne trouves dans Rome autre obstacle
   que moi ;
Si jusques à ce point son sort est déplo-
   rable,
Que tu sois après moi le plus considéra-
   ble,
Et que ce grand fardeau de l'empire ro-
   main
Ne puisse après ma mort tomber mieux
   qu'en ta main.

Apprends à te connoître, et descends en
   toi-même :
On t'honore dans Rome, on te courtise,
   on t'aime,
Chacun tremble sous toi, chacun t'offre
   des vœux,
Ta fortune est bien haut, tu peux ce que
   tu veux ;
Mais tu ferois pitié, même à ceux qu'elle
   irrite,
Si je t'abandonnois à ton peu de mérite.
Ose me démentir, dis-moi ce que tu vaux ;
Conte-moi tes vertus, tes glorieux tra-
   vaux,
Les rares qualités par où tu m'as dû
   plaire,
Et tout ce qui t'élève au-dessus du vul-
   gaire.
Ma faveur fait ta gloire, et ton pouvoir
   en vient ;
Elle seule t'élève, et seule te soutient ;
C'est elle qu'on adore, et non pas ta per-
   sonne ;
Tu n'as crédit ni rang qu'autant qu'elle
   t'en donne ;
Et, pour te faire choir, je n'aurois au-
   jourd'hui
Qu'à retirer la main qui seule est ton
   appui.
J'aime mieux toutefois céder à ton envie ;
Règne, si tu le peux, aux dépens de ma
   vie.
Mais oses-tu penser que les Serviliens,
Les Cosses, les Métels, les Pauls, les
   Fabiens,
Et tant d'autres enfin de qui les grands
   courages
Des héros de leur sang sont les vives
   images,
Quittent le noble orgueil d'un sang si
   généreux
Jusqu'à pouvoir souffrir que tu règnes
   sur eux ?
Parle, parle, il est temps.

             CINNA.
                   Je demeure stupide ;
Non que votre colère ou la mort m'in-
   timide ;
Je vois qu'on m'a trahi ; vous m'y voyez
   rêver ;
Et j'en cherche l'auteur sans le pouvoir
   trouver.
Mais c'est trop y tenir toute l'ame occu-
   pée.
Seigneur, je suis Romain, et du sang de
   Pompée :

Le père et les deux fils, lâchement
  égorgés,
Par la mort de César étoient trop peu
  vengés :
C'est là d'un beau dessein l'illustre et
  seule cause ;
Et, puisqu'à vos rigueurs la trahison
  m'expose,
N'attendez point de moi d'infâmes re-
  pentirs
D'inutiles regrets, ni de honteux soupirs.
Le sort vous est propice autant qu'il m'est
  contraire :
Je sais ce que j'ai fait, et ce qu'il vous
  faut faire ;
Vous devez un exemple à la postérité,
Et mon trépas importe à votre sûreté.

AUGUSTE.

Tu me braves, Cinna ; tu fais le magna-
  nime ;
Et, loin de t'excuser, tu couronnes ton
  crime :
Voyons si ta constance ira jusques au
  bout.
Tu sais ce qui t'est dû, tu vois que je
  sais tout ;
Fais ton arrêt toi-même, et choisis tes
  supplices.

LES FEMMES SAVANTES.

MOLIÈRE. 1662.

ACTE II. – Scène VI.

PHILAMINTE et BÉLISE, femmes pédantes,
renvoient leur servante. CHRYSALE,
mari de la première et frère de l'autre
leur demande ce qu'a fait MARTINE.

PHILAMINTE.

ELLE a, d'une insolence à nulle autre
  pareille,
Après trente leçons, insulté mon oreille.
Par l'impropriété d'un mot sauvage et
  bas,
Qu'en termes décisifs condamne Vauge-
  las.[1]

BÉLISE.

Toute construction est par elle détruite ;
Et des lois du langage on l'a cent fois
  instruite.

......gelas (1585 – 1660), fameux grammairien,
  ..... femmes savantes.

MARTINE.

Tout ce que vous prêchez est, je crois,
  bel et bon ;
Mais je ne saurais, moi, parler votre
  jargon.

PHILAMINTE.

L'impudente ! appeler un jargon le lan-
  gage
Fondé sur la raison et sur le bel usage !

MARTINE.

Quand on se fait entendre, on parle tou-
  jours bien,
Et tous vos biaux dictons[1] ne servent pas
  de rien.

PHILAMINTE.

Eh bien ! ne voilà pas encore de son
  style !
Ne servent pas de rien !

BÉLISE.

O cervelle indocile !
Faut-il qu'avec les soins qu'on prend in-
  cessamment,[2]
On ne te puisse apprendre à parler con-
  grûment ![3]
De *pas* mis avec *rien* tu fais la réci-
  dive,
Et c'est, comme on t'a dit, trop d'une
  négative.

MARTINE.

Ma foi ! je n'avons pas étugué[4] comme
  vous,
Et je parlons tout droit, comme on parle
  cheux nous.

PHILAMINTE.

Ah ! peut-on y tenir !

BÉLISE.

Quel solécisme[5] horrible !

1 *Biaux dictons*, belles paroles.
2 *Incessamment* autrefois *sans cesse*. Il signi-
fie aujourd'hui *sans délai, au plus tôt.*
3 *Congrûment*, d'une manière convenable.
Vieux mot.
4 *Étugué*, barbarisme pour *étudié.* — *J'avons*
et *je parlons*, pour *j'ai* et *je parle.* — *Tout droit*,
tout simplement. — *Cheux nous*, pour *chez nous*,
dans mon pays.
5 *Solécisme*, faute contre la grammaire. Ce
mot vient de *Soles*, ville de Cilicie, fondée par
les Athéniens, où l'on parlait fort mal la langue
grecque.

PHILAMINTE.

En voilà pour tuer une oreille sensible.

BÉLISE.

Ton esprit, je l'avoue, est bien matériel !
Je n'est qu'un singulier, *avons* est un
pluriel.
Veux-tu toute ta vie offenser la gram-
maire ?

MARTINE.

Qui parle d'offenser grand'mère ni grand-
père !

PHILAMINTE.

O ciel !

BÉLISE.

Grammaire est pris à contre-sens par
toi,
Et je t'ai déjà dit d'où vient ce mot.

MARTINE.

Ma foi,
Qu'il vienne de Chaillot, d'Auteuil ou
de Pontoise,[1]
Cela ne me fait rien.

BÉLISE.

Quelle âme villageoise !
La grammaire du verbe et du nominatif
Comme de l'adjectif avec le substantif,
Nous enseigne les lois.

MARTINE.

J'ai, madame, à vous dire
Que je ne connais point ces gens-là.

PHILAMINTE.

Quel martyre !

BÉLISE.

Ce sont les noms des mots, et l'on doit
regarder
En quoi c'est qu'il les faut faire ensem-
ble accorder.[2]

MARTINE.

Qu'ils s'accordent entre eux, ou se
gourment,[3] qu'importe !

---

[1] *Chaillot* et *Auteuil*, villages sur la Seine,
aujourd'hui renfermés dans Paris. — *Pontoise*,
petite ville sur l'Oise.
[2] On dirait maintenant : *en quoi il faut les
faire accorder.*
[3] *Se gourmer*, vieux mot, se donner des coups
de poing, se battre.

PHILAMINTE (à BÉLISE).

Hé ! mon Dieu ! finissez un discours de
la sorte. (*A* CHRYSALE.)
Vous ne voulez pas, vous, me la faire
sortir ?

CHRYSALE (à part).

Si fait.[1] À son caprice il me faut con-
sentir :
Va, ne l'irrite point ; retire-toi, Martine.

ACTE II. — Scène VII.

PLAINTES DE CHRYSALE.

CHRYSALE, *type des maris faibles, mais
homme fort raisonnable, n'a pas eu le
courage de résister à sa femme et de
garder sa cuisinière. À peine est-elle
partie, qu'il sent la perte qu'il a faite,
et qu'il exhale sa douleur en plaintes
éloquentes.*

CHRYSALE.

Qu'importe qu'elle manque aux lois de
Vaugelas,
Pourvu qu'à la cuisine elle ne manque
pas ?
J'aime bien mieux, pour moi, qu'en
épluchant ses herbes
Elle accommode mal les noms avec les
verbes,
Et redise cent fois un bas ou méchant
mot, -
Que de brûler ma viande ou saler trop
mon pot :[2]
Je vis de bonne soupe, et non de beau
langage.
Vaugelas n'apprend point à bien faire
un potage ;
Et Malherbe et Balzac, si savants en
beaux mots,
En cuisine peut-être auraient été des
sots —

Le moindre solécisme en parlant vous
irrite ;
Mais vous en faites, vous, d'étranges en
conduite.
Vos livres éternels ne me contentent
pas ;

---

[1] *Si* ou *si fait*, particule affirmative employée
quand l'interrogation est faite avec un verbe
négatif.
[2] *Pot*, marmite à faire bouillir la viande.

Et, hors un gros Plutarque à mettre mes
     rabats,
Vous devriez brûler tout ce meuble inu-
     tile,
Et laisser la science aux docteurs de la
     ville,
M'ôter, pour faire bien, du grenier de
     céans[1]
Cette longue lunette à faire peur[2] aux
     gens,
Et cent brimborions[3] dont l'aspect im-
     portune ;
Ne point aller chercher ce qu'on fait
     dans la lune,
Et vous mêler un peu de ce qu'on fait
     chez vous,
Où nous voyons aller tout sens dessus
     dessous.[4]
Il n'est pas bien honnête, et pour beau-
     coup de causes,
Qu'une femme étudie et sache tant de
     choses.
Former aux bonnes mœurs l'esprit de
     ses enfants,
Faire aller son ménage, avoir l'œil sur
     ses gens,
Et régler la dépense avec économie,
Doit être son étude et sa philosophie.
Nos pères, sur ce point, étaient gens
     bien sensés,
Qui disaient qu'une femme en sait tou-
     jours assez,
Quand la capacité de son esprit se
     hausse
À connaître un pourpoint[5] d'avec un
     haut-de-chausse.
Les leurs ne lisaient point, mais elles
     vivaient bien ;
Leurs ménages étaient tout leur docte
     entretien ;
Et leurs livres, un dé, du fil et des
     aiguilles,
Dont elles travaillaient au trousseau de
     leurs filles.

[1] Céans, ici dedans. Mot suranné.
[2] Lunette à faire peur, propre à faire peur.
[3] Brimborions, colifichet, bagatelle.
[4] Aller sens dessus dessous. Sens signifie ici
côté: Nous voyons tout aller de manière que le
côté de dessus est dessous.
[5] Pourpoint, autrefois la partie de l'habille-
ment qui couvrait depuis le cou jusqu'à la
ceinture. — Haut-de-chausse, celle qui couvrait
depuis la ceinture jusqu'aux genoux, et qui a
été remplacée par la culotte.
Cette exagération ridicule, mais bien natu-
relle à un homme faible, est attribuée à François
Ier, duc de Bretagne, en 1442, qui épousa Isa-
belle d'Ecosse, princesse sans aucune instruc-
tion.

Les femmes d'à présent sont bien loin
     de ces mœurs :
Elles veulent écrire et devenir au-
     teurs ;
Nulle science n'est pour elles trop pro-
     fonde,
Et céans, beaucoup plus qu'en aucun
     lieu du monde ;
Les secrets les plus hauts s'y laissent
     concevoir,
Et l'on sait tout chez moi, hors[1] ce qu'il
     faut savoir.
On y sait comme vont lune, étoile po-
     laire,
Vénus, Saturne, et Mars, dont je n'ai
     point affaire ;
Et dans ce vain savoir, qu'on va cher-
     cher si loin,
On ne sait comme va mon pot, dont j'ai
     besoin ;
Mes gens à la science aspirent pour vous
     plaire,
Et tous ne font rien moins que ce qu'ils
     ont à faire :[2]
Raisonner est l'emploi de toute ma mai-
     son,
Et le raisonnement en bannit la rai-
     son.
L'un me brûle mon rôt,[3] en lisant quelque
     histoire ;
L'autre rêve à des vers, quand je de-
     mande à boire ;
Enfin, je vois par eux votre exemple
     suivi,
Et j'ai des serviteurs et ne suis point
     servi.
Une pauvre servante, au moins, m'était
     restée,
Qui de ce mauvais air n'était point in-
     fectée,
Et voilà qu'on la chasse avec un grand
     fracas,
À cause qu'elle[4] manque à parler Vau-
     gelas !
Je vous le dis, ma sœur, tout ce train-là
     me blesse ;
Car c'est, comme j'ai dit, à vous que je
     m'adresse.
Je n'aime point céans tous vos gens à
     latin,
Et principalement ce monsieur Tris-
     sotin :

[1] Hors, excepté.
[2] Ce qu'ils font le moins, c'est ce qu'ils ont à
faire.
[3] Rôt, roti.
[4] À cause que, parce que (mot vieux).

C'est lui qui, dans des vers, vous a
  tympanisées ;[1]
Tous les propos qu'il tient sont des
  billevesées ;[2]
On cherche ce qu'il dit, après qu'il a
  parlé ,
Et je lui crois, pour moi, le timbre un
  peu fêlé.[3]

ACTE III.—Scène V.

LES DEUX PÉDANTS.[4]

TRISSOTIN (*présentant* VADIUS *aux*
femmes savantes).

Voici l'homme qui meurt du désir de
  vous voir ;
En vous le produisant je ne crains point
  le blâme
D'avoir admis chez vous un profane,
  madame.
Il peut tenir son coin parmi les beaux
  esprits.

PHILAMINTE.

La main qui le présente en dit assez le
  prix.

TRISSOTIN.

Il a des vieux auteurs la pleine intelli-
  gence,
Et sait du grec, madame, autant
  qu'homme de France.

PHILAMINTE (*à* BÉLISE).

Du grec ! ô ciel ! du grec ! Il sait du
  grec, ma sœur !

---

1 *Tympaniser* (d'un mot grec qui signifie
battre du tambour), employé ici pour *étourdir,*
faire tourner la tête.
  2 *Billevesées,* contes ridicules, idées creuses.
  3 *Timbre,* pris ici pour *cerveau.* Avoir *le*
timbre fêlé, être un peu fou.
  C'est sans doute après avoir écrit cette admi-
rable tirade que Molière disait : " Si les *Femmes*
savantes ne me conduisent pas à la postérité,
je n'irai jamais.".
  4 Cette scène est historique. Une querelle
semblable avait eu lieu entre Ménage, savant
bel esprit, et l'abbé Cotin, chez la *grande Made-*
moiselle, fille du duc d'Orléans. Cotin ayant
montré un de ses sonnets à Ménage sans en
nommer l'auteur, celui-ci le déclara détestable.
Là-dessus, les deux pédants se dirent a peu
près les douceurs que Molière a si agréable-
ment rimées. Cotin avait eu le tort d'écrire
contre Boileau une satire où il nommait Molière.
Les deux poëtes se vengèrent, et Cotin est resté
le type des pédants vaniteux.

BÉLISE (*à* ARMANDE).

Ah ! ma nièce, du grec !

ARMANDE.

Du grec ! quelle douceur.

PHILAMINTE.

Quoi ! monsieur sait du grec ! Ah !
  permettez, de grâce,
Que, pour l'amour du grec, monsieur,
  on vous embrasse.

(VADIUS *embrasse aussi* BÉLISE *et*
ARMANDE.)

HENRIETTE (*à* VADIUS, *qui veut aussi*
l'embrasser).

Excusez-moi, monsieur, je n'entends pas
  le grec.

PHILAMINTE.

J'ai pour les livres grecs un merveilleux
  respect.

VADIUS.

Je crains d'être fâcheux par l'ardeur qui
  m'engage
À vous rendre aujourd'hui, madame,
  mon hommage ;
Et j'aurai pu troubler quelque docte
  entretien.

PHILAMINTE.

Monsieur, avec du grec on ne peut gâter
  rien.

TRISSOTIN.

Au reste, il fait merveille en vers ainsi
  qu'en prose,
Et pourrait, s'il voulait, vous montrer
  quelque chose.

VADIUS.

Le défaut des auteurs dans leurs produc-
  tions,
C'est d'en tyranniser les conversations,
D'être au palais, au cours, aux ruelles,
  aux tables,[1]
De leurs vers fatigants lecteurs infati-
  gables.
Pour moi, je ne vois rien de plus sot à
  mon sens

---

1 *Au palais de justice, dans les promenades,*
appelées souvent alors des *cours ; aux tables,*
pour *à table ; ruelles* des alcôves, où l'on se ré-
unissait chez les dames.

Qu'un auteur qui partout va gueuser des
    encens ;
Qui, des premiers venus saisissant les
    oreilles,
En fait le plus souvent les martyrs de
    ses veilles.
On ne m'a jamais vu ce fol entêtement ;
Et d'un Grec, là-dessus, je suis le senti-
    ment,
Qui, par un dogme exprès défend à tous
    ses sages
L'indigne empressement de lire leurs
    ouvrages.
Voici de petits vers pour de jeunes
    amants,
Sur quoi je voudrais bien avoir vos sen-
    timents.

TRISSOTIN.

Vos vers ont des beautés que n'ont point
    tous les autres.

VADIUS.

Les Grâces et Vénus régnent dans tous
    les vôtres.

TRISSOTIN.

Vous avez le tour libre et le beau choix
    des mots.

VADIUS.

On voit partout chez vous l'*ithos* et le
    pathos.[1]

TRISSOTIN.

Nous avons vu de vous des églogues d'un
    style
Qui passe en doux attraits Théocrite et
    Virgile.

VADIUS.

Vos odes ont un air noble, galant et
    doux,
Qui laisse de bien loin votre Horace
    après vous.

TRISSOTIN.

Est-il rien d'amoureux comme vos chan-
    sonnettes !

VADIUS.

Peut-on voir rien d'égal aux sonnets que
    vous faites !

---

[1] *Ithos*, pour *éthos*, et *pathos* sont deux mots grecs, qui signifient ici l'agréable et le pathétique. *Pathos* est seul resté français : il signifie *pathétique outré*.

TRISSOTIN.

Rien qui soit plus charmant que vos
    petits rondeaux !

VADIUS.

Rien de si plein d'esprit que tous vos
    madrigaux !

TRISSOTIN.

Aux ballades surtout vous êtes admi-
    rable.

VADIUS.

Et dans les bouts-rimés je vous trouve
    adorable.

TRISSOTIN.

Si la France pouvait connoître votre
    prix —

VADIUS.

Si le siècle rendait justice aux beaux es-
    prits —

TRISSOTIN.

En carrosse doré vous iriez par les rues.

VADIUS.

On verrait le public vous dresser des
    statues.   (*A* TRISSOTIN.)
Hum ! c'est une ballade, et je veux que
    tout net
Vous m'en —

TRISSOTIN (à VADIUS).

Avez-vous vu certain petit sonnet
Sur la fièvre qui tient la princesse
    Uranie !

VADIUS.

Oui.   Hier, il me fut lu dans une com-
    pagnie.

TRISSOTIN.

Vous en savez l'auteur !

VADIUS.

Non ; mais je sais fort bien
Qu'à ne le point flatter, son sonnet ne
    vaut rien.

TRISSOTIN.

Beaucoup de gens pourtant le trouvent
    admirable.

VADIUS.

Cela n'empêche pas qu'il ne soit misé-
rable,
Et, si vous l'avez vu, vous serez de mon
goût.

TRISSOTIN.

Je sais que là-dessus je n'en suis point
du tout,
Et que d'un tel sonnet peu de gens sont
capables.

VADIUS.

Me préserve le ciel d'en faire de sembla-
bles !
Je soutiens qu'on ne peut en faire de
meilleur ;
Et ma grande raison est que j'en suis
l'auteur.

VADIUS.

Vous ?

TRISSOTIN.

Moi.

VADIUS.

Je ne sais donc comme se fit l'affaire.

TRISSOTIN.

C'est qu'on fut malheureux de ne pou-
voir vous plaire.

VADIUS.

Il faut qu'en l'écoutant j'aie eu l'esprit
distrait,
Ou bien que le lecteur m'ait gâté le son-
net.
Mais laissons ce discours et voyons ma
ballade.

TRISSOTIN.

La ballade, à mon goût, est une chose
fade ;
Ce n'en est plus la mode, elle sent son
vieux temps.

VADIUS.

La ballade pourtant charme beaucoup
de gens.

TRISSOTIN.

Cela n'empêche pas qu'elle ne me dé-
plaise.

VADIUS.

Elle n'en reste pas pour cela plus mau-
vaise.

TRISSOTIN.

Elle a pour les pédants de merveilleux
appas.

VADIUS.

Cependant nous voyons qu'elle ne vous
plaît pas.

TRISSOTIN.

Vous donnez sottement vos qualités aux
autres.   (*Ils se lèvent tous.*)

VADIUS.

Fort impertinemment vous me jetez les
vôtres.

TRISSOTIN.

Allez, petit grimaud,[1] barbouilleur de
papier !

VADIUS.

Allez, rimeur de balle, opprobre du mé-
tier !

TRISSOTIN.

Allez, fripier d'écrits,[2] impudent pla-
giaire !

VADIUS.

Allez, cuistre ![3] —

PHILAMINTE.

Hé ! messieurs, que prétendez-vous
faire ?

TRISSOTIN (*à* VADIUS).

Va, va restituer tous les honteux lar-
cins,
Que réclament sur toi les Grecs et les
Latins.

VADIUS.

Va, va t'en faire amende honorable au
Parnasse
D'avoir fait à tes vers[4] estropier Horace.

TRISSOTIN.

Souviens-toi de ton livre et de son peu
de bruit.

---

[1] *Grimaud* (du latin *grammaticus*), terme de
mépris, appliqué aux petits écoliers par les
grands.
[2] *Fripier*, marchand de vieux habits. Le
fripier d'écrits est un compilateur sans goût,
qui fait un livre avec de vieux ouvrages.
[3] *Cuistre* (du latin *coquus*, cuisinier), autre-
fois valet de collège ; il signifie un *pédant gros-
sier*.
[4] *Estropier à tes vers*, d'avoir fait qu'Horace
est estropié, boite dans tes vers.

VADIUS.

Et toi, de ton libraire à l'hôpital réduit.

TRISSOTIN.

Ma gloire est établie, en vain tu la déchires.

VADIUS.

Oui, oui, je te renvoie à l'auteur des Satires.[1]

TRISSOTIN.

Je t'y renvoie aussi.

VADIUS.

J'ai le contentement
Qu'on voit qu'il m'a traité plus honorablement.
Il me donne en passant une atteinte légère[2]
Parmi plusieurs auteurs qu'au Palais on révère;[3]
Mais jamais dans ses vers il ne te laisse en paix,
Et l'on t'y voit partout être en butte à ses traits.

TRISSOTIN.

C'est par là que j'y tiens un rang plus honorable.
Il te met dans la foule ainsi qu'un misérable;
Il croit que c'est assez d'un coup pour t'accabler,
Et ne t'a jamais fait l'honneur de redoubler.
Mais il m'attaque à part comme un noble adversaire
Sur qui tout son effort lui semble nécessaire;
Et ses coups, contre moi redoublés en tous lieux,
Montrent qu'il ne se croit jamais victorieux.

VADIUS.

Ma plume t'apprendra quel homme je puis être.

[1] Boileau, qui dans ses Satires a souvent attaqué Cotin.
[2] Ménage n'est nommé qu'une fois dans les Satires de Boileau.
[3] Palais de justice, près duquel était la boutique de plusieurs libraires.

TRISSOTIN.

Et la mienne saura te faire voir ton maître.

VADIUS.

Je te défie en vers, prose, grec et latin.

TRISSOTIN.

Eh bien! nous nous verrons seul à seul chez Barbin.[1]

LE MISANTHROPE.

MOLIÈRE. 1666.

ACTE I.—Scène II.

ALCESTE (le Misanthrope).

NON, je ne puis souffrir cette lâche méthode
Qu'affectent la plupart de vos gens à la mode;
Et je ne hais rien tant que les contorsions
De tous ces grands faiseurs de protestations,
Ces affables donneurs d'embrassades frivoles,
Ces obligeants diseurs d'inutiles paroles,
Qui de civilités avec tous font combat,
Et traitent du même air l'honnête homme et le fat.
Quel avantage a-t-on qu'un homme vous caresse,
Vous jure amitié, foi, zèle, estime, tendresse,
Et vous fasse de vous un éloge éclatant,
Lorsqu'au premier faquin il court en faire autant?
Non, non, il n'est point d'âme un peu bien située
Qui veuille d'une estime ainsi prostituée;
Et la plus glorieuse a des régals peu chers,
Dès qu'on voit qu'on nous mêle avec tout l'univers:
Sur quelque préférence une estime se fonde,
Et c'est n'estimer rien qu'estimer tout le monde.
Puisque vous y donnez, dans ces vices du temps,
Certes, vous n'êtes pas pour être de mes gens;

[1] Barbin, fameux libraire.

Je refuse d'un cœur la vaste complaisance
Qui ne fait de mérite aucune différence :
Je veux qu'on me distingue ; et, pour le
trancher net,
L'ami du genre humain n'est point du
tout mon fait.

PHILINTE (*l'homme indulgent*).

Mais quand on est du monde, il faut
bien que l'on rende
Quelques devoirs civils que l'usage de-
mande.

ALCESTE.

Non, vous dis-je ; on devrait châtier sans
pitié
Ce commerce honteux de semblants d'a-
mitié,
Je veux que l'on soit homme, et qu'en
toute rencontre
Le fond de notre cœur dans nos discours
se montre ;
Que ce soit lui qui parle, et que nos senti-
ments
Ne se masquent jamais sous de vains
compliments.

PHILINTE.

Il est bien des endroits où la pleine
franchise
Deviendrait ridicule, et serait peu per-
mise ;
Et parfois, n'en déplaise à votre austère
honneur,
Il est bon de cacher ce qu'on a dans le
cœur.
Serait-il à propos, et de la bienséance,
De dire à mille gens tout ce que d'eux
on pense ?
Et, quand on a quelqu'un qu'on hait,
ou qui déplaît,
Lui doit-on déclarer la chose comme elle
est ?

ALCESTE.

Oui —

PHILINTE.

Vous vous moquez.

ALCESTE.

Je ne me moque point,
Et je vais n'épargner personne sur ce
point.
Mes yeux sont trop blessés ; et la cour
et la ville
Ne m'offrent rien qu'objets à m'échauffer
la bile.

J'entre en une humeur noire, en un
chagrin profond,
Quand je vois vivre entre eux les hommes
comme ils font.
Je ne trouve partout que lâche flatterie,
Qu'injustice, intérêt, trahison, fourberie ;
Je n'y puis plus tenir, j'enrage, et mon
dessein
Est de rompre en visière [1] à tout le genre
humain.

PHILINTE.

Vous voulez un grand mal à la nature
humaine.

ALCESTE.

Oui ; j'ai conçu pour elle une effroyable
haine.

PHILINTE.

Tous les pauvres mortels, sans nulle ex-
ception,
Seront enveloppés dans cette aversion ?
Encore en est-il bien, dans le siècle où
nous sommes —

ALCESTE.

Non, elle est générale, et je hais tous
les hommes :
Les uns, parce qu'ils sont méchants et
malfaisants,
Et les autres, pour être aux méchants
complaisants,
Et n'avoir pas pour eux ces haines vi-
goureuses
Que doit donner le vice aux âmes ver-
tueuses —
Et parfois il me prend des mouvements
soudains
De fuir dans un désert l'approche des
humains.

PHILINTE.

Ma foi, des mœurs du temps mettons-
nous moins en peine,
Et faisons un peu grâce à la nature hu-
maine ;
Ne l'examinons point dans la grande ri-
gueur,
Et voyons ses défauts avec quelque dou-
ceur.
À force de sagesse, on peut être blâma-
ble :

1 *Rompre en visière* signifiait rompre sa lance
contre la visière du casque de son adversaire.
Il veut dire *attaquer en face*, brusquement et
violemment.

Il faut parmi le monde une vertu traita-
ble ;
La parfaite raison fuit toute extrémité,
Et veut que l'on soit sage avec sobriété.
Cette grande raideur des vertus des vieux
âges
Heurte trop notre siècle et les communs
usages ;
Elle veut aux mortels trop de perfec-
tion :
Il faut fléchir aux temps sans obstina-
tion,
Et c'est une folie à nulle autre seconde
De vouloir se mêler de corriger le monde.
J'observe, comme vous, cent choses tous
les jours
Qui pourraient mieux aller, prenant un
autre cours ;
Mais, quoi qu'à chaque pas je puisse
voir paraître,
En courroux, comme vous, on ne me voit
point être ;
Je prends tout doucement les hommes
comme ils sont,
J'accoutume mon âme à souffrir ce qu'ils
font ;
Et je crois qu'à la cour, de même qu'à la
ville,
Mon flegme est philosophe autant que
votre bile.

ALCESTE.

Mais ce flegme, monsieur, qui raisonne
si bien,
Ce flegme pourra-t-il ne s'échauffer de
rien ?
Et s'il faut, par hasard, qu'un ami vous
trahisse,
Que, pour avoir vos biens, on dresse un
artifice,
Ou qu'on tâche à semer de méchants
bruits de vous,
Verrez-vous tout cela sans vous mettre
en courroux ?

PHILINTE.

Oui, je vois ces défauts dont votre âme
murmure,
Comme vices unis à l'humaine nature ;
Et mon esprit enfin n'est pas plus offensé
De voir un homme fourbe, injuste, inté-
ressé,
Que de voir des vautours affamés de car-
nage,
singes malfaisants, et des loups
pleins de rage.

ALCESTE.

Je me verrai trahir, mettre en pièces,
voler,
Sans que je sois — Tenez, je ne veux
point parler,
Tant ce raisonnement est plein d'im-
pertinence.

PHILINTE.

Ma foi, vous ferez bien de garder le si-
lence.
Contre votre partie éclatez un peu moins,
Et donnez au procès une part de vos
soins.

ALCESTE.

Je n'en donnerai point, c'est une chose
dite.

PHILINTE.

Mais qui voulez-vous donc qui pour vous
sollicite ?

ALCESTE.

Qui je veux ! La raison, mon bon droit,
l'équité.

PHILINTE.

Aucun juge par vous ne sera visité ?

ALCESTE.

Non.. Est-ce que ma cause est injuste
ou douteuse ?

PHILINTE.

J'en demeure d'accord : mais la brigue
est fâcheuse,
Et —

ALCESTE.

Non. J'ai résolu de n'en [1] pas faire un
pas.
J'ai tort, ou j'ai raison.

PHILINTE.

            Ne vous y fiez pas.

ALCESTE.

Je ne remuerai point.

PHILINTE.

          Votre partie est forte,
Et peut, par sa cabale, entraîner —

1 *En*, qui signifie *de cela*, est mis ici au lieu
de *pour cela.*

ALCESTE.
Il n'importe.

PHILINTE.
Vous vous tromperez.

ALCESTE.
Soit ; j'en veux voir le succès.[1]

PHILINTE.
Mais —

ALCESTE.
« J'aurai le plaisir de perdre mon procès.

PHILINTE.
Mais enfin —

ALCESTE.
Je verrai dans cette plaiderie
Si les hommes auront assez d'effronterie,
Seront assez méchants, scélérats et pervers,
Pour me faire injustice aux yeux de l'univers.

PHILINTE.
Quel homme !

ALCESTE.
Je voudrais, m'en coutât-il grand'chose,
Pour la beauté du fait, avoir perdu ma cause.

LE MISANTHROPE CONSULTÉ SUR UN SONNET.

ORONTE, *poète bel esprit, vient de lire au Misanthrope un sonnet ridicule.* PHILINTE, *homme indulgent et complaisant, lui adresse quelques compliments, qui mettent* ALCESTE *en fureur.*

PHILINTE.
Je n'ai jamais ouï de vers si bien tournés.

ALCESTE (à part).
Morbleu !

ORONTE (à PHILINTE).
Vous me flattez, et vous croyez peut-être —

PHILINTE.
Non, je ne flatte point.

ALCESTE (bas, à PHILINTE).
Eh ! que fais-tu donc, traître ?

ORONTE (à ALCESTE).
Mais, pour vous, vous savez quel est notre traité.
Parlez-moi, je vous prie, avec sincérité.

ALCESTE.
Monsieur, cette matière est toujours délicate,
Et sur le bel esprit nous aimons qu'on nous flatte.
Mais, un jour, à quelqu'un, dont je tairai le nom,
Je disais, en voyant des vers de sa façon,
Qu'il faut qu'un galant homme[1] ait toujours grand empire
Sur les démangeaisons qui nous prennent d'écrire ;
Qu'il doit tenir la bride aux grands empressements
Qu'on a de faire éclat de tels amusements ;
Et que, par la chaleur de montrer ses ouvrages,
On s'expose à jouer de mauvais personnages.

ORONTE.
Est-ce que vous voulez me déclarer par là
Que j'ai tort de vouloir ? —

ALCESTE.
Je ne dis pas cela.
Mais je lui disais, moi, qu'un froid écrit assomme ;
Qu'il ne faut que ce faible à décrier un homme,
Et qu'eût-on d'autre part cent belles qualités,
On[2] regarde les gens par leurs méchants côtés.

ORONTE.
Est-ce qu'à mon sonnet vous trouvez à redire ?

ALCESTE.
Je ne dis pas cela. Mais, pour ne point écrire,

[1] *Succès*, qui veut dire exclusivement une *issue heureuse*, signifiait alors une *issue quelconque*, heureuse ou non.

[1] *Galant homme*, autrefois synonyme d'*honnête homme*, homme de bonne compagnie. Il signifie aujourd'hui un honnête homme, délicat, aimable, indulgent pour les autres, sévère seulement pour lui.
[2] *On* désigne des personnes différentes : *eût-on*, ceux qui sont regardés, et *on regarde*, ceux qui font l'action de regarder. C'est une locution fréquente dans Molière. On l'éviterait aujourd'hui.

Je lui mettais aux yeux[1] comme, dans
notre temps,
Cette seif a gâté de fort honnêtes gens.

ORONTE.

Est-ce que j'écris mal, et leur ressemble-
rais-je !

ALCESTE.

Je ne dis pas cela. Mais, enfin, lui
disais-je,
Quel besoin si pressant avez-vous de
rimer !
Et qui diantre[2] vous pousse à vous faire
imprimer !
Si l'on peut pardonner l'essor d'un mau-
vais livre,
Ce n'est qu'aux malheureux qui com-
posent pour vivre.
Croyez-moi, résistez à vos tentations
Dérobez au public ces occupations ;
Et n'allez point quitter, de quoi que[3] l'on
vous somme,
Le nom que dans la cour[4] vous avez
d'honnête homme,
Pour prendre, de la main d'un avide im-
primeur,
Celui de misérable et ridicule auteur.
C'est ce que je tâchais de lui faire com-
prendre.

ORONTE.

Voilà qui va fort bien, et je crois vous
entendre ;
Mais ne puis-je savoir ce que dans mon
sonnet —

ALCESTE.

Franchement, serrez-le dans votre cabi-
net.[5]
Vous vous êtes réglé sur de méchants
modèles,[6]
Et vos expressions ne sont pas naturelles.
Ce style figuré, dont on fait vanité,
Sort du bon caractère et de la vérité :

[1] On dit mettre sous, devant les yeux, et mieux
représenter, faire remarquer.
[2] Diantre, mot très-familier, dont on se sert
pour éviter de dire démon, diable.
[3] Quoi que, pron., signifie quelque chose que, et
ne doit pas être confondu avec la conjonction
quoique, qui veut dire bien que.
[4] À la cour serait plus correct.
[5] Cabinet signifiait alors un cabinet de travail.
On dirait aujourd'hui : Votre sonnet est bon à
rester dans votre portefeuille.
[6] Méchants modèles. Molière emploie souvent
le mot méchant pour mauvais : méchant goût,
vers. Ce mot vient de més et de
a mauvaise chance.

Ce n'est que jeu de mots, qu'affectation
pure,
Et ce n'est point ainsi que parle la nature.

ORONTE.

Et moi, je vous soutiens que mes vers
sont fort bons.

ALCESTE.

Pour les trouver ainsi vous avez vos rai-
sons ;
Mais vous trouverez bon que j'en puisse
avoir d'autres,
Qui se dispenseront de se soumettre aux
vôtres.

ORONTE.

Il me suffit de voir que d'autres en font
cas.

ALCESTE.

C'est qu'ils ont l'art de feindre ; et moi,
je ne l'ai pas.

ORONTE.

Croyez-vous donc avoir tant d'esprit en
partage !

ALCESTE.

Si je louais vos vers, j'en aurais davan-
tage.

ORONTE.

Je me passerai fort que vous les approu-
viez.

ALCESTE.

Il faut bien, s'il vous plaît, que vous
vous en passiez.

ORONTE.

Je voudrais bien, pour voir, que de votre
manière
Vous en composassiez sur la même ma-
tière.

ALCESTE.

J'en pourrais, par malheur, faire d'aussi
méchants,
Mais je me garderais de les montrer aux
gens.

ORONTE.

Vous me parlez bien ferme, et cette suf-
fisance —

ALCESTE.

Autre part que chez moi cherchez qui
vous encense.

ORONTE.

Mais, mon petit monsieur, prenez-le un peu moins haut.

ALCESTE.

Ma foi, mon grand monsieur, je le prends comme il faut.

PHILINTE (*se mettant entre eux*).

Eh ! messieurs, c'en est trop. Laissez cela, de grâce.

ORONTE.

Ah ! j'ai tort, je l'avoue, et je quitte la place :
Je suis votre valet, monsieur, de tout mon cœur.

ALCESTE.

Et moi, je suis, monsieur, votre humble serviteur.

BÉRÉNICE.

RACINE. 1670.

ACTE IV. — Scène V.

BÉRÉNICE, *reine de Palestine, et* TITUS, *empereur de Rome.*

BÉRÉNICE (*en sortant de son appartement*).

NON, laissez-moi, vous dis-je.
En vain tous vos conseils me retiennent ici ;
Il faut que je le voie. — Ah seigneur ! vous voici !
Eh bien, il est donc vrai que Titus m'abandonne !
Il faut nous séparer ! et c'est lui qui l'ordonne !

TITUS.

N'accablez point, madame, un prince malheureux.
Il ne faut point ici nous attendrir tous deux.
Un trouble assez cruel m'agite et me dévore,
Sans que des pleurs si chers me déchirent encore.
Rappelez bien plutôt ce cœur qui tant de fois

M'a fait de mon devoir reconnaître la voix :
Il en est temps. Forcez votre amour à se taire ;
Et d'un œil que la gloire et la raison éclaire,
Contemplez mon devoir dans toute sa rigueur.
Vous-même, contre vous fortifiez mon cœur ;
Aidez-moi, s'il se peut, à vaincre ma faiblesse,
À retenir des pleurs qui m'échappent sans cesse :
Ou, si nous ne pouvons commander à nos pleurs,
Que la gloire du moins soutienne nos douleurs ;
Et que tout l'univers reconnaisse sans peine
Les pleurs d'un empereur et les pleurs d'une reine.
Car enfin, ma princesse, il faut nous séparer.

BÉRÉNICE.

Ah cruel ! est-il temps de me le déclarer !
Qu'avez-vous fait ! Hélas ! je me suis crue aimée,
Au plaisir de vous voir mon âme accoutumée
Ne vit plus que pour vous. Ignoriez-vous vos lois
Quand je vous l'avouai pour la première fois !
À quel excès d'amour m'avez-vous amenée !
Que ne me disiez-vous : Princesse infortunée,
Où vas-tu t'engager, et quel est ton espoir !
Ne donne point un cœur qu'on ne peut recevoir !
Ne l'avez-vous reçu, cruel, que pour le rendre,
Quand de vos seules mains ce cœur voudrait dépendre !
Tout l'empire a vingt fois conspiré contre nous :
Il était temps encor ; que ne me quittiez-vous ?
Mille raisons alors consolaient ma misère :
Je pouvais de ma mort accuser votre père,
Le peuple, le sénat, tout l'empire romain,

Tout l'univers, plutôt qu'une si chère
    main.
Leur haine, dès longtemps contre moi
    déclarée,
M'avait à mon malheur dès longtemps
    préparée.
Je n'aurais pas, seigneur, reçu ce coup
    cruel
Dans le temps que j'espère un bonheur
    immortel,
Quand votre heureux amour peut tout
    ce qu'il désire,
Lorsque Rome se tait, quand votre père
    expire,
Lorsque tout l'univers fléchit à vos ge-
    noux,
Enfin quand je n'ai plus à redouter que
    vous.

TITUS.

Et c'est moi seul aussi qui pouvais me
    détruire.
Je pouvais vivre alors et me laisser
    séduire ;
Mon cœur se gardait bien d'aller dans
    l'avenir
Chercher ce qui pouvait un jour nous
    désunir.
Je voulais qu'à mes vœux rien ne fût in-
    vincible ;
Je n'examinais rien, j'espérais l'impos-
    sible.
Que sais-je ? j'espérais de mourir à vos
    yeux,
Avant que d'en venir à ces cruels adieux.
Les obstacles semblaient renouveler ma
    flamme.
Tout l'empire parlait : mais la gloire,
    madame,
Ne s'était point encor fait entendre à
    mon cœur
Du ton dont elle parle au cœur d'un em-
    pereur.
Je sais tous les tourments où ce dessein
    me livre :
Je sens bien que sans vous je ne saurais
    plus vivre,
Que mon cœur de moi-même est prêt à
    s'éloigner ;
Mais il ne s'agit plus de vivre, il faut
    régner.

BÉRÉNICE.

Eh bien, régnez, cruel, contentez votre
    gloire :
Je ne dispute plus. J'attendais, pour
    vous croire,

Que cette même bouche, après mille ser-
    ments
D'un amour qui devait unir tous nos
    moments,
Cette bouche, à mes yeux s'avouant in-
    fidèle,
M'ordonnât elle-même une absence éter-
    nelle.
Moi-même j'ai voulu vous entendre en ce
    lieu.
Je n'écoute plus rien : et, pour jamais,
    adieu —
Pour jamais ! Ah seigneur ! songez-vous
    en vous-même
Combien ce mot cruel est affreux quand
    on aime !
Dans un mois, dans un an, comment
    souffrirons-nous,
Seigneur, que tant de mers me séparent
    de vous ;
Que le jour recommence et que le jour
    finisse
Sans que jamais Titus puisse voir Béré-
    nice,
Sans que de tout le jour je puisse voir
    Titus !
Mais quelle est mon erreur, et que de
    soins perdus !
L'ingrat, de mon départ consolé par
    avance,
Daignera-t-il compter les jours de mon
    absence ?
Ces jours si longs pour moi lui semble-
    ront trop courts.

TITUS.

Je n'aurai pas, madame, à compter tant
    de jours :
J'espère que bientôt la triste renommée
Vous fera confesser que vous étiez
    aimée,
Vous verrez que Titus n'a pu, sans ex-
    pirer.

BÉRÉNICE.

Ah seigneur ! s'il est vrai, pourquoi nous
    séparer ?
Je ne vous parle point d'un heureux
    hyménée :
Rome à ne vous plus voir m'a-t-elle con-
    damnée ?
Pourquoi m'enviez-vous l'air que vous
    respirez ?

TITUS.

Hélas ! vous pouvez tout, madame. De-
    meurez :

Je n'y résiste point.   Mais je sens ma
  faiblesse :
Il faudra vous combattre et vous craindre
  sans cesse,
Et sans cesse veiller à retenir mes pas,
Que vers vous à toute heure entraînent
  vos appas.
Que dis-je ?   En ce moment, mon cœur,
  hors de lui-même,
S'oublie, et se souvient seulement qu'il
  vous aime.

BÉRÉNICE.

Eh bien, seigneur, eh bien, qu'en peut-
  il arriver ?
Voyez-vous les Romains prêts à se sou-
  lever ?

TITUS.

Et qui sait de quel œil ils prendront
  cette injure ?
S'ils parlent, si les cris succèdent au mur-
  mure,
Faudra-t-il par le sang justifier mon
  choix ?
S'ils se taisent, madame, et me vendent
  leurs lois,
À quoi m'exposez-vous ? par quelle com-
  plaisance
Faudra-t-il quelque jour payer leur pa-
  tience ?
Que n'oseront-ils point alors me de-
  mander ?
Maintiendrai-je des lois que je ne puis
  garder ?

BÉRÉNICE.

Vous ne comptez pour rien les pleurs de
  Bérénice.

TITUS.

Je les compte pour rien !   Ah ciel !
  quelle injustice !

BÉRÉNICE.

Quoi ! pour d'injustes lois que vous pou-
  vez changer,
En d'éternels chagrins vous-même vous
  plonger !
Rome a ses droits, seigneur ; n'avez-vous
  pas les vôtres ?
Ses intérêts sont-ils plus sacrés que les
  nôtres ?
Dites, parlez.

TITUS.

Hélas ! que vous me déchirez !

BÉRÉNICE.

Vous êtes empereur, seigneur, et vous
  pleurez !

TITUS.

Oui, madame, il est vrai, je pleure, je
  soupire,
Je frémis.   Mais enfin, quand j'acceptai
  l'empire,
Rome me fit jurer de maintenir ses
  droits.
Il les faut maintenir.   Déjà plus d'une
  fois
Rome a de mes pareils exercé la con-
  stance.
Ah ! si vous remontiez jusques à sa nais-
  sance,
Vous les verriez toujours à ses ordres
  soumis :
L'un, jaloux de sa foi, va chez les enne-
  mis
Chercher, avec la mort, la peine toute
  prête ;
D'un fils victorieux l'autre proscrit la
  tête ;
L'autre, avec des yeux secs et presque
  indifférents,
Voit mourir ses deux fils par son ordre
  expirants.
Malheureux ! Mais toujours la patrie et
  la gloire
Ont parmi les Romains remporté la vic-
  toire.
Je sais qu'en vous quittant le malheu-
  reux Titus
Passe l'austérité de toutes leurs vertus ;
Qu'elle n'approche point de cet effort in-
  signe :
Mais, madame, après tout, me croyez-
  vous indigne
De laisser un exemple à la postérité,
Qui sans de grands efforts ne puisse être
  imité ?

BÉRÉNICE.

Non, je crois tout facile à votre barbarie :
Je vous crois digne, ingrat, de m'arracher
  la vie.
De tous vos sentiments mon cœur est
  éclairci.
Je ne vous parle plus de me laisser ici :
Quoi ! moi, j'aurais voulu, honteuse et
  méprisée,
D'un peuple qui me hait soutenir la
  risée ?
J'ai voulu vous pousser jusques à ce
  refus.

C'en est fait, et bientôt vous ne me
   craindrez plus.
N'attendez pas ici que j'éclate en in-
   jures,
Que j'atteste le ciel, ennemi des par-
   jures ;
Non : si le ciel encore est touché de mes
   pleurs,
Je le prie, en mourant, d'oublier mes
   douleurs.
Si je forme des vœux contre votre injus-
   tice,
              .
Si, devant que mourir, la triste Bérénice
Vous veut de son trépas laisser quelque
   vengeur,
Je ne le cherche, ingrat, qu'au fond de
   votre cœur.
Je sais que tant d'amour n'en peut être
   effacée ;
Que ma douleur présente, et ma bonté
   passée,
Mon sang qu'en ce palais je veux même
   verser,
Sont autant d'ennemis que je vais vous
   laisser :
Et, sans me repentir de ma persévé-
   rance,
Je me remets sur eux de toute ma ven-
   geance.
Adieu.

MITHRIDATE RÉVÈLE SES PRO-
JETS.

RACINE. 1673.

APPROCHEZ, mes enfants. Enfin l'heure
   est venue
Qu'il faut que mon secret éclate à votre
   vue :
À mes nobles projets je vois tout cons-
   spirer ;
Il ne me reste plus qu'à vous les dé-
   clarer.
   Je fuis : ainsi le veut la fortune en-
   nemie.
Mais vous savez trop bien l'histoire de
   ma vie
Pour croire que longtemps, soigneux de
   me cacher,
J'attende en ces déserts qu'on me vienne
   chercher.
La guerre a ses faveurs, ainsi que ses
   disgrâces :
Déjà plus d'une fois, retournant sur mes
   traces,

Tandis que l'ennemi, par ma fuite
   trompé,
Tenait après son char un vain peuple
   occupé,
Et, gravant en airain ses frêles avan-
   tages,
De mes États conquis enchaînait les
   images,
Le Bosphore m'a vu, par de nouveaux
   apprêts,
Ramener la terreur au fond de ses marais,
Et, chassant les Romains de l'Asie
   étonnée,
Renverser en un jour l'ouvrage d'une
   année.
D'autres temps, d'autres soins. L'Orient
   accablé
Ne peut plus soutenir leur effort re-
   doublé :
Il voit plus que jamais ses campagnes
   couvertes
De Romains que la guerre enrichit de
   nos pertes.
Des biens des nations ravisseurs altérés,
Le bruit de nos trésors les a tous attirés ;
Ils y courent en foule, et, jaloux l'un
   de l'autre,
Désertent leur pays pour inonder le
   nôtre.
Moi seul je leur résiste : ou lassés, ou
   soumis,
Ma funeste amitié pèse à tous mes amis ;
Chacun à ce fardeau veut dérober sa tête.
Le grand nom de Pompée assure sa con-
   quête ;
C'est l'effroi de l'Asie ; et, loin de l'y
   chercher,
C'est à Rome, mes fils, que je prétends
   marcher.
   Ce dessein vous surprend ; et vous
   croyez peut-être
Que le seul désespoir aujourd'hui le fait
   naître.
J'excuse votre erreur : et, pour être ap-
   prouvés,
De semblables projets veulent être
   achevés.
Ne vous figurez point que de cette contrée
Par d'éternels remparts Rome soit sé-
   parée :
Je sais tous les chemins par où je dois
   passer ;
Et, si la mort bientôt ne me vient tra-
   verser,
Sans reculer plus loin l'effet de ma parole,
Je vous rends dans trois mois au pied
   du Capitole.

Doutez-vous que l'Euxin ne me porte en
    deux jours
Aux lieux où le Danube y vient finir son
    cours !
Que du Scythe avec moi l'alliance jurée
De l'Europe en ces lieux ne me livre
    l'entrée !
Recueilli dans leurs ports, accru de leurs
    soldats,
Nous verrons notre camp grossir à chaque
    pas.
Daces, Pannoniens, la fière Germanie,
Tous n'attendent qu'un chef contre la
    tyrannie.
Vous avez vu l'Espagne, et surtout les
    Gaulois,
Contre ces mêmes murs qu'ils ont pris
    autrefois
Exciter ma vengeance, et, jusque dans
    la Grèce
Par des ambassadeurs accuser ma paresse :
Ils savent que, sur eux prêts à se dé-
    border,
Ce torrent, s'il m'entraîne, ira tout inon-
    der ;
Et vous les verrez tous, prévenant son
    ravage,
Guider dans l'Italie et suivre mon pas-
    sage.
    C'est là qu'en arrivant, plus qu'en
    tout le chemin
Vous trouverez partout l'horreur du nom
    romain,
Et la triste Italie encor toute fumante
Des feux qu'a rallumés sa liberté mou-
    rante.
Non, princes, ce n'est point au bout de
    l'univers
Que Rome fait sentir tout le poids de
    ses fers :
Et, de près inspirant les haines les plus
    fortes,
Tes plus grands ennemis, Rome, sont à
    tes portes.
Ah ! s'ils ont pu choisir pour leur li-
    bérateur
Spartacus, un esclave, un vil gladiateur ;
S'ils suivent au combat des brigands qui
    les vengent
De quelle noble ardeur pensez-vous
    qu'ils se rangent
Sous les drapeaux d'un roi longtemps
    victorieux,
Qui voit jusqu'à Cyrus remonter ses
    aïeux !
Que dis-je ! en quel état croyez-vous la
    surprendre !

Vide de légions qui la puissent défendre,
Tandis que tout s'occupe à me persé-
    cuter,
Leurs femmes, leurs enfants pourront-ils
    m'arrêter !
    Marchons, et dans son sein rejetons
    cette guerre
Que sa fureur envoie aux deux bouts de
    la terre ;
Attaquons dans leurs murs ces conqué-
    rants si fiers ;
Qu'ils tremblent à leur tour pour leurs
    propres foyers.
Annibal l'a prédit, croyons-en ce grand
    homme :
Jamais on ne vaincra les Romains que
    dans Rome.
Noyons-la dans son sang justement ré-
    pandu :
Brûlons ce Capitole où j'étais attendu :
Détruisons ses honneurs, et faisons dis-
    paraître
La honte de cent rois, et la mienne
    peut-être ;
Et, la flamme à la main, effaçons tous
    ces noms
Que Rome y consacrait à d'éternels
    affronts.
    Voilà l'ambition dont mon âme est
    saisie.
Ne croyez point pourtant qu'éloigné de
    l'Asie
J'en laisse les Romains tranquilles pos-
    sesseurs :
Je sais où je lui dois trouver des défen-
    seurs,
Je veux que, d'ennemis partout enve-
    loppée,
Rome rappelle en vain le secours de
    Pompée.
Le Parthe, des Romains comme moi la
    terreur,
Consent de succéder à ma juste fureur ;
Prêt d'unir avec moi sa haine et sa
    famille,
Il me demande un fils pour époux à sa
    fille.
Cet honneur vous regarde, et j'ai fait
    choix de vous,
Pharnace : allez, soyez ce bienheureux
    époux.
Demain, sans différer, je prétends que
    l'aurore
Découvre mes vaisseaux déja loin du
    Bosphore :
Vous, que rien n'y retient, partez dès
    ce moment,

Et méritez mon choix par votre em-
pressement ;
Achevez cet hymen ; et, repassant l'Eu-
phrate,
Faites voir à l'Asie un autre Mithridate.
Que nos tyrans communs en pâlissent
d'effroi ;
Et que le bruit à Rome en vienne jusqu'à
moi.

(*Mithridate*, Acte III. Scène I.)

IPHIGÉNIE.

RACINE. 1674.

ACTE IV.—Scène IV.

AGAMEMNON, CLYTEMNESTRE, *sa
femme, et* IPHIGÉNIE, *sa fille.*

CLYTEMNESTRE.

VENEZ, venez, ma fille, on n'attend plus
que vous ;
Venez remercier un père qui vous aime,
Et qui veut à l'autel vous conduire lui-
même.

AGAMEMNON.

Que vois-je ! quel discours ! Ma fille,
vous pleurez,
Et baissez devant moi vos yeux mal as-
surés :
Quel trouble ! Mais tout pleure, et la
fille, et la mère.
Ah ! malheureux Arcas, tu m'as trahi !

IPHIGÉNIE.

Mon père,
Cessez de vous troubler, vous n'êtes point
trahi :
Quand vous commanderez, vous serez
obéi.
Ma vie est votre bien ; vous voulez le
reprendre :
Vos ordres sans détour pouvaient se faire
entendre.
D'un œil aussi content, d'un cœur aussi
soumis
Que j'acceptais l'époux que vous m'aviez
promis,
Je saurai, s'il le faut, victime obéissante,
Tendre au fer de Calchas une tête inno-
cente ;
Et, respectant le coup par vous-même
ordonné,

Vous rendre tout le sang que vous
m'avez donné.
Si pourtant ce respect, si cette obéis-
sance
Paraît digne à vos yeux d'une autre ré-
compense ;
Si d'une mère en pleurs vous plaignez
les ennuis,
J'ose vous dire ici qu'en l'état où je suis.
Peut-être assez d'honneurs environnaient
ma vie
Pour ne pas souhaiter qu'elle me fût
ravie,
Ni qu'en me l'arrachant un sévère destin
Si près de ma naissance en eût marqué
la fin.
Fille d'Agamemnon, c'est moi qui la
première,
Seigneur, vous appelai de ce doux nom
de père ;
C'est moi qui, si longtemps le plaisir de
vos yeux,
Vous ai fait de ce nom remercier les
dieux,
Et pour qui, tant de fois prodiguant vos
caresses,
Vous n'avez point du sang dédaigné les
faiblesses.
Hélas ! avec plaisir je me faisais conter
Tous les noms des pays que vous allez
dompter ;
Et déjà, d'Ilion présageant la conquête,
D'un triomphe si beau je préparais la
fête.
Je ne m'attendais pas que, pour le com-
mencer,
Mon sang fût le premier que vous dus-
siez verser.
Non que la peur du coup dont je suis
menacée
Me fasse rappeler votre bonté passée ;
Ne craignez rien ; mon cœur, de votre
honneur jaloux,
Ne fera point rougir un père tel que
vous ;
Et, si je n'avais eu que ma vie à dé-
fendre,
J'aurais su renfermer un souvenir si
tendre.
Mais à mon triste sort, vous le savez,
seigneur,
Une mère, un amant, attachaient leur
bonheur.
Un roi digne de vous a cru voir la
journée
Qui devait éclairer notre illustre hymé-
née ;

Déjà, sûr de mon cœur à sa flamme
promis,
Il s'estimait heureux : vous me l'aviez
permis.
Il sait votre dessein ; jugez de ses
alarmes.
Ma mère est devant vous ; et vous voyez
ses larmes.
Pardonnez aux efforts que je viens de
tenter
Pour prévenir les pleurs que je leur vais
coûter.

AGAMEMNON.

Ma fille, il est trop vrai. J'ignore pour
quel crime
La colère des dieux demande une vic-
time.
Mais ils vous ont nommée : un oracle
cruel
Veut qu'ici votre sang coule sur un au-
tel.
Pour défendre vos jours de leurs lois
meurtrières,
Mon amour n'avait pas attendu vos
prières.
Je ne vous dirai point combien j'ai
résisté :
Croyez-en cet amour par vous-même at-
testé.
Cette nuit même encore, on a pu vous
le dire,
J'avais révoqué l'ordre où l'on me fit
souscrire.
Sur l'intérêt des Grecs vous l'aviez
emporté ;
Je vous sacrifiais mon rang, ma sûreté.
Arcas allait du camp vous défendre l'en-
trée :
Les dieux n'ont pas voulu qu'il vous ait
rencontrée,
Ils ont trompé les soins d'un père infor-
tuné
'Qui protégeait en vain ce qu'ils ont con-
damné.
Ne vous assurez point sur ma faible
puissance :
Quel frein pourrait d'un peuple arrêter
la licence,
Quand les dieux, nous livrant à son zèle
indiscret,
L'affranchissent d'un joug qu'il portait
à regret ?
Ma fille, il faut céder : votre heure est
arrivée.
Songez bien dans quel rang vous êtes
élevée :

Je vous donne un conseil qu'à peine je
reçoi ;
Du coup qui vous attend vous mourrez
moins que moi :
Montrez, en expirant, de qui vous êtes
née :
Faites rougir ces dieux qui vous ont
condamnée.
Allez ; et que les Grecs, qui vont vous
immoler,
Reconnaissent mon sang en le voyant
couler.

CLYTEMNESTRE.

Vous ne démentez point une race fu-
neste ;
Oui, vous êtes le sang d'Atrée et de
Thyeste :
Bourreau de votre fille, il ne vous reste
enfin
Que d'en faire à sa mère un horrible fes-
tin.
Barbare ! c'est donc là cet heureux sac-
rifice
Que vos soins préparaient avec tant d'ar-
tifice !
Quoi ! l'horreur de souscrire à cet ordre
inhumain
N'a pas, en le traçant, arrêté votre
main !
Pourquoi feindre à nos yeux une fausse
tristesse ?
Pensez-vous par des pleurs prouver votre
tendresse ?
Où sont-ils ces combats que vous avez
rendus ?
Quels flots de sang pour elle avez-vous
répandus ?
Quel débris parle ici de votre résistance ?
Quel champ couvert de morts me con-
damne au silence ?
Voilà par quels témoins il fallait me
prouver,
Cruel ! que votre amour a voulu la
sauver.
Un oracle fatal ordonne qu'elle ex-
pire !
Un oracle dit-il tout ce qu'il semble
dire ?
Le ciel, le juste ciel, par le meurtre
honoré,
Du sang de l'innocence est-il donc al-
téré ?
Si du crime d'Hélène on punit sa fa-
mille,
Faites chercher à Sparte Hermione sa
fille :

Laissez à Ménélas racheter d'un tel prix
Sa coupable moitié, dont il est trop
épris.
Mais vous, quelles fureurs vous rendent-
sa victime ?
Pourquoi vous imposer la peine de son
crime ?
Pourquoi moi-même enfin, me déchirant
le flanc,
Payer sa folle amour du plus pur de mon
sang ?
   Que dis-je ? Cet objet de tant de ja-
lousie,
Cette Hélène, qui trouble et l'Europe et
l'Asie,
Vous semble-t-elle un prix digne de vos
exploits ?
Combien nos fronts pour elle ont-ils rougi
de fois !
Avant qu'un nœud fatal l'unît à votre
frère,
Thésée avait osé l'enlever à son père :
Vous savez, et Calchas mille fois vous
l'a dit,
Qu'un hymen clandestin mit ce prince
en son lit ;
Et qu'il en eut pour gage une jeune
princesse
Que sa mère a cachée au reste de la
Grèce.
Mais non, l'amour d'un frère et son hon-
neur blessé
Sont les moindres des soins dont vous
êtes pressé :
Cette soif de régner, que rien ne peut
éteindre,
L'orgueil de voir vingt rois vous servir et
vous craindre,
Tous les droits de l'empire en vos mains
confiés,
Cruel ! c'est à ces dieux que vous sacri-
fiez ;
Et, loin de repousser le coup qu'on vous
prépare,
Vous voulez vous en faire un mérite
barbare :
Trop jaloux d'un pouvoir qu'on peut
vous envier,
De votre propre sang vous courez le
payer ;
Et voulez par ce prix épouvanter l'au-
dace
De quiconque vous peut disputer votre
place.
Est-ce donc être père ? Ah ! toute ma
raison
Cède à la cruauté de cette trahison.

Un prêtre, environné d'une foule cruelle,
Portera sur ma fille une main criminelle.
Déchirera son sein, et, d'un œil curieux,
Dans son cœur palpitant consultera les
dieux !
Et moi, qui l'amenai triomphante, ado-
rée,
Je m'en retournerai seule et désespérée !
Je verrai les chemins encor tout par-
fumés
Des fleurs dont sous ses pas on les avait
semés !
Non, je ne l'aurai point amenée au sup-
plice,
Ou vous ferez aux Grecs un double sacri-
fice.
Ni crainte ni respect ne m'en peut dé-
tacher :
De mes bras tout sanglants il faudra
l'arracher.
Aussi barbare époux qu'impitoyable
père,
Venez, si vous l'osez, la ravir à sa mère.
Et vous, rentrez, ma fille, et du moins à
mes lois
Obéissez encor pour la dernière fois.

AGAMEMNON.

À de moindres fureurs je n'ai pas dû
m'attendre.
Voilà, voilà les cris que je craignais d'en-
tendre.
Heureux si, dans le trouble où flottent
mes esprits,
Je n'avais toutefois à craindre que ces
cris !
Hélas ! en m'imposant une loi si sévère,
Grands dieux, me deviez-vous laisser un
cœur de père !

LES GRANDS CRIMES.

RACINE. 1677.

QUELQUES crimes toujours précèdent les
grands crimes :
Quiconque a pu franchir les bornes lé-
gitimes
Peut violer enfin les droits les plus sacrés ;
Ainsi que la vertu le crime a ses degrés ;
Et jamais on n'a vu la timide innocence
Passer subitement à l'extrême licence.
Un jour seul ne fait point d'un mortel
vertueux
Un perfide assassin, un lâche incestueux.

(*Phèdre*, Acte IV. Scène II.)

LE PRINCE HIPPOLYTE AVOUE SON AMOUR.

RACINE. 1677.

Vous voyez devant vous un prince
déplorable,
D'un téméraire orgueil exemple mémorable :
Moi qui, contre l'amour fièrement révolté,
Aux fers de ses captifs ai longtemps insulté ;
Qui, des faibles mortels déplorant les naufrages,
Pensais toujours du bord contempler les orages :
Asservi maintenant sous la commune loi,
Par quel trouble me vois-je emporté loin de moi !
Un moment a vaincu mon audace imprudente :
Cette âme si superbe est enfin dépendante.
Depuis près de six mois, honteux, désespéré,
Portant partout le trait dont je suis déchiré,
Contre vous, contre moi, vainement je m'éprouve :
Présente, je vous fuis ; absente, je vous trouve ;
Dans le fond des forêts votre image me suit ;

La lumière du jour, les ombres de la nuit,
Tout retrace à mes yeux les charmes que j'évite ;
Tout vous livre à l'envi le rebelle Hippolyte.
Moi-même, pour tout fruit de mes soins superflus,
Maintenant je me cherche, et ne me trouve plus :
Mon arc, mes javelots, mon char, tout m'importune ;
Je ne me souviens plus des leçons de Neptune ;
Mes seuls gémissements font retentir les bois,
Et mes coursiers oisifs ont oublié ma voix.
Peut-être le récit d'un amour si sauvage
Vous fait, en m'écoutant, rougir de votre ouvrage.
D'un cœur qui s'offre à vous quel farouche entretien !
Quel étrange captif pour un si beau lien !
Mais l'offrande à vos yeux en doit être plus chère :
Songez que je vous parle une langue étrangère ;
Et ne rejetez pas des vœux mal exprimés,
Qu'Hippolyte sans vous n'aurait jamais formés.

(*Phèdre*, Acte IV. Scène II.)

LOVE POEMS.

BOUQUET À MADAME D. S. G.

ALEXIS PIRON. 1735.

CHAQUE jour, à Cythère, est un jour
    solennel.
Les prêtres de Vénus n'y parent son
    autel
Ni plus ni moins un jour que l'autre.
Son culte n'est-il pas le vôtre ?
Et croyez-vous, Annette, être moins à
    mes yeux
Que la déesse de ces lieux ?
Ah ! ne vous mettez pas cette hérésie en
    tête !
Qu'un bouquet doive orner aujourd'hui
    votre sein,
    Plutôt qu'hier ou que demain !
Si, comme il est bien vrai, votre jour de
    conquête,
Si le jour où tout cède à vos appas vain-
    queurs,
Si le jour qu'on vous aime est votre jour
    de fête,
Quel jour ne doit-on pas vous envoyer
    des fleurs ?

UNE JEUNE FILLE ET SA MÈRE,

MADAME DESBORDES-VALMORE. 1818.

LA JEUNE FILLE.

CE jour si beau, ma mère, était-ce un
    jour de fête ?

LA MÈRE.

Quel jour ? dors-tu ? d'où vient que tu
    n'achèves pas ?

LA JEUNE FILLE.

C'est qu'en le rappelant ma voix tremble
    et s'arrête ;
Je cesse d'en parler pour y penser tout
    bas —

Ce jour donnait des fleurs que je n'avais
    point vues ;
Mille parfums nouveaux sortaient des
    champs plus verts,
    Et pour ces douceurs imprévues
Les oiseaux plus nombreux inventaient
    des concerts ;
Le soleil répandait comme une autre
    lumière,
Il embrasait le ciel, il brûlait ma pau-
    pière,
Il éclairait ma vie avec d'autres cou-
    leurs —

LA MÈRE.

D'où vient qu'un si beau jour te fait
    verser des pleurs ?
D'où vient que de tes mains s'échappe
    ton ouvrage ?

LA JEUNE FILLE.

Ma mère, je languis, je n'ai plus de
    courage.
Si vous saviez mon mal, vous pourriez le
    guérir.
Forcez-moi de parler, car j'ai peur de
    mourir.

LA MÈRE.

Parle donc ! n'est-ce pas le jour de ta
    naissance ?
Car c'est la fête aussi du maternel séjour.

LA JEUNE FILLE.

Non. Je plaignais alors ceux qu'afflige
    l'absence ;
Et Daphnis au hameau n'était pas de
    retour.

LA MÈRE.

Daphnis ! que fait Daphnis à la nature
    entière ?
De son père à la ville il conduit les
    troupeaux :
Il a déjà sans doute oublié sa chau-
    mière.

LA JEUNE FILLE.

Non ! ma mère. C'est lui qui fait les jours si beaux !

LA MÈRE.

Je l'ai cru pour six mois absent de la contrée.

LA JEUNE FILLE.

Je le craignais aussi ; mais il m'a rencontrée.
Il arrivait tout seul, j'étais seule à mon tour.
Ma mère, quel bonheur ! Daphnis m'a dit bonjour.

LA MÈRE.

Et toi ?

LA JEUNE FILLE.

J'ai dit bonjour ! car vous aimez son père,
Il a bien des vertus, n'est-il pas vrai, ma mère ?

LA MÈRE.

Et son fils ?

LA JEUNE FILLE.

On dirait que c'est son père enfant.
Ce bon vieillard se plaint de n'avoir point de fille,
C'est une fleur, dit-il, qui pare une famille.
Alors il me regarde et m'embrasse souvent

LA MÈRE.

Et son fils ?

LA JEUNE FILLE.

Il soutient que l'absence est cruelle :
Je le savais ! il sait qu'on peut mourir par elle,
Qu'à chaque instant du jour il faut en soupirer,
Et qu'en chantant surtout on est près de pleurer.
"Dans mes ennuis," dit-il, "j'ai fait une couronne :
Elle est fanée, hélas ! pourtant je te la donne."
Je l'ai sentie alors descendre sur mes yeux,
Et je n'y voyais plus ; mais sa voix est si tendre !
Et depuis si longtemps je n'avais pu l'entendre !

Et quand on n'y voit plus, ma mère, on entend mieux.

LA MÈRE.

Qu'a-t-il donc ajouté ?

LA JEUNE FILLE.

Que son cœur lui conseille
De quitter un vain bruit pour le calme des champs,
Pour nos danses du soir, nos fêtes, nos doux chants,
Pour retrouver ma voix qui manque à son oreille ;
Que son père le plaint et le fait revenir.
"Mais," a-t-il dit plus bas, "que vais-je devenir ?
Mon père te connaît, il sait donc que je t'aime ;
Et moi, je ne sais pas si tu penses de même ?"
Je n'ai pu le lui dire avant de vous parler,
Ma mère, et j'ai senti qu'il fallait m'en aller.

LA MÈRE.

Tu l'as quitté ?

LA JEUNE FILLE.

J'étais tremblante,
Je ne pouvais courir. Une joie accablante
Me retenait toujours ; toujours je m'arrêtais.

LA MÈRE.

Et que répondais-tu ?

LA JEUNE FILLE.

Ma mère, j'écoutais.
Depuis, pour vous parler, je reste à la chaumière ;
Daphnis en vain m'attend, je pleure en vain tout bas ;
Je ne puis parler la première,
Et vous ne me devinez pas !
Je tremble auprès de lui, je tremble ici de même :
Nos tourments ne sont pas finis !
Jamais je n'oserai vous dire que je l'aime —

LA MÈRE.

Eh bien ! je te permets de le dire à Daphnis.

LE PREMIER AMOUR.[1]

MADAME DESBORDES-VALMORE. 1820.

Vous souvient-il de cette jeune amie,
Au regard tendre, au maintien sage et
　　　doux?
À peine, hélas! au printemps de sa
　　　vie,
Son cœur sentit qu'il était fait pour
　　　vous.

Point de serment, point de vaine pro-
　　　messe:
Si jeune encore, on ne les connaît pas;
Son âme pure aimait avec ivresse,
Et se livrait sans honte et sans com-
　　　bats.

Elle a perdu son idole chérie;
Bonheur si doux a duré moins qu'un
　　　jour!
Elle n'est plus au printemps de sa vie:
Elle est encore à son premier amour.

À PAULINE DUCHAMBGE.

MADAME DESBORDES-VALMORE. 1820.

ELLE VOULAIT QUITTER LE MONDE.

Quand tu te ferais sœur grise,
Un bandeau blanc sur les yeux;
Quand d'une prière apprise
Tu tourmenterais les cieux;
Quand, sur les pauvres penchée,
Mouillant leurs cris de tes pleurs,
Par ta blessure cachée
Tu sonderais leurs douleurs;

Quand tu pourrais, sœur Morave,
Silencieuse à toujours,
Sous une loi morne et grave
Immobiliser tes jours,
Cesserais-tu, mon pauvre ange,
D'écouter, vivre et souffrir,
Ton cœur, ce malade étrange
Qui n'a peur que de guérir?

1 "Ces délicieuses romances, *Douce chimère*,
et *Vous souvient-il de cette jeune amie?* qui ré-
veillent, pour la génération d'alors, les plus
frais parfums de jeunesse et font naître une
larme en ressouvenir des printemps, sont en-
core sues de bien des mémoires fidèles; on a
oublié qu'on les doit à Madame Valmore."—
SAINTE-BEUVE.

Quand sur le marbre et la pierre
Tu verserais l'oraison,
Pour évoquer la lumière
Qui rallume la raison;
Quand ta voix, éteinte au monde,
S'enfermerait sans retour,
Une autre voix plus profonde
Te crierait encore: "Amour!"

Tous les cloîtres de la terre
Mentent à ton désespoir;
Dans son plus chaste mystère
Dieu n'a pas de manteau noir;
Et le reclus prêt à rendre
Ses comptes au Créateur
Ne pourra que trop comprendre
Qu'il manque un cœur à tou cœur!

Reste au monde; plaide encore!
Ton procès n'est pas fini:
Pour un crime que j'ignore,
L'amour tendre y fut banni.
Aime en vain; donne et pardonne
À qui ne t'a pas compris;
Souris à qui t'abandonne;
Va! l'on n'aime qu'à ce prix!

LE BILLET.

MADAME DESBORDES-VALMORE. 1820.

Message inattendu, cache-toi sur mon
　　　cœur;
　　Cache-toi! je n'ose te lire:
Tu m'apportes l'espoir; ne fût-il qu'un
　　　délire,
Je te devrai du moins l'ombre de mon
　　　bonheur!
Prolonge dans mon sein ma tendre in-
　　　quiétude;
Je désire à la fois et crains la vérité:
　　On souffre de l'incertitude,
　　On meurt de la réalité!

Recevoir un billet du volage qu'on
　　　aime,
　　C'est presque le revoir lui-même.
En te pressant déjà j'ai cru presser sa
　　　main;
En te baignant de pleurs, j'ai pleuré sur
　　　son sein;
Et, si le repentir y parle en traits de
　　　flamme,
En lisant cet écrit je lirai dans son
　　　âme;

J'entendrai le serment qu'il a fait tant
    de fois,
Et j'y reconnaîtrai jusqu'au son de·sa
    voix.

    Sous cette enveloppe fragile
    L'Amour a renfermé mon sort —
    Ah ! le courage est difficile
Quand on attend d'un mot ou la vie ou
    la mort.
Mystérieux cachet, qui m'offres sa de-
    vise,
    En te brisant rassure-moi :

Non, le détour cruel d'une affreuse sur-
    prise
    Ne peut être scellé par toi.
Au temps de nos amours je t'ai choisi
    moi-même ;
Tu servis les aveux d'une timide ardeur,
    Et sous le plus touchant emblème
    Je vais voir le bonheur.
Mais si tu dois détruire un espoir que
    j'adore,
Amour, de ce billet détourne ton flam-
    beau !
Par pitié, sur mes yeux attache ton ban-
    deau
Et laisse-moi douter quelques moments
    encore !

LE LAC.

LAMARTINE. 1825.

AINSI, toujours poussés vers de nou-
    veaux rivages,
Dans la nuit éternelle emportés sans
    retour,
Ne pourrons-nous jamais sur l'océan des
    âges
    Jeter l'ancre un seul jour !

O lac ! l'année à peine a fini sa carrière,
Et près des flots chéris qu'elle devait
    revoir,
Regarde ! je viens seul m'asseoir sur
    cette pierre
    Où tu la vis s'asseoir !

Tu mugissais ainsi sous ces roches pro-
    fondes ;
Ainsi tu te brisais sur leurs flancs dé-
    chirés ;
Ainsi le vent jetait l'écume de tes ondes
    Sur ses pieds adorés.

Un soir, t'en souvient-il ? nous voguions
    en silence ;
On n'entendait au loin, sur l'onde et
    sous les cieux,
Que le bruit des rameurs qui frappaient
    en cadence
    Tes flots harmonieux.

Tout à coup des accents inconnus à la
    terre
Du rivage charmé frappèrent les échos ;
Le flot fut attentif, et la voix qui m'est
    chère
    Laissa tomber ces mots :

"O temps, suspends ton vol ! et vous,
    heures propices,
    Suspendez votre cours !
Laissez-nous savourer les rapides délices
    Des plus beaux de nos jours !

"Assez de malheureux ici-bas vous
    implorent :
    Coulez, coulez pour eux ;
Prenez avec leurs jours les soins qui les
    dévorent ;
    Oubliez les heureux.

"Mais je demande en vain quelques
    moments encore,
    Le temps m'échappe et fuit ;
Je dis à cette nuit : 'Sois plus lente' ;
    et l'aurore
    Va dissiper la nuit.

"Aimons donc, aimons donc ! de l'heure
    fugitive,
    Hâtons-nous, jouissons !
L'homme n'a point de port, le temps n'a
    point de rive ;
    Il coule, et nous passons !"

Temps jaloux, se peut-il que ces mo-
    ments d'ivresse
Où l'amour à longs flots nous verse le
    bonheur
S'envolent loin de nous de la même
    vitesse
    Que les jours de malheur ?

Eh quoi ! n'en pourrons-nous fixer au
    moins la trace ?
Quoi ! passés pour jamais ! quoi ! tout
    entiers perdus ?
Ce temps qui les donna, ce temps qui les
    efface,
    Ne nous les rendra plus ?

Éternité, néant, passé, sombres abîmes,
　Que faites-vous des jours que vous en-
　　gloutissez !
Parlez : nous rendrez-vous ces extases
　sublimes
　　Que vous nous ravissez !

O lac ! rochers muets ! grottes ! forêt
　obscure !
Vous que le temps épargne ou qu'il peut
　rajeunir,
Gardez de cette nuit, gardez, belle na-
　ture,
　　Au moins le souvenir !

Qu'il soit dans ton repos, qu'il soit dans
　tes orages,
Beau lac, et dans l'aspect de tes riants
　coteaux,
Et dans ces noirs sapins, et dans ces
　rocs sauvages
　　Qui pendent sur tes eaux !

Qu'il soit dans le zéphyr qui frémit et
　qui passe,
Dans les bruits de tes bords par tes
　bords répétés,
Dans l'astre au front d'argent qui blan-
　chit ta surface
　　De ses molles clartés !

Que le vent qui gémit, le roseau qui
　soupire,
Que les parfums légers de ton air em-
　baumé,
Que tout ce qu'on entend, l'on voit ou
　l'on respire,
　　Tout dise : "Ils ont aimé ! "

À MADAME B * * *.

ALFRED DE MUSSET. 1838.

QUAND je t'aimais, pour toi j'aurais
　donné ma vie.
Mais c'est toi, de t'aimer, toi qui m'ôtas
　l'envie.
À tes piéges d'un jour on ne me prendra
　plus ;
Tes ris sont maintenant et tes pleurs
　superflus.
Ainsi, lorsqu'à l'enfant la vieille salle
　obscure
Fait peur, il va tout nu décrocher
　quelque armure ;

Il s'enferme, il revient, tout palpitant
　d'effroi,
Dans sa chambre bien noire et dans son
　lit bien froid.
Et puis, lorsqu'au matin le jour vient à
　paraître,
Il trouve son fantôme aux plis de sa
　fenêtre,
Voit son arme inutile, il rit et, triom-
　phant,
S'écrie : "Oh que j'ai peur ! oh que je
　suis enfant !"

LA BELLE AMÉRICAINE.

ALFRED DE MUSSET. 1839.

IL se fit tout à coup le plus profond
　silence,
Quand Georgina Smolen se leva pour
　chanter.
Miss Smolen est très-pâle. — Elle arrive
　de France,
Et regrette le sol qu'elle vient de quit-
　ter.
On dit qu'elle a seize ans. — Elle est
　Américaine ;
Mais, dans ce beau pays dont elle parle
　à peine,
Jamais deux yeux plus doux n'ont du
　ciel le plus pur
Sondé la profondeur et réfléchi l'azur.
Faible et toujours souffrante, ainsi qu'un
　diadème,
Elle laisse à demi, sur son front orgueil-
　leux,
En longues tresses d'or tomber ses longs
　cheveux.
Elle est de ces beautés dont on dit qu'on
　les aime
Moins qu'on ne les admire ; — un noble,
　un chaste cœur
La volupté, pour mère, y trouva la pu-
　deur.
Bien que sa voix soit douce, elle a sur
　le visage,
Dans les gestes, l'abord, et jusque dans
　ses pas,
Un signe de hauteur qui repousse l'hom-
　mage,
Soit tristesse ou dédain, mais qui ne
　blesse pas.
Dans un âge rempli de crainte et d'espé-
　rance,
Elle a déjà connu la triste indifférence,

Cette fille du temps. — Qui pourrait
  cependant
Se lasser d'admirer ce front triste et
  charmant
Dont l'aspect seul éloigne et guérit
  toute peine ?
Tant sont puissants, hélas ! sur la
  misère humaine
Ces deux signes jumeaux de paix et de
  bonheur,
Jeunesse de visage et jeunesse de cœur !
Chose étrange à penser, il paraît difficile
Au regard le plus dur et le plus immo-
  bile
De soutenir le sien. — Pourquoi ? Qui
  le dira ?
C'est un mystère encor. — De ce regard
  céleste
L'atteinte, allant au cœur, est sans
  doute funeste,
Et devra coûter cher à qui la recevra.

Miss Smolen commença ; — l'on ne
  voyait plus qu'elle.
On connaît ce regard qu'on veut en vain
  cacher,
Si prompt, si dédaigneux, quand une
  femme est belle ! —
Mais elle ne parut le fuir ni le chercher.

Elle chanta cet air qu'une fièvre brû-
  lante
Arrache, comme un triste et profond
  souvenir,
D'un cœur plein de jeunesse et qui se
  sent mourir ;
Cet air qu'en s'endormant Desdemona
  tremblante,
Posant sur son chevet son front chargé
  d'ennuis,
Comme un dernier sanglot, soupire au
  sein des nuits.

D'abord ses accents purs, empreints
  d'une tristesse
Qu'on ne peut définir, ne semblèrent
  montrer
Qu'une faible langueur, et cette douce
  ivresse
Où la bouche sourit, et les yeux vont
  pleurer.
Ainsi qu'un voyageur couché dans sa
  nacelle,
Qui se laisse au hasard emporter au cou-
  rant,
Qui ne sait si la rive est perfide ou fi-
  dèle,

Si le fleuve à la fin devient lac ou tor-
  rent ;
Ainsi la jeune fille, écoutant sa pensée,
Sans crainte, sans effort, et par sa voix
  bercée,
Sur les flots enchantés du fleuve harmo-
  nieux
S'éloignait du rivage en regardant les
  cieux —

Quel charme elle exerçait ! Comme
  tous les visages
S'animaient tout à coup d'un regard de
  ses yeux !
Car, hélas ! que ce soit, la nuit dans les
  orages,
Un jeune rossignol pleurant au fond des
  bois,
Que ce soit l'archet d'or, la harpe éo-
  lienne,
Un céleste soupir, une souffrance hu-
  maine,
Quel est l'homme, aux accents d'une
  mourante voix,
Qui, lorsque pour entendre il a baissé la
  tête,
Ne trouve dans son cœur, même au sein
  d'une fête,
Quelque larme à verser, — quelque doux
  souvenir
Qui s'allait effacer et qu'il sent revenir ?

LE CŒUR DE FEMME.

ALFRED DE MUSSET. 1829.

— C'est la règle, ô mon cœur ! — Il est
  sûr qu'une femme
Met dans une âme aimée une part de
  son âme.
Sinon, d'où pourrait-elle et pourquoi
  concevoir
La soif d'y revenir, et l'horreur d'en
  déchoir ?
Au contraire un cœur d'homme est
  comme une marée
Fuyarde des endroits qui l'ont mieux
  attirée.
Voyez qu'en tout lien, l'amour à l'un
  grandit
Et par le temps empire, à l'autre refroi-
  dit.
L'un ainsi qu'un cheval qu'on pique à
  la poitrine,
En insensé toujours contre la javeline

Avance, et se la pousse au cœur jusqu'à
  mourir,
L'autre, dès que ses flancs commencent
  à s'ouvrir,
Qu'il sent le froid du fer, et l'aride mor-
  sure
Aller chercher le cœur au fond de la
  blessure,
Il prend la fuite en lâche, et se sauve
  d'aimer.

LE POT DE FLEURS.

THÉOPHILE GAUTIER. 1830.

PARFOIS un enfant trouve une petite
  graine,
Et tout d'abord, charmé de ses vives
  couleurs,
Pour la planter, il prend un pot de por-
  celaine
Orné de dragons bleus et de bizarres
  fleurs.

Il s'en va. La racine en couleuvres
  s'allonge,
Sort de terre, fleurit et devient arbris-
  seau ;
Chaque jour, plus avant, son pied che-
  velu plonge
Tant qu'il fasse éclater le ventre du
  vaisseau.

L'enfant revient ; surpris, il voit la
  plante grasse
Sur les débris du pot brandir ses verts
  poignards ;
Il la veut arracher, mais la tige est
  tenace ;
Il s'obstine, et ses doigts s'ensan-
  glantent aux dards.

Ainsi germa l'amour dans mon âme sur-
  prise ;
Je croyais ne semer qu'une fleur de prin-
  temps ;
C'est un grand aloès dont la racine brise
Le pot de porcelaine aux dessins écla-
  tants.

IMITATION DE BYRON.

THÉOPHILE GAUTIER. 1830.

IL est doux de raser en gondole la vague
Des lagunes, le soir, au bord de l'horizon,

Quand la lune élargit son disque pâle et
  vague,
Et que du marinier l'écho dit la chanson,

Il est doux d'observer l'étoile qui ray-
  onne,
Paillette d'or cousue au dais du firma-
  ment,
L'étoile qu'une blanche auréole envi-
  ronne,
Et qui dans le ciel clair s'avance lente-
  ment ;

Il est doux sur la brume un instant
  colorée
De voir, parmi la pluie, aux lueurs du
  soleil,
L'iris arrondissant son arche diaprée,
Présage heureux d'un jour plus pur et
  plus vermeil ;

Il est doux, par les prés où l'abeille
  butine,
D'errer seul et pensif, et, sous les saules
  verts
Nonchalamment couché près d'une onde
  argentine,
De lire tour à tour des romans et des vers ;

Il est doux, quand on suit une route
  inégale
Dans l'été, vers midi, chargé d'un lourd
  fardeau,
Et qu'on entend chanter près de soi la
  cigale,
De trouver un peu d'ombre avec un filet
  d'eau.

Il est doux, en hiver, lorsque la froide
  pluie
Bat la vitre, d'avoir auprès d'un feu
  flambant,
Un immense fauteuil gothique, où l'on
  appuie
Sa tête paresseuse en arrière tombant ;

Il est doux de revoir avec ses tours
  minées
Par le temps, ses clochers et ses blanches
  maisons,
Ses toits rouges et bleus, ses hautes
  cheminées,
La ville où l'on passa ses premières
  saisons ;

Il est doux pour le cœur de l'exilé
  malade,

Par le regret cuisant et la douleur usé,
D'entendre le refrain de la vieille ballade
Dont sa mère au berceau l'a jadis amusé :

Mais il est bien plus doux, éperdu, plein
　d'ivresse,
Sous un berceau de fleurs, d'entourer de
　ses bras
Pour la première fois sa première maî-
　tresse,
Jeune fille aux yeux bruns qui tremble
　et ne veut pas.

À Mᵐᴱ N. MÉNESSIER,

QUI AVAIT MIS EN MUSIQUE DES PA-
ROLES DE L'AUTEUR.

ALFRED DE MUSSET. 1831.

MADAME, il est heureux, celui dont la
　pensée
(Qu'elle fût de plaisir, de douleur, ou
　d'amour)
A pu servir de sœur à la vôtre un seul
　jour.
Son âme dans votre âme un instant est
　passée ;

Le rêve de son cœur un soir s'est arrêté,
Ainsi qu'un pélerin sur le seuil enchanté
Du merveilleux palais tout peuplé de
　féeries
Où dans leurs voiles blancs dorment vos
　rêveries.

Qu'importe que bientôt, pour un autre
　oublié,
De vos lèvres de pourpre il se soit envolé
Comme l'oiseau léger s'envole après
　l'orage ?
Lorsqu'il a repassé le seuil mystérieux,
Vos lèvres l'ont doré, dans leur divin
　langage,
D'un sourire mélodieux.

À MADAME * * *,

QUI AVAIT ENVOYÉ, PAR PLAISANTE-
RIE, UN PETIT ÉCU À L'AUTEUR.

ALFRED DE MUSSET. 1833.

Vous m'envoyez, belle Émilie,
Un poulet emmaillotté ;
Votre main discrète et polie

L'a soigneusement cacheté.
Mais l'aumône est un peu légère,
Et, malgré sa dextérité,
Cette main est bien ménagère
Dans ses actes de charité.
C'est regarder à la dépense
Si votre offrande est un paiement.
Et si c'est une récompense,
Vous n'aviez pas besoin d'argent.
A l'avenir, belle Émilie,
Si votre cœur est généreux,
Aux pauvres gens, je vous en prie,
Faites l'aumône avec vos yeux.
Quand vous trouverez le mérite,
Et quand vous voudrez le payer,
Souvenez-vous de Marguerite
Et du poëte Alain Chartier.
Il était bien laid, dit l'histoire.
La dame était fille de roi ;
Je suis bien obligé de croire
Qu'il faisait mieux les vers que moi,
Mais si ma plume est peu de chose,
Mon cœur, hélas ! ne vaut pas mieux ;
Fût-ce même pour de la prose
Vos cadeaux sont trop dangereux,
Que votre charité timide
Garde son argent et son or,
Car en ouvrant votre main vide,
Vous pouvez donner un trésor.

AMITIÉ DE FEMME.

LAMARTINE. 1836.

AMITIÉ, doux repos de l'âme,
Crépuscule charmant des cœurs,
Pourquoi, dans les yeux d'une femme,
As-tu de plus tendre langueurs ?

Ta nature est pourtant la même ;
Dans le cœur dont elle a fait don
Ce n'est plus la femme qu'on aime,
Et l'amour a perdu son nom.

Mais comme en une pure glace
Le crayon se colore mieux,
Le sentiment qui le remplace
Est plus visible en deux beaux yeux.

Dans un timbre argentin de femme
Il a de plus tendres accents,
La chaste volupté de l'âme
Devient presque un plaisir des sens.

De l'homme la mâle tendresse
Est le soutien d'un bras nerveux,

Mais la vôtre est une caresse
Qui frissonne dans les cheveux.

Oh ! laissez-moi, vous que j'adore,
Des noms les plus doux tour à tour,
O femmes ! me tromper encore
Aux ressemblances de l'amour !

Douce ou grave, tendre ou sévère,
L'amitié fut mon premier bien ;
Quelque soit la main qui me serre
C'est un cœur qui répond au mien.

Non jamais ma main ne repousse
Ce symbole d'un sentiment ;
Mais lorsque la main est plus douce
Je la serre plus tendrement.

L'AMOUR.

VICTOR HUGO. 1837.

Jeune fille, l'amour, c'est d'abord un
    miroir
Où la femme coquette et belle aime à se
    voir,
    Et, gaie ou rêveuse, se penche ;
Puis, comme la vertu, quand il a votre
    cœur,
Il en chasse le mal et le vice moqueur,
    Et vous fait l'âme pure et blanche ;

Puis on descend un peu, le pied vous
    glisse — Alors
C'est un abîme ! en vain la main s'at-
    tache aux bords,
    On s'en va dans l'eau qui tour-
    noie ! —
L'amour est charmant, pur et mortel.
    N'y crois pas.
Tel l'enfant, par un fleuve attiré pas à
    pas,
    S'y mire, s'y lave et s'y noie.

VILLANELLE RHYTHMIQUE.

THÉOPHILE GAUTIER. 1838.

Quand viendra la saison nouvelle,
Quand auront disparu les froids,
Tous les deux nous irons, ma belle,
Pour cueillir le muguet au bois ;
   ~us nos pieds égrenant les perles

Que l'on voit au matin trembler,
Nous irons écouter les merles
    Siffler.

Le printemps est venu, ma belle,
C'est le mois des amants béni,
Et l'oiseau, satinant son aile,
Dit des vers au rebord du nid.
Oh ! viens donc sur le banc de mousse,
Pour parler de nos beaux amours,
Et dis-moi de ta voix si douce :
    Toujours !

Loin, bien loin, égarant nos courses,
Faisons fuir le lapin caché,
Et le daim au miroir des sources
Admirant son grand bois penché,
Puis, chez nous, tout joyeux, tout aises,
En panier enlaçant nos doigts,
Revenons rapportant des fraises
    Des bois.

À DEUX BEAUX YEUX.

THÉOPHILE GAUTIER. 1838.

Vous avez un regard singulier et char-
    mant ;
Comme la lune au fond du lac qui la
    reflète,
Votre prunelle, où brille une humide
    paillette
Au coin de vos doux yeux roule languis-
    samment.

Ils semblent avoir pris ses feux au dia-
    mant ;
Ils sont de plus belle eau qu'une perle
    parfaite,
Et vos grands cils émus, de leur aile
    inquiète
Ne voilent qu'à demi leur vif rayonne-
    ment.

Mille petits amours à leur miroir de
    flamme
Se viennent regarder et s'y trouvent plus
    beaux,
Et les désirs y vont rallumer leurs flam-
    beaux.

Ils sont si transparents qu'ils laissent
    voir votre âme,
Comme une fleur céleste au calice idéal
Que l'on apercevrait à travers un cristal.

LISE.

VICTOR HUGO. 1843.

J'AVAIS douze ans ; elle en avait bien
    seize,
Elle était grande, et, moi, j'étais petit.
Pour lui parler le soir plus à mon aise,
Moi, j'attendais que sa mère sortit ;
Puis je venais m'asseoir près de sa chaise,
Pour lui parler le soir plus à mon aise.

Que de printemps passés avec leurs
    fleurs !
Que de feux morts, et que de tombes
    closes !
Se souvient-on qu'il fut jadis des cœurs ?
Se souvient-on qu'il fut jadis des roses ?
Elle m'aimait. Je l'aimais. Nous étions
Deux purs enfants, deux parfums, deux
    rayons.

Dieu l'avait faite ange, fée et princesse.
Comme elle était bien plus grande que
    moi,
Je lui faisais des questions sans cesse
Pour le plaisir de lui dire : Pourquoi ?
Et, par moments, elle évitait, craintive,
Mon œil rêveur qui la rendait pensive.

Puis j'étalais mon savoir enfantin,
Mes jeux, la balle et la toupie agile ;
J'étais tout fier d'apprendre le latin ;
Je lui montrais mon Phèdre et mon Vir-
    gile ;
Je bravais tout ; rien ne me faisait mal ;
Je lui disais : " Mon père est général."

Quoiqu'on soit femme, il faut parfois
    qu'on lise
Dans le latin, qu'on épèle en rêvant ;
Pour lui traduire un verset, à l'église,
Je me penchais sur son livre souvent.
Un ange ouvrait sur nous son aile
    blanche,
Quand nous étions à vêpres le dimanche.

Elle disait de moi : " C'est un enfant ! "
Je l'appelais mademoiselle Lise ;
Pour lui traduire un psaume, bien sou-
    vent,
Je me penchais sur son livre, à l'église ;
Si bien qu'un jour, vous le vîtes, mon
    Dieu !
Sa joue en fleur toucha ma lèvre en feu.

Jeunes amours, si vite épanouies,
Vous êtes l'aube et le matin du cœur.
Charmez l'enfant, extases inouïes !
Et, quand le soir vient avec la douleur,
Charmez encor nos âmes éblouies,
Jeunes amours, si vite évanouies !

MARIE.

ALFRED DE MUSSET. 1842.

AINSI, quand la fleur printanière
Dans les bois va s'épanouir,
Au premier souffle du zéphyr
Elle sourit avec mystère ;

Et sa tige fraîche et légère,
Sentant son calice s'ouvrir,
Jusque dans le sein de la terre
Frémit de joie et de désir.

Ainsi, quand ma douce Marie
Entr'ouvre sa lèvre chérie,
Et lève en chantant ses yeux bleus,

Dans l'harmonie et la lumière
Son âme semble tout entière
Monter en tremblant vers les cieux.

L'IDÉAL.

CHARLES BAUDELAIRE. 1857.

CE ne seront jamais ces beautés de
    vignettes,
Produits avariés, nés d'un siècle vaurien,
Ces pieds à brodequins, ces doigts à cas-
    tagnettes,
Qui sauront satisfaire un cœur comme le
    mien.

Je laisse à Gavarni, poëte des chloroses,
Son troupeau gazouillant de beautés
    d'hôpital,
Car je ne puis trouver parmi ces pâles
    roses
Une fleur qui ressemble à mon rouge
    idéal.

Ce qu'il faut à ce cœur profond comme
    un abîme,
C'est vous, Lady Macbeth, âme puissante
    au crime,
Rêve d'Eschyle éclos au climat des au-
    tans ;

Ou bien toi, grande Nuit, fille de Michel-
Ange,
Qui tors paisiblement dans une pose
étrange
Tes appas façonnés aux bouches des Ti-
tans !

PROMENADE.

ANDRÉ LEMOYNE. 1860.

LACE tes brodequins, ma belle, et par-
tons vite.
Noue en un seul bouquet tes cheveux
châtain-clair.
Nous irons par les bois. Le ciel bleu
nous invite.
C'est déjà le printemps qu'on respire dans
l'air.

Nous prendrons, si tu veux, ce petit che-
min jaune
Qui, sous les bouleaux blancs, court dans
le sable fin ;
Pour nos pieds d'amoureux sentier large
d'une aune,
Mais qu'on suit tout un jour sans en
trouver la fin.

Nous irons nous asseoir au bord des
sources fraîches
Où le chevreuil léger comme une ombre
descend,
Où nous avons cueilli la plante aux vertes
flèches. —
Dans le creux de ta main nous boirons
en passant ;

Et nous écouterons sur les mares dor-
mantes
Cet invisible écho, prompt à s'effarou-
cher,
Que tu croyais blotti parmi les fleurs des
menthes,
Et qui ne dit plus rien dès qu'on veut
l'approcher.

Notre cœur salûra ces vieux hêtres in-
times
Sous lesquels, vers le soir, trop émus pour
causer,
Pour la première fois tous deux nous
répondîmes
Au chant du rossignol par un muet
baiser.

Loin d'être indifférents au souvenir des
autres,
Nous verrons si le temps n'aurait pas
effacé
Du grand arbre les noms plus anciens
que les nôtres,
Noms d'heureux qui s'aimaient dans le
siècle passé.

Et nous bénirons Dieu, qui, nous ayant
fait naître
Au nombre des élus, a choisi notre jour :
Si j'étais né plus tôt, sans pouvoir te
connaître,
Il m'aurait fallu vivre et mourir sans
amour.

Quand le ciel n'a pour nous que des ray-
ons de fête,
Quand tous les arbres sont richement
habillés,
S'il est de pauvres gens qui vont bais-
sant la tête
Et dans l'or du soleil marchent dégue-
nillés,

Toi qui dans les douleurs sais discrète-
ment lire,
Et dont les belles mains prêchent la
charité,
Tu répandras ta bourse avec un clair
sourire :
On nous pardonnera notre félicité.

ROSAIRE D'AMOUR.

ANDRÉ LEMOYNE. 1860.

J'AIME tes belles mains longues et pa-
resseuses,
Qui, pareilles au lis, n'ont jamais tra-
vaillé,
Mais savent le secret des musiques ber-
ceuses
Qui parlent à voix lente au cœur émer-
veillé. —
J'aime tes belles mains longues et pa-
resseuses.

J'aime tes petits pieds vifs et spirituels,
Petits pieds éloquents de la cheville aux
pointes,
Que les saints, oubliant leurs graves ri-
tuels,
Pliés sur deux genoux, baiseraient à
mains jointes. —
J'aime tes petits pieds vifs et spirituels.

J'aime ta chevelure abondante et houleuse,
Flots noirs en harmonie avec ton cou bistré.
Je crois bien que jamais une main de fileuse
Ne tria d'écheveau si fin et si lustré. —
J'aime ta chevelure abondante et houleuse.

J'aime tes yeux vert d'eau, j'aime tes yeux songeurs.
Quand je regarde en eux, je pense aux mers profondes
Dont le mystère échappe aux plus hardis plongeurs ;
Je rêve d'un abîme où s'égarent les sondes. —
J'aime tes yeux vert d'eau, j'aime tes yeux songeurs.

J'aime ta bouche en fleur dont la corolle s'ouvre,
Pur carmin sur un fond de neige éblouissant,
C'est à prendre en pitié tous les trésors du Louvre.
J'aime ta bouche en fleur, fleur de chair, fleur de sang, —
J'aime ta bouche en fleur dont la corolle s'ouvre.

Vous, la belle de nuit et la belle de jour,
Me pardonnerez - vous cette ingrate analyse ?
Si j'ai mal égrené le rosaire d'amour,
C'est qu'un cher souvenir trop capiteux me grise. —
Grâce, belle de nuit ; grâce, belle de jour.

28

FRIENDSHIP AND AFFECTION.

À VOLTAIRE,

QU'IL PRENNE SON PARTI SUR LES AP-
PROCHES DE LA VIEILLESSE ET DE
LA MORT.

FRÉDÉRIC II, ROI DE PRUSSE. 1751.

SOUTIEN du goût, des arts, de l'élo-
    quence,
Fils d'Apollon, Homère de la France,
Ne te plains point que l'âge à pas hâtifs
    Vers toi s'achemine,
    Et sans cesse mine
    Tes jours fugitifs.

La Providence égale toutes choses,
Le doux printemps se couronne de roses,
L'été, de fruits, l'automne, de moissons :
    L'hiver, l'indolence
    A la jouissance
    Des autres saisons.

Voltaire, ainsi l'homme trouve en tout
    âge
Des dons nouveaux dont il tire avantage ;
S'il a passé la fleur de ses beaux jours,
    La raison diserte
    Remplace la perte
    Du jeu, des amours.

Quand il vieillit, sa superbe sagesse
Avec dédain condamne la jeunesse,
Qui par instinct suit une aimable erreur ;
    L'ambition vaine
    L'excite et l'entraîne
    Au champ de l'honneur.

Lorsque le temps, qui jamais ne s'arrête,
De cheveux blancs a décoré sa tête,
Par sa vieillesse il se fait respecter ;
    L'intérêt l'amuse

    D'un bien qui l'abuse
    Et qu'il faut quitter.

Toi, dont les arts filent la destinée,
Dont la raison et la mémoire ornée
Font admirer tant de divers talents,
    Se peut-il, Voltaire,
    Qu'avec l'art de plaire
    Tu craignes le temps ?

Sur tes vertus ce temps n'a point de prise,
Un bel esprit nous charme à barbe grise ;
Lorsque ton corps chemine à son déclin,
    Le dieu du Permesse
    Te remplit sans cesse
    De son feu divin.

Je vois briller la beauté rajeunie
Des premiers ans de ce vaste génie,
Et c'est ainsi que l'astre des saisons
    Des bras d'Amphitrite
    Lance aux lieux qu'il quitte
    Ses plus doux rayons.

Hélas ! tandis que le faible vulgaire,
Qui sans penser languit dans la misère,
Traine ses jours et son nom avili,
    Sortant de ce songe
    Pour jamais se plonge
    Dans un sombre oubli ;

Tu vois déjà ta mémoire estimée,
Et dans son vol la prompte renommée
Ne publier que ta prose et tes vers ;
    Tu reçois l'hommage
    (Qu'importe à quel âge ?)
    De tout l'univers.

Ces vils rivaux dont la cruelle envie
Avait versé ses poisons sur ta vie,
Que tes vertus ont si fort éclipsés,
    Vrais pour ta mémoire,
    A chanter ta gloire
    Se verront forcés.

Quel avenir t'attend, divin Voltaire!
Lorsque ton âme aura quitté la terre,
À tes genoux vois la postérité :
  Le temps qui s'élance
  Te promet d'avance
  L'immortalité.

FRÉDÉRIC II, ROI DE PRUSSE, À LA PRINCESSE AMELIA.[1]

ERFURT, 27 septembre 1757.

MA CHÈRE SŒUR, — Nos affaires en
sont encore sur le pied que je vous l'ai
écrit dernièrement. Je fais comme ces
gens accablés de mouches, qui les
chassent de leur visage ; mais quand
l'une s'envole de la joue, une autre vient
se mettre sur le nez, et à peine s'en est-
on défait, qu'une nouvelle volée se place
sur le front, sur les yeux, et partout.
Enfin cet ouvrage durera, je crois,
jusqu'à ce que le grand froid engour-
disse cet essaim insupportable. Souvent
je voudrais m'enivrer pour noyer le cha-
grin ; mais comme je ne saurais boire,
rien ne me dissipe que de faire des vers,
et tant que la distraction dure, je ne
sens pas mes malheurs. Cela m'a re-
nouvelé le goût pour la poésie, et quelque
mauvais que soient mes vers, ils me
rendent, dans ma triste situation, le
plus grand service. J'en ai fait pour
vous, ma chère sœur, et je vous les
envoie, pour que vous voyiez que la
tristesse même ne m'empêche pas d'avoir
l'esprit rempli de votre souvenir.

Vous souffrez donc aussi de nos cruelles
    guerres,
Et le Français fougueux, insolent et pil-
    lard,
  Conduit par un obscur César,
  A, dit-on, ravagé vos terres ;
Tandis que sans raison, guidé par le
    hasard,
Un ennemi cent fois plus dur et plus
    barbare,
Par la flamme et le fer signalant ses ex-
    ploits,
  Par le Cosaque et le Tartare,
  A réduit la Prusse aux abois.
  Mais écartons de la mémoire

Des sources de douleur qu'on ne peut
    épuiser ;
Nous rappeler toujours notre funeste
    histoire
Serait aigrir des maux que l'on doit
    apaiser.
  Moi, dont les blessures ouvertes
  Saignent encor de tant de pertes,
  Et proche des bords du tombeau,
  Pourrais-je en rimes enfilées
  Peindre, d'un languissant pinceau,
Dans l'ennui, dans le deuil tant d'heures
    écoulées,
  Et de nos pertes signalées
  Renouveler l'affreux tableau !
Lorsque de l'occident amenant les ténè-
    bres,
  Etendant sur l'azur des cieux
Les crêpes épaissis de ses voiles funèbres,
  La nuit vient cacher à nos yeux
De l'astre des saisons le globe radieux,
  Philomèle au fond d'un bocage
  Ne fait plus retentir de son tendre
    ramage
Les échos des forêts alors silencieux ;
Elle attend le moment que la brillante
    aurore,
  Versant le nectar de ses pleurs,
  Avec l'aube nous fasse éclore
  Le jour, les plaisirs et les fleurs.
  Ma sœur, en suivant son exemple,
Muet dans ma douleur, sensible à mes
    revers,
Laissant pendre mon luth ; laissant
    dormir les vers
J'attends que la Fortune, à la fin, de
    son temple
Me rende les sentiers ouverts.
  Mais si je vois que la cruelle
D'un caprice obstiné me demeure infi-
    dèle,
Du fond de ses tombeaux et des urnes
    des morts
Je n'entraînerai point la plaintive élégie
  Dont l'artifice et la magie
Nous endort sur les sombres bords.
Ah ! plutôt sur le ton de la vive allé-
    gresse,
  J'aimerais à monter mon luth,
  Suivre des Ris la douce ivresse,
  Aux Plaisirs payer mon tribut.
Qui se trouve au milieu des fleurs à
    peine écloses,
L'air plein de leurs parfums, et l'œil de
    leurs attraits
Cueille l'œillet, les lis, les jasmins et les
    roses,

---

[1] Written in camp during the darkest time of the Seven Years' War.

En se détournant des cyprès.
Tandis que ces riants objets
À moi se présentent en foule,
Emporté d'un rapide cours,
Le temps s'enfuit, l'heure s'écoule,
Et m'approche déjà de la fin de mes
jours.
Pourrai-je encor sur le Parnasse,
Me traînant sur les pas d'Horace,
Monter, en étalant mes cheveux blan-
chissants,
Quand neuf lustres complets dont me
chargent les ans
Me montrent la frivole audace
D'efforts désormais impuissants ?
Les Muses, on le sait, choisissent leurs
amants
Dans l'âge de la bagatelle ;
Hélas ! j'ai passé ce bon temps.
Si pourtant, m'honorant d'une faveur
nouvelle,
Calliope daignait, en réchauffant mes sens,
M'inspirer par bonté des sons encor
touchants,
Rempli des feux de l'immortelle,
Croyant mes beaux jours renaissants,
Je chanterais vos agréments,
Vôtre amitié tendre, fidèle,
Vos grâces, vos divers talents ;
Par les accords de l'harmonie,
De l'émule de Polymnie
Je pourrais attirer les regards indulgents.
Trop promptement, hélas ! de cet ai-
mable songe
Se dissipe l'illusion ;
Déjà le réveil me replonge
Dans la sombre réflexion.
Qu'importe qu'une muse folle
M'égare par sa légèreté ?
Heureux quand l'erreur nous console
Des ennuis de la vérité !

Je suis, avec une parfaite tendresse,
ma très-chère sœur, etc.

LA DEMEURE ABANDONNÉE.

MILLEVOYE. 1810.

ELLE est partie ! hélas ! peut-être sans
retour !
Elle est partie ; et mon amour
Redemande en vain sa présence.
Lieux qu'elle embellissait, j'irai du
moins vous voir !
À sa place j'irai m'asseoir,
Et lui parler en son absence.

De sa demeure alors je reprends le
chemin ;
La clef mystérieuse a tourné sous ma
main.
J'ouvre — elle n'est plus là : je m'ar-
rête, j'écoute —
Tout est paisible sous la voûte
De ce séjour abandonné.
De tout ce qu'elle aimait je reste envi-
ronné.
L'aiguille qui du temps, dans ses douze
demeures,
Ne marque plus les pas, ne fixe plus le
cours,
Laisse en silence fuir ces heures
Qu'il faut retrancher de mes jours.
Plus loin, dans l'angle obscur, une harpe
isolée,
Désormais muette et voilée,
Dort, et ne redit plus le doux chant des
amours.
Sous ces rideaux légers, les songes,
autour d'elle
Balançant leur vol incertain,
Des souvenirs du soir charmaient,
jusqu'au matin,
Le paisible sommeil qui la rendait plus
belle.
Sur ce divan étoilé d'or,
Qu'inventa l'opulente Asie,
De ses cheveux je crois encor
Respirer la pure ambroisie.
Je revois le flambeau qui près d'elle
veillait,
À l'instant où sa main chérie
Traça dans un dernier billet
Ces mots : "C'est pour toute la vie—"
Mots charmants ! Oh ! déjà seriez-vous
effacés ?
Ne resterait-il plus à mon âme flétrie
Qu'un regret douloureux de mes plaisirs
passés !

L'AMOUR MATERNEL.

MILLEVOYE. 1810.

DE ma veine docile échappés au hasard,
Coulez, mes vers, coulez sans effort et
sans art !
Une mère, un enfant, voilà votre mo-
dèle :
Soyez purs comme lui, soyez tendres
comme elle.
Puisse un jour cette mère, au berceau
de son fils,

Pensive, quelquefois parcourir mes ré-
cits ;
Et reposant ses yeux sur l'enfant qu'elle
adore,
Suspendre sa lecture et la reprendre en-
core !

Ce maternel amour, par des charmes
secrets,
Émeut la brute même au fond de ses
forêts.
L'hyène épouvantable et l'affreuse pan-
thère
Sous leur farouche aspect cachent un
cœur de mère.
Terrible en sa douleur, par de lugubres
cris
La lionne au désert redemande ses fils.
Lorsque du doux printemps la présence
féconde
• Au souffle des zéphyrs ressuscite le monde,
Renonçant à ses jeux, le peuple des
oiseaux
Cherche au fond des bosquets les plus
sombres rameaux,
Et la mère attentive arrondit et décore
Le nid de ses enfants qui ne sont pas
encore.
Philomèle en nos bois suspend l'hymne
d'amour ;
En vain elle voit naître et voit mourir
le jour
L'écho ne redit plus sa finale légère ;
Et son tendre silence avertit qu'elle est
mère.

Mais d'un devoir si doux, d'un si pur
sentiment,
Femme ! qui mieux que toi connaît
l'enchantement ?
Quand d'un souffle immortel Dieu même
t'eut formée,
Tu naquis pour aimer comme pour être
aimée.
En vain ce Dieu t'impose un long tribut
de pleurs,
Ton courage redouble au sein de tes
douleurs :
La mère qui pour nous a souffert sans
faiblesse,
Avec moins de tourments aurait moins
de tendresse.

Malheureux le mortel dont le cœur isolé
Par le doux nom de fils ne fut point
consolé !

Il cherche tristement un appui sur la
terre,
Et l'ennui vient s'asseoir sous son toit
solitaire.
Le temps blanchit sa tête, et les ans
l'ont vaincu : .
Hélas ! il a vieilli, mais il n'a point vécu.

Que j'aime à contempler cette mère
adorée,
De rejetons charmants avec grâce en-
tourée !
L'un assiége son front, d'autres pressent
sa main ;
Tandis que le plus jeune, étendu sur
son sein,
Sans bruit, cherchant la place où son
amour aspire,
Gravit jusqu'à la bouche où l'appelle un
sourire.
Mais, par l'heure averti moins que par
son amour,
Leur père impatient est déjà de retour.
Il entre — Quelle image ! et quel mo-
ment de fête !
Immobile et charmé, sur le seuil il
s'arrête.
Ne respirant qu'à peine, en silence il
jouit,
Sous son feutre à longs bords son front
s'épanouit ;
Dans ses yeux paternels la joie éclate et
brille,
Et du fond de son âme il bénit sa famille.

Un père toutefois, avec austérité,
Tempère son amour par la sévérité ;
Il étend sur ses fils sa longue prévoyance :
La mère sait aimer, c'est toute sa science.
J'en atteste un seul mot par le cœur in-
spiré.
Une mère perdit son enfant adoré ;
Son digne et vieux pasteur sur sa vive
souffrance
Versait le baume heureux d'une douce
éloquence :
"Ranimez," disait-il, "ce courage abat-
tu ;
Du pieux Abraham imitez la vertu.
Dieu demanda son fils, et Dieu l'obtint
d'un père."
"Ah ! Dieu ne l'eût jamais exigé d'une
mère ! "
Cri sublime, qui seul vaut les plus doctes
chants !
Et comment exprimer ces transports si
touchants

Qu'à l'âme d'une mère un tendre amour
inspire !
Elle aime son enfant même avant qu'il
respire.
Quand ce gage chéri, si longtemps im-
ploré,
S'échappe avec effort de son flanc dé-
chiré,
Dans quel enchantement son oreille ravie
Reçoit le premier cri qui l'annonce à la
vie !
Heureuse de souffrir, on la voit tour à
tour
Soupirer de douleur et tressaillir
d'amour —
Ah ! loin de le livrer au sein de l'étran-
gère,
Sa mère le nourrit, elle est deux fois sa
mère.
Elle écoute, la nuit, son paisible som-
meil ;
Par un souffle elle craint de hâter son
réveil.
Elle entoure de soins sa fragile existence :
Avec celle d'un fils la sienne recom-
mence ;
Elle sait, dans ses cris devinant ses dé-
sirs,
Pour ses caprices même inventer des
plaisirs.

Quand la raison précoce a devancé son
âge,
Sa mère, la première, épure son langage ;
De mots nouveaux pour lui, par de
courtes leçons,
Dans sa jeune mémoire elle imprime les
sons :
Soin précieux et tendre, aimable minis-
tère,
Qu'interrompent souvent les baisers
d'une mère !
D'un naïf entretien poursuit-elle le cours,
Toujours interrogée, elle répond tou-
jours.
Quelquefois une histoire abrége la veillée;
L'enfant prête une oreille avide, émer-
veillée ;
Appuyé sur sa mère, à ses genoux assis,
Il craint de perdre un mot de ces fameux
récits.
Quelquefois de Gesner la muse pastorale
Offre au jeune lecteur sa riante morale ;
Il s'amuse et s'instruit : par un mélange
heureux,
ses jeux sont des travaux, ses travaux
sont des jeux.

La lice va s'ouvrir : l'étude opiniâtre
Te dispute ce fils que ton cœur idolâtre,
Tendre mère ! Déjà de sérieux loisirs
Préparent ses succès ainsi que tes plai-
sirs.
Enfin luit la journée où le rhéteur
antique,
D'un peuple turbulent monarque fleg-
matique,
Dépouillant de son front la morne aus-
térité,
Décerne au jeune athlète un laurier
mérité.
En silence on attache une vue atten-
drie
Sur l'enfant qui promet un homme à la
patrie —
Cet enfant, c'est le tien : un cri part ;
le vainqueur,
Porté par mille bras, est déjà sur ton
cœur ;
Son triomphe est à toi, sa gloire t'envi-
ronne,
Et de pleurs maternels tu mouilles sa
couronne.

Il échappe à l'enfance, et ses nouveaux
destins
L'appellent désormais vers les pays loin-
tains :
Ton âme se déchire à cet adieu funeste —
Mais, du moins, s'il s'éloigne, une fille
te reste ;
Ta fille caressante, attachée à tes pas,
Semble te dire : "Moi, je ne partirai
pas."
Moins changeante en ses goûts, en ses
jeux plus paisible,
Son esprit est plus souple, et son cœur
plus sensible :
Comme l'aube promet le jour à l'horizon,
Elle te fait déjà pressentir sa raison ;
Et, d'un devoir futur déjà préoccupée,
Rêve le nom de mère en berçant sa
poupée.
Oh ! comme avec orgueil ton regard en-
chanté
Voit sa beauté naissante éclipser ta
beauté !
Quand le trouble inconnu d'une pre-
mière flamme
De ses quinze printemps vient avertir
son âme,
Ton silence attentif interroge ses vœux,
Et sa plus tendre amie a ses plus doux
aveux.

Mais il se lève enfin, le jour où ta ten-
dresse,
Aux vertus d'un époux confiant sa
jeunesse,
Attache en soupirant sur ce front vir-
ginal
La guirlande et le lin du bandeau nup-
tial !
Ta parure importune est en vain pré-
parée :
Du bonheur de sa fille une mère est
parée.
Parmi les flots pressés d'un peuple
curieux,
Tu t'avances; la joie étincelle en tes
yeux.
La voilà, cette enceinte où jadis ta fa-
mille
Unit ta destinée au père de ta fille !
La majesté du lieu, l'orgue et ses longs
accents,
Ces parfums solennels, ces nuages
d'encens,
Des divines clartés ce pur dépositaire
Qui grave dans les cieux les serments
de la terre,
Le livre, les flambeaux, les vases con-
sacrés,
De la religion symboles révérés,
L'autel, les deux époux, le voile d'hy-
ménée
Qui s'étend, soutenu sur leur tête in-
clinée,
Tout émeut, tout inspire un saint re-
cueillement.
La mère est immobile, et sourit triste-
ment :
Elle écoute, muette et l'oreille captive,
Ce seul mot que prononce une bouche
craintive ;
Et le trouble touchant de son cœur
maternel
Est encore une offrande aux yeux
de l'Éternel.

SUR L'ENFANT À NAITRE [1]

DE LA MARÉCHALE DUCHESSE D'ALBU-
FÉRA.

PIERRE LEBRUN. 1813.

O TOI que j'aspire à connaître,
Hâte-toi de venir au jour,

[1] Celle à qui furent adressés ces vers, qui
sont moins d'un poëte que d'un ami, ne les re-

Enfant, même avant que de naître,
Environné de tant d'amour !

Le printemps, empressé d'éclore,
A pris ses plus fraîches couleurs
Pour charmer ta première aurore,
Et pour t'ombrager de ses fleurs.

Viens, que d'une souffrance amère
Honor obtienne enfin le prix ;
Viens, avec ton premier souris
Payer tous ses maux à ta mère.

Cher enfant, dont le doux matin
Présage une belle journée,
Ta mère au secret de son sein
Nous cache encor ta destinée.

Seras-tu du sexe charmant
Dont elle offre un si doux modèle ?
Feras-tu quelque jour comme elle
Le bonheur d'un époux amant ?

Ou bien, d'une plus mâle gloire
Cherchant les honneurs plus brillants,
Comme Louis, aux Castillans
Feras-tu bénir la victoire ?

Tandis qu'à nos regards encor
Ta destinée est incertaine,
Choisis de Louis ou d'Honor,
Choisis du Cid ou de Chimène.

Mais je t'entends, enfant nouveau,
Ton choix se fait assez connaître,
Aux lauriers qui viennent de naître
Et qui couronnent ton berceau.

AUX ENFANTS QUI NE SONT PLUS.

MADAME DESBORDES-VALMORE. 1820.

"Bien plus heureux que nous, vous n'avez
fait que tremper vos lèvres dans cette coupe
d'amertume qu'il nous faut épuiser."
M. CHESSIÈRE, *ministre protestant.*

Vous, à peine entrevus au terrestre sé-
jour,
Beaux enfants ! voyageurs d'un jour,

trouvera peut-être pas ici sans émotion en se
rappelant qu'elle les recevait, à Paris, le jour où
son glorieux mari délivrait Tarragone de l'ar-
mée anglaise. Il apprenait la nouvelle de la
naissance d'un fils en rentrant sous des arcs de
triomphe dans cette ville de Valence, où, peu de
temps auparavant, elle-même, la maréchale
d'Albuféra, partageait avec lui les bénédictions
données par tout un peuple à la bonté et à la
justice de son vainqueur.

Quand les astres sont purs, dans leurs
    tremblantes flammes
  Voit-on flotter vos jeunes âmes ?

Vous qui passez comme les fleurs,
  Qui ne semblez toucher la terre
Que pour vous envoler tout baignés de
  nos pleurs,
Enfants, révélez-nous le triste et doux
  mystère
D'une apparition qui fait rêver le ciel,
Et de votre départ si prompt et si cruel.

Eh ! comment voyons-nous nos plus
    pures délices
  Se changer en amers calices
  Pleins d'inépuisables regrets ?
De ces sources de pleurs contez-nous les
  secrets.
Fleurs des tendres amours ! ne laissez-
  vous de traces
Que vos chastes baisers, que vos tran-
  quilles grâces,
Vos larmes sans remords, vos voix
  d'anges mortels,
Qui font des cœurs aimants vos doulou-
  reux autels ?
Sous une forme périssable,
N'êtes-vous pas des cieux les jeunes mes-
  sagers,
  Et vos sourires passagers
Portent-ils de la foi l'empreinte ineffaça-
  ble ?

Venez-vous en courant dire : "Préparez-
  vous !
Bientôt vous quitterez ce que l'on croit
  la vie ;
Celle qui vous attend seule est digne
  d'envie :
Oh ! venez dans le ciel la goûter avec
  nous !
Ne craignez pas, venez ! Dieu règne
  sans colère ;
De nos destins charmants vous aurez la
  moitié.
Celui qui pleure, hélas ! ne peut plus lui
  déplaire ;
  Le méchant même a part dans sa pitié.
Sous sa main qu'il étend toute plaie est
  fermée ;
Qui se jette en son sein ne craint plus
  l'abandon,
Et le sillon cuisant d'une larme en-
  flammée
  S'efface au souffle du pardon.

Embrassons-nous ! Dieu nous rap-
  pelle :
Nous allons devant vous ; mères, ne
  pleurez pas !
Car vous aurez un jour une joie immor-
  telle,
Et vos petits enfants souriront dans vos
  bras.".

Ainsi vous nous quittez, innocentes co-
  lombes,
Et sur nos toits d'exil vous planez un
  moment,
Pour écouter peut-être avec étonnement
Les cris que nous jetons à l'entour de vos
  tombes.
Ah ! du moins emportez au sein de notre
  Dieu
Les sanglots dont la terre escorte votre
  adieu.
Allez du moins lui dire : "Il est tou-
  jours des mères,
Des femmes pour aimer, pour attendre
  et souffrir,
Pour acheter longtemps, par des peines
  amères,
  Le bonheur de mourir !"

Ah ! dites-lui : "Toujours les hommes
  sont à plaindre ;
En vous nommant, Seigneur, ils ne s'en-
  tendent pas ;
Plus faibles que l'enfant dont vous gui-
  dez les pas,
  On ne leur apprend qu'à vous
    craindre.
Et nous avons tremblé de demeurer
  longtemps,
De nous perdre sans vous dans leurs
  sombres vallées ;
Et nous avons quitté nos mères déso-
  lées :
Dieu ! versez quelque espoir dans leurs
  cœurs palpitants,
Elles pleurent encore !" Il est trop
  véritable :
De vos berceaux déserts le vide épou-
  vantable
Les faits longtemps mourir, et crier à
  genoux :
"Nous voulons nos enfants ! Nos en-
  fants sont à nous !".

Mais Dieu pose sa main sur leurs yeux
  pleins de larmes ;
Il éclaire, il console, il montre l'avenir ;

L'avenir dévoilé resplendit de vos charmes ;
Et l'espoir, goutte à goutte, endort le souvenir.
La promesse qui les enchante
Les suit jusque dans leur sommeil ;
Et cette parole touchante
Les soutient encore au réveil :
" Laissez venir à moi ces jeunes créatures,
Et je vous les rendrai ; mères, ne pleurez pas !
Priez ! Dieu vous rendra vos amours les plus pures,
Et vos petits enfants souriront dans vos bras."

LES DEUX MÈRES.

MADAME DESBORDES-VALMORE. 1820.

N'approchez pas d'une mère affligée,
Enfant, je ne sourirai plus.
Vos jeux naïfs, vos soins sont superflus,
Et ma douleur n'en sera pas changée.
Laissez-moi seule à l'ennui de mon sort ;
Quand la vie à vos yeux s'ouvre avec tous ses charmes,
Enfant, plaindriez-vous mes larmes ?
Vous ne comprenez pas la mort.
La mort ! ce mot, qui glace l'espérance,
Ne touche pas votre heureuse ignorance ;
Ici le malheureux cherche un autre avenir :
Hélas ! ne chantez pas lorsque j'y viens mourir.
De ces noirs arbrisseaux l'immobile feuillage,
Des pieuses douleurs les simples monuments,
D'un champ vaste, morne et sauvage
Sont les seuls ornements.
L'écho de cette enceinte est une plainte amère :
Qu'y venez-vous chercher ? Courez vers votre mère ;
Portez-lui votre amour, vos baisers et vos fleurs ;
Ces trésors sont pour elle ; et pour moi sont les pleurs.
Allez ! sur l'autre rive elle s'est arrêtée ;

Abandonnez vos fleurs au courant du ruisseau :
Doucement entraîné par l'eau,
Qu'un bouquet vous annonce à son âme enchantée.
Vous la verrez sourire en attirant des yeux
Ce don simple apporté par le flot du rivage ;
Et, cherchant à fixer votre mobile image,
Tressaillir à vos cris joyeux !

Je l'aurais vue, au temps où j'excitais l'envie,
Même en vous caressant, rêver à mon bonheur.
Cette suave joie, où se baignait mon cœur,
N'est plus qu'un poison lent distillé sur ma vie.
Mon triomphe est passé, le sien croît avec vous :
C'est à moi de rêver à son bonheur suprême ;
Elle est mère, et je pleure. O sentiment jaloux !
On peut donc vous connaître au sein de la mort même !
Mais pour un cœur flétri les pleurs sont un bienfait :
Le mien a respiré du poids qui l'étouffait ;
Celui de votre mère en tremblant vous appelle,
Courez vous jeter dans son sein.
Ce jour est sans nuage, oh ! passez-le près d'elle !
Un beau jour a souvent un affreux lendemain.
Ne foulez plus cette herbe où se cache une tombe ;
D'un ange vous troublez le tranquille sommeil.
Dieu ne m'a promis son réveil
Qu'en arrachant mon âme à mon corps qui succombe.
Dans cet enclos désert, dans ce triste jardin,
Tout semble m'annoncer ce repos que j'implore ;
Et, sous un froid cyprès, mon sang qui brûle encore,
Sera calme demain.

O douce plante ensevelie !
Sur un sol immortel, tes rameaux gracieux

Couvriront ma mélancolie
D'un ombrage délicieux,
Ta tige élevée et superbe,
Ne craindra plus le ver rongeur,
Qui veut la dévorer sous l'herbe,
Comme il a dévoré ta fleur :
Cette fleur, au temps échappée,
D'un rayon pur enveloppée,
Reprendra toute sa beauté ;
Son doux éclat fera ma gloire,
Et le tourment de ma mémoire
En sera la félicité !

Mais l'autre jeune voix trouble encor ma
    prière,
Et m'arrache au bonheur que je viens
    d'entrevoir :
Tout à coup ramenée aux songes de la
    terre,
    J'ai tressailli, j'ai cru le voir !
Oui, j'ai cru te revoir, idole de mon
    âme,
Lorsqu'avec tant d'amour tu t'élançais
    vers moi :
D'un flambeau consumé rallume-t-on la
    flamme ?
Non, sa clarté trop vive est éteinte avec
    toi !

Et vous qui m'attristez, vous n'avez eu
    partage
La beauté, ni la grâce où brillait sa
    candeur,
    Enfant ; mais vous avez son âge :
    C'en est assez pour déchirer mon
    cœur !

LE PORTRAIT D'UN ENFANT.

VICTOR HUGO. 1825.

"Quand ie voy tant de couleurs
    Et de fleurs
Qui esmaillent un riuage ;
Ie pense voir le beau teint
    Qui est peint
Si vermeil en son visage.

"Quand ie sens parmy les prez
    Diaprez
Les fleurs dont la terre est pleine,
Lors ie fais croire à mes sens
    Que ie sens
La douceur de son haleine."
               RONSARD.

I.

OUI, ce front, ce sourire et cette fraîche
    joue,
    C'est bien l'enfant qui pleure et joue,

Et qu'un esprit du ciel défend !
De ses doux traits, ravis à la sainte
    phalange,
C'est bien le délicat mélange ;
Poëte, j'y crois voir un ange,
Père, j'y trouve mon enfant.

On devine à ses yeux pleins d'une pure
    flamme,
Qu'au paradis, d'où vient son âme,
Elle a dit un récent adieu.
Son regard, rayonnant d'une joie éphé-
    mère,
Semble en suivre encor la chimère,
Et revoir dans sa douce mère
L'humble mère de l'Enfant-Dieu !

On dirait qu'elle écoute un chœur de
    voix célestes,
Que, de loin, des vierges modestes
Elle entend l'appel gracieux ;
À son joyeux regard, à son naïf sourire,
On serait tenté de lui dire :
"Jeune ange, quel fut ton martyre,
Et quel est ton nom dans les cieux ?"

II.

O toi dont le pinceau me la fit si tou-
    chante,
Tu me la peins, je te la chante !
Car tes nobles travaux vivront ;
Une force virile à ta grâce est unie ;
Tes couleurs sont une harmonie ;
Et dans ton enfance un génie
Mit une flamme sur ton front !

Sans doute quelque fée, à ton berceau
    venue,
Des sept couleurs que dans la nue
Suspend le prisme aérien,
Des roses de l'aurore humide et matinale,
Des feux de l'aube boréale,
Fit une palette idéale
Pour ton pinceau magicien !

L'ENFANT.

VICTOR HUGO. 1830.

"Le toit s'égaye et rit."
            ANDRÉ CHÉNIER.

LORSQUE l'enfant paraît, le cercle de fa-
    mille
Applaudit à grands cris ; son doux regard
    qui brille

Fait briller tous les yeux,
Et les plus tristes fronts, les plus souillés
    peut-être,
Se dérident soudain à voir l'enfant pa-
    raître,
    Innocent et joyeux.

Soit que juin ait verdi mon seuil, ou que
    novembre
Fasse autour d'un grand feu vacillant
    dans la chambre
    Les chaises se toucher,
Quand l'enfant vient, la joie arrive et
    nous éclaire.
On rit, on se récrie, on l'appelle, et sa
    mère
    Tremble à le voir marcher.

Quelquefois nous parlons, en remuant la
    flamme,
De patrie et de Dieu, des poëtes, de l'âme
    Qui s'élève en priant ;
L'enfant paraît, adieu le ciel et la patrie
Et les poëtes saints ! la grave causerie
    S'arrête en souriant.

La nuit, quand l'homme dort, quand
    l'esprit rêve, à l'heure
Où l'on entend gémir, comme une voix
    qui pleure,
    L'onde entre les roseaux,
Si l'aube tout à coup là-bas luit comme
    un phare,
Sa clarté dans les champs éveille une
    fanfare
    De cloches et d'oiseaux !

Enfant, vous êtes l'aube et mon âme est
    la plaine
Qui des plus douces fleurs embaume son
    haleine
    Quand vous la respirez ;
Mon âme est la forêt dont les sombres
    ramures
S'emplissent pour vous seul de suaves
    murmures
    Et de rayons dorés !

Car vos beaux yeux sont pleins de dou-
    ceurs infinies,
Car vos petites mains, joyeuses et bénies,
    N'ont point mal fait encor ;
Jamais vos jeunes pas n'ont touché notre
    fange,
Tête sacrée ! enfant aux cheveux blonds !
    bel ange
    A l'auréole d'or !

Vous êtes parmi nous la colombe de
    l'arche.
Vos pieds tendres et purs n'ont point
    l'âge où l'on marche,
    Vos ailes sont d'azur.
Sans le comprendre encor, vous regardez
    le monde.
Double virginité ! corps où rien n'est
    immonde,
    Âme où rien n'est impur !

Il est si beau, l'enfant, avec son doux
    sourire,
Sa douce bonne foi, sa voix qui veut tout
    dire,
    Ses pleurs vite apaisés,
Laissant errer sa vue étonnée et ravie,
Offrant de toutes parts sa jeune âme à la
    vie
    Et sa bouche aux baisers !

Seigneur ! préservez-moi, préservez ceux
    que j'aime,
Frères, parents, amis, et mis ennemis
    même
    Dans le mal triomphants,
De jamais voir, Seigneur ! l'été sans
    fleurs vermeilles,
La cage sans oiseaux, la ruche sans
    abeilles,
    La maison sans enfants !

À MON AMI ALFRED T.

ALFRED DE MUSSET. 1832.

Dans mes jours de malheur, Alfred, seul
    entre mille,
Tu m'es resté fidèle où tant d'autres
    m'ont fui.
Le bonheur m'a prêté plus d'un lien fra-
    gile ;
Mais c'est l'adversité qui m'a fait un ami.

C'est ainsi que les fleurs sur les coteaux
    fertiles
Etalent au soleil leur vulgaire trésor ;
Mais c'est au sein des nuits, sous des
    rochers stériles,
Que fouille le mineur qui cherche un
    rayon d'or.

C'est ainsi que les mers calmes et sans
    orages
Peuvent d'un flot d'azur bercer le voya-
    geur ;

444

FRIENDSHIP AND AFFECTION.

Mais c'est le vent du nord, c'est le vent
   des naufrages
Qui jette sur la rive une perle au pêcheur.

Maintenant Dieu me garde ! Où vais-
   je ? Eh ! que m'importe ?
Quels que soient mes destins, je dis
   comme Byron :
" L'Océan peut gronder, il faudra qu'il
   me porte."
Si mon coursier s'abat, j'y mettrai l'épe-
   ron.

Mais du moins j'aurai pu, frère, quoi
   qu'il m'arrive,
De mon cachet de deuil sceller notre
   amitié,
Et, que demain je meure ou que demain
   je vive,
Pendant que mon cœur bat, t'en donner
   la moitié.

L'ENFANCE.

VICTOR HUGO. 1835.

L'ENFANT chantait ; la mère au lit exté-
   nuée
Agonisait, beau front dans l'ombre se
   penchant ;
La mort au-dessus d'elle errait dans la
   nuée ;
Et j'écoutais ce râle, et j'entendais ce
   chant.

L'enfant avait cinq ans, et, près de la
   fenêtre,
Ses rires et ses jeux faisaient un char-
   mant bruit ;
Et la mère, à côté de ce pauvre doux être
Qui chantait tout le jour, toussait toute
   la nuit.

La mère alla dormir sous les dalles du
   cloître ;
Et le petit enfant se remit à chanter —
La douleur est un fruit : Dieu ne le fait
   pas croître
Sur la branche trop faible encor pour le
   porter.

L'ENFANT.

VICTOR HUGO. 1840.

MÈRES, l'enfant qui joue à votre seuil
   joyeux,
Plus frêle que les fleurs, plus serein que
   les cieux,

Vous conseille l'amour, la pudeur, la
   sagesse.
L'enfant, c'est un feu pur dont la cha-
   leur caresse ;
C'est de la gaieté sainte et du bonheur
   sacré ;
C'est le nom paternel dans un rayon
   doré ;
Et vous n'avez besoin que de cette hum-
   ble flamme
Pour voir distinctement dans l'ombre de
   votre âme.
Mères, l'enfant qu'on pleure et qui s'en
   est allé,
Si vous levez vos fronts vers le ciel con-
   stellé,
Verse à votre douleur une lumière au-
   guste :
Car l'innocent éclaire aussi bien que le
   juste !
Il montre, clarté douce, à vos yeux
   abattus,
Derrière notre orgueil, derrière nos ver-
   tus,
Derrière la nuit noire où l'âme en deuil
   s'exile,
Derrière nos malheurs, Dieu profond et
   tranquille.
Que l'enfant vive ou dorme, il rayonne
   toujours !
Sur cette terre où rien ne va loin sans
   secours,
Où nos jours incertains sur tant d'abîmes
   pendent,
Comme un guide au milieu des brumes
   que répandent
Nos vices ténébreux et nos doutes mo-
   queurs,
Vivant, l'enfant fait voir le devoir à vos
   cœurs ;
Mort, c'est la vérité qu'à votre âme il
   dévoile.
Ici, c'est un flambeau ; là-haut, c'est une
   étoile.

MES DEUX FILLES.

VICTOR HUGO. 1842.

DANS le frais clair-obscur du soir char-
   mant qui tombe,
L'une pareille au cygne et l'autre à la
   colombe,
Belles, et toutes deux joyeuses, ô dou-
   ceur !
Voyez, la grande sœur et la petite
   sœur

Sont assises au seuil du jardin, et sur
    elles
Un bouquet d'œillets-blancs aux longues
    tiges frêles,
Dans une urne de marbre agité par le
    vent,
Se penche, et les regarde, immobile et
    vivant,
Et frissonne dans l'ombre, et semble, au
    bord du vase,
Un vol de papillons arrêté dans l'extase.

DANS L'ÉGLISE.

VICTOR HUGO. 15 février 1843.

Aime celui qui t'aime, et sois heureuse
    en lui.
— Adieu ! — sois son trésor, ô toi qui
    fus le nôtre !
Va, mon enfant béni, d'une famille à
    l'autre.
Emporte le bonheur et laisse-nous l'en-
    nui !

Ici, l'on te retient ; là-bas, on te désire.
Fille, épouse, ange, enfant, fais ton
    double devoir.
Donne-nous un regret, donne-leur un
    espoir,
Sors avec une larme ! entre avec un sou-
    rire !

MA FILLE.

VICTOR HUGO. 1844.

Quand nous habitions tous ensemble
Sur nos collines d'autrefois,
Où l'eau court, où le buisson tremble,
Dans la maison qui touche au bois,

Elle avait dix ans, et moi trente ;
J'étais pour elle l'univers.
Oh ! comme l'herbe est odorante
Sous les arbres profonds et verts !

Elle faisait mon sort prospère,
Mon travail léger, mon ciel bleu.
Lorsqu'elle me disait : " Mon père, "
Tout mon cœur s'écriait : " Mon Dieu ! "

À travers mes songes sans nombre,
J'écoutais son parler joyeux,

Et mon front s'éclairait dans l'ombre
À la lumière de ses yeux.

Elle avait l'air d'une princesse
Quand je la tenais par la main ;
Elle cherchait des fleurs sans cesse
Et des pauvres dans le chemin.

Elle donnait comme on dérobe,
En se cachant aux yeux de tous.
Oh ! la belle petite robe
Qu'elle avait, vous rappelez-vous !

Le soir, auprès de ma bougie,
Elle jasait à petit bruit,
Tandis qu'à la vitre rougie
Heurtaient les papillons de nuit.

Les anges se miraient en elle.
Que son bonjour était charmant !
Le ciel mettait dans sa prunelle
Ce regard qui jamais ne ment.

Oh ! je l'avais, si jeune encore,
Vue apparaître en mon destin !
C'était l'enfant de mon aurore,
Et mon étoile du matin.

Quand la lune claire et sereine
Brillait aux cieux, dans ces beaux mois,
Comme nous allions dans la plaine !
Comme nous courions dans les bois !

Puis, vers la lumière isolée
Étoilant le logis obscur,
Nous revenions par la vallée
En tournant le coin du vieux mur ;

Nous revenions, cœurs pleins de flamme,
En parlant des splendeurs du ciel.
Je composais cette jeune âme
Comme l'abeille fait son miel.

Doux ange aux candides pensées,
Elle était gaie en arrivant —
Toutes ces choses sont passées
Comme l'ombre et comme le vent !

MA FILLE.

VICTOR HUGO. 4 septembre 1846.

O souvenirs ! printemps ! aurore !
Doux rayon triste et réchauffant !
— Lorsqu'elle était petite encore,
Que sa sœur tout enfant —

Connaissez-vous sur la colline
Qui joint Montlignon à Saint-Leu,
Une terrasse qui s'incline
Entre un bois sombre et le ciel bleu ?

C'est là que nous vivions. — Pénètre,
Mon cœur, dans ce passé charmant !
Je l'entendais sous ma fenêtre
Jouer le matin doucement.

Elle courait dans la rosée,
Sans bruit, de peur de m'éveiller ;
Moi, je n'ouvrais pas ma croisée,
De peur de la faire envoler.

Ses frères riaient — Aube pure !
Tout chantait sous ces frais berceaux,
Ma famille avec la nature,
Mes enfants avec les oiseaux ! —

Je toussais, on devenait brave ;
Elle montait à petits pas,
Et me disait d'un air très-grave :
"J'ai laissé les enfants en bas."

Qu'elle fût bien ou mal coiffée,
Que mon cœur fût triste ou joyeux,
Je l'admirais. C'était ma fée,
Et le doux astre de mes yeux !

Nous jouions toute la journée,
O jeux charmants ! chers entretiens !
Le soir, comme elle était l'aînée,
Elle me disait : " Père, viens !

" Nous allons t'apporter ta chaise,
Conte-nous une histoire, dis ! "
Et je voyais rayonner d'aise
Tous ces regards du paradis.

Alors, prodiguant les carnages,
J'inventais un conte profond,
Dont je trouvais les personnages
Parmi les ombres du plafond.

Toujours, ces quatre douces têtes
Riaient, comme à cet âge on rit,
De voir d'affreux géants très-bêtes
Vaincus par des nains pleins d'esprit.

J'étais l'Arioste et l'Homère
D'un poëme éclos d'un seul jet ;
Pendant que je parlais, leur mère
Les regardait rire, et songeait.

Leur aïeul, qui lisait dans l'ombre,
Sur eux parfois levait les yeux,
Et, moi, par la fenêtre sombre
J'entrevoyais un coin des cieux !

MA FILLE.

VICTOR HUGO. OCTOBRE 1846.

ELLE était pâle, et pourtant rose,
Petite avec de grands cheveux.
Elle disait souvent, "Je n'ose,"
Et ne disait jamais, "Je veux."

Le soir, elle prenait ma Bible
Pour y faire épeler sa sœur,
Et, comme une lampe paisible,
Elle éclairait ce jeune cœur.

Sur le saint livre que j'admire
Leurs yeux purs venaient se fixer ;
Livre où l'une apprenait à lire,
Où l'autre apprenait à penser !

Sur l'enfant, qui n'eût pas lu seule,
Elle penchait son front charmant,
Et l'on aurait dit une aïeule,
Tant elle parlait doucement !

Elle lui disait, "Sois bien sage ! "
Sans jamais nommer le démon ;
Leurs mains erraient de page en page
Sur Moïse et sur Salomon,

Sur Cyrus qui vint de la Perse,
Sur Moloch et Léviathan,
Sur l'enfer que Jésus traverse,
Sur l'Éden où rampe Satan !

Moi, j'écoutais — O joie immense
De voir la sœur près de la sœur !
Mes yeux s'enivraient en silence
De cette ineffable douceur.

Et dans la chambre humble et déserte
Où nous sentions, cachés tous trois,
Entrer par la fenêtre ouverte
Les souffles des nuits et des bois,

Tandis que, dans le texte auguste,
Leurs cœurs, lisant avec ferveur,
Puisaient le beau, le vrai, le juste,
Il me semblait, à moi, rêveur,

Entendre chanter des louanges
Autour de nous, comme au saint lieu,
Et voir sous les doigts de ces anges
Tressaillir le livre de Dieu !

MA FILLE.

VICTOR HUGO. Novembre 1846.[1]

ELLE avait pris ce pli dans son âge enfantin
De venir dans ma chambre un peu chaque matin.
Je l'attendais ainsi qu'un rayon qu'on espère ;
Elle entrait et disait : "Bonjour, mon petit père" ;
Prenait ma plume, ouvrait mes livres, s'asseyait
Sur mon lit, dérangeait mes papiers, et riait,
Puis soudain s'en allait comme un oiseau qui passe.
Alors, je reprenais, la tête un peu moins lasse,
Mon œuvre interrompue, et, tout en écrivant,
Parmi mes manuscrits je rencontrais souvent
Quelque arabesque folle et qu'elle avait tracée,
Et mainte page blanche entre ses mains froissée,
Où, je ne sais comment, venaient mes plus doux vers.
Elle aimait Dieu, les fleurs, les astres, les prés verts,
Et c'était un esprit avant d'être une femme.
Son regard reflétait la clarté de son âme.
Elle me consultait sur tout à tous moments.
Oh ! que de soirs d'hiver radieux et charmants,
Passés à raisonner langue, histoire et grammaire,
Mes quatre enfants groupés sur mes genoux, leur mère
Tout près, quelques amis causant au coin du feu !
J'appelais cette vie être content de peu !
Et dire qu'elle est morte ! hélas ! que Dieu m'assiste !

1 Jour des morts.

VENI, VIDI, VIXI.

VICTOR HUGO. 1848.

Je n'étais jamais gai quand je la sentais triste ;
J'étais morne au milieu du bal le plus joyeux
Si j'avais, en partant, vu quelque ombre en ses yeux.

J'AI bien assez vécu, puisque dans mes douleurs
Je marche sans trouver de bras qui me secourent,
Puisque je ris à peine aux enfants qui m'entourent,
Puisque je ne suis plus réjoui par les fleurs ;

Puisqu'au printemps, quand Dieu met la nature en fête,
J'assiste, esprit sans joie, à ce splendide amour ;
Puisque je suis à l'heure où l'homme fuit le jour,
Hélas ! et sent de tout la tristesse secrète ;

Puisque l'espoir serein dans mon âme est vaincu ;
Puisqu'en cette saison des parfums et des roses,
O ma fille ! j'aspire à l'ombre où tu reposes,
Puisque mon cœur est mort, j'ai bien assez vécu.

Je n'ai pas refusé ma tâche sur la terre.
Mon sillon ? Le voilà. Ma gerbe ? La voici.
J'ai vécu souriant, toujours plus adouci,
Debout, mais incliné du côté du mystère.

J'ai fait ce que j'ai pu ; j'ai servi, j'ai veillé,
Et j'ai vu bien souvent qu'on riait de ma peine.
Je me suis étonné d'être un objet de haine,
Ayant beaucoup souffert et beaucoup travaillé.

Dans ce bagne terrestre où ne s'ouvre aucune aile,
Sans me plaindre, saignant, et tombant sur les mains,

Morne, épuisé, raillé par les forçats hu-
mains,
J'ai porté mon chaînon de la chaîne éter-
· nelle.

Maintenant, mon regard ne s'ouvre qu'à
demi ;
Je ne me tourne plus même quand on
me nomme ;
Je suis plein de stupeur et d'ennui,
comme un homme
Qui se lève avant l'aube et qui n'a pas
dormi.

Je ne daigne plus même, en ma sombre
paresse,
Répondre à l'envieux dont la bouche me
nuit.
O Seigneur ! ouvrez-moi les portes de la
nuit,
Afin que je m'en aille et que je dis-
paraisse !

LE CIEL NATAL.

LAMARTINE. 1850.

IL est doux de s'asseoir au foyer de ses
pères,
À ce foyer jadis de vertus couronné,
Et de dire, en montrant le siége aban-
donné :
Ici chantait ma sœur, là méditaient mes
frères,
Là ma mère allaitait son charmant nou-
veau-né ;
Là le vieux serviteur nous contait l'aven-
ture
Des deux jumeaux perdus dans la forêt
obscure ;
Là le fils de la veuve emportait notre
pain ;
Là, sur le seuil couvert de deux figuiers
antiques,
À l'heure où les brebis rentraient aux
toits rustiques,
Le chien du mendiant venait lécher ma
main !

Notre âme, en remontant à ses premières
heures,
Ranime tour à tour ces fantômes chéris
Et s'attache aux débris de ces chères de-
meures
S'il en reste au moins un débris !

Ainsi quand nous cherchons en vain
dans nos pensées
D'un air qui nous charmait les traces
effacées,
Si quelque souffle harmonieux
Effleurant au hasard la harpe détendue,
En tire seulement une note perdue,
Des larmes roulent dans nos yeux !
D'un seul son retrouvé l'air entier se
réveille,
Il rajeunit notre âme et remplit notre
oreille
D'un souvenir mélodieux !

DOLOROSÆ.

VICTOR HUGO. 1855.

MÈRE, voilà douze ans que notre fille est
morte ;
Et depuis, moi le père et vous la femme
forte,
Nous n'avons pas été, Dieu le sait, un
seul jour
Sans parfumer son nom de prière et
d'amour.
Nous avons pris la sombre et charmante
habitude
De voir son ombre vivre en notre solitude,
De la sentir passer et de l'entendre errer,
Et nous sommes restés à genoux à pleurer.
Nous avons persisté dans cette douleur
douce,
Et nous vivons penchés sur ce cher nid
de mousse
Emporté dans l'orage avec les deux oi-
seaux.
Mère, nous n'avons pas plié, quoique
roseaux,
Ni perdu la bonté vis-à-vis l'un de l'autre,
Ni demandé la fin de mon deuil et du
vôtre
À cette lâcheté qu'on appelle l'oubli.
Oui, depuis ce jour triste où pour nous
ont pâli
Les cieux, les champs, les fleurs, l'étoile,
l'aube pure,
Et toutes les splendeurs de la sombre
nature,
Avec les trois enfants qui nous restent,
trésor
De courage et d'amour que Dieu nous
laisse encor,
Nous avons essuyé des fortunes diverses,
Ce qu'on nomme malheur, adversité,
traverses,

Sans trembler, sans fléchir, sans haïr les
  écueils,
Donnant aux deuils du cœur, à l'absence,
  aux cercueils,
Aux souffrances dont saigne ou l'âme ou
  la famille,

Aux êtres chers enfuis ou morts, à notre
  fille,
Aux vieux parents repris par un monde
  meilleur,
Nos pleurs, et le sourire à toute autre
  douleur.

FAMILIAR AND FANCIFUL.

LES DÉSAGRÉMENTS DE LA VIEIL-
LESSE.

VOLTAIRE.[1] 1776.

OUI, je sais qu'il est doux de voir dans
    ses jardins
Ces beaux fruits incarnats et de Perse et
    d'Épire,
De savourer en paix la sève de ses vins,
    Et de manger ce qu'on admire.
J'aime fort un faisan qu'à propos on
    rôtit ;
De ces perdreaux maillés le fumet seul
    m'attire ;
Mais je voudrais encore avoir de l'appé-
    tit.

Sur le penchant fleuri de ces fraîches
    cascades,
Sur ces prés émaillés, dans ces sombres
    forêts,
Je voudrais bien danser avec quelques
    dryades ;
Mais il faut avoir des jarrets.

J'aime leurs yeux, leur taille, et leurs
    couleurs vermeilles,
Leurs chants harmonieux, leur sourire
    enchanteur ;
Mais il faudrait avoir des yeux et des
    oreilles :
On doit s'aller cacher quand on n'a que
    son cœur.

Vous serez comme moi quand vous aurez
    mon âge,
Archevêques, abbés, empourprés cardi-
    naux,
    Princes, rois, fermiers généraux :

[1] Aged 82.

Chacun avec le temps devient tristement
    sage :
    Tous nos plaisirs n'ont qu'un mo-
      ment.
Hélas ! quel est le cours et le but de la
    vie !
    Des fadaises, et le néant.
O Jupiter, tu fis en nous créant
    Une froide plaisanterie !

PLAISIR ET PEINE.

MILLEVOYE. 1810.

EN même temps Plaisir et Peine "
Naquirent au divin séjour :
De Cythère l'aimable reine
À ces jumeaux donna le jour.
Le dieu qui lance le tonnerre
Leur départit des attributs :
Il donna des ailes au frère ;
Pour la sœur il n'en resta plus.

" Qui me conduira sur la terre,"
Dit-elle au monarque des dieux,
" Moi, qui ne puis, comme mon frère
Franchir l'espace radieux ! "
Il répond : " Bannis tes alarmes,
Descends sur l'aile du Plaisir ;
Les blessures que font tes armes,
Il prendra soin de les guérir."

Voilà donc que Peine et son frère
Viennent nous imposer des lois ;
Sitôt qu'ils ont touché la terre,
Ils font usage de leurs droits.
Peine avec soin cachait son arme
Sous l'aile de son protecteur :
Quand l'une arrachait une larme,
L'autre accordait une faveur.

Et du Plaisir quittant les ailes,
Peine veut seule voyager ;
Plaisir est caressé des belles,
Peine — aucun ne veut s'en charger.
Elle vient, malgré sa colère,
Le reprendre pour conducteur,
Et celui qui loge le frère
Doit avec lui loger la sœur.

ÉPITRE À MON DERNIER ÉCU.

MILLEVOYE. 1812.

RESTE de mon léger trésor,
O toi ! ma dernière ressource !
Toi qui du moins peuples encor
La solitude de ma bourse,
Écu modeste ! il faut partir.
De ce départ mon cœur murmure ;
Pourtant la nécessité dure
Me commande d'y consentir.
Je te regretterai sans cesse ;
Je l'avoûrai de bonne foi :
Ami fidèle, auprès de moi
À peu près seul de ton espèce,
Depuis longtemps j'avais sur toi
Réuni toute ma tendresse.
Pauvre écu ! quel sera ton sort ?
Iras-tu courir par la ville,
Ou languir dans le coffre-fort
D'un vieux Crésus à l'âme vile ?
En un seul jour te verra-t-on
Passer, d'une course rapide,
Du pauvre à l'opulent avide,
Ou de l'honnête homme au fripon ?
O destin qui pour toi m'effraie !
Devrais-tu, partout dédaigné,
Aller, invalide et rogné,
Finir tes jours à la Monnaie ?
Ou bien, de ce riche nouveau,
Habitant les énormes caisses,
Te perdre, mince filet d'eau,
Dans l'océan de ses richesses ?
Que d'écueils s'offrent devant toi !
Pour tes mœurs je tremble d'avance :
Tu rempliras plus d'un emploi
Bien à charge à ta conscience.
Sans honte dis la vérité :
Ouvriras-tu chaque semaine
Le temple si peu respecté
De Thalie et de Melpomène
A ce petit-maître affecté,
Fat par penchant, sot par nature,
Qui, parlant ab hoc et ab hac,
Juge de la littérature
Comme d'un jabot ou d'un frac ?
Paîras-tu le lourd libelliste

Qui de maint ouvrage en crédit
Grossit effrontément sa liste,
Et dîne du mal qu'il a dit ?
T'étalant avec impudence,
Viendras-tu siéger sans remord
Sur ces tapis maudits du sort,
Dont la couleur est l'espérance,
Et dont les effets sont la mort ? .
Encor si par toi l'opulence
Avec mystère secourait
La noble et timide indigence !
Cette image du moins pourrait
Me consoler de ton absence —
Vœux inutiles ! vain regret ! —
On parle tant de bienfaisance
Qu'on se dispense du bienfait.
Tu connaîtras notre faiblesse,
Et nos vices et nos travers,
Et tu sauras que ton espèce
Gouverne tout dans l'univers :
Tu sauras comment l'égoïste,
Isolé dans son froid bonheur,
Vit et meurt, solitaire et triste,
Sans se douter qu'il eut un cœur,
Comment la richesse inhumaine
Insulte au mérite indigent ;
Et comment ce siècle d'argent
Au siècle de fer nous ramène.
Mais déjà tu fuis loin de moi ;
J'entends sonner l'heure funeste —
Adieu, cher écu ! Souviens-toi
Du meilleur ami qui te reste.
Si tu reviens un jour loger
Dans mon asile poétique,
Je te promets de rédiger
Ton voyage philosophique.

CONSTANTINOPLE.

PIERRE LEBRUN. 1827.

I.

AVEZ-VOUS vu la reine de l'aurore,
La cité merveilleuse, épouse des sul-
    tan's
Dont les palais légers, fragiles, éclatants,
D'un triple amphithéâtre enchantent le
    Bosphore ?
Connaissez-vous ses tours, ses dômes, ses
    forêts
De mâts, de cyprès noirs et de blancs
    minarets,
Où l'or, dans un ciel bleu, nuit et jour
    étincelle ?
Des arts de l'Orient la fille la plus belle,

Du dernier Constantin cette veuve infi-
dèle,
Qui, marâtre des Grecs, mais chère à
leurs regrets,
Luit sous un nouveau nom d'une beauté
nouvelle !
Cette Istamboul enfin, dont le miroir des
mers
Répète avec amour le ravissant rivage,
Qui s'y plaît à s'y voir, et dans tout
l'univers
N'a d'égale que son image !
De son premier aspect tout votre œil
s'éblouit,
Frappé, quand elle accourt au-devant de
vos voiles,
Comme, au sein d'une fête, alors que
dans la nuit
Quelque feu jaillissant au ciel épanouit
Son bouquet éclatant d'étoiles.

Ah ! que de sa splendeur l'Européen sé-
duit,
Énivré des parfums dont la rive est
chargée,
S'étonne, en approchant de la ville om-
bragée,
Où par enchantement tout lui semble
produit,
Où le jour est sans voix, le mouvement
sans bruit !
Qu'il regarde surpris, quand, d'un léger
caïque,
Il voit, sur trois penchants de lumière
dorés
Et d'innombrables toits couverts et co-
lorés,
Se peindre le tableau de la cité magique ;
Venir et près de lui passer de toutes
parts
Ces cyprès, vastes bois, d'où, sans borne
aux regards,
En globes, en croissants, en flèches, l'or
s'élance,
Et renvoie au soleil les rayons qu'il lui
lance ;
Ces merveilleux jardins, ces dômes, ces
bazars ;
Ces sérails, ces harems, solitudes peu-
plées
Où règnent à genoux des idoles voilées ;
Ces transparents séjours aux grilles de
roseaux
Qui laissent voir des fleurs, des orangers,
des eaux,
Des yeux noirs et brillants. Mais la
terreur glacée,

Sentinelle invisible assise aux portes
d'or,
De l'enceinte où plongeait l'œil ignorant
encor,
Repousse les regards et même la pensée.

II.

Tandis qu'on porte envie à ces palais
fleuris,
À ces retraites transparentes
Où de loin on croit voir errantes
Toutes les célestes houris,
Soudain, des demeures ombreuses
Que l'étranger trouvait heureuses,
L'œil voit, attentif de plus près,
Trois fléaux, parmi les cyprès,
Élever leurs formes affreuses :
Sombre et muette trinité
Qui sur Byzance prosternée
Étend son empire, accepté
Sous le nom de la destinée.
Comme soudain le charme a fui tous ces
palais,
Dès qu'on y sent régner les trois mon-
stres muets !

De la fournaise qui murmure
L'un a le bruit et la couleur ;
Des flammes sont sa chevelure ;
Souvent quand la nuit dort, il grandit
sans mesure,
Il aime à l'éveiller soudain à sa lueur :
Le ciel blanchit, la mer obscure
En reflète au loin la pâleur.

L'autre a le front livide et l'haleine
odieuse :
Il se transforme à tous moments,
Et des plis de ses vêtements
Secoue incessamment la mort conta-
gieuse.
Du vent de son manteau si quelqu'un
est touché,
Il passe, avant le soir, dans son cercueil
couché.

Entre l'incendie et la peste,
Père de ces monstres hideux,
Un monstre est assis, plus funeste,
Plus détesté que tous les deux,
Le despotisme, esclave et de lui-même
et d'eux.

VENISE.

ALFRED DE MUSSET. 1828.

Dans Venise la rouge,
Pas un bateau qui bouge,
Pas un pêcheur dans l'eau,
. Pas un falot.

Seul, assis à la grève,
Le grand lion soulève,
Sur l'horizon serein,
Son pied d'airain.

Autour de lui, par groupes,
Navires et chaloupes,
Pareils à des hérons
Couchés en ronds,

Dorment sur l'eau qui fume,
Et croisent dans la brume,
En légers tourbillons,
Leurs pavillons.

La lune qui s'efface.
Couvre son front qui passe
D'un nuage étoilé
Demi-voilé.

Ainsi, la dame abbesse
De Sainte-Croix rabaisse
Sa cape aux vastes plis
Sur son surplis.

Et les palais antiques,
Et les graves portiques,
Et les blancs escaliers
Des chevaliers,

Et les ponts, et les rues,
Et les mornes statues,
Et le golfe mouvant
Qui tremble au vent,

Tout se tait, fors les gardes
Aux longues hallebardes,
Qui veillent aux créneaux
Des arsenaux.

— Ah ! maintenant plus d'une
Attend, au clair de lune,
Quelque jeune muguet,
.L'oreille au guet.

Pour le bal qu'on prépare,
. Plus d'une qui se pare,

Met devant son miroir
Le masque noir.

.   .   .   .   .

Et Narcisa, la folle,
Au fond de sa gondole,
S'oublie en un festin
Jusqu'au matin.

Et qui, dans l'Italie,
N'a son grain de folie ?
Qui ne garde aux amours
Ses plus beaux jours ?

.   .   .   .   .

POUR UN AMI

LA VEILLE DE LA PUBLICATION D'UN
PREMIER OUVRAGE.

SAINTE-BEUVE. 1829.

C'est demain, c'est demain qu'on lance,
Qu'on lance mon navire aux flots ;
L'onde en l'appelant se balance
Devant la proue ; amis, silence !
Ne chantez pas, gais matelots !

Demain je quitte le rivage
Où dormit longtemps mon radeau ;
Là-bas m'attend plus d'un orage,
Plus d'un combat, quelque naufrage
Sur un banc de sable à fleur d'eau.

Oui, le naufrage ! on touche, on sombre ;
L'ouragan seul entend vos cris ;
Puis le matin vient chasser l'ombre ;
Sur le ciel bleu pas un point sombre,
Sur l'abîme pas un débris.

Ne chantez pas ! quand même encore,
Sur mainte mer, sous maint climat,
Aux feux du soleil qui le dore,
Battu de la brise sonore,
Mon pavillon, au haut du mât

Déployant sa flamme azurée
Et ses immortelles couleurs,
Recevrait de chaque contrée,
En passant, la perle nacrée,
L'ivoire, l'encens ou des fleurs ;

Quand, ma voile au loin reconnue,
On verrait la foule à grands pas
S'agiter sur la grève nue,
Les forts saluer ma venue,
O mes amis, ne chantez pas !

Cela vaut-il ce que je laisse,
Tant de silence, et tant d'oubli ;
Et ce gazon où la tristesse,
De mon âme éternelle hôtesse,
Inclinait un front recueilli ;

Alors que mon mât de misaine,
De la hache ignorant les coups,
Dans les grands bois était un chêne,
Et qu'au bruit de l'onde prochaine,
Tout le jour je rêvais dessous !

Oh ! j'y versai plus d'une larme ;
Mais les larmes ont leur douceur ;
Mais la tristesse a bien son charme ;
Son front à la fin se désarme,
Et c'est pour nous comme une sœur.

Point de crainte alors ; sous la branche
Point d'œil profane ; et si parfois
D'un lac frais la surface blanche,
Où d'en haut la lune se penche,
M'arrachait au gazon des bois ;

Si dans une barque d'écorce,
Ou de glaïeul, ou de roseau,
Ou de liane trois fois torse,
À ramer j'essayais ma force
Comme dans l'air un jeune oiseau ;

Nul bruit curieux sur la rive
Ne troublait mon timide essor,
Sinon quelque nymphe furtive ;
Mon âme n'était plus oisive,
Et c'était du repos encor.

Mais, depuis, l'orgueil en délire
A pris mon cœur comme un tyran ;
Je ne sais plus à quoi j'aspire ;
Ma nacelle est un grand navire,
Et me voilà sur l'Océan.

C'est demain, c'est demain qu'on lance,
Qu'on lance mon navire aux flots ;
L'onde en l'appelant se balance
Devant la proue ; amis, silence !
Ne chantez pas, gais matelots !

MES LIVRES.

À MON AMI. PAUL L. (LE BIBLIOPHILE).

SAINTE-BEUVE. 1829.

J'AIME rimer et j'aime lire aussi.
Lorsqu'à rêver mon front s'est obscurci ;
qu'il est sorti de ma pauvre cervelle,

Deux jours durant, une églogue nou-
velle,
Soixante vers ou quatre-vingts au plus,
Et qu'au réveil, lourd encore et l'âme
ivre,
Pour près d'un mois je me sens tout
perclus,
O mes amis, alors je prends un livre.
Non pas un seul, mais dix, mais vingt,
mais cent ;
Non les meilleurs, Byron le magnanime,
Le grand Milton ou Dante le puissant ;
Mais tous *Anas* de naissance anonyme
Semés de traits que je note en passant.
C'est mon bonheur. Sauriez-vous pas,
de grâce,
En quel recoin et parmi quel fatras
Il me serait possible d'avoir trace
Du long séjour que fit à Carpentras
Monsieur Malherbe ; ou de quel air
Ménage
Chez Sévigné jouait son personnage ?
Monsieur Conrart savait-il le latin
Mieux que Jouy ? consommait-il en
plumes
Moins que Suard ? le docteur Gui Patin
Avait-il plus de dix mille volumes ?

Problèmes fins, procès toujours pen-
dants,
Qu'à grand plaisir je retourne et tra-
vaille !
Vaut-il pas mieux, quand on est sur les
dents,
Plutôt qu'aller rimailler rien qui vaille,
Se faire rat et ronger une maille !

En cette humeur, s'il me vient sous la
main,
Le long des quais un vélin un peu jaune,
Le titre en rouge et la date en romain,
Au frontispice un saint Jean sur un
trône,
Le tout couvert d'un fort blanc parche-
min,
Oh ! que ce soit un Ronsard, un Pé-
trone,
Un A-Kempis, pour moi c'est un trésor,
Que j'ouvre et ferme et que je rouvre
encor.
Je rôde autour et du doigt je le touche ;
Au parapet rien qu'à le voir couché,
En plein midi, l'eau me vient à la
bouche ;
Et lorsqu'enfin j'ai conclu le marché,
Dans mon armoire il ne prend point la
place

Où désormais il dormira caché,
Que je n'en aie au moins lu la préface.

On est au bal ; déjà sur le piano
Dix jolis doigts ont marqué la cadence ;
Sur le parquet déjà la contredanse
Déroule et brise et rejoint son anneau.
Mais tout d'un coup le bon Nodier qui
  m'aime,
Se souvenant d'avoir, le matin même,
Je ne sais où, découvert un bouquin
Que souligna de son crayon insigne
François Guyet (c'est, je crois, un Lu-
  cain),
De l'autre bout du salon m'a fait signe ;
J'y cours, adieu, vierges au cou de
  cygne !
Et, tout le soir, je lorgne un maroquin.
On l'a bien dit ; un cerveau de poëte,
Après cent vers, a grand besoin de diète,
Et pour ma part j'en sens l'effet heureux.
Quand j'ai huit jours cuvé mon am-
  broisie,
Las de bouquins et de poudre moisie,
Je reprends goût au nectar généreux.
Pas trop pourtant ; peu de sublime en-
  core ;
L'eau me suffit, qu'un vin léger colore.

Vers ce temps-là l'on me voit au
  jardin,
Un doigt dans Pope, Addison ou Fon-
  tane,
Quitter vingt fois et reprendre soudain,
Comme en buvant son sorbet la sultane ;
Chaulieu m'endort à l'ombre d'un pla-
  tane ;
Vite au réveil je relis le Mondain.
Je relis tout ; et bouquets à Climène,
Et Corilas entretenant Ismène,
Et l'Aminta, chantant son inhumaine ;
Mais la Chartreuse est surtout à mon
  gré ;
Et, mieux refait, la troisième semaine,
Je puis aller jusqu'à Goldsmith et Gray.
Dès lors la Muse a repris sa puissance,
Et mon génie entre en convalescence.

Car si, le soir, sous un jasmin en
  fleurs,
Édouard en main, je songe à Nathalie,
Et que bientôt un nuage de pleurs
Voile à mes yeux la page que j'oublie ;
Car de Tastu si le luth adoré,
Au bruit d'une eau, sous un saule éploré,
Me fait rêver à la feuille qui tombe,

Et que non loin gémisse une colombe,
Si sur ma lèvre un murmure sacré,
Comme un doux chant d'abeille qui
  butine,
Trois fois ramène un vers de Lamartine,
Et qu'en mon cœur une corde ait vibré ;
Oh ! c'en est fait ; après tant de silence
Je veux chanter à mon tour ; je m'é-
  lance,
Les yeux au ciel et les ailes au vent,
Et me voilà rimeur comme devant.

LA BASILIQUE.

THÉOPHILE GAUTIER. 1830.

"The pillared arches were over their head,
  And beneath their feet were the bones of the
  dead."
    The Lay of the Last Minstrel.

"On voit des figures de chevaliers à genoux
sur un tombeau, les mains jointes — les arcades
obscures de l'église couvrent de leurs ombres
ceux qui reposent." — GÖRRES.

Il est une basilique
Aux murs moussus et noircis,
Du vieux temps noble relique,
Où l'âme mélancolique
Flotte en pensers indécis.

Des losanges de plomb ceignent
Les vitraux coloriés,
Où les feux du soleil teignent
Les reflets errants qui baignent
Les plafonds armoriés.

Cent colonnes découpées
Par de bizarres ciseaux,
Comme des faisceaux d'épées
Au long de la nef groupées
Portent les sveltes arceaux.

La fantastique arabesque
Courbe ses légers dessins
Autour du trèfle moresque,
De l'arcade gigantesque
Et de la niche des saints.

Dans leurs armes féodales,
Vidames et chevaliers,
Sont là, couchés sur les dalles
Des chapelles sépulcrales,
Ou debout près des piliers.

Des escaliers en dentelles
Montent avec cent détours

Aux voûtes hautes et frêles,
Mais fortes comme les ailes
Des aigles ou des vautours.

Sur l'autel, riche merveille,
Ainsi qu'une étoile d'or,
Reluit la lampe qui veille,
La lampe qui ne s'éveille
Qu'au moment où tout s'endort.

Que la prière est fervente
Sous ces voûtes, lorsqu'en feu
Le ciel éclate, qu'il vente,
Et qu'en proie à l'épouvante,
Dans chaque éclair on voit Dieu ;

Ou qu'à l'autel de Marie,
À genoux sur le pavé,
Pour une vierge chérie
Qu'un mal cruel a flétrie,
En pleurant l'on dit : *Ave.*

Mais chaque jour qui s'écoule
Ébranle ce vieux vaisseau,
Déjà plus d'un mur s'écroule,
Et plus d'une pierre roule,
Large fragment d'un arceau.

Dans la grande tour, la cloche
Craint de sonner l'*Angelus :*
Partout le lierre s'accroche,
Hélas ! et le jour approche
Où je ne vous dirai plus :

Il est une basilique
Aux murs moussus et noircis,
Du vieux temps noble relique,
Où l'âme mélancolique
Flotte en pensers indécis.

VOYAGE.

THÉOPHILE GAUTIER. 1832.

"Il me faut du nouveau n'en fut-il plus au
monde."
          JEAN DE LA FONTAINE.

Au travers de la vitre blanche
Le soleil rit, et sur les murs
Traçant de grands angles, épanche
Ses rayons splendides et purs :
Par un si beau temps, à la ville
Rester parmi la foule vile !
Je veux voir des sites nouveaux :
Postillons, sellez vos chevaux.

Au sein d'un nuage de poudre,
Par un galop précipité,
Aussi promptement que la foudre
Comme il est doux d'être emporté !
Le sable bruit sous la roue,
Le vent autour de vous se joue ;
Je veux voir des sites nouveaux :
Postillons, pressez vos chevaux.

Les arbres qui bordent la route
Paraissent fuir rapidement,
Leur forme obscure dont l'œil doute
Ne se dessine qu'un moment ;
Le ciel, tel qu'une banderole,
Par-dessus les bois roule et vole,
Je veux voir des sites nouveaux :
Postillons, pressez vos chevaux.

Chaumières, fermes isolées,
Vieux châteaux que flanque une tour,
Monts arides, fraîches vallées,
Forêts se suivent tour à tour ;
Parfois au milieu d'une brume,
Un ruisseau dont la chute écume ;
Je veux voir des sites nouveaux :
Postillons, pressez vos chevaux.

Puis, une hirondelle qui passe,
Rasant la grève au sable d'or,
Puis, semés dans un large espace,
Les moutons d'un berger qui dort ;
De grandes perspectives bleues,
Larges et longues de vingt lieues ;
Je veux voir des sites nouveaux :
Postillons, pressez vos chevaux.

Une montagne : l'on enraye,
Au bord du rapide penchant
D'un mont dont la hauteur effraye :
Les chevaux glissent en marchant,
L'essieu grince, le pavé fume,
Et la roue en instant s'allume ;
Je veux voir des sites nouveaux :
Postillons, pressez vos chevaux.

La côte raide est descendue.
Recouverte de sable fin,
La route, à chaque instant perdue,
S'étend comme un ruban sans fin.
Que cette plaine est monotone !
On dirait un matin d'automne,
Je veux voir des sites nouveaux :
Postillons, pressez vos chevaux.

Une ville d'un aspect sombre,
Avec ses tours et ses clochers

Qui montent dans les airs, sans nombre,
Comme des mâts ou des rochers,
Où mille lumières flamboient
Au sein des ombres qui la noient ;
Je veux voir des sites nouveaux :
Postillons, pressez vos chevaux !

Mais ils sont las, et leurs narines,
Rouges de sang, soufflent du feu ;
L'écume inonde leurs poitrines
Il faut nous arrêter un peu.
Halte ! demain, plus vite encore,
Aussitôt que poindra l'aurore,
Postillons, pressez vos chevaux,
Je veux voir des sites nouveaux.

LONDRES.

AUGUSTE BARBIER. 1837.

C'EST un espace immense et d'une lon-
gueur telle
Qu'il faut pour le franchir un jour à
l'hirondelle,
Et ce n'est, bien au loin, que des en-
tassements
De maisons, de palais et de hauts monu-
ments,
Plantés là par le temps sans trop de
symétrie ;
De noirs et longs tuyaux, clochers de
l'industrie,
Ouvrant toujours la gueule, et de leurs
ventres chauds
Exhalant dans les airs la fumée à longs
flots ;
De vastes dômes blancs et des flèches
gothiques
Flottant dans la vapeur sur des mon-
ceaux de briques ;
Un fleuve inabordable, un fleuve tout
houleux
Roulant sa vase noire en détours sinueux,
Et rappelant l'effroi des ondes infernales ;
De gigantesques ponts aux piles colos-
sales,
Comme l'homme de Rhode, à travers
leurs arceaux,
Pouvant laisser passer des milliers de
vaisseaux ;
Une marée infecte et toujours avec
l'onde
Apportant, remportant les richesses du
monde,
Des chantiers en travail, des magasins
ouverts,

Capables de tenir dans leurs flancs l'uni-
vers ;
Puis un ciel tourmenté, nuage sur nuage ;
Le soleil, comme un mort, le drap sur
le visage,
Ou, parfois, dans les flots d'un air em-
poisonné
Montrant comme un mineur son front
tout charbonné ;
Enfin, dans un amas de choses, sombre,
immense,
Un peuple noir, vivant et mourant en
silence,
Des êtres par milliers suivant l'instinct
fatal,
Et courant après l'or par le bien et le
mal.

L'HIPPOPOTAME.

THÉOPHILE GAUTIER. 1840.

L'HIPPOPOTAME au large ventre
Habite aux Jungles de Java,
Où grondent, au fond de chaque antre,
Plus de monstres qu'on n'en rêva.

Le boa se déroule et siffle,
Le tigre fait son hurlement,
Le buffle en colère renifle,
Lui dort ou paît tranquillement.

Il ne craint ni kriss ni zigaies,
Il regarde l'homme sans fuir,
Et rit des balles des cipayes
Qui rebondissent sur son cuir.

Je suis comme l'hippopotame :
De ma conviction couvert,
Forte armure que rien n'entame,
Je vais sans peur par le désert.

SUR TROIS MARCHES DE MARBRE ROSE.

ALFRED DE MUSSET. 1849.

DEPUIS qu'Adam, ce cruel homme,
A perdu son fameux jardin,
Où sa femme, autour d'une pomme,
Gambadait sans vertugadin,
Je ne crois pas que sur la terre
Il soit un lieu d'arbres planté
Plus célèbre, plus visité,

Mieux fait, plus joli, mieux hanté,
Mieux exercé dans l'art de plaire,
Plus examiné, plus vanté,
Plus décrit, plus lu, plus chanté,
Que l'ennuyeux parc de Versailles.
O dieux ! ô bergers ! ô rocailles !
Vieux Satyres, Termes grognons,
Vieux petits ifs en rang d'oignons,
O bassins, quinconces, charmilles !
Boulingrins pleins de majesté,
Où les dimanches, tout l'été,
Bâillent tant d'honnêtes familles !
Fantômes d'empereurs romains,
Pâles nymphes inanimées
Qui tendez aux passants les mains,
Par des jets d'eau tout enrhumés !
Tourniquets d'aimables buissons,
Bosquets tondus où les fauvettes
Cherchent en pleurant leurs chansons,
Où les dieux font tant de façons
Pour vivre à sec dans leurs cuvettes !
O marronniers ! n'ayez pas peur ;
Que votre feuillage immobile,
Me sachant versificateur,
N'en demeure pas moins tranquille.
Non, j'en jure par Apollon
Et par tout le sacré vallon,
Par vous, Naïades ébréchées,
Sur trois cailloux si mal couchées,
Par vous, vieux maîtres de ballets,
Faunes dansant sur la verdure,
Par toi-même, auguste palais,
Qu'on n'habite plus qu'en peinture,
Par Neptune, sa fourche au poing,
Non, je ne vous décrirai point.
Je sais trop ce qui vous chagrine ;
De Phœbus je vois les effets :
Ce sont les vers qu'on vous a faits
Qui vous donnent si triste mine.
Tant de sonnets, de madrigaux,
Tant de ballades, de rondeaux,
Où l'on célébrait vos merveilles,
Vous ont assourdi les oreilles,
Et l'on voit bien que vous dormez
Pour avoir été trop rimés.

En ces lieux où l'ennui repose,
Par respect aussi j'ai dormi.
Ce n'était, je crois, qu'à demi :
Je rêvais à quelque autre chose.
Mais vous souvient-il, mon ami,
De ces marches de marbre rose,
En allant à la pièce d'eau
Du côté de l'Orangerie,
A gauche, en sortant du château ?
C'était par là, je le parie,
Que venait le roi sans pareil,

Le soir, au coucher du soleil,
Voir dans la forêt, en silence,
Le jour s'enfuir et se cacher
(Si toutefois en sa présence
Le soleil osait se coucher).
Que ces trois marches sont jolies !
Combien ce marbre est noble et doux !
Maudit soit du ciel, disions-nous,
Le pied qui les aurait salies !
N'est-il pas vrai ! Souvenez-vous.
—Avec quel charme est nuancée
Cette dalle à moitié cassée !
Voyez-vous ces veines d'azur,
Légères, fines et polies,
Courant, sous les roses pâlies,
Dans la blancheur d'un marbre pur ?
Tel, dans le sein robuste et dur
De la Diane chasseresse,
Devait courir un sang divin ;
Telle, et plus froide, est une main
Qui me menait naguère en laisse.
N'allez pas, du reste, oublier
Que ces marches dont j'ai mémoire
Ne sont pas dans cet escalier
Toujours désert et plein de gloire,
Où ce roi, qui n'attendait pas,
Attendit un jour, pas à pas,
Condé, lassé par la victoire.
Elles sont près d'un vase blanc,
Proprement fait et fort galant,
Est-il moderne ? est-il antique ?
D'autres que moi savent cela ;
Mais j'aime assez à le voir là,
Étant sûr qu'il n'est point gothique.
C'est un bon vase, un bon voisin ;
Je le crois volontiers cousin
De mes marches couleur de rose ;
Il les abrite avec fierté.
O mon Dieu ! dans si peu de chose
Que de grâce et que de beauté !

Dites-nous, marches gracieuses,
Les rois, les princes, les prélats,
Et les marquis à grand fracas,
Et les belles ambitieuses,
Dont vous avez compté les pas ;
Celles-là surtout, j'imagine,
En vous touchant ne pesaient pas,
Lorsque le velours ou l'hermine
Frôlaient vos contours délicats.
Laquelle était la plus légère ?
Est-ce la reine Montespan ?
Est-ce Hortense avec un roman,
Maintenon avec son bréviaire,
Ou Fontange avec son ruban ?
Beau marbre, as-tu vu la Vallière !
De Parabère ou de Sabran,

Laquelle savait mieux te plaire !
Entre Sabran et Parabère
Le Régent même, après souper,
Chavirait jusqu'à s'y tromper.
As-tu vu le puissant Voltaire,
Ce grand frondeur des préjugés,
Avocat des gens mal jugés,
Du Christ ce terrible adversaire,
Bedeau du temple de Cythère,
Présentant à la Pompadour
Sa vieille eau bénite de cour !
As-tu vu, comme à l'ermitage,
La rondelette Dubarry
Courir, en buvant du laitage,
Pieds nus, sur le gazon fleuri !
Marches qui savez notre histoire,
Aux jours pompeux de votre gloire,
Quel heureux monde en ces bosquets !
Que de grands seigneurs, de laquais,
Que de duchesses, de caillettes,
De talons rouges, de paillettes,
Que de soupirs et de caquets,
Que de plumets et de calottes,
De falbalas et de culottes,
Que de poudre sous ces berceaux,
Que de gens, sans compter les sots !
Règne auguste de la perruque,
Le bourgeois qui te méconnaît
Mérite sur sa plate nuque
D'avoir un éternel bonnet.
Et toi, siècle à l'humeur badine,
Siècle tout couvert d'amidon,
Ceux qui méprisent ta farine
Sont en horreur à Cupidon ! —
Est-ce ton avis, marbre rose !
Malgré moi, pourtant, je suppose
Que le hasard qui t'a mis là
Ne t'avait pas fait pour cela.
Aux pays où le soleil brille,
Près d'un temple grec ou latin,
Les beaux pieds d'une jeune fille,
Sentant la bruyère et le thym,
En te frappant de leurs sandales,
Auraient mieux réjoui tes dalles
Qu'une pantoufle de satin.
Est-ce d'ailleurs pour cet usage
Que la nature avait formé
Ton bloc jadis vierge et sauvage
Que le génie eût animé !
Lorsque la pioche et la truelle
T'ont scellé dans ce parc boueux,
En t'y plantant malgré les dieux,
Mansard insultait Praxitèle.
Oui, si tes flancs devaient s'ouvrir,
Il fallait en faire sortir
Quelque divinité nouvelle.
Quand sur toi leur scie a grincé,

Les tailleurs de pierre ont blessé
Quelque Vénus dormant encore,
Et la pourpre qui te colore
Te vient du sang qu'elle a versé.

Est-il donc vrai que toute chose
Puisse être ainsi foulée aux pieds,
Le rocher où l'aigle se pose,
Comme la feuille de la rose
Qui tombe et meurt dans nos sentiers !
Est-ce que la commune mère,
Une fois son œuvre accompli,
Au hasard livre la matière,
Comme la pensée à l'oubli !
Est-ce que la tourmente amère
Jette la perle au lapidaire
Pour qu'il l'écrase sans façon !
Est-ce que l'absurde vulgaire
Peut tout déshonorer sur terre
Au gré d'un cuistre ou d'un maçon !

LES NÉRÉIDES.

THÉOPHILE GAUTIER. 1852.

J'AI dans ma chambre une aquarelle
Bizarre, et d'un peintre avec qui
Mètre et rime sont en querelle,
— Théophile Kniatowski.

Sur l'écume blanche qui frange
Le manteau glauque de la mer
Se groupent en bouquet étrange
Trois nymphes, fleurs du gouffre amer.

Comme des lis noyés, la houle
Fait dans sa volute d'argent
Danser leurs beaux corps qu'elle roule,
Les élevant, les submergeant.

Sur leurs têtes blondes, coiffées
De pétoncles et de roseaux,
Elles mêlent, coquettes fées,
L'écrin et la flore des eaux.

Vidant sa nacre, l'huître à perle
Constelle de son blanc trésor
Leur gorge, où le flot qui déferle
Suspend d'autres perles encor.

Et, jusqu'aux hanches soulevées
Par le bras des Tritons nerveux,
Elles luisent, d'azur lavées,
Sous l'or vert de leurs longs cheveux.

Plus bas, leur blancheur sous l'eau bleue
Se glace d'un visqueux frisson,
Et le torse finit en queue,
Moitié femme, moitié poisson.

Mais qui regarde la nageoire
Et les reins aux squameux replis,
En voyant les bustes d'ivoire
Par le baiser des mers polis !

À l'horizon, — piquant mélange
De fable et de réalité, —
Paraît un vaisseau qui dérange
Le chœur marin épouvanté.

Son pavillon est tricolore ;
Son tuyau vomit la vapeur ;
Ses aubes fouettent l'eau sonore,
Et les nymphes plongent de peur.

Sans crainte elles suivaient par troupes
Les trirèmes de l'Archipel,
Et les dauphins, arquant leurs croupes,
D'Arion attendaient l'appel.

Mais le steam-boat avec ses roues,
Comme Vulcain battant Vénus,
Souffletterait leurs belles joues
Et meurtrirait leurs membres nus.

Adieu, fraîche mythologie !
Le paquebot passe et, de loin,
Croit voir sur la vague élargie
Une culbute de marsouin.

FUMÉE.

THÉOPHILE GAUTIER. 1852.

LÀ-BAS, sous les arbres s'abrite
Une chaumière au dos bossu ;
Le toit penche, le mur s'effrite,
Le seuil de la porte est moussu.

La fenêtre, un volet la bouche ;
Mais du taudis, comme au temps froid
La tiède haleine d'une bouche,
La respiration se voit.

Un tire-bouchon de fumée,
Tournant son mince filet bleu,
De l'âme en ce bouge enfermée
Porte des nouvelles à Dieu.

LE FLACON.

CHARLES BAUDELAIRE. 1857.

IL est de forts parfums pour qui toute
matière
Est poreuse. On dirait qu'ils pénètrent
le verre.
En ouvrant un coffret venu de l'orient
Dont la serrure grince et rechigne en
criant,

Ou dans une maison déserte quelque
armoire
Pleine de l'âcre odeur des temps, pou-
dreuse et noire,
Parfois on trouve un vieux flacon qui se
souvient,
D'où jaillit toute vive une âme qui re-
vient.

Mille pensers dormaient, chrysalides fu-
nèbres,
Frémissant doucement dans les lourdes
ténèbres,
Qui dégagent leur aile et prennent leur
essor,
Teintés d'azur, glacés de rose, lamés d'or.

Voilà le souvenir enivrant qui voltige
Dans l'air troublé ; les yeux se ferment ;
le Vertige
Saisit l'âme vaincue et la pousse à deux
mains
Vers un gouffre obscurci de miasmes
humains ;

Il la terrasse au bord d'un gouffre sécu-
laire,
Où, Lazare odorant déchirant son suaire,
Se meut dans son réveil le cadavre spec-
tral
D'un vieil amour ranci, charmant et sé-
pulcral.

Ainsi, quand je serai perdu dans la mé-
moire
Des hommes, dans le coin d'une sinistre
armoire
Quand on m'aura jeté, vieux flacon dé-
solé,
Décrépit, poudreux, sale, abject, vis-
queux, fêlé,

Je serai ton cercueil, aimable pestilence !
Le témoin de ta force et de ta virulence,

Cher poison préparé par les anges ! liqueur
Qui me ronge, ô la vie et la mort de mon cœur !

LA MORT DES PAUVRES.

CHARLES BAUDELAIRE. 1857.

C'EST la Mort qui console, hélas ! et qui fait vivre ;
C'est le but de la vie, et c'est le seul espoir
Qui, comme un élixir, nous monte et nous enivre,
Et nous donne le cœur de marcher jusqu'au soir ;

À travers la tempête, et la neige, et le givre,
C'est la clarté vibrante à notre horizon noir ;
C'est l'auberge fameuse inscrite sur le livre,
Où l'on pourra manger, et dormir, et s'asseoir ;

C'est un Ange qui tient dans ses doigts magnétiques
Le sommeil et le don des rêves extatiques,
Et qui refait le lit des gens pauvres et nus ;

C'est la gloire des Dieux, c'est le grenier mystique,
C'est la bourse du pauvre et sa patrie antique,
C'est le portique ouvert sur les Cieux inconnus !

LE COUVERCLE.

CHARLES BAUDELAIRE. 1857.

EN quelque lieu qu'il aille, ou sur mer ou sur terre,
Sous un climat de flamme ou sous un soleil blanc,
Serviteur de Jésus, courtisan de Cythère,
Mendiant ténébreux ou Crésus rutilant,

Citadin, campagnard, vagabond, sédentaire,
Que son petit cerveau soit actif ou soit lent,

Partout l'homme subit la terreur du mystère,
Et ne regarde en haut qu'avec un œil tremblant.

En haut, le Ciel ! ce mur de caveau qui l'étouffe,
Plafond illuminé pour un opéra bouffe
Où chaque histrion foule un sol ensanglanté ;

Terreur du libertin, espoir du fol ermite ;
Le Ciel ! couvercle noir de la grande marmite
Où bout l'imperceptible et vaste Humanité.

LA PIPE.

CHARLES BAUDELAIRE. 1857.

JE suis la pipe d'un auteur ;
On voit, à contempler ma mine
D'Abyssinienne ou de Cafrine,
Que mon maître est un grand fumeur.

Quand il est comblé de douleur,
Je fume comme la chaumine
Où se prépare la cuisine
Pour le retour du laboureur.

J'enlace et je berce son âme
Dans le réseau mobile et bleu
Qui monte de ma bouche en feu,

Et je roule un puissant dictam
Qui charme son cœur et guérite
De ses fatigues son esprit.

L'HORLOGE.

CHARLES BAUDELAIRE. 1857.

HORLOGE ! dieu sinistre, effrayant, impassible,
Dont le doigt nous menace et nous dit : *Souviens-toi !*
Les vibrantes Douleurs dans ton cœur plein d'effroi
Se planteront bientôt comme dans une cible ;

Le Plaisir vaporeux fuira vers l'horizon
Ainsi qu'une sylphide au fond de la coulisse ;

Chaque instant te dévore un morceau
    du délice
À chaque homme accordé pour toute sa
    saison.

Trois mille six cents fois par heure, la
    Seconde
Chuchote : *Souviens-toi !* — Rapide avec
    sa voix
D'insecte, Maintenant dit : Je suis Au-
    trefois,
Et j'ai pompé ta vie avec ma trompe
    immonde !

Remember ! Souviens-toi! prodigue ! *Esto
    memor !*
(Mon gosier de métal parle toutes les
    langues.)
Les minutes, mortel folâtre, sont des
    gangues
Qu'il ne faut pas lâcher sans en extraire
    l'or !

Souviens-toi que le Temps est un joueur
    avide
Qui gagne sans tricher, à tout coup !
    c'est la loi.
Le jour décroît ; la nuit augmente ;
    souviens-toi.
Le gouffre a toujours soif ; la clepsydre
    se vide.

Tantôt sonnera l'heure où le divin
    Hasard,
Où l'auguste Vertu, ton épouse encor
    vierge,
Où le Repentir même, (oh ! la dernière
    auberge !)
Où tout te dira : Meurs, vieux lâche !
    il est trop tard !"

SÉVIGNÉ.

JOSEPH AUTRAN. 1873.

MARQUISE aux blonds cheveux, j'adore
    ton volume :
Ton siècle, à chaque page, y revit tout
    entier.
Dans ce livre sans art, ou plutôt sans
    métier,
L'étincelle de vie à tout propos s'al-
    lume.

Ouvrier de l'airain, forge sur ton en-
    clume !

Phidias, prends le marbre et taille ce
    quartier !
Rien ne vaut pour la gloire un morceau
    de papier
Sur lequel a couru quelque légère plume.

De ces enchantements vous eûtes le
    secret,
Marquise aux blonds cheveux, marquise
    au fin sourire !
Vous preniez tout au vol et fixiez tout
    d'un trait.

Pour évoquer un monde, il suffit de vous
    lire :
Tel nom resté fameux, sans vous qui le
    saurait ?
Pour le rendre immortel, vous n'eûtes
    qu'à l'écrire.

EN SORTANT D'UN BAL.

FRANÇOIS COPPÉE. 1874.

ON n'a pu l'emmener qu'à la dernière
    danse.
C'était son premier bal, songez ! et la
    prudence
De sa mère a cédé jusqu'au bout au
    désir
De la voir, embellie encor par le plaisir,
Résister du regard au doigt qui lui fait
    signe,
Ou venir effleurer, d'un air qui se ré-
    signe,
L'oreille maternelle où sa claire voix d'or
Murmure ces deux mots suppliants : pas
    encor.
C'est la première fois qu'elle entre dans
    ces fêtes.
Elle est en blanc ; elle a, dans les tresses
    défaites
De ses cheveux, un brin délicat de lilas ;
Elle accueille d'abord d'un sourire un
    peu las
Le danseur qui lui tend la main et qui
    l'invite,
Et rougit vaguement et se lève bien vite,
Quand, parmi la clarté joyeuse des
    salons,
Ont prélude la flûte et les deux violons.
Et ce bal lui paraît étincelant, immense.
C'est le premier ! Avant que la valse
    commence,
Elle a peur tout à coup et regarde, en
    tremblant,

Au bras de son danseur s'appuyer son
   gant blanc.
La voilà donc parmi les grandes demoi-
   selles,
Oiselet tout surpris de l'émoi de ses
   ailes.
Un jeune homme lui parle et marche à
   son côté.
Elle jette autour d'elle un regard en-
   chanté
Et qui de toutes parts reflète des féeries.
Et devant les seins nus couverts de
   pierreries,
Les souples éventails, aux joyeuses cou-
   leurs,
Semblent des papillons palpitant sur des
   fleurs.

Pourtant elle est partie à la fin.   Mais
   mon rêve
Reste encor sous le charme et, la suivant,
   achève
Cette première nuit du plaisir révélé.
Dans le calme du frais boudoir inviolé,
Assise, car la danse est un peu fatigante,
Elle ôte son collier de perles, se dégante
Et tressaille soudain de frissons ingénus
En voyant au miroir son col et ses bras
   nus.

Puis le petit bouquet qui meurt à son
   corsage
Dans son dernier parfum lui rappelle un
   passage
De la valse où ce blond cavalier l'entraî-
   nait.
Elle cherche un instant sur son mignon
   carnet
Un nom que nul encor n'a le droit de
   counaître,
Tandis qu'entre les deux rideaux de la
   fenêtre
L'aube surprend déjà la lampe qui pâ-
   lit.

Mais la fatigue enfin l'appelle vers son
   lit ;
Et dans l'alcôve obscure où la vierge se
   couche,
Un doux ange gardien veille, un doigt
   sur la bouche
Mon rêve, éloigne-toi ! Le respect nous
   bannit.
C'est violer un temple et c'est troubler
   un nid
Que de parler encor de ces choses di-
   vines,
Alors qu'il ne faut pas même que tu
   devines.

SATIRICAL.

SUR LE GENRE SATIRIQUE.

BOILEAU-DESPRÉAUX. 1665.

MUSE, changeons de style, et quittons
    la satire ;
C'est un méchant métier que celui de
    médire ;
À l'auteur qui l'embrasse il est toujours
    fatal :
Le mal qu'on dit d'autrui ne produit que
    du mal.
Maint poëte, aveuglé d'une telle ma-
    nie,
En courant à l'honneur, trouve l'igno-
    minie ;
Et tel mot, pour avoir réjoui le lec-
    teur,
A coûté bien souvent des larmes à l'au-
    teur.
    Un éloge ennuyeux, un froid pané-
    gyrique,
Peut pourrir à son aise au fond d'une
    boutique,
Ne craint point du public les jugements
    divers,
Et n'a pour ennemis que la poudre et les
    vers :
Mais un auteur malin, qui rit et qui fait
    rire,
Qu'on blâme en le lisant, et pourtant
    qu'on veut lire,
Dans ses plaisants accès qui se croit tout
    permis,
De ses propres rieurs se fait des en-
    nemis.
Un discours trop sincère aisément nous
    outrage :
Chacun dans ce miroir pense voir son
    visage ;
Et tel, en vous lisant, admire chaque
    trait,
Qui dans le fond de l'âme et vous craint
    et vous hait.

SUR LA NOBLESSE.

BOILEAU-DESPRÉAUX. 1665.

LA noblesse, Dangeau,[1] n'est pas une
    chimère,
Quand, sous l'étroite loi d'une vertu
    sévère,
Un homme issu d'un sang fécond en
    demi-dieux
Suit, comme toi, la trace où marchoient
    ses aïeux.
    Mais je ne puis souffrir qu'un fat, dont
    la mollesse
N'a rien pour s'appuyer qu'une vaine
    noblesse,
Se pare insolemment du mérite d'autrui,
Et me vante un honneur qui ne vient pas
    de lui.
Je veux que la valeur de ses aïeux an-
    tiques,
Ait fourni de matière aux plus vieilles
    chroniques,
Et que l'un des Capets, pour honorer
    leur nom,
Ait de trois fleurs de lis doté leur écus-
    son :
Que sert ce vain amas d'une inutile
    gloire,
Si, de tant de héros célèbres dans l'his-
    toire,

1 Philippe de Courcillon, marquis de Dan-
geau, membre de l'Académie française, né en
1638, mort en 1720. Il a laissé des *Mémoires*
dont il a paru un abrégé en 1817, 4 vol. in-8o.

Il ne peut rien offrir aux yeux de l'uni-
vers
Que de vieux parchemins qu'ont épargnés
les vers ;
Si, tout sorti qu'il est d'une source di-
vine,
Son cœur dément en lui sa superbe ori-
gine,
Et, n'ayant rien de grand qu'une sotte
fierté,
S'endort dans une lâche et molle oisi-
veté ?
Cependant, à le voir avec tant d'arro-
gance
Vanter le faux éclat de sa haute nais-
sance,
On diroit que le ciel est soumis à sa loi,
Et que Dieu l'a pétri d'autre limon que
moi.
Enivré de lui-même, il croit, dans sa
folie,
Qu'il faut que devant lui d'abord tout
s'humilie.
Aujourd'hui toutefois, sans trop le mé-
nager,
Sur ce ton un peu haut je vais l'interro-
ger :
Dites-moi, grand héros, esprit rare et
sublime,
Entre tant d'animaux, qui sont ceux
qu'on estime ?
On fait cas d'un coursier qui, fier et
plein de cœur,
Fait paroître en courant sa bouillante
vigueur ;
Qui jamais ne se lasse, et qui dans la
carrière
S'est couvert mille fois d'une noble pous-
sière.
Mais la postérité d'Alfane[1] et de Bayard,[2]
Quand ce n'est qu'une rosse, est vendue
au hasard,
Sans respect des aïeux dont elle est des-
cendue,
Et va porter la malle, ou tirer la char-
rue.
Pourquoi donc voulez-vous que, par un
sot abus,
Chacun respecte en vous un honneur
qui n'est plus ?
On ne m'éblouit point d'une apparence
vaine :

La vertu, d'un cœur noble est la marque
certaine.
Si vous êtes sorti de ces héros fameux,
Montrez-nous cette ardeur qu'on vit
briller en eux,
Ce zèle pour l'honneur, cette horreur
pour le vice.
Respectez-vous les lois ? fuyez-vous l'in-
justice ?
Savez-vous pour la gloire oublier le re-
pos,
Et dormir en plein champ le harnois sur
le dos ?
Je vous connois pour noble à ces illustres
marques.
Alors soyez issu des plus fameux mo-
narques,
Venez de mille aïeux ; et, si ce n'est
assez,
Feuilletez à loisir tous les siècles pas-
sés ;
Voyez de quel guerrier il vous plaît de
descendre ;
Choisissez de César, d'Achille, ou d'Alex-
andre :
En vain un faux censeur voudroit vous
démentir,
Et si vous n'en sortez, vous en devez
sortir.
Mais, fussiez-vous issu d'Hercule en
droite ligne,
Si vous ne faites voir qu'une bassesse
indigne,
Ce long amas d'aïeux que vous diffamez
tous,
Sont autant de témoins qui parlent
contre vous ;
Et tout ce grand éclat de leur gloire
ternie
Ne sert plus que de jour à votre igno-
minie.
En vain, tout fier d'un sang que vous
déshonorez,
Vous dormez à l'abri de ces noms révé-
rés ;
En vain vous vous couvrez des vertus de
vos pères :
Ce ne sont à mes yeux que de vaines
chimères ;
Je ne vois rien en vous qu'un lâche, un
imposteur,
Un traître, un scélérat, un perfide, un
menteur,
Un fou dont les accès vont jusqu'à la
furie,
Et d'un tronc fort illustre une branche
pourrie.

---

[1] " Cheval du roi Gradasse dans l'Arioste." —
BOILEAU, 1713.
[2] " Cheval des quatre fils Aimon." — Id.
" Ou de l'aîné d'entre eux, Renaud de Mon-
tauban." — DAUNOU.

LE MASQUE ET LE VISAGE.

LA MOTTE. 1730.

CETTE Cloris qu'on montre au doigt,
Étale les lis et les roses :
Mais, malgré de si belles choses,
Ce n'est qu'un masque que l'on voit.
Avant qu'elle ait pu faire usage
De l'art qui rend le teint vermeil,
Allez la surprendre au réveil,
Vous verrez un visage.

Ce faux ami ne vous reçoit
Qu'avec l'offre d'un cœur sincère.:
Il promet tout, et ne tient guère.
Ce n'est qu'un masque que l'on voit :
Mais quand, malgré ce témoignage
Vous le verrez bientôt après
Vous trahir pour ses intérêts,
Vous verrez un visage.

Quand avec un manége adroit
La coquette pour vous surprendre,
Affecte un air sensible et tendre,
Ce n'est qu'un masque que l'on voit :
Mais, pour obtenir maint hommage,
Voyez-la des yeux, de la voix
Flatter vingt amans à la fois,
Vous verrez un visage.

Ce jeune époux, si l'on l'en croit,
Est encor l'amant de sa femme ;
Le tems n'affaiblit point sa flamme ;
Ce n'est qu'un masque que l'on voit :
Mais voyez-le dans son ménage,
Toujours chagrin, sombre et grondant.
S'accuser d'un choix imprudent,
Vous verrez un visage.

SUR LA NATURE DE L'HOMME.

VOLTAIRE. 1734.

UN jour quelques souris se disaient
l'une à l'autre :
"Que ce monde est charmant! quel
empire est le nôtre!
Ce palais si superbe est élevé pour nous ;
De toute éternité Dieu nous fit ces grands
trous :
Vois-tu ces gras jambons sous cette voûte
obscure?
Ils y furent créés des mains de la Na-
ture :

Ces montagnes de lard, éternels ali-
ments,
Sont pour nous en ces lieux jusqu'à la
fin des temps..
Oui, nous sommes, grand Dieu, si l'on
en croit nos sages,
Le chef-d'œuvre, la fin, le but de tes
ouvrages.
Les chats sont dangereux et prompts à
nous manger ;
Mais c'est pour nous instruire et pour
nous corriger."

Plus loin, sur le duvet d'une herbe
renaissante,
Près des bois, près des eaux, une troupe
innocente
De canards nasillants, de dindons ren-
gorgés,
De gros moutons bêlants, que leur laine
a chargés,
Disait : "Tout est à nous, bois, prés,
étangs, montagnes ;
Le ciel pour nos besoins fait verdir les
campagnes."
L'âne passait auprès, et, se mirant dans
l'eau,
Il rendait grâce au ciel en se trouvant
si beau :
"Pour les ânes, "dit-il," le ciel a fait
la terre ;
L'homme est né mon esclave, il me
panse, il me ferre,
Il m'étrille, il me lave, il prévient mes
désirs,
Il bâtit mon sérail, il conduit mes plai-
sirs,
Respectueux témoin de ma noble ten-
dresse,
Ministre de ma joie, il m'amène une
ânesse ;
Et je ris quand je vois cet esclave
orgueilleux
Envier l'heureux don que j'ai reçu des
cieux."

L'homme vint, et cria: "Je suis
puissant et sage ;
Cieux, terres, éléments, tout est pour
mon usage :
L'Océan fut formé pour porter mes vais-
seaux ;
Les vents sont mes courriers, les astres
mes flambeaux.
Ce globe qui des nuits blanchit les som-
bres voiles

Croît, décroît, fuit, revient, et préside
    aux étoiles :
Moi, je préside à tout ; mon esprit
    éclairé
Dans les bornes du monde eût été trop
    serré :
Mais enfin, de ce monde et l'oracle et le
    maître,
Je ne suis point encor ce que je devrais
    être."
Quelques anges alors, qui là-haut dans
    les cieux
Règlent ces mouvements imparfaits à
    nos yeux,
En faisant tournoyer ces immenses
    planètes,
Disaient : "Pour nos plaisirs sans doute
    elles sont faites."
Puis de là sur la terre ils jetaient un
    coup d'œil :
Ils se moquaient de l'homme et de son
    sot orgueil.
Le Tien les entendit ; il voulut que sur
    l'heure
On les fît assembler dans sa haute de-
    meure,
Ange, homme, quadrupède, et ces êtres
    divers
Dont chacun forme un monde en ce
    vaste univers.
"Ouvrages de mes mains, enfants du
    même père,
Qui portez," leur dit-il, "mon divin
    caractère,
Vous êtes nés pour moi, rien ne fut fait
    pour vous :
Je suis le centre unique où vous ré-
    pondez tous.
Des destins et des temps connaissez le
    seul maître.
Rien n'est grand ni petit ; tout est ce
    qu'il doit être.
D'un parfait assemblage instruments
    imparfaits,
Dans votre rang placés demeurez satis-
    faits."
L'homme ne le fut point. Cette indocile
    espèce
Sera-t-elle occupée à murmurer sans
    cesse ?
Un vieux lettré chinois, qui toujours
    sur les bancs
Combattit la raison par de beaux argu-
    ments,
Plein de Confucius, et sa logique en tête,
Distinguant, concluant, présenta sa re-
    quête.

"Pourquoi suis-je en un point resserré
    par le temps ?
Mes jours devraient aller par delà vingt
    mille ans ;
Ma taille pour le moins dut avoir cent
    coudées ;
D'où vient que je ne puis, plus prompt
    que mes idées,
Voyager dans la lune, et réformer son
    cours ?
Pourquoi faut-il dormir un grand tiers
    de mes jours ?
Pourquoi ne puis-je, au gré de ma pu-
    dique flamme,
Faire au moins en trois mois cent en-
    fants à ma femme ?
Pourquoi fus-je en un jour si las de ses
    attraits ?"

"Tes pourquoi," dit le dieu, "ne fini-
    raient jamais :
Bientôt tes questions vont être décidées :
Va chercher ta réponse au pays des
    idées :
Pars." Un ange aussitôt l'emporte dans
    les airs,
Au sein du vide immense où se meut
    l'univers,
À travers cent soleils entourés de pla-
    nètes,
De lunes et d'anneaux, et de longues
    comètes.
Il entre dans un globe où d'immortelles
    mains
Du roi de la nature ont tracé les des-
    seins,
Où l'œil peut contempler les images
    visibles
Et des mondes réels et des mondes pos-
    sibles.

Mon vieux lettré chercha, d'espérance
    animé,
Un monde fait pour lui, tel qu'il l'aurait
    formé.
Il cherchait vainement : l'ange lui fait
    connaître
Que rien de ce qu'il veut en effet ne peut
    être ;
Que si l'homme eût été tel qu'on feint
    les géants,
Faisant la guerre au ciel, ou plutôt au
    bon sens,
S'il eût à vingt mille ans entendu sa
    carrière,
Ce petit amas d'eau, de sable, et de
    poussière,

N'eût jamais pu suffire à nourrir dans
son sein
Ces énormes enfants d'un autre genre
humain.
Le Chinois argumente : on le force à
conclure
Que dans tout l'univers chaque être a sa
mesure ;
Que l'homme n'est point fait pour ces
vastes désirs ;
Que sa vie est bornée ainsi que ses plai-
sirs ;
Que le travail, les maux, la mort sont
nécessaires,
Et que, sans fatiguer par de lâches
prières
La volonté d'un Dieu qui ne saurait
changer,
On doit subir la loi qu'on ne peut corri-
ger,
Voir la mort d'un œil ferme et d'une
âme soumise.
Le lettré convaincu, non sans quelque
surprise,
S'en retourne ici-bas ayant tout ap-
prouvé ;
Mais il y murmura quand il fut ar-
rivé :
Convertir un docteur est une œuvre im-
possible.

LES FINANCES.

VOLTAIRE. 1775.

Quand Terray nous mangeait, un
honnête bourgeois,
Lassé des contre-temps d'une vie in-
quiète,
Transplanta sa famille au pays champe-
nois :
Il avait près de Reims une obscure re-
traite ;
Son plus clair revenu consistait en bon
vin.

Un jour qu'il arrangeait sa cave et
son ménage,
Il fut dans sa maison visité d'un voisin,
Qui parut à ses yeux le seigneur du
village :
Cet homme était suivi de brillants esta-
fiers,
Sergents de la finance, habillés en guer-
riers.

Le bourgeois fit à tous une humble ré-
vérence,
Du meilleur de son cru prodigua l'abon-
dance ;
Puis il s'enquit tout bas quel était le
seigneur
Qui fesait aux bourgeois un tel excès
d'honneur.

"Je suis," dit l'inconnu, "dans les
fermes nouvelles,
Le royal directeur des *aides* et *ga-
belles.*"
"Ah ! pardon, monseigneur ! Quoi ! vous
aidez le roi !"
"Oui, l'ami." "Je révère un si sublime
emploi :
Le mot d'*aide* s'entend ; *gabelles* m'em-
barrasse.
D'où vient ce mot ?" "D'un Juif ap-
pelé *Gabelus.*"[1]
"Ah ! d'un Juif ! je le crois." "Selon
les nobles *us*
De ce peuple divin, dont je chéris la
race,
Je viens prendre chez vous les *droits* qui
me sont dus.
J'ai fait quelques progrès, par mon ex-
périence,
Dans l'art de *travailler un royaume en
finance.*
Je fais loyalement deux parts de votre
bien :
La première est au roi, qui n'en retire
rien ;
La seconde est pour moi. Voici votre
mémoire.
Tant pour les brocs de vin qu'ici nous
avons bus,
Tant pour ceux qu'aux marchands vous
n'avez point vendus,
Et pour ceux qu'avec vous nous comp-
tons encor boire ;
Tant pour le sel marin duquel nous pré-
sumons
Que vous deviez garnir vos savoureux
jambons.[2]
Vous ne l'avez point pris, et vous deviez
le prendre.

[1] "Il y eut en effet le Juif Gabelus qui eut des
affaires d'argent avec le bon homme Tobie : et
plusieurs doctes très-sensés firent de l'hébreux
l'étymologie de *gabelle*, car on sait que c'est de
l'hébreu que vient le français." — VOLTAIRE.
[2] "Un homme qui a tant de cochons doit
prendre tant de sel pour les saler ; et s'ils
meurent, il doit prendre la même quantité de
sel, sans quoi il est mis a l'amende, et on vend
ses meubles." — VOLTAIRE.

Je ne suis point méchant, et j'ai l'âme
  assez tendre.
Composons, s'il vous plaît. Payez dans
  ce moment
Deux mille écus tournois par accom-
  modement."

Mon badaud écoutait d'une mine at-
  tentive
Ce discours éloquent qu'il ne comprenait
  pas ;
Lorsqu'un autre seigneur en son logis
  arrive,
Lui fait son compliment, le serre entre
  ses bras :
"Que vous êtes heureux ! votre bonne
  fortune,
En pénétrant mon cœur, à nous deux
  est commune.
Du *domaine* royal je suis le *contrôleur :*
J'ai su que depuis peu vous goûtez le
  bonheur
D'être seul héritier de votre vieille tante.
Vous pensiez n'y gagner que mille écus
  de rente :
Sachez que la défunte en avait trois fois
  plus.
Jouissez de vos biens, par mon savoir
  accrus.
Quand je vous enrichis, souffrez que je
  demande,
Pour vous être trompé, dix mille francs
  d'amende.[1]

Aussitôt ces messieurs, discrètement
  unis,
Font des biens au soleil un petit inven-
  taire ;
Saisissent tout l'argent, démeublent le
  logis.
La femme du bourgeois crie et se déses-
  père ;
Le maître est interdit ; la fille est tout
  en pleurs,
Un enfant de quatre ans joue avec les
  voleurs :
Heureux pour quelque temps d'ignorer
  sa disgrâce !

Son aîné, grand garçon, revenant de
  la chasse,

Veut secourir son père, et défend la
  maison :
On les prend, on les lie, on les mène en
  prison ;
On les juge, on en fait de nobles Argo-
  nautes,
Qui, du port de Toulon devenus nou-
  veaux hôtes,[1]
Vont ramer pour le roi vers la mer de
  Cadix.
La pauvre mère expire en embrassant
  son fils ;
L'enfant abandonné gémit dans l'indi-
  gence,
La fille sans secours est servante à Paris.

C'est ainsi qu'on *travaille un royaume
  en finance.*

LES DEUX MISSIONNAIRES.

MARIE-JOSEPH CHÉNIER. 1802.

OR, connaissez-vous, en France,
Certain couple sauvageon,
Prisant peu la tolérance :
Messieurs la Harpe et Naigeon ?

Entre eux il s'élève un schisme,
L'un étant grave docteur,
Ferré sur le catéchisme,
L'autre, athée inquisiteur.

Tous deux brâillent comme pies ;
Déistes ne sont leurs saints ;
La Harpe les nomme impies ;
Naigeon les dit capucins.

À ces oracles suprêmes,
Bonnes gens, soyez soumis :
Nul n'aura d'esprit qu'eux-mêmes ;
Ils n'ont pas d'autres amis.

Leur éloquence modeste
Amollit les cœurs de fer ;
La Harpe a le feu céleste,
Et Naigeon le feu d'enfer.

Partout ces deux Prométhées
Vont créant mortels nouveaux ;
La Harpe fait les athées,
Et Naigeon fait les dévots.

---

[1] "Les contrôleurs du domaine évaluant tou-
jours le bien dont tout collatéral hérite au triple
de la valeur, le taxent suivant cette évalua-
tion, imposent une amende excessive, vendent
le bien à l'encan, et l'achètent à bon marché."
— VOLTAIRE.

[1] "L'aventure est arrivée à la famille d'An-
toine Fusigat." — VOLTAIRE.

De secousses sans nombre et de vains
 errements,
De cultes abolis et de trônes superbes
Dans les sables perdus et couchés dans
 les herbes,
Le Temps, ce vieux coureur, ce vieillard
 sans pitié,
Qui va par toute terre écrasant sous le pié
Les immenses cités regorgeantes de
 vices,
Le Temps, qui balaya Rome et ses im-
 mondices,
Retrouve encore, après deux mille ans
 de chemin,
Un abîme aussi noir que le cuvier ro-
 main.

Toujours même fracas, toujours même
 délire,
Même foule de mains à partager l'em-
 pire ;
Toujours même troupeau de pâles séna-
 teurs,
Mêmes flots d'intrigants et de vils cor-
 rupteurs,
Même dérision du prêtre et des oracles,
Même appétit des jeux, même soif des
 spectacles ;
Toujours même impudeur, même luxe
 effronté,
Dans le haut et le bas même immoralité,
Mêmes débordements, mêmes crimes
 énormes,
Moins l'air de l'Italie et la beauté des
 formes.

La race de Paris, c'est le pâle voyou [1]
Au corps chétif, au teint jaune comme
 un vieux sou ;
C'est cet enfant criard que l'on voit à
 toute heure
Paresseux et flânant, et loin de sa de-
 meure
Battant les maigres chiens, ou le long des
 grands murs
Charbonnant en sifflant mille croquis
 impurs ;
Cet enfant ne croit pas, il crache sur sa
 mère,
Le nom du ciel pour lui n'est qu'une
 farce amère ;
C'est le libertinage enfin en raccourci ;
Sur un front de quinze ans c'est le vice
 endurci.

 [1] Vagabond, gamin.

Et pourtant il est brave, il affronte la
 foudre,
Comme un vieux grenadier il mange de
 la poudre,
Il se jette au canon en criant : Liberté !
Sous la balle et le fer il tombe avec
 beauté.
Mais que l'Émeute aussi passe devant sa
 porte,
Soudain l'instinct du mal le saisit et
 l'emporte,
Le voilà grossissant les bandes de vau-
 riens,
Molestant le repos des tremblants citoy-
 ens,
Et hurlant, et le front barbouillé de
 poussière,
Prêt à jeter à Dieu le blasphème et la
 pierre.

O race de Paris, race au cœur dépravé,
Race ardente à mouvoir du fer ou du
 pavé !
Mer, dont la grande voix fait trembler
 sur les trônes,
Ainsi que des fiévreux, tous les porte-
 couronnes !
Flot hardi qui trois jours s'en va battre
 les cieux,
Et qui retombe après, plat et silencieux !
Race unique en ce monde ! effrayant as-
 semblage
Des élans du jeune homme et des crimes
 de l'âge ;
Race qui joue avec le mal et le trépas !
Le monde entier t'admire et ne te com-
 prend pas !

Il est, il est sur terre une infernale
 cuve,
On la nomme Paris ; c'est une large
 étuve,
Une fosse de pierre aux immenses con-
 tours
Qu'une eau jaune et terreuse enferme à
 triples tours ;
C'est un volcan fumeux et toujours en
 haleine
Qui remue à longs flots de la matière
 humaine
Un précipice ouvert à la corruption,
Où la fange descend de toute nation,
Et qui de temps en temps, plein d'une
 vase immonde,
Soulevant ses bouillons, déborde sur le
 monde.

LITTÉRATEURS DE PARIS.

ALFRED DE MUSSET. 1838.

DURAND.

Sois franc, je t'en conjure, et dis-moi
  ton destin.
Que fis-tu tout d'abord loin du quartier
  latin ?

DUPONT.

Quand ?

DURAND.

Lorsqu'à dix-neuf ans tu sortis du col-
  lége.

DUPONT.

Ce que je fis ?

DURAND.

Oui, parle.

DUPONT.

    Eh ! mon ami, qu'en sais-je ?
J'ai fait ce que l'oiseau fait en quittant
  son nid,
Ce que put le hasard et ce que Dieu
  permit.

DURAND.

Mais encor ?

DUPONT.

Rien du tout, j'ai flâné dans les rues,
J'ai marché devant moi, libre, bayant
  aux grues ;
Mal nourri, peu vêtu, couchant dans un
  grenier,
Dont je déménageais dès qu'il fallait
  payer ;
De taudis en taudis, colportant ma mi-
  sère,
Ruminant de Fourier le rêve humani-
  taire,
Empruntant çà et là le plus que je pou-
  vais,
Dépensant un écu sitôt que je l'avais,
Délayant de grands mots en phrases in-
  sipides,
Sans chemise et sans bas, et les poches
  si vides,
Qu'il n'est que mon esprit au monde
  d'aussi creux ;
Tel je vécus, râpé, sycophante, envieux.

DURAND.

Je le sais ; quelquefois, de peur que tu
  ne meures,

Lorsque ton estomac criait : "Il est six
  heures !"
J'ai dans ta triste main glissé, non sans
  regret,
Cinq francs que tu courais perdre chez
  Bénazet.
Mais que fis-tu plus tard ? car tu n'as pas,
  je pense,
Mené jusqu'aujourd'hui cette affreuse
  existence ?

DUPONT.

Toujours ! j'atteste ici Brutus et Spi-
  nosa
Que je n'ai jamais eu que l'habit que
  voilà !
Et comment en changer ? À qui rend-on
  justice ?
On ne voit qu'intérêt, convoitise, ava-
  rice.
J'avais fait un projet — je te le dis tout
  bas —
Un projet ! Mais au moins tu n'en par-
  leras pas —
C'est plus beau que Lycurgue, et rien
  d'aussi sublime
N'aura jamais paru si Ladvocat m'im-
  prime.
L'univers, mon ami, sera bouleversé,
On ne verra plus rien qui ressemble au
  passé ;
Les riches seront gueux et les nobles in-
  fâmes ;
Nos maux seront des biens, les hommes
  seront femmes,
Et les femmes seront — tout ce qu'elles
  voudront.
Les plus vieux ennemis se réconcilie-
  ront,
Le Russe avec le Turc, l'Anglais avec la
  France,
La foi religieuse avec l'indifférence,
Et le drame moderne avec le sens com-
  mun.
De rois, de députés, de ministres, pas un.
De magistrats, néant ; de lois, pas da-
  vantage.
J'abolis la famille et romps le mariage ;
Voilà. Quant aux enfants, en feront qui
  pourront.
Ceux qui voudront trouver leurs pères
  chercheront.
Du reste, on ne verra, mon cher, dans
  les campagnes,
Ni forêts, ni clochers, ni vallons, ni mon-
  tagnes :

Chansons que tout cela ! Nous les sup-
primerons,
Nous les démolirons, comblerons, brû-
lerons.
Ce ne seront partout que houilles et bi-
tumes,
Trottoirs, masures, champs plantés de
bons légumes,
Carottes, fèves, pois, et qui veut peut
jeûner,
Mais nul n'aura du moins le droit de bien
dîner.
Sur deux rayons de fer un chemin mag-
nifique
De Paris à Pékin ceindra ma république.
Là, cent peuples divers, confondant leur
jargon,
Feront une Babel d'un colossal wagon.
Là, de sa roue en feu le coche humani-
taire
Usera jusqu'aux os les muscles de la
terre.
Du haut de ce vaisseau les hommes stu-
péfaits
Ne verront qu'une mer de choux et de
navets.
Le monde sera propre et net comme une
écuelle ;
L'humanitairerie en fera sa gamelle,
Et le globe rasé, sans barbe ni cheveux,
Comme un grand potiron roulera dans
les cieux.
Quel projet, mon ami ! quelle chose ad-
mirable !
À d'aussi vastes plans rien est-il com-
parable ?
Je les avais écrits dans mes moments
perdus.
Croirais-tu bien, Durand, qu'on ne les a
pas lus ?
Que veux-tu ! notre siècle est sans yeux,
sans oreilles ;
Offrez-lui des trésors, montrez-lui des
merveilles,
Pour aller à la Bourse, il vous tourne le
dos ;
Ceux-là nous font des lois, et ceux-ci des
canaux ;
On aime le plaisir, l'argent, la bonne
chère ;
On voit des fainéants qui labourent la
terre ;
L'homme de notre temps ne veut pas s'é-
clairer,
Et j'ai perdu l'espoir de le régénérer.
Mais toi, quel fut ton sort ? À ton tour
sois sincère.

DURAND.

Je fus d'abord garçon chez un vétéri-
naire.
On me donnait par mois dix-huit livres
dix sous ;
Mais il me déplaisait de me mettre à
genoux
Pour graisser le sabot d'une bête ma-
lade,
Dont je fus maintes fois payé d'une
ruade.
Fatigué du métier, je rompis mon licou,
Et, confiant en Dieu, j'allai sans sa-
voir où.
Je m'arrêtai d'abord chez un marchand
d'estampes
Qui pour certains romans faisait des
culs-de-lampes.
J'en fis pendant deux ans ; dans de mé-
chants écrits
Je glissais à tâtons de plus méchants
croquis.
Ce travail ignoré me servit par la suite ;
Car je rendis ainsi mon esprit parasite ;
L'accoutumant au vol, le greffant sur
autrui.
Je me lassai pourtant du rôle d'apprenti.
J'allai dîner un jour chez le père la
Tuile ;
J'y rencontrai Dubois, vaudevilliste ha-
bile,
Grand buveur, comme on sait, grand
chanteur de couplets,
Dont la gaîté vineuse emplit les caba-
rets.
Il m'apprit l'orthographe et corrigea
mon style.
Nous fîmes à nous deux le quart d'un
vaudeville,
Aux théâtres forains lequel fut présenté,
Et refusé partout à l'unanimité.
Cet échec me fut dur, et je sentis ma bile
Monter en bouillonnant à mon cerveau
stérile.
Je résolus d'écrire, en rentrant au logis,
Un ouvrage quelconque et d'étonner
Paris.
De la soif de rimer ma cervelle obsédée
Pour la première fois eut un semblant
d'idée.
Je tirai mon verrou, j'eus soin de m'en-
tourer
De tous les écrivains qui pouvaient m'in-
spirer,
Soixante in-octavos inondèrent ma table.
J'accouchai lentement d'un poëme ef-
froyable.

La lune et le soleil se battaient dans mes
vers ;
Vénus avec le Christ y dansait aux en-
fers.
Vois combien ma pensée était philoso-
phique :
De tout ce qu'on a fait, faire un chef-
d'œuvre unique,
Tel fut mon but : Brahma, Jupiter, Ma-
homet,
Platon, Job, Marmontel, Néron et Bos-
suet,
Tout s'y trouvait ; mon œuvre est l'im-
mensité même.
Mais le point capital de ce divin
poëme,
C'est un chœur de lézards chantant au
bord de l'eau.
Racine n'est qu'un drôle auprès d'un tel
morceau.
On ne m'a pas compris ; mon livre sym-
bolique,
Poudreux, mais vierge encor, n'est plus
qu'une relique.
Désolant résultat ! triste virginité !
Mais vers d'autres destins je me vis em-
porté.
Le ciel me conduisit chez un vieux jour-
naliste,
Charlatan ruiné, jadis séminariste,
Qui, dix fois en sa vie à bon marché
vendu,
Sur les honnêtes gens crachait pour un
écu.
De ce digne vieillard j'endossai la livrée.
Le fiel suintait déjà de ma plume al-
térée ;
Je me sentais renaître et mordis au mé-
tier.
Ah ! Dupont, qu'il est doux de tout
déprécier !
Pour un esprit mort-né, convaincu d'im-
puissance,
Qu'il est doux d'être un sot et d'en tirer
vengeance !
À quelque vrai succès lorsqu'on vient
d'assister,
Qu'il est doux de rentrer et de se dé-
botter,
Et de dépecer l'homme, et de salir sa
gloire,
Et de pouvoir sur lui vider une écri-
toire,
Et d'avoir quelque part un journal in-
connu
Où l'on puisse à plaisir nier ce qu'on
a vu !

Le mensonge anonyme est le bonheur
suprême.
Écrivains, députés, ministres, rois, Dieu
même,
J'ai tout calomnié pour apaiser ma
faim.
Malheureux avec moi qui jouait au plus
fin !
Courait-il dans Paris une histoire se-
crète ?
Vite je l'imprimais le soir dans ma ga-
zette,
Et rien ne m'échappait. De la rue au
salon,
Les graviers, en marchant, me restaient
au talon.
De ce temps scandaleux j'ai su tous les
scandales,
Et les ai racontés. Ni plaintes ni ca-
bales
Ne m'eussent fait fléchir, sois-en bien
convaincu, —
Mais tu rêves, Dupont ; à quoi donc
penses-tu ?

DUPONT.

Ah ! Durand ! si du moins j'avais un
cœur de femme
Qui sût par quelque amour consoler ma
grande âme !
Mais non ; j'étale en vain mes grâces
dans Paris.
Il en est de ma peau comme de tes
écrits ;
Je l'offre à tout venant et personne n'y
touche.
Sur mon grabat désert en grondant je me
couche,
Et j'attends ; — rien ne vient. — C'est de
quoi se noyer !

DURAND.

Ne fais-tu rien le soir pour te désen-
nuyer ?

DUPONT.

Je joue aux dominos quelquefois chez
Procope.

DURAND.

Ma foi ! c'est un beau jeu. L'esprit s'y
développe ;
Et ce n'est pas un homme à faire un
quiproquo,
Celui qui juste à point sait faire domino.
Entrons dans un café. C'est aujourd'-
hui dimanche.

DUPONT.

Si tu veux me tenir quinze sous sans re-
    vanche,
J'y consens.

DURAND.

    Un instant ! commençons par jouer
La *consommation* d'abord pour essayer.
Je vais boire à tes frais, pour sûr, un
    petit verre.

DUPONT.

Les liqueurs me font mal. Je n'aime que
    la bière.
Qu'as-tu sur toi !

DURAND.

    Trois sous.

DUPONT.

        Entrons au cabaret.

DURAND.

Après vous.

DUPONT.

    Après vous.

DURAND.

    Après vous, s'il vous plait.

SUR UNE MORTE.

ALFRED DE MUSSET. 1842.

ELLE était belle, si la Nuit
Qui dort dans la sombre chapelle
Où Michel-Ange a fait son lit,
Immobile peut être belle.

Elle était bonne, s'il suffit
Qu'en passant la main s'ouvre et donne,
Sans que Dieu n'ait rien vu, rien dit :
Si l'or sans pitié fait l'aumône.

Elle pensait, si le vain bruit
D'une voix douce et cadencée,
Comme le ruisseau qui gémit,
Peut faire croire à la pensée.

Elle priait, si deux beaux yeux,
Tantot s'attachant à la terre,
Tantot se levant vers les cieux,
    uvent s'appeler la prière.

Elle aurait souri, si la fleur
Qui ne s'est point épanouie,
Pouvait s'ouvrir à la fraîcheur
Du vent qui passe et qui l'oublie.

Elle aurait pleuré, si sa main,
Sur son cœur froidement posée,
Eût jamais dans l'argile humain
Senti la céleste rosée.

Elle aurait aimé, si l'orgueil,
Pareil à la lampe inutile
Qu'on allume près d'un cercueil,
N'eût veillé sur son cœur stérile.

Elle est morte et n'a point vécu.
Elle faisait semblant de vivre.
De ses mains est tombé le livre
Dans lequel elle n'a rien lu.

COQUETTERIE POSTHUME.

THÉOPHILE GAUTIER. 1851.

QUAND je mourrai, que l'on me mette,
Avant de clouer mon cercueil,
Un peu de rouge à la pommette,
Un peu de noir au bord de l'œil.

Car je veux, dans ma bière close,
Comme le soir de son aveu,
Rester éternellement rose
Avec du kh'ol sous mon œil bleu.

Pas de suaire en toile fine,
Mais drapez-moi dans les plis blancs
De ma robe de mousseline,
De ma robe à treize volants.

C'est ma parure préférée ;
Je la portais quand je lui plus.
Son premier regard l'a sacrée,
Et depuis je ne la mis plus.

Posez-moi, sans jaune immortelle,
Sans coussin de larmes brodé,
Sur mon oreiller de dentelle
De ma chevelure inondé.

Entre mes mains de cire pâle,
Que la prière réunit,
Tournez ce chapelet d'opale,
Par le pape à Rome bénit :

Je l'égrènerai dans la couche
D'où nul encor ne s'est levé ;
Sa bouche en a dit sur ma bouche
Chaque *Pater* et chaque *Ave.*

L'ENNUI.

CHARLES BAUDELAIRE. 1857.

LA sottise, l'erreur, le péché, la lésine,
Occupent nos esprits et travaillent nos
  corps,
Et nous alimentons nos aimables re-
  mords,
Comme les mendiants nourrissent leur
  vermine.

Nos péchés sont têtus, nos repentirs sont
  lâches ;
Nous nous faisons payer grassement nos
  aveux,
Et nous rentrons gaîment dans le chemin
  bourbeux, .
Croyant par de vils pleurs laver toutes
  nos taches.

Sur l'oreiller du mal c'est Satan Trismé-
  giste
Qui berce longuement notre esprit en-
  chanté,
Et le riche métal de notre volonté
Est tout vaporisé par ce savant chimiste.

C'est le Diable qui tient les fils qui nous
  remuent !
Aux objets répugnants nous trouvons
  des appas ;
Chaque jour vers l'Enfer nous descendons
  d'un pas,
Sans horreur, à travers des ténèbres qui
  puent.
      .   .   .   .   .
Serré, fourmillant, comme un million
  d'helminthes,
Dans nos cerveaux ribote un peuple de
  Démons,
Et, quand nous respirons, la Mort dans
  nos poumons
Descend, fleuve invisible, avec de sourdes
  plaintes.

Si le viol, le poison, le poignard, l'in-
  cendie,
N'ont pas encor brodé de leurs plaisants
  dessins

Le canevas banal de nos piteux destins,
C'est que notre âme, hélas ! n'est pas
  assez hardie.

Mais parmi les chacals, les panthères,
  les lices,
Les singes, les scorpions, les vautours,
  les serpents,
Les monstres glapissants, hurlants, grogn-
  ants, rampants
Dans la ménagerie infâme de nos vices.

Il en est un plus laid, plus méchant,
  plus immonde !
Quoiqu'il ne pousse ni grands gestes ni
  grands cris,
Il ferait volontiers de la terre un débris
Et dans un bâillement avalerait le
  monde ;

C'est l'Ennui ! — L'œil chargé d'un pleur
  involontaire,
Il rêve d'échafauds en fumant son houka.
Tu le connais, lecteur, ce monstre délicat,
— Hypocrite lecteur, — mon semblable,
  — mon frère !

ALMANACH DE L'AN PROCHAIN.

JULES-ROMAIN TARDIEU. 1862.

VOUS voulez savoir l'horoscope
Du nouvel an qui va venir,
Mais je n'ai pas le télescope
Qui fait lire dans l'avenir.

Je sais que la source rapide
Vers le vallon suivra son cours,
Et que dans son onde limpide
Le ciel se mirera toujours.
— Mais je ne sais si la jeunesse
Vers le bien suivra son chemin
Et ne quittera pas la main,
La main que lui tend la sagesse.

Je sais bien que le rouge-gorge
Se plaira toujours dans son nid ;
Que pour un grain de blé ou d'orge ;
Son chant dira : Dieu soit béni !
Mais, qui sait si la Providence
Contentera les gens d'esprit,
Et quel affront sera le prix
De tous les biens qu'elle dispense !

Je sais bien qu'un nid d'hirondelle
Tous les ans revient sous mon toit
Et que le même oiseau fidèle
Au même oiseau garde sa foi.
— Mais les amitiés de ce monde !
Je n'en dis rien pour l'an qui vient ;
D'ordinaire, — s'il m'en souvient,
Elles sont stables — comme l'onde.

Je sais bien que la vigne folle
Ne manquera pas d'un soutien
Et que sa blonde girandole
Chérit l'ormeau qui la retient.
— Si vous parlez des filles d'Ève,
Je n'en dis rien pour l'avenir ;
Mais, l'an passé, leur souvenir
Durait bien — ce que dure un rêve.

Je sais bien que l'astre de flamme
Dans les fruits versera le miel
Et fêtera l'épithalame
Pour unir la terre et le ciel.
— Mais l'amour et l'amitié sainte
Sauront-ils réchauffer les cœurs,
De l'orphelin sécher les pleurs
Et du malheur calmer la plainte ?

Je sais que la mer caressante
Ira baiser le sable d'or,
Et sur son onde languissante
Bercer le marin qui s'endort.
— J'en ai bien vu des équipages
Joyeux se confier au sort !
Mais ont-ils regagné le bord,
Ont-ils compté sans les orages ?

Du nouvel an qui va venir
Vous voulez savoir l'horoscope,
Mais je n'ai pas le télescope
Qui fait lire dans l'avenir.

UN ORPHELIN.

JOSEPH AUTRAN. 1873.

Le père n'est pas mort : il court à ses
affaires ;
À tous les jeux de Bourse il exploite ses
fonds.
Pour vivre avec orgueil dans les bril-
lantes sphères,
Il faut puiser de l'or dans les calculs
profonds.

La mère n'est pas morte : elle est à ses
chiffons,

Elle est à son miroir, à ses folles chi-
mères ;
Sans compter deux horreurs de petits
chiens griffons
Qui l'aident à passer les heures éphé-
mères !

Oublié, délaissé, privé de tout amour,
Le maigre Chérubin, qu'on déclare in-
commode,
Porte ses vieux habits que Babet rac-
commode.

Pauvre enfant ! sera-t-il plus heureux
quelque jour ?
Dans le cœur maternel il peut avoir son
tour,
Lorsque les petits chiens ne seront plus
de mode.

LES HEUREUX.

JOSEPH AUTRAN. 1873.

S'éveiller en bâillant au soleil de
midi,
Rajuster au miroir une pâle figure ;
Des plaisirs de la veille encor tout
alourdi,
Chiffonner le journal et sortir en voi-
ture ;

Aller voir si le Bois est bientôt reverdi,
Poursuivre bêtement quelque déesse im-
pure,
Et, dûment satisfait de l'amour qu'elle
jure,
S'endormir chaque soir aux accords de
Verdi ;

C'est ainsi que l'on vit, et, tant qu'ira
le monde,
Il recommencera cette vie inféconde ;
Sans cesse il tournera dans ce cercle
énervant.

Les voilà, cependant, ces voluptés su-
prêmes
Dont rêve l'écolier qui néglige ses
thèmes,
Et dont rêve la vierge au dortoir du
couvent !

VERTU ET GÉNIE.

JOSEPH AUTRAN. 1873.

TANT que l'opinion, cette reine du monde,
Ne décernera pas la palme à la vertu ;
A côté du talent, de lauriers revêtu,
Tant qu'elle restera tout au plus la
seconde,

Rien de bon ne sera de tout ce qui se
fonde.
Chaque droit consacré se verra combat-
tu ;
Et par l'homme orgueilleux, dans sa
poudre inféconde,
Rien ne sera construit qui ne soit abattu.

Le talent, me dit-on, n'a qu'un prix
éphémère,
La vertu seule existe et garde son relief ;
Elle seule n'est pas une aride chimère.

À cela je réponds, dans un langage bref :
Qui d'entre vous, messieurs, s'il pouvait
être Homère,
Aimerait mieux encor s'appeler saint
Joseph !

POUR ET CONTRE.

JOSEPH AUTRAN. 1873.

OUI, le livre ! le livre ! il éclaire le
monde,
Il est l'autre soleil du pâle genre hu-
main.
Écrit sur papyrus, écrit sur parchemin,
Il affranchit l'esprit de l'ignorance im-
monde.

C'est le mal qu'il renverse et c'est le bien
qu'il fonde ;
Il apprend par hier ce que sera demain.
Dans sa carrière obscure et cependant
féconde,
L'humanité s'avance, un volume à la
main.

Oui, le livre, le livre, il assure l'empire
De tous les droits sacrés niés par les
Tarquins.
Il soustrait l'indigent au joug des publi-
cains.

C'est bien là mon avis. — S'il faut pour-
tant tout dire,
Je sais bien des savants qui sont de purs
coquins,
Et de fort braves gens qui ne savent pas
lire !

LE PAIN DE L'AVENIR.

JOSEPH AUTRAN. 1873.

SUR un étroit chemin qui mène jusqu'à
Rome,
Un pauvre homme en haillons mange
un morceau de pain ;
C'est tout ce qu'il possède, et, quoique
dur, en somme,
Ce pain le fortifie et suffit à sa faim.

Un autre, bien vêtu, sage que l'on re-
nomme,
Lui dit : " Quitte cela ; ce froment n'est
pas sain.
Le monde en a vécu jusqu'ici, mais, digne
homme,
Si tu l'estimes bon, tu n'as pas le goût
fin.

" Je vous crois," dit le pauvre, et, de
ce blé qu'il mange,
Il fait quatre morceaux qu'il jette dans
la fange,
Et rit de ses aïeux, ces crédules esprits.

La faim est là pourtant ; il s'adresse à
l'apôtre :
" Remplace, ô mon ami, le pain que tu
m'as pris."
Et l'ami lui répond : " Attends, j'en
cherche un autre ! "

L'ÉCHELLE.

JOSEPH AUTRAN. 1873.

LE père était né dans une humble éta-
ble,
Aussi pauvrement que l'enfant divin.
Il fit un commerce assez profitable
Qui changea bientôt son eau claire en
vin.

Riche, il n'en fut pas pour cela plus
vain ;

J'ajoute à regret : ni plus charitable ;
Et, toujours très-sobre au lit comme au
　　table,
Hivers et printemps compta quatre-
　　vingt.

Il meurt cependant, et le fils hérite :
Femmes et chevaux, accourez bien
　　vite ;
Volons au tournoi du sort triomphant !—

Cinq ou six saisons de plaisir pros-
　　père,
Cela passe vite, et remet l'enfant
Sur la même paille où naquit le père.

PERFECTIBILITÉ DE L'HOMME.

JOSEPH AUTRAN. 1873.

SVELTE et songeur, l'œil dans l'espace,
Je l'ai connu pur séraphin,
Livrant à la brise qui passe
Ses cheveux en boucles d'or fin.

Les femmes célébraient sa grâce ;
Il rimait des stances sans fin ;
Il parlait d'amour à voix basse,
Et n'avait jamais soif ni faim.

Il boit maintenant comme un chantre,
Il a trois mentons sur un ventre,
Il chante de gros virelais.

À quels progrès Dieu nous destine !
On commence par Lamartine,
Et l'on finit par Rabelais !

FEMME À LA MODE.

JOSEPH AUTRAN. 1873.

S'IL est une robe admirable, étrange,
Avec des bouillons, avec des crevés,
Et des médaillons ornés d'une frange,
Oui, sans contredit, c'est vous qui l'avez !

S'il est un chapeau qu'une fée arrange,
C'est vous, à Paris, vous qui le trouvez.
Avec cet orgueil qui perdit un ange,
Vous faites la mode ou vous la bravez.

Convient-il pourtant, convient-il de dire
Un mot du regard, un mot du sourire,
Je ne m'y sens plus aussi rassuré.

Tout cet appareil, dans le goût suprême,
Est si merveilleux, qu'à vous dire vrai
On n'a pas le temps de vous voir vous-
　　même !

EPIGRAMMATIC.

DE JEAN DES JARDINS,

MÉDECIN DU ROY, QUI MOURUT SUBITE-
MENT.

PHILIPPE DESPORTES. 1580.

Après avoir sauvé par mon art se-
    courable
Tant de corps languissans que la mort
    menaçoit,
Et chassé la rigueur du mal qui les pres-
    soit,
Gaignant comme Esculape un nom tou-
    jours durable ;
Ceste fatale sœur, cruelle, inexorable,
Voyant que mon pouvoir le sien amoin-
    drissoit,
Un jour que le courroux contre moy la
    poussoit,
Finit quant et mes jours mon labeur
    profitable.
Passant, moy qui pouvois les autres
    secourir,
Ne dy point qu'au besoin je ne me peu
    guarir
Car la mort qui doutoit l'effort de ma
    science,
Ainsi que je prenoy sobrement mon
    repas,
Me print en trahison, sain et sans desfi-
    ance,
Ne me donnant loisir de penser au tres-
    pas.

POUR METTRE DEVANT LES HEURES DE CALISTE.

MALHERBE. 1615.

Tant que vous serez sans amour,
Caliste, priez nuit et jour,

Vous n'aurez point miséricorde ;
Ce n'est pas que Dieu ne soit doux ;
Mais pensez-vous qu'il vous accorde
Ce qu'on ne peut avoir de vous ?

AUTRE SUR LE MÊME SUJET.

MALHERBE. 1615.

Prier Dieu qu'il vous soit propice,
Tant que vous me tourmenterez,
C'est le prier d'une injustice ;
Faites-moi grâce, et vous l'aurez.

POUR UN GENTILHOMME

DE SES AMIS, QUI MOURUT AGÉ DE CENT
ANS.

MALHERBE. 1627.

N'attends, passant, que de ma gloire
Je te fasse une longue histoire,
Pleine de langage indiscret,
Qui se loue irrite l'envie ;
Juge de moi par le regret
Qu'eut la mort de m'ôter la vie.

À UNE DEMOISELLE.

BOILEAU DESPRÉAUX. 1660.

Pensant à notre mariage,
Nous nous trompions très-lourdement.
Vous me croyiez fort opulent,
Et je vous croyois sage.

LE MONDE.

JEAN-BAPTISTE ROUSSEAU. 1700.

Ce monde-ci n'est qu'une œuvre comique
Où chacun fait des rôles différents.
Là, sur la scène, en habit dramatique,

Brillent prélats, ministres, conquérants.
Pour nous, vil peuple, assis aux derniers
    rangs,
Troupe futile et des grands rebutée,
Par nous d'en bas la pièce est écoutée.
Mais nous payons, utiles spectateurs ;
Et quand la farce est mal représentée,
Pour notre argent nous sifflons les ac-
    teurs.

À M. LOUIS RACINE.

VOLTAIRE. 1722.

CHER Racine, j'ai lu dans tes vers di-
    dactiques
De ton Jansénius les leçons fanatiques.
Quelquefois je t'admire, et ne te crois en
    rien.
Si ton style me plaît, ton Dieu n'est pas
    le mien :
Tu m'en fais un tyran ; je veux qu'il soit
    un père ;
Ton hommage est forcé, mon culte est
    volontaire ;
Mieux que toi de son sang je reconnais
    le prix :
Tu le sers en esclave, et je l'adore en fils.
Crois-moi, n'affecte plus une inutile au-
    dace :
Il faut comprendre Dieu pour compren-
    dre sa grâce.
Soumettons nos esprits, présentons-lui
    nos cœurs,
Et soyons des chrétiens, et non pas des
    docteurs.

INSCRIPTION

POUR UNE STATUE DE L'AMOUR DANS LES JARDINS DE MAISONS.

VOLTAIRE. 1725.

QUI que tu sois, voici ton maître :
Il l'est, le fut, ou le doit être.

À MADEMOISELLE * * *,

QUI AVAIT PROMIS UN BAISER À CELUI QUI FERAIT LES MEILLEURS VERS POUR SA FÊTE.

VOLTAIRE. 1725.

QUOI ! pour le prix des vers accorder au
    vainqueur
D'un baiser la douce caresse !

Céphise, quelle est votre erreur !
Vous donnez à l'esprit ce qui n'est dû
    qu'au cœur.
Un baiser fut toujours le prix de la ten-
    dresse,
Et c'est à l'amour seul qu'en appartient
    le don :
Les habitants du Pinde, en leur plus
    grande ivresse,
N'ont jamais espéré qu'un laurier d'Apol-
    lon.
Des vers à mes rivaux je cède l'avantage ;
Ils riment mieux que moi, mais je sais
    mieux aimer :
Que le laurier soit leur partage,
Et le mien sera le baiser.

MÉDECINE.

ALEXIS PIRON. 1730.

DANS un bon corps, Nature et Maladie
Étaient aux mains. Une aveugle vient là :
C'est Médecine, une aveugle étourdie,
Qui croit par force y mettre le holà.
À droite, à gauche, ainsi donc la voilà,
Sans savoir où, qui frappe à l'aventure,
Sur celle-ci, comme sur celle-là,
Tant qu'une enfin céda. Ce fut Nature.

OISIVETÉ.

VOLTAIRE. 1733.

CONNAISSEZ mieux l'oisiveté :
Elle est ou folie ou sagesse ;
Elle est vertu dans la richesse,
Et vice dans la pauvreté.
On peut jouir en paix, dans l'hiver de sa
    vie,
De ces fruits qu'au printemps sema notre
    industrie :
Courtisans de la gloire, écrivains ou
    guerriers,
Le sommeil est permis, mais c'est sur des
    lauriers.

À M. DE FORCALQUIER,

QUI AVAIT EU SES CHEVEUX COUPÉS PAR UN BOULET DE CANON AU SIÉGE DE KEHL.

VOLTAIRE. OCTOBRE 1733.

DES boulets allemands la pesante tem-
    pête
A, dit-on, coupé vos cheveux :

Les gens d'esprit sont fort heureux
Qu'elle ait respecté votre tête.
On prétend que César, le phénix des
    guerriers,
N'ayant plus de cheveux, se coiffa de
    lauriers :
Cet ornement est beau, mais n'est plus
    de ce monde.
    Si César nous était rendu,
Et qu'en servant Louis il eût été
    tondu,
Il n'y gagnerait rien qu'une perruque
    blonde.

À MME LA MARQUISE DU CHATE-LET,

LORSQU'ELLE APPRENAIT L'ALGÈBRE.

VOLTAIRE. 1735.

Sans doute vous serez célèbre
Par les grands calculs de l'algèbre
Où votre esprit est absorbé :
J'oserais m'y livrer moi-même :
Mais, hélas ! A + D − B
N'est pas = à *je vous aime.*

SUR LE CHÂTEAU DE CIREY.

VOLTAIRE. Février 1736.

Un voyageur qui ne mentit jamais
Passe à Cirey, l'admire, le con-
    temple ;
Il croit d'abord que ce n'est qu'un
    palais ;
Mais il voit Émilie : "Ah !" dit-il,
"c'est un temple."

JEAN-BAPTISTE ROUSSEAU.

ALEXIS PIRON. 1741.

ÉPITAPHE.

Ci-gît l'illustre et malheureux Rous-
    seau.
Le Brabant fut sa tombe et Paris son
    berceau.
Voici l'abrégé de sa vie,
Qui fut trop longue de moitié ;
Il fut trente ans digne d'envie
Et trente ans digne de pitié.

MARIE THÉRÈSE.

FRÉDÉRIC, ROI DE PRUSSE. 1744.

Un Ottoman ambassadeur
Vint, de la part du Grand Seigneur,
À Vienne, cour tres-haut huppée.
Des présents leur fit par honneur :
Il donna, je crois par erreur,
À l'Imperatrice l'épée,
Et la quenouille à l'Empereur.

SUR LA BANQUEROUTE D'UN NOMMÉ MICHEL,

RECEVEUR GÉNÉRAL.

VOLTAIRE. 1750.

Michel, au nom de l'Éternel,
Mit jadis le diable en déroute ;
Mais, après cette banqueroute,
Que le diable emporte Michel !

À MME LA PRINCESSE ULRIQUE DE PRUSSE.

VOLTAIRE. 1751.

Souvent un peu de vérité
Se mêle au plus grossier mensonge :]
Cette nuit, dans l'erreur d'un songe,
Au rang des rois j'étais monté.
Je vous aimais, princesse, et j'osais vous
    le dire !
Les dieux à mon réveil ne m'ont pas
    tout ôté :
Je n'ai perdu que mon empire.

SUR LA MORT DE M. D'AUBE.[1]

NEVEU DE M. DE FONTENELLE.

VOLTAIRE. 1752.

"Qui frappe là ?" dit Lucifer.
"Ouvrez, c'est d'Aube." Tout l'en-
    fer,

[1] Ancien intendant de Soissons, homme fort instruit, mais si contre-disant que tout le monde le fuyait. C'est lui dont il est parlé dans les *Disputes* de M. de Rhulières. Outre ce neveu, M. de Fontenelle avait encore un frère, qui était prêtre. Quelqu'un lui demandait un jour ce que fesait son frère : *Le m
il dit la messe, et le soir il ne sait ce qu'il dit*

À ce nom, fuit et l'abandonne.
"Oh, oh !" dit d'Aube, "en ce pays
On me reçoit comme à Paris :
Quand j'allais voir quelqu'un, je ne
trouvais personne."

ÉPITAPHE DE VOLTAIRE.

FRÉDÉRIC II, ROI DE PRUSSE. 1754.

Ci-gît le seigneur Arouet,
Qui de friponner eut manie.
Ce bel esprit, toujours adroit,
N'oublia pas son intérêt :
En passant même à l'autre vie,
Lorsqu'il vit le sombre Achéron,
Il chicana le prix du passage de l'onde,
Si bien que le brutal Caron,
D'un coup de pied au ventre appliqué
sans façon,
Nous l'a renvoyé dans ce monde.

À Mme LA DUCHESSE D'ORLÉANS.

SUR UNE ÉNIGME ININTELLIGIBLE QU'ELLE AVAIT DONNÉE À DEVINER À L'AUTEUR.

VOLTAIRE. 1758.

Votre énigme n'a point de mot ;
Expliquer chose inexplicable
Est d'un docteur, ou bien d'un sot ;
L'un à l'autre est assez semblable :
Mais si l'on donne à deviner
Quelle est la princesse adorable
Qui sur les cœurs sait dominer
Sans chercher cet empire aimable,
Pleine de goût sans raisonner,
Et d'esprit sans faire l'habile ;
Cette énigme peut étonner,
Mais le mot n'est pas difficile.

VOLTAIRE.

ALEXIS PIRON. 1760.

Son enseigne est à l'*Encyclopédie*.
Que vous plaît-il ? de l'anglais, du tos-
can ?
Vers, prose, algèbre, opéra, comédie ?
Poëme épique, histoire, ode ou roman ?
Parlez ! C'est fait. Vous lui donnez
un an ?

Vous l'insultez ! — En dix ou douze
veilles,
Sujets manqués par l'aîné des Corneilles,
Sujets remplis par le fier Crébillon,
Il refond tout — Peste ! voici merveilles !
Et la besogne est-elle bonne ? — Oh
non !

VOLTAIRE.

ALEXIS PIRON. 1760.

Sur l'auteur dont l'épiderme
Est collé tout près des os,
La mort tarde à frapper ferme,
Crainte d'ébrécher sa faux.
Dès qu'il aura les yeux clos
(Car si faut-il qu'il y vienne),
Adieu renom, bruit et os ;
Le temps jouera de la sienne.

CONTRE L'ACADÉMIE FRANÇAISE.

ALEXIS PIRON. 1760.

Gens de tous états, de tout âge,
Ou bien ou mal ou non lettrés,
De Cour, de ville ou de village,
Castorisés, casqués, mitrés,
Messieurs les beaux esprits titrés,
Au diable soit la pétaudière
Où l'on dit à Nivelle : "Entrez" ;
Et "*Nescio vos*" à Molière.

MA DERNIÈRE ÉPIGRAMME.

ALEXIS PIRON. 1770.

J'achève ici-bas ma route.
C'était un vrai casse-cou.
J'y vis clair, je n'y vis goutte
J'y fus sage, j'y fus fou.
Pas à pas j'arrive au trou
Que n'échappent fou ni sage.

MON ÉPITAPHE.

ALEXIS PIRON. 1670.

Ci-gît — Qui ? Quoi ? Ma foi, per-
sonne, rien.
Un qui, vivant, ne fut valet ni maître,
Juge, artisan, marchand, praticien,
Homme des champs, soldat, robin ni
prêtre ;

Marguillier, même académicien,
Ni frimaçon. Il ne voulut rien être,
Et véquit nul : en quoi certe il fit
    bien ;
Car, après tout, bien fou qui se pro-
    pose,
Venu de rien et revenant à rien,
D'être en passant ici-bas quelque chose !

POUR LE SOULAGEMENT DES MÉMOIRES, ET POUR
LE MIEUX, J'AI CRU DEVOIR RÉDUIRE CETTE
ÉPITAPHE À DEUX VERS :

Ci-gît Piron, qui ne fut rien,
Pas même académicien.[1]

AU ROI DE PRUSSE.

VOLTAIRE. 1775.

SUR LE MOT IMMORTALI, QUE CE PRINCE AVAIT
FAIT METTRE AU BAS D'UN BUSTE DE PORCE-
LAINE QUI REPRÉSENTE L'AUTEUR, ET QU'IL
LUI ENVOYA EN 1775.

Vous êtes généreux ; vos bontés souve-
    raines
Me font de trop riches présents :
Vous me donnez dans mes vieux ans
Une terre dans vos domaines.

À LA HARPE.

MARIE-JOSEPH CHÉNIER. 1788.

SUR CE QUE LA HARPE AVAIT POSÉ COMME
RÈGLE GÉNÉRALE QU'AUCUN ADJECTIF EN
IQUE NE PEUT PRODUIRE UN VERBE EN ISER.

Si par une muse électrique
L'auditeur est électrisé,
Votre muse paralytique
L'a bien souvent paralysé ;
Mais quand il est tyrannisé,
Parfois il devient tyrannique :
Il siffle un auteur symétrique ;
Il rit d'un vers symétrisé,
D'un éloge pindarisé,
Et d'une ode antipindarique.
Vous avez trop dogmatisé :
Renoncez au ton dogmatique ;
Mais restez toujours canonique,
Et vous serez canonisé.

[1] Nous rapprochons de la célèbre Épitaphe
de Piron celle que Mercier, qui fut de l'Acadé-
mie et qui mourut le 25 avril 1814, avait com-
posées pour lui-même.

Ci-gît Mercier, qui fut académicien,
Et qui cependant ne fut rien.

TALLEYRAND.

MARIE-JOSEPH CHÉNIER. 1806.

CONTRE LE PRINCE TALLEYRAND DE PÉRIGORD,
ANCIEN ÉVÊQUE D'AUTUN, AUJOURD'HUI
PRINCE DE BÉNÉVENT.

L'ADROIT Maurice, en boitant avec grâce,
Aux plus dispos pouvant donner leçons,
Au front d'airain unissant cœur de
    glace,
Fait, comme on dit, son thème en deux
    façons :
Dans le parti du pouvoir arbitraire
Furtivement il glisse un pied honteux ;
L'autre est toujours dans le parti con-
    traire ;
Mais c'est celui dont Maurice est boiteux.

LES QUATRE AGES DE LA FEMME.

MILLEVOYE. 1810.

QUATRE bijoux sont le présent fidèle
Dont Providence a doté chaque belle
Pour signaler sa bienvenue au jour :
Boîte aux bonbons se montre la pre-
    mière :
Un peu plus tard, boîte aux billets d'a-
    mour ;
Puis, boîte au rouge, adroite auxiliaire.
Mais l'âge vient : quand beauté douairi-
    ère
A renvoyé son miroir à Vénus,
Non sans regrets, sa tendresse dernière
S'ensevelit dans la boîte aux *agnus*.

LA PRÉFÉRENCE.

MILLEVOYE. 1810.

POUR ses méfaits et certain stratagème,
Avec l'Olympe Amour était brouillé ;
Des attributs de son pouvoir suprême
En plein conseil Amour fut dépouillé.
Vénus supplie, et Jupiter compose :
"Eh bien !" dit-il, "parmi ses attri-
    buts
Il peut choisir ; mais, de crainte d'abus,
D'un seulement je permets qu'il dis-
    pose."
Que reprit-il ? ses ailes ? son flambeau ?
Son carquois ? Non : il reprit son ban-
    deau.

RÉDUCTION.

MILLEVOYE. 1810.

DAMON disait à son épouse Hortense :
  Les sacrements sont objets d'impor-
    tance ;
Sais-tu leur nombre ? — Oui ; sept. —
  C'est trop commun !
Six. — Depuis quand ? — Depuis que
    pénitence
Et mariage, hélas ! ne font plus qu'un.

ÉPITAPHE D'UN ENFANT.

MILLEVOYE. 1810.

SOUS ce champêtre monument
Repose une fille encor chère ;
Elle n'a vécu qu'un moment :
  Plaignez sa mère.

LA FEUILLE.[1]

VINCENT - ANTOINE ARNAULT. 1815.

DE ta tige détachée,
Pauvre feuille desséchée,
Où vas-tu ? — Je n'en sais rien :
L'orage a brisé le chêne
Qui seul était mon soutien ;
De son inconstante haleine
Le zéphyr ou l'aquilon
Depuis ce jour me promène
De la forêt à la plaine,
De la montagne au vallon.
Je vais où le vent me mène,
Sans me plaindre ou m'effrayer ;
Je vais où va toute chose,
Où va la feuille de rose,
Et la feuille de laurier.

LE COLIMAÇON.

VINCENT - ANTOINE ARNAULT. 1815.

SANS ami, comme sans famille,
Ici-bas vivre en étranger ;
Se retirer dans sa coquille
Au signal du moindre danger ;
S'aimer d'une amitié sans bornes

---

[1] Allégorie adressée à la reine Hortense, fu-
  ~re, après la chute de Napoléon Ier.

De soi seul emplir sa maison ;
En sortir suivant la saison,
Pour faire à son prochain les cornes ;
Signaler ses pas destructeurs
Par les traces les plus impures ;
Outrager les plus belles fleurs
Par ses baisers ou ses morsures ;
Enfin, chez soi comme en prison,
Vieillir de jour en jour plus triste ;
C'est l'histoire de l'égoïste
Et celle du colimaçon.

MA CONTEMPORAINE.

BÉRANGER. 1825.

COUPLET ÉCRIT SUR L'ALBUM DE MA-
    DAME M.

VOUS vous vantez d'avoir mon âge ;
Sachez que l'Amour n'en croit rien.
Jadis les Parques ont, je gage,
Mêlé votre fil et le mien :
Au hasard alors ces matrones
Faisant deux lots de notre temps,
J'eus les hivers et les automnes,
Vous les étés et les printemps.

SUR L'ALBUM DE MLLE TAGLIONI.

ALFRED DE MUSSET. 1844.

SI vous ne voulez plus danser,
Si vous ne faites que passer
Sur ce grand théâtre si sombre,
Ne courez pas après votre ombre,
Tâchez de nous la laisser.

FRANÇOIS BULOZ.[1]

ANONYMOUS. 1852.

BULOZ, qui par sa grâce a tant su nous
    charmer,
  Lorsque la mort viendra le prendre,
N'aura qu'un seul œil à fermer,
  Et n'aura point d'esprit à rendre.

---

[1] Éditeur de la Revue des Deux Mondes,
mort 1877.
"This prophecy, some five-and-twenty or
thirty years old, has come true at last. The
founder, the manager, the executioner of the
Revue des Deux Mondes has just died in his
seventy-fourth year. He closed his one eye,
and resigned, in default of *esprit*, the vigorous
breath that used to animate him." — EDMOND
ABOUT, *Athenæum*, January 20, 1877.

LE TEMPLE.

VICTOR HUGO. 1859.

Moïse pour l'autel cherchait un statu-
   aire ;"
Dieu dit : " Il en faut deux " ; et dans
   le sanctuaire
Conduisit Oliab avec Béliséel.
L'un sculptait l'idéal et l'autre le réel.

MAHOMET.

VICTOR HUGO. 1859.

Le divin Mahomet enfourchait tour à
   tour
Son mulet Daïdol et son âne Yafour ;
Car le sage lui-même a, selon l'occurrence,
Son jour d'entêtement et son jour d'ig-
   norance.

SONGS AND BALLADS.

CHANSON.

MALHERBE. 1607.

QU'AUTRES que vous soient desirées,
Qu'autres que vous soient adorées,
Cela se peut facilement ;
Mais qu'il soit des beautés pareilles
À vous, merveille des merveilles,
Cela ne se peut nullement.

Que chacun sous telle puissance
Captive son obéissance,
Cela se peut facilement ;
Mais qu'il soit une amour si forte
Que celle-là que je vous porte,
Cela ne se peut nullement.

Que le fâcheux nom de cruelles
Semble doux à beaucoup de belles,
Cela se peut facilement ;
Mais qu'en leur âme trouve place
Rien de si froid que votre glace,
Cela ne se peut nullement.

Qu'autres que moi soient misérables
Par vos rigueurs inexorables,
Cela se peut facilement ;
Mais que la cause de leurs plaintes
Porte de si vives atteintes,
Cela ne se peut nullement.

Qu'on serve bien, lorsque l'on pense
En recevoir la récompense,
Cela se peut facilement ;
Mais qu'une autre foi que la mienne
N'espère rien et se maintienne,
Cela ne se peut nullement.

Qu'à la fin la raison essaie
Quelque guérison à ma plaie,
Cela se peut facilement ;

Mais que d'un si digne servage
La remontrance me dégage,
Cela ne se peut nullement.

Qu'en ma seule mort soient finies
Mes peines et vos tyrannies,
Cela se peut facilement ;
Mais que jamais par le martyre
De vous servir je me retire,
Cela ne se peut nullement.

VIEILLE RONDE GAULOISE

POUR LA RENTRÉE D'EUGÉNIE BEAU-
MARCHAIS DE SON COUVENT DANS LA
MAISON PATERNELLE.

DÉDIÉE À SA MÈRE PAR SON FRÈRE.

SUR L'AIR :
*Ho ! ho ! s'fit-il, c'est la raison
Que je sois maître en ma maison.*

BEAUMARCHAIS. 1790.

HIER, Augustin-Pierre, *(bis)*
Parcourant son jardin, *(bis)*
Regardant sa chaumière,
Disait d'un air chagrin :
Je le veux ; car c'est la raison *(bis)*
Que je sois maître en ma maison. *(bis)*

Quelle sotte manie,
Du bonheur me privant,
Retient mon EUGÉNIE
Dans un fatal couvent !
Je veux l'avoir : c'est la raison
Que j'en sois maître en ma maison.

Elle use sa jeunesse
À chanter du latin,
Tandis que la vieillesse

Me pousse vers ma fin !
Tant que je vis, c'est la raison
Que je l'embrasse en ma maison.

Sa mère, et vous, ses tantes,
Courez me la chercher ;
Vous, nos braves servantes,
Préparez son coucher :
Préparez-le ; c'est la raison
Qu'on m'obéisse en ma maison.

Roussel ! ouvrez la grille ;
Je l'entends, je la voi.
Mes amis, c'est ma fille
Qu'on ramène chez moi !
Pensez-vous pas que c'est raison
Qu'elle entre en reine en ma maison ?

Dans mon verger de Flore,
Vois mes berceaux couverts ;
Chaque arbre s'y colore,
Mes gazons sont plus verts :
C'est toujours la belle saison
Quand tu parais dans ma maison.

Tous ces *beaux*, que l'on nomme,
Te lorgnent-ils déjà ?
Dis-leur ; mon gentilhomme,
N'êtes-vous que cela ?
Des parchemins et du blason
N'ouvriront point cette maison.

Esprit en miniature,
Gros col et soulier plat,
Breloque à la ceinture,
Bien étriqué, bien fat !
Rions-en, car c'est la raison
Que l'on s'en moque en ma maison.

Si quelque autre, plus tendre,
Te fait contes en l'air,
Laisse-moi les entendre ;
Car ton père y voit clair :
Je te dirai si c'est raison
Qu'il soit reçu dans ma maison.

Tel excellent jeune homme
Voit le ciel dans tes yeux ;
Dis-lui : Bel astronome,
Parlez à ce bon vieux ;
Il est mon père, et c'est raison
Qu'il ait un gendre à sa façon.

S'il a pour la tribune
Quelque talent d'éclat,

Qu'importe sa fortune ?
Juge, écrivain, soldat,
Esprit, vertu, douce raison :
Voilà son titre en ma maison.

Enfin, s'il se sait faire
Un beau nom quelque jour,
Surtout s'il sait te plaire,
S'il n'est point de la cour,
Je lui dirai : Mon beau garçon,
Épouse-la dans ma maison.

Il est juste qu'en France
Fille de beau maintien
Désormais récompense
Tout jeune citoyen
Que l'on proclame avec raison
Le digne honneur de sa maison.

Amis, chantons ma fille !
Citoyens, bonnes gens,
Soyez tous ma famille ;
Mais chassons les méchants,
Les fous, les sots ; c'est la raison
Qu'ils soient bannis de ma maison.

Vous qui nommez chimères
Ces biens dont je jouis,
Pour Dieu ! devenez pères !
Vos cœurs épanouis
Chanteront tous : *C'est la raison
Qu'on ait sa fille en sa maison.*

AINSI SOIT-IL.

BÉRANGER. 1812.

Je suis devin, mes chers amis :
L'avenir qui nous est promis
Se découvre à mon œil subtil,
    Ainsi soit-il !

Plus de poëte adulateur ;
Le puissant craindra le flatteur ;
Nul courtisan ne sera vil.
    Ainsi soit-il !

Plus d'usuriers, plus de joueurs,
De petits banquiers grands seigneurs,
Et pas un commis incivil,
    Ainsi soit-il !

L'amitié, charme de nos jours,
Ne sera plus un froid discours
Dont l'infortune rompt le fil.
    Ainsi soit-il !

La fille, novice à quinze ans,
À dix-huit avec ses amants
N'exercera que son babil.
      Ainsi soit-il !

  .   .   .   .   .

L'on montrera dans chaque écrit
Plus de génie et moins d'esprit,
Laissant tout jargon puéril.
      Ainsi soit-il !

L'auteur aura plus de fierté,
L'acteur moins de fatuité ;
Le critique sera civil.
      Ainsi soit-il !

On rira des erreurs des grands,
On chansonnera leurs agents,
Sans voir arriver l'alguazil.
      Ainsi soit-il !

En France enfin renaît le goût ;
La justice règne partout,
Et la vérité sort d'exil.
      Ainsi soit-il !

Or, mes amis, bénissons Dieu,
Qui met chaque chose en son lieu :
Celles-ci sont pour l'an trois mil.
      Ainsi soit-il !

LES BOXEURS, OU L'ANGLOMANE.

BÉRANGER. Août 1814.

QUOIQUE leurs chapeaux soient bien
            laids,
God dam ! moi, j'aime les Anglais.
Ils ont un si bon caractère !
Comme ils sont polis ! et surtout
Que leur plaisirs sont de bon goût !
      Non, chez nous, point,
      Point de ces coups de poing
Qui font tant d'honneur à l'Angleterre.

Voilà des boxeurs à Paris :
Courons vite ouvrir des paris,
Et même par-devant notaire.
Ils doivent se battre un contre un ;
Pour des Anglais c'est peu commun.
      Non, chez nous, point,
      Point de ces coups de poing
Qui font tant d'honneur à l'Angleterre.

En scène, d'abord admirons
La grâce de ces deux lurons,

Grâce qui jamais ne s'altère.
De la halle on dirait deux forts ;
Peut-être ce sont des milords.
      Non, chez nous, point,
      Point de ces coups de poing
Qui font tant d'honneur à l'Angleterre.

Çà, mesdames, qu'en pensez-vous ?
C'est à vous de juger les coups.
Quoi ! ce spectacle vous atterre !
Le sang jaillit — battez des mains.
Dieux ! que les Anglais sont humains.
      Non, chez nous, point,
      Point de ces coups de poing
Qui font tant d'honneur à l'Angleterre.

Anglais, il faut vous suivre en tout,
Pour les lois, la mode et le goût,
Même aussi pour l'art militaire.
Vos diplomates, vos chevaux,
N'ont pas épuisé nos bravos.
      Non, chez nous, point,
      Point de ces coups de poing
Qui font tant d'honneur à l'Angleterre.

L'ORAGE.

BÉRANGER. 1821.

CHERS enfants, dansez, dansez !
      Votre âge
   Échappe à l'orage :
Par l'espoir gaîment bercés,
   Dansez, chantez, dansez !

À l'ombre de vertes charmilles,
Fuyant l'école et les leçons,
Petits garçons, petites filles,
Vous voulez danser aux chansons.
      En vain ce pauvre monde
      Craint de nouveaux malheurs ;
      En vain la foudre gronde,
      Couronnez-vous de fleurs.

Chers enfants, dansez, dansez !
      Votre âge
   Échappe à l'orage ;
Par l'espoir gaîment bercés,
   Dansez, chantez, dansez !

L'éclair sillonne le nuage ;
Mais il n'a point frappé vos yeux.
L'oiseau se tait dans le feuillage ;
Rien n'interrompt vos chants joyeux.
      J'en crois votre allégresse :
      Oui, bientôt d'un ciel pur

Vos yeux, brillants d'ivresse,
Réfléchiront l'azur.

Chers enfants, dansez, dansez !
    Votre âge
  Échappe à l'orage ;
Par l'espoir gaîment bercés,
  Dansez, chantez, dansez !

Vos pères ont eu bien des peines ;
Comme eux ne soyez point trahis :
D'une main ils brisaient leurs chaînes,
De l'autre ils vengeaient leur pays.
  De leur char de victoire
  Tombés sans déshonneur,
  Ils vous lèguent la gloire :
  Ce fut tout leur bonheur.

Chers enfants, dansez, dansez !
    Votre âge
  Échappe à l'orage :
Par l'espoir gaîment bercés,
  Dansez, chantez, dansez !

Au bruit de lugubres fanfares,
Hélas ! vos yeux se sont ouverts !
C'était le clairon des barbares
Qui vous annonçait nos revers.
  Dans le fracas des armes,
  Sous nos toits en débris,
  Vous mêliez à nos larmes
  Votre premier souris.

Chers enfants, dansez, dansez !
    Votre âge
  Échappe à l'orage ;
Par l'espoir gaîment bercés,
  Dansez, chantez, dansez !

Vous triompherez des tempêtes
Où notre courage expira ;
C'est en éclatant sur nos têtes
Que la foudre nous éclaira.
  Si le Dieu qui vous aime
  Crut devoir nous punir,
  Pour vous sa main ressème
  Les champs de l'avenir.

Chers enfants, dansez, dansez !
    Votre âge
  Échappe à l'orage ;
Par l'espoir gaîment bercés,
  Dansez, chantez, dansez !

Enfants, l'orage qui redouble,
Du sort présage le courroux.

Le sort ne vous cause aucun trouble ;
Mais à mon âge on craint ses coups.
  S'il faut que je succombe
  En chantant nos malheurs,
  Déposez sur ma tombe
  Vos couronnes de fleurs.

Chers enfants, dansez, dansez !
    Votre âge
  Échappe à l'orage ;
Par l'espoir gaîment bercés,
  Dansez, chantez, dansez !

MON HABIT.

BÉRANGER. 1824.

Sois-moi fidèle, ô pauvre habit que
    j'aime !
Ensemble nous devenons vieux.
Depuis dix ans je te brosse moi-même,
  Et Socrate n'eût pas fait mieux.
  Quand le sort à ta mince étoffe
  Livrerait de nouveaux combats,
Imite-moi, résiste en philosophe :
Mon vieil ami, ne nous séparons pas.

Je me souviens, car j'ai bonne mémoire,
  Du premier jour où je te mis :
C'était ma fête, et, pour comble de gloire
  Tu fus chanté par mes amis.
  Ton indigence, qui m'honore,
  Ne m'a point banni de leurs bras ;
Tous ils sont prêts à nous fêter encore :
Mon vieil ami, ne nous séparons pas.

À ton revers j'admire une reprise ;
  C'est encor un doux souvenir :
Feignant un soir de fuir la tendre Lise,
  Je sens sa main me retenir.
  On te déchire, et cet outrage
  Auprès d'elle enchaîne mes pas.
Lisette a mis trois jours à tant d'ouvrage :
Mon vieil ami, ne nous séparons pas.

T'ai-je imprégné des flots de musc et
    d'ambre
Qu'un fat exhale en se mirant ?
M'a-t-on jamais vu dans une antichambre
  T'exposer au mépris d'un grand ?
  Pour des rubans la France entière
  Fut en proie à de longs débats ;
  La fleur des champs brille à ta bouton-
    nière,
Mon vieil ami, ne nous séparons pas.

Ne crains plus tant ces jours de courses
        vains
  Où notre destin fut pareil ;
Ces jours mêlés de plaisirs et de peines,
  Mêlés de pluie et de soleil.
Je dois bientôt, il me le semble,
  Mettre pour jamais habit bas.
Attends un peu, nous finirons ensemble :
Mon vieil ami, ne nous séparons pas.

BALLADE À LA LUNE.

ALFRED DE MUSSET. 1829.

C'était, dans la nuit brune,
Sur le clocher jauni,
    La lune,
Comme un point sur un i.

Lune, quel esprit sombre
Promène au bout d'un fil,
    Dans l'ombre,
Ta face et ton profil !

Es-tu l'œil du ciel borgne ?
Quel chérubin cafard
    Nous lorgne
Sous ton masque blafard ?

N'es-tu rien qu'une boule ?
Qu'un grand faucheux bien gras
    Qui roule
Sans pattes et sans bras ?

Es-tu, je t'en soupçonne,
Le vieux cadran de fer
    Qui sonne
L'heure aux damnés d'enfer ?

Sur ton front qui voyage,
Ce soir ont-ils compté
    Quel âge
À leur éternité !

Est-ce un ver qui te ronge,
Quand ton disque noirci
    S'allonge
En croissant rétréci ?

Qui t'avait éborgnée
L'autre nuit ? T'étais-tu
    Cognée
À quelque arbre pointu !

Car tu vins, pâle et morne,
Coller sur mes carreaux
    Ta corne,
À travers les barreaux.

Va, lune moribonde,
Le beau corps de Phœbé
    La blonde
Dans la mer est tombé.

Tu n'en es que la face,
Et déjà, tout ridé,
    S'efface
Ton front dépossédé.

Rends-nous la chasseresse,
Blanche, au sein virginal,
    Qui presse
Quelque cerf matinal !

Oh ! sous le vert platane
Sous les frais coudriers,
    Diane,
Et ses grands lévriers !

Le chevreau noir qui doute,
Pendu sur un rocher,
    L'écoute,
L'écoute s'approcher.

Et, suivant leurs curées,
Par les vaux, par les blés,
    Les prées,
Ses chiens s'en sont allés.

Oh ! le soir, dans la brise,
Phœbé, sœur d'Apollo,
    Surprise
À l'ombre, un pied dans l'eau !

Phœbé qui, la nuit close,
Aux lèvres d'un berger
    Se pose,
Comme un oiseau léger.

Lune, en notre mémoire,
De tes belles amours
    L'histoire
T'embellira toujours.

Et toujours rajeunie,
Tu seras du passant
    Bénie,
Pleine lune ou croissant.

T'aimera le vieux pâtre,
Seul, tandis qu'à ton front
    D'albâtre
Ses dogues aboieront.

T'aimera le pilote
Dans son grand bâtiment,
    Qui flotte,
Sous le clair firmament!

Et la fillette preste
Qui passe le buisson,
    Pied leste,
En chantant sa chanson.

Comme un ours à la chaîne,
Toujours sous tes yeux bleus
    Se traîne
L'Océan monstrueux.

Et qu'il vente ou qu'il neige,
Moi-même, chaque soir,
    Que fais-je,
Venant ici m'asseoir?

Je viens voir à la brune,
Sur le clocher jauni,
    La lune
Comme un point sur un i.

CHANSON.

VICTOR HUGO. 1835.

L'AUBE naît et ta porte est close!
Ma belle, pourquoi sommeiller?
À l'heure où s'éveille la rose
Ne vas-tu pas te réveiller?

    O ma charmante,
    Écoute ici

L'amant qui chante
Et pleure aussi!

Tout frappe à ta porte bénie;
L'aurore dit, "Je suis le jour!"
L'oiseau dit, "Je suis l'harmonie!"
Et mon cœur dit, "Je suis l'amour!"

    O ma charmante,
    Écoute ici
    L'amant qui chante
    Et pleure aussi!

Je t'adore ange et t'aime femme.
Dieu, qui par toi m'a complété,
A fait mon amour pour ton âme
Et mon regard pour ta beauté.

    O ma charmante,
    Écoute ici
    L'amant qui chante
    Et pleure aussi!

LE RIDEAU DE MA VOISINE.

ALFRED DE MUSSET. 1842.

IMITÉ DE GŒTHE.

LE rideau de ma voisine
Se soulève lentement.
Elle va, je l'imagine,
    Prendre l'air un moment.

On entr'ouvre la fenêtre:
Je sens mon cœur palpiter.
Elle veut savoir peut-être
    Si je suis à guetter.

Mais, hélas! ce n'est qu'un rêve;
Ma voisine aime un lourdaud,
Et c'est le vent qui soulève
    Le coin de son rideau.

FOR THE CHILDREN.

DORMEUSE.

MADAME DESBORDES-VALMORE. 1820.

Si l'enfant sommeille,
Il verra l'abeille,
Quand elle aura fait son miel,
Danser entre terre et ciel.

Si l'enfant repose,
Un ange tout rose,
Que, la nuit seule, on peut voir,
Viendra lui dire : " Bonsoir."

Si l'enfant est sage,
Sur son doux visage
La Vierge se penchera,
Et longtemps lui parlera.

Si mon enfant m'aime,
Dieu dira lui-même :
J'aime cet enfant qui dort ;
Qu'on lui porte un rêve d'or.

Fermez ses paupières,
Et sur ses prières,
De mes jardins pleins de fleurs,
Faites glisser les couleurs.

Ourlez-lui des langes
Avec vos doigts d'anges !
Et laissez sur son chevet
Pleuvoir votre blanc duvet.

Mettez-lui des ailes
Comme aux tourterelles,
Pour venir dans mon soleil,
Danser jusqu'à son réveil !

Qu'il fasse un voyage,
Aux bras d'un nuage,

Et laissez-le, s'il lui plait,
Boire à mes ruisseaux de lait !

Donnez-lui la chambre
De perles et d'ambre,
Et qu'il partage, en dormant,
Nos gâteaux de diamant !

Brodez-lui des voiles
Avec mes étoiles,
Pour qu'il navigue en bateau
Sur mon lac d'azur et d'eau !

Que la lune éclaire
L'eau pour lui plus claire,
Et qu'il prenne, au lac changeant,
Mes plus fins poissons d'argent !

Mais je veux qu'il dorme,
Et qu'il se conforme
Au silence des oiseaux,
Dans leurs maisons de roseaux !

Car si l'enfant pleure,
On entendra l'heure
Tinter partout qu'un enfant
A fait ce que Dieu défend !

L'écho de la rue,
Au bruit accourue,
Quand l'heure aura soupiré,
Dira : L'enfant a pleuré !

Et sa tendre mère,
Dans sa nuit amère,
Pour son ingrat nourrisson
Ne saura plus de chanson !

S'il brame, s'il crie,
Par l'aube en furie,

Ce cher agneau révolté
Sera *peut-être* emporté !

Un si petit être,
Par le toit, *peut-être*,
Tout en criant, s'en ira,
Et jamais ne reviendra !

Qu'il rôde en ce monde,
Sans qu'on lui réponde ;
Jamais l'enfant que je dis
Ne verra mon paradis !

Oui ! mais s'il est sage,
Sur son doux visage
La Vierge se penchera,
Et longtemps lui parlera !

CONSEILS À UN ENFANT.

VICTOR HUGO. 1825.

Oh ! bien loin de la voie
Où marche le pécheur,
Chemine où Dieu t'envoie ;
Enfant ! garde ta joie ;
Lis ! garde ta blancheur.

Sois humble ! que t'importe
Le riche et le puissant !
Un souffle les emporte.
La force la plus forte
C'est un cœur innocent.

LA DILIGENCE.

F. B. GAUDY. 1830.

"Clic ! clac ! clic !   Holà, gare !
    gare !"
La foule se rangeait
Et chacun s'écriait :
"Peste, quel tintamarre !
Quelle poussière ! — Ah ! c'est un
    grand seigneur !
— C'est un prince du sang. — C'est un
    ambassadeur !"
La voiture s'arrête ; on court, et l'on
    s'avance :
C'était — la diligence
Et — personne dedans.

Du bruit, du vide, amis, voilà, je
    pense,
Le portrait de beaucoup de gens.

LE PÈRE ET L'ENFANT.

J. J. PORCHAT. 1836.

"Père, apprenez-moi, je vous prie,
Ce qu'on trouve après le coteau
Qui borne à mes yeux la prairie !"
"On trouve un espace nouveau ;
Comme ici, des bois, des campagnes,
Des hameaux, enfin, des montagnes."
"Et plus loin !"
            "D'autres monts encor."
"Après ces monts !"
            "La mer immense."
"Après la mer !"
            "Un autre bord."
"Et puis !"
        "On avance, on avance,
Et l'on va si loin, mon petit,
Si loin, toujours faisant sa ronde,
Qu'on trouve, enfin, le bout du monde
Au même lieu d'où l'on partit."

LE BOIS JOLI.

LA MÈRE L'OIE. 1840.

Aux quatre coins de Paris,
Devinez ce qu'il y a :
    Il y a un bois,
Un petit bois joli, mesdames ;
    Il y a un bois,
Un petit bois joli il y a.

Et dedans ce petit bois,
Devinez ce qu'il y a :
    Il y a un arbre,
Un petit arbre joli, mesdames ;
    Il y a un arbre,
Un petit arbre joli il y a.

Et dessus ce petit arbre,
Devinez ce qu'il y a :
    Il y a des branches,
Des petites branches jolies, mesdames ;
    Il y a des branches,
Des petites branches jolies il y a.

Et dessus ces petites branches
Devinez ce qu'il y a :
    Il y a des feuilles,
Des petites feuilles jolies, mesdames ;
    Il y a des feuilles,
Des petites feuilles jolies il y a.

Et dessus ces petites feuilles,
Devinez ce qu'il y a :
Il y a un nid
Un petit nid joli, mesdames ;
Il y a un nid,
Un petit nid joli il y a.

Et dedans ce petit nid,
Devinez ce qu'il y a :
Il y a un œuf,
Un petit œuf joli, mesdames ;
Il y a un œuf,
Un petit œuf joli il y a.

Et dedans ce petit œuf,
Devinez ce qu'il y a :
Il y a un blanc,
Un petit blanc joli, mesdames ;
Il y a un blanc
Un petit blanc joli il y a.

Et dedans ce petit blanc,
Devinez ce qu'il y a :
Il y a un jaune,
Un petit jaune joli, mesdames ;
Il y a un jaune,
Un petit jaune joli il y a.

Et dedans ce petit jaune,
Devinez ce qu'il y a :
Il y a écrit :
Votre serviteur, mesdames ;
Il y a écrit :
Votre serviteur je suis.

L'ÉCOLE DE MAÎTRE CORBEAU.

LA MÈRE L'OIE. 1840.

JADIS, quand les oiseaux possédaient la
    parole,
C'est à maître Corbeau qu'on allait à
    l'école.
Écoute bien comme il parlait,
Et surtout fais ce qu'il disait.

    — Ouvre les yeux et les oreilles,
Et ne boie pas aux corneilles.
    — Fais ta prière en te levant,
Et commence en gentil enfant.
— Peigne-toi, lave-toi, savonne, frotte,
    frotte ;
Mais proprement, et non en barbet qui
    barbotte.
— Travaille, après déjeune, et ne sois
    pas de ceux

Qui toujours ont le bec ouvert avant les
    yeux.
    — Offre, quand tu manges,
Leur part aux bons anges ;
Pour maître Corbeau
Réserve un morceau ;
Laisse une loquette
Au chien, à Minette ;
Donne aux malheureux
Tout ce que tu peux.
— Pense à quatre choses sans cesse :
    Combattre la paresse,
    Apprendre la sagesse,
    Grandir en gentillesse,
    Faire tôt ce qui presse.
— Ménage tes habits, mais use des sou-
    liers :
Pour grandir vite, il faut être toujours
    sur pieds.
— Tiens bien propres tes mains, ton vi-
    sage et ton linge ;
Qu'on ne te prenne pas pour quelque
    petit singe.
— On ne tient pas ses mains dans ses
    poches, c'est laid ;
Quelque cruchon à deux anses le fait.
— Comme un petit ourson, ne suce pas
    ton pouce,
Car une fois fondu, jamais il ne re-
    pousse.
    — Ce ne sont que les gens mal nés
Qui fourrent leurs doigts dans leur nez.
— Apprends à bien parler, mais non pour
    faire rire,
Comme le perroquet, qui parle sans rien
    dire.
    — Aux honnêtes gens ôte ton chapeau ;
Qu'on ne pense pas qu'il tient à ta
    peau.
— À table, sois modeste et mange avec
    réserve.
N'attaque pas les plats, attends que
    l'on te serve.
— Mange ta soupe, mais pas la fumée
    avec ;
Elle te brûlerait le bec.
— Ne prétends pas manger que ce qui te
    ragoûte :
Mange la mie avec la croûte.
— Lève un œil au ciel quand tu bois.
Nous n'y manquons pas une fois.
— Tiens ton assiette propre et mange
    au-dessus d'elle ;
Mais ne l'écure pas comme un chat son
    écuelle.
— Bois peu, sans barboter, sans cliqueter
    des dents,

Et sans tremper ton nez dedans.
— Ne laisse ni restes ni miettes ;
Pourtant n'avale pas les os, ni les
     arêtes.
— Ne tambourine pas sur la table, ex-
     cepté
Lorsque l'on t'en priera pour la So-
     ciété.
— Ne montre pas un appétit sauvage ;
Pense à la compagnie et fais-lui bon
     visage.
— Cache de tes cinq doigts ta bouche
     pour bâiller,
Ou ton voisin croira que tu veux l'avaler.
— De Balaam n'imite pas l'ânesse ;
Pour prendre la parole attends qu'on te
     l'adresse.
— On tutoie un parent, un ami, mais
     pas tous ;
Pour ne pas s'y tromper le chien dit tou-
     jours : vous.
— Pas de jeux de pieds sous la nappe,
Ou gare que le loup par là rode et te
     happe.
— Ne montre pas la langue aux gens,
     pour te moquer,
Car si passe le chat, il peut te la croquer.
— Ne quitte pas la table avant que l'on
     se lève :
Ensemble l'on commence, ensemble l'on
     achève.
— Fais ta prière après comme avant le
     repas ;
L'âme sans cela ne profite pas.
— Mange à l'heure réglée et non pour te
     distraire,
Comme fait le gourmand quand il ne
     sait que faire.
— La chatte te l'enseigne en refusant ton
     pain :
On ne doit pas manger sans faim.
— Ce que dit ta mère,
Ce que veut ton père,
Gentiment fais le.
Pourquoi ! — Parce que.
— Repasse chaque soir l'emploi de ta
     journée,
Et vois si pour cela Dieu te l'avait
     donnée.
— Quand tu vas te coucher, prie et dis
     bonne nuit,
Et, pour croître en dormant, étends-toi
     dans ton lit.
Voilà ce qu'enseignait Corbeau, maître
     d'école,
Quand les bêtes encore usaient de la pa-
     role.

Pourquoi maître Corbeau se tait-il au-
     jourd'hui ?
Parce que nous savons tout cela mieux
     que lui.

LES FLEURS QUE J'AIME.

MADAME L. COLET. 1840.

Fleurs arrosées
Par les rosées ·
Du mois de mai,
Que je vous aime,
Vous que parsème
L'air embaumé !

Par vos guirlandes
Les champs, les landes
Sont diaprés :
La marguerite
Modeste habite
Au bord des prés.

Le bluet jette
Sa frêle aigrette
Dans la moisson ;
Et sur les roches
Pendent les cloches
Du liseron.

Le chèvrefeuille
Mêle sa feuille
Au blanc jasmin,
Et l'églantine
Plie et s'incline
Sur le chemin.

Coupe d'opale,
Sur l'eau s'étale
Le nénuphar ;
La nonpareille
Offre à l'abeille
Son doux nectar.

Sur la verveine
Le noir phalène [1]
Vient reposer ;
La sensitive
Se meurt craintive
Sous un baiser.

De la pervenche
La fleur se penche

[1] Papillon de nuit.

Sur le cyprès ;
L'onde qui glisse
Voit le narcisse
Fleurir tout près.

Fleurs arrosées
Par les rosées
Du mois de mai,
Que je vous aime,
Vous que parsème
L'air embaumé.

LE SONGE DU BUCHERON.

L. DE JUSSIEU. 1843.

En revenant du bois, un bon vieux bû-
cheron,
Près d'une petite rivière,
À deux cents pas de sa chaumière,
S'étendit sur un vert gazon.
Il avait déposé son faix et sa cognée ;
Et là, bien fatigué, bien las,
En cherchant le repos, il commença tout
bas
À récapituler sa pauvre destinée.
"Voilà," dit-il, "j'ai soixante ans,
J'ai travaillé toute ma vie :
Usé par le labeur, mon corps sans éner-
gie
Se courbe, et mes cheveux sont blancs.
Hélas ! je n'en ai pas acquis plus de
richesse ;
Mais j'ai vu grandir mes enfants,
Et je serais heureux, si d'un peu de bon
temps
Le ciel favorisait les jours de ma vieil-
lesse."
Tout en disant ces mots, son front s'ap-
pesantit,
Et le vieux Simon s'endormit.
À peine le sommeil eut fermé sa pau-
pière,
Qu'il crut voir un petit bateau,
Conduit par un pêcheur, quitter le bord
de l'eau
Et, pour venir à lui, traverser la rivière.
Bientôt, dans ce pêcheur, le pauvre bû-
cheron
A reconnu son saint patron.
Alors tout en rêvant, par trois fois il se
signe :
"Qui peut," dit-il, "grand Saint-
Simon,
Qui peut me procurer cette faveur in-
signe !"

"Écoute," répond le pêcheur ;
"J'apporte un céleste message :
Le travail jusqu'ici dut être ton partage ;
Tu t'es, sans murmurer, soumis à sa
rigueur ;
Hé bien ! apprends donc que d'avance
Le ciel à ton obéissance,
À ton courage, à ton ardeur,
Préparait une récompense.
Au repos bien acquis livre-toi désormais ;
Deux anges prendront soin de ta douce
existence.
Tu vas, en t'éveillant, en avoir l'assu-
rance ;
Tu n'emporteras pas ton faix."
À ces mots, le bateau s'éloigna de la rive
Et disparut en un moment,
Comme une vapeur fugitive
Que dissipe un souffle du vent.
Le bûcheron s'éveille, il regarde, il s'é-
tonne :
Près de lui, le gazon est parsemé de
fleurs ;
On a mis sur son front une verte cou-
ronne ;
Et pour le garantir des brûlantes cha-
leurs,
Un petit berceau de feuillage
Est formé sur sa tête et le couvre d'om-
brage
Il n'aperçoit plus son fardeau ;
Mais il trouve, à la place, une fraîche
corbeille
Renfermant quelques fruits, un flacon,
un gâteau.
"Quoi donc ! est-il vrai que je veille !"
Dit-il, en se frottant les yeux ;
"Ah ! ceci n'est plus un mensonge,
Et je comprends le sens du songe
Qui me fut envoyé des cieux.
Mes enfants ! mes enfants ! mon Tony,
ma Justine,
Vous êtes ces appuis que le ciel me des-
tine :
Je vous ai reconnus — Ah ! ne vous
cachez pas,
Votre père vous tend les bras."
Derrière un vaste chêne, et la sœur et le
frère
S'étaient blottis tous deux, et tous deux,
tendrement,
Observaient du vieillard le doux étonne-
ment.
Ils volent, à sa voix, sur le sein de leur
père :
"Mon père," dit Tony, "vous n'irez
plus au bois,

"Votre absence aujourd'hui nous était
    trop cruelle,
Nous avons craint pour vous ! Je suis
    fort, j'ai du zèle,
Et je puis travailler, à moi seul, pour
    nous trois."
    "Oh ! oui," dit Justine attendrie,
    "Vos deux enfants vous serviront.
Il faut vous reposer. Promettez, je vous
    prie,
Qu'ils ne verront plus, de ce front,
Couler la sueur que j'essuie."
Le bûcheron ému la pressa sur son
    cœur ;
Puis, pour regagner la chaumière,
La jeune fille offrit un bras à son vieux
    père,
Tandis que Tony, plein d'ardeur,
Marchait devant, heureux et fier de sa
    journée
Portant le faix et la cognée.

NOËL.

THÉOPHILE GAUTIER. 1850.

Le ciel est noir, la terre est blanche ;
— Cloches, carillonnez gaîment ! —
Jésus est né ; — la Vierge penche
Sur lui son visage charmant.

Pas de courtines festonnées
Pour préserver l'enfant du froid ;
Rien que les toiles d'araignées
Qui pendent des poutres du toit.

Il tremble sur la paille fraîche,
Ce cher petit enfant Jésus,
Et pour l'échauffer dans sa crèche
L'âne et le bœuf soufflent dessus.

La neige au chaume coud ses franges,
Mais sur le toit s'ouvre le ciel
Et, tout en blanc, le chœur des anges
Chante aux bergers : "Noël ! Noël !"

CE QUE DISENT LES HIRONDELLES.

THÉOPHILE GAUTIER. 1851.

CHANSON D'AUTOMNE.

Déjà plus d'une feuille sèche
Parsème les gazons jaunis ;
Soir et matin, la brise est fraîche,
Hélas ! les beaux jours sont finis !

On voit s'ouvrir les fleurs que garde
Le jardin, pour dernier trésor :
Le dahlia met sa cocarde
Et le souci sa toque d'or.

La pluie au bassin fait des bulles ;
Les hirondelles sur le toit
Tiennent des conciliabules :
Voici l'hiver, voici le froid !

Elles s'assemblent par centaines,
Se concertant pour le départ.
L'une dit : "Oh ! que dans Athènes
Il fait bon sur le vieux rempart !

"Tous les ans j'y vais et je niche
Aux métopes du Parthénon.
Mon nid bouche dans la corniche
Le trou d'un boulet de canon."

L'autre : "J'ai ma petite chambre
À Smyrne, au plafond d'un café.
Les Hadjis comptent leurs grains d'ambre
Sur le seuil, d'un rayon chauffé.

"J'entre et je sors, accoutumée
Aux blondes vapeurs des chibouchs,
Et parmi des flots de fumée,
Je rase turbans et tarbouchs."

Celle-ci : "J'habite un triglyphe
Au fronton d'un temple, à Balbeck.
Je m'y suspends avec ma griffe
Sur mes petits au large bec."

Celle-là : "Voici mon adresse :
Rhodes, palais des chevaliers ;
Chaque hiver, ma tente s'y dresse
Au chapiteau des noirs piliers."

La cinquième : "Je ferai halte,
Car l'âge m'alourdit un peu,
Aux blanches terrasses de Malte,
Entre l'eau bleue et le ciel bleu."

La sixième : "Qu'on est à l'aise
Au Caire, en haut des minarets !
J'empâte un ornement de glaise,
Et mes quartiers d'hiver sont prêts."

"À la seconde cataracte,"
Fait la dernière, "j'ai mon nid ;
J'en ai noté la place exacte,
Dans le pschent d'un roi de granit."

Toutes : " Demain combien de lieues
Auront filé sous notre essaim,
Plaines brunes, pics blancs, mers bleues
Brodant d'écume leur bassin !"

Avec cris et battements d'ailes,
Sur la moulure aux bords étroits,
Ainsi jasent les hirondelles,
Voyant venir la rouille aux bois.

Je comprends tout ce qu'elles disent,
Car le poëte est un oiseau ;
Mais, captif, ses élans se brisent
Contre un invisible réseau !

Des ailes ! des ailes ! des ailes !
Comme dans le chant de Ruckert.
Pour voler, là-bas avec elles
Au soleil d'or, au printemps vert !

AUX FEUILLANTINES.

VICTOR HUGO. 1855.

Mes deux frères et moi, nous étions tout
   enfants.
Notre mère disait : " Jouez, mais je dé-
   fends
Qu'on marche dans les fleurs et qu'on
   monte aux échelles."

Abel était l'aîné, j'étais le plus petit.
Nous mangions notre pain de si bon
   appétit,
Que les femmes riaient quand nous pas-
   sions près d'elles.

Nous montions pour jouer au grenier
   du couvent,
Et là, tout en jouant, nous regardions
   souvent,
Sur le haut d'une armoire, un livre in-
   accessible.

Nous grimpâmes un jour jusqu'à ce livre
   noir ;
Je ne sais pas comment nous fîmes pour
   l'avoir,
Mais je me souviens bien que c'était une
   Bible.

Ce vieux livre sentait une odeur d'en-
   censoir.

Nous allâmes ravis dans un coin nous
   asseoir ;
Des estampes partout ! quel bonheur !
   quel délire !

Nous l'ouvrîmes alors tout grand sur
   nos genoux,
Et, dès le premier mot, il nous parut si
   doux,
Qu'oubliant de jouer, nous nous mîmes
   à lire.

Nous lûmes tous les trois ainsi tout le
   matin,
Joseph, Ruth et Booz, le bon Samaritain,
Et, toujours plus charmés, le soir nous
   le relûmes.

Tels des enfants, s'ils ont pris un oiseau
   des cieux,
S'appellent en riant et s'étonnent,
   joyeux,
De sentir dans leur main la douceur de
   ses plumes.

DUO DU JOUR DE L'AN DE DEUX PETITS ENFANTS.

LOUIS RATISBONNE. 1860.

" Pourquoi donc bâilles-tu ?"
   " J'apprends un compliment."
" C'est donc bien ennuyeux ?"
   " Ça m'endort seulement."
" Pour qui ce compliment ?"
   " Eh mais, pour notre tante.
On me l'a fait en vers, pour qu'elle soit
   contente."
" Qu'est-ce que c'est, des vers ?"
   " Tu n'y comprendrais rien."
" Explique-le toujours."
   " Des vers, c'est, vois-tu bien,
Des mots qu'on dit exprès ; tu sais com-
   ment on cause :
On parle simplement. Des vers, c'est
   autre chose.
C'est ronflant, c'est pompeux, c'est
   chantant, c'est profond.
Les gens qui font des vers trouvent
   beaux ceux qu'ils font."
" Dis-moi les tiens."
   " Tu veux que je te les dévide ?"
   " Oui, voyons si c'est bien stupide !"

   " De notre amour et de nos vœux,
   Chère tante, reçois l'hommage ;

Ce sont les vœux du tout jeune âge,
Ils portent bonheur avec eux.

"Que Dieu te fasse une couronne
De tes vertus, de tes bienfaits !
Qu'il exauce tous tes souhaits,
Et que sa grâce t'environne !"

"Ta, ta, ta, ta, ce sont des phrases,
voilà tout.
On n'arrive jamais au bout.
On dit : Chère tante, je t'aime.
Je ne sais pas de vers ; pourtant, je n'ai
pas peur,
Car je puis t'embrasser tout seul, et de
moi-même
Par cœur !"

L'ÂME DES HOMMES.

LOUIS RATISBONNE. 1860.

DANS un conseil savant — parmi les
animaux —
On discutait ce point : si l'homme avait
une âme !
La parole est à qui le premier la réclame.
C'est l'âne qui la prend ! Il ânonne en
ces mots :

"L'homme n'est rien qu'une machine
Fort bien faite et qui bat, une machine
à coups."
L'âne est contredit par les loups :
"Les hommes ont un cœur et l'ont fait
comme nous
Quoi qu'il en semble à votre échine,
Dit un croque-moutons ; j'ai vu loups
en habits
Qui mangeaient comme nous les timides
brebis."
Le cheval dit : "C'est mon avis.
L'homme est bel et bien une bête.
J'en ai vu s'atteler eux-mêmes à des
chars ;
Sous la botte du maître ils portaient
haut la tête,
Et hennissaient de joie en traînant leurs
Césars.
C'est l'âme, vous voyez, qu'ont les bêtes
de somme
À moins que ce ne soit de l'instinct
seulement."
Le renard dit : "L'homme est intelli-
gent : il ment."

Le chien, un peu suspect, étant l'ami
de l'homme :
"Il vaut, quand il est bon, le meilleur
d'entre nous,"
Dit-il, "je l'ai trouvé parfois tendre et
fidèle ;
Et moi, lorsque je vois un être aimant
et doux
Je crois à son âme immortelle !"

UNE DENT PERDUE.

LOUIS RATISBONNE. 1860.

LA beauté passe, enfants ! Il n'y faut
pas tenir
Plus que ne fit Louise.

Louise avait six ans, à force de grandir !
Elle avait des yeux bleus et des lèvres
cerise
Et vingt perles dessous. Mais, la mue
arrivant,
Louise en perdit une, une dent de
devant.
Pauvre petite dent ! si fine, si polie,
Juste la plus jolie !
Son père la garda pour s'en faire un
bijou,
La monter en épingle et la porter au cou,
Et Louise riait, quand la mère à sa vue :
"Ah ! mon Dieu ! tu viens donc de
perdre une dent là !"
L'enfant dit simplement : "Je ne l'ai
pas perdue,
Papa l'a."

Certes, ce n'était pas le mot d'une
coquette ;
Le voici tel qu'il est tombé dans mon
bonnet,
Et si je connaissais quelque gentil poëte,
Je le ferais monter en or — dans un
sonnet.

MA MÈRE.

IMITÉ DE L'ANGLAIS.

LOUIS RATISBONNE. 1860.

DE son lait qui me nourrissait
Toute petite, et me pressait
Contre son cœur et m'embrassait !
Ma mère.

Qui berçait ma bercelonnette
Avec sa douce chansonnette,
Comme au nid chante la fauvette !
   Ma mère.

Lorsque mes yeux vont se fermer,
Qui regarde pour me charmer,
Et pleure à force de m'aimer ?
   Ma mère.

Et si je tombe en maladie,
Qui soutient ma tête alourdie,
Tremblant aussitôt pour ma vie ?
   Ma mère.

Et qui me les a donnés tous,
Ma poupée et mes beaux joujoux ?
Qui m'apprend tout sur ses genoux ?
   Ma mère.

Si je tombe, qui, sur ma trace,
Court guérir mon mal, et l'efface
En embrassant juste la place ?
   Ma mère.

Qui me fait prier le Seigneur
Et l'adorer de tout mon cœur
Comme mon plus grand bienfaiteur ?
   Ma mère.

Pour toi jamais comment pourrais-je
Être ingrate, être sacrilege,
Pour toi dont l'amour me protége,
   Ma mère ?

Ah ! je n'y puis même songer.
À moi plus tard de protéger
Tes jours que Dieu veuille allonger,
   Ma mère !

Quand viendra pour toi la vieillesse,
Mon bras soutiendra ta faiblesse
Et je charmerai ta tristesse,
   Ma mère.

Et si ta tête est lourde un jour,
De veiller ce sera mon tour,
En versant des larmes d'amour,
   Ma mère !

Devant Dieu qui juge la terre
Et dont je craindrais le tonnerre.
Si tu cessais de m'être chère,
   Ma mère !

NOVEMBRE.

ANDRÉ LEMOYNE. 1860.

LE FILS.

QUAND le froid des hivers chasse les
  hirondelles
Loin de notre pays, ma mère, où s'en
  vont-elles ?

LA MÈRE.

Mon fils, d'un vol rapide elles passent
  les mers,
Et retrouvent ensemble, après un long
  voyage,
Un ciel bleu, du soleil et de grands
  arbres verts.

LE FILS.

Mère, il est donc là-bas un paisible
  rivage
Où ne grondent jamais les tristes vents
  du nord ?

LA MÈRE.

Oui. — Là-bas le printemps sourit aux
  hirondelles ;
Là-bas les jours sont beaux, là-bas les
  nuits sont belles ;
Là-bas la rose blanche a des fleurs im-
  mortelles,
Et la vigne toujours garde ses raisins
  d'or.

LE FILS.

O ma mère, si Dieu nous eût donné des
  ailes,
Nous partirions tous deux comme les
  hirondelles ! —
J'ai froid. — Pour nous bientôt le soleil
  s'éteindra.
Ma mère, prions Dieu de nous donner
  des ailes.

LA MÈRE.

Enfant, console-toi. — Dieu nous en
  donnera.

COMPLAINTE DU TOURNEUR.

JULES-ROMAIN TARDIEU. 1862.

LE tourneur fidèle à l'ouvrage,
Heureux dans son pauvre grenier,
Le dos penché, le front en nage,
Guide le volant régulier.
Sous ses doigts l'érable docile

Comme une cire s'amollit,
S'arrondit, brille et se polit ;
Rien ne lui paraît difficile.
Zon, zon, zon, file, file, file,
Le volant fuit comme le vent ;
Zon, zon, zon, le tourneur habile,
Le bon tourneur tourne en rêvant.

Il rêve à la ligne onduleuse
Qui sortira de ses copeaux ;
Plein d'une confiance heureuse,
En Espagne il fait des châteaux.
— Mais bientôt il entend la plainte,
La plainte amère du malheur ;
Est-ce un voisin dont la douleur
S'exhale d'une voix éteinte !
Zon, zon, zon, file, file, file,
Le volant fuit comme le vent ;
Zon, zon, zon, le tourneur habile,
Le bon tourneur tourne en rêvant.

C'est une belle désolée,
Pauvre orpheline, sans soutien,
Qui, dans sa mansarde isolée,
Gémit sans secours et sans pain.
— Ne pleurez plus, dit-il bien vite,
Car le malheur fait l'amitié ;
De mon pain prenez la moitié,
Consolez-vous, pauvre petite.
Zon, zon, zon, file, file, file,
Le volant fuit comme le vent ;
Zon, zon, zon, le tourneur habile,
Le bon tourneur tourne en rêvant.

Venez, j'aurai cœur à l'ouvrage,
L'amitié fait le dévoûment ;
On tourne avec plus de courage
Quand on tourne par sentiment.
— La belle enfant se laissa faire
Et, suivant son nouvel ami,
Dit : Que le malheur soit béni,
Si c'est lui qui me donne un frère.
Zon, zon, zon, file, file, file,
Le volant fuit comme le vent :
Zon, zon, zon, le tourneur habile,
Le bon tourneur tourne en rêvant.

INDEX.

Ackermann, L.

This author, little known among us, selects for poetical treatment such themes as the decline of faith, and the void in the human soul resulting therefrom. The poems chosen for insertion are conceived in an elevated spirit, and show us that in France, too, there are eyes peering into the Unknown and into the "Unknowable." His *Poésies Philosophiques* are now in their fourth edition.

> "Est-ce ma faute à moi si, dans ces jours de fièvre,
> D'ardentes questions se pressent sur ma lèvre?
> Si votre Dieu surtout m'inspire des soupçons?
> Si la Nature aussi prend des teintes funèbres,
> Et si j'ai de mon temps, le long de mes vertèbres,
> Senti courir tous les frissons?"
> L. ACKERMANN, 1874.

Guerre, 198.
De la Lumière, 199.
Le Positivisme, 199.
La Croix, 242.

Anonymous.

La Prise de la Bastille, ou Paris sauvé, 43.
Peuple, Éveille-toi, 44.
Le Bonnet de la Liberté, 53.
François Buloz, 486.
Le Bois joli, 495.
L'École de Maître Corbeau, 496.

Arnault, Vincent-Antoine.

Born at Paris, January, 1766. Died September 16, 1834. He was one of the few literary men favored and employed by Napoleon Bonaparte. He appeared in literature in 1791, as an author of republican tragedies, which had great success at the theatre; but after the massacres of August 10 and September he fled in horror from his country, and upon his return was arrested as *émigré*. The fame of his tragedies saved him from the guillotine. He was employed in various responsible situations by Napoleon, after whose fall he again abandoned his country. Returning in 1819, he resumed his literary career, and was re-elected in 1829 to the French Academy, of which he became afterwards *Secrétaire perpétuel*.

La Feuille, 486.
Le Colimaçon, 486.

Autran, Joseph.

Born at Marseilles, June, 1813. Poet, dramatist, and member of the French Academy, some of whose works have been "crowned" by the Academy. He is noted for his "Sonnets," a kind of poem unlike those of the same name in English; different in form and lighter in tone. The French sonnet is a poem of four stanzas, the first two of which are of four lines each, and the last two of three lines

each. M. Autran tells his readers in the preface to his volume of *Sonnets Capricieux* why he prefers that form: "J'ai toujours aimé avec passion les voyages à courtes étapes et les livres à brefs chapitres, ces livres que l'on ouvre et que l'on ferme à volonté, que l'on prend et que l'on quitte, suivant le caprice et suivant l'heure dont on dispose. Ils ne sont pas despotiques, ils ne s'imposent pas: ils ressemblent à ces amis avec lesquels, soit au coin du feu, soit à la promenade, on peut, sans cérémonie, échanger de temps en temps quelques paroles entrecoupées de silences. Ai-je besoin de dire quels sont les livres que je compare à ces amis? Tout lecteur nomme avec moi La Bruyère, Montaigne, Pascal, La Rochefoucauld, Madame de Sévigné, Joubert, bref tous ceux qui n'ont fait que des pages dont le hasard et le temps se sont chargés de faire des livres. Je me suis donc demandé, un jour, s'il serait tout à fait impossible d'écrire en vers une causerie à bâtons rompus, qui, toute proportion gardée, ne serait pas sans analogie avec les entretiens sérieux ou gais, plaisants ou graves, dont ces maîtres immortels nous ont laissé le modèle; un livre, en un mot, où le lecteur trouverait, en le feuilletant d'un doigt paresseux, ici une pensée, là une image, plus loin un caractère, une larme sur le verso, sur le recto un sourire. Ce livre, j'ai essayé de le faire dans la forme du sonnet. Pourquoi le sonnet? me dira-t-on peut-être. Je serais fort embarrassé de répondre, sinon que le sonnet est venu d'abord et que je n'ai eu aucune raison de l'éconduire."

Le Sonnet, 29.
Sur un Volume de Racine, 29.
Le Centenaire, 102.
Le Nom de la France, 110.
1871, 110.
Le Livre d'Heures, 198.
Parole Épiscopale, 386.
La Quête, 386.
Sévigné, 462.
Un Orphelin, 478.
Les Heureux, 478.
Vertu et Genie, 479.
Pour et Contre, 479.
Le Pain de l'Avenir, 479.
L'Échelle, 479.
Perfectibilité de l'Homme, 480.
Femme à la Mode, 480.

Barbier, Henri-Auguste.

Born at Paris, April 29, 1805. A satirical poet who attained sudden celebrity by certain political pieces written during the first years

of the reign of Louis Philippe, notably one
called *La Curée*, and another entitled *Le
Lion*. He has since published other works
in various kinds, without quite renewing the
popularity of his early days, excellent though
many of his later poems are.

Dante, 11.
Le Lion, 96.
Le Corrège, 167.
Michel-Ange, 167.
Le Gin, 178.
Raphael, 224.
Londres, 457.
La Cuve, 471.

Baudelaire, Charles-Pierre.
Born at Paris, April, 1821. The volume of
poems by this author, entitled *Les Fleurs du
Mal*, excited a storm of controversy, and called
down upon the poet a judicial condemnation.
The friends of M. Baudelaire rallied to his
defence, Sainte-Beuve himself claiming for the
condemned poems a right to be. These Flow-
ers of Evil are " Byronism " carried to a French
extreme, and are calculated to harm no one
so much as the author. In the reader's mind
they excite a kind of pitying wonder that a
man of so much power and courage should
waste himself upon monstrous imaginings.
Many of his poems are conceived in a very
different spirit, and are altogether admirable.
The sympathetic Sainte-Beuve wrote to him
on the occasion of his trial: " Vous êtes, vous
aussi, de ceux qui cherchent de la poésie par-
tout ; et comme, avant vous, d'autres l'avaient
cherchée dans des régions tout ouvertes et
toutes différentes ; comme on vous avait laissé
peu d'espace ; comme les champs terrestres et
célestes étaient à peu près tous moissonnés,
et que, depuis trente ans et plus, les lyriques,
sous toutes les formes, sont à l'œuvre, — venu
si tard et le dernier, vous vous êtes dit, —
j'imagine : " Eh bien, j'en trouverai encore de
la poésie, et j'en trouverai là où nul ne s'était
avisé de la cueillir et de l'exprimer." Et vous
avez pris l'enfer, vous vous êtes fait diable.
Vous avez voulu arracher leurs secrets aux
démons de la nuit. . . . . Cette tristesse par-
ticulière qui ressort de vos pages et où je
reconnais le dernier symptôme d'une généra-
tion malade, dont les aînés nous sont très-
connus, est aussi ce qui vous sera compté."

L'Albatros, 26.
Élévation, 26.
La Muse Vénale, 26.
Le Chat, 27.
Le Tonneau de la Haine, 190.
L'Irréparable, 190.
Le Calumet de Paix, imité de Longfel-
low, 346.
L'Idéal, 431.
Le Flacon, 460.
La Mort des Pauvres, 461.
Le Couvercle, 461.
La Pipe, 461.
L'Horloge, 461.
L'Ennui, 477.

**Beaumarchais, Pierre-Augustin-Caron
de.**
Born at Paris, January 24, 1782. Died at
Paris, May 19, 1799. The author of the " Bar-
ber of Seville " and the " Marriage of Figaro "
— comedies that keep their place in the reper-
tory of Paris theatres, after nearly a century

of life — wrote a few pieces of verse, including
an opera in five acts, called *Tarare*.

Vieille Ronde Gauloise, 488.

Béranger, Pierre-Jean de.
Born at Paris, August 19, 1780. Died at
Paris, July 16, 1857. The greatest of French
song writers. His patriotic songs under the
Restoration caused his arrest in 1821, and he
was condemned to three months' imprison-
ment and five hundred francs' fine. Continu-
ing to write songs in prison, and after his
release, in the same strain, he was condemned
in 1828 to nine months' imprisonment and a
fine of ten thousand francs. His songs writ-
ten in prison were sung all over France, and
contributed to the success of the Revolution
of 1830.

Ma Vocation, 3.
Le Vilain, 3.
Les Gaulois et les Francs, 68.
Les deux Grenadiers, 68.
La Censure, 69.
La Sainte Alliance des Peuples, 72.
Adieux de Marie Stuart, 78.
Les Missionnaires, 78.
Les Enfants de la France, 74.
Halte-là! ou le Système des Interpréta-
tions, 79.
Baptême de Voltaire, 79.
Le Retour dans la Patrie, 81.
La Liberté, 88.
Lafayette en Amérique, 90.
Les dix mille Francs, 92.
Les infiniment Petits, 93.
Ma Contemporaine, 486.
Ainsi soit-il, 489.
Les Boxeurs, ou l'Anglomane, 490.
L'Orage, 490.
Mon Habit, 491.

Boileau-Despréaux, Nicholas.
Born at Paris, November 1, 1636. Died at
Crosne, March 13, 1711. One of the great
names that illustrate the age of Louis XIV.
" Il se place à côté de Molière, à côté de ce
grand homme, qu'il avait si justement nommé
le CONTEMPLATEUR, pour combattre le pédan-
tisme, la sottise et l'hypocrisie, et s'il se montre
parfois sévère jusqu'à la rudesse, cette sévé-
rité, en dernière analyse, a tourné au profit
de notre gloire nationale ; elle a étouffé sous
l'ironie des productions ridicules, que les
égarements passagers de l'opinion publique
opposaient à des œuvres dignes d'une éternelle
admiration, et Despréaux, en attaquant Pra-
don, Cotin, Scudéri, ne faisait, après tout, que
venger Racine et Corneille de l'injustice de
leurs contemporains. Il combat le mauvais
goût, non-seulement au nom de la littérature,
mais au nom de la morale, parce qu'il sait que
le mauvais goût, en développant les sentiments
faux, conduit aux mauvaises mœurs. Il n'ap-
prend pas seulement à parler et à écrire, il
apprend à vivre ; et c'est par la double inspi-
ration du poète et du moraliste qu'il a conquis
le rang supérieur où la postérité le maintien-
dra toujours à travers les âges." — CHARLES
LOUANDRE, 1870.

Rien n'est Beau que le Vrai, 1.
La Poésie, la Musique, 1.
Ode sur un Bruit qui courut en 1656, 35.
La Justice, 114.
À mon Jardinier, 115.
La Mauvaise Honte, 205.

La Campagne et la Ville, 250.
Sur le Genre Satirique, 464.
Sur la Noblesse, 464.
À une Demoiselle, 481.

Brizeux, Julien-Auguste-Pélage.
Born at Lorient, September 12, 1806. Died at Montpelier in May, 1858. He is the author of a prose translation of Dante, but is chiefly known for his poems of rural life, some of which enjoy considerable popularity, and one of them has been "crowned" by the French Academy.
Le Barde Rî-Wall, 342.
Jacques le Maçon, 343.

Charlemagne, Jean-Armand.
Born at Bourget, November 30, 1759. Died at Paris, March 6, 1838. This author, the son of a country grocer, and destined by his father to the church, ran away from school, enlisted in the French army, and served in America during our Revolution as a private soldier. Returning to France, he went upon the stage, where he had a distinguished career as actor and dramatist. The list of his successful plays is very long, and he wrote also some fugitive poetry.
Épître de George, Roi d'Angleterre, à celui de Prusse, 58.

Charles IX. of France.
Born June 27, 1550. Died May 30, 1574. This unhappy king, whose memory must forever remain identified with the Massacre of St. Bartholomew, appears in this volume as the author of familiar verses addressed to the poet of his court, Pierre de Ronsard.
Vers du Roi Charles IX à Ronsard, 32.

Chènedollé, Charles-Julien-Pioult de.
Born at Virê, November 4, 1769. Died September 2, 1833. This poet, who fled from his country before the storm of the first revolution, spent several years in exile, and returned to enjoy a successful career as professor and man of letters. Several of his rural poems are universal favorites in France.
La Gelée d'Avril, 255.

Chénier, André-Marie.
Born at Constantinople, October 20, 1762. Died at Paris, July 25, 1794. His father was consul-general of France at Constantinople at the time of his birth. André Chenier, who sang the early and purer triumphs of the Revolution, was one of the last and noblest of its victims, having been guillotined only three days before the execution of Robespierre. He boldly denounced the excesses of the Jacobins at the moment of their greatest power, and lost his life just as France was recovering her senses. Both as poet and as patriot he is held in veneration by his countrymen. Sainte-Beuve styles him "one of the masters of French poetry in the eighteenth century, and our greatest classic in verse since Racine and Boileau." From André Chenier dates the new school of French poetry, that of Lamartine, Victor Hugo, André Lemoyne, Sainte-Beuve, and others, the poets who can attract and hold attention without drawing upon illegitimate sources of interest. In the whole literature of France there is not a character more interesting.
Poëtes, 2.
La Liberté, 40.

À la France, 44.
Le 10 Août, 49.
Versailles, 49.
À Charlotte Corday, 50.
La Jeune Captive, 56.
Vives, Amis! 87.
Mon Père et ma Mère, 57.
Au Pied de l'Echafaud, 58.

Chénier, Marie-Joseph.
Born at Constantinople, August 28, 1764. Died at Paris, January 10, 1811. Brother of André Chenier, and, like him, an ardent and devoted supporter of the Revolution, as long as it aimed at legitimate objects. Like André, too, he denounced at length the bloody policy of the Jacobins, but escaped with his life, and, after the restoration of law, resumed his literary career. He wrote so many popular pieces on topics of the day during the revolutionary period, that he may fairly be styled The Poet of the Revolution.
L'Assemblée des Notables, 38.
Hymne sur la Translation du Corps de Voltaire, 47.
Le Chant du Départ, 51.
Hymne à l'Être Suprême, 53.
Ode sur la Situation de la République Française, 54.
L'Intérêt Personnel, 138.
Le Cimetière de Campagne, 143.
Les deux Missionnaires, 469.
À La Harpe, 485.
Talleyrand, 485.

Colet, Madame Louise-Révoil.
Born at Aix, September 15, 1810. The author of a long list of volumes in prose and verse, several of which were designed for children, and one was "crowned" in 1855 by the French Academy.
Les Fleurs que j'aime, 497.

Coppée, François.
In the later works of this dramatist and poet we learn how those Frenchmen feel who cannot yet forgive the Germans for doing on French soil precisely what Frenchmen intended to do on the soil of Germany. His poems upon the war and its consequences have given him celebrity, and some of these poems will doubtless survive the era which called them forth, and become part of its record. In the preface to his last volume, Le Cahier Rouge, he gives an account of the origin of these patriotic poems, which poets will find difficult to believe: "'Tout en nous occupant de la composition de divers ouvrages assez importants que des circonstances, sans intérêt pour le lecteur, ne nous permettent pas de publier encore, nous avions l'habitude, à nos heures de fatigue, d'ouvrir un mince cahier rouge qui traîne toujours sur notre table et de nous d'lasser en y écrivant quelques poésies fugitives, à peu près comme un enfant paresseux illustre de pierrots pendus les marges de sa grammaire." Then, his publisher having called one day to scold him for his idleness, he showed him this Red Book, and the result was that the publisher soon had a volume of poems in the press. The reader will be disposed to think that works as finished as some which are printed herein were not executed during "hours of fatigue."
Rhythme des Vagues, 29.

La Motte, Antoine-Houdart de.
Born at Paris, January 17, 1672. Died at Paris, December 26, 1731. The son of a hatter, who designed him for the priesthood. He wrote plays, operas, cantatas, odes and eclogues, translated Homer into French rhymes, and was elected a member of the French Academy, J. B. Rousseau being his chief competitor. In his own lifetime he was a literary personage, and some of his dramas were successful; but scarcely anything of his is now read or remembered but his fables, a few of which are original and ingenious.

Lebrun, Pierre-Antoine.
Born at Paris, December 29, 1785. This poet and senator was the pensioned Laureate of Napoleon Bonaparte. Besides his numerous odes to that conqueror, he was the author of a considerable number of plays, and attained at length the honor of a chair in the French Academy.

Lemoyne, Camille-André.
Born at Saint-Jean-d'Angély, September, 1822. Bred a lawyer; but, having lost his property in 1848, he entered the service of the publisher, F. Didot, as journeyman compositor, and employed his leisure in writing verses. Several of his poems having attracted favorable regard in periodicals, M. Didot in 1860 published a small volume of them, which gave the author a standing in literature, that subsequent works confirmed. Many of his poems show a fine feeling for natural objects and the simple delights of the country. His works have been recently "crowned" by the French Academy.

Lisle, Rouget de.
See ROUGET DE LISLE.

Malfilâtre, Jacques-Charles Clinchamp de.
Born at Caën, October 8, 1732. Died at Paris, March 6, 1767. The son of impoverished, but respectable parents, this ill-starred child was well educated at a Jesuit college, and early won provincial distinction by his poems. An ode of his, upon *Le Soleil Fixe*, after having been "crowned" at Caën and at Rouen, attracted the notice of Marmontel, who published it in the *Mercure de France*, of which he was the conductor. He appended these words: "Cet ouvrage d'un très jeune homme me semble annoncer les plus rares talens pour la haute poésie; un enthousiasme vrai, une marche rapide et sûre; les plus heureuses hardiesses dans les tours et dans les images; le nombre et l'harmonie du vers lyrique; enfin cette chaleur de sentiment qui annonce une âme pénétrée de son sujet et qui caractérise les vers de génie." Fatal praise! It lured the young poet to Paris, to a miserable struggle for life, and to a tragic death at thirty-five. He wrote a poem of three thousand lines, entitled *Narcisse*, hoping thereby to free himself from debt; and he found himself obliged to sell it for 800 francs! His death was hastened by an abscess in the knee, caused by a fall from a horse, and he was saved from dying in a public hospital by a tapissière, one of his creditors, who took him home to her house and nursed him tenderly till he died.

Malherbe, François.
Born at Caën, in 1555. Died at Paris, October 16, 1628. The first of the French poets who wrote verses in a style admitted by recent critics to be "correct." Malherbe was accustomed to boast of his noble origin, and to trace his descent from one of the companions

French Academy named him without a dissentient voice to a vacant chair, but the king, being shown one of Piron's early audacious poems, placed his veto upon the election, and Piron, as he remarked in his famous epitaph, remained "nothing, not even an Academician."

Vers au Bas d'un Crucifix, 206.
Bouquet à Madame D. S. G., 422.
Médecine, 482.
Jéan-Baptiste Rousseau, 483.
Voltaire, 484.
Contre l'Académie Française, 484.
Ma Dernière Epigramme, 484.
Mon Épitaphe, 484.

Porchat, Jean-Jacques.
Born in Switzerland near Geneva, May 20, 1800. Died in March, 1864. A voluminous writer of prose and verse, much of which was designed for children.
Le Père et l'Enfant, 495.

Racine, Jean.
Born at Ferté-Milon, December 21, 1639. Died at Paris, April 26, 1699. Frenchmen with scarcely a dissentient voice assign to this poet the first place in their dramatic literature, and to his *Phèdre* the first place among his works. Voltaire calls that play the *chef-d'œuvre* of human genius, and the tyro in French cannot but feel some of the charm of its triumphant versification. Racine's father was comptroller of the salt excise in his native city, an office of emolument which the family possessed for more than a century. Losing both father and mother at four years, Jean was carelessly reared by his grandfather, who, however, sent him to an excellent school.
Bérénice, Acte IV, Scène V, 413.
Mithridate révéle ses Projets, 416.
Iphigénie, Acte IV, Scène IV, 418.
Les Grands Crimes, 420.
Le Prince Hippolyte avoue son Amour, 421.

Racine, Louis.
Born at Paris, November 6, 1692. Died at Paris, January 29, 1763. Son of the great Racine, and himself a poet of note. The aged Boileau said to him one day: "You must be a very bold man, with the name you bear, to dare to write verses. Not that I regard it as impossible that you should one day become capable of writing good ones; but I have little faith in a thing without example, and since the world was the world, never has there been seen a great poet the son of a great poet." Louis Racine wrote *La Religion*, a poem in six cantos, which was praised by Jean-Baptiste Rousseau as one of the best in the French language, and by La Harpe as possessing almost every good quality *except* poetic merit. This work has passed through sixty editions in France, and has been translated into English, German, Italian, and Latin. L. Racine wrote also the life of his father, translated Milton's Paradise Lost into French prose, and composed many shorter pieces of original verse.
L'Âme et le Corps, 205.

Ratisbonne, Louis-Gustave-Fortuné.
Born at Strasburg, July 29, 1827. Author of a valued translation of Dante, and of several original works in prose and verse, but chiefly noted for *La Comédie Enfantine*, a volume of

verse which was "crowned" by the French Academy, and the author honored by a medal of the value of two thousand francs. The critic, P. H. Stahl, editor of the last edition of this work, says of it: "Le titre de *Comédie enfantine* exprime, mieux que tout autre, le caractère propre du plus grand nombre des pièces de ce recueil, sorte d'affabulations d'un genre tout nouveau, courts récits ou dialogues où l'auteur a mis en scène les mœurs, reproduit le parler de ces êtres instinctifs qu'on appelle des enfants, sans autre modèle que les enfants eux-mêmes, que la nature prise sur le fait. Il a connu les trésors cachés de la naïveté enfantine; il a surpris au passage et fixé simplement et familièrement dans ses vers tantôt la poésie, tantôt le comique de cette ingénuité enchanteresse.
L'Enfant, 193.
Duo du Jour de l'An de deux Petits Enfants, 500.
L'Âme des Hommes, 501.
Une Dent Perdue, 501.
Ma Mère, 501.

Reboul, Jean.
Born at Nismes, January 23, 1796. Died May 29, 1864. The son of a locksmith, he was apprenticed by his father at the age of fifteen to a baker, an employment which he abandoned on the return of Napoleon from Elba, and joined the royal volunteers. At the peace he returned to his baker-shop, but amused his leisure by writing verses which his young companions praised, and some of which attracted notice when published in the local journals. When he was thirty years of age an Elegy of his caught the eye of Lamartine, who addressed to the baker-poet one of his *Harmonies* upon "Genius in Obscurity!" He came to Paris, where he pursued a literary career with more success than usually attends indigent talent. He also took a conspicuous part in politics, having been elected a member in 1848 of the National Legislature.
Les trois Voleurs, 330.

Ronsard, Pierre de.
Born near Vendome, September 11, 1524. Died near Tours, December 27, 1585. Ronsard is one of the most picturesque and interesting figures in the early literature of France. The son of an ancient and distinguished house, he was reared in the atmosphere of the court, and served the royal line as page and confidential secretary for many years, performing secret tasks and distant journeys, dwelling in many lands, the very ideal of a French page, handsome, accomplished, brave, graceful, and of winning vivacity. While still a young man he lost his hearing by disease, which compelled him to abandon the career of diplomacy. He devoted his life to learning and poetry, a favorite of king, court, and university. His works have been much studied in late years, and editions of them not unfrequently appear. In his own lifetime his celebrity was unequalled.
Au Roy Henri II, 31
Pour un Emblesme, 32.
Responce aux Vers Precedents, 32.
Hymne des Pères de Famille, 203.
Contre les Bucherons, 249.

Rouget de Lisle, Claude-Joseph.
Born May 10, 1760, at Lons-le-Saulnier. Died, June 26, 1836, near Paris. He is known

33

to fame as the author both of the words and the music of the immortal Marseillaise. The son of an advocate, he entered the army at an early age, and held the rank of captain in 1792, when the song was written. He wrote many other songs, as well as dramas, romances, fables, and translations.

Hymne des Marseillais, 48.

Rousseau, Jean-Baptiste.

Born at Paris, April 6, 1670. Died at Brussels, March 17, 1741. He was the son of a well-skilled and very respectable Paris shoemaker, who, thriving in business, gave his son a classical education. Voltaire mentions that the elder Rousseau was shoemaker to the Arouet household during his own childhood, and measured him for new shoes. Rousseau was a master of versification, and used the Greek mythology with so much tact and grace that he retains a high place among the poets of his country. This volume contains nothing more fluent and harmonious than the *Cantates* of J. B. Rousseau, originally written as vehicles of music ; the *Cantate* having been a favorite and fashionable entertainment during the reign of Louis XIV. These *Cantates* have survived the taste for that mode of musical composition, and, what is more remarkable, they have outlived the taste for the poetical treatment of the Greek legends.

Diane, 289.
Adonis, 290.
Le Triomphe de l'Amour, 291.
Amymone, 291.
Thétis, 292.
Circé, 298.
Céphale, 294.
Le Monde, 481.

Sainte-Beuve, Charles-Augustin.

Born at Boulogne-sur-Mer, December 23, 1804. Died at Paris, October 13, 1869. His father, who held a high post in the civil service of France, died before this son was born. His mother, who was a daughter of English parents, gave him an early taste for the English language and literature, which influenced his character and intellect during the whole of his illustrious career. He is now chiefly known as the incomparable French critic, as he took formal leave of the poetical muse as long ago as 1840. But his volume of poetry retains its place among the valued products of French literature, and has particular interest for us from the traces it shows of his English nurture and reading.

À mon Ami V. H. (Victor Hugo), 8.
Réponse, 16.
À mon Ami Émile Deschamps, 158.
À David, Statuaire, sur une Statue d'Enfant, 175.
La Harpe Éolienne, 217.
Sonnet de Sainte Thérèse à Jésus Crucifié, 224.
Le Conducteur de Cabriolet, 224.
Pour un Ami, 453.
Mes Livres, 454.

Tardieu, Jules-Romain (PSEUDONYME, **J. T. de Saint-Germain).**

Born at Rouen, 1805. M. Tardieu is a publisher who has occupied his leisure hours in the composition of several volumes of poetry, ome of which have passed through many edi-

tions. He has written also upon copyright and other questions relating to literary property.

Une Noce au Village, 191.
À un Désespéré de vingt Ans, 192.
Une Noce à la Ville, 284.
Les Roses de Noël, 285.
Almanach de l'An Prochain, 477.
Complainte du Tourneur, 502.

Tastu, Sabine-Casimire-Amable Voiart, Madame.

Born at Metz, August 31, 1798. This lady, daughter of a commissary-general of the French army under Napoleon, was brought into notice by the Empress Josephine, who recognised the merit of one of her poems published in 1809 when she was but eleven years of age. When she was eighteen, another poem led to her marriage with Joseph Tastu, a printer in a country town. From that day almost to the present, she has continued to publish works in prose and verse of an excellent moral tendency, many of which have been extensively used in French schools and families. Sainte-Beuve has recognised the merit of her poetry. Her son, Eugène Tastu, has held for many years a high place in the French consular service, and Madame Tastu has lived with him at Malta and Bagdad.

La Veille de Noël, 220.
L'Ange Gardien des Femmes, 221.

Turquety, Édouard.

Born at Rennes, May 31, 1807. The son of a notary, he was bred to the law, and was admitted to the bar as advocate. Having devoted himself to literature, he has distinguished himself chiefly by his religious poems, now in their sixth edition. Like other ardent Catholics, he was an apologist of the late usurper, and even wrote a poem to defend the crime of the Second of December.

À Sainte-Beuve, 15.

Valmore, Marceline-Felicité-Josephe Desbordes, Madame.

Born at Douai, about 1787. Died at Paris, July 7, 1859. This lady, the daughter of a church decorator and painter who was ruined by the Revolution of 1789, passed her early years in poverty, and began life as a singing-girl at a theatre upon a salary of twelve francs a week. Even this resource failed her through the injury done to her voice by privation. At thirty she married a tragedian, M. Valmore, whose father discovered her poetical talent, and procured the publication in 1818 of her first volume. The venture was successful with the public, and obtained for her a royal pension of fifteen hundred francs a year. Many volumes of verse and prose followed ; several of which, designed for children, have had currency in all countries where French is read.

À la Poésie, 5.
La Nuit d'Hiver, 5.
La Vallée de la Scarpe, 75.
Rêve d'une Femme, 147.
Détachement, 148.
Révélation, 148.
Conte imité de l'Arabe, 306.
Une Jeune Fille et sa Mère, 422.
Le Premier Amour, 424.
À Pauline Duchambge, 424.

THE END.

Cambridge : Electrotyped and Printed by Welch, Bigelow, & Co.